基本判例
憲法25講

〔第4版〕

初宿正典編著

成文堂

第4版はしがき

　本書の第3版は2011年春に出ているが，「第3版はしがき」にも書いたような状況は，それ以降も続いており，憲法に関わる最高裁判例は依然として活況を呈している。そこでこの度，旧判例と入れ替えて最近の判例をいくつか付け加えて，全体の頁数があまり増えすぎないように，これまでの版で取り上げていた判例を削ったりして，版を改めることとした。

　その際，各章と各講のテーマは基本的に維持したが，第13講についてのみは，これまでは公安条例に関連する判例のみにとどめていたのを，「集会の自由と集団行動の規制」と改めて，第3版では収載を断念していた判例を加えた。

　この第4版での改訂では，まず，憲法第14条1項に関わって，第8講で，「非嫡出子相続分規定」に関する旧判例を平成25年の違憲決定に入れ替え（【判例8-2】），第9講で，衆議院小選挙区選出議員定数配分規定と参議院議員選挙区選出議員定数配分規定についての違憲状態判決（【判例9-3】および【判例9-4】）を，衆議院に関する平成11年判決および参議院に関する平成21年判決からそれぞれ差し替えたほか，新たに，これまでの議員定数不均衡に関する最高裁判決の一覧表を付けた。次に，第10講（憲法第19条）に関して，「国歌起立斉唱拒否事件判決」を新たに加えた（【判例10-3】）。第3に，憲法第21条1項の「集会の自由」に関わる上記の第13講では，「広島市暴走族追放条例事件判決」（【判例13-3】）と「泉佐野市民会館事件判決」（【判例13-4】）を新たに加えた。さらに，第15講（公務員の政治活動の自由）では，猿払事件判決との関係が問題となった「堀越事件判決」を新たに加えた（【判例15-2】）。

　こうした追加や差替えによって，紙幅は幾分増えてしまったが，初版以来，「できる限り判例の《生の素材》を提供することに意を用いた教材」（第3版はしがき）というコンセプトは変わっていない。本書がひきつづき多方面に利用されることを望んでいる。

　2015年11月

　　　　　　　　　　　　　　　　　　　　　　　　　初　宿　正　典

初版はしがき

　本書は，基本的には，拙著『教養・憲法十五講』（木鐸社刊，初版 1982 年，増補版 1984 年）の趣旨を引き継いではいるが，前著に比べて講数を大幅に増やし，かつ，この数年間の豊富な判例の集積に鑑みて，判例の相当の入れ替え・追加を行なって，主として通年の「憲法」の講義に資することを目的として執筆・編集したものである。

　第Ⅰ編は，近代憲法の成立史の中に日本国憲法を位置づけたあと，憲法判例を学ぶ上の前提としての「違憲審査制」に関する基本的な判例と，現行憲法の三大特質のひとつである憲法第 9 条にかかわる基本問題を取り扱う部分である。

　本書の大部分を占める第Ⅱ編は，日本国憲法第 3 章の人権規定にかかわる基本的な判例を取り扱っている。その際，各講の最初に少し大きい活字で組んだ概説部分では，それらの判例の位置づけとそれらの理解のための必要最小限度の説明を加えるにとどめ，それに続く各判例の論理やそこに含まれている種々の論点については，各判例を実際に読みながら講義の中で解説を加えていくという形がとられている。そのために，本書で取り上げた判例の判決（ないし決定）理由は，紙幅の許す限り，できるだけ省略せずに掲載し，また，最高裁判例の場合には，あわせて各裁判官の種々の意見も要約しつつ取り上げた。このことは，これらの判例の論理ないし結論を無批判に受け入れることを意味するものでないことはいうまでもないが，憲法の規範内容とその実際の動きを理解する上では，このような現実社会の事件についての判例を学ぶという作業は欠くことのできないものである。本書は，そうした意図の下に，基本的かつ重要と思われる事例について，いわば生まの素材を提供することをめざしている。もちろん，本書への判例の選択は私の主観的判断に依るものであり，ここで取り上げたもの以外にも重要かつ興味深い判例は少なくないが，本書で取り上げたものだけでも 60 近くに上り，紙幅の関係もあるので割愛せざるをえない。また，現在係属中の事件の判決も近い将来出ることが予想されるので，その時点で，判例の取捨選択も含めてさらに検討し直す機会をもちたいと思う。

　ちなみに，本書の第Ⅰ編・第Ⅱ編で取り上げた判例のうちの多くのものは，西村健一郎・西井正弘・初宿正典執筆代表『判例法学』（有斐閣，1988 年 11 月刊）でも，要約した形で取り上げており，ほぼ同時期に執筆したこともあって，本書の各講の概説部分の叙述については，同書の筆者担当部分の叙述と類似しているところがあることをお断りしておく。

本書の第Ⅲ編に収めた10の基本資料は，第Ⅰ編(とくに第1講)の部分を補い，あるいは，第Ⅱ編の人権規定の理解をいわば比較法的にも深めるために収載したもので，訳出にあたっては，公刊されている邦訳を参考にさせていただいたが，すべて筆者自身の訳によるものである。

　この数年の間に，憲法学の分野だけでも幾人かの尊敬する大先輩の諸先生の訃報に接しなければならなかった。わけても，昨年初秋(1987年9月18日)の種谷春洋先生のご逝去は，私にとって大いなる悲報であった。歴史的研究と実定法(解釈)学の双方をご自身の内で両立させながら，それをみごとに結実させられた先生の右顧左眄しない堅実なご研究は，その成果においてのみならず，その方法・姿勢においても，そこから多くのことを教えて頂いた。先生がお元気であったならば，学的研究のあり方について，さらにご指導を仰ぎたかったのにと，今更ながら先生を失ったことの重みを痛切に感じている。単時日にまとめた本書は，先生の重厚な諸作品に比すべくもない，まことに拙いものであるが，先生の後塵を拝する者の一人として，とりあえずはこの機会に，亡き種谷先生を追想しつつ，先生に捧げたいと思う。

　最後に，本書を出版するについて，これを快くお引き受け下さり，励ましと種々の助言を頂いたことに対し，成文堂の編集長土子三男氏に心から感謝申し上げる。

　1988年12月1日

　　　　　　　　　　　　　　　　　　　　　　　初　宿　正　典

第 2 版はしがき

　本書を 1988 年に出版してから、すでに 12 年以上が過ぎた。その間、誤植や校正ミスを訂正したものを 1988 年に出し、また 1998 年には、その後の判例等、頁数の移動しないごく小さな範囲で補正したものを出したりして対応してきたが、この度、補正版が在庫切れとなったのを機に、版を改めることとした。

　この第 2 版においても、初版の「まえがき」に書いた本書の基本的性格は変わっていない。この第 2 版では、日本国憲法の人権にかかわる判例のうちで、この 12 年間のうちに出たものをいくつか追加した。すなわち百里基地上告審判決、ヒッグス・アラン事件判決、ノンフィクション『逆転』事件判決、前科照会事件判決、非嫡出子相続分合憲判決、衆議院小選挙区制合憲判決、参議院議員定数訴訟判決、神戸高専剣道受講拒否事件判決、箕面忠魂碑・慰霊祭訴訟上告審判決、愛媛玉串料違憲判決、公衆浴場法合憲新判決などである。逆に、百里基地第一審判決は割愛したし、尊属殺重罰問題については、刑法改正によって問題が解決したため、昭和 48 年の重要な違憲判決のみを残して割愛した。昨今はあまり議論のない戸別訪問一律禁止の問題(初版の第 14 講「選挙運動の規制」)についても、スペースを考慮して削除した。また、初版では「補講 1」として入れていた「報道の自由・取材の自由・知る権利」については、上記の代わりに第 14 講とした。また、「補講 2」の「海外渡航の自由」の問題は、編者の理解(『憲法 2 基本権〔第 2 版〕』(成文堂、2001 年)参照)に基づき、憲法第 13 条の問題として、第 6 講に組み入れた。さらに、第Ⅲ編の資料等についても、新しい改正に対応して条文を整備したり、訳文を修正したりしている。

　本書は当初から横組みにしていたが、その当時はまだそれほどポピュラーではなかった。しかし昨今では憲法の教科書類の中にも横組みのものが増えてきつつある。加えて、今年からは最高裁判所判決書も横書きとなって、伝統的な公文書の書式としては時代を画するものとなった。本書で引用した判例や法令についても、漢数字については、原則として算用数字に組み替えて用いている。これからはこうした動きがいよいよ加速するであろう。

　本書が、初版同様、憲法に関わる基本的な判例の「生の素材」を用いた書物として用いられることを期待している。

　2001 年 10 月 1 日

初　宿　正　典

第 3 版はしがき

　本書の第 2 版を 2002 年に出版して以来，誤植の訂正などをしながら，今日まで何度か刷を重ねてきたが，近年の最高裁判所のめまぐるしいほどの判例の動きを目の当たりにして，この度，この間に出たいくつかの新しい判例を付け加えたり，旧判例と入れ替えたりして，版を改めることとした。

　その際，各章と各講のテーマは従来のまま維持し，かつ，各講のテーマの範囲内での入れ替えにとどめたため，たとえば，在外日本人の選挙権に関わる最高裁判所の違憲判決(最大判平 17・9・14 民集 59 巻 7 号 2087 頁)や日本人父から生まれて出生後に父に認知された非嫡出子の国籍に関わる違憲判決(最大判平 20・6・4 民集 62 巻 6 号 1367 頁)のような，第 2 章の「法の下の平等」に関わる重要な判例も，第 7 講から第 9 講のテーマには必ずしも直接的に関わるものとはいえないため，紙幅の関係もあり，取り上げることができなかった。集会の自由に関わる広島市暴走族追放条例に関する大法廷判決(最大判平 19・9・18 刑集 61 巻 6 号 601 頁)についても，同様の理由で今回は収載を断念した。

　この第 3 版では，第 *10* 講(憲法第 19 条)に関わる「君が代ピアノ伴奏拒否事件判決」(【判例 *10-2*】)および第 *11* 講(憲法第 20 条)に関わる「砂川市神社土地利用提供事件判決」(【判例 *11-8*】)を新たに付け加えた以外に，第 *9* 講(議員定数不均衡)に関わる平成 12 年判決(【判例 *9-4*】)を削除して，最新の平成 21 年の参議院選挙区選出議員定数訴訟判決と差し替えた。それ以外には，愛媛玉串料訴訟判決(【判例 *11-7*】)における可部裁判官の個別意見を追加した。

　こうした追加・差替え等によって，紙幅が幾分増えるため，第Ⅲ編の資料のうち，本書の扱っているテーマに直接関わらないものにつき，一部を省略したり削除したりした。これによって，これまでこれらの資料を授業等で利用してくださっていた方の利用に不便をきたさなければ幸いである。

　今にして思えば，本書は，できる限り判例の「生の素材」を提供することに意を用いた教材として，昨今さまざまな形で出版されている法科大学院用の教材と類似のコンセプトで出発したものであったといえる。本書がこのような趣旨でひきつづき多くの方々に利用されることを望むものである。

　　2011 年 1 月 10 日

　　　　　　　　　　　　　　　　　　　　　　　　　初　宿　正　典

目　　次

- 第4版はしがき………………………………………………………………… i
- 初版はしがき…………………………………………………………………… ii
- 第2版はしがき………………………………………………………………… iv
- 第3版はしがき………………………………………………………………… v
- 凡　例………………………………………………………………………… ix

第Ⅰ編　近代憲法の成立と日本国憲法の特質

第 1 講　近代立憲主義と日本国憲法 ………………………………… 3
第 2 講　憲法の最高法規性と違憲審査制 …………………………… 7
第 3 講　平和主義と戦争の放棄 ……………………………………… 24

第Ⅱ編　日本国憲法と人権

第1章　日本国憲法とその人権規定の特徴
- 第 4 講　人権の享有主体 ……………………………………………… 73
- 第 5 講　私法関係と人権の効力 ……………………………………… 83
- 第 6 講　憲法第13条と幸福追求権 …………………………………… 94

第2章　法の下の平等
- 第 7 講　性別による差別 ……………………………………………… 112
- 第 8 講　社会的身分による差別 ……………………………………… 117
- 第 9 講　議員定数不均衡 ……………………………………………… 138

第3章　思想・良心の自由と信教の自由
- 第 10 講　思想・良心の自由 …………………………………………… 185
- 第 11 講　信教の自由と政教分離 ……………………………………… 209

第4章　表現の自由と検閲の禁止
- 第 12 講　性表現の規制──刑法第175条を中心に ………………… 275
- 第 13 講　集会の自由と集団行動の規制 ……………………………… 286
- 第 14 講　報道の自由・取材の自由・知る権利 ……………………… 306

第 15 講　公務員の政治活動の規制································315
　第 16 講　検閲の禁止··330
第 5 章　学問の自由の保障と教育の自由
　第 17 講　学問の自由と大学の自治·································349
　第 18 講　教育を受ける権利と教育の自由·····················353
第 6 章　経済的自由権とその制限
　第 19 講　営業の自由とその規制···································365
　第 20 講　財産権の保障とその制限·······························374
第 7 章　社会権的基本権
　第 21 講　憲法第 25 条と生存権の法的性格··················383
　第 22 講　労働基本権とその限界···································394
第 8 章　人身の自由と刑事裁判手続の保障
　第 23 講　法定手続の保障···402
　第 24 講　死刑と残虐な刑罰···411
　第 25 講　迅速な裁判の保障···420

第Ⅲ編　憲法基本資料選
　ヴァージニア権利章典〔抄〕··429
　アメリカ独立宣言〔抄〕···430
　アメリカ合衆国憲法修正箇条〔抄〕·····························431
　フランス人権宣言〔抄〕···432
　フランス第四共和制憲法前文·······································434
　フランス第五共和制憲法前文·······································435
　ヴァイマル憲法〔抄〕··436
　ドイツ連邦共和国基本法〔抄〕····································440
　大日本帝国憲法··446

付録　日本国憲法··447
判例索引··458

凡　　例

* 判例の出典は，通例に従い，次のように略記した（巻末に判例索引を付した）。
  最大判＝最高裁判所(大法廷)判決
  最一判＝最高裁判所第一小法廷判決
  最決＝最高裁判所決定
  大阪高判＝大阪高等裁判所判決
  東京地判＝東京地方裁判所判決
  神戸簡判＝神戸簡易裁判所判決
  佐賀地唐津支判＝佐賀地方裁判所唐津支部判決
  民集＝最高裁判所民事判例集
  集民＝最高裁判所裁判集民事
  刑集＝最高裁判所刑事判例集
  高民(刑)集＝高等裁判所民事(刑事)判例集
  行集＝行政事件裁判例集
  下民(刑)集＝下級裁判所民事(刑事)裁判例集
  労民集＝労働関係民事裁判例集
  判時＝判例時報
  判自＝判例地方自治
  判タ＝判例タイムズ
* 本書中の用字・用語は，各講の概説部分は現代仮名づかいによったが，法令については原文のままとした。ただし，条名などの漢数字は原則として算用数字にした。また，判決（ないし決定）理由中において，促音便のみについては，原典によらず小さい「っ」を用いて読みやすくした。
* 法令は（判例等の引用の場合は別として），「憲法第 9 条 1 項」，「国公法第 110 条 1 項 19 号」のように，「条」の前のみには「第」を付けた。
* 各講で用いた判例は，各講ごとに通し番号で表示し，たとえば【判例3 1】は第 3 講の 1 番目の判例であることを示す。
* 判決（ないし決定）理由中，長文にわたるものには，講学上の便宜のために，編著者の判断で，小見出しを入れ，またごく難しい読みの漢字にはルビを付けた。
* 判決（ないし決定）理由中の「……」は，ごくわずかの例外を除き，すべて編著者による省略を示す。また，〔　〕内も，編著者によるものである。
* 判決（ないし決定）理由中のゴチック体の小見出しは，その番号も含めて，編著者によるもので，必ずしも原典とは同一でない。
* 判例中では原告・被告などの氏名をアルファベットで表記したところがある。
* 判例中に参照されている先例については，便宜上，原典どおりの表記ではなく，本書の判例索引と同様の略記に改めた。また各裁判官の個別意見の部分も，適宜，省略ないし要約してある。
* 判例中にしばしば出てくる「右の」という表現は，判例集等がタテ組であるためであり，本書では「上の」という意味であることはもちろんである。同様に，引用法令中の

「左の」は「下の」の意味である。
*脚注における文献の参照は，編著者自身のものを中心とする，ごく限られたものにとどめた。
*ワク内に示した条文の引用は，原則として，現行法令に依っている。事件当時ではこれと異なっている場合など，必要に応じて注記した。

第Ⅰ編

近代憲法の成立と日本国憲法の特質

第*1*講　近代立憲主義と日本国憲法

1．近代立憲主義と近代憲法の成立

　(1)　17世紀以来の近代市民革命は，一方で絶対君主制からの訣別をもたらし，他方で多かれ少なかれ個人主義的な《自由主義》(liberalism)を基礎とする憲法を要求した。国家はもはや絶対的なものではなく，むしろ，国家権力の濫用を防止し，それによって個人の自由の領域が確保されるべきだとされた。そのために，国家の権力を君主等の一人の手に委ねるのではなく，これをいくつかに分けてそれぞれ別の機関に行使させて相互に抑制しあう制度を樹立し，その一環として，国民を国政に参加せしめる制度が作られた。このように，国民の国政への参加と《権力分立制》の採用によって，国家の権力行使を抑制し，個人の私的な自由の領域ないし権利を確保しようとする考え方を《近代立憲主義》といい，それによって作られた憲法を《近代憲法》(近代的意味における憲法)という。1789年8月26日のフランスの《人及び市民の権利の宣言》〔＝いわゆる**フランス人権宣言**〕の第16条が，「権利の保障が確保され，権力の分立が規定されない社会はすべて，憲法をもっているとはいえない」と宣明しているのは，ここにいう近代立憲主義の思想を簡潔に表現したものである(⇨〔資料4〕)。このような意味での憲法は，イギリスのような例外を除けば，通常は統一的な憲法典(成文憲法)の形態をとることが多い。

　(2)　もちろん，このような近代的な意味での憲法の萌芽は，1215年のマグナ・カルタ(Magna Charta Libertatis)以来のイギリスの一連の文書にも，これを見出すことができるが，真の意味での近代憲法といえるのは，1776年6月12日のヴァージニア憲法だといわれている。この憲法は《近代自然法思想》の圧倒的な影響の下に，アメリカの地で，その**独立宣言**(⇨〔資料2〕)よりも早い時期に採択された**ヴァージニア権利章典**(⇨〔資料1〕)と，それより少し遅れて同月中に採択された統治の機構(frame of government)に関する部分とが一体を成すものとされた。その後，これを多かれ少なかれ模範として，独立したアメリカの各州で憲法が制定された。中でも1780年のマサチューセッ

ツ憲法の権利章典は，ヴァージニアのそれともきわめて似通った条項を多く
もっており，古典的な権利章典の一つに数えられる。

(3) 1788年6月21日に成立したアメリカ合衆国憲法は，当初，権利章典を有していなかったが，後に1791年に，憲法への修正(＝付加)として，10箇条からなる権利章典が採択され，その後も，その時々に追加がなされ，1992年現在で，合計27箇条の**修正箇条**(Amendments)が作られるに至っている(⇨〖資料3〗)。

(4) フランスにおいては，その大革命の成果の一つである1789年8月26日の《人および市民の権利宣言》が，第二次世界大戦後の**第四共和制憲法**の前文(⇨〖資料5〗)でも再確認されている。すなわち同憲法自身は独自の権利章典をもたず，この1789年の宣言を再確認したあと，戦後の時代に必要な新しい諸権利を列挙しており，これを同憲法の権利章典として位置づけることができる。1958年の**第五共和制憲法**も同様の形式を受け継いでいる(⇨〖資料6〗)。

(5) ひるがえって，ドイツでは，1848年のいわゆる《三月革命》の結果としての，同年12月27日施行の《ドイツ国民の基本権に関する法律》(Gesetz, betreffend die Grundrechte des deutschen Volkes)が，国民の自由・権利を詳細に定めており，それが翌1849年3月28日制定のいわゆる《フランクフルト憲法》の第6章として編入されたが，この憲法は施行されるに至らなかった。その後，わが国の明治憲法(⇨〖資料9〗)の主たる模範となったといわれる1850年のプロイセン憲法や，1871年のいわゆるビスマルク憲法(これには権利章典がない)を経て，第一次世界大戦後の1919年8月11日に公布(施行は同月14日)の**ヴァイマル憲法**(⇨〖資料7〗)は，今日《社会権》と呼ばれている新しい諸権利を多く含む詳細な権利章典をもっていたが，ほとんどの権利がいわゆる《法律の留保》に服していたし，これらの権利を保障する制度(とくに違憲審査制度)も十分に整備されていなかった。ヒトラーの時代を経た戦後のドイツは，二つのドイツに分裂し，両ドイツで1949年に別々の憲法が制定された。通常，**基本法**(Grundgesetz)と呼ばれる当時の西ドイツの憲法(⇨〖資料8〗)は，1983年までで合計35回もの改正がなされた。他方，東ドイツでも，1968年に新しい憲法が制定され，1974年の大規模な改正を経て1990年まで

効力を有していたが，1989年11月9日に《ベルリーンの壁》の崩壊が始まり，それに続く一連の革命的な出来事の結果，1990年10月3日にはドイツの《統一》が実現され，基本法が旧東ドイツ領域にも妥当することとなると共に，東ドイツとその憲法は消滅した。基本法はその統一後も何度も改正されて現在に至っている(2015年10月末現在で合計60回)。

2．わが国における近代憲法の成立

(1) 1889年2月11日に公布され，1890年に施行された明治憲法(**大日本帝国憲法**)は，1850年1月31日のプロイセン憲法を主たる模範として制定されたわが国最初の成文憲法である。外見的には，立憲主義の原理を基礎としていたが，実質的内容からすれば，天皇に絶大な権力を集中させ，議会の実質的権限は弱く，臣民の諸権利は《法律の留保》の原則に服していた等の点で，上述のような近代立憲主義の理想からは，かなり隔たりがあった(⇨〚資料9〛)。

(2) 第二次世界大戦後，明治憲法は全面的改正を余儀なくされた。《マッカーサー草案》を土台として作られ，1946年4月17日に発表された《憲法改正草案》をもとにして制定された日本国憲法は，同年11月3日に公布され，翌1947年5月3日に施行された。この現行憲法は，形式上は明治憲法の改正手続にのっとって作られたものであるが，実質的には新しい憲法の制定であると一般に解されている。日本国憲法は，上述の意味での近代立憲主義を基礎とした近代憲法の特質を非常によく表している。

3．日本国憲法の基本原理

(1) 明治憲法と日本国憲法との決定的な違いは，後者が明文で《国民主権》を採用したことである(憲法前文および第1条)。ここにいう《主権》(sovereignty)という語は，《統治権》と同義に用いられることもあり，また「主権国家」という場合のように，《独立性》を意味することもあるが，国民主権という場合の《主権》は，一般に，「国家統治の在り方を最終的に決定する権威ないし力」として定義され，そういう意味での主権が，君主ないし天皇にあるのではなく国民にある，とするのが国民主権である。もっとも，明治憲法も

明文で天皇を主権者としていたわけではなく，天皇の地位をめぐって，いわゆる天皇機関説論争のような激しい議論があったが，現行憲法が「主権が国民に存する」(前文第1項)ことをはっきりと宣言したところに，両者の決定的な相違がある。それゆえ，天皇の地位が「主権の存する日本国民の総意に基く」とされている(第1条)のは当然の帰結である。ただ，日本国憲法は国民主権の実現の方法として，原則的には代表民主制《議会主義》Parlamentarismus)を採用しており，そのことも前文第1項に明言されている。

(2) 次に，日本国憲法の拠って立つ政治哲学は《自由主義》である。憲法前文第1項にも「わが国全土にわたつて自由のもたらす恵沢を確保」すべきことが決意されている。上述の近代立憲主義は，多かれ少なかれ自立した人格としての個人の自由を前提としており，政治社会においてこれを実現するためには，一方で《権力分立制》の採用によって権力の濫用を防止し，他方で国民の《基本的人権》の保障を確保するための制度を確立しなければならない。前者について日本国憲法は，立法権を国会に(第41条)，行政権を内閣に(第65条)，司法権を裁判所に(第76条)，それぞれ付与する形で《権力分立》制を採用し，後者については，詳細な権利章典を置き(第3章)，憲法の最高法規性を確認しつつ(第98条)，裁判所による《違憲審査制》を導入することによって(第81条)，人権の確保をめざしている。これは日本国憲法が，実質的意味における《法治国家》(Rechtsstaat)の原理，ないし《法の支配》(Rule of Law)の原理に立脚するものであることを示している。

(3) 諸外国憲法と比較して日本国憲法の最大の特徴の一つといえるのは，《平和主義》および《国際協和主義》であり，憲法前文に随所に表現されている。

4．日本国憲法の構成と本書での対象の限定

日本国憲法は，体系的には明治憲法を引きついでおり，第1章(第1～8条)に天皇に関する規定を置いて，国民主権と抵触しない限度における天皇制を，いわゆる《象徴天皇制》として維持し，続く第2章(第9条)で平和主義と戦争の放棄を新たに規定したあと，第3章(第10～40条)で国民の権利・義務に関する詳細な規定を置いている。そのあと，第4章から第6章(第41～82条)は

国会・内閣・裁判所の三権に関する規定であり，さらに，第7章(第83〜91条)は「財政」，第8章(第92〜95条)は「地方自治」，第9章(第96条)は「憲法改正」，第10章(第97〜99条)は「最高法規」という構成が採られている。最後の第11章(第100〜103条)は補則である。これらのうち第3章の人権規定の主なものについては，本書の大部分(第Ⅱ編)で触れることとする。[1]

第2講　憲法の最高法規性と違憲審査制

1. 憲法の最高法規性

　日本国憲法は，その第10章を「最高法規」とし，そこに3箇条を置いている。このうち，第97条は《マッカーサー草案》では第3章の第10条として置かれていたものであり，体系上はその方がすっきりしているように思われる[2]が，ドイツの基本法第1条第3項が《基本権》(Grundrechte)があらゆる国家権力を拘束し，国政全体を支配すべきだとしている(⇨［資料8］)のと同様の趣旨で，日本国憲法の三大原理の一つである基本的人権の尊重を確認しており，その限りにおいては，最高法規の章に同条が入れられていることには，それなりの意味があるともいえる。また，第99条も必ずしもここに置く必然性はないように思われるが，ここでは，第98条について触れるにとどめる。

　ところで，この第98条に対応するマッカーサー草案の条項は第90条であり，それは，連邦制度のもとにおいて州に対する《連邦の優位》を規定したアメリカ合衆国憲法(第6条第2節)を下敷きにして作られたものと考えられ[3]，憲法とならんで，これに基づいて制定される法律および条約が「国民ノ至上法」(the supreme law of the nation)であるとされていた。憲法改正草案(第94

---

1) 天皇制や国会・内閣等に関する重要な判例は少ないし，スペースの関係もあるので，本書では，詳しくは取り扱わない。
2) 宮沢俊義著・芦部信喜補訂『全訂日本国憲法』(日本評論社，1978年)799〜801頁も参照。
3) 「この憲法，これに準拠して制定される合衆国の法律，及び合衆国の権限をもってすでに締結され又は将来締結されるすべての条約は，国の最高法(the supreme law of the land)である。……」

条)でもその点は変わらなかったが，1946(昭和21)年8月24日に衆議院で修正されて，現在のようになったものである。成文憲法を有する単一国家においては，憲法が他の法規範に比べて最も強い形式的効力を有することは，いわば当然のことであるともいえるが，草案にあった「条約」の語は，現行憲法では第2項へ移されており，憲法と条約が形式的効力においてどういう関係に立つのか，議論になりうる(⇨【判例3-1】参照)。

2．違憲審査制の性格

憲法が国の最高法規であるとされることから，憲法以外のあらゆる法規範および国の一切の行為は，最高法規たる憲法に適合するものでなければならず，これに反する法律，命令等の「全部又は一部は，その効力を有しない」(第98条)こととなる。しかし，現実に制定される法律や命令は，常に憲法と矛盾なく制定されるとは限らないので，それが憲法に適合するかどうかを判断する機関が必要となる。日本をはじめ多くの国の憲法では，このような場合に法律等の憲法適合性を判断する権限(違憲審査権)[4]を裁判所に与えている。日本国憲法では，第81条がその根拠規定である。

ところで《違憲審査制》は，一般に，具体的な訴訟事件を前提として，通常の司法裁判所(judicial court)が審査を行う《司法審査制》と，特別な《憲法裁判所》(Verfassungsgericht)を設置して憲法違反の判断をこれに独占させ，具体的な訴訟事件を離れた抽象的な違憲審査を行う権限をも与える《憲法裁判所制度》とに大別される。前者の代表がアメリカ合衆国であり[5]，後者の代表が戦後のドイツである[6]。わが国の裁判所がいずれの類型に属するか，とい

---

[4] この権限は，「違憲立法審査権」とか「法令審査権」あるいは「司法審査権」と呼ばれることがあるが，この権限は，一方で，単に「立法」や「法令」のみに及ぶだけでなく，憲法第81条にあるように，「法律，命令，規則又は処分」の全体に及ぶのであって，とくに処分(たとえば行政庁による取消等のような本来的な処分はもちろん，裁判所の判決自体も処分の一種であるとされている)も，違憲審査の対象となりうることからすると，前2者の表現は狭すぎるということになるし，他方，裁判所法第3条との関連で，たとえば宗教団体の内部紛争が「法律上の争訟」として裁判所による審判に服するか否かといった文脈で裁判所の「司法審査権」と言われることがあるので，「司法審査権」という表現は広すぎるということになるので，ここでは，憲法第81条の権限を単に「違憲審査権」と表現することとする。

うことについては，従来から争いがある。現行憲法第81条のもとになった憲法改正草案の第77条等を根拠として，憲法は特に最高裁判所（以下，本書では便宜上，単に「最高裁」と表記する）に対し，ドイツの憲法裁判所のような特別の権限を付与したものだと解する見解もあるが，最高裁は，いわゆる警察予備隊違憲訴訟に対する判決(⇨【判例2-1】)において，この見解をはっきりと否定した。またこれ以前にも最高裁は，憲法第81条が「米国憲法の解釈として樹立せられた違憲審査権を明文をもって規定した」ものだと判示している（最大判昭23・7・8刑集2巻8号801頁[7]）。

3．憲法判断の回避

(1) このように，わが国の裁判制度の下においては，裁判所は法令等の違憲性について，一般的・抽象的な判断を下すことはできず，具体的な法律関係について特定人に紛争の存する場合に，その事件を解決するのに必要な憲法判断を下すのであるが，具体的な法的紛争が存する場合でも，憲法判断をするまでもなく事件の解決が得られる場合にはこれをすべきではないとして，憲法に関する判断が回避される場合がある。このような場合の典型的な事例が，いわゆる**恵庭事件判決**(⇨【判例2-2】)であり，いわゆる百里基地訴訟の控訴審判決(⇨【判例3-4】)や，家永教科書検定第二次訴訟の控訴審判決（後述第18講参照）においても，これとやや類似した論法で憲法判断が回避されている。

最高裁判例の中には，裁判所が法令の合憲性についての判断を積極的に表明しなかった場合にはその法令が憲法に適合するとの判断を示したものだ，

---

5) アメリカ合衆国憲法には，わが国の場合と違って，違憲審査権の明文規定はないが，1803年の Marbury v. Madison 事件に対する合衆国最高裁判所の判決(1 Cranch 137)以来の《判例法》として確立されたものである。

6) もちろん，現在のドイツの憲法裁判所は，ここに言う，いわゆる「抽象的規範統制」(abstrakte Normenkontrolle)権限のみでなく，憲法訴願(Verfassungsbeschwerde)についての権限を含めて，非常に広範かつ強大な権限を有している(⇨【資料8】)の第93条，第100条などを参照）。

7) この判決中で最高裁自身，「憲法裁判所としての性格」をもつものと判示しているが，この性格づけは現在では一般に否定されている。

とするものもある(最大判昭25・2・1刑集4巻2号73頁)が，逆に当該事件そのものの解決には必要でなくなった憲法判断を，いわゆる《傍論》として行なった例(⇨【判例3-3】【判例21-1】)もある。

(2) 《統治行為》論

政府・国会等の政治部門によってなされる国家行為をめぐって具体的な法的争訟が提起され，しかもそれに対する法的判断が可能であるにもかかわらず，その行為が高度に政治的であることを理由として，それに対する法的判断は司法権の外にある，という形で憲法判断が回避される場合がある。これが一般に《統治行為》論と呼ばれるものである[8]。砂川事件に対する最高裁の判決(⇨【判例3-1】)においてこの種の言い回しが初めて登場し，その後，**苫米地事件**の判決(⇨【判例2-3】)において，典型的な形で最高裁判所によって採用された。さらに，長沼事件控訴審判決(⇨【判例3-3】参照)や百里基地訴訟第一審判決(⇨【判例3-4】参照)においても，やや違った文脈においてではあれ，用いられている。

このような統治行為論の根拠としては，一般に裁判所の自制とか，司法権の内在的制約とか，あるいは民主制原理とかに求められるが，このような統治行為論に対しては，憲法第81条(および第98条1項)を根拠として，あるいは，司法権の本質に対する理解から，さまざまな批判があり，これらの場合も，これを政治部門の裁量とか，《自律権》の問題として捉えうるのではないかとする批判がありうる。

判例上，統治行為論が採用され，あるいは，これに言及した他の事例については，次の第3講で触れる。

4．司法権の限界

(1) 《部分社会》論

裁判所法第3条は，裁判所の権限として，憲法に特別の定めのある場合を除いて「一切の法律上の争訟」を裁判する旨を定めている。ところが，自律的な法規範をもつ社会や団体の内部での問題の解決は，原則としてその社会

---

8) フランス語で acte de gouvernement，ドイツ語で Regierungsakt という語の邦訳である。なお，後出【判例3-1】の藤田・入江補足意見参照。

ないし団体の内部規律に委ね、裁判所はそれに関与すべきではないとして、裁判所が法的判断を差し控える場合がある。この考え方は、県議会議員除名処分にかかわるいわゆる「米内山事件」に対する決定(最大決昭28・1・16民集7巻1号12頁)の中で田中耕太郎裁判官が少数意見として述べたいわゆる《部分社会論》に起源をもつ一般理論であり、村会議員出席停止事件に対する判決(⇨【判例2-4】)でも同様の判示が見られる。しかし、この理論の有用性については、正当な批判が多い。

(2) 宗教的紛争と司法審査

上の問題と密接に関連して、とりわけ事例の多い問題は、宗教団体の内部紛争である。その際、その紛争が具体的な権利義務に関する法律上の形式をとっていても、その前提問題として宗教上の教義等の判断が不可欠である場合には、裁判所は法的判断をすべきでないとされることがある。いわゆる「**板まんだら**」**事件**判決(⇨【判例2-5】)において最高裁は、法律上の争訟の形式が取られていても、その紛争の実質が「法令の適用により終局的に解決」できない事柄であれば、裁判所は判断できないとして訴えを却下した。これは憲法第20条の《政教分離》原則(→第 **11** 講)の要請でもあって、いちがいにこの判断回避が不当だとは言えない点がある。

【判例2-1】
警察予備隊違憲訴訟(日本国憲法に違反する行政処分取消請求事件)
最大判昭27・10・8民集6巻9号783頁　　　　　　　〔訴え却下〕

〔事実の概要〕

原告の鈴木茂三郎は当時の左派社会党を代表し、国(代表者は法務大臣木村篤太郎)を相手どり、国が1951(昭和26)年4月1日以降になした警察予備隊の設置並びに維持に関する一切の行為が無効であることの確認を求める訴えを、直接最高裁に提起した。その請求の原因として原告の主張するところは、(1)実体論として、憲法第9条2項が保持を禁じている「戦力」とは、陸海空の三軍のような組織としての軍隊のみならず、これに類似のものも含むものであり、組織、兵器の性質および(使用)目的という三つの標識からみて、警察予備隊は「戦力」に該当する。それゆえ、吉田内閣が1950(昭和25)年7月8日のマッカーサー書簡に基づき、ポツダム政令として

警察予備隊令を制定し，総理府の機関として警察予備隊を設置し，これを維持するためになした一切の行為は無効である。(2)手続論として，憲法81条は最高裁に対していわゆる違憲審査権を賦与し，「憲法保障機関としての憲法裁判所の性格をも与えた」のであり，新憲法下の最高裁判所は一般の司法裁判所としての性格と憲法裁判所としての性格を併せ有する。それゆえ原告は，具体的訴訟においてでなくとも，違憲法令処分の効力を直接争いうるのは理の当然である，ということであった。

〔判決理由〕

原告は，最高裁判所が一方司法裁判所の性格を有するとともに，他方具体的な争訟事件に関する判断を離れて抽象的に又一審にして終審として法律，命令，規則又は処分が憲法に適合するや否やを判断する権限を有する点において，司法権以外のそして立法権及び行政権のいずれの範疇にも属しない特殊の権限を行う性格を兼有するものと主張する。

この点に関する諸外国の制度を見るに，司法裁判所に違憲審査権を行使せしめるもの以外に，司法裁判所にこの権限を行使せしめないでそのために特別の機関を設け，具体的争訟事件と関係なく法律命令等の合憲性に関しての一般的抽象的な宣言をなし，それ等を破棄し以てその効力を失はしめる権限を行わしめるものがないではない。しかしながらわが裁判所が現行の制度上与えられているのは司法権を行う権限であり，そして司法権が発動するためには具体的な争訟事件が提起されることを必要とする。我が裁判所は具体的な争訟事件が提起されないのに将来を予想して憲法及びその他の法律命令等の解釈に対し存在する疑義論争に関し抽象的な判断を下すごとき権限を行い得るものではない。けだし最高裁判所は法律命令等に関し違憲審査権を有するが，この権限は司法権の範囲内において行使されるものであり，この点においては最高裁判所と下級裁判所との間に異るところはないのである（憲法76条1項参照）。原告は憲法81条を以て主張の根拠とするが，同条は最高裁判所が憲法に関する事件について終審的性格を有することを規定したものであり，従って最高裁判所が固有の権限として抽象的な意味の違憲審査権を有すること並びにそれがこの種の事件について排他的すなわち第一審にして終審としての裁判権を有するものと推論することを得ない。原告が最高裁判所裁判官としての特別の資格について述べている点は，とくに裁判所法41条1項の趣旨に関すると認められるがこれ最高裁判所が合憲性の審査のごとき重要な事項について終審として判断する重大な責任を負うていることからして十分説明し得られるのである。

なお最高裁判所が原告の主張するがごとき法律命令等の抽象的な無効宣言をなす権限を有するものとするならば，何人も違憲訴訟を最高裁判所に提起することによ

り法律命令等の効力を争うことが頻発し、かくして最高裁判所はすべての国権の上に位する機関たる観を呈し三権独立し、その間に均衡を保ち、相互に侵さざる民主政治の根本原理に背馳(はいち)するにいたる恐れなしとしないのである。

要するにわが現行の制度の下においては、特定の者の具体的な法律関係につき紛争の存する場合においてのみ裁判所にその判断を求めることができるのであり、裁判所がかような具体的事件を離れて抽象的に法律命令等の合憲性を判断する権限を有するとの見解には、憲法上及び法令上何等の根拠も存しない。そして弁論の趣旨よりすれば、原告の請求は右

> **裁判所法第41条1項** 最高裁判所の裁判官は、識見の高い、法律の素養のある年齢40年以上の者の中からこれを任命し、そのうち少くとも10人は、10年以上第1号及び第2号に掲げる職の一若しくは二に在つた者又は左の各号に掲げる職の一若しくは二以上に在つてその年数を通算して20年以上になる者でなければならない。
> 1 高等裁判所長官
> 2 判事
> 3 簡易裁判所判事
> 4 検察官
> 5 弁護士
> 6 別に法律で定める大学の法律学の教授又は准教授

に述べたような具体的な法律関係についての紛争に関するものでないことは明白である。従って本訴訟は不適法であって、かかる訴訟については最高裁判所のみならず如何なる下級裁判所も裁判権を有しない。……

〔裁判官14人全員一致の意見〕

【判例2-2】

恵庭事件(自衛隊法違反被告事件)
札幌地判昭42・3・29判時476号25頁　　　　　　　　　〔無罪〕(確定)

〔事実の概要〕

　北海道千歳郡恵庭町にある陸上自衛隊島松演習場付近の酪農民は、爆音等によって乳牛に被害(早流産や乳量の減少等)を受けたので、自衛隊に補償を請求したが、補償規定がないことを理由に認められなかったが、牧場との境界線付近での射撃に際しては事前連絡をする旨の紳士協定が成立した。ところが1962(昭和37)年12月11日、何の連絡もなしにカノン砲二門の砲撃が開始され、本件被告人(野崎美晴・健美兄弟)は現場に行って抗議したが射撃が続行されたので、射撃命令伝達等のために敷設されていた連絡用の通信線(電話線)を数ケ所、ペンチで切断し、自衛隊法第121条違反で起訴された。〔以上の事実の概要については、『憲法判例百選Ⅱ』〔第2版〕342頁

(芦部)に依拠し，判時476号25頁以下を参考にした。〕

〔判決理由〕

「……弁護人らは，被告人両名の行為が自衛隊法121条の構成要件にあたらないと主張するとともに，他方，同条およびこれを含む自衛隊法全般ないし同法によってその存在のみとめられている自衛隊が憲法9条，前文等の諸条項や平和主義の理念に反する旨を力説強調し，自衛隊法121条は，違憲無効の法規と断ずるほかないと主張している。

そこで，まず，被告人両名の各行為がはたして検察官主張のように自衛隊法121条……に該当するかどうかについて判断することとする。」

> **自衛隊法第121条** 自衛隊の所有し，又は使用する武器，弾薬，航空機その他の防衛の用に供する物を損壊し，又は傷害した者は，5年以下の懲役又は5万円以下の罰金に処する。

> **(器物損壊等)**
> **刑法第261条** 前3条〔＝公用文書等毀棄，私用文書等毀棄，建造物損壊〕に規定するもののほか，他人の物を損壊し，又は傷害した者は，3年以下の懲役又は30万円以下の罰金若しくは科料に処する。

1．自衛隊法第121条の刑罰規定

「自衛隊法121条(以下，単に「本件罰条」と略称するばあいもある。)は，保安庁法……の改正により，防衛庁設置法……および自衛隊法……のいわゆる「防衛二法」が制定され，自衛隊のおもな任務が「わが国の平和と独立を守り，国の安全を保つため，直接侵略及び間接侵略に対しわが国を防衛すること」(自衛隊法3条1項参照)にあることが明示されたのをはじめ，「防衛出動」に関する規定の新設等にともない，あたらしく立法された罰条であるところ，一般の器物損壊に関する刑法261条に比較すると，親告罪性を排除して，その違反行為の訴追を容易ならしめるとともに，法定刑をかなり大はばに引きあげている。」

2．刑罰法規の明確性

「一般に，刑罰法規は，その構成要件の定め方において，できるかぎり，抽象的・多義的な表現を避け，その解釈・運用にあたって，判断者の主観に左右されるおそれ(とくに，濫用のおそれ)のすくない明確な表現で規定されなければならないのが罪刑法定主義にもとづく強い要請である。

その意味からすると，本件罰条にいわゆる「その他の防衛の用に供する物」という文言は，包括的・抽象的・多義的な規定方法であり，検察官主張のように，「客観的，具体的であって，なんら不明確な点はない。」と断定するには，たやすく同調できないところが多い。

たしかに，刑罰法規の立法者がその立法段階で，ありとあらゆる事態をもれなく想定し，刑罰をもって規制すべき必要かつ十分な範囲・対象をつねに明確な文言で精密に規定するような立法作業をおこなうのは，なかば不能にひとしい面もあるため，……ある範囲での包括的・抽象的規定方法をとることも，……やむをえないのであるが，それは，あくまで，必要最低限にとどめるべきであると同時に，本件罰条のように，その規制秩序の特殊性とあいまち，規定文言の抽象的・多義的な性格がすこぶる濃厚な刑罰法規の解釈に際しては，厳格解釈の要請がひときわ強くはたらくのであって，類推解釈の許容される限界についても，いっそう多くのきびしい制約原理が支配し，刑罰権のし意的な濫用を厳重に警戒する態度をもってのぞまねばならないものというべきである。」

3．本件罰条にいう「その他の防衛の用に供する物」の意義

「本件罰条の文理的構造にてらすと，ひろく，自衛隊の所有し，または使用するいっさいの物件に対する損傷行為を処罰対象としているものでないことは明白であり，さらに自衛隊のあらゆる任務もしくは業務の遂行上必要性のあるすべての物件に対する損傷行為を処罰の対象とする法意でないこともまた疑いをいれない。

ところで，本件罰条にいう「その他の防衛の用に供する物」の意義・範囲を具体的に確定するにあたっては，同条に例示的に列挙されている「武器，弾薬，航空機」が解釈上重要な指標たる意味と法的機能をもつと解するのが相当である。すなわち，およそ，防衛の用に供する物と評価しうる可能性なり余地のあるすべての物件を，損傷行為の客体にとりあげていると考えるのは，とうてい妥当を欠くというべきである。……

本件罰条は，ある限度内での類推解釈を許容することを前提として，その許容される限界を客観的にあきらかにする趣旨のもとに，「武器，弾薬，航空機」という例示物件をかかげているものと解され，したがって，「その他の防衛の用に供する物」とは，これら例示物件とのあいだで，法的に，ほとんどこれと同列に評価しうる程度の密接かつ高度な類似性のみとめられる物件を指称するというべきである。

そこで，本件罰条違反の罪の罪質を念頭において，これら例示物件の特色について考察すると，それらは，いずれも，(1) その物自体の機能的な属性として，いわゆる防衛作用のうち，とくに，自衛隊法上予定されている自衛隊の対外的武力行動に直接かつ高度の必要性と重要な意義をもつ物件であり，それだけ，現実の防衛行動に先だち，その機能を害する行為からまもられていなければならない要求が大きく，(2) 実力部隊の性格をもつ自衛隊の物的組織の一環を構成するうえで，いわば，不可欠にちかい枢要性をもつ物件であり，したがって，これと対する損傷行為は，

自衛隊の本質的な組織構成をおびやかす面をもち，さらに，(3) 規模・構造等の関係で，ひとたび損傷行為がくわえられたばあいにもたらされる影響が深刻なものとなる危険の大きい物件であり，同種の物件によっても，用法上の代たいをはかることの容易でない等の特色をもっている。」

4．被告人の本件行為の構成要件該当性

「以上の見地にそくして，被告人両名の切断した本件通信線が自衛隊法 121 条にいわゆる「その他の防衛の用に供する物」にあたるか否かを検討してみるに，……本件通信線が自衛隊の対外的武力行動に直接かつ高度の必要性と重要な意義をもつ機能的属性を有するものといいうるか否か，自衛隊の物的組織の一環を構成するうえで不可欠にちかいだけの枢要性をそなえているものと評価できるか否か，あるいは，その規模・構造等の点で損壊行為により深刻な影響のもたらされる危険が大きいと考えられるかどうか，ないしは，同種物件による用法上の代たいをはかることが容易でないと解されるかどうか，これらすべての点にてらすと，多くの実質的疑問が存し，かつ，このように，前記例示物件との類似性の有無に関して実質的な疑問をさしはさむ理由があるばあいには，罪刑法定主義の原則にもとづき，これを消極に解し，「その他の防衛の用に供する物」に該当しないものというのが相当である。」

5．違憲審査権の行使のあり方

「およそ，裁判所が一定の立法なりその他の国家行為について違憲審査権を行使しうるのは，具体的な法律上の争訟の裁判においてのみであるとともに，具体的争訟の裁判に必要な限度にかぎられることはいうまでもない。このことを，本件のごとき刑事事件にそくしていうならば，当該事件の主文の判断に直接かつ絶対必要なばあいにだけ，立法その他の国家行為の憲法適否に関する審査決定をなすべきことを意味する。

したがって，すでに説示したように，被告人両名の行為について，自衛隊法 121 条の構成要件に該当しないとの結論に達した以上，もはや，弁護人ら指摘の憲法問題に関し，なんらの判断をおこなう必要がないのみならず，これをおこなうべきでもないのである。……」

〔札幌地方裁判所第 6 部　裁判長裁判官 辻　三雄，裁判官 角谷三千夫，猪瀬俊雄〕

【判例2-3】

苫米地事件(衆議院議員資格確認並びに歳費請求事件)
最大判昭35・6・8民集14巻7号1206頁 〔上告棄却〕

〔事実の概要〕

　吉田内閣が1952(昭和27)年8月28日に行なったいわゆる《抜打ち解散》に関し、当時衆議院議員であった原告(上告人)苫米地義三は、上記の【判例2-1】と同様に、最高裁が憲法81条によって憲法裁判所としての権限を有するとする解釈から、この解散の無効を主張して、直接、最高裁にその無効確認を求めて提訴したが、最高裁は同判決を引用してこれを却下した(最大判昭28・4・15民集7巻4号305頁)ので、今度は、本件解散によって失った議員としての地位と任期満了までの歳費を請求するという、具体的な権利義務の訴えという形に切り替えて、再び訴訟を起こした。これに対し、第一審の東京地裁は(昭28・10・19判時11号3頁)被告国(代表者法務大臣犬養健)が、衆議院解散の適法性については裁判所は判断する権限がないとした主張を否定し、「フランスその他の諸国において、いわゆる政治性の濃厚な一連の行為が統治行為又は政治問題等……と称せられ、裁判所……においてこれを無効と判断し得ないものとされて居ることは被告の言う通りであるが、我国において右の様な統治行為なるものの概念を採用すべきか否かは、統治行為を認むべき理由と、それからして演繹されるべき統治行為の概念規定……とが我国において採られて居る法律制度に適応するや否やによって定まるものであって諸外国の事例を直ちに採って範とすることはできない」とし、衆議院解散の「政治的影響の大きいと言ふことがその行為の純法律的な判断を不可能にするものではなく、又国民によって行為の当否の批判がなされるからと言って、その行為についての政治的当否の批判とは全く別な法律的判断が排除さるべき理由にはならない。衆議院を如何なる事態の下において解散するのが妥当であるかは政治的判断に委ねられて居るのであろうが……解散の方式そのものが憲法の定めるところに適合して行はれたりや否やは、一切の政策的評価を排除して判断することが可能でもあり、又政策的評価を離れて判断すべき事柄である。」「そこで我国の制度を見るに、現在の憲法下における司法権とは……一切の法律上の争訟において憲法上特別の定めのない限り、すべての行為が法規に適合するや否やの判断を為す権限……を附与されて居るものである。従って当該行為が法律的な判断の可能なものであり、それによって個人的権利義務についての具体的紛争が解決されるものである限り、裁判所は一切の行為についてそれが法規に適合するや否やの判断を為す権限を有し、又義務を負ふものである。これが我が法

制の建前であり，……衆議院解散行為について，その法律的判断が可能なものである以上，その有効，無効についての争が司法的審査の対象から排除されるべき合理的理由はないものと言ふべきである。」「我国においても統治行為なるものが学説として論ぜられて居るのではあるが，前述の如き内容の司法権を認めて居る我国の法治主義の下において，なほ裁判の対象から除外されるべき統治行為なるものを認むべき法理上の根拠も，又統治行為なる概念についての積極的，具体的な内容規定も明らかにされては居ないのであって，自由主義的法治制度に徹すれば……今日において単に政治性が強いと言ふ一事だけで衆議院解散の合憲性を裁判所の判断対象から除外することはできないものと言はなくてはならない」として，原則的に統治行為論を否認した。そして，本件解散の合憲性について検討を加え，本件のように衆議院での内閣の不信任決議案の可決等もないのに(憲法第69条参照)本件解散が行なわれたからといって本件解散(憲法第7条3号)が憲法に違反するとはいえないが，「一部閣僚の賛成のみでは適法な閣議決定があったものと言ふことができず……従って本件解散については内閣の助言があったとは言へないので本件解散は内閣の承認有無について判断する迄もなく憲法第7条に違反するものと言はなくてはならない」として，昭和27年9月分より原告の任期満了(昭和28年1月分)までの歳費(1ケ月5万7千円)合計28万5千円の支払いを命じたのである(東京地裁民事第3部〔以上の引用部は原文に傍点あり〕)。それに対して，控訴審(東京高判昭29・9・22判時35号8頁)は，裁判所が衆議院解散の合憲性を審査しうるとする点では第一審と同じ見解を示しながらも，本件解散については，8月22日の定例閣議で，天皇に対し助言する旨の閣議決定が行なわれ，吉田首相の天皇に対する上奏(25日)，持廻り閣議の方法による書類作成(26日当日は4，5名の署名を得，残りは28日に署名を得て完備)，山田総務課長より天皇への書類の呈上(26日夜)によって，「内閣より天皇に対する助言がなされ，天皇は右助言により解散の詔書を発布し，内閣はその後これを承認したものであると解するを相当とする」とし，本件解散は有効であるとして第一審判決を取り消し，原告の請求を棄却した。これに対して原告が上告したのが本件である。

〔判決理由〕

「本訴は，昭和27年8月28日行われた衆議院の解散は憲法に違反し無効であるとの主張にもとづき，当時衆議院議員であった上告人は右解散によっては衆議院議員たる身分を失わないとして，同年9月分から上告人の衆議院議員の任期が満了した昭和28年1月分迄の上告人の衆議院議員としての歳費合計28万5千円の支払を求めるというのである。すなわち本訴は，右衆議院の解散の法律上無効なることを

前提として，衆議院議員の歳費の支払を請求する訴訟である。

……本件解散無効に関する主要な争点は，本件解散は憲法 69 条に該当する場合でないのに単に憲法 7 条に依拠して行われたが故に無効であるかどうか，本件解散に関しては憲法 7 条所定の内閣の助言と承認が適法に為されたかどうかの点にあることはあきらかである。

しかし，現実に行われた衆議院の解散が，その依拠する憲法の条章について適用を誤ったが故に，法律上無効であるかどうか，これを行うにつき憲法上必要とせられる内閣の助言と承認に瑕疵があったが故に無効であるかどうかのごときことは裁判所の審査権に服しないものと解すべきである。

日本国憲法は，立法，行政，司法の三権分立の制度を確立し，司法権はすべて裁判所の行うところとし(憲法 76 条 1 項)，また裁判所法は，裁判所は一切の法律上の争訟を裁判するものと規定し(裁判所法 3 条 1 項)，これによって，民事，刑事のみならず行政事件についても，事項を限定せずいわゆる概括的に司法裁判所の管轄に属するものとせられ，さらに憲法は一切の法律，命令，規則又は処分が憲法に適合するかしないかを審査決定する権限を裁判所に与えた(憲法 81 条)結果，国の立法，行政の行為は，それが法律上の争訟となるかぎり，違憲審査を含めてすべて裁判所の裁判権に服することとなったのである。

しかし，わが憲法の三権分立の制度の下においても，司法権の行使についておのずからある限度の制約は免れないのであって，あらゆる国家行為が無制限に司法審査の対象となるものと即断すべきでない。直接国家統治の基本に関する高度に政治性のある国家行為のごときはたとえそれが法律上の争訟となり，これに対する有効無効の判断が法律上可能である場合であっても，かかる国家行為は裁判所の審査権の外にあり，その判断は主権者たる国民に対して政治的責任を負うところの政府，国会等の政治部門の判断に委され，最終的には国民の政治判断に委ねられているものと解すべきである。この司法権に対する制約は，結局，三権分立の原理に由来し，当該国家行為の高度の政治性，裁判所の司法機関としての性格，裁判に必然的に随伴する手続上の制約等にかんがみ，特定の明文による規定はないけれども，司法権の憲法上の本質に内在する制約と理解すべきである。

衆議院の解散は，衆議院議員をしてその意に反して資格を喪失せしめ，国家最高の機関たる国会の主要な一翼をなす衆議院の機能を一時的とは言え閉止するものであり，さらにこれにつづく総選挙を通じて，新な衆議院，さらに新な内閣成立の機縁を為すものであって，その国法上の意義は重大であるのみならず，解散は，多くは内閣がその重要な政策，ひいては自己の存続に関して国民の総意を問わんとする

場合に行われるものであってその政治上の意義もまた極めて重大である。すなわち衆議院の解散は，極めて政治性の高い国家統治の基本に関する行為であって，かくのごとき行為について，その法律上の有効無効を審査することは司法裁判所の権限の外にありと解すべきことは既に前段説示するところによってあきらかである。そして，この理は，本件のごとく，当該衆議院の解散が訴訟の前提問題として主張されている場合においても同様であって，ひとしく裁判所の審査権の外にありといわなければならない。

　本件の解散が憲法7条に依拠して行われたことは本件において争いのないところであり，政府の見解は，憲法7条によって，──すなわち憲法69条に該当する場合でなくとも，──憲法上有効に衆議院の解散を行い得るものであり，本件解散は右憲法7条に依拠し，かつ，内閣の助言と承認により適法に行われたものであるとするにあることはあきらかであって，裁判所としては，この政府の見解を否定して，本件解散を憲法上無効なものとすることはできないのである。」

＊裁判官小谷勝重・奥野健一の意見　　衆議院の解散は憲法81条にいう「処分」であって，正に裁判所の違憲審査権の対象であるが，憲法69条は解散についての一の場合を規定しているのであって，同条の場合以外に全然解散を認めない趣旨ではない。しかし，解散が内閣の助言と承認により行われることは有効な解散の必要条件であり，この条件を満たさない解散は憲法上無効であるから，本件解散の有効無効を決するにはこの点の判断は不可欠である。そして原判決の判断は結局正当である。

＊裁判官河村大助の意見　　「所謂統治行為なるものを司法審査の対象から除外する旨の明文」は存せず，「如何に高度の政治性を有する国家行為と雖も形成上司法審査の対象となり得る要件を備えるものである限りは，司法権に服さなければならない」とする説に賛成し，第一審の判断は正当で，本件解散の「方式，手続が憲法の定めるところに適合して行われたりや否やは一切の政策的評価を排除して法律的判断を為すことが可能であるから，司法審査の対象となる」と解するが，「憲法は解散の決定を内閣に担当せしめたものと解するほかはな」く，「憲法7条の方式に従い行われた」本件解散は違法でない。また「助言と承認」は「法律上一個の観念」で，本件においては閣僚全員承認の下に8月28日に解散が施行されたと解しうる。

＊裁判官石坂修一の意見　　「解散すべきか否かの問題」と，憲法に従った「有効なる解散が行はれたか否かの問題」とは別で，前者については裁判所に審査権は当然ないが，後者については審査権がある。

〔以上の三意見を除き，裁判官14人全員の一致した意見〕

【判例2-4】

村会議員出席停止事件（懲罰決議等取消請求事件）

最大判昭 35・10・19 民集 14 巻 12 号 2633 頁　　　　　　　　〔上告棄却〕

〔事実の概要〕

新潟県のある村の合併に伴う村役場の位置をめぐる対立の中で、この議案に対する賛否の勢力配分は賛成 16 反対 9 で、成立要件たる出席議員の 3 分の 2 以上の同意が得られる見込みがなかったので、

> 裁判所法第 3 条 1 項　裁判所は、日本国憲法に特別の定のある場合を除いて一切の法律上の争訟を裁判し、その他法律において特に定める権限を有する。

その可決通過を図る多数派は、村議会開会の劈頭（へきとう）に、これに反対する村会議員 2 名に対し、議事を混乱に陥れているとの理由により 3 日間の出席停止という懲罰動議を提出し、両名を退席させた上、採決の結果賛成 14、反対 8 でこれを可決し、その後これら 2 名を除いて村役場位置条例改正案を 3 分の 2 以上の賛成（賛成 16 反対 7）で可決した（1957 年 12 月 13 日）。しかし、村議会の会議規則によると、懲罰事由は動議提出当日の事犯でなければならない旨規定されており、出席停止処分を受けた両議員が、この決議および該位置条例改正決議等の無効を争った。第一審・第二審ともに裁判所は 3 日間の出席停止処分はすでに過ぎてしまっているから、原告に《訴えの利益》がない、として訴えを却下したので、さらに上告して争った。

〔判決理由〕

「司法裁判所が、憲法又は法律によってその権限に属するものとされているものの外、一切の法律上の争訟に及ぶことは、裁判所法 3 条の明定するところであるが、ここに一切の法律上の争訟とはあらゆる法律上の係争という意味ではない。一口に法律上の争訟といっても、その範囲は広範であり、その中には事柄の特質上司法裁判権の対象の外におくを相当とするものがあるのである。けだし、自律的な法規範をもつ社会ないしは団体に在っては、当該規範の実現を内部規律の問題として自治的措置に任せ、必ずしも、裁判にまつを適当としないものがあるからである。本件における出席停止の如き懲罰はまさにそれに該当するものと解するを相当とする。(尤も、昭和 35 年 3 月 9 日大法廷判決──民集 14 巻 3 号 355 頁以下──は議員の除名処分を司法裁判の権限内の事項としているが、右は議員の除名処分の如きは、議員の身分の喪失に関する重大事項で、単なる内部規律の問題に止らないからであって、本件における議員の出席停止の如く議員の権利行使の一時的制限に過ぎないものとは自ら趣を異にしているのである。従って、前者を司法裁判権に服させても後者については別途に考慮し、これを

司法裁判権の対象から除き，当該自治団体の自治的措置に委ねるを適当とするのである。）」
「されば，前示懲罰の無効又は取消を求める本訴は不適法というの外なく，原判決は結局正当である。」

＊**裁判官河村大助の意見** 「地方議会議員の懲罰決議は議員としての報酬，手当，費用弁償の請求権等に直接影響するものである以上，その懲罰処分の適否及び右請求権等の争いは単なる議会の内部規律の問題にすぎないものと見るべきではなく，……司法審査の対象となり得るものと解するを相当とする。またこのことは，その懲戒処分が除名処分であると出席停止の処分であるとにより区別される理由はない。」しかし，本訴確認の訴はその利益がないから，原判決は正当である。

＊**裁判官奥野健一の意見** 懲罰決議が裁判の対象となることは判例の示すところであり，除名処分であると出席停止の処分であるとによって区別すべき理論上の根拠はない。

＊**裁判官田中耕太郎，斎藤悠輔，下飯坂潤夫の補足意見** 除名も出席停止もともに裁判権の対象の外にあるものと解すべきである。

〔以上の意見・補足意見があるほか，裁判官13人全員一致の意見〕

【判例2-5】
「板まんだら」事件（寄附金返還請求事件）
最三判昭56・4・7民集35巻3号443頁　　　　　　　　〔破棄自判〕

〔事実の概要〕
　創価学会の元会員であるXら17人は，1965(昭和40)年10月，御本尊「板まんだら」を安置する正本堂の建立のための創価学会(Y)の募金に応じて金員を寄付したが，その後，この寄付が要素の錯誤(判旨参照)にもとづいてなされたものであり無効であるとして，寄付金の返還を求めた。第一審の東京地裁は，本件が「法律上の争訟」に当たらないとするYの主張を認めて訴えを却下した(東京地判昭50・10・6判時802号92頁)が，控訴審の東京高裁がこれを取り消して差し戻した(東京高判昭51・3・30判時809号27頁)のでYが上告した。最高裁は破棄自判して被上告人Xらの控訴を棄却した。

〔判決理由〕
　「裁判所がその固有の権限に基づいて審判することのできる対象は，裁判所法3条にいう『法律上の争訟』，すなわち当事者間の具体的な権利義務ないし法律関係の

存否に関する紛争であって，かつそれが法令の適用により終局的に解決することができるものに限られる……。したがって，具体的な権利義務ないし法律関係の存否に関する紛争であっても，法令の適用により解決するのに適しないものは裁判所の審判の対象となりえない，というべきである。

これを本件についてみるのに，錯誤による贈与の無効を原因とする本件不当利得返還請求訴訟において被上告人らが主張する錯誤の内容は，(1) 上告人は，戒壇の本尊を安置するための正本堂建立の建設費用に充てると称して本件寄付金を募集したのであるが，上告人が正本堂に安置した本尊のいわゆる『板まんだら』は，日蓮正宗において『弘安2年10月12日に建立した本尊』と定められた本尊ではないことが本件寄付の後に判明した，(2) 上告人は，募金時には，正本堂完成時が広宣流布の時にあたり正本堂は事の戒壇になると称していたが，正本堂が完成すると，正本堂はまだ三大秘宝抄，一期弘法抄の戒壇の完結ではなく広宣流布はまだ達成されていないと言明した，というのである。要素の錯誤があったか否かについての判断に際しては，右(1)の点については信仰の対象についての宗教上の価値に関する判断が，また，(2)の点についても，『戒壇の完結』，『広宣流布の達成』等宗教上の教義に関する判断が，それぞれ必要であり，いずれもことがらの性質上，法令を適用することによっては解決することのできない問題である。本件訴訟は，具体的な権利義務ないし法律関係に関する紛争の形式をとっており，その結果信仰の対象の価値又は宗教上の教義に関する判断は請求の当否を決するについての前提問題であるにとどまるものとされてはいるが，本件訴訟の帰すうを左右する必要不可欠のものと認められ，また，記録にあらわれた本件訴訟の経過に徴すると，本件訴訟の争点及び当事者の主張立証も右の判断に関するものがその核心となっていると認められることからすれば，結局本件訴訟は，その実質において法令の適用による終局的な解決の不可能なものであって，裁判所法3条にいう法律上の争訟にあたらないものといわなければならない。」

＊**裁判官寺田治郎の意見**　　Xらの本件請求は，「不当利得返還の請求，すなわち金銭の給付を求める請求であって，前記宗教上の問題は，その前提問題にすぎず，宗教上の論争そのものを訴訟の目的とするものではないから，本件訴訟は裁判所法3条にいう法律上の争訟にあたらないものであるということはできず，本訴請求が裁判所の審判となりえないものであるということもできない。」「そして，このように請求の当否を決する前提問題について宗教上の判断を必要とするため裁判所の審判権が及ばない場合には，裁判所は，該給付の無効を前提とする被上告人らの本訴

請求を理由がないものとして請求棄却の判決をすべきものである。……」

〔以上の意見を除き，第三小法廷の裁判官3人全員一致の意見〕

第 3 講　平和主義と戦争の放棄

1．前文・第9条の平和主義

　日本国憲法前文の大半部分の平和主義と，憲法第9条の戦争の放棄・戦力の不保持・交戦権の否認の規定ほど，かつて議論を呼び，また今もなお論議を呼びつづけている規定は，他に例をみないであろう。この規定は，日本国憲法の最大の特徴の一つであると同時に，戦後日本の政治の波をもっとも激烈にかぶっている規定でもある。この分野における文献は，文字どおり枚挙に暇がないほどである。ここでは基本的な問題点に簡単に触れるにとどめる。

2．憲法第9条の成立史

　憲法第9条の生まれた直接の動機となっているのは，いわゆる《マッカーサー・ノート》の第二原則である。その第2文の「自己の安全を保持するための手段としての」戦争という表現からして，今日いわゆる自衛戦争をも放棄することが目指されていたと考えられる。これを受けた規定は，当初は前文に置かれていたのが，マッカーサーの指示で本文に移された。昭和21年2月13日に日本政府に手交された，いわゆる《マッカーサー草案》(第8条)では，上の引用の「自己の安全を保持……」の部分に対応する文言は見られず，この点は，その後の政府の提出した「三月二日案」，「三月六日案」および4月16日に閣議決定され翌17日に政府から公表された最終的な政府草案たる《憲法改正草案》[1]においても基本的には変化は見られない。そしてこの草案はその後若干の修正を受けて昭和21年4月10日の新しい選挙法により行われ

---

1) この草案は同年5月22日に幣原内閣に代わって吉田内閣が成立したため，同月24日，いったん枢密院により撤回され，同日の閣議において訂正が加えられた後，翌25日，改めて枢密院の諮詢を経て，6月20日，「帝国憲法改正案」として帝国議会に提出された。上記閣議での修正については『憲資・総第9号』を参照されたい。

た戦後第一回の総選挙で選ばれた新議員による第90回帝国議会での審議に付されるのであるが，その過程で，《芦田修正》と呼ばれる追加修正がなされたことはよく知られている。すなわち，第1項冒頭の「日本国民は，正義と秩序を基調とする国際平和を誠実に希求し」の部分，および第2項冒頭の「前項の目的を達するため」という部分の追加がそれである。こうしてできたのが，現行憲法の第9条である。

> **マッカーサー・ノートの第2原則**
> 国家の主権的権利としての戦争を廃棄する。日本は，紛争解決のための手段としての戦争，および自己の安全を保持するための手段としてのそれをも放棄する。日本はその防衛と保護を，今や世界を動かしつつある崇高な理想に委ねる。
> いかなる日本陸海空軍も決して許されないし，いかなる交戦者の権利も日本軍には決して与えられない。

3．憲法第9条の解釈をめぐる対立

憲法第9条の規定の文言中，解釈上問題となりうるのは，

(ア)「国権の発動たる戦争」と「武力による威嚇又は武力の行使」の違い，
(イ)「国際紛争を解決する手段としては」の意味，
(ウ) 1項の「武力」と2項の「戦力」の違い，
(エ) 2項の冒頭の「前項の目的」とは1項のどの部分の文言を受けているか，
(オ)「国の交戦権」とは何か，

などであるが，議論の中心は上の(イ)と(エ)であろう。(イ)については，(a)従来，国際法上，1928年のいわゆる不戦条約(「戦争抛棄ニ関スル条約」)第1条の同様の文言が侵略戦争を意味するものと解されていることや，1945年の国際連合憲章第2条も同様の考えを前提としていることなどから，日本国憲法上も，この文言は侵略戦争のみを指し，自衛や制裁のための戦争を含まない，と見るべきだとする説と，(b)戦争を侵略のためのものと自衛や制裁のためのものとを明確に区別することはできないし，日本国憲法前文の国際協調主義や第9条1項冒頭の平和主義の趣旨からして，この文言は自衛戦争を含めて一切の戦争を意味するものと解すべきであるとする説とに大別さ

さらに、この文言が「国権の発動たる戦争」をも受けるのか、単に「武力による威嚇又は武力の行使」のみを受けるのか、という点も、（ア）や（ウ）の点とのからみで議論がありうる。

また（エ）のいわゆる芦田修正についても、（a）これを第1項の「国際紛争を解決する手段として」の戦争等を指す、とする説と、（b）第1項全体、とりわけ冒頭の平和主義を指す、とする説とが対立する。

さて、（イ）についてb説をとる時は（エ）についてもb説をとることになり、憲法第9条は1項で一切の戦争と武力による威嚇等を放棄し、第2項でそれを実効的にするために、一切の戦力を否認したと解することになる（A説）。これに対し（イ）についてa説をとる説の中には、（エ）についてもa説をとり、第9条は全体として侵略のための戦争のみを放棄し、そのための戦力の保持を禁止している、と解する説（B説）と、（エ）についてb説をとり、第9条1項では侵略戦争のみが放棄されているにすぎないが、第2項が一切の戦力の不保持を意味するので、第9条全体としては、一切の戦争ができないこととなる、と解する説（C説）とがある。後に見る**砂川事件**の最高裁判決（⇨【判例3-1】）は、この点について判断を留保しているが、**長沼事件**に対する第一審判決（⇨【判例3-2】）ではC説がとられ、また**百里基地訴訟**の第一審判決（⇨【判例3-4】参照）ではB説がとられている。

さらに、第9条は一種の政治的マニフェストであって、平和主義の実現のための具体的施策については何も命じていないとする説もあり、対立は激しい。しかし、その対立は、大別すれば、結局のところ第9条は自衛のための戦争とそのための戦力の保持をも禁じていると解するかどうか、という点に

> **不戦条約第1条** 締約国ハ国際紛争解決ノ為戦争ニ訴フルコトヲ非トシ且其ノ相互関係ニ於テ国家ノ政策ノ手段トシテノ戦争を抛棄スルコトヲ其ノ各自ノ人民ノ名ニ於テ厳粛ニ宣言ス
> **国連憲章第2条3項** すべての加盟国は、その国際紛争を平和的手段によって国際の平和及び安全並びに正義を危くしないように解決しなければならない。
> **第51条** この憲章のいかなる規定も、国際連合加盟国に対して武力攻撃が発生した場合には、安全保障理事会が国際の平和及び安全の維持に必要な措置をとるまでの間、個別的又は集団的自衛の固有の権利を害するものではない。……

要約されるであろう。その際注意すべきは，B説においてはもちろん，A説やC説においても，主権国家としてのわが国が《自衛権》を有していること自体は，一般的に否定されていないということである(この点に関しても⇨【判例3-1】【判例3-2】参照)。

4．政府の第9条解釈の変遷

政府の第9条解釈には変遷が見られることはよく知られている。

㋑　第90帝国議会(憲法制定議会)における吉田茂首相の答弁(1946年6月26日)では，「戦争抛棄に関する本案の規定は，直接には自衛権を否定はして居りませぬが，第9条第2項に於て一切の軍備と国の交戦権を認めない結果，自衛権の発動としての戦争も，又交戦権も抛棄したものであります。従来近年の戦争は多く自衛権の名に於て戦われたのであります」云々と述べ，金森徳次郎国務大臣も(9月13日)，「第2項は，武力は持つことを禁止して居りますけれども，武力以外の方法に依って或程度防衛」するという余地は残っているとか，「戦争以外の方法でのみ防衛する」とかいう表現をとっていた。

㋺　ところが朝鮮戦争の勃発(1950年6月25日)を契機として，吉田首相に宛てたマッカーサーの書簡(同年7月8日)に基づいて，いわゆるポツダム命令として同年8月10日(政令260号)，警察予備隊が設置され，これが「戦力」に当たるのではないかとの議論もあった(⇨なお【判例3-1】参照)が，政府は，これは「わが国の平和と秩序を維持し，公共の福祉を保障するのに必要な限度内で，国家地方警察及び自治体警察の警察力を補う」ことを目的とするものであるから，あくまで警察であり，軍隊ではないから違憲ではない，とした。

㋩　占領の終了(1952年4月28日)と共に，日米安保条約(旧条約)が調印・発効し，警察予備隊はその後，同年10月15日，《保安隊》へと発展し，同年4月26日に設置されていた海上警備隊の改称された《警備隊》と共に，保安庁法の律するところとなった。政府は，この保安隊・警備隊に関連して，同年11月25日，内閣法制局の統一見解を示し，「憲法第9条第2項は，侵略の目的たると自衛の目的たるを問わず『戦力』の保持を禁止している」が，ここにいう《戦力》とは「近代戦争遂行に役立つ程度の装備，編成を具えるもの」

をいい，保安隊・警備隊は「戦争を目的として組織されたものではない」し，客観的に見ても，その「装備編成は決して近代戦を有効に遂行し得る程度のものではない」から，憲法の《戦力》には該当しない，と言明した。

㈡　1954 年 3 月には日米相互防衛援助協定（いわゆる MSA 協定）が調印され，6 月には防衛庁設置法および自衛隊法が成立し，それとともに保安隊・警備隊が自衛隊に改編されるに至った。自衛隊は，もはや，国内の治安維持を主たる任務とするものでなく，「わが国の平和と独立を守り，国の安全を保つため，直接侵略及び間接侵略に対しわが国を防衛することを主たる任務とし，必要に応じ，公共の秩序の維持に当たる」（自衛隊法第 3 条 1 項）ものであることが法文上明記されるに至った。ことここに及んで，政府も従来の論理では自衛隊の合憲性を説明できなくなったためか，第 5 次吉田内閣に代わって同年 12 月 10 日に発足した鳩山内閣は，12 月 22 日の衆議院予算委員会で大村防衛庁長官の口を通し，政府の統一見解として，「憲法第 9 条は，独立国としてわが国が自衛権を持つことを認め」ており，「自衛隊のような自衛のための任務を有し，かつその目的のため必要相当な範囲の実力武隊を設けること」は違憲ではない，との見解を示すに至った。鳩山首相自身も翌年 6 月，さらに，はっきりと「私は自衛のためならば，その自衛のために必要な限度においては，戦力をもってもいい，そういう解釈の仕方をしております」と述べている。

㈢　さらに，1957 年になると，岸内閣は，自衛のために必要な最小限度の自衛力は合憲であり，攻撃的核兵器の保有は違憲であるが，名前が核兵器とつけば，すべて違憲だとすることは，正しい憲法の解釈ではない，と言明するに至った。

㈣　この点に関するその後の政府見解にはそれほどの変化はないが，1965 年 12 月には，「わが国が保有する兵器」についても，「それが核兵器であろうとなかろうと」それが「一国防衛の正当な目的と限度をこえるもの」でなければ，「わが憲法がその保持を禁止しているとは言えない」としたり（高辻法制局長官），1972 年 11 月には，《戦力》とは「近代戦争遂行能力」なりという表現は，「戦力ということばを単に言いかえたにすぎないのではないか」ともいいうるような「抽象的表現にとどまるもの」であるので，1954 年 12 月以来，

むしろ「自衛のための必要最小限度を越えるもの」という言い方に改めている、としたりしている（吉田法制局長官）。

　⒟　昨今の国際紛争の激化や日本近海を巡る領土紛争（日本との関係では竹島問題を巡る韓国との紛争や尖閣諸島をめぐる中国との紛争）などの影響もあって、いわゆる《集団的自衛権》の問題が浮上してきた。この権利は、国連憲章第 51 条に定められている国際法上の権利ではあるが、政府はこれまで、憲法第 9 条の下では個別的自衛権は主権国家として認められるとしても、いわゆる《集団的自衛権》は憲法上認められないとする解釈を長らく維持してきた。ところが、2012（平成 24）年 12 月発足の第 2 次安倍内閣の下で、いわゆる《集団的自衛権》を容認する閣議決定がなされ、たとえば日米安保条約のような相互的な安全保障条約を締結している場合には、アメリカが A 国から武力攻撃を受けた場合に、わが国は直接攻撃を受けていなくても、アメリカを援助し、共同して A 国の武力攻撃に対処して防衛することができるとされた（具体例として挙げられるのが、ホルムズ海峡での機雷掃海作業であるが、いざというときにはこれに限られない行動がなされることとなろう）。2015 年 9 月 19 日には、自衛隊法など既存の 10 法律を改正する一括法「平和安全法制整備法」と、新法「国際平和支援法」が成立して、上記の集団的自衛権の行使を含む防衛法制の大きな転換がなされた。政府は、憲法が集団的自衛権を容認しているとする根拠として、次に触れる最高裁の砂川事件判決（⇨【判例3-1】）を挙げているが、わが国に駐留している米軍が憲法第 9 条 2 項の「戦力」に当たるかどうかが争点となったこの事件の判旨から、そのような明確な趣旨が読み取れるかは疑問であるとする意見も多い。

5．戦力の概念

　裁判において憲法第 9 条の《戦力》の概念が争われたのが、いわゆる**砂川事件**（⇨【判例3-1】）である。すなわち、アメリカ合衆国空軍がわが国に駐留しわが国の空港を使用することを認めていることが、憲法第 9 条の禁じている「戦力の保持」に当たるかどうかが問われたこの事件では、第一審判決がこれを肯定して被告人を無罪としたが、最高裁はこれを破棄し、裁判のやり直しを命じた[2]。ここには上述のいわゆる《統治行為論》にかかわる判示が見られるが、

本判決がこの理論を「採用」していると見うるかどうかについては，疑問がある。また，この事件では，条約に対する違憲審査権に関する議論も展開されており（裁判官の各意見参照），そこには興味深い論点が含まれている。

6．憲法第9条と自衛隊

(1) 自衛隊の憲法適合性がはじめて裁判になったのは，**恵庭事件**（⇨【判例2-2】）であったが，すでに見たとおり，そこでは憲法判断が回避されたので，この問題が改めて真正面から取り上げられたのは，**長沼ナイキ基地訴訟**である。この事件の第一審判決（⇨【判例3-2】）は，前文の意義について詳細に検討しつつ，前文の《平和的生存権》の裁判規範性を肯定し，また違憲審査権の行使のあり方についても詳しく論及し，《統治行為論》も原則的に否定した。そして結論的には，自衛隊を憲法第9条2項にいう《戦力》に該当するとして，原告住民の請求を認容して，農林大臣の保安林指定解除処分を取り消した。

これに対して国側が控訴し，札幌高裁は，保安林指定解除処分の後，《代替施設》が完成されたことにより，この処分によって周辺住民がこうむる不利益は補塡された，として，この処分の取消しを求める《訴えの利益》が消滅し

---

2) 差戻し後の第一審判決（東京地裁昭36・3・27判時255号7頁）は，最高裁の判示に従い被告人に罰金2,000円の有罪判決を下し，控訴審の東京高裁（昭37・2・15判タ131号150頁）もこれを支持して，有罪が確定した。

3) ここで，裁判官の《個別意見表示制》について簡単に触れておく。高裁の裁判は特別な場合を除いて3人の合議制で行われ（裁判所法第18条），地裁及び家裁の裁判も特別な場合には合議制で行われる（同法第26条）。しかしこれらの場合には，合議に加わった裁判官の意見が全員一致に至らなかったときでも，その意見の相違は判決文からはまったくわからない。ところが，最高裁の裁判では「裁判書には，各裁判官の意見を表示しなければならない」とされている（同法第11条）ため，判決には「多数意見」の他に，①補足意見，②意見，③反対意見が表示されることになる。このうち①は，裁判の結論（主文および理由）へと導いた多数意見に同意しつつも，多数意見では自分の意見が十分に言い尽くされていないとか，多数意見を擁護する見地から②の意見や③の反対意見を批判して自己の見解を補充するとかいう理由で，書かれるものである。これに対し②は，判決の主文（たとえば破棄差戻とか上告棄却とか）には同意しながらも異なる理由を述べるものである。さらに③は，判決の主文にも反対（したがって理由も反対）の意見である。ただし，とくに初期の判決の中には③の反対意見の意味で「少数意見」と表記されているものもあり，また，補足意見と表記されていても内容的には②の意見に当たると見るべきものもあるなど，若干の不統一が見られる。

たと結論したあと，《傍論》としてではあるが，自衛隊の存在等が憲法第9条に違反するかの問題を，《統治行為》に関する判断であるとして，その判断を回避した(⇨【判例3-3】)。なお，この判決では，前文および《平和的生存権》についても，第一審とは異なる評価がなされている。原告からの上告を受けた最高裁は，《訴えの利益》なしとした原判決を支持して，上告を棄却したが，ここでは憲法に関する判断は全くなされていない(最一判昭57・9・9民集36巻9号1679頁)。

(2) つづいて，いわゆる**百里基地訴訟**においても，自衛隊の合憲・違憲の論争が当事者によって展開され，その成り行きが注目されたが，水戸地裁は，憲法第9条2項が禁じているのは，侵略戦争と侵略的な武力による威嚇ないしその行使に供しうる戦力の保持であるとする解釈をはっきりと示し，その上で，自衛隊がこの「自衛のために必要とされる限度」を越えて，憲法が禁じている戦力に該当するかどうかの判断は《統治行為》に関する判断であり，裁判所の司法審査の対象となり得ない，とした(⇨【判例3-4】)。しかし，これに対する控訴審判決(東京高判昭56・7・7判時1004号3頁)は，かつての恵庭事件(⇨【判例2-2】)とやや類似した論法で憲法判断を回避し，最高裁は，本件の土地売買契約が，国が私人と対等の立場で行なった私法上の行為であって，憲法第98条1項にいう「国務に関するその他の行為」にあたらないとし，憲法第9条はそうした私法上の行為には直接適用されない，として上告を棄却した(⇨【判例3-4】)。

【判例3-1】

砂川事件判決(日本国とアメリカ合衆国との間の安全保障条約第3条に基く行政協定に伴う刑事特別法違反被告事件)
最大判昭34・12・16刑集13巻13号3225頁　　　　　　　　〔破棄差戻〕

〔事実の概要〕
　東京調達局は，日本国とアメリカ合衆国との間の安全保障条約第3条に基く行政

---

4) 同判決はその末尾近くで，「自衛隊が憲法9条にいう『戦力』に該当するかどうかという問題については，あえて，当裁判所の見解を示さないこととする」と述べて憲法判断を回避した。

協定の実施に伴う土地等の使用等に関する特別措置法および土地収用法により，内閣総理大臣の使用認定を得て，1957(昭和32)年7月8日午前5時15分頃からアメリカ合衆国空軍の使用する東京都北多摩郡砂川町所在の立川飛行場内民有地の測量を開始したが，この測量に反対する砂川町基地拡張反対同盟員及びこれを支援する各種労働組合員，学生団体員等千余名の集団は同日早朝から右飛行場北側境界柵外に集合して反対の気勢をあげ，その中の一部の者により滑走路北端附近の境界柵は数十メートルにわたって破壊された。被告人Sほか5名は右集団に参加していたものであるが，他の参加者300名位と意思相通じて同日午前10時40分頃から同11時30分頃までの間に，正当な理由がないのに，右境界柵の破壊された箇所からアメリカ合衆国軍隊が使用する区域であつて入ることを禁じた場所である前記立川飛行場内に深さ2〜3メートルおよび4〜5メートルにわたって立ち入ったことが，いわゆる刑事特別法第2条に該当するとして起訴されたものである〔以上，刑集13巻13号に拠る〕。

> **日本国とアメリカ合衆国との間の安全保障条約第3条に基づく行政協定に伴う刑事特別法第2条** 正当な理由がないのに，合衆国軍隊が使用する施設または区域……であつて入ることを禁じた場所に入り，又は要求を受けてその場所から退去しない者は，1年以下の懲役または2千円以下の罰金若しくは科料に処する。……
>
> 〔この法律は旧安保条約に基づくものであり，これに相当する現在の法律は「日本国とアメリカ合衆国との間の相互協力及び安全保障条約第6条に基づく施設及び区域並びに日本国における合衆国軍隊の地位に関する協定の実施に伴う刑事特別法」という名称であるが，文言は同一である。〕

第一審判決(東京地裁昭34・3・30判時180号2頁——通常，裁判長裁判官・伊達秋雄の名をとって《伊達判決》とよばれている)が，合衆国軍隊の駐留はわが国政府の要請と，合衆国政府の承諾という意思の合致があったからであり，したがって「合衆国軍隊の駐留は一面わが国政府の行為によるものということを妨げない」とし，「わが国が外部からの武力攻撃に対する自衛に使用する目的で合衆国軍隊の駐留を許容していることは，指揮権の有無，合衆国軍隊の出動義務の有無に拘らず，日本国憲法第9条第2項前段によって禁止されている陸海空軍その他の戦力の保持に該当するものといわざるを得ず，結局わが国内に駐留する合衆国軍隊は憲法上その存在を許すべからざるものといわざるを得ない」として被告人無罪の判決を下したので，検察側からいわゆる《跳躍上告》(刑事訴訟規則第254条)がなされた。

〔判決理由〕

「原判決は要するに，アメリカ合衆国軍隊の駐留が，憲法9条2項前段の戦力を保

持しない旨の規定に違反し許すべからざるものであるということを前提として、日本国とアメリカ合衆国との間の安全保障条約3条に基く行政協定に伴う刑事特別法2条が、憲法31条に違反し無効であるというのである。」

1．憲法第9条2項前段の意義

「先ず憲法9条2項前段の規定の意義につき判断する。そもそも憲法9条は、わが国が敗戦の結果、ポツダム宣言を受諾したことに伴い、日本国民が過去におけるわが国の誤って犯すに至った軍国主義的行動を反省し、政府の行為によって再び戦争の惨禍が起ることのないようにすることを決意し、深く恒久の平和を念願して制定したものであって、前文および98条2項の国際協調の精神と相まって、わが憲法の特色である平和主義を具体化した規定である。……同条は、同条にいわゆる戦争を放棄し、いわゆる戦力の保持を禁止しているのであるが、しかしもちろんこれによりわが国が主権国として持つ固有の自衛権は何ら否定されたものではなく、わが憲法の平和主義は決して無防備、無抵抗を定めたものではないのである。憲法前文にも明らかなように、われら日本国民は、平和を維持し、専制と隷従、圧迫と偏狭を地上から永遠に除去しようとつとめている国際社会において、名誉ある地位を占めることを願い、全世界の国民と共にひとしく恐怖と欠乏から免れ、平和のうちに生存する権利を有することを確認するのである。しからば、わが国が、自国の平和と安全を維持しその存立を全うするために必要な自衛のための措置をとりうることは、国家固有の権能の行使として当然のことといわなければならない。すなわち、われら日本国民は、憲法9条2項により、同条項にいわゆる戦力は保持しないけれども、これによって生ずるわが国の防衛力の不足は、これを憲法前文にいわゆる平和を愛好する諸国民の公正と信義に信頼することによって補い、もってわれらの安全と生存を保持しようと決意したのである。そしてそれは、必ずしも原判決のいうように、国際連合の機関である安全保障理事会等の執る軍事的安全措置等に限定されたものではなく、わが国の平和と安全を維持するための安全保障であれば、その目的を達するにふさわしい方式又は手段である限り、国際情勢の実情に即応して適当と認められるものを選ぶことができることはもとよりであって、憲法9条は、わが国がその平和と安全を維持するために他国に安全保障を求めることを何ら禁ずるものではないのである。

そこで、右のような憲法9条の趣旨に即して同条2項の法意を考えてみるに、同条項において戦力の不保持を規定したのは、わが国がいわゆる戦力を保持し、自らその主体となってこれに指揮権、管理権を行使することにより、同条1項において永久に放棄することを定めたいわゆる侵略戦争を引き起こすがごときことのないよ

うにするためであると解するを相当とする。従って同条2項がいわゆる自衛のための戦力の保持をも禁じたものであるか否かは別として、同条項がその保持を禁止した戦力とは、わが国がその主体となってこれに指揮権、管理権を行使し得る戦力をいうものであり、結局わが国自体の戦力を指し、外国の軍隊は、たとえそれがわが国に駐留するとしても、ここにいう戦力には該当しないと解すべきである。」

2．日米安保条約と司法審査権

「次に、アメリカ合衆国軍隊の駐留が憲法9条、98条2項および前文の趣旨に反するかどうかであるが、その判断には、右駐留が本件日米安全保障条約に基くものである関係上、結局右条約の内容が憲法の前記条章に反するかどうかの判断が前提とならざるを得ない。

しかるに、右安全保障条約は、日本国との平和条約……と同日に締結せられた、これと密接不可分の関係にある条約である。すなわち、平和条約6条(a)項但書には「この規定は、1又は2以上の連合国を一方とし、日本国を他方として双方の間に締結された若しくは締結される2国間若しくは多数国間の協定に基く、又はその結果としての外国軍隊の日本国の領域における駐とん又は駐留を妨げるものではない。」とあって、日本国の領域における外国軍隊の駐留を認めており、本件安全保障条約は、右規定によって認められた外国軍隊であるアメリカ合衆国軍隊の駐留に関して、日米間に締結せられた条約であり、平和条約の右条項は、当時の国際連合加盟国60箇国中40数箇国の多数国家がこれに賛成調印している。そして、右安全保障条約の目的とするところは、その前文によれば、平和条約の発効時において、わが国固有の自衛権を行使する有効な手段を持たない実情に鑑み、無責任な軍国主義の危険に対処する必要上、平和条約がわが国に主権国として集団的安全保障取極を締結する権利を有することを承認し、さらに、国際連合憲章がすべての国が個別的および集団的自衛の固有の権利を有することを承認しているのに基き、わが国の防衛のための暫定措置として、武力攻撃を阻止するため、わが国はアメリカ合衆国がわが国内およびその附近にその軍隊を配備する権利を許容する等、わが国の安全と防衛を確保するために必要な事項を定めるにあることは明瞭である。それ故、右安全保障条約は、その内容において、主権国としてのわが国の平和と安全、ひいてはわが国存立の基礎に極めて重大な関係を有するものというべきであるが、また、その成立に当っては、時の内閣は憲法の条章に基き、米国と数次に亘る交渉の末、わが国の重大政策として適式に締結し、その後、それが憲法に適合するか否かの討議をも含めて衆参両院において慎重に審議せられた上、適法妥当なものとして国会の承認を経たものであることも公知の事実である。

ところで，本件安全保障条約は，前述のごとく，主権国としてのわが国の存立の基礎に極めて重大な関係をもつ高度の政治性を有するものというべきであって，その内容が違憲なりや否やの法的判断は，その条約を締結した内閣およびこれを承認した国会の高度の政治的ないし自由裁量の判断と表裏をなす点がすくなくない。それ故，右違憲なりや否やの法的判断は，純司法的機能をその使命とする司法裁判所の審査には，原則としてなじまない性質のものであり，従って，一見極めて明白に違憲無効であると認められない限りは，裁判所の司法審査権の範囲外のものであって，それは第一次的には，右条約の締結権を有する内閣およびこれに対して承認権を有する国会の判断に従うべく，終局的には，主権を有する国民の政治的批判に委ねられるべきものであると解するを相当とする。そして，このことは，本件安全保障条約またはこれに基く政府の行為の違憲なりや否やが，本件のように前提問題となっている場合であると否とにかかわらないのである。」

3．駐留米軍と憲法第9条の戦力

　「よって，進んで本件アメリカ合衆国軍隊の駐留に関する安全保障条約およびその3条に基く行政協定の規定の示すところをみると，右駐留軍隊は外国軍隊であって，わが国自体の戦力でないことはもちろん，これに対する指揮権，管理権は，すべてアメリカ合衆国に存し，わが国がその主体となってあだかも自国の軍隊に対する[ママ]と同様の指揮権，管理権を有するものでないことが明らかである。またこの軍隊は，前述のような同条約の前文に示された趣旨において駐留するものであり，同条約1条の示すように極東における国際の平和と安全の維持に寄与し，ならびに1または2以上の外部の国による教唆または干渉によって引き起されたわが国における大規模の内乱および騒じょうを鎮圧するため，わが国政府の明示の要請に応じて与えられる援助を含めて，外部からの武力攻撃に対する日本国の安全に寄与するために使用することとなっており，その目的は，専らわが国およびわが国を含めた極東の平和と安全を維持し，再び戦争の惨禍が起らないようにすることに存し，わが国がこの駐留を許容したのは，わが国の防衛力の不足を，平和を愛好する諸国民の公正と信義に信頼して補おうとしたものに外ならないことが窺えるのである。

　果たしてしからば，かようなアメリカ合衆国軍隊の駐留は，憲法9条，98条2項および前文の趣旨に適合こそすれ，これらの条章に反して違憲無効であることが一見極めて明白であるとは，到底認められない。そしてこのことは，憲法9条2項が，自衛のための戦力の保持をも許さない趣旨のものであると否とにかかわらないのである……。」

＊裁判官田中耕太郎の補足意見　　「元来本件の法律問題はきわめて単純かつ明瞭」で，原判決では本件事実に対して刑事特別法2条を適用すれば十分であった。かりに駐留が違憲としても，駐留という事実が現に存在する以上，その事実を尊重すべきであり，要するに，「合衆国軍隊の駐留の合憲性の問題は，本来かような事件の解決の前提問題として判断すべき性質のものではない。」「国家がその存立のために自衛権をもっていることは，一般に承認されているところ」で，その自衛の目的の達成のためにいかなる方策を選ぶべきかの判断は「政府の裁量にかかる純然たる政治的性質の問題」である。憲法9条の精神と両立しうる本件条約の結果としての本件駐留が同条2項の戦力の「保持」の概念に含まれるか否かは「むしろ本質に関係のない事柄に属する。」我々は憲法の平和主義を「世界法的次元に立って，民主的な平和愛好諸国の法的確信に合致するように解釈しなければならない。」

＊裁判官島保の補足意見　　現下の世界情勢の下で，平和主義・国際協調主義の精神に添いつつわが国の存立を全うするために政治部門がとった決定(安保条約を締結して合衆国軍隊を駐留させるという方法)が，憲法によって委された裁量権の範囲内にあると認められる限り，「本来政治に関与すべきでない裁判所がかかる政策決定の当否に立ち入ってこれを審査することはわが憲法の期待しないところ」である。

＊裁判官藤田八郎，入江俊郎の補足意見　　「国の立法，行政の行為は，それが法律上の争訟となるかぎり……すべて裁判所の裁判権に服することとなった」(司法権の優位)。しかし，司法権の優位にも限界がある。「ひろく欧米諸国において，すなわちフランスにおいてはアクト・ド・グーベルヌマン(acte de gouvernement)，イギリスにおいてはアクト・オブ・ステート(act of state)又はマター・オブ・ステート(matter of state)，アメリカ合衆国においてはポリチカル・クエスチョン(political question)として古くから判例上みとめられ，戦後西独においてはボン憲法19条に関連し，レギールングスアクト(Regierungsakt)又はホーハイツアクト(Hoheitsakt)として学説上是認せられ」，わが国においても「統治行為なる観念の下にみとめられるに至った」，司法権に対する「憲法上の本質に内在する制約」がある。「条約なるが故に」ではなく，「最も政治性の高いもの，いわゆる統治行為に属する」が故に，本件条約は「裁判所の審査権の外にある」と考えられる。なお，問題となる行為が統治行為の範疇に属するとされた場合でも，「一見明白にその違憲性が顕著なる場合」には，「例外として，裁判所によって，その不存在，若しくは違憲を宣明することができる。」

＊裁判官垂水克己の補足意見　　多数意見は，日米安保条約について「裁判所は違憲審査権なしといいながら，これが憲法9条2項前段に適合するか否かについて

判断して」いるが、条約内容が「高度政治性のものであることが判ったら裁判所はその違憲審査権がないとの理由でそれが憲法9条2項に抵触するか否かについて判示せずその条約規定を遵守適用するほかないことを判示すれば足る筈である。」

＊**裁判官小谷勝重の意見**　条約は「公布によって国及び国民を拘束する効力を生ずること、法律と全く異なるところがない」から、憲法76条3項及び81条に「条約」の文詞なくとも、「法律」の文詞に当然包含されていると解すべきであり、条約も違憲審査権の対象となる。「統治行為説または裁量行為説には、少なくともわが憲法上は到底賛同することができない。」多数意見のいう「一見極めて明白な違憲無効」なるものは、「違憲審査権に対する自慰的な言い訳の言に外ならない。」

＊**裁判官奥野健一・高橋潔の意見**　「安保条約の国内法的効力が憲法9条その他の条章に反しないか否かは、司法裁判所として純法律的に審査することは可能であるのみならず、特にいわゆる統治行為として裁判所がその審査判断を回避しなければならない特段の理由も発見できない。」安保条約は「各国の固有する自衛権に基く防衛目的のための措置を定めたものであって、固より侵略を目的とする軍事同盟であるとはいい難く」、憲法前文および第9条の趣旨に反するものとはいえない。従って、それに基づく米軍の駐留を違憲とはいいえない。

〔以上の補足意見・意見を除き、裁判官15人全員の一致した意見〕

【判例3-2】
長沼ナイキ基地訴訟第一審判決（保安林指定解除処分取消請求事件）
札幌地判昭48・9・7 判時712号24頁　　　　　　　　〔請求認容〕

〔事実の概要〕

　防衛庁はいわゆる第三次防衛力整備計画の一環として北海道夕張郡長沼町（国有林）にナイキ〔地対空ミサイル基地〕（航空自衛隊第三高射群施設等）を建設するため、1968（昭和43）年6月、農林大臣（現在の農林水産大臣）が水源を涵養する目的で森林法に基づいて指定していた同町所在の保安林につき、その指定解除を申請した。農林大臣（現在では農林水産大臣）は1969（昭和44）年7月7日、この申請に基づいて馬追山保安林の指定を解除した。これに対し長沼町在住の住民は、この解除処分の執行停止申立と解除処分取消請求の訴訟を提起した。前者の裁判では、札幌地裁は原告らの申立てを認容して執行停止の決定がなされた（昭44・8・22 判時565号23頁）が、札幌高裁でくつがえされた（昭45・1・23 判時581号5頁）。後者の解除処分取消請求に対して下されたのが本判決である。本件については訴訟法上の種々の問題（原告適格

の有無，訴えの利益の消滅の有無等々）もあるが，ここでは憲法上の問題点に関する部分のみ抜粋する。

〔判決理由〕

1．原告らの訴えの利益について

「森林法を憲法の秩序のなかで位置づけたうえで，その各規定を理解するときには，……保安林制度の目的も，たんに同法第25条第1項各号に列挙された個々の目的にだけ限定して解すべきでなく，右各規定は帰するところ，憲法の基本原理である民主主義，基本的人権尊重主義，平和主義の実現のために地域住民の「平和のうちに生存する権利」（憲法前文）すなわち平和的生存権を保護しようとしているものと解するのが正当である。したがって，もし被告のなんらかの森林法上の処分によりその地域住民の右にいう平和的生存権が侵害され，また侵害される危険がある限り，その地域住民にはその処分の瑕疵を争う法律上の利益がある。」

「このような高射群施設やこれに併置されるレーダー等の施設基地は一朝有事の際にはまず相手国の攻撃の第一目標になるものと認められるから，原告らの平和的生存権は侵害される危険があるといわなければならない。しかも，このような侵害は，いったん事が起きてからではその救済が無意味に帰するか，あるいは著しく困難になることもまたいうまでもないから，結局この点からも原告らには本件保安林指定の解除処分の瑕疵を争い，その取消しを求める法律上の利益がある。」

2．請求原因の判断の順序

「ある処分の取消しを求める理由として，憲法違反（法律違反であってもその内容に憲法違反をいう場合を含む）の理由と，単純な法律違反の理由がともに主張されている場合については，もし単純な法律違反の点について判断することにより，その訴訟を終局させることができるなら，あえて憲法違反の主張については判断しないとの見解が唱えられているが，この見解にはそれなりに相当の根拠があると考える。なぜならば憲法第81条は

森林法第1条 この法律は，森林計画，保安林その他の森林に関する基本的事項を定めて，森林の保続培養と森林生産力の増進とを図り，もって国土の保全と国民経済の発展とに資することを目的とする。

第25条1項 農林水産大臣は，次の各号……に掲げる目的を達成するため必要があるときは，森林……を保安林として指定することができる。……

1　水源のかん養
2　土砂の流出の防備
3　土砂の崩壊の防備
4　飛砂の防備

〔以下の5〜11号略〕

第26条2項 農林水産大臣は，公益上の理由により必要が生じたときは，その部分につき保安林の指定を解除することができる。

特に明文をもって裁判所が、一切の法律、命令、規則および処分の憲法への適合性を審査できること、すなわち、いわゆる違憲審査権をもつことを定め、この限度では司法権は他の2権、すなわち立法権、行政権に優位することを定めているけれども、裁判所は違憲審査権の行使にあたり、憲法体制ないし憲法秩序のなかにおける司法権の地位と役割ならびに司法作用の特性からくる制約などの諸条件を考慮したうえで、右審査権を行使するかしないかを決めなければならないと考えられるからである。この場合に考慮すべき事柄としては、第1に、憲法が立法権、行政権および司法権の3つの国家機関は相互に抑制しつつ均衡を保つという三権分立制度をもって、民主的な統治機構の理想としている以上、三権はできる限り相互に、それぞれ各権の判断を尊重すべきであるいうこと、第2に、司法権は、具体的訴訟事件について、その限りで法を判断し、運用する権限をもつものであり、すなわち私権の救済を本旨とするものであること、第3に、法律、命令、規則等に対する違憲審査権の行使の結果に伴う政治的、社会的あるいは経済的影響力のもつ意味は予測しにくい、微妙なものがあること、第4に、司法権の作用と機能には、その特有の手続的な制約があること、つまり、主張、立証は原則として当事者の訴訟活動に委ねられ、裁判所が職権をもって証拠などの取調をする場合も補充的なものにすぎず、かつ、その裁判の執行方法も限定されていること、が挙げられているが、このような諸点を考慮して、裁判所が憲法違反の主張についての判断をできる限り最終判断事項として留保し、その権限の行使を慎重にしようとすることは十分な理由があるといわなければならない。しかしながら、右の原則は、いつ、いかなる場合にも、裁判所が当事者の主張のうち憲法違反の主張については最後に判断すべきであるとまでいうものではない。むしろ、わが国は、憲法を中心とする法治国家であるから、立法、司法、行政の三権はいずれも憲法体制、あるいは憲法秩序のなかでその権限を行使しなければならないのであって、それら三権のなかでも司法権だけが法令等の憲法適合性を最終的に判断する権限と義務をもっているのであるから、裁判所は具体的争訟事件の審理の過程で、国家権力が憲法秩序の枠を越えて行使され、それゆえに、憲法の基本原理に対する黙過することが許されないような重大な違反の状態が発生している疑いが生じ、かつその結果、当該争訟事件の当事者をも含めた国民の権利が侵害され、または侵害される危険があると考えられる場合において、裁判所が憲法問題以外の当事者の主張について判断することによってその訴訟を終局させたのでは、当該事件の紛争を根本的に解決できないと認められる場合には、前記のような憲法判断を回避するといった消極的な立場はとらず、その国家行為の憲法適合性を審理判断する義務があるといわなければならない。

なぜならば，もしこのような場合においても，裁判所がなお訴訟の他の法律問題だけによって事件を処理するならば，かりに当面は当該事件の当事者の権利を救済できるようにみえても，それはただ形式的，表面的な救済にとどまり（同一の紛争がまた形を変えて再燃しうる），真の紛争の解決ないしは本質的な権利救済にならないばかりか，他面現実に憲法秩序の枠を越えた国家権力の行使があった場合には，裁判所みずからがそれを黙過，放置したことになり，ひいては，そのような違憲状態が時とともに拡大，深化するに至ることをもこれを是認したのと同様の結果を招くことになるからである。そして，このことは，さらに本来裁判所が憲法秩序，法治主義（法の支配）を擁護するために与えられている違憲審査権を行使することさえも次第に困難にしてしまうとともに，結果的には，憲法第99条が，裁判官をも含めた全公務員に課している憲法擁護の義務をも空虚なものに化してしまうであろう。

そこで，本件についてみるに，原告らの主張する前述の憲法第9条違反，森林法第26条第2項の公益性の欠如の主張からは，わが国の自衛隊の存在が，憲法の基本原理の一つである平和主義に違反するものではないかとの疑いがもたれるのであり，かつ，……本件保安林指定の解除処分が航空自衛隊の第3高射群の基地設置と不可分に結びつくものであり，そしてその結果，原告らの平和的生存権，その他の権利の侵害のおそれが生じていると疑われるのであるから，……裁判所としては，憲法判断を回避することは許されないのであって，違憲審査権を積極的に行使すべき場合に該当するといわなければならない。」

3．自衛隊の司法審査の法的可能性（いわゆる統治行為論について）

「被告は，自衛隊の憲法適合性の問題は高度の政治性のある事柄であり，かつ，国家統治の基本にかかわる問題であるから，司法審査の対象とならないという。〔しかし〕昭和35年6月8日付最高裁判所判決（⇨【判例2-3】）は，……衆議院の解散の効力に関して判示されたものであって，ただちに本件にも適切であるとは思われない。このような司法審査の対象から除外される国家行為の容認は，……あくまでも法治主義に対する例外であって，このような例外の理由を述べた判示は，普遍化されるべき性格をもつものではなく，この点を顧慮しないで，右の一般論的叙述部分のみを安易に拡大ないしは抽象化することはついには，法治主義の崩壊にも至る危険をはらんでいるものといわなければならない。そのことは，……統治行為論を生みだしたフランスおよびアメリカにおいても，いずれもその長い裁判の歴史のなかで，その時時の政治，社会の情勢に慎重な考慮を払いながらただ例外としてのみ容認してきた経緯からも容易にうかがい知ることができるのである。

そしてわが国の憲法が第97条，第98条にもみられるように，国民の権利と自由

を最大に保護しようとしていることからみれば、このような憲法秩序を維持するためにも、右のような例外は最少に局限されるべきことはいうまでもない。」

「そして被告のいう『高度の政治性』、あるいは『国家統治の基本』なる概念は、いずれもきわめて内容を限定し難い不明確な概念であって、なにをもって『高度の政治性』あるいは『国家統治の基本』というかは、きわめて流動性に富み、このような曖昧な概念には、ときにはきわめて広範な解釈を与えることも可能にするおそれがある、といわなければならない。そしてまた、こと法令等の憲法適合性が問題とされる場合には、多かれ少なかれ同時に政治性を伴うことは不可避であり、また、その法令等が少なくとも国家統治の基本と無関係なものは存在しないといわなければならない。そしてこのような曖昧な概念をもって、司法審査の対象外とされる国家行為の存在を容認するときには、それらの概念が、ときにはきわめて危険に拡大解釈され、そして裁判所は、国家行為の過誤から国民の基本的人権の救済を図ることなく、かえってみずから門戸を固く閉ざさざるをえなくなるおそれがある。このような被告の主張は、法治主義、そして司法権の優越の原則を、わが国の基礎として定めた現行憲法第81条の規定にも、また同法第97条、第98条などの規定にもみられる憲法の趣旨、またその精神にも合致するものとは思われない。」

「自衛隊の憲法適合性、つまり国家安全保障について、軍事力を保持するか否かの問題については、憲法は前文および第9条において、明確な法規範を定立しているのであって、その意義および解釈は、まさに法規範の解釈として客観的に確定されるべきものであって、ときの政治体制、国際情勢の変化、推移とともに二義にも三義にも解釈されるべき性質のものではない。そして、当裁判所も、わが国が国際情勢など諸般の事情を総合的に判断して、政策として自衛隊を保持することが適当か否か、またこれを保持するとした場合どの程度の規模、装備、能力を備えるか、などを審査判断しようとするものではなく、まさに、主権者である国民がわが国がとることのできる安全保障政策のなかから、その1つを選択して軍隊等の戦力を保持するか否かについて定立した右憲法規範への適合性だけを審査しようとするものである。そうであるとすれば、裁判手続のなかで、一定範囲で自衛隊の規模、装備、能力等その実体を明らかにすることができる程度で主張、立証が尽くされれば、国際情勢、その他諸々の状況を審理検討するまでもなく、自衛隊の右憲法条規への適合性を容易に検討できるのであって、その間、裁判手続に随伴するなんらの桎梏(しっこく)も存在することなく、結局、被告主張のように、司法審査の対象から除外しなければならない理由は見出すことができない。」

4．憲法の平和主義と同法第9条の解釈
1　憲法前文の意義

「憲法の基本原理の1つである平和主義は，たんにわが国が，先の第二次世界大戦に敗れ，ポツダム宣言を受諾させられたという事情から受動的にやむをえず戦争を放棄し，軍備を保持しないことにした，という消極的なものではなく，むしろ，その前文にもあるごとく，「われらとわれらの子孫のために……わが国全土にわたって自由のもたらす恵沢を確保し，……再び戦争の惨禍が起ることのないようにすることを決意」(第1項)するにいたった積極的なものである。すなわち，一方では，この平和への決意は，たんに今次太平洋戦争での惨禍をこうむった体験から生じた戦争嫌悪の感情からくる平和への決意にとどまらず，それは，日清，日露戦争以来今次大戦までのすべてについて，その原因，ならびに，わが国の責任を冷静にかつ謙虚に反省し，さらに，その結果を，後世の子孫たちに残すことにより，将来ふたたび戦争をくり返さない，という戦争防止への情熱と，幸福な国民生活確立のための熱望に支えられた，理性的な平和への決意であり，そしてまた，他方において，一般に戦争というものが，たんに自国民だけではなく，広く世界の他の諸国民にも，限りない惨禍と，底知れない不幸をもたらすことは，必然的であって，このような悲劇についての心底からの反省に基づき，今後そのような悲劇を，わが国民だけではなく，人類全体が決してこうむることのないように，みずから進んで世界の恒久平和を念願し，人類の崇高な理想を自覚して，積極的にそれを実現するように努めることの決意である。そして，この決意は，現在および将来の国民の心のなかに生き続け，真に日本の平和と安全を守り育てるものであり，究極的には，全世界の平和をもたらすことになるものである。

このように，わが国は，平和主義に立脚し，世界に先んじて軍備を廃止する以上，自国の安全と存立を，他の諸外国のように，最終的には軍備と戦争によるというのではなく，国内，国外を問わず戦争原因の発生を未然に除去し，かつ，国際平和の維持強化を図る諸活動により，わが国の平和を維持していくという積極的な行動(憲法前文第2項第2段)のなかで究極的には「平和を愛する諸国民の公正と信義に信頼して，われらの安全と生存を保持しようと決意した。」(同第2項第1段)のである。これは，なによりもわが国が，平和憲法のもとに国民の権利，自由を保障する民主主義国家として進むことにより，国内的に戦争原因を発生させないこと，さらに，平和と国家の繁栄を求めている世界の諸国のなかで，右のように，平和的な民主主義国家として歩むわが国の生存と安全を脅かすものはいないという確信，そしてまた，今日世界各国の国民が，人類の経験した過去のいついかなる時期にもまして，

わが国と同様に，自国の平和と不可分の世界平和を念願し，世界各国の間において，平和を乱す対立抗争があってはならない，という信念がいきわたっていること，最後に，国際連合の発足によって，戦争防止と国際間の安全保障の可能性が芽ばえてきたこと，などに基礎づけられているものといえる。このことは，憲法が，その前文第2項第2段からとりわけ第3項において，自国のみならず世界各国に対しても，利己的な，偏狭な国家主義を排斥する旨宣言して，自国のことばかりにとらわれて，他国の立場を顧慮しようとしない独善的な態度を強くいましめていることからも明らかである。

このような前文のなかからは，万が一にも，世界の国国のうち，平和を愛することのない，その公正と信義を信頼できないような国，または国家群が存在し，わが国が，その侵略の危険にさらされるといった事態が生じたときにも，わが国みずからが軍備を保持して，再度，武力をもって相戦うことを容認するような思想は，まったく見出すことはできないといわなければならない。

2 憲法第9条の解釈

1 憲法第9条の解釈は，前述の憲法の基本原理に基づいておこなわれければならない。なぜならば，第9条を含めた憲法の各条項は，前記基本原理を具体化して個別的に表現したものにほかならないからである。……

2 まず第9条第1項についてみると，

(1)「日本国民は正義と秩序を基調とする国際平和を誠実に希求する」旨の文言は，前文掲記の平和主義を，第9条の規定にあたっても，再確認し，さらに，あらゆる国家が，正義と秩序を尊重し，平和を愛好するものであり，それを信頼するとともに，国際社会に正義と秩序が支配するならば，平和が保持されるとの確信のもとに，それを誠実に希求し，かつ，その目的のために，同項に以下の規定を置くとするものである。

(2)「国権の発動たる戦争」とは，国家行為としての戦争と同意義である。なお本項では国権の発動によらない戦争の存在を容認する趣旨ではない。

(3)「武力による威嚇又は武力の行使」 ここにいう「武力」とは，実力の行使を目的とする人的および物的設備の組織体であるが，この意味では，後記第9条第2項にいう「戦力」と同じ意味である。「武力による威嚇」とは，戦争または戦闘行為に訴えることをほのめかしてなされる威嚇であり，「武力の行使」とは，国際法上認められている戦争行為にいたらない事実上の戦闘行為を意味する。

(4)「国際紛争を解決する手段としては，永久にこれを放棄する。」ここにおいて，国際紛争を解決する手段として放棄される戦争とは，不法な戦争，つまり侵略戦争

を意味する。この「国際紛争を解決する手段として」という文言の意味を，およそいっさいの国際紛争を意味するものとして，憲法は第9条第1項で自衛戦争，制裁戦争をも含めたいかなる戦争をも放棄したものであるとする立場もあるが，もしそうであれば，本項において，とくに「国際紛争を解決する手段として」などと断る必要はなく，また，この文言は，たとえば，1928年の不戦条約にもみられるところであり，同条約では，当然に自衛戦争，制裁戦争を除いたその他の不法な戦争，すなわち，侵略戦争を意味するものと解されており……，以後，国際連盟規約，国際連合憲章の解釈においても，同様の考えを前提としているから，前記した趣旨に解するのが相当と思われる。したがって，本条項では，未だ自衛戦争，制裁戦争までは放棄していない。

3 つぎに同条第2項についてみる。

(1) 「前項の目的を達するため」の「前項の目的」とは，第1項を規定するに至った基本精神，つまり同項を定めるに至った目的である「日本国民は，正義と秩序を基調とする国際平和を誠実に希求(する)」という目的を指す。この「前項の目的」なる文言を，たんに第1項の「国際紛争を解決する手段として」のみに限定して，そのための戦争，すなわち，不法な戦争，侵略戦争の放棄のみの目的と解すべきではない。なぜなら，それは，前記した憲法前文の趣旨に合致しないばかりか，……現行憲法の成立の歴史的経緯にも反し，しかも，本項の交戦権放棄の規定にも抵触するものであり，かつ，現行憲法には宣戦，講和などの戦争行為に関するいっさいの規定を置いていないことからも明らかである。

(2) 「陸海空軍その他の戦力は，これを保持しない。」「陸海空軍」は，通常の観念で考えられる軍隊の形態であり，あえて定義づけるならば，それは「外敵に対する実力的な戦闘行動を目的とする人的，物的手段としての組織体」であるということができる。このゆえに，それは，国内治安を目的とする警察と区別される。「その他の戦力」は，陸海空軍以外の軍隊か，または，軍という名称をもたなくとも，これに準じ，または，これに匹敵する実力をもち，必要ある場合には，戦争目的に転化できる人的，物的手段としての組織体をいう。このなかにはもっぱら戦争遂行のための軍需生産設備なども含まれる。ここで，その他の戦力の意味をひろく戦争のための手段として役立ちうるいっさいの人的，物的勢力と解することは，近代社会に不可欠な経済，産業構造のかなりの部分がこれに含まれることになり妥当ではない。

このようにして，本項でいっさいの「戦力」を保持しないとされる以上，軍隊，その他の戦力による自衛戦争，制裁戦争も事実上おこなうことが不可能となったも

のである。

　(3)　被告は、「外部からの不正な武力攻撃や侵略を防止するために必要最小限度の自衛力は憲法第9条第2項にいう戦力にはあたらない」旨主張する。しかしながら、憲法の同条項にいう「戦力」という用語を、通常一般に社会で用いられているのと意味を異にして憲法上独特の意味に解しなければならないなんらの根拠を見出すことができないうえ、……かような解釈は、憲法前文の趣旨にも、また憲法の制定の経緯にも反し、かつ、交戦権放棄の条項などにも抵触するものといわなければならない。

　とりわけ、自衛力は戦力でない、という被告のような考え方に立つと、現在世界の各国は、いずれも自国の防衛のために必要なものとしてその軍隊ならびに軍事力を保有しているのであるから、それらの国国は、いずれも戦力を保有していない、という奇妙な結論に達せざるをえないのであって、結局、「戦力」という概念は、それが、自衛または制裁戦争を目的とするものであるか、あるいは、その他の不正または侵略戦争を目的とするものであるかにかかわらず、前記したように、その客観的性質によってきめられなければならないものである。

　(4)　「国の交戦権は、これを認めない。」「交戦権」は、国際法上の概念として、交戦国が国家としてもつ権利で、敵の兵力を殺傷、破壊したり、都市を攻撃したり、占領地に軍政をしいたり、中立国に対しても一定の条件のもとに船舶を臨検、拿捕し、また、その貨物を没収したりなどする権利の総称をいう。この交戦権を、ひろく国家が戦争をする権利と解する立場は、第1項の「国権の発動たる戦争」と重複し、妥当ではない。

　またこの交戦権放棄の規定は、文章の形からいっても、(1)で既述した「前項の目的を達するため」の文言にはかからず、したがって、その放棄は無条件絶対的である。このため、この「前項の目的」の解釈に際し、侵略戦争の放棄のみに限定し、自衛戦争および制裁戦争は放棄されていないとする立場、ならびに本項で自衛力は戦力に含まれないとして、自衛戦争を容認する被告の立場は、少なくとも、いかなる形にせよ戦争を承認する以上、その限度で、国際法上の交戦権をもまた容認しなければ不合理であって、これらの立場は、いずれも、この交戦権の絶対的放棄に抵触するものといわなければならない。」

5．自衛権と軍事力によらない自衛行動

　「もちろん、現行憲法が、以上のように、その前文および第9条において、いっさいの戦力および軍備をもつことを禁止したとしても、このことは、わが国が、独立の主権国として、その固有の自衛権自体までも放棄したものと解すべきでないこと

は当然である〔【判例3-1】参照〕。しかし，自衛権を保有し，これを行使することは，ただちに軍事力による自衛に直結しなければならないものではない。すなわち，まず，国家の安全保障（それは究極的には国民各人の生命，身体，財産などその生活の安全を守ることにほかならない）というものは，いうまでもなく，その国の国内の政治，経済，社会の諸問題や，外交，国際情勢といった国際問題と無関係であるはずがなく，むしろ，これらの諸問題の総合的な視野に立ってはじめてその目的を達成できるものである。そして，一国の安全保障が確保されるなによりも重要な基礎は，その国民の一人一人が，確固とした平和への決意とともに，国の平和問題を正しく認識，理解し，たえず独善と偏狭を排して近隣諸国の公正と信義を信頼しつつ，社会体制の異同を越えて，これらと友好を保ち，そして前記した国内，国際諸問題を考慮しながら，安全保障の方法を正しく判断して，国民全体が相協力していくこと以外にありえないことは多言を要しない。そしてこのような立場に立ったとき，はじめて国の安全保障の手段として，あたかも，軍事力だけが唯一必要不可欠なものであるかのような，一面的な考え方をぬぐい去ることができるのであって，わが国の憲法も，このような理念に立脚するものであることは勿論である。そして，このような見地から，国家の自衛権の行使方法についてみると，つぎのような採ることのできる手段がある。つまり……自衛権の行使は，たんに平和時における外交交渉によって外国からの侵害を未然に回避する方法のほか，危急の侵害に対し，本来国内の治安維持を目的とする警察をもってこれを排除する方法，民衆が武器をもって抵抗する群民蜂起の方法もあり，さらに，侵略国国民の財産没収とか，侵略国国民の国外追放といった例もそれにあたると認められ，また……非軍事的な自衛抵抗には数多くの方法があることも認めることができ，また人類の歴史にはかかる侵略者に対してその国民が，またその民族が，英知をしぼってこれに抵抗してきた数多くの事実を知ることができ，そして，それはさらに将来ともその時代，その情況に応じて国民の英知と努力によってよりいっそう数多くの種類と方法が見出されていくべきものである。そして前記した国際連合も，その創立以来二十有余年の歴史のなかで，いくつかの国際紛争において適切な警察行動をとり，双方の衝突を未然に防止できた事実もこれに付加することができる。

　このように，自衛権の行使方法が数多くあり，そして，国家がその基本方針としてなにを選択するかは，まったく主権者の決定に委ねられているものであって，このなかにあって日本国民は前来記述のとおり，憲法において全世界に先駆けていっさいの軍事力を放棄して，永久平和主義を国の基本方針として定立したのである。」

6. 自衛隊およびその関係法規の違憲性

「以上認定した自衛隊の編成，規模，装備，能力からすると，自衛隊は明らかに「外敵に対する実力的な戦闘行動を目的とする人的，物的手段としての組織隊」と認められるので，軍隊であり，それゆえに陸，海，空各自衛隊は，憲法第9条第2項によってその保持を禁ぜられている「陸海空軍」という「戦力」に該当するものといわなければならない。そしてこのような各自衛隊の組織，編成，装備，行動などを規定している防衛庁設置法……，自衛隊法……，その他これに関連する法規は，いずれも同様に，憲法の右条項に違反し，憲法第98条によりその効力を有しえないものである。」

7. 本件保安林解除処分の公益性の欠如

「森林法第26条第2項にいう『公益上の理由』があるというためには，解除の目的が，……憲法を頂点とする法体系上価値を認められるものでなければならないから，……自衛隊の存在およびこれを規定する関連法規が憲法に違反するものである以上，自衛隊の防衛に関する施設を設置するという目的は森林法の右条項にいう公益性をもつことはできないものである。」

〔札幌地方裁判所第1部 裁判長裁判官 福島重雄，裁判官 稲守孝夫，稲田竜樹〕

【判例3-3】
長沼ナイキ基地訴訟控訴審判決（保安林指定解除処分取消控訴事件）
札幌高判昭51・8・5判時821号21頁　　　　　　　〔取消・訴え却下〕

〔事実の概要〕⇨【判例3-2】

〔判決理由〕

1. 平和的生存権と法律上の利益

「憲法前文は，その形式上憲法典の一部であって，その内容は主権の所在，政体の形態並びに国政の運用に関する平和主義，自由主義，人権尊重主義等を定めているのであるから，法的性質を有するものといわなければならない。ところで，前文第1項は，憲法制定の目的が平和主義の達成と自由の確保にあることを表明し，わが国の主権の所在が国民にあり，主権を有する日本国民が日本国憲法を確定するものであること及びわが国が国政の基本型態として代表制民主制をとることを規定しているところ，国民主権主義を基礎づける右主権の存在の宣明は同時に憲法制定の根拠が国民の意思に依拠するものであることを具体的に確定し，また，国政の基本原理である民主主義から基礎づけられた統治組織に関する型態としての代表民主制度

については同項でこれに反する一切の憲法，法令及び詔勅を排除する旨規定しているところから，右はいずれも一定の制度として確定され，その法的拘束力は絶対的なものであるといわなければならないものであるが，国政の運用に関する主義原則は，規定の内容たる事項の性質として，また規定の形式の相違において，その法的性質には右と異なるものがあるといわなければならない。前文第2項は，平和主義の原則について，第1項において憲法制定の動機として表明した，諸国民との協和による成果と自由のもたらす恵沢の確保及び戦争の惨禍の積極的回避の決意を，総じて日本国民の平和への希求であると観念し，これを第1段では日本国民の安全と生存の保持，第2段では専制と隷従，圧迫と偏狭の除去，第3段では恐怖と欠乏からの解放という各視点から，より多角的にとらえて平和の実現を志向することを明らかにし，更に前文第3項は，日本国民としての右平和への希求を政治道徳の面から国の対外的施策にも生かすべきことを規定しているもので，これにより憲法は，自由，基本的人権尊重，国際協調を含む平和をわが国の政治における指導理念とし，国政の方針としているものということができる。したがって，右第2，第3項の規定は，これら政治方針がわが国の政治の運営を目的的に規制するという意味では法的効力を有するといい得るにしても，国民主権代表制民主制と異なり，理念としての平和の内容については，これを具体的かつ特定的に規定しているわけではなく，前記第2，第3項を受けるとみられる第4項の規定に照らしても，右平和は崇高な理念ないし目的としての概念にとどまるものであることが明らかであって，前文中に定める「平和のうちに生存する権利」も裁判規範として，なんら現実的，個別的内容をもつものとして具体化されているものではないというほかないものである。また，被控訴人は，右のいわゆる平和的生存権は，憲法第9条及び同法第3章の規定に具体化されているとも主張するのであるが，同法第9条は前文における平和主義の原則を受けて規定されたものであるとはいえ，同条第1項は国際紛争解決手段としての戦争，武力による威嚇，武力行使を国家の権能のうちからこれを除外すると定め，国家機関に対し，間接的に当該行為の禁止を命じた規定であり，同条第2項はわが国の交戦権に関する権利主張を自ら否定するとともに，陸海空軍その他の戦力を保持しないと宣言して，国家機関に対し，かかる戦力の保持禁止を命じているものと解すべきである。しかりとすれば，憲法第9条は，前文における平和原則に比し平和達成のためより具体的に禁止事項を列挙してはいるが，なお，国家機関に対する行為の一般禁止命令であり，その保護法益は一般国民に対する公益というほかなく，同条規により特定の国民の特定利益保護が具体的に配慮されているものとは解し難いところである。したがって仮に具体的な立法又は行政処分による事実

上の影響として，個人に対し，何らかの不利益が生じたとしても，それは，右条規により個々人に与えられた利益の喪失とはいい得ないものといわなければならない。また，憲法第3章各条には国民の権利義務につき，とくに平和主義の原則を具体化したと解すべき条規はないから，被控訴人らの主張はこの点においても理由がない。」

2．訴えの利益について

〔証拠によれば〕「本件保安林部分の指定解除の申請に当り，防衛施設庁は，利害関係人長沼町長の保安林解除に対する同意の要件としての要請等地元要請もあり，また，林野庁の行政指導もあって，本件保安林部分の指定解除に伴う水質源確保等のための代替施設を設置することとし，(1)用水確保のための施設として，南長沼用水路の補強工事，導水路，送配水，揚水施設工事及び上水道施設工事を，(2)立木の伐採に伴い流出が予想される土砂流出防止のための砂防対策として，砂防堰堤……の建設を，(3)洪水防止施設として，富士戸1号堰堤の建設，富士戸2号堰堤の補強工事……及び馬追運河左岸(南岸)のかさ上工事をそれぞれ立案，計画し，……いずれもほぼ計画どおり右各工事を完了したことを認めることができる。」

「右事実によれば，〔被控訴人〕4名が本件解除処分により被るべき農業用水，飲料水不足等の不利益は，すべて右代替施設の完成により代替補填されるに至ったものと認めることができる。したがって，同被控訴人らは，この関係においては，もはや本件解除処分を争い，その取消しを認める具体的利益を失っているものというべきである。」

「以上説示のとおりであるから，被控訴人ら……が，本件保安林部分の解除により，その生命，身体の安全を侵害される不利益は，素地戸1号堰堤等の洪水防止施設により補填，代替されるに至り，同被控訴人らも，また，本件解除処分を争う具体的な利益を失ったものというべきである。したがって，同被控訴人らの本件訴えも，また，不適法として却下を免れないものというべきである。」

3．自衛隊等違憲の主張について

「本件についての当裁判所の結論並びにその理由は上述のとおりである。しかし被控訴人らは，本件における本案に関する争点の1である自衛隊等の憲法適合性判断の点につき，原審以来本件訴訟において裁判所に判断を求める実質的な対象として詳細な弁論をなし，控訴人もまたこれを重要争点として係争してきたものであり，原審もこの点について判断をなしているところ，当裁判所はこれと異なる結論を有するので，以下，この点に関する見解を付加することとする。」

4．憲法第81条の解釈

「憲法第81条は，一切の法律，命令，規則，処分につき，裁判所が違憲審査権を有する旨規定している。したがって，右規定をみる限り，裁判所は具体的事件において，これら法令，処分の憲法適合性が争われる場合には，これを判断する権限があると同時に，判断する義務もあるというべきである。

ところで，わが憲法における三権分立の原則は，国権の3作用のうち，立法はこれを国会に，行政はこれを内閣に，司法はこれを裁判所に，それぞれ分属行使せしめ，国権が単一の機関によって専断行使される弊害を避け，各機関における国家意思がそれぞれの機関において独立に決定されるものとしつつ，他方，3機関の相互の抑制のもとに1機関における権力行使の逸脱を防ぎ，調和ある国政の統一を図る政治組織を構成しているものというべきである。しかして，右のうち立法権及び行政権は，本来的にはそれぞれの固有の権能を通じてわが国の政治的運営方針を，その実現のための方策を含めて選択し，これを国家意思として定立もしくは実現する作用を営むものであるから，右各機関の行為は，本質的には，妥当性を指向した合目的的裁量行為たる性質を有する政治行為であるといわなければならず，わが憲法下においては，行政府の長たる内閣総理大臣は国会議員たる資格のもとに国会によって指名され，内閣はその行政機能につき国民の代表者をもって構成する国会に対し連帯してその責任を負い，立法府たる国会は，立法機能を含め，直接国民に対しその政治責任を負い，選挙を通じて国民の批判を受けるものである。これに対し司法権は，各個独立して国家作用を行う個々の裁判所が，立法府，行政府によって選択された法，具体化された処分，その他生活事実等を所与のものとし，その法適合性の判断を高権的になす機能を果たすものであって，本質的には個別的確認的判断作用を行うにとどまるものであり，これを超え，国民に対し政治責任を負う各機関に代って，より妥当性ある結果を実現する国の統一的政策決定をなす作用を営むものではないといわなければならない。そうすると，司法部門と他の2機関の機能の本質的相違からして，司法権の他機関の機能に対する介入，抑制も，右機関鼎立の趣旨を実質的に否定するものであってはならず，また事項によっては，司法的抑制に親しまず，これを行うべき本来の機関の専属的判断を尊重すべき場合を生ずることを承認しなければならない。特に，立法，行政にかかる国家行為の中には，国の機構，組織並びに対外関係を含む国の運営の基本に属する国政上の本質的事項に関する行為もあるのであって，この種の行為は，国の存立維持に直接影響を生じ，最も妥当な政策を採用するには高度の政治判断を要するもので，その政策は統一的意思として単一に確定さるべき性質のものである。したがってかかる本質的国家行

為は，司法部門における個々的法判断をなすに適せず，当該行為を選択することをその政治責任として負わされている所管の機関にこれを専決行使せしめ，その当否については終局的には主権を有する国民の政治的判断に問うことが，三権分立の原則及びこれを支える憲法上の原理である国民主権主義に副うものであると考えられる。すなわち，憲法は，一方において裁判所に違憲審査権を与え，立法，行政に対する司法の優位を認めるが，同時に三権分立を国家作用に関する国の制度としているものであるから，この両者を統一的に考えるとすれば，司法の優位は三権分立の基本原理を侵さない限度において認められる相対的優位のものと理解するほかなく，前示のような高度の政治性を有する国家行為については，統治行為として第一次的には本来その選択行使を信託されている立法部門ないし行政部門の判断に従い終局的には主権者である国民自らの政治的批判に委ねらるべく，この種の行為については，たとえ司法部門の本来の職責である法的判断が可能なものであり，かつそれが前提問題であっても，司法審査権の範囲外にあることが予定されているものというべきである（最高裁昭和35年6月8日大法廷判決〔判例2-3〕参照）。

　ところで，司法判断は，法令を大前提とし，一定の対象事項を小前提としてその適合性の判断をなすものであるが，統治行為が司法審査権の範囲外にあるという場合，一般的には小前提たる対象事項がいわゆる統治事項に当るものとして考えられていると解されるのであって，大前提たる法規解釈の問題としてとらえられているのではない。しかし，小前提に適用さるべき大前提たる憲法その他の法令の解釈行為についても，なお右と同様の問題が考慮されなければならないはずである。けだし，裁判所は，大前提たるべき法規については，自らこれを解釈適用する本来の職責を有するものではあるが，当該法規が統治事項を規定しながら，その規定の意味内容が，客観的には必ずしも一義的には明瞭でなく，一応合理的反対解釈が成立し得る余地のある場合において，各裁判所がそれぞれこれに解釈を与えるということは，その選択そのものが，事柄の性質上，政治部門が行うべき高度に政治的な裁量的判断と表裏する判断をなすこととなるのみならず，その解釈の相違の結果生ずる対社会的，政治的混乱の影響は広範かつ重大であることが避けられず，これを解釈する場合の問題は，小前提たる統治行為が司法判断の対象となり得るか否かを検討した場合の問題と本質的には異なるところはないと解されるからである。

　もっとも，純粋な意味で統治行為の理論を徹底させ，これについてはおよそ司法審査の対象にならないとするときは，立法，行政機関の専権行為については，明白に憲法その他の法令に違反するものであっても，裁判所がこれを抑制できないことになるが，それはまた，他面において三権分立の原理に反することになるといわな

ければならず，憲法第98条の規定からも，右結論を是認することはできない。したがって，立法，行政機関の行為が一見極めて明白に違憲，違法の場合には，右行為の属性を問わず，裁判所の司法審査権が排除されているものではないと解すべきである。けだし，大前提たるべき条規の定めるところが客観的，一義的に明確である場合には，それが統治事項に関する規定であっても，その一義性，明確性にかんがみ，たとえこれにより如何に国民に対し政治的，社会的に重大な結果を招来することがあろうとも，他の政治的，社会的意義に優先して当該事項の選択を是とする見地から，規範として定立されたものと考えることができるのであり，したがってこの場合には，右条規を大前提たる判断基準となし得るものと解するのが相当であり，もし小前提たる法規ないし処分が一義的に明確なものである場合には，それが統治事項に関するものであってもなおこれを司法判断の対象になし得るものと解すべきであるからである。

結局憲法第81条は，前記統治行為の属性を有する国家行為については原則として司法審査権の範囲外にあるが，前記の如く大前提，小前提ともに一義的なものと評価され得て一見極めて明白に違憲，違法と認められる場合には，裁判所はこの旨の判断をなし得るものであることを制度として認める規定であると解するのが相当である。」

5．自衛隊の設置等と統治行為

「防衛庁設置法並びに自衛隊法第3条，第87条，第88条等の規定を含む同法の制定は国会の立法行為によるものであり，これに基づく自衛隊の設置，運営は内閣の行政行為によるものである。したがって右自衛隊法及び自衛隊の存在の憲法第9条適合性を判断するに当っては，その立法行為及び行政行為が右に検討した司法審査の対象となる国家行為であるか否かがここで検討されなければならない。ところで，防衛庁設置法，自衛隊法の各規定及び上段判示の諸事実に照せば，右立法行為及び行政行為はいずれも，他国からの直接，間接の武力攻撃に際し，わが国を防衛するため，国の組織として自衛隊を設け，武力を保持し，これを対外的に行使することを認める内容をもつ国防に関する国家政策の実現行為であり，自衛隊は通常の概念によれば軍隊ということができるが，仮に，いったん他国からの侵略行為が生じた場合は，事柄の性質上，直ちに，国家，国民の存亡にかかわる事態の惹起されることが十分予想され，わが国が他国の武力侵略に対して如何なる防衛姿勢をとるかは極めて緊要な問題であるのみならず，その政策の採否及び効果は，平時，緊急時を問わず，国内における政治，経済，文化，思想，外交その他の諸般の事情に深くかかわり合いを持ち，かつその選択は，高度の専門技術的判断とともに，高度の政治

判断を要する最も基本的な国の政策決定にほかならない。したがって，右政策決定を組成する前記立法行為及び行政行為は，正に統治事項に関する行為であって，一見極めて明白に違憲，違法と認められるものでない限り，司法審査の対象ではないといわなければならないものである。」

6．憲法第9条の解釈
「わが憲法は，第9条第1項において国際紛争解決の手段としての戦争，武力による威嚇，武力の行使を放棄し，同条第2項において右目的を達するため陸海空軍その他の戦力を保持しないと定めたことにより，侵略のための陸海空軍その他の戦力の保持を禁じていることは一見明白である。しかし，憲法第9条第2項の解釈については，自衛のための軍隊その他の戦力の保持が禁じられているか否かにつき積極，消極の両説がある。……被控訴人らの主張する憲法第9条第2項の解釈も，要するに右のような積極説の立場に立つものである。……しかして控訴人の憲法第9条第2項の解釈も，要するに右のような消極説の立場に立つものである。」

「ところで，双方の各論旨をみると，積極説はその解釈において，わが憲法は，採用した平和主義，国際協調主義による平和を生存をかけて実現すべき理想とし，かつ現在の国際社会の情勢上もそれが可能であるとの見解を基盤とするものであり，消極説は，わが憲法は平和主義の理想を尊重すべきことを命じてはいるが，現実の国際社会において，急迫不正の侵害の危険性は現存し，その際における自救行為はこれを当然の前提としているとの見解を基盤として立論するものである。そして，わが憲法が右のいずれの見解に立脚して設けられているものであるかは，必ずしも明瞭とはいえず，各論旨はいずれもそれなりに一応の合理性を有するものといわなければならないから，結局自衛のための戦力の保持に関する憲法第9条第2項前段は，一義的に明確な規定と解することができないものといわなければならない。」

7．自衛隊の存在等の司法判断
「憲法第9条の前記解釈によれば，同条が保持を一義的，明確に禁止するのは侵略戦争のための軍備ないし戦力，すなわち侵略を企図し，その準備行為であると客観的に認められる実体を有する軍備ないし戦力だけである。したがって，自衛隊法が予定する自衛隊の目的，組織，編成，装備等が右にいう侵略的なものであると一見極めて明白に認められるときは，裁判所は自衛隊法もしくはこれに当る条規の違憲であることを判断すべきであり，また自衛隊法もしくはその条規の違憲性の有無とは別に，行政運用の実体である自衛隊の目的，組織，編成，装備等その実態が証拠調手続を経るまでもなく右にいう侵略的なものであると一見極めて明白に認められ

るならば，この点については司法判断の対象となるというべきである。しかし，右に当らず，一見極めて明白に侵略的なものとなし得ない場合には，当該事項がいわゆる統治行為に属するものであることにかんがみ，右は司法審査の対照[ママ]とはならないといわなければならない。

そこで右の点を検討してみると，自衛隊法が自衛隊の主たる任務をわが国の防衛に置き，このために自衛隊としての一定の組織，編成を定め，かつ武器を保有し，これらを対外的に行使することを予定し，また現実に自衛隊が右自衛隊法に基づき同法所定の組織，編成のもとに武器を保有しているものであること前記……のとおりであるから，その設定された目的の限りではもっぱら自衛のためであることが明らかである。そして自衛隊法で予定された自衛隊の組織，編成，装備，あるいは現実にある自衛隊の組織，編成，装備が，侵略戦争のためのものであるか否かは，掲げられた右目的だけから判断すべきものではなく，客観的にわが国の戦争遂行能力が他の諸国との対比において明らかに侵略に足る程度に至っているものであるか否かによって判断すべきであるところ，戦争遂行能力の比較は，その国の軍備ないし戦力を構成する個々の組織，編成，装備のみならず，その経済力，地理的条件，他の諸国の戦争遂行能力等各種要素を将来の展望を含め，広く，高度の専門技術的見地から相関的に検討評価しなければならないものであり，右評価は，現状において客観的，一義的に確定しているものとはいえないから，一見極めて明白に侵略的なものであるとはいい得ないといわなければならない。」

8．帰　結

「右のとおりであるから，結局自衛隊の存在等が憲法第9条に違反するか否かの問題は，統治行為に関する判断であり，国会及び内閣の政治行為として窮極的には国民全体の政治的批判に委ねらるべきものであり，これを裁判所が判断すべきものではないと解すべきである。」

〔札幌高等裁判所第2部　裁判長裁判官 小河八十次，裁判官 落合　威，山田　博〕

【判例3-4】

百里基地訴訟上告審判決(不動産所有権確認等請求事件)

最三判平元・6・20民集43巻6号385頁　　　　　　　　　〔上告棄却〕

〔事実の概要〕

1．本件は，茨城県東茨城郡小川町にある航空自衛隊百里航空隊基地内の土地所有権の帰属をめぐる民事事件であり，第一審の水戸地裁判決(水戸地判昭52・2・17判

時842号22頁)の認定したところによると，Xは茨城県小川町の百里ケ原に本件土地(宅地，畑二筆，原野)を所有し，農業をしていたものであるが，百里ケ原に航空自衛隊基地を誘致する運動がおきて以来，百里基地反対期成同盟の一員として反対運動に参加していた。しかし，基地建設がきまり，賛成派農民が続々と農地を国に売り渡して百里ケ原を立ち去る一方，基地建設工事が着々進捗し，やがて同盟に属する農民による工事監督事務所襲撃事件が発生するに及び，Xは，本件土地を売却処分して移住する決意をした。そして，Xは，反対運動の指導者的地位にあったAと話し合った結果，1958(昭和33)年5月19日Aの夫の使用人Yとの間で本件土地を306万円で売り渡す契約を結び，本件土地のうち宅地について所有権移転登記を，農地であった畑二筆・原野について知事の許可を停止条件とする所有権移転の仮登記を了した。しかし，YはXに対し，契約締結時に手附10万円，上各登記を経由した日に100万円の合計110万円を支払ったのみで，残代金196万円は，支払期日を過ぎても支払わなかった。そこで，Xは，同年6月12日に10日の期間を定めて残代金の支払を催告し，同時に不払を条件とする売買契約解除の意思表示をしたが，この期間中に残代金は支払われなかった。そこで，Xは，同月25日防衛庁東京建設部長Bとの間で本件土地を代金270万円で国に売り渡す契約を結び，畑二筆・原野について所有権移転登記を了した。

本訴において，XはYに対し，売買契約の解除を主張して，宅地の所有権移転登記および原野の仮登記の各抹消を求めた。国(代表者法務大臣福田一)はYに対し，本件土地の所有権確認，畑二筆の仮登記の抹消(Xの請求権の代位行使)を求めた。これに対し，Yは，右解除の効力およびXから国への売渡しの効力を否定して抗争し，Xと国に対しそれぞれ宅地の所有権確認などを求める反訴を提起した。本件において，Yは，自衛隊が憲法第9条に違反すると主張し，これを前提として，Xの売買契約の解除及びXと国との間の売買が違憲，無効であることを多角的に主張した。

2．第一審の水戸地裁判決(水戸地判昭52・2・17判時842号22頁)は，大要，次のように判示した(原文を一部修正して引用した)。

1　(イ)　わが国は，独立国であって他のいかなる主権主体に従属するものではないから，固有の自衛権，すなわち国家が，外部から緊急不正の侵害を受けた場合，自国を防衛するため実力をもってこれを阻止し排除しうるところの国家の基本権を有することはいうまでもない。ところが，憲法第9条第1項は，国権の発動たる戦争，武力による威嚇，武力の行使は国際紛争を解決する手段としてはこれを放棄しているので，自衛のための戦争まで放棄されたかどうかが，先ず検討されなければ

ならない。

　そもそも，第1項は，文理上からも明らかなように，国権の発動たる戦争，武力による威嚇，武力の行使を，国際紛争を解決する手段として行われる場合に限定してこれを放棄したものであって，自衛の目的を達成する手段としての戦争まで放棄したものではない。また，他に自衛権ないし自衛のための戦争を放棄する旨を定めた規定も存しない。むしろ，国家統治の根本を定めた憲法は，国としての理念を掲げ，国民の権利を保障し，その実現に努力すべきことを定めており，しかも，憲法前文第2項において，「われらの安全と生存」の「保持」を「決意」していることによっても明らかなように，憲法は，わが国の存立，わが国民の安全と生存を，その前提として当然に予定するところであるから，わが国の主権，国民の基本的人権の保障を全うするためには，これらの権利が侵害されまたは侵害されようとしている場合，これを阻止，排除しなければならないとするのが，憲法の基本的立場であるといわなければならない。

　憲法は，平和主義，国際協調主義の原則に立ち「平和を愛する諸国民の公正と信義に信頼して，われらの安全と生存を保持しようと決意した」のであるが，その趣旨とするところが，わが国が他国から緊急不正の侵害を受け存亡の危機にさらされた場合においても，なお自らは手を拱いて「われらの安全と生存」を挙げて「平和を愛する諸国民の公正と信義」に委ねることを決意したというものでないことは明らかである。けだし，わが国が加盟した国際連合による安全保障（国連憲章第39条ないし第42条）が未だ有効適切にその機能を発揮し得ない現下の国際情勢に照らし，国の安全と国民の生存が侵害された場合には，これを阻止，排除し，もって「専制と隷従，圧迫と偏狭」を地上から除去することこそ，「正義と秩序を基調とする国際平和」（憲法第9条第1項）の実現に寄与するゆえんであり，かくして，はじめて「国際社会において名誉ある地位」を占めることができるからである。そうであれば，わが国は，外部からの不法な侵害に対し，この侵害を阻止，排除する権限を有するものというべきであり，その権限を行使するに当ってはその侵害を阻止，排除するに必要な限度において自衛の措置をとりうるものといわざるを得ないし，この範囲における自衛の措置は，自衛権の作用として国際法上是認さるべきものであることも明らかである。このことは，国連憲章が，その第51条において「この憲章のいかなる規定も，国際連合加盟国に対して武力攻撃が発生した場合には，安全保障理事会が国際の平和及び安全の維持に必要な措置をとるまでの間，個別的又は集団的自衛の固有の権利を害するものではない。」と規定するところに照応するものである。

　(ロ)　憲法第9条第2項前段は，戦力の不保持を宣言しているが，このことは自衛

のためにも戦力を保持することが許されないことを意味しているものかどうか。第2項前段を第1項の趣旨との関連において合理的に解釈するならば，第1項の戦争放棄等の宣言を実質的に保障する目的のもとに設けられたもの，換言すれば「前項の目的」とは第1項全体の趣旨を受けて侵略戦争と侵略的な武力による威嚇ないしその行使に供しうる一切の戦力の保持を禁止したものと解するのが相当であって，第1項の「国際平和を誠実に希求」するとの趣旨のみを受けて戦力不保持の動機を示したものと解することは困難である。このような見解のもとにおいてこそ，憲法第66条第2項の，いわゆる文民条項の合理的存在理由をみいだすことができるのである。

(ハ) また，同法第9条第2項後段の規定からすると，自衛のための戦争も許されないのではないかとの疑問がないではない。しかし，同項にいう「交戦権」とは，戦争の放棄を定めた第1項との関連において，さらには戦争の手段たる戦力の不保持を定めた第2項前段のあとを受けて規定されている点から考えてみても，「戦争をなす権利」と解する余地は存しないから，国際法上国が交戦国として認められている各種の権利であるといわざるをえない。従って，わが国が外部からの武力攻撃に対し自衛権を行使して侵害を阻止，排除するための実力行動にでること自体は，なんら否認されるものではない。

(ニ) 以上要するに，わが国が，外部から武力攻撃を受けた場合に，自衛のため必要な限度においてこれを阻止し排除するため自衛権を行使することおよびこの自衛権行使のため有効適切な防衛措置を予め組織，整備することは，憲法前文，第9条に違反するものではないというべきである。

2 原告国，同Ｘ間の本件土地売買契約は，いうまでもなく私法上の契約にほかならず，かような私法上の法律行為を規律するものは，私法上の行為規範であるべきところ，憲法第9条は，前叙のように，日本国政府に対し，国際紛争解決の手段としての戦争，武力による威嚇，武力の行使，戦力の保持を禁止し，交戦権の放棄を命じたものであつて，国家統治体制の指標を定めた規範である。

してみれば，憲法第9条が，これと法域を異にする私法上の行為を直接規律しその効力を決するものでないことは明らかである。

3 (イ) 憲法は，国法の体系的秩序の最高の位置に位し，他の一切の法令は，直接または間接に憲法の授権に基づいて成立し通用するのであるから，憲法が最も強い形式的効力を有し他の法令その他の国務行為は形式上も実質上も憲法に矛盾することは許されない。憲法第98条第1項は，憲法の国法秩序における最高法規性という自明の理を再確認したものである。しこうして，同条項が法律，命令，詔勅とと

もに「国務に関するその他の行為」を掲げて総括し，国法秩序の授権規範である憲法の条規に照らしその効力を問議する以上，「国務に関するその他の行為」とは，少なくとも国権の作用ないし公権力作用と関係をもつ個別具体的な公法上の行為を指すものと解すべきであって，原告国，同Ｘ間の本件土地売買契約の締結のごとき私法上の行為にまで及ぶものでないことは明らかである。

(ロ) ところで，前示条項は，憲法の最高法規性を形式上ないし論理的に保障するものであるが，しかしこの規定によっては，憲法の最高法規性を実現することはできない。これを実現し，憲法の最高法規性を実質的に保障するのが，憲法第81条であるところ，同条にいう「処分」は，「規則」とともに，前示「国務に関するその他の行為」に照応するものであって，個別的，具体的な法規範を定立する国家作用を指すものと解すべきであり，前示のような私法上の行為を含むものではない。

以上要するに，本件の土地売買契約の締結が，憲法第98条第1項にいう「国務に関するその他の行為」，および同法第81条にいう「処分」に該当する旨の被告の主張は，しょせん失当というべきである。

4 (イ) 日本国憲法は，立法，行政，司法の三権分立を確立し，司法権はすべて裁判所に帰属させ(第76条第1項)，裁判所法は，裁判所は一切の法律上の争訟を裁判する権限を有するものと定め(第3条第1項)，民事，刑事のみならず，行政事件についても概括的に司法裁判所の管轄に属するものとし，さらに憲法第81条は，裁判所は一切の法律，命令，規則または処分につき違憲立法審査権を有するものと定めた。以上の結果，具体的事件において，国家行為は，法律上の争訟となるかぎり，すべて裁判所の司法的統制に服することとなったのである。

しかしながら，憲法第81条の定める違憲立法審査権といえども，あくまでも司法権の作用として認められたにとどまり，司法権は万能であるとはいえず，一定の限界があることを認めざるをえない。憲法の三権分立の主眼は，国権を分離し独立の機関に担当させるとともに，三権相互の抑制と均衡を基礎とする協働により統一的国家意思を決定しようとするものであって，一つの権力が他の権力を完全に支配し制約することは認められず，その基盤には，国民主権の根本原理が存在するのである。

たとえば，直接国家統治の基本に触れる高度に政治性のある国家行為は，たとえ法律上の争訟となりこれに対する法的判断が法律上可能である場合においても，さような国家行為は，政治責任の担い手でない裁判所の訴訟手続によって解決されるべきでなく，事柄の性質上，国民に対して政治責任を負う内閣または国会の権限に留保され，最終的には国民の批判と監視のもとに解決されるのを適当とするので

あって，憲法は以上を否定し去っているものとは解されない。

この司法権に対する制約は，結局三権分立の原理に由来し，当該国家行為の高度の政治性，裁判所の司法機関としての本来の役割，裁判に必然的に随伴する手続上の制約等にかんがみ，明文の規定は欠くが，わが憲法上の司法権ならびに司法裁判所の本質に内在する制約であると解すべきである。

したがって，前示のような国家行為が違憲であるかどうかの法的判断は，具体的事件についての法保障的機能を果すべき使命を有する司法裁判所の審査には，原則として親しまない性質のものであり，したがって一見極めて明白に違憲無効であると認められないかぎりは，司法裁判所の審査権の範囲に属しないものというべきである。

(ロ) ところで，旧防衛庁設置法，旧自衛隊法は国会の立法作用に基づくものであるところ，上来説示した諸規定から明らかなように，わが国の平和と独立を守り，国の安全を保つことを目的とし，直接侵略，間接侵略に対しわが国を防衛するため，防衛行政組織を設け，武力を保持し，これを対外的に行使することを根幹とするものである。しこうして一国の防衛問題は，その国の存立の基礎にかかわる問題であり，国家統治の基本に関する政策決定の問題である。すなわち，わが国が上来説示した自衛権行使のために保持すべき実力組織をいかなる程度のものとすべきかの政策決定は，流動する国際環境，国際情勢ならびに科学技術の進歩等諸般の事情を，将来の展望をも含めて総合的に考慮し，かつわが国の国力，国情に照らして決定すべき問題であり，必然的に高度の政治的，技術的，専門的判断が要求されるものと解すべきである。したがって昭和33年当時施行せられた旧防衛庁設置法，旧自衛隊法の規定する自衛隊が，自衛のため必要とされる限度を超え憲法第9条第2項にいう「戦力」に該当するかどうかの法的判断は，原則として司法裁判所の審査に親しまない性質のものであり，一見極めて明白に違憲無効であると認められないかぎり，司法審査の対象とはなりえないのであって，それは一次的には，前示二法の立法行為者であり，直接国民に対して政治責任を負う国会の判断に委わられるべきものであり，終局的には主権者である国民の批判を受けるべきものである。

しこうして，旧防衛庁設置法ならびに旧自衛隊法に定める昭和33年当時の自衛隊は，既に通観した諸要素に照らし，憲法第9条第2項にいう「戦力」，すなわち侵略的戦争遂行能力を有する人的，物的組織体に該当することが，一見明白であると断ずることはできないであろう。

5 (イ) 国家統治の根本を定めた憲法は，わが国の敗戦とポツダム宣言の受諾を契機として制定されたものであるが，前示のごとき制定の趣旨，憲法の基本的立場

とその立場においてとるべき基本原理ないし根本理念については，その前文においてこれを明らかにしており，被告の主張する平和的生存権についても，憲法前文第2項の触れるところである。

(ロ) そこで，憲法前文第2項について，これを検討する。同項の規定は前文第1項において，憲法制定の目的として宣言した諸国民との協和による成果と自由のもたらす恵沢の確保および政府の行為によって再び戦争の惨禍が起ることのないようにするとの決意，換言すれば平和主義の達成と自由主義の確保を日本国民の平和への希求としてとらえ，これを志向して，第2項の第1段においては日本国民の安全と生存の保持という決意，第2段においては専制と隷従，圧迫と偏狭を除去して国際社会において名誉ある地位を占めたいという願望，第3段において恐怖と欠乏から免かれて平和のうちに生存する権利を有することの確認を述べ，さらに前文第3項においてみぎ平和への希求を普遍的な政治道徳の立場から国の対外施策に生かすべき理念として表明している。

(ハ) しこうして，憲法は，みぎの平和主義と国際協調主義の見地に立ち，その第9条において戦争の放棄等を規定し，第98条第2項において「日本国が締結した条約及び確立された国際法規」の誠実な遵守義務を規定しているけれども，憲法前文第2項に規定する平和の内容については，本文各条項によって具体化されていないのみならず，前文においても具体的，個別的に規定されているわけでもない。むしろ，前文第1項において平和主義の達成を憲法制定の目的として宣言している点からみても，また，前文第3項，さらに同第4項の規定に照らしてみても，平和をもって政治における崇高な指導理念ないし目的としたにとどまるものといわざるをえないのである。すなわち，憲法前文第2項は，形式上憲法の一部を構成するが，憲法本文各条項がみぎのごとき理念ないし目的に従って解釈さるべきであるという，本文各条項の解釈基準を明らかにしているものと解さざるをえないのである。

(ニ) してみると，憲法前文第2項にいう「平和のうちに生存する権利」は，その内容が抽象的なものであって具体的，個別的に定立されたところの裁判規範と認めることはできないから，これを根拠として平和的生存権なる権利を認めることはできない。

(ホ) したがって，原告らの前示各法律行為は平和的生存権を侵害するものであるから公序良俗に反して民法第90条によって無効である旨の被告の主張は，爾余の点につき判断するまでもなくその前提において失当たるを免れない。〔裁判官　石崎政男　長久保武　佐野精孝〕

3．控訴審判決（東京高判昭56・7・7判時1004号3頁）が憲法に関する判断を回避し

たことについては，本文で述べた。

〔判決理由〕

1．憲法 98 条の趣旨

「論旨は，憲法 98 条 1 項にいう「国務に関するその他の行為」とは国の行うすべての行為を意味するのであって，国が行う行為であれば，私法上の行為もこれに含まれ，したがって，被上告人国がした本件売買契約も国務に関する行為に該当するから，本件売買契約は憲法 9 条（前文を含む。以下同じ。）の条規に反する国務に関する行為としてその効力を有しない，というのである。

しかしながら，憲法 98 条 1 項は，憲法が国の最高法規であること，すなわち，憲法が成文法の国法形式として最も強い形式的効力を有し，憲法に違反するその余の法形式の全部又は一部はその違反する限度において法規範としての本来の効力を有しないことを定めた規定であるから，同条項にいう「国務に関するその他の行為」とは，同条項に列挙された法律，命令，詔勅と同一の性質を有する国の行為，言い換えれば，公権力を行使して法規範を定立する国の行為を意味し，したがって，行政処分，裁判などの国の行為は，個別的・具体的ながらも公権力を行使して法規範を定立する国の行為であるから，かかる法規範を定立する限りにおいて国務に関する行為に該当するものというべきであるが，国の行為であっても，私人と対等の立場で行う国の行為は，右のような法規範の定立を伴わないから憲法 98 条 1 項にいう「国務に関するその他の行為」に該当しないものと解すべきである。以上のように解すべきことは，最高裁昭和 22 年（れ）第 188 号同 23 年 7 月 8 日大法廷判決・刑集 2 巻 8 号 801 頁の趣旨に徴して明らかである。そして，原審の適法に確定した事実関係のもとでは，本件売買契約は，国が行った行為ではあるが，私人と対等の立場で行った私法上の行為であり，右のような法規範の定立を伴わないことが明らかであるから，憲法 98 条 1 項にいう「国務に関するその他の行為」には該当しないものというべきである。これと同旨に帰する原審の判断は，正当として是認することができる。原判決に所論の違憲はなく，論旨は，以上と異なる見解又は原審の認定にそわない事実に基づいて原判決を論難するものであって，採用することができない。」

2．本件売買契約と憲法 9 条

(1) 「論旨は，本件売買契約は，被上告人国がこれをするについての準拠法規である防衛庁設置法及びその関連法令が憲法 9 条に違反して無効であるから，準拠法規を欠くことになり無効である，というのである。

しかしながら，被上告人国が被上告人 X との間で締結した本件売買契約は，国がその活動上生ずる個別的な需要を賄うためにした私法上の契約であるから，私法上

の契約の効力発生の要件としては，国がその一方の当事者であっても，一般の私法上の効力発生要件のほかには，なんらの準拠法規を要しないことは明らかであり，したがって，本件売買契約の私法上の効力の有無を判断するについては，防衛庁設置法及びその関連法令について違憲審査をすることを要するものではない。これと同旨の原審の判断は，正当として是認することができる。論旨は，これと異なる見解又は原審の認定にそわない事実に基づいて原判決を論難するものであって，採用することができない。」

(2)「論旨は，被上告人国の代理人として本件売買契約を締結したBは，組織規範である防衛庁設置法及びその関連法令が憲法9条に違反して無効であることによって，被上告人国の支出担当官としての職務権限を欠くことになるから，本件売買契約は，結局無権限者のした行為として私法上無効である，というのである。

しかしながら，売買契約の当事者本人が，現にその契約締結行為を行った者の代理権限の存在を認めている場合には，第三者が，右契約が無権限者のした行為であると主張してその契約の効力を争うことはできないというべきところ，本件訴訟において，被上告人国は，Bが被上告人国の代理人としてした本件売買契約が本人である被上告人国と相手方である被上告人Xとの間で有効に成立したと主張しているのであるから，第三者である上告人らは，右理由による無効を主張することはできず，したがって，Bが本件売買契約の締結当時必要な職務権限を有していたか否かについて判断する必要はない。これと結論を同じくする原審の判断は首肯することができる。論旨は，これと異なる見解に立って原判決を論難するか，又は判決の結論に影響のない原判決の説示部分の違法をいうものであって，採用することができない。」

(3)「論旨は，本件売買契約は国がその一方当事者として関与した行為であるから，私人間で行われた私法上の行為と同視すべきものではないが，仮に私人間で行われた私法上の行為と同視しうるものであるとしても，憲法の保障する平和主義ないし平和的生存権に違反し，かつ，憲法9条が直接適用され，これに違反する，というのである。

しかしながら，上告人らが平和主義ないし平和的生存権として主張する平和とは，理念ないし目的としての抽象的概念であって，それ自体が独立して，具体的訴訟において私法上の行為の効力の判断基準になるものとはいえず，また，憲法9条は，その憲法規範として有する性格上，私法上の行為の効力を直接規律することを目的とした規定ではなく，人権規定と同様，私法上の行為に対しては直接適用されるものではないと解するのが相当であり，国が一方当事者として関与した行為であって

も，たとえば，行政活動上必要となる物品を調達する契約，公共施設に必要な土地の取得又は国有財産の売払いのためにする契約などのように，国が行政の主体としてでなく私人と対等の立場に立って，私人との間で個々的に締結する私法上の契約は，当該契約がその成立の経緯及び内容において実質的にみて公権力の発動たる行為となんら変わりがないといえるような特段の事情のない限り，憲法 9 条の直接適用を受けず，私人間の利害関係の公平な調整を目的とする私法の適用を受けるにすぎないものと解するのが相当である。以上のように解すべきこと」は，【判例5-1】〔＝三菱樹脂事件判決〕の趣旨に徴して明らかである。

　「これを本件についてみると，まず，本件土地取得行為のうち被上告人Xが上告人Yに対してした契約解除の意思表示については，私人間でされた純粋な私法上の行為で，被上告人国がなんら関与していない行為であり，しかも，被上告人Xは，上告人Yが売買残代金を支払わないことから，上告人Yとの間の売買契約を解除する旨の意思表示をするに至ったものであり，かつ，被上告人国とは右解除の効果が生じた後に本件売買契約を締結したというのであるから，被上告人Xのした売買契約解除の意思表示は，被上告人国が本件売買契約を締結するについて有していた自衛隊基地の建設という目的とは直接かかわり合いのないものであり，したがって，憲法 9 条が直接適用される余地はないものというべきである。

　次に，被上告人Xと被上告人国との間で締結された本件売買契約について憲法 9 条の直接適用の有無を検討することにする。原審の確定した前記事実関係によれば，本件売買契約は，行為の形式をみると，私法上の契約として行われており，また，行為の実質をみても，被上告人国が基地予定地内の土地所有者らを相手方とし，なんら公権力を行使することなく純粋に私人と対等の立場に立って，個別的な事情を踏まえて交渉を重ねた結果締結された一連の売買契約の一つであって，右に説示したような特段の事情は認められず，したがって，本件売買契約は，私的自治の原則に則って成立した純粋な財産上の取引であるということができ，本件売買契約に憲法 9 条が直接適用される余地はないものというべく，これと同趣旨の原審の判断は，正当として是認することができる。原判決に所論の違憲はなく，論旨は，以上と異なる見解又は原審の認定にそわない事実に基づいて原判決を論難するものであって，採用することができない。」

　(4)　「論旨は，憲法 9 条の規定ないし平和的生存権の保障が私法上の行為である本件売買契約に直接適用されないとしても，右規定等は民法 90 条の定める公序の内容を形成し，右規定等に違反する本件売買契約を含む本件土地取得行為は，結局公序良俗違反として無効である，というのである。

本件売買契約は，前述のように，被上告人国が自衛隊基地の建設を目的ないし動機として締結した契約であって，同被上告人は被上告人Xに対しこの契約を締結するに当たって右の目的ないし動機を表示していることは明らかであるから，右の目的ないし動機は本件売買契約等が公序良俗違反となるか否かを決するについて考慮されるべき事項であるということができるので，以下自衛隊基地の建設という目的ないし動機によって，本件売買契約等が公序良俗違反として無効となるか否かについて判断する。

まず，憲法9条は，人権規定と同様，国の基本的な法秩序を宣示した規定であるから，憲法より下位の法形式によるすべての法規の解釈適用に当たって，その指導原理となりうるものであることはいうまでもないが，憲法9条は，前判示のように私法上の行為の効力を直接規律することを目的とした規定ではないから，自衛隊基地の建設という目的ないし動機が直接憲法9条の趣旨に適合するか否かを判断することによって，本件売買契約が公序良俗違反として無効となるか否かを決すべきではないのであって，自衛隊基地の建設を目的ないし動機として締結された本件売買契約を全体的に観察して私法的な価値秩序のもとにおいてその効力を否定すべきほどの反社会性を有するか否かを判断することによって初めて公序良俗違反として無効となるか否かを決することができるものといわなければならない。すなわち，憲法9条の宣明する国際平和主義，戦争の放棄，戦力の不保持などの国家の統治活動に対する規範は，私法的な価値秩序とは本来関係のない優れて公法的な性格を有する規範であるから，私法的な価値秩序において，右規範がそのままの内容で民法90条にいう「公ノ秩序」の内容を形成し，それに反する私法上の行為の効力を一律に否定する法的作用を営むということはないのであって，右の規範は，私法的な価値秩序のもとで確立された私的自治の原則，契約における信義則，取引の安全等の私法上の規範によって相対化され，民法90条にいう「公ノ秩序」の内容の一部を形成するのであり，したがって私法的な価値秩序のもとにおいて，社会的に許容されない反社会的な行為であるとの認識が，社会の一般的な観念として確立しているか否かが，私法上の行為の効力の有無を判断する基準になるものというべきである。

そこで，自衛隊基地の建設という目的ないし動機が右に述べた意義及び程度において反社会性を有するか否かについて判断するに，自衛隊法及び防衛庁設置法は，昭和29年6月憲法9条の有する意義及び内容について自衛のための措置やそのための実力組織の保持は禁止されないとの解釈のもとで制定された法律であって，自衛隊は，右のような法律に基づいて設置された組織であるところ，本件売買契約が締結された昭和33年当時，私法的な価値秩序のもとにおいては，自衛隊のために国

と私人との間で，売買契約その他の私法上の契約を締結することは，社会的に許容されない反社会的な行為であるとの認識が，社会の一般的な観念として確立していたということはできない。したがって，自衛隊の基地建設を目的ないし動機として締結された本件売買契約が，その私法上の契約としての効力を否定されるような行為であったとはいえない。また，上告人らが平和主義ないし平和的生存権として主張する平和とは理念ないし目的としての抽象的概念であるから，憲法9条をはなれてこれとは別に，民法90条にいう「公ノ秩序」の内容の一部を形成することはなく，したがって私法上の行為の効力の判断基準とはならないものというべきである。

そうすると，本件売買契約を含む本件土地取得行為が公序良俗違反にはならないとした原審の判断は，是認することができる。論旨は，これと異なる見解に立って原判決を論難するか，又は原判決の認定にそわない事実に基づいてその違法をいうものであって，採用することができない。」

＊裁判官伊藤正己の補足意見

1　国の行った私法上の行為である本件土地の売買契約は憲法98条1項にいう「国務に関するその他の行為」に当たるかどうかが問題となる。

(1)　「国務に関するその他の行為」という表現は，憲法98条1項の文理，それが最高法規と題する章におかれていることからみて，憲法が成文法の国法形式として最も強い形式的効力を有するという実定成文法体系において憲法が最高の法規であるとの法意が示されていると解されるから，そこでいう「国務に関するその他の行為」は，例示される法律，命令，詔勅のように法規範として国の実定法秩序の一環をなすものを定立する行為を意味し，およそ国の行う行為のすべてを意味するものではないというべきである。そうであるとすると，行政処分や裁判は具体的な国の行為であるから，それに含まれないと解する余地があるが，当裁判所は，それらが国務に関する行為に該当することを承認している(最大判昭23・7・8刑集2巻8号801頁)。これは，行政処分や裁判のように具体的な事案に対する国の行為は，当該事案に対する措置という個別的な側面とともに，それを通じて法規範の定立という意味をもつものであり，そこでこれらも国の法体系の段階構造のうちの最下位にあるとはいえ，実定法秩序の一環をなすものとしての位置づけをもちうるのであって，その限りで国務に関する行為に当たると解するのである。このように考えると，本件売買契約のような国の私法上の行為は，右のような意味での法規範の定立を伴うものではなく，憲法98条1項にいう「国務に関するその他の行為」に該当するものとは解されず，原判決に所論の違法はないというべきである。なお，最大判昭51・4・14

民集30巻3号223頁〔【判例9-2】〕）が,憲法98条1項にいう国務に関する行為を「国権行為」と表示している意味は必ずしも明確ではないが,少なくともそれが国の私法上の行為を含まないと解していることは明らかである。

　(2)　このように憲法98条1項が法規範の定立行為をとらえて憲法の最高法規性を意味しているものとすれば,そこで法律その他が「効力を有しない」ということもそれらが違憲の限度で法規範としての本来の効力を有しないとするものと解される。例えば行政処分が憲法に反するということによりつねに絶対的に無効となるのではなく,行政処分は重大かつ明白な瑕疵がある場合に無効となるとされるが,憲法に反することは重大な瑕疵があるといっても,つねに明白な瑕疵とはいえず,憲法の解釈いかんによって違憲かどうかがきめられることが少なくないのであって,具体的な行政処分は,違憲であっても,当然無効の場合もあれば,当事者の主張によって取り消される場合,相対的な無効の場合もありうると解される。裁判についても同様であり,ここではいっそう当然無効とされる場合は少なく,法定の手続にそって裁判の効力が失わしめられるにとどまると考えられる。法廷意見が「法規範として本来の効力を有しない」というのは,このように違憲が直ちに当然無効とならないことを示すものであり,国務に関する行為が行政処分や裁判のような具体的な法規範定立行為を含むと解する以上,効力を有しないという規定を右のように解するのが相当である。なお,上にあげた昭和51年4月14日大法廷判決も,憲法98条1項を引用しつつ憲法に反する国権行為がつねに当然無効となるという考え方を否定していることも参照されてよいであろう。

　2　このように考えると,憲法98条1項の規定は国の私法上の行為に及ばないと解されるが,このことは,国の行う私法上の行為のすべてが,私人の行為と同じであり,憲法の直接的規律を受けないということではない。憲法的規律がどこまで及ぶかは,憲法98条1項に関する問題ではなく,憲法という法規の性質からみてその射程範囲がどこまでか,その名宛人はなんびとかという問題である。この観点からは,私人間の私法上の行為であっても,憲法の規律が直接に及ぶと解することも可能であるし（いわゆる憲法の第三者効力の問題であるが,最大判昭48・12・12民集27巻11号1536頁〔【判例5-1】〕は,憲法14条,19条についてこれを消極に解している）また国が主体でなくとも,私人を主体とする行為も一定の条件のもとに国の行為とみなして,その私法上の行為について憲法の適用を認めることもありうる（いわゆる「ステートアクションの法理」参照）。同様に国の私法上の行為も憲法の直接の規律を受けることがありうるのである。当裁判所は地方公共団体が地鎮祭のための神官への報酬などの費用を支出したことの憲法適合性を審査しているが（最大判昭52・7・13民集31巻

4号533頁〔【判例11-4】〕),この支出行為は私法的な行為に基づくものとみられるから,右の趣旨を前提としているものと解することができる。そして私見によれば,国の行為は,たとえそれが私法上の行為であっても,少なくとも一定の行政目的の達成を直接的に目的とするものであるときには,それ以外にどこまで及ぶかどうかはともかくとして,私法上の行為であることを理由として憲法上の拘束を免れることができない場合もありうるものと思われる。

　しかし,右のような憲法の射程範囲を考える場合にみのがしてはならないことは,私法上の行為が憲法の規定に反するという瑕疵をもつ場合にも,直ちにその私法的効力が否定されるわけでないことである。もとより国の行為が憲法に反する以上はその効力を否定する要請が働くけれども,他方で,私法上の行為であるから私的自治の原則が認められ,私法上の行為によって生ずる私人の権利や利益が私人の予期しない事由によって損なわれることがないように配慮する必要があり,このような取引の安全保護の見地からは,私法上の効力を肯定する要請が働くことになる。このような点を較量しながら私法上の行為について判断することとなる。

　3　憲法の諸規定は,憲法の性質上,原則として私法上の行為に直接の適用がないとしてもすべての憲法規範がそうであるとはいえず,その規定のうちには私人間で行われた私法上の行為であっても直接に拘束を及ぼすものがあると考えてよい。例えば,奴隷的拘束を受けない自由(18条前段)や勤労者の基本権(28条)は,それらの規定に反する私的な行為は民法90条の公序違反としてその効力を否定する考え方もとれなくはないが,むしろ現代社会においては人を奴隷的拘束におく私人間の契約や,勤労者の団結権などの基本権を違法に制限する私的な行為は,直接に憲法に反すると判断してよいと思われる。もしそうであれば,これらは,国の私法的行為についても当然に妥当するであろう。

　それでは憲法9条は,私的行為に対して直接適用される規定と解釈すべきであるか。同条は,日本国憲法の基盤をなす平和主義の原理を正文のなかの一箇条として規範化したものであり,きわめて重要な規定であることはいうまでもないが,それは,国の統治機構ないし統治活動についての基本的政策を明らかにしたものであって,国民の私法上の権利義務と直接に関係するものとはいえない。所論は,憲法前文及び9条の規定から平和的生存権を保障するとの解釈を抽出して,その侵害をいうが,平和的生存権というものの意味内容は明確ではなく,それが具体的請求権として,あるいは訴訟における違法性の判断基準として,裁判において直接に国の私法上の行為を規律する性質をもつものではないと解するのが相当である。また所論は,自由権や平等権の諸規定は間接適用されるものであるとしても,憲法9条はそ

の法意や位置づけからみてそれらの人権規定と異なって直接に適用されるというが，私見によれば，そのような考え方はとるべきでなく，前述の昭和48年12月12日判例の判示するように憲法第3章の基本的人権の保障のような個人の権利自由にかかわる諸規定が間接適用にとどまるものとすれば，その趣旨からいって，憲法9条が裁判規範たる性質をもつものであるとしても，統治活動にかかわる同条は，もとより国と国民との間の私法上の行為に直接に適用されるに由ないものというほかはない。

  4 本件土地の売買契約に対して憲法9条の直接の適用がないとしても，同条の規定は民法90条にいう公序をなし憲法9条に違反した動機目的によって締結された本件契約は公序違反として私法上無効であるという論旨について私見を述べておきたい。

  (1) 憲法は国の基本的秩序を定めているものであるから，それは当然に民法90条にいう公序の一部をなすものといえる。当裁判所が私的な会社における男女の定年について5年の格差のあることを公序に反すると判示しているが(最三判昭56・3・24民集35巻2号300頁〔判例7-2〕)，そこに憲法14条2項が引用されていることからみても，憲法の規律するところが民法上の公序をなすことを示唆しているものと思われる。憲法9条の規定は統治機構，統治活動に向けられた政治的色彩の濃い規範であるとしても，それがために公序と関係がないとはいえず，むしろ憲法秩序として重要なものであるから社会の公序を形成しているといえるであろう。

  しかし，法廷意見も説示するように，私法的な価値秩序と直接の関係のない憲法規範はそのままの内容で私法上の秩序のなかに移されて，これに反する私法上の行為を直ちに無効とするものではないと解すべきであり，すでに憲法の射程範囲について論じたところと同様に，ここでも憲法上の規律は，私法上の価値秩序との相関関係において相対化され，そのうえで民法90条のもとでの私法上の効力の存否を判断しなければならないことになる。とくに憲法9条のような統治機構や統治活動に密着するきわめて公法的性格の強い規範の場合にそう考えるべきである。

  (2) 右の観点にたってみるとき，本件土地の売買契約は，民法90条の公序違反として私法上の効力を否定するだけの反社会性をもつ行為といえるか。本件契約の目的動機として自衛隊基地の建設ということが表示されているが，これが私法的な価値秩序のもとでどのような反社会性をもつかは，憲法9条の規定について互いに対立して存在する複数の解釈のうちのいずれが正当なものかを決したうえですべき判断とは必ずしもいえないのであって，同条の解釈について国民各層にどのような解釈が存しているかという社会的状況，自衛隊が現実に存在していること及びその活

動に対する社会一般の認識などの実情に即してえられるところの社会通念に照らして，私法的な価値秩序のもとでその効力を否定されるだけの反社会性を有するかどうかで判断されるべきものであると考えられる。もとよりこのことは，憲法が国の基本構造を形成していることからみて，裁判所の判断が社会の実情にそのまま依存し追従すべきであるというのではないが，このような憲法的規律を考慮に容れてもなお，本件契約が民法90条に違反しないとした法廷意見の理由づけは正当であるというべきである。

〔裁判長裁判官 伊藤正己，裁判官 安岡満彦，坂上壽夫〕

第Ⅱ編

日本国憲法と人権

第1章　日本国憲法とその人権規定の特徴

第4講　人権の享有主体

1．本編の主たる対象の限定

　日本国憲法は全部で103箇条の条文からなり，そのうち天皇に関する第1章と戦争の放棄に関する第2章を除けば，おおまかにいって，統治の機構に関する部分(第4章以下)と国民の権利・義務に関する部分(第3章)とに分けられる。本編では第3章のうちで，特に重要な裁判を素材として，主要な人権規定について概観することとし，他の部分については，第Ⅰ編ですでに部分的に触れた点もあるが，これ以上は触れない。

　ところで，ひとくちに基本的人権といっても，さまざまな性質のさまざまな種類の権利があり，これらをどのように分類するかということになると，なかなか難しく，専門家のあいだでも意見が分かれている。しかし，本書ではこの問題にも立ち入ることはやめ，便宜上，以下の各章のように分節して概観していくこととする。

2．外国人の人権

　さて，憲法第11条は「国民は，すべての基本的人権の享有を妨げられない。この憲法が国民に保障する基本的人権は，侵すことのできない永久の権利として，現在及び将来の国民に与へられる。」として，基本的人権の享有主体が《国民》であることを明記している。もっとも，憲法の各個の条文では，「すべて国民は」としているところ(たとえば第14条)と，「何人も」としているところ(たとえば第22条)，さらには，権利享有主体について明記していないところ(たとえば第21条)などがあり，必ずしも一定していない。では，日本に居住したり滞在したりしている《外国人》は日本国憲法上の人権の保障を受けな

いのだろうか？　また，もし受けるとすればそれはどの程度の保障なのだろうか？

　最高裁はすでに早くから，外国人の人権享有主体性について，一般論としては肯定しており，「いやしくも人たることにより当然享有する人権は不法入国者と雖もこれを有するものと認むべきである」(最大判昭25・12・28民集4巻12号683頁)として，憲法の文言からではなく，権利の性質によって，それが外国人にも保障されるかどうかを決定している。しかし，具体的にどの権利がこれに当たるのかは，一義的に明白ではない(たとえば参政権はどうだろうか？)。外国人の人権享有主体性の問題が政治活動の自由に関連して争われたのが，いわゆる**マクリーン事件**(⇨【判例*4-1*】)である。

　参政権が外国人にも保障されるかどうかについて，最高裁は，**ヒッグス・アラン事件**判決(⇨【判例*4-2*】)において，「国会議員の選挙権を有する者を日本国民に限っている公職選挙法9条1項の規定が憲法15条，14条の規定に違反するものでないこと」は，このマクリーン判決の趣旨に徴して明らかであるとして，国政選挙についての選挙権についてこれを国民に限っていることを合憲とした。もっとも，地方自治体の選挙については，永住者の地位をもつ在日韓国人が地方議会議員の選挙権を求めた別の事件について，最高裁は，現行の制度を合憲としつつも，「その居住する区域の地方公共団体と特段に密接な関係を有するに至ったと認められるものについて，その意思を日常生活に密接な関係を有する地方公共団体の公共的事務の処理に反映させるべく」，立法によって「選挙権を付与する措置を講ずることは，憲法上禁止されているものではない」が，このような「措置を講ずるか否かは，専ら国の立法政策にかかわる事柄であって，このような措置を講じないからといって違憲の問題を生ずるものではない」としたことがある(最三判平成7・2・28民集49巻2号639頁)。しかし，この判決に対しては多くの批判がある。

3．法人の人権

　それでは次に，企業などのように，《自然人》ではない《法人》その他の団体はどうだろうか？　この点に関連して，ドイツの憲法(基本法)は，「基本権は，その本質上内国法人に適用しうる限りにおいて，これにも適用される」(第

19条3項)と規定している(⇨『資料8』参照)。もちろん日本国憲法にはこれに相当する規定はない。しかし，企業その他の法人の社会的存在を無視することはできないし，法人の活動の効果は，最終的には自然人に帰属するのだと考えるならば，一般的には，わが憲法の下でも法人の人権享有主体性は肯定しうるであろう。最高裁も，**八幡製鉄政治献金事件**に対する判決の中で，企業が政党に政治献金をする自由に関連してこれを肯定した(⇨【判例4-3】)。ただ，どの権利が法人にも適用されうるのか，また，適用されるとしても，どこまで自然人の自由と法人の自由を同一視できるのかということになると，難しい問題がある。

【判例4-1】
マクリーン事件判決(在留期間更新不許可処分取消請求事件)
最大判昭53・10・4民集32巻7号1223頁　　　　　　　　　　〔上告棄却〕

〔事実の概要〕

上告人X(マクリーン)は米国国籍を有する外国人で，1969(昭和44)年，在留期間1年の上陸許可を得て入国し，英語教師をしたりしていた。その期間が切れる直前の1970(昭和45)年5月1日にXが1年間の在留期間の更新を申請し，出国準備期間として120日間の更新が許可されたが，その後さらに1年間の更新を申請したところ，法務大臣は同年9月5日付でXに対し在留期間中の無断転職と政治活動(外国人ベ平連に所属)を理由に，これを許可しないとする処分をした。そこでXはこの処分の取消しを求めて出訴した。東京地裁はXの訴えを認めて不許可処分を取り消したが，東京高裁は逆に法務大臣の処分を認めて第一審判決を取り消し，Xの請求を棄却したので，Xが最高裁に上告していた。

〔判決理由〕
1．憲法第22条1項と外国人の権利

「憲法22条1項は，日本国内における居住・移転の自由を保障する旨を規定するにとどまり，外国人がわが国に入国することについてはなんら規定していないものであり，このことは，国際慣習法上，国家は外国人を受け入れる義務を負うものではなく，特別の条約がない限り，外国人を自国内に受け入れるかどうか，また，これを受け入れる場合にいかなる条件を付するかを，当該国家が自由に決定することができるものとされていることと，その考えを同じくするものと解される……。し

たがって，憲法上，外国人は，わが国に入国する自由を保障されているものでないことはもちろん，所論のように在留の権利ないし引き続き在留することを要求しうる権利を保障されているものでもないと解すべきである。そして，上述の憲法の趣旨を前提として，法律としての効力を有する出入国管理令は，外国人に対

> **出入国管理及び難民認定法**(昭和26年政令319号)
> **第21条3項** 前項の規定による申請があつた場合には，法務大臣は，当該外国人が提出した文書により在留期間の更新を適当と認めるに足りる相当の理由があるときに限り，これを許可することができる。

し，一定の期間を限り，……特定の資格によりわが国への上陸を許すこととしているものであるから，上陸を許された外国人は，その在留期間が経過した場合には当然わが国から退去しなければならない。もっとも，出入国管理令は，当該外国人が在留期間の延長を希望するときには在留期間の更新を申請することができることとしているが(21条1項，2項)，その申請に対しては法務大臣が「在留期間の更新を適当と認めるに足りる相当の理由があるときに限り」これを許可することができるものと定めている(同条3項)のであるから，出入国管理令上も在留外国人の在留期間の更新が権利として保障されているものではないことは，明らかである。

　右のように出入国管理令が原則として一定の期間を限って外国人のわが国への上陸及び在留を許しその期間の更新は法務大臣がこれを適当と認めるに足りる相当の理由があると判断した場合に限り許可することとしているのは，法務大臣に一定の期間ごとに当該外国人の在留中の状況，在留の必要性・相当性等を審査して在留の許否を決定させようとする趣旨に出たものであり，そして，在留期間の更新事由が概括的に規定されその判断基準が特に定められていないのは，更新事由の有無の判断を法務大臣の裁量に任せ，その裁量権の範囲を広汎なものとする趣旨からであると解される。すなわち，法務大臣は，在留期間の更新の許否を決するにあたっては，外国人に対する出入国の管理及び在留の規制の目的である国内の治安と善良の風俗の維持，保健・衛生の確保，労働市場の安定などの国益の保持の見地に立って，申請者の申請事由の当否のみならず，当該外国人の在留中の一切の行状，国内の政治・経済・社会等の諸事情，国際情勢，外交関係，国際礼譲など諸般の事情をしんしゃくし，時宜に応じた的確な判断をしなければならないのであるが，このような判断は，事柄の性質上，出入国管理行政の責任を負う法務大臣の裁量に任せるのでなければ到底適切な結果を期待することができないものと考えられる。このような点にかんがみると，出入国管理令21条3項所定の「在留期間の更新を適当と認めるに足りる相当の理由」があるかどうかの判断における法務大臣の裁量権の範囲が広汎な

ものとされているのは当然のことであって，所論のように上陸拒否事由又は退去強制事由に準ずる事由に該当しない限り更新申請を不許可にすることは許さないと解すべきものではない。」

2．法務大臣の裁量権と司法審査の限界

「ところで，行政庁がその裁量に任された事項について裁量権行使の準則を定めることがあっても，このような準則は，本来，行政庁の処分の妥当性を確保するためのものなのであるから，処分が右準則に違背して行われたとしても，原則として当不当の問題を生ずるにとどまり，当然に違法となるものではない。処分が違法となるのは，それが法の認める裁量権の範囲をこえ又はその濫用があった場合に限られるのであり，また，その場合に限り裁判所は当該処分を取り消すことができるものであって，行政事件訴訟法30条の規定はこの理を明らかにしたものにほかならない。もっとも，法が処分を行政庁の裁量に任せる趣旨，目的，範囲は各種の処分によって一様ではなく，これに応じて裁量権の範囲をこえ又はその濫用があったものとして違法とされる場合もそれぞれ異なるものであり，各種の処分ごとにこれを検討しなければならないが，これを出入国管理令21条3項に基づく法務大臣の「在留期間の更新を適当と認めるに足りる相当の理由」があるかどうかの判断の場合についてみれば，右判断に関する前述の法務大臣の裁量権の性質にかんがみ，その判断が全く事実の基礎を欠き又は社会通念上著しく妥当性を欠くことが明らかである場合に限り，裁量権の範囲をこえ又はその濫用があったものとして違法となるものというべきである。したがって，裁判所は，法務大臣の右判断についてそれが違法となるかどうかを審理，判断するにあたっては，右判断が法務大臣の裁量権の行使としてされたものであることを前提として，その判断の基礎とされた重要な事実に誤認があること等により右判断が全く事実の基礎を欠くかどうか，又は事実に対する評価が明白に合理性を欠くこと等により右判断が社会通念に照らし著しく妥当性を欠くことが明らかであるかどうかについて審理し，それが認められる場合に限り，右判断が裁量権の範囲をこえ又はその濫用があったものとして違法であるとすることができるものと解するのが，相当である。なお，所論引用の当裁判所昭和37年（オ）第752号同44年7月11日第2小法廷判決（民集23巻8号1470頁）は，事実を異にし本件に適切なものではなく，その余の判例は，右判示するところとその趣旨を異にするものではない。」

3．外国人に対する基本的人権の保障

「以上の見地に立って被上告人の本件処分の適否について検討する。
　前記の事実によれば，上告人の在留期間更新申請に対し被上告人が更新を適当と

認めるに足りる相当な理由があるものとはいえないとしてこれを許可しなかったのは，上告人の在留期間中の無届転職と政治活動のゆえであったというのであり，原判決の趣旨に徴すると，なかでも政治活動が重視されたものと解される。

　思うに，憲法第3章の諸規定による基本的人権の保障は，権利の性質上日本国民のみをその対象としていると解されるものを除き，わが国に在留する外国人に対しても等しく及ぶものと解すべきであり，政治活動の自由についても，わが国の政治的意思決定又はその実施に影響を及ぼす活動等外国人の地位にかんがみこれを認めることが相当でないと解されるものを除き，その保障が及ぶものと解するのが，相当である。しかしながら，前述のように，外国人の在留の許容は国の裁量にゆだねられ，わが国に在留する外国人は，憲法上わが国に在留する権利ないし引き続き在留することを要求することができる権利を保障されているものではなく，ただ，出入国管理令上法務大臣がその裁量により更新を適当と認めるに足りる相当の理由があると判断する場合に限り在留期間の更新を受けることができる地位を与えられているにすぎないものであり，したがって，外国人に対する憲法の基本的人権の保障は，右のような外国人在留制度のわく内で与えられているにすぎないものと解するのが相当であって，在留の許否を決する国の裁量を拘束するまでの保障，すなわち，在留期間中の憲法の基本的人権の保障を受ける行為を在留期間の更新の際に消極的な事情としてしんしゃくされないことまでの保障が与えられているものと解することはできない。在留中の外国人の行為が合憲合法な場合でも，法務大臣がその行為を当不当の面から日本国にとって好ましいものとはいえないと評価し，また，右行為から将来当該外国人が日本国の利益を害する行為を行うおそれがある者であると推認することは，右行為が上記のような意味において憲法の保障を受けるものであるからといってなんら妨げられるものではない。

　前述の上告人の在留期間中のいわゆる政治活動は，その行動の態様などからみて直ちに憲法の保障が及ばない政治活動であるとはいえない。しかしながら，上告人の右活動のなかには，わが国の出入国管理政策に対する非難行動，あるいはアメリカ合衆国の極東政策ひいては日本国とアメリカ合衆国との間の相互協力及び安全保障条約に対する抗議行動のようにわが国の基本的な外交政策を非難し日米間の友好関係に影響を及ぼすおそれがないとはいえないものも含まれており，被上告人が，当時の内外の情勢にかんがみ，上告人の右活動を日本国にとって好ましいものではないと評価し，また，上告人の右活動から同人を将来日本国の利益を害する行為を行うおそれがある者と認めて，在留期間の更新を適当と認めるに足りる相当の理由があるものとはいえないと判断したとしても，その事実の評価が明白に合理性を欠

き，その判断が社会通念上著しく妥当性を欠くことが明らかであるとはいえず，他に被上告人の判断につき裁量権の範囲をこえ又はその濫用があったことをうかがわせるに足りる事情の存在が確定されていない本件においては，被上告人の本件処分を違法であると判断することはできないものといわなければならない。また，被上告人が前述の上告人の政治活動をしんしゃくして在留期間の更新を相当と認めるに足りる相当の理由があるものとはいえないとし本件処分をしたことによって，なんら所論の違憲の問題は生じないというべきである。」

〔裁判官15人全員一致の意見〕

【判例4-2】
ヒッグス・アラン事件(損害賠償請求事件)
最二判平5・2・26 判時1452号37頁　　　　　　　　　　〔上告棄却〕

〔事実の概要〕
　永住許可(出入国管理及び難民認定法第22条)を得て大阪府内に居住していたイギリス人ヒッグス・アラン(原告)は，1989(平成元)年7月23日施行の参議院議員選挙で投票できなかった。これは公職選挙法第9条1項が「日本国民で年齢満20年以上の者は，衆議院議員及び参議院議員の選挙権を有する」として日本国籍が選挙権の要件となっているためである。そこで原告は国籍要件を定める上記規定が憲法(第15条1項，第14条1項)に違反すると主張して国家賠償を求めた事件。第一審は原告が敗訴し，控訴審も「公務員の選定罷免権は，国民主権原理に照らし，その権利の性質上，日本国民のみをその対象としていることは明らかである」から，この権利の保障は外国人には及ばないものと解するとし，更に「参政権は，国の政治に参加し，国家意思の形式に参画する国民固有の権利であるから，その性質上，日本国民のみに与えられるものといわざるをえず，……定住外国人であるからといって参政権を付与すべきことが憲法上の要請であると解する余地はない」旨判示して控訴を棄却した。
　そこで原告は，大要次のように主張して上告した。すなわち，「外国人」といっても一律に考えてはならず，「定住外国人」，「一時滞在者」，「難民」等，その権利の享有主体である外国人の多様性を考慮に入れず一律に「外国人」であるということのみで権利の制限をすることは許されないのであり，もっときめこまやかに「外国人」の基本的人権を保障すべきである。その場合当該外国人に人権を保障すべきかどうかの判断の決め手は，日本の社会における生活が基本的人権を保障されるべき実態

を持っているかどうかによる。こうしたいわゆる「定住外国人」つまり「その生活実態が日本国民と同一の外国人」は、「社会の構成員として日本の政治社会における政治決定に従わざるを得ない者」であり、「民主主義の原則により自己決定権、その手段としての参政権を有する」。上告人がこのような意味での「定住外国人」に該当することは永住許可を受けていることから明白であり、上告人は、憲法第15条の選挙権を有する。それゆえ、公職選挙法がいわゆる国籍要件を設けていることは、それ自体憲法第14条、第15条違反であることは明白であり、同違憲状態はすみやかに解消されなければならないことは自明である。

〔判決理由〕

国会議員の選挙権を有する者を日本国民に限っている公職選挙法9条1項の規定が憲法14条、15条の規定に違反するものでないことは、最高裁昭和50年(行ツ)第120号同53年10月4日大法廷判決・民集32巻7号1223頁〔【判例4-1】〕の趣旨に徴して明らかであり、これと同旨の原審の判断は、正当として是認することができる。その余の違憲の主張は、原判決の結論に影響を及ぼさない点につき原判決を論難するものであって、失当である。

〔裁判官4人全員一致の意見〕

【判例4-3】
八幡製鉄政治献金事件(取締役の責任追及請求事件)
最大判昭45・6・24民集24巻6号625頁　　　　　　　〔上告棄却〕

〔事実の概要〕

1960(昭和35)年、八幡製鉄(現在の新日本製鉄)の代表取締役2名が会社の名前で自由民主党に政治献金として350万円を寄付したのに対し、同社の株主Xは、この献金が同社の定款所定の事業目的の範囲外の行為であり、また同時にこの献金は取締役の忠実義務(商法第254条ノ3＝現行の会社法第355条)に違反して会社の財産を本来の事業活動以外に使用する行為であるから、「法令又ハ定款ニ違反スル行為」(同法第266条1項5号＝現行の会社法第423条1項)に該当するとして、右取締役2名を被告として訴えを提起し、両名は連帯して損害を賠償すべきことを主張した。東京地裁はXの主張を認めたが、東京高裁は原判決を取り消した。これを不服としてXが上告した。

〔判決理由〕
 1．政治献金と会社の目的
「会社は，一定の営利事業を営むことを本来の目的とするものであるから，会社の活動の重点が，定款所定の目的を遂行するうえに直接必要な行為に存することはいうまでもないところである。しかし，会社は，他面において，自然人とひとしく，国家，地方公共団体，地域社会その他（以下社会等という。）の構成単位たる社会的実在なのであるから，それとしての社会的作用を負担せざるを得ないのであって，ある行為が一見定款所定の目的とかかわりがないものであるとしても，会社に，社会通念上，期待ないし要請されるものであるかぎり，その期待ないし要請にこたえることは，会社の当然になしうるところであるといわなければならない。そしてまた，会社にとっても，一般に，かかる社会的作用に属する活動をすることは，無益無用のことではなく，企業体としての円滑な発展を図るうえに相当の価値と効果を認めることもできるのであるから，その意味において，これらの行為もまた，間接ではあっても，目的遂行のうえに必要なものであるとするを妨げない。災害救援資金の寄附，地域社会への財産上の奉仕，各種福祉事業への資金面での協力などはまさにその適例であろう。会社が，その社会的役割を果たすために相当な程度のかかる出捐をすることは，社会通念上，会社としてむしろ当然のことに属するわけであるから，毫も，株主その他の会社の構成員の予測に反するものではなく，したがって，これらの行為が会社の権利能力の範囲内にあると解しても，なんら株主等の利益を害するおそれはないのである。

　以上の理は，会社が政党に政治資金を寄附する場合においても同様である。憲法は政党について規定するところがなく，これに特別の地位を与えてはいないのであるが，憲法の定める議会制民主主義は政党を無視しては到底その円滑な運用を期待することはできないのであるから，憲法は政党の存在を当然に予定しているものというべきであり，政党は議会制民主主義を支える不可欠の要素なのである。そして同時に，政党は国民の政治意思を形成する最も有力な媒体であるから，政党のあり方いかんは，国民として

商法第254条ノ3　取締役ハ法令及定款ノ定並ニ総会ノ決議ヲ遵守シ会社ノ為忠実ニ其ノ職務ヲ遂行スル義務ヲ負フ
同法第266条1項5号　左ノ場合ニ於テハ其ノ行為ヲ為シタル取締役ハ会社ニ対シ連帯シテ　第1号及第5号ニ在リテハ会社ガ蒙リタル損害額ニ付弁済又ハ賠償ノ責ニ任ズ
　　1～4〔略〕
　　5　法令又ハ定款ニ違反スル行為ヲ為シタルトキ
〔これらの規定は現行の「会社法」では第355条および第423条1項に相当する〕

の重大な関心事でなければならない。したがって，その健全な発展に協力することは，会社に対しても，社会的実在としての当然の行為として期待されるところであり，協力の一態様として政治資金の寄附についても例外ではないのである。論旨のいうごとく，会社の構成員が政治的信条を同じくするものでないとしても，会社による政治資金の寄附が，特定の構成員の利益を図りまたその政治的志向を満足させるためでなく，社会の一構成単位たる立場にある会社に対し期待ないし要請されるかぎりにおいてなされるものである以上，会社にそのような政治資金の寄附をする能力がないとはいえないのである。上告人のその余の論旨は，すべて独自の見解というほかなく，採用することができない。要するに，会社による政治資金の寄附は，客観的，抽象的に観察して，会社の社会的役割を果たすためになされたものと認められるかぎりにおいては，会社の定款所定の目的の範囲内の行為であるとするに妨げないのである。」

２．政治献金と参政権

「憲法上の選挙権その他のいわゆる参政権が自然人たる国民にのみ認められたものであることは，所論のとおりである。しかし，会社が，納税の義務を有し自然人たる国民とひとしく国税等の負担に任ずるものである以上，納税者たる立場において，国や地方公共団体の施策に対し，意見の表明その他の行動に出たとしても，これを禁圧すべき理由はない。のみならず，憲法第３章に定める国民の権利および義務の各条項は，性質上可能なかぎり，内国の法人にも適用されるものと解すべきであるから，会社は，自然人たる国民と同様，国や政党の特定の政策を支持，推進しまたは反対するなどの政治的行為をなす自由を有するのである。政治資金の寄附もまさにその自由の一環であり，会社によってそれがなされた場合，政治の動向に影響を与えることがあったとしても，これを自然人たる国民による寄附と別異に扱うべき憲法上の要請があるものではない。論旨は，会社が政党に寄附をすることは国民の参政権の侵犯であるとするのであるが，政党への寄附は，事の性質上，国民個々の選挙権その他の参政権の行使そのものに直接影響を及ぼすものではないばかりでなく，政党の資金の一部が選挙人の買収にあてられることがあるにしても，それはたまたま生ずる病理的現象に過ぎず，しかも，かかる非違行為を抑制するための制度は厳として存在するのであって，いずれにしても政治資金の寄附が選挙権の自由なる行使を直接に侵害するものとはなしがたい。会社が政治資金寄附の自由を有することは既に説示したとおりであり，それが国民の政治意思の形成に作用することがあっても，あながち異とするには足りないのである。所論は大企業による巨額の寄附は金権政治の弊を産むべく，また，もし有力株主が外国人であるときは外国に

よる政治干渉となる危険もあり，さらに豊富潤沢な政治資金は政治の腐敗を醸成するというのであるが，その指摘するような弊害に対処する方途は，さしあたり，立法政策にまつべきことであって，憲法上は公共の福祉に反しないかぎり，会社といえども政治資金の寄附の自由を有するといわざるを得ず，これをもって国民の参政権を侵害するとなす論旨は採用のかぎりでない。

以上説示したとおり，株式会社の政治資金の寄附はわが憲法に反するものではなく，したがって，そのような寄附が憲法に反することを前提として，民法90条に違反するという論旨は，その前提を欠くものといわなければならない。原判決に所論の違法はなく，論旨は採用しがたい。」

〔この判決は，主として「会社の権利能力」にかかわる裁判官 松田二郎の意見（裁判官 入江俊郎，長部謹吾，岩田 誠はこれに同調）および裁判官 大隅健一郎の意見があるほか，裁判官15人の一致した意見〕

第5講 私法関係と人権の効力

1．憲法，特にその人権規定は，歴史的にいって，国家の権力行使にワクをはめて個人（または身分的団体）の基本的な自由を守るという思想に基づいている。近代法は，私的な社会関係は原則として《私的自治》による《契約の自由》に委ね，国家権力がこれに干渉することは，できる限り避けるべきであるとされてきた。しかし，現実の人権問題は，必ずしも国家や公共団体の権力行使によってばかりでなく，私人と私人の間や，学校・企業その他さまざまな団体の内部でも生じている。したがって，これらの原則は特に現代社会では全面的には妥当しないかもしれないが，日本国憲法の下においても，基本的にはこれらの原理を維持しながら，いかに現代社会の諸問題を憲法の理念に沿うように解決するかが重要となる。

2．そもそも憲法自身が，私人相互間においても人権の規定が妥当することを明記している場合（たとえば第15条4項）は別として，一般には私人間の関係には上記の《私的自治》の原則が妥当するので，憲法の人権規定がすべて私人相互間の問題にも適用されるべきだと解すべきかどうかは，一概に言えない。この問題に関しては，従来より①無関係説（無効力説），②直接適用説

(直接効力説)，③間接適用説(間接効力説)が対立してきた。最高裁は**三菱樹脂事件**判決(⇨【判例5-1】)において，《企業の自由》を広く認めて，憲法は企業と労働者のようないわばヨコの関係には原則的に介入すべきでないとして，①に近い消極的な見解を示し，**昭和女子大事件**(⇨【判例5-2】)でも同様の態度がとられたが，後の**日産自動車事件**(⇨【判例7-2】)では，③をとっていると解される。

この《間接適用説》は，公法と私法の区別を保持しつつ，民法90条のような私法の《一般条項》等を通じて，憲法上保障された人権に対する侵害からの救済を実質的に図ろうとするもので，通説といってよかろう。ただ，②においても，たとえば憲法第17条や第40条のように，もっぱら国家に対してのみ保障される権利の存在を認めざるをえず，また，たとえば第18条のように，私人相互間においても適用があると一般に解されている規定もあるということを見ても，これら3つの説の区別は相対的である。また，上述の最高裁の態度の相違は，時代的な変遷というよりも，むしろ，そこで問題となっている権利の種類によるものであると考えることもでき，とくに，いわゆる精神的自由権の場合に，私人間における人権侵害をいかにして解決するかが重要な問題となる(なお，企業内部における性別による差別に関する判例〔⇨第7講〕を参照せよ)。

【判例5-1】

三菱樹脂事件(労働契約関係存在確認請求事件)
最大判昭48・12・12民集27巻11号1536頁 〔破棄差戻〕

〔事実の概要〕

　原告Tは，東北大学法学部卒業後の1963(昭和38)年3月28日，被告(上告人)三菱樹脂株式会社に管理職要員たるべく3カ月の《試用期間》を設けて雇用されたが，前年9月に会社から交付を受けた身上書中「学校又は自治会，運動文化部等，学内諸団体委員，部員の経験」欄等への虚偽の申告，また面接時における虚偽の回答を理由に，同年6月28日の試用期間満了と共に本採用を拒否された。原告は在学中，大学当局の承認を得ていない東北大学川内分校学生自治会に所属し，その中央委員の職にあり，各種の学生運動に参加し，また学外団体としての生協の理事に選任され

昭和 34 年 7 月から同 38 年 6 月まで在任しかつその組織部長の要職にあった，という事実が会社の調査によって判明したためで，かかる虚偽の申告は会社の信頼を甚しく裏切るものであり，会社の管理職要員として不適格というべきである，

> **労働基準法第 3 条** 使用者は，労働者の国籍，信条又は社会的身分を理由として，賃金，労働時間その他の労働条件について，差別的取扱をしてはならない。

というのである。そこで原告は，雇用契約上の権利を有することの確認と賃金の支払いを求める訴えを起こした。第一審の東京地裁は，身上書記載や面接試験における回答が事実に相違しその間に格別の悪意が介在する旨の被告の主張は理由がなく，管理職に不適格との判断は主観の域を出ず，本件《本採用拒否》は解雇権の濫用である，として原告の請求を認めた(昭 42・7・17 判時 498 号 66 頁)。第二審の東京高裁は，原告の秘匿し，虚偽の申告をした事実は，原告の政治的思想・信条に関係のある事実であり，通常の商事会社では特定の思想・信条のゆえに直ちに事業遂行に支障をきたすとは考えられず，入社試験に際して前記のごとき事項を申告させることは，公序良俗に反し許されず，本件解雇は労基法第 3 条に違反し無効である，として被告の控訴を棄却した(東京高判昭 43・6・12 判時 523 号 19 頁)。そこで被告がさらに上告したものである。なお最高裁の本判決による破棄差戻後，本件は昭和 51 年 3 月 11 日，和解が成立し，T は同期入社の同僚に準ずる待遇で職場復帰した。

〔判決理由〕

1．企業の本件調査と思想・信条の自由

「まず，本件本採用拒否の理由とされた被上告人の秘匿等に関する……事実につき，これが被上告人の思想，信条に関係のある事実といいうるかどうかを考えるに，労働者を雇い入れようとする企業者が，労働者に対し，その者の在学中における右のような団体加入や学生運動参加の事実の有無について申告を求めることは，上告人も主張するように，その者の従業員としての適格性の判断資料となるべき過去の行動に関する事実を知るためのものであって，直接その思想，信条そのものの開示を求めるものではないが，さればといって，その事実がその者の思想，信条と全く関係のないものであるとすることは相当でない。元来，人の思想，信条とその者の外部的行動との間には密接な関係があり，ことに本件において問題とされている学生運動への参加のごとき行動は，必ずしも常に特定の思想，信条に結びつくものとはいえないとしても，多くの場合，なんらかの思想，信条とのつながりをもっていることを否定することができないのである。企業者が労働者について過去における 学生運動参加の有無を調査するのは，その者の過去の行動から推して雇入れ後にお
[ママ]

ける行動，態度を予測し，その者を採用することが企業の運営上適当かどうかを判断する資料とするためであるが，このような予測自体が，当該労働者の過去の行動から推測されるその者の気質，性格，道徳観念等のほか，社会的，政治的思想傾向に基づいてされる場合もあるといわざるをえない。本件において上告人が被上告人の団体加入や学生運動参加の事実の有無についてした上記調査も，そのような意味では，必ずしも上告人の主張するように被上告人の政治的思想，信条に全く関係のないものということはできない。しかし，そうであるとしても，上告人が被上告人ら入社希望者に対して，これらの事実につき申告を求めることが許されないかどうかは，おのずから別個に論定されるべき問題である。」

2．私人間における人権規定の効力

「原判決は，前記のように，上告人が，その社員採用試験にあたり，入社希望者からその政治的思想，信条に関係のある事項について申告を求めるのは，憲法19条の保障する思想，信条の自由を侵し，また，信条による差別待遇を禁止する憲法14条，労働基準法3条の規定にも違反し，公序良俗に反するものとして許されないとしている。

(1) しかしながら，憲法の右各規定は，同法第3章のその他の自由権的基本権の保障規定と同じく，国または公共団体の統治行動に対して個人の基本的な自由と平等を保障する目的に出たもので，もっぱら国または公共団体と個人との関係を規律するものであり，私人相互の関係を直接規律することを予定するものではない。このことは，基本的人権なる観念の成立および発展の歴史的沿革に徴し，かつ，憲法における基本権規定の形式，内容にかんがみても明らかである。のみならず，これらの規定の定める個人の自由や平等は，国や公共団体の統治行動に対する関係においてこそ，侵されることのない権利として保障されるべき性質のものであるけれども，私人間の関係においては，各人の有する自由と平等の権利自体が具体的場合に相互に矛盾，対立する可能性があり，このような場合におけるその対立の調整は，近代自由社会においては，原則として私的自治に委ねられ，ただ，一方の他方に対する侵害の態様，程度が社会的に許容しうる一定の限界を超える場合にのみ，法がこれに介入しその間の調整をはかるという建前がとられているのであって，この点において国または公共団体と個人との関係の場合とはおのずから別個の観点からの考慮を必要とし，後者についての憲法上の基本権保障規定をそのまま私人相互間の関係についても適用ないしは類推適用すべきものとすることは，決して当をえた解釈ということはできないのである。

(2) もっとも，私人間の関係においても，相互の社会的力関係の相違から，一方

が他方に優越し，事実上後者が前者の意思に服従せざるをえない場合があり，このような場合に私的自治の名の下に優位者の支配力を無制限に認めるときは，劣位者の自由や平等を著しく侵害または制限することとなるおそれがあることは否み難いが，そのためにこのような場合に限り憲法の基本権保障規定の適用ないしは類推適用を認めるべきであるとする見解もまた，採用することはできない。何となれば，右のような事実上の支配関係なるものは，その支配力の態様，程度，規模等においてさまざまであり，どのような場合にこれを国または公共団体の支配と同視すべきかの判定が困難であるばかりでなく，一方が権力の法的独占の上に立って行なわれるものであるのに対し，他方はこのような裏付けないしは基礎を欠く単なる社会的事実としての力の優劣の関係にすぎず，その間に画然たる性質上の区別が存するからである。すなわち，私的支配関係においては，個人の基本的な自由や平等に対する具体的な侵害またはそのおそれがあり，その態様，程度が社会的に許容しうる限度を超えるときは，これに対する立法措置によってその是正を図ることが可能であるし，また，場合によっては，私的自治に対する一般的制限規定である民法1条，90条や不法行為に関する諸規定等の適切な運用によって，一面で私的自治の原則を尊重しながら，他面で社会的許容性の限度を超える侵害に対し基本的な自由や平等の利益を保護し，その間の適切な調整を図る方途も存するのである。そしてこの場合，個人の基本的な自由や平等を極めて重要な法益として尊重すべきことは当然であるが，これを絶対視することも許されず，統治行動の場合と同一の基準や観念によってこれを律することができないことは，論をまたないところである。

(3) ところで，憲法は，思想，信条の自由や法の下の平等を保障すると同時に，他方，22条，29条等において，財産権の行使，営業その他広く経済活動の自由をも基本的人権として保障している。それゆえ，企業者は，かような経済活動の一環としてする契約締結の自由を有し，自己の営業のために労働者を雇傭するにあたり，いかなる者を雇い入れるか，いかなる条件でこれを雇うかについて，法律その他による特別の制限がない限り，原則として自由にこれを決定することができるのであって，企業者が特定の思想，信条を有する者をそのゆえをもって雇い入れることを拒んでも，それを当然に違法とすることはできないのである。憲法14条の規定が私人のこのような行為を直接禁止するものでないことは前記のとおりであり，また，労働基準法3条は労働者の信条によって賃金その他の労働条件につき差別することを禁じているが，これは雇入れ後における労働条件についての制限であって，雇入れそのものを制約する規定ではない。また，思想，信条を理由とする雇入れの拒否を直ちに民法上の不法行為とすることができないことは明らかであり，その他これ

を公序良俗違反と解すべき根拠を見出すことはできない。

　右のように、企業者が雇傭の自由を有し、思想信条を理由として雇入れを拒んでもこれを目して違法とすることができない以上、企業者が、労働者の採否決定にあたり、労働者の思想、信条を調査し、そのためその者からこれに関連する事項についての申告を求めることも、これを法律上禁止された違法行為とすべき理由はない。もとより、企業者は、一般的には個々の労働者に対して社会的に優越した地位にあるから、企業者のこの種の行為が労働者の思想、信条の自由に対して影響を与える可能性がないとはいえないが、法律に別段の定めがない限り、右は企業者の法的に許された行為と解すべきである。また、企業者において、その雇傭する労働者が当該企業の中でその円滑な運営の妨げとなるような行動、態度に出るおそれのある者でないかどうかに大きな関心を抱き、そのために採否決定に先立ってその者の性向、思想等の調査を行なうことは、企業における雇傭関係が単なる物理的労働力の提供の関係を超えて、一種の継続的な人間関係として相互信頼を要請するところが少なくなく、わが国におけるようにいわゆる終身雇傭制が行なわれている社会では一層そうであることにかんがみるときは、企業活動としての合理性を欠くものということはできない。のみならず、本件において問題とされている上告人の調査が、前記のように、被上告人の思想、信条そのものについてではなく、直接には被上告人の過去の行動についてされたものであり、ただその行動が被上告人の思想、信条となんらかの関係があることを否定できないような性質のものであ〔ママ〕るというにとどまるとすれば、なおさらこのような調査を目して違法とすることはできないのである。」

3．本件本採用拒否の法的性質

(1)　「右に述べたように、企業者は、労働者の雇入れそのものについては、広い範囲の自由を有するけれども、いったん労働者を雇い入れ、その者に雇傭関係上の一定の地位を与えた後においては、その地位を一方的に奪うことにつき、雇入れの場合のような広い範囲の自由を有するものではない。労働基準法3条は、前記のように、労働者の労働条件について信条による差別取扱を禁じているが、特定の信条を有することを解雇の理由として定めることも、右にいう労働条件に関する差別取扱として、右規定に違反するものと解される。

　このことは、法が、企業者の雇傭の自由について雇入れの段階と雇入れ後の段階との間に区別を設け、前者については企業者の自由を広く認める反面、後者については、当該労働者の既得の地位と利益を重視して、その保護のために、一定の限度で企業者の解雇の自由に制約を課すべきであるとする態度をとっていることを示すものといえる。」

(2)「原判決は，……右の雇傭契約を解約権留保付の雇傭契約と認め，右の本採用拒否は雇入れ後における解雇にあたるとし，これに対して，上告人は，上告人の見習試用取扱規則の上からも試用契約と本採用の際の雇傭契約とは明らかにそれぞれ別個のものとされているから，原判決の上記認定，解釈には，右規則をほしいままにまげて解釈した違法があり，また，規則内容との関連においてその判断に理由齟齬の違法があると主張する。

　思うに，試用契約の性質をどう判断するかについては，就業規則の規定の文言のみならず，当該企業内において試用契約の下に雇傭された者に対する処遇の実情，とくに本採用との関係における取扱についての事実上の慣行のいかんをも重視すべきものであるところ，原判決は，上告人の就業規則である見習試用取扱規則の各規定のほか，上告人において，大学卒業の新規採用者を試用期間終了後に本採用しなかった事例はかつてなく，雇入れについて別段契約書の作成をすることもなく，ただ，本採用にあたり当人の氏名，職名，配属部署を記載した辞令を交付するにとどめていたこと等の過去における慣行的実態に関して適法に確定した事実に基づいて，本件試用契約につき上記のような判断をしたものであって，右の判断は是認えないものではない。……したがって，……本件本採用の拒否は，留保解約権の行使，すなわち雇入れ後における解雇にあたり，これを通常の雇入れの拒否の場合と同視することはできない。」

(3)「ところで，本件雇傭契約においては，右のように，上告人において試用期間中に被上告人が管理職要員として不適格であると認めたときは解約できる旨の特約上の解約権が留保されているのであるが，このような解約権の留保は，大学卒業者の新規採用にあたり，採否決定の当初においては，その者の資質，性格，能力その他上告人のいわゆる管理職要員としての適格性の有無に関連する事項について必要な調査を行ない，適切な判定資料を十分に蒐集することができないため，後日における調査や観察に基づく最終的決定を留保する趣旨でされるものと解されるのであって，今日における雇傭の実情にかんがみるときは，一定の合理的期間の規定の限定の下にこのような留保約款を設けることも，合理性をもつものとしてその効力を肯定することができるというべきである。それゆえ，右の留保解約権に基づく解雇は，これを通常の解雇と全く同一に論ずることはできず，前者については，後者の場合よりも広い範囲における解雇の自由が認められてしかるべきものといわなければならない。

　しかしながら，前記のように法が企業者の雇傭の自由について雇入れの段階と雇入れ後の段階とで区別を設けている趣旨にかんがみ，また，雇傭契約の締結に際し

ては企業者が一般的には個々の労働者に対して社会的に優越した地位にあることを考え，かつまた，本採用後の雇傭関係におけるよりも弱い地位であるにせよ，いったん特定企業との間に一定の試用期間を付した雇傭関係に入った者は，本採用，すなわち当該企業との雇傭関係の継続についての期待の下に，他企業への就職の機会と可能性を放棄したものであることに思いを致すときは，前記留保解約権の行使は，上述した解約権留保の趣旨，目的に照らして，客観的に合理的な理由が存し社会通念上相当として是認されうる場合にのみ許されるものと解するのが相当である。換言すれば，企業者が，採用決定後における調査の結果により，または試用中の勤務状態等により，当初知ることができず，また知ることが期待できないような事実を知るに至った場合において，そのような事実に照らしその者を引き続き当該企業に雇傭しておくのが適当でないと判断することが，上記解約権留保の趣旨，目的に徴して，客観的に相当であると認められる場合には，さきに留保した解約権を行使することができるが，その程度に至らない場合には，これを行使することはできないと解すべきである。」

(4)「思うに，企業者が，労働者の採用にあたって適当な者を選択するのに必要な資料の蒐集の一方法として，労働者から必要事項について申告を求めることができることは，さきに述べたとおりであり，そうである以上，相手方に対して事実の開示を期待し，秘匿等の行為のあった者について，信頼に値しない者であるとの人物証価[ママ]を加えることは当然であるが，右の秘匿等の所為がかような人物評価に及ぼす影響の程度は，秘匿等にかかる事実の内容，秘匿等の程度およびその動機，理由のいかんによって区々であり，それがその者の管理職要員としての適格性を否定する客観的に合理的な理由となるかどうかも，いちがいにこれを論ずることはできない。また，秘匿等にかかる事実のいかんによっては，秘匿等の有無にかかわらずそれ自体で右の適格性を否定するに足りる場合もありうるのである。してみると，本件において被上告人の解雇理由として主要な問題とされている被上告人の団体加入や学生運動参加の事実の秘匿等についても，それが上告人において上記留保解約権に基づき被上告人を解雇しうる客観的に合理的な理由となるかどうかを判断するためには，まず被上告人に秘匿等の事実があったかどうか，秘匿等にかかる団体加入や学生運動参加の内容，態様および程度，とくに違法にわたる行為があったかどうか，ならびに秘匿等の動機，理由等に関する事実関係を明らかにし，これらの事実関係に照らして，被上告人の秘匿等の行使および秘匿等にかかる事実が同人の入社後における行動，態度の予測やその人物評価に及ぼす影響を検討し，それが企業者の採否決定につき有する意義と重要性を勘案し，これらを総合して上記の合理的理由の

有無を判断しなければならないのである。」

 4．結　論

「以上説示とおり，所論本件本採用拒否の効力に関する原審の判断には，法令の解釈，適用を誤り，その結果審理を尽さなかった違法があり，その違法が判決の結論に影響を及ぼすことが明らかであるから，論旨はこの点において理由があり，原判決はその余の上告理由について判断するまでもなく，破棄を免れない。そして，本件は，さらに審理する必要があるので，原審に差し戻すのが相当である。」

〔裁判官15人全員一致の意見〕

【判例5-2】

昭和女子大事件（身分確認請求事件）
最三判昭 49・7・19 民集 28 巻 5 号 790 頁　　　　　　　　〔上告棄却〕

〔事実の概要〕

原告FおよびHは1959(昭和34)年4月，昭和女子大学に入学し，3年生として在学中であったが，学生手帳に掲記された「生活要録」の規定に違反し，学校当局に届出ずに1961(昭和36)年10月，政治的暴力行為防止法案(政防法)反対のための署名を集めたことや，民青同に加入していることなどを理由として，登校禁止処分を受け，翌年になって，原告は学生集会や東京放送でこの事件について発言したことなどから，学則にいう「学校の秩序を乱しその他学生としての本分に反したもの」に該当するとして翌1962年2月11日付で退学処分を受けた。そこで原告はこの退学処分が無効であるとして，同大学の学生としての身分の確認を求める訴を提起した。第一審の東京地裁は，前記退学処分が「わが国法が公的教育機関に思想の自由につき寛容の態度を要求する趣旨」にもとるものであり無効であるとして，原告の請求を認めた(東京地判昭38・11・20行集14巻11号2039頁)のに対し，控訴審の東京高裁は原判決を破棄し，本件退学処分は有効とした(東京高判昭42・4・10行集18巻4号389頁)ので，原告が最高裁に上告したものである。

〔判決理由〕

 1．私人間における人権の効力

「憲法19条，21条，23条等のいわゆる自由権的基本権の保障規定は，国又は公共団体の統治行動に対して個人の基本的な自由と平等を保障することを目的とした規定であって，専ら国又は公共団体と個人との関係を規律するものであり，私人相互間の関係について当然に適用ないし類推適用されるものでないことは，当裁判所大

法廷判例〔【判例5-1】〕の示すところである。したがって，その趣旨に徴すれば，私立学校である被上告人大学の学則の細則としての性質をもつ前記生活要録の規定について直接憲法の右基本権保障規定に違反するかどうかを論ずる余地はないものというべきである。」

2．大学生の政治的活動とその規制

「ところで，大学は，国公立であると私立であるとを問わず，学生の教育と学術の研究を目的とする公共的な施設であり，法律に格別の規定がない場合でも，その設置目的を達成するために必要な事項を学則等により一方的に制定し，これによって在学する学生を規律する包括的権能を有するものと解すべきである。特

> **学校教育法第11条** 校長及び教員は，教育上必要があると認めるときは，文部科学大臣の定めるところにより，児童，生徒及び学生に懲戒を加えることができる。ただし，体罰を加えることはできない。
> **学校教育法施行規則第13条3項4号**〔現行法では第26条3項4号に相当するが，3項柱書きの文言は同一ではない。〕 前項の退学は，公立の小学校，中学校，盲学校，聾学校又は養護学校に在学する学齢児童又は学齢生徒を除き，次の各号の一に該当する児童等に対して行うことができる。
> 　4　学校の秩序を乱し，その他学生又は生徒としての本分に反した者

に私立学校においては，建学の精神に基づく独自の伝統ないし校風と教育方針とによって社会的存在意義が認められ，学生もそのような伝統ないし校風と教育方針のもとで教育を受けることを希望して当該大学に入学するものと考えられるのであるから，右の伝統ないし校風と教育方針を学則等において具体化し，これを実現することが当然認められるべきであり，学生としてもまた，当該大学において教育を受けるかぎり，かかる規律に服することを義務づけられるものといわなければならない。もとより，学校当局の有する右の包括的権能は無制限なものではありえず，在学関係設定の目的と関連し，かつ，その内容が社会通念に照らして合理的と認められる範囲においてのみ是認されるものであるが，具体的に学生のいかなる行動についていかなる程度，方法の規制を加えることが適切であるとするかは，それが教育上の措置に関するものであるだけに，必ずしも画一的に決することはできず，各学校の伝統ないし校風や教育方針によってもおのずから異なることを認めざるをえないのである。これを学生の政治的活動に関していえば，大学の学生は，その年齢等からみて，一個の社会人として行動しうる面を有する者であり，政治的活動の自由はこのような社会人としての学生についても重要視されるべき法益であることは，いうまでもない。しかし，他方，学生の政治的活動を学の内外を問わず全く自由に放任するときは，あるいは学生が学業を疎かにし，あるいは学内における教育及び

研究の環境を乱し、本人及び他の学生に対する教育目的の達成や研究の遂行をそこなう等大学の設置目的の実現を妨げるおそれがあるのであるから、大学当局がこれらの政治的活動に対してなんらかの規制を加えること自体は十分にその合理性を首肯しうるところであるとともに、私立大学のなかでも、学生の勉学専念を特に重視しあるいは比較的保守的な構想を有する大学が、その教育方針に照らし学生の政治的活動はできるだけ制限するのが教育上適当であるとの見地から、学内及び学外における学生の政治的活動につきかなり広範な規律を及ぼすこととしても、これをもって直ちに社会通念上学生の自由に対する不合理な制限であるということはできない。

そこで、この見地から被上告人大学の前記生活要録の規定をみるに、……同大学が学生の思想の穏健中正を標榜する保守的傾向の私立学校であることをも勘案すれば、右要録の規定は政治的目的をもつ署名運動に学生が参加し又は政治的活動を目的とする学外の団体に学生が加入するのを放任しておくことは教育上好ましくないとする同大学の教育方針に基づき、このような学生の行動について届出制あるいは許可制をとることによってこれを規制しようとする趣旨を含むものと解されるのであって、かかる規制自体を不合理なものと断定することができないことは、上記説示のとおりである。」

3．本件退学処分の違法性

「思うに、大学の学生に対する懲戒処分は、教育および研究の施設としての大学の内部規律を維持し、教育目的を達成するために認められる自律作用であって、懲戒権者たる学長が学生の行為に対して懲戒処分を発動するにあたり、その行為が懲戒に値いするものであるかどうか、また、懲戒処分のうちいずれの処分を選ぶべきかを決するについては、当該行為の軽重のほか、本人の性格及び平素の行状、右行為の他の学生に与える影響、懲戒処分の本人及び他の学生に及ぼす訓戒的効果、右行為を不問に付した場合の一般的影響等諸般の要素を考慮する必要があり、これらの点の判断は、学内の事情に通暁し直接教育の衝にあたるものの合理的な裁量に任すのでなければ、適切な結果を期しがたいことは、明らかである……。

もっとも、学校教育法11条は、懲戒処分を行うことができる場合として、単に「教育上必要と認めるとき」と規定するにとどまるのに対し、これをうけた同法施行規則13条3項は、退学処分についてのみ4個の具体的な処分事由を定めており、被上告人大学の学則36条にも右と同旨の規定がある。これは、退学処分が、他の懲戒処分と異なり、学生の身分を剥奪する重大な措置であることにかんがみ、当該学生に改善の見込がなく、これを学外に排除することが教育上やむをえないと認められる

場合にかぎって退学処分を選択すべきであるとの趣旨において，その処分事由を限定的に列挙したものと解される。この趣旨からすれば，同法施行規則13条3項4号及び被上告人大学の学則36条4号にいう「学校の秩序を乱し，その他学生としての本分に反した」ものとして退学処分を行うにあたっては，その要件の認定につき他の処分の選択に比較して特に慎重な配慮を要することはもちろんであるが，退学処分の選択も前記のような諸般の要素を勘案して決定される教育判断にほかならないことを考えれば，具体的事案において当該学生に改善の見込がなくこれを学外に排除することが教育上やむをえないかどうかを判断するについて，あらかじめ本人に反省を促すための補導を行うことが教育上必要かつ適切であるか，また，その補導をどのような方法と程度において行うべきか等については，それぞれの学校の方針に基づく学校当局の具体的かつ専門的・自律的判断に委ねざるをえないのであって，学則等に格別の定めのないかぎり，右補導の過程を経由することが特別の場合を除いては常に退学処分を行うについての学校当局の法的義務であるとまで解するのは，相当でない。したがって，右補導の面において欠けるところがあったとしても，それだけで退学処分が違法となるものではなく，その点をも含めた当該事案の諸事情を総合的に観察して，その退学処分の選択が社会通念上合理性を認めることができないようなものでないかぎり，同処分は，懲戒権者の裁量権の範囲内にあるものとして，その効力を否定することはできないものというべきである。」
〔第三小法廷裁判官5人全員一致の意見〕

第 *6* 講　憲法第13条と幸福追求権

1．憲法第13条の規定は，思想史的にはアメリカ独立宣言(⇨〔資料2〕)に起源をもっている。従来はこの規定を，具体的な権利を保障したものというよりは，むしろ憲法第11条，第12条等と並んで，第14条以下の各条で個別に保障されている基本的人権の総称であるとか，それらの権利の根底にある自然法的権利であるとかいった説明が多くなされてきたが，最近では，これを前段の《個人の尊重》原理と結びついて，人格的生存に不可欠な権利・自由を包括する基本権として捉える傾向が有力である。この場合，具体的にはこの規定の保障の対象は，個別的な人権規定ではカバーされないがそれらと同

等の内実をもつ人格的利益に関わる権利，ということになる。

　2．最高裁は，いわゆる**肖像権**に関連して，第13条の具体的権利性を承認し，「国民の私生活上の自由」のひとつとして，何人も本人の承諾なしに，みだりにその容貌・姿態等を撮影されない自由を，一般論としては認めた(⇨【判例6-1】)。これより前に，すでに大阪高裁も昭和39年，警官によるデモ参加中の組合員の写真撮影に関連する事件に対する判決の中で，人が「その承諾がないのに自己の写真を撮影されたり世間に公表されない権利（肖像権）」はプライヴァシーの権利の一つとして構成することができる，とし，さらにこの権利を「私人が私生活に他から干渉されず，本質的に私的な出来事についてその承諾なしに公表されることから保護される権利」として民法第709条にいう権利の侵害として救済の対象になるのみならず，「国家権力ことに警察権の行使に対しても国民の私生活の自由が保障されている」ことを認めた（大阪高判昭39・5・30高刑集17巻4号384頁）。

(2)　現代的人権として主張される《環境権》や，いわゆる《プライヴァシー》の権利[2]も，それが個々人の人格的生存にかかわる限りにおいて，憲法第13条の包括的権利の中に含まれるといえる。プライヴァシー権は，元来は民法の

---

1) 憲法第13条の規定の意義およびその内実については，種谷春洋「『生命，自由及び幸福追求』の権利」（岡山大学法経学会雑誌14巻3号，15巻1号，2号）が参照されるべきである。また，同条の内実につき，佐藤幸治『日本国憲法論』（成文堂，2011年，172頁以下）参照。

2) 《プライヴァシー》の権利(the right to privacy)は，当初は「そっとしておいてもらう権利」(a right to be let alone)とされ，自己決定に関する広範な内容を含む自由一般と等置されていたが，そうなると，特に《プライヴァシー》の権利と呼ぶことの実益はなく，個別の自由の問題として論じればよいことになり，憲法第13条の内容の一部をなすものとして《プライヴァシー》の権利をとらえる立場からは，これをもう少し狭く，また公法の領域でも妥当すべき権利としての側面にも考慮を払いながら，たとえば「自己の存在にかかわる情報を開示する範囲を選択できる権利」と定義されたりすることになる（佐藤幸治〔前掲〕182頁など）。なお《プライヴァシー権》について本格的に論じたものとして，阪本昌成『プライヴァシーの権利』（成文堂，1982年）および同『プライヴァシー権論』（日本評論社，1986年）がある。なお，現在では，家族の形成（たとえば，結婚するかどうか，子どもを産むかどうか）や，終末医療（たとえば，人工的な延命措置の拒否や中止をするかどうか）などに関する自由を，狭義での《自己決定権》として，《プライヴァシー》と区別して論じられることが多い。

不法行為を構成する観念の一つとして捉えられ，『宴のあと』事件(⇨【判例6-2】)でも，基本的には不法行為法上の人格権の一部として理解されているが，現代の情報化社会においては，公法的にも保護されるべき権利としての側面も重要となってきている(情報公開法・プライヴァシー保護法など)。ただこの権利は，他人の基本的人権，とくに表現の自由(⇨本編第4章)と衝突することがまれでなく，その調整は必ずしも容易ではない場合がある。プライヴァシー侵害を理由として映画の上映の事前差止を請求しうるかどうかが議論となった映画『エロス＋虐殺』事件に対する決定(東京高決昭45・4・13判時587号31頁)では，一方での「表現の自由」と他方でのプライヴァシーとの関係を《比較衡量》で決すべきことが説かれ，また上記の『宴のあと』事件の判決では，プライヴァシー侵害が民法上の不法行為となるための要件が列挙された。

その後もプライヴァシーの権利にかかわって多くの判例がある。**ノンフィクション『逆転』事件**判決(⇨【判例6-3】)も，上記の【判例6-2】と同様，作家の表現の自由とその登場人物のプライヴァシーの調整が問題となったものである。しかし本来的な憲法上のプライヴァシーの権利が問題となるのは，公権力によるその侵害がなされる場合である。**前科照会事件**(⇨【判例6-4】)で最高裁は，憲法違反とまでは判示しなかったものの，公権力の行為(ここでは前科照会への区役所の回答)を違法とした。

(3) 早稲田大学が中国の当時の国家主席(江沢民)の講演会開催にあたり，出席者名簿を作成し，出席者に断りなく警視庁に渡したことにつき，最高裁判所は，「プライバシー侵害」という不法行為を認定して損害賠償の請求を認めた(最二判平16・9・12民集57巻8号973頁)。

(4) 旅券法第13条1項5号を根拠として，外務大臣による旅券発給の拒否処分の合憲性が争われた**帆足計事件**(⇨【判例6-5】)において，最高裁は，憲法第22条2項が日本国民に海外渡航(外国旅行)の自由を保障しているとしつつ，当該処分については違法ではないとした。しかし，たしかに外国への移住のために日本国を離れる自由は「移住の自由」に含まれるとしても，一時的な海外渡航の自由の憲法上の根拠は，むしろ憲法第13条の自由の一内容と解することもでき，上記【判例6-5】の中の補足意見でも，この自由は第22条においてではなく，むしろ「〔憲法第13条の〕一般的な自由または幸福迫

求の権利の一部」をなすものと解されている。ここでは，この判決についても本章で挙げておく。

【判例6-1】

京都府学連事件(公務執行妨害，傷害被告事件)
最大判昭44・12・24刑集23巻12号1625頁　　　　　　　　〔上告棄却〕

〔事実の概要〕

当時立命館大学法学部の学生であった被告人Hは，1962(昭和37)年6月21日の京都府学連主催のデモに参加し，先頭集団の列外に立って行進中，デモ行進が京都府公安委員会の附した許可条件に違反すると判断した警官Aが，先頭集団の行進状況を写真撮影するや，「どこのカメラマンか」と難詰抗議し，もっていた旗竿でAの下顎部を一突きし，全治1週間の傷害を与えたため，Hは傷害および公務執行妨害の罪で起訴された。第一審

警察法第2条1項　警察は，個人の生命，身体及び財産の保護に任じ，犯罪の予防，鎮圧及び捜査，被疑者の逮捕，交通の取締その他公共の安全と秩序の維持に当ることをもってその責務とする。
刑訴法第218条2項　身体の拘束を受けている被疑者の指紋若しくは足型を採取し，身長若しくは体重を測定し，又は写真を撮影するには，被疑者を裸にしない限り，前項の令状によることを要しない。

の京都地裁はHを懲役1月(執行猶予1年)の有罪とし(昭39・7・4)，控訴審裁判所もこの判決を支持して控訴を棄却した(大阪高裁昭44・4・30)ので，Hは，京都市公安条例は違憲である，と主張するとともに，警官の写真撮影行為は肖像権(承諾なしに自己の写真を撮影されない権利)を保障した憲法第13条および令状主義を規定した憲法第35条に違反する，として上告した。

〔判決理由〕

|憲法13条は……国民の私生活上の自由が，警察権等の国家権力の行使に対しても保護されるべきことを規定しているものということができる。そして，個人の私

---

3) この事件の他にも，一般旅券発給拒否処分の通知書に，発給拒否の理由として単に「旅券法13条1項5号に該当する。」と記載されているだけで同号適用の基礎となった事実関係が具体的に示されていない場合には，同法第14条の要求する理由付記として不備であり違法であるとされた事例があり，ここでも「憲法22条2項で国民に保障された基本的人権である外国旅行の自由」との判示が見られる(最三判昭60・1・22民集39巻1号1頁)。

生活上の自由の一つとして，何人も，その承諾なしに，みだりにその容ぼう・姿態（以下「容ぼう等」という。）を撮影されない自由を有するものというべきである。これを肖像権と称するかどうかは別として，少なくとも，警察官が，正当な理由もないのに，個人の容ぼう等を撮影することは，憲法13条の趣旨に反し，許されないものといわなければならない。しかしながら，個人の有する右自由も，国家権力の行使から無制限に保護されるわけでなく，公共の福祉のため必要のある場合には相当の制限を受けることは同条の規定に照らして明らかである。そして，犯罪を捜査することは，公共の福祉のため警察に与えられた国家作用の一つであり，警察にはこれを遂行すべき責務があるのであるから（警察法2条1項参照），警察官が犯罪捜査の必要上写真を撮影する際，その対象の中に犯人のみならず第三者である個人の容ぼう等が含まれても，これが許容される場合がありうるものといわなければならない。

　そこで，その許容される限度について考察すると，身体の拘束を受けている被疑者の写真撮影を規定した刑訴法218条2項のような場合のほか，次のような場合には，撮影される本人の同意がなく，また裁判官の令状がなくても，警察官による個人の容ぼう等の撮影が許容されるものと解すべきである。すなわち，現に犯罪が行われもしくは行われたのち間がないと認められる場合であって，しかも証拠保全の必要性および緊急性があり，かつその撮影が一般的に許容される限度をこえない相当な方法をもって行われるときである。このような場合に行われる警察官による写真撮影は，その対象の中に，犯人の容ぼう等のほか，犯人の身辺または被写体とされた物件の近くにいたためこれを除外できない状況にある第三者である個人の容ぼう等を含むことになっても，憲法13条，35条に違反しないものと解すべきである。

　……右写真撮影は，現に犯罪が行われていると認められる場合になされたものであって，しかも多数の者が参加し刻々と状況が変化する集団行動の性質からいって，証拠保全の必要性および緊急性が認められ，その方法も一般的に許容される限度をこえない相当なものであったと認められるから，たとえそれが被告人ら集団行進者の同意もなく，その意思に反して行われたとしても，適法な職務執行行為であったといわなければならない。」

〔裁判官15人全員一致の意見〕

【判例6-2】

『宴のあと』事件(損害賠償請求事件)
東京地判昭39・9・28 判時385号12頁　　　　　　　　〔一部認容〕

〔事実の概要〕

　被告平岡公威(ペンネーム三島由紀夫, 1925～1970)は, 雑誌『中央公論』の1960(昭和35)年1月～10月号にわたり「宴のあと」と題する小説を発表した。この小説は, 野口雄賢という, 妻を失った独身の60歳を過ぎた, 外交官出身で, 外務大臣も務め, 戦後は衆議院議員にも一度当選したことのある男性と, 著名な料亭「雪後庵」の女将で, のちに野口の妻となる福沢かづという女性とを主人公として, 野口が革新党から推されて東京都知事選挙に立候補したが, 妻福沢の経歴・行状を誹謗した怪文書がまかれたり, 選挙資金調達のための「雪後庵」売却が妨害されたり, 投票日前日に野口危篤のビラがまかれたりして, 選挙に惜敗し, その後福沢は野口に背いて「雪後庵」再開のため野口と離婚したことを描いたものである。原告有田八郎は, この小説の野口が原告をモデルとし, 福沢は料亭「般若苑」の経営者畔上輝井をさしていることは明らかで, 原告の主要経歴は世間周知のことであり, また当時の世人の記憶に新しい1959(昭和34)年4月23日の都知事選に関するニュースから「野口」が原告以外の何者でもないとの印象を一般の読者に与えることは明白であるとして, 1960(昭和35)年8,9月頃, 被告及び中央公論社に対し, この小説を単行本として出版しないよう申入れ, 同社はこれを承諾したが, 被告はこれを拒み, 9月末頃, 被告は被告新潮社と出版契約を結び, 同年11月15日付で, 初版15,000部以上を刊行した。そこで, 原告はこの小説が原告の公開を欲しない私生活を「のぞき見」し, または「のぞき見したかのように」描写したものであり, また被告新潮社はこれがモデル小説である旨の広告を繰り返し発行・発売したとして, 名誉毀損ではなく, プライヴァシーの侵害を理由として, 三島, 新潮社および発

軽犯罪法第1条　左の各号の一に該当する者は, これを拘留又は科料に処する。

　　23　正当な理由がなくて人の住居, 浴場, 更衣場, 便所その他人が通常衣服をつけないでいるような場所をひそかにのぞき見た者

民法第235条1項　境界線から1メートル未満の距離において他人の宅地を見通すことのできる窓又は縁側(ベランダを含む。……)を設ける者は, 目隠しを付けなければならない。

刑法第133条　正当な理由がないのに, 封をしてある信書を開いた者は, 1年以下の懲役又は20万円以下の罰金に処する。

行者佐藤亮一を被告として，謝罪広告と損害賠償(金100万円)を請求する訴えを起こした。東京地裁は，結論的には，被告等に対し，原告に金80万円の損害賠償をするよう命じたが，謝罪広告の請求は認めなかった。なお本件は，原告の死亡後，和解によって解決した。

〔判決理由〕
1．小説のモデルとプライバシー

(1)　「近代法の根本理念の一つであり，また日本国憲法のよって立つところでもある個人の尊厳という思想は，相互の人格が尊重され，不当な干渉から自我が保護されることによってはじめて確実なものとなるのであって，そのためには，正当な理由がなく他人の私事を公開することが許されてはならないことは言うまでもないところである。このことの片鱗はすでに成文法上にも明示されているところであって，たとえば他人の住居を正当な理由がないのにひそかにのぞき見る行為は犯罪とせられており(軽犯罪法1条1項23号)，その目的とするところが私生活の場所的根拠である住居の保護を通じてプライバシーの保障を図るにあることは明らかであり，また民法235条1項が相隣地の観望について一定の規制を設けたところも帰するところ他人の私生活をみだりにのぞき見ることを禁ずる趣旨にあることは言うまでもないし，このほか刑法133条の信書開披罪なども同じくプライバシーの保護に資する規定であると解せられるのである。

ここに挙げたように成文法規の存在と前述したように私事をみだりに公開されないという保障が，今日のマスコミュニケーションの発達した会社[ママ]では個人の尊厳を保ち幸福の追求を保障するうえにおいて必要不可欠なものであるとみられるに至っていることとを合わせ考えるならば，その尊重はもはや単に倫理的に要請されるにとどまらず，不法な侵害に対しては法的救済が与えられるまでに高められた人格的な利益であると考えるのが正当であり，それはいわゆる人格権に包摂されるものではあるけれども，なおこれを一つの権利と呼ぶことを妨げるものではないと解するのが相当である。

(2)　……いわゆるプライバシー権は私生活をみだりに公開されないという法的保障ないし権利として理解されるから，その侵害に対しては侵害行為の差し止めや精神的苦痛に因る損害賠償請求権が認められるべきものであり，民法709条はこのような侵害行為もなお不法行為として評価されるべきことを規定しているものと解釈するのが正当である。

そしてここにいうような私生活の公開とは，公開されたところが必ずしもすべて真実でなければならないものではなく，一般の人が公開された内容をもって当該私

人の私生活であると誤認しても不合理でない程度に真実らしく受け取られるものであれば、それはなおプライバシーの侵害として捉えることができるものと解すべきである。けだし、このような公開によっても当該私生活とくに精神的平穏が害われることは、公開された内容が真実である場合とさしたる差異はないからである。むしろプライバシーの侵害は多くの場合、虚実がないまぜにされ、それが真実であるかのように受け取られることによって発生することが予想されるが、ここで重要なことは公開されたところが客観的な事実に合致するかどうか、つまり真実か否かではなく、真実らしく思われることによって当該私人が一般の好奇心の的になり、あるいは当該私人をめぐってさまざまな揣摩憶測が生じるであろうことを自ら意識することによって私人が受ける精神的な不安、負担ひいては苦痛にまで至るべきものが、法の容認し難い不当なものであるか否かという点にあるものと考えられるからである。

2．プライバシー侵害の法的救済の要件

そうであれば、右に論じたような趣旨でのプライバシーの侵害に対し法的な救済が与えられるためには、公開された内容が(イ)私生活上の事実または私生活上の事実らしく受け取られるおそれのあることがらであること、(ロ)一般人の感受性を基準にして当該私人の立場に立った場合公開を欲しないであろうと認められることがらであること、換言すれば一般人の感覚を基準として公開されることによって心理的な負担、不安を覚えるであろうと認められることがらであること、(ハ)一般の人々に未だ知られていないことがらであることを必要とし、このような公開によって当該私人が実際に不快、不安の念を覚えたことを必要とするが、公開されたところが当該私人の名誉、信用というような他の法益を侵害するものであることを要しないのは言うまでもない。すでに論じたようにプライバシーはこれらの法益とはその内容を異にするものだからである。

このように解せられるので、……本件「宴のあと」は……原告のプライバシーを侵害したものと認めるのが相当である。」

3．違法性阻却事由について

「他人の私生活を公開することに法律上正当とみとめられる理由があれば違法性を欠き結局不法行為は成立しないものと解すべきことは勿論である。

(1) しかし、小説なり映画なりがいかに芸術的価値においてみるべきものがあるとしても、そのことが当然にプライバシー侵害の違法性を阻却するものとは考えられない。それはプライバシーの価値と芸術的価値……の基準とは全く異質のものであり、法はそのいずれが優位に立つものとも決定できないからである。……

(2) また被告等は言論，表現の自由の保障がプライバシーの保障に優先すべきものであると……主張する……が，元来，言論，表現等の自由の保障とプライバシーの保障とは一般的にはいずれが優先するという性質のものではなく，言論，表現等は他の法益すなわち名誉，信用などを侵害しないかぎりでその自由が保障されているものである。このことはプライバシーとの関係でも同様であるが，ただ公共の秩序，利害に直接関係のある事柄の場合とか社会的に著名な存在である場合には，ことがらの公的性格から一定の合理的な限界内で私生活の側面でも報道，論評等が許されるにとどまり，たとえ報道の対象が公人，公職の候補者であっても，無差別，無制限に私生活を公開することが許されるわけではない。このことは文芸という形での表現等の場合でも同様であり，文芸の前にはプライバシーの保障は存在し得ないかのような，また存在し得るとしても言論，表現等の自由の保障が優先さるべきであるという被告等の見解はプライバシーの保障が個人の尊厳性の認識を介して，民主主義社会の根幹を培うものであることを軽視している点でとうてい賛成できないものである。」

〔東京地方裁判所民事第18部　裁判長裁判官　石田哲一，裁判官　滝田　薫。裁判官　山本和敏は転官のため署名捺印できない〕

【判例6-3】
ノンフィクション『逆転』事件(慰藉料請求事件)
最三判平6・2・8民集48巻2号149頁　　　　　　　　　　　〔上告棄却〕

〔事実の概要〕

1　X（原告・被控訴人）ら4名は，1964(昭和39)年8月16日午前3時頃，当時アメリカ合衆国の統治下にあった沖縄県宜野湾市普天間で，アメリカ合衆国軍隊に所属するウィリアムス一等兵及びオズボーン伍長との喧嘩が原因となって，ウィリアムスが死亡し，オズボーンが負傷した事件につき，同年9月4日アメリカ合衆国琉球列島民政府高等裁判所の起訴陪審の結果，ウィリアムスに対する傷害致死とオズボーンに対する傷害の各罪で起訴され，陪審評議の結果，ウィリアムスに対する関係では，傷害致死の公訴事実については無罪であるが，これに含まれる傷害の公訴事実については有罪，オズボーンに対する関係では，無罪であると答申され，同年11月6日，ウィリアムスに対する傷害の罪で，Xほか2名が懲役3年の実刑判決，他の1名が懲役2年，執行猶予2年の有罪判決を受けた。

Xは，本件裁判で服役し，1966(昭和41)年10月に仮出獄〔仮釈放〕した後，沖縄

でしばらく働いていたが，本件事件のこともあってうまくいかず，やがて沖縄を離れて上京し，1968(昭和43)年10月から都内のバス会社に運転手として就職した。Xは，その後，結婚したが，会社にも，妻にも，前科を秘匿していた。本件事件及び本件裁判は，当時，沖縄では大きく新聞報道されたが，本土では新聞報道もなく，東京で生活しているXの周囲には，その前科にかかわる事実を知る者はいなかった。

Yは，本件裁判の陪審員の一人であったが，その体験に基づき，『逆転』というノンフィクション作品を執筆した。この著作は1977(昭和52)年8月に株式会社新潮社から刊行され，世上高い評価を受け，1978(昭和53)年には大宅賞を受賞した。その後，NHKがこれに基づいてテレビドラマを作成することとなり，この過程で，Xは本件著作の存在と，その中でXの実名が使用されていることを知った。そこでXは，本件著作『逆転』の刊行により，Xが刑事事件につき被告人となり有罪判決を受けて服役したという前科にかかわる事実が公表され精神的苦痛を被ったと主張して，Yに対して300万円の慰藉料を請求して裁判に及んだ。

第一審判決(東京地判昭62・11・20判時1258号22頁)は，Xの主張を認めて50万円の慰藉料の支払いを命じた。控訴審判決(東京高判平元・9・5判時1323号37頁)も，本件著作が出版されたころにはXはこの事実を他人に知られないことにつき人格的利益を有し，かつ，その利益は法的保護に値する状況にあったというべきところ，Yが本件著作でXの実名を使用してその前科にかかわる事実を公表したことを正当とする理由はなく，またYが本件著作でXの実名を使用しても違法でないと信ずることに相当な理由もないとして，YのXに対する不法行為責任を認め，本件請求を慰藉料支払を求める限度で認容した第一審判決を正当としてYの控訴を棄却した。そこでYは，原判決は憲法第21条1項の表現の自由を不当に制限的に解釈しているなどと主張して上告した。

〔判決理由〕

1．ある者が刑事事件につき被疑者とされ，さらには被告人として公訴を提起されて判決を受け，とりわけ有罪判決を受け，服役したという事実は，その者の名誉あるいは信用に直接にかかわる事項であるから，その者は，みだりに右の前科等にかかわる事実を公表されないことにつき，法的保護に値する利益を有するものというべきである(最三判昭56・4・14民集35巻3号620頁〔⇨【判例6-4】〕参照)。この理は，右の前科等にかかわる事実の公表が公的機関によるものであっても，私人又は私的団体によるものであっても変わるものではない。そして，その者が有罪判決を受けた後あるいは服役を終えた後においては，一市民として社会に復帰することが期待されるのであるから，その者は，前科等にかかわる事実の公表によって，新しく形

成している社会生活の平穏を害されその更生を妨げられない利益を有するというべきである。

　もっとも、ある者の前科等にかかわる事実は、他面、それが刑事事件ないし刑事裁判という社会一般の関心あるいは批判の対象となるべき事項にかかわるものであるから、事件それ自体を公表することに歴史的又は社会的な意義が認められるような場合には、事件の当事者についても、その実名を明らかにすることが許されないとはいえない。また、その者の社会的活動の性質あるいはこれを通じて社会に及ぼす影響力の程度などのいかんによっては、その社会的活動に対する批判あるいは評価の一資料として、右の前科等にかかわる事実が公表されることを受忍しなければならない場合もあるといわなければならない（最一判昭56・4・16刑集35巻3号84頁参照）。さらにまた、その者が選挙によって選出される公職にある者あるいはその候補者など、社会一般の正当な関心の対象となる公的立場にある人物である場合には、その者が公職にあることの適否などの判断の一資料として右の前科等にかかわる事実が公表されたときは、これを違法というべきものではない（最一判昭41・6・23民集20巻5号1118頁参照）。

　そして、ある者の前科等にかかわる事実が実名を使用して著作物で公表された場合に、以上の諸点を判断するためには、その著作物の目的、性格等に照らし、実名を使用することの意義及び必要性を併せ考えることを要するというべきである。

　要するに、前科等にかかわる事実については、これを公表されない利益が法的保護に値する場合があると同時に、その公表が許されるべき場合もあるのであって、ある者の前科等にかかわる事実を実名を使用して著作物で公表したことが不法行為を構成するか否かはその者のその後の生活状況のみならず、事件それ自体の歴史的又は社会的な意義、その当事者の重要性、その者の社会的活動及びその影響力について、その著作物の目的、性格等に照らした実名使用の意義及び必要性をも併せて判断すべきもので、その結果、前科等にかかわる事実を公表されない法的利益が優越するとされる場合には、その公表によって被った精神的苦痛の賠償を求めることができるものといわなければならない。なお、このように解しても、著作者の表現の自由を不当に制限するものではない。けだし、表現の自由は、十分に尊重されなければならないものであるが、常に他の基本的人権に優越するものではなく、前科等にかかわる事実を公表することが憲法の保障する表現の自由の範囲内に属するものとして不法行為責任を追求［ママ］される余地がないものと解することはできないからである。この理は、最大判昭31・7・4民集10巻7号785頁〔⇨判例**10-1**〕の趣旨に徴しても明らかであり、原判決の違憲をいう論旨を採用することはできない。

2．そこで，以上の見地から本件をみると，まず，本件事件及び本件裁判から本件著作が刊行されるまでに12年余の歳月を経過しているが，その間，Xが社会復帰に努め新たな生活環境を形成していた事実に照らせば，Xは，その前科にかかわる事実を公表されないことにつき法的保護に値する利益を有していたことは明らかであるといわなければならない。しかも，Xは，地元を離れて大都会の中で無名の一市民として生活していたのであって，公的立場にある人物のようにその社会的活動に対する批判ないし評価の一資料として前科にかかわる事実の公表を受忍しなければならない場合ではない。

所論は，本件著作は，陪審制度の長所ないし民主的な意義を訴え，当時のアメリカ合衆国の沖縄統治の実態を明らかにしようとすることを目的としたものであり，そのために本件事件ないしは本件裁判の内容を正確に記述する必要があったというが，その目的を考慮しても，本件事件の当事者であるXについて，その実名を明らかにする必要があったとは解されない。本件著作は，陪審評議の経過を詳細に記述し，その点が特色となっているけれども，歴史的事実そのものの厳格な考究を目的としたものとはいえず，現にYは，本件著作において，米兵たちの事件前の行動に関する記述は周囲の人の話や証言などから推測的に創作した旨断っており，Xに関する記述についても，同人が法廷の被告人席に座って沖縄へ渡って来たことを後悔し，そのころの生活等を回顧している部分は，Xは事実でないとしている。その上，Y自身を含む陪審員については，実名を用いることなく，すべて仮名を使用しているのであって，本件事件の当事者であるXについては特にその実名を使用しなければ本件著作の右の目的が損なわれる，と解することはできない。

さらに，所論は，本件著作は，右の目的のほか，Xら4名が無実であったことを明らかにしようとしたものであるから，本件事件ないしは本件裁判について，Xの実名を使用しても，その前科にかかわる事実を公表したことにはならないという。しかし本件著作では，Y自身を含む陪審員の評議の結果，Xら4名がウィリアムスに対する傷害の罪で有罪と答申された事実が明らかにされている上，Xの下駄やシャツに米兵の血液型と同型の血液が付着していた事実など，Xと事件とのかかわりを示す証拠が裁判に提出されていることが記述され，また，陪審評議において，喧嘩両成敗であるとの議論がされた旨の記述はあるが，Xら4名が正当防衛として無罪であるとの主張がされた旨の記述はない。したがって，本件著作は，Xら4名に対してされた陪審の答申と当初の公訴事実との間に大きな相違があり，また，言い渡された刑が陪審の答申した事実に対する量刑として重いという印象を強く与えるものではあるが，Xが本件事件に全く無関係であったとか，Xら4名の行為が正

当防衛であったとかいう意味において，その無実を訴えたものであると解することはできない。

以上を総合して考慮すれば，本件著作が刊行された当時，Xは，その前科にかかわる事実を公表されないことにつき法的保護に値する利益を有していたところ，本件著作において，YがXの実名を使用して右の事実を公表したことを正当とするまでの理由はないといわなければならない。そして，Yが本件著作でXの実名を使用すれば，その前科にかかわる事実を公表する結果になることは必至であって，実名使用の是非をYが判断し得なかったものとは解されないから，Yは，Xに対する不法行為責任を免れないものというべきである。

〔裁判官5人全員一致の意見〕

【判例6-4】

前科照会事件（損害賠償等請求事件）
最三判昭56・4・14民集35巻3号620頁　　　　　　　　　〔上告棄却〕

〔事実の概要〕

A自動車学校の技術指導員であった原告（被上告人）は，解雇されたので，地位保全仮処分命令を申請し，従業員たる地位が仮に定められていた。これに関し，A会社の弁護士Iが，弁護士法第23条の2第1項に基づいて，京都弁護士会を通じ，「中央労働委員会，京都地方裁判所に提出するため」として，原告の「前科及び犯罪歴について」京都市伏見区長に照会したところ，伏見区役所はこれを中京区役所に回付し，同区役所は昭和46年6月4日，京都弁護士会に対し，原告には，道路交通法違反11犯，業務上過失傷害1犯，暴行1犯の前科があることを回答した。Aはこの事実を中央労働委員会と京都地方裁判所で摘示し，またこれらの前科を秘匿した経歴詐称を理由として予備的解雇を通告した。そこで，この解雇通告の効力をめぐって裁判所や中労委で争われたが，他方，原告はこれによって自己の名誉，信用，プライヴァシーが侵害されたことと中京区長が前記のような回答をしたことには過失があった等を主張して，損害賠償を請求した。

第一審（京都地判昭50・9・25判時819号69頁）は原告の請求を棄却したが，控訴審（大阪高判昭51・12・21判時839号55頁）は原告の請求を一部認めて損害賠償責任を認めたので，京都市が上告した。

〔判決理由〕

前科及び犯罪経歴（以下「前科等」という。）は人の名誉，信用に直接かかわる事項

であり，前科等のある者もこれをみだりに公開されないという法律上の保護に値する利益を有するのであって，市区町村長が，本来選挙資格の調査のために作成保管する犯罪人名簿に記載されている前科等をみだりに漏えいしてはならないことはいうまでもないところである。前科等の有無が訴訟等の重要な争点となっていて，市区町村長に照会して回答を得るのでなければ他に立証方法がないような場合には，裁判所から前科等の照会を受けた市区町村長は，これに応じて前科等につき回答をすることができるのであり，同様な場合に弁護士法23条の2に基づく照会に応じて報告することも許されないわけのものではないが，その取扱いには格別の慎重さが要求されるものといわなければならない。本件において，原審の適法に確定したところによれば，京都弁護士会が訴外I弁護士の申出により京都市伏見区役所に照会し，同市中京区長に回付された被上告人の前科等の照会文書には，照会を必要とする事由としては，右照会文書に添付されていたI弁護士の照会申出書に「中央労働委員会，京都地方裁判所に提出するため」とあったにすぎないというのであり，このような場合に，市区町村長が漫然と弁護士会の照会に応じ，犯罪の種類，軽重を問わず，前科等のすべてを報告することは，公権力の違法な行使にあたると解するのが相当である。原審の適法に確定した事実関係のもとにおいて，中京区長の本件報告を過失による公権力の違法な行使にあたるとした原審の判断は，結論において正当として是認することができる。原判決に所論の違法はなく，論旨は採用することができない。

＊裁判官伊藤正己の補足意見　「本件で問題とされた前科等は，個人のプライバシーのうちでも最も他人に知られたくないものの一つであり，それに関する情報への接近をきわめて困難なものとし，その秘密の保護がはかられているのもそのためである。もとより前科等も完全に秘匿されるものではなく，それを公開する必要の生ずることもありうるが，公開が許されるためには，裁判のために公開される場合であっても，その公開が公正な裁判の実現のために必須のものであり，他に代わるべき立証手段がないときなどのように，プライバシーに優越する利益が存在するのでなければならず，その場合でも必要最小限の範囲に限って公開しうるにとどまるのである。このように考えると，人の前科等の情報を保管する機関には，その秘密の保持につきとくに厳格な注意義務が課せられていると解すべきである。」

＊裁判官環昌一の反対意見　これまでの経緯に徴すると，「犯罪人名簿に関する照会に対しその保管者である市区町村長の行う回答等の事務は，広く公務員に認められている守秘義務によって護られた官公署の内部における相互の共助的事務と

して慣行的に行われているものとみるべきものである。したがって，官公署以外の者からする照会等に対してはもとより官公署からの照会等に対してであっても，前述した前科等の存否が法律上の効果に直接影響を及ぼすような場合のほかは前記のような名誉等の保護の見地から市区町村長としてこれに応ずべきものではないといわなければならない。前記各通達が身元証明等のために前科人名簿を使用することを禁ずる旨をのべているのは右の趣旨に出たものと解せられる。」

「弁護士法23条の2の規定が弁護士会に公務所に照会して必要な事項の報告を求めることができる権限を与えている関係においては，弁護士会を一個の官公署の性格をもつものとする法意に出たものと解するのが相当である。このことは弁護士会は所属弁護士に対する独立した監督権，懲戒権を与えられ（弁護士法31条1項，56条2項），前記所属の弁護士よりの照会の申出についても独自の判断に基づいてこれを拒絶することが認められており（同法23条の2第1項），また，弁護士にはその職務上知り得た秘密を保持する権利義務のあることが明定されている（同法23条，なお刑法134条1項参照）ことにかんがみ実質的にも首肯することができるのである」。

「上告人京都市の中京区長は，照会者たる京都弁護士会を裁判所等に準ずる官公署とみたうえ，本件照会が身元証明等を求める場合に当らないばかりでなく，前記のような事情のもとで本件回答書が中央労働委員会及び裁判所に提出されることによってその内容がみだりに公開されるおそれのないものであるとの判断に立って前記官公署間における共助的事務の処理と同様に取り扱い回答をしたものと思われるのであるが，このような取り扱いをしたことは，他に特段の事情の存することが認められない限り，弁護士法23条の2の規定に関する一個の解釈として十分成り立ちうる見解に立脚したものとして被上告人の名誉等の保護に対する配慮に特に欠けるところがあったものというべきではないから，同区長に対し少なくとも過失の責めを問うことは酷に過ぎ相当でない。」「そうすると，以上のべたところと結論を異にし上告人の中京区長の過失をたやすく肯定した原判決はその余の点についての判断をまつまでもなく破棄を免れず，論旨は理由がある。よって，本件は更に審理を尽くさせるためこれを原審に差し戻すのが相当である。」

【判例6-5】

帆足計事件(損害賠償並びに慰藉料請求事件)
最大判昭33・9・10民集12巻13号1969頁 〔上告棄却〕

〔事実の概要〕

原告(帆足計)は，1952(昭和27)年4月3日から同月10日までモスクワで開催される予定の国際経済会議へ出席するよう招請され，また原告宮腰も経理専門家として同会議への出席を勧められた。そこで，原告両名は同年2月25日，東京都知事を経て外務大臣に対し，同年3月から5月までの一般旅券の発給を申請したが，外務大臣は旅券法第19条1項4号の趣旨に鑑み，また同法第13条1項5号の趣旨をもその理由として，これを拒否した。そのため両名は本件会議に出席できなかった。そこで原告は「外務大臣の故意又は過失により旅券の発給を拒否され従って憲法の保障する海外渡航の自由乃至権利を侵害された」として，本件会議への参加によって得べかりし利益の喪失に対する損害の賠償と慰藉料を請求する訴えを提起した。第一審の東京地裁は原告の請求を棄却し，東京高裁も控訴を棄却したので，原告帆足はさらに上告した。ちなみにこの事件は，問題の会議開催が，1951年9月8日調印のサンフランシスコ講和条約(「日本国との平和条約」)が発効(1952・4・28)する直前の時期に，モスクワで開催されるものであったという事情が，外務大臣の旅券発給拒否処分に結びついたものといえるであろう。

> **旅券法第13条**〔当時の規定〕 ①外務大臣又は領事官は，一般旅券の発給……を受けようとする者が左の各号の一に該当する場合には，一般旅券の発給……をしないことができる。
> 5 ……外務大臣において，著しく且つ直接に日本国の利益又は公安を害する行為を行う虞があると認めるに足りる相当の理由がある者〔現行法では7号〕

〔判決理由〕

「憲法22条2項の『外国に移住する自由』には外国へ一時旅行する自由を含むものと解すべきであるが，外国旅行の自由といえども無制限のままに許されるものではなく，公共の福祉のために合理的な制限に服するものと解すべきである。そして旅券発給を拒否することができる場合として，旅券法13条1項5号が，……と規定したのは，外国旅行の自由に対し，公共の福祉のために合理的な制限を定めたものとみることができ，所論のごとく右規定が漠然たる基準を示す無効のものであるということはできない。されば右旅券法の規定に関する所論違憲の主張は採用できない。……」

「旅券法13条1項5号は、公共の福祉のために外国旅行の自由を合理的に制限したものと解すべきであることは、既に述べたとおりであって、日本国の利益又は公安を害する行為を将来行う虞れある場合においても、なおかつその自由を制限する必要のある場合のありうることは明らかであるから、同条をことさら所論のごとく『明白かつ現在の危険がある』場合に限ると解すべき理由はない。

そして、原判決の認定した事実関係、とくに占領治下我国の当面する国際情勢の下においては、上告人等がモスコー国際経済会議に参加することは、著しくかつ直接に日本国の利益又は公安を害する虞があるものと判断して、旅券の発給を拒否した外務大臣の処分は、これを違法ということはできない旨判示した原判決の判断は当裁判所においてもこれを肯認することができる。なお所論中、会議参加は個人の資格で、しかも旅券の発給は単なる公証行為に過ぎず、政府がこのことによって旅行目的を支持支援するものではなく、かつ政治的責任を負うものではないから、日本国の利益公安を害することはあり得ない旨るる主張するところあるが、たとえ個人の資格において参加するものであっても、当時その参加が国際関係に影響を及ぼす虞れのあるものであったことは原判決の趣旨とするところであって、その判断も正当である。……」

＊裁判官田中耕太郎，下飯坂潤夫の補足意見　憲法22条2項が規定しているのは「外国に移住することと国籍を離脱することの自由である。それは国家と法的に絶縁するか、または相当長期にわたって国をはなれ外国に永住するというような、その個人や国家にとって重大な事柄に関係している。移住は所在をかえる点では一時的に国をはなれて旅行することと同じであるが、事柄のもっている意味は大いにちがっているのである。

のみならず如何に文理的解釈を拡張しても旅行を移住の中に含ませることは無理である。というのは移住は結局ある場所に定住することであるが、旅行は動きまわる観念だからである。この意味で旅行は同条1項の『移転』に含ませることが考えられないではない。しかしこの場合の移転も、正確には『居住を変更する』（英文ではchange his residence）ことなのである。……従ってその中にはこれと性質を異にするところの、旅行することを含むものとは解せられない。この規定は第2項が外国へ行く場合の規定であることに対応して国内における自由を定めたものと認められている。そうだとすればこれは外国旅行の場合に適用がないのは当然である。しかしこの規定は内国旅行の場合をも含んでいないものと解すべきである。

要するに憲法22条は1項にしろ2項にしろ旅行の自由を保障しているものでは

ない。しからばこれについて規定がないから保障はないかというとそうではない。憲法の人権と自由の保障リストは歴史的に認められた重要性のあるものだけを拾ったもので，網羅的ではない。従ってその以外に権利や自由が存せず，またそれらが保障されていないというわけではない。我々が日常生活において享有している権利や自由は数かぎりなく存在している。それらはとくに名称が附されていないだけである。それらは一般的な自由または幸福追求の権利の一部分をなしている。本件の問題である旅行の自由のごときもその一なのである。……」

〔以上の補足意見があるほか，裁判官10人全員一致の意見〕

第2章　法の下の平等

第7講　性別による差別

1．憲法第14条の意味

　憲法第14条1項は「すべて国民は，法の下に平等であつて，人種，信条，性別，社会的身分又は門地により，政治的，経済的又は社会的関係において，差別されない。」と定めている。この規定は，その置かれている位置からしても，前講で触れた第13条の《生命・自由および幸福追求の権利》の規定と並んで，日本国憲法の人権体系の中で中心的な位置を占めている。元来，平等原則は，国家による不平等な取扱いを排除することをめざしたものであるが，現代国家にあっては，単にそれにとどまらず，現実に社会に存在する不平等を除去することも要請されている。

　ところで，本条前段の「法の下の平等」が具体的に何を意味するのかについては，従来から争いがあり，（A）法平等説ないし立法者拘束説と，（B）法適用平等説ないし立法者非拘束説とに大別される。この場合，A説はさらに後段の「人種，信条，性別，社会的身分又は門地により……差別されない」という表現をどう見るかによって，これを前段の「法の下の平等」を言い直して具体的に指示したものとする説(同一内容説)，原則的に差別が禁止されるべき事項の例示であるとする説，単なる例示にすぎないとする説(例示説)等に分かれ，B説は後段に列挙した事項に関しては立法者も拘束され(制限列挙説)，これらの事項による差別は絶対的に禁止される(制限的絶対平等説)と説くことになる。A説とB説との折衷説ともいうべきものもあり，本条の解釈は多岐に分かれている。[1]判例は，ややニュアンスのある言い方をするもの

---

1) 憲法第14条の平等原則の意味や同条の解釈および判例について，まとまったものとして，たとえば阿部照哉・野中俊彦『平等の権利』(法律文化社，1984年)参照。

もあるが，おおむねA説である。A説の特徴は，平等の意味を相対的なものとしてとらえ，本条の規定の趣旨は《不合理な差別》を禁止するところにあって，いわゆる《合理的差別》は許される，と説く点にある。しかし，何が合理的であるかということになると，その判断基準は必ずしも明白でないのみならず，かつては合理的と考えられていたものが，その後の社会の変化によって，もはや合理的ではなくなる場合もあり，具体的な判断は困難な場合もある（たとえば婚姻適齢の規定〔民法第731条〕や女子の6カ月の再婚禁止期間を定める規定〔同法第733条および第772条2項〕などについて考えよ）。

2．性別による差別

(1) さて，男女の平等・同権が法制度上確立したのは，そう古いことではない。たとえば民法の旧規定（第14条ないし第18条）では，妻は法律上「無能力者」とされていたし，刑法では姦通罪について「有夫ノ婦」のみについて処罰を科していた（現在では削除されている刑法第183条）[2]。日本国憲法は第24条で家制度を廃止し，家族生活における両性の平等を保障し（民法第2条も参照），また第44条では選挙権について性別による差別を禁じている[3]。

(2) 最高裁は，刑法第177条の**強姦罪規定の合憲性**を争った事件に対する判決（⇨【判例7-1】）で，同条の規定が男女両性の「事実的差異」に基づいて不均等な取扱いをしているのは，「一般社会観念上合理的な根拠」を有するとして違憲の主張を斥けた。

(3) 判例上特に多くの事例があるのは，女子のみについて「結婚退職制」を設けたり，男女別定年制を設けている企業の就業規則が問題とされたものである。女子職員の採用にあたり「結婚又は満35歳に達したときは退職する」旨を労働協約の内容とし，その旨の念書を採用時に提出させていた有名な住友セメント会社事件で，東京地裁はすでに昭和41年12月20日の判決（判

---

2) 刑法第183条「有夫ノ婦姦通シタルトキハ二年以下ノ懲役ニ処ス其相姦シタル者亦同シ ②前項ノ罪ハ本夫ノ告訴ヲ待テ之ヲ論ス但本夫姦通ヲ縦容シタルトキハ告訴ノ効ナシ」
3) また，労働基準法第4条は，「使用者は，労働者が女性であることを理由として，賃金について，男性と差別的取扱いをしてはならない」としている。

時467号26頁)で,「女子労働者のみにつき結婚を退職事由とすることは,性別を理由とする差別をなし,かつ,結婚の自由を制限するものであって,しかもその合理的根拠を見出し得ない」として,上のような就業規則には合理的理由がなく,結婚退職制は民法第90条の「公の秩序」に反して無効であるとし,その後これと同様の趣旨の判決が下級審で相次いだ。また,年齢差が10歳を超える男女別定年制についても,数多くの判例によって民法第90条に違反して無効とされてきたが,最高裁は日産自動車事件に対する判決(⇨【判例7-2】)において,5歳の定年年齢差についても,最高裁としては初めて,これを無効とするに至った(⇨なお,これらの判例については,上述第5講も参照)。

(4) 1957年の労働基準法はその第4条で労働者の賃金について男性と差別的取扱いをすることを禁止する一方,女性労働者を保護する規定を設けていたが,1986年4月1日施行のいわゆる男女雇用機会均等法(昭和60年法律45号)はこれに大幅な修正を加えた。これは女性の社会的地位の向上と労働市場への進出のもたらした結果ともいえるが,これに直接の刺激を与えたのは,1979年の国連総会で圧倒的多数で採択されたいわゆる「女子差別撤廃条約」(わが国は1985年批准)であったといえよう。性差別にあたるのではないかとして従来から論議のあった国籍法の父系優先血統主義等の規定(とりわけ第2条)が改正された(1985年1月1日施行)のも,これと軌を一にするものである。

【判例7-1】
強姦罪規定合憲判決(暴行,強姦致傷被告事件)
最大判昭28・6・24刑集7巻6号1366頁　　　　　　　　　〔上告棄却〕

〔事実の概要〕
被告人は,被害者Y女を,学校の帰途突然後ろから捕えて路傍の叢の中へ引き倒し,さらに手をつかまえて引きずるようにして山の上へ連れて行き,叢の中にあお

---

4) たとえば,名古屋放送事件(名古屋高判昭49・9・30労民集25巻6号461頁)は男子55歳・女子30歳という女子若年定年制につき,また,伊豆シャボテン公園事件(東京高判昭50・2・26労民集26巻1号57頁)は男子57歳・女子47歳という女子若年定年制につき,いずれも民法90条により無効と判断された。これと類似の判決は多い。

向けに押し倒し，無理矢理に姦淫したという理由で，刑法第177条の罪に問われた。第一審(岡山地裁)，第二審(広島高裁岡山支部)ともに，被告人に有罪の判決を下したが，被告人の弁護人は同条の定める強姦罪において「保護されるものは婦女の貞操であり，結局婦女がその対象となる」から，同条は性別による差別を禁止する憲法第14条1項に違反し無効の規定である，として上告した。

> （強制わいせつ）
> **刑法第176条** 13歳以上の男女に対し，暴行又は脅迫を用いてわいせつな行為をした者は，6月以上10年以下の懲役に処する。13歳未満の男女に対し，わいせつな行為をした者も，同様とする。
> （強姦）
> **同法第177条** 暴行又は脅迫を用いて13歳以上の女子を姦淫した者は，強姦の罪とし，3年以上の有期懲役に処する。13歳未満の女子を姦淫した者も，同様とする。

〔判決理由〕

「憲法14条1項の規定が，国民を政治的，経済的又は社会的関係において原則として平等に取り扱うべきことを規定したのは，基本的権利義務に関し国民の地位を主体の立場から観念したもので，国民がその関係する各個の法律関係においてそれぞれの対象の差に従い異る取扱を受けることまで禁ずる趣旨を包含するものでないこと，並びに，国民の各人には経済的，社会的その他種々な事実的差異が現存するのであるから，一般法規の制定又はその適用においてその事実的差異から生ずる不均等があることは免れ難いところであり，従って，その不均等が一般社会観念上合理的な根拠のある場合には平等の原則に違反するものといえないことは，夙に当法廷の判例とするところである。……

そして，刑法が前記規定を設けたのは，男女両性の体質，構造，機能などの生理的，肉体的等の事実的差異に基き且つ実際上強姦が男性により行われることを普通とする事態に鑑み，社会的，道徳的見地から被害者たる『婦女』を特に保護せんがためであって，これがため『婦女』に対し法律上の特権を与え又は犯罪主体を男性に限定し男性たるの故を以て刑法上男性を不利益に待遇せんとしたものでないことはいうまでもないところであり，しかも，かかる事実的差異に基く婦女のみの不均等な保護が一般社会的，道徳的観念上合理的なものであることも多言を要しないところである。されば，刑法177条の規定は，憲法14条に反するものとはいえない。」

〔刑訴法第405条1号にいう上告の申立にあたらないとの理由で棄却すべしとする裁判官栗山茂の少数意見を除き，裁判官15人全員の一致した意見〕

【判例7-2】
日産自動車事件（雇用関係存続確認等請求事件）
最三判昭56・3・24民集35巻2号300頁　　　　　　　　　〔上告棄却〕

〔事実の概要〕

原告Nは旧富士産業株式会社の従業員であったが、同社は昭和23年頃より経営困難となり、同24年11月原告を含む198名が人員整理を理由に解雇された。同28年原告を含む9名が雇傭関係存続確認等を求めて本件訴訟を提起した。その後同社は昭和41年8月、営業譲渡等により被告日産自動車株式会社（上告人）

（解釈の規準）
民法第2条　この法律は、個人の尊厳と両性の本質的平等を旨として、解釈しなければならない。
（公序良俗）
同法第90条　公の秩序又は善良の風俗に反する事項を目的とする法律行為は、無効とする。

に承継された。被告会社の就業規則には、男子55歳・女子50歳の男女別定年制が定められており、同44年1月15日に50歳に達した原告は、右規定により同月末日をもって定年退職を命ぜられた。なお、被告会社は同48年定年年齢を男子60歳・女子55歳に改めた。第一審（東京地判昭48・3・23判時698号36頁）は、原告に対する解雇は無効であり、就業規則のうち女子の定年に関する部分は、合理的理由もなく不利益に女子を差別するもので、民法第90条に違反し無効であると判示し、第二審（東京高判昭54・3・12判時918号24頁）も同趣旨の結論を示し、原告は同54年1月末日限り定年（60歳）を理由として解雇されるまでその地位を有するとし、未払賃金等の請求の一部を認容したので、被告会社が上告したものである（判時998号3頁による）。

〔判決理由〕

「上告会社の就業規則は男子の定年年齢を60歳、女子の定年年齢を55歳と規定しているところ、右の男女別定年制に合理性があるか否かにつき、原審は、上告会社における女子従業員の担当職種、男女従業員の勤続年数、高齢女子労働者の労働能力、定年制の一般的現状等諸般の事情を検討したうえ、上告会社においては、女子従業員の担当職務は相当広範囲にわたっていて、従業員の努力と上告会社の活用策いかんによっては貢献度を上げうる職種が数多く含まれており、女子従業員各個人の能力等の評価を離れて、その全体を上告会社に対する貢献度の上がらない従業員と断定する根拠はないこと、しかも、女子従業員について労働の質量が向上しないのに実質賃金が上昇するという不均衡が生じていると認めるべき根拠はないこ

と，少なくとも60歳前後までは，男女とも通常の職務であれば企業経営上要求される職務遂行能力に欠けるところはなく，各個人の労働能力の差異に応じた取扱がされるのは格別，一律に従業員として不適格とみて企業外へ排除するまでの理由はないことなど，上告会社の企業経営上の観点から定年年齢において女子を差別しなければならない合理的理由は認められない旨認定判断したものであり，右認定判断は，原判決挙示の証拠関係及びその説示に照らし，正当として是認することができる。そうすると，原審の確定した事実関係のもとにおいて，上告会社の就業規則中女子の定年年齢を男子より低く定めた部分は，専ら女子であることのみを理由として差別したことに帰着するものであり，性別のみによる不合理な差別を定めたものとして民法90条の規定により無効であると解するのが相当である(憲法14条1項，民法1条ノ2参照)。」

〔第三小法廷　裁判長裁判官寺田治郎ほか裁判官4名の全員一致の意見〕

第8講　社会的身分による差別

1．社会的身分とは何か？

　憲法第14条第1項後段の「社会的身分」(選挙権に関する憲法第44条但し書きにも出てくる)とは何かについては，学説が分かれている。すなわち，①人の生まれによって決定される社会的地位(生来の地位・身分)を指すとみるもの(ただ，これだと「門地」とほぼ重複する)，②広く人が社会において一時的ではなく占めている地位とするもの(これによれば，職業，居住地域等も含まれることになろう)，および③後天的に人の占める社会的地位で一定の社会的評価の伴うもの，といった学説がある。①や②からすると，「親子」という関係も社会的身分に含まれることになろうが，最高裁は親子の関係は社会的身分には該当しないとしている(後記の最大判昭25・10・11刑集4巻10号2037頁など)。なお，「社会的身分」という文言は，第14条1項以外にも，たとえば地方公務員法第13条などにも見られる。最高裁は，これに関連する判例において，社会的身分を「人が社会において占める継続的な地位」と定義した上で，「高令[ママ]であることは社会的身分に当らない」とした原審の判断を妥当とした(最大判昭39・5・27民集18巻4号676頁)。

2．尊属殺人重罰規定違憲判決

(1) 刑法第200条（尊属殺人罪）や同法第205条2項（尊属傷害致死罪）は，平成7年の刑法改正によって削除されたため，現在ではなくなったが，同条の合憲性については，平等原則をうたっている現行憲法の下で，長らく争われてきた。

すなわち，上記の昭和25年10月11日判決の中で，最高裁は，第205条2項の規定に関連して，「憲法14条1項の解釈よりすれば，親子の関係は，同条項において差別待遇の理由としてかかぐる，社会的身分その他いずれの事由にも該当しない」と述べていた。しかし，同条が合憲であるとしたのはこれとは別の理由によるものであった。最高裁によれば，同条は，「夫婦，親子，兄弟等の関係」を支配する「人類普遍の道徳原理」である「子の親に対する道徳的義務」を法律上とくに重要視したものであり，「新憲法施行後の今日においても，厳としてその効力を存続するもの」だとし正当化していた。また，この判決のちょうど2週間後の別の判決では，第200条についても，これを合憲とする判決が出されていた（最大判昭25・10・25刑集4巻10号2126頁）。

ところが最高裁はその後，嫁が夫の死亡後，亡夫の直系尊属たる父母その他を毒殺しようとして未遂に終わった事例について，刑法第200条にいう配偶者の直系尊属とは，「現に生存する配偶者の直系尊属を指す」と解し，「亡夫の直系尊属に対する関係を刑法200条の適用ある場合に拡張する理由はきわめて乏しい」として，刑法第199条を適用して処断するなど，ある程度柔軟な態度を示した（最大判昭32・2・20刑集11巻2号824頁も参照）が，基本的には昭和25年の上記2つの合憲判決が維持された。

(2) しかし，最高裁は，ついに昭和48年4月4日の判決（⇨【判例8-1】）にお

---

1) 刑法第199条　人を殺した者は，死刑又は無期若しくは5年以上の懲役に処する。〔現行規定〕

　　刑法第200条〔削除〕　自己又ハ配偶者ノ直系尊属ヲ殺シタル者ハ死刑又ハ無期懲役ニ処ス

　　刑法第205条　身体を傷害し，よって人を死亡させた者は，3年以上の有期懲役に処する。〔現行規定〕

　　②〔削除〕自己又ハ配偶者ノ直系尊属ニ対シテ犯シタル時ハ無期又ハ3年以上ノ懲役ニ処ス

いて，刑法第200条を憲法第14条1項に違反すると判断した。すなわち，「尊属に対する尊重報恩」を保護法益とするという立法目的自体は合理的だが，それを達成する手段としての刑法第200条は，普通殺人に関する同法第199条と比較して，その刑の「加重の程度が極端」で，「著しく不合理」だとしたのである。それゆえ，同条の規定は，その刑の加重の程度如何によっては合憲となりえた（いわゆる手段違憲説）わけであり，その論理を確認したのが，昭和49年の刑法第205条2項合憲判決（最一判昭49・9・26刑集28巻6号329頁）である。しかし昭和48年の上記違憲判決には多数意見（8人）に対して6人の裁判官の意見と1人の反対意見が付されており，刑罰加重の程度の如何ではなく，普通殺人と区別して尊属殺人重罰の規定を設けること自体が違憲であるとした6人の意見（いわゆる目的違憲説）の方が，学界の広い支持を得ることとなった。

(3) この違憲判決を受けた国会は，長らく第200条などの対尊属犯罪重罰規定の改正を怠っていたが，平成7年5月12日の刑法改正法によって，これら一連の規定がすべて削除されるに至った。

3．非嫡出子相続分規定の合憲性

嫡出でない子（いわゆる非嫡出子または婚外子）の法定相続分を嫡出子の2分の1とする旨を定めていた民法第900条4号ただし書前段の規定の合憲性についても，これが法の下の平等に反するのではないかが，多くの事例で争われてきた。この問題についての最初の最高裁判例（最大決平7・7・5民集49巻7号1789頁）は，この規定の「立法理由は，法律上の配偶者との間に出生した嫡出子の立場を尊重するとともに，他方，被相続人の子である非嫡出子の立場にも配慮して，非嫡出子に嫡出子の2分の1の法定相続分を認めることにより，非嫡出子を保護しようとしたものであり，法律婚の尊重と非嫡出子の保護の調整を図ったものと解され」，この規定の立法理由にも「合理的な根拠があるというべきであり」，「著しく不合理であり，立法府に与えられた合理

---

2) 上記規定以外にも，刑法第218条（保護責任者遺棄罪）及び第220条（逮捕・監禁罪）についても，それぞれ対尊属犯罪を重罰にする旨を定める第2項があったが，これらも平成7年改正ですべて削除されている。

な裁量判断の限界を超えたものということはできない」として合憲の決定をしていた（ただし5人の裁判官は反対意見）。その後も，この決定を踏襲した各小法廷判例が続き（これらについては，【判例8-2】の判旨中にも列挙されている），上記の平成7年大法廷決定の結論が踏襲されてはいたが，いずれの判例にも裁判官の補足意見や反対意見が付されていた。その後も，大阪高決平23・8・24判時2140号19頁は同規定を憲法違反とし（確定），名古屋高判平23・12・21判時2150号41頁は，一度も婚姻したことがない状態で被相続人の非嫡出子として出生した子について，その後に被相続人の嫡出子として出生した子の関係で，上記規定を準用している遺留分の規定（民法第1044条）を適用することは，その限度で違憲であるとした（確定）。こうした経緯ののち，最高裁は平成25年の大法廷の決定【判例8-2】で，上記の民法900条4号ただし書前段の規定を「遅くとも平成13年7月当時において，憲法14条1項に違反していたものというべきである」とした（岡部裁判官の補足意見はわが国における法律婚を尊重する意識について詳細に触れている）。これを受けて，国会は民法第900条4号ただし書前段（「嫡出でない子の相続分は，嫡出である子の相続分の2分の1とし，」の部分）を削除する改正を行なった（平成25年法94号）ので，この問題は立法的解決がなされた。[3]

【判例8-1】

刑法第200条違憲判決（尊属殺人被告事件）
最大判昭48・4・4刑集27巻3号265頁　　　　　　　　　　〔破棄自判〕

〔事実の概要〕

被告人C（昭和14年1月31日生）は，当時14歳になったばかりの昭和28年3月頃，自宅でひとりで就寝中に実父Tによって無理に姦淫され，以来Tはこれをくり返した。約1年後，Cは母RにTの仕打ちを打明け，それがきっかけとなって，RとTとの間に紛争が絶えずTはCとその妹Yを連れてRの許を去った。Cも何度もTの許を逃れようとしたが，そのつどTは執拗に発見して連れ戻した。そしてCは

---

3) なお，この非嫡出子相続分問題については，初宿「平等原則の《適用》問題としての非嫡出子相続分差別」阿部照哉先生喜寿記念論文集『現代社会における国家と法』（佐藤幸治・平松毅・初宿正典・服部高宏＝共編）成文堂，2007（平成19）年，95〜122頁参照。

昭和31年11月24日, Tの子を出産した。ここに至ってCはTの許から逃れるのを断念し, Tの意に服従して子の世話に明け暮れた。以後, Cは昭和34年3月, 35年11月, 37年7月, 39年2月に, 次々とTの子(5人とも女子)を出産した(うち末2人はすぐに死亡した)。昭和39年, Cは生計の一助にとTの紹介で市内の某印刷所に文選工として通勤するようになったが, たまたま同印刷所に昭和42年4月に入所してきたGと知り合い, 翌年には相思の仲となり, 真剣に結婚を考えるようになった。同年9月25日, CがついにTにそのことを打ち明けると, Tは怒り狂い, 以後十日余日, Cは脅迫虐待を加えられ, 煩悶のあげく, ついに昭和43年10月5日夜, 酒に酔ったうえ怒号してCに襲いかかってきたTを寝床の上に押したおし, この窮境から脱出してTから自由になるには, もはやTを殺害するよりほかにすべはないと考え, Tの股引きの紐で絞殺したものである。

第一審(宇都宮地判昭44・5・29判タ237号262頁)が, 刑法第200条が, 親族共同生活において夫婦関係より親子関係を優先させ, しかも親子関係においても直系尊属を殺害した卑属に対してのみその法定刑を加重したことは,「親権優位の旧家族制度的思想に胚胎する差別規定」であり, 憲法第14条に違反するとして刑法第199条を適用した上, 過剰防衛の成立を認め(刑法第36条2項)心神耗弱状態にあったことと情状とを考慮して, 刑を免除した。

これに対し控訴審(東京高判昭45・5・12判時619号93頁)は, これを破棄し, 刑法第200条を合憲とし, かつ,(急迫なる侵害も防衛の意思もないとして)過剰防衛も認めず, 刑法第200条を適用し, 心神耗弱減軽と, 情状酌量を加え(刑法第39条2項, 第66条, 第68条2号3号), 法律上可能な最低限の懲役3年6月に処した。弁護人の上告に対して下された本判決は,「原判決を破棄する。被告人を懲役2年6月に処する。この裁判確定の日から3年間刑の執行を猶予する」というものであった。なお, この事件については, 谷口優子『尊属殺人罪が消えた日』(筑摩書房, 1987年)がくわしい。

〔判決理由〕

1. 憲法第14条の法意

「憲法14条1項は, 国民に対し法の下の平等を保障した規定であって, 同項後段列挙の事項は例示的なものであること, およびこの平等の要請は, 事柄の性質に即応した合理的な根拠に基づくものでないかぎり, 差別的な取扱いをすることを禁止する趣旨と解すべきことは, 当裁判所大法廷判決……の示すとおりである。そして, 刑法200条は, 自己または配偶者の直系尊属を殺した者は死刑または無期懲役に処する旨を規定しており, 被害者と加害者との間における特別な身分関係の存在に基づき, 同法199条の定める普通殺人の所為と同じ類型の行為に対してその刑を加重

した，いわゆる加重的身分犯の規定であって……このように刑法199条のほかに同法200条をおくことは，憲法14条の意味における差別的取扱いにあたるというべきである。そこで，刑法200条が憲法の右条項に違反するかどうかが問題となるのであるが，それは右のような差別的取扱いが合理的な根拠に基づくものであるかどうかによって決せられるわけである。」

2．尊属殺重罰規定の沿革等

「当裁判所は，昭和25年10月以来，刑法200条が憲法13条，14条1項，24条2項等に違反するという主張に対し，その然らざる旨の判断を示している。もっとも，最初に刑法200条が憲法14条に違反しないと判示した大法廷判決……も，法定刑が厳に過ぎる憾みがないではない旨を括弧書において判示していたほか，情状特に憫諒すべきものがあったと推測される事案において，合憲性に触れることなく別の理由で同条の適用を排除した事例も存しないわけではない……。また，現行刑法は，明治40年，大日本帝国憲法のもとで，第23回帝国議会の協賛により制定されたものであって，昭和22年，日本国憲法のもとにおける第1回国会において，憲法の理念に適合するようにその一部が改正された際にも，刑法200条はその改正から除外され，以来今日まで同条に関し格別の立法上の措置は講ぜられていないのであるが，そもそも同条設置の思想的背景には，中国古法制に淵源しわが国の律令制度や徳川幕府の法制にも見られる尊属殺重罰の思想が存在すると解されるほか，特に同条が配偶者の尊属に対する罪をも包含している点は，日本国憲法により廃止された『家』の制度と深い関連を有していたものと認められるのである。さらに，諸外国の立法例を見るに，右の中国古法制のほかローマ古法制などにも親殺し厳罰の思想があったもののごとくであるが，近代にいたってかかる思想はしだいにその影をひそめ，尊属殺重罰の規定を当初から有しない国も少なくない。そして，かつて尊属殺重罰規定を有した諸国においても近時しだいにこれを廃止しまたは緩和しつつあり，また，単に尊属殺のみを重く罰することをせず，卑属，配偶者等の殺害とあわせて近親殺なる加重要件をもつ犯罪類型として規定する方策の講ぜられている例も少なからず見受けられる現状である。最近発表されたわが国における「改正刑法草案」にも，尊属殺重罰の規定はおかれていない。

このような点にかんがみ，当裁判所は，所論刑法200条の憲法適合性につきあらためて検討することとし，まず同条の立法目的につき，これが憲法14条1項の許容する合理性を有するか否かを判断すると，次のように考えられる。」

3．刑法第200条の立法目的

「刑法200条の立法目的は，尊属を卑属またはその配偶者が殺害することをもっ

て一般に高度の社会的道義的非難に値するものとし，かかる所為を通常の殺人の場合より厳重に処罰し，もって特に強くこれを禁圧しようとするにあるものと解される。ところで，およそ，親族は，婚姻と血縁とを主たる基盤とし，互いに自然的な敬愛と親密の情によって結ばれていると同時に，その間おのずから長幼の別や責任の分担に伴う一定の秩序が存し，通常，卑属は父母，祖父母等の直系尊属により養育されて成人するのみならず，尊属は，社会的にも卑属の所為につき法律上，道義上の責任を負うのであって，尊属に対する尊重報恩は，社会生活上の基本的道義というべく，このような自然的情愛ないし普遍的倫理の維持は，刑法上の保護に値するものといわなければならない。しかるに，自己または配偶者の直系尊属を殺害するがごとき行為はかかる結合の破壊であって，それ自体人倫の大本に反し，かかる行為をあえてした者の背倫理性は特に重い非難に値するということができる。

このような点を考えれば，尊属の殺害は通常の殺人に比して一般に高度の社会的道義的非難を受けて然るべきであるとして，このことをその処罰に反映させても，あながち不合理であるとはいえない。そこで，被害者が尊属であることを犯情のひとつとして具体的事件の量刑上重視することは許されるものであるのみならず，さらに進んでこのことを類型化し，法律上，刑の加重要件とする規定を設けても，かかる差別的取扱をもってただちに合理的な根拠を欠くものと断ずることはできず，したがってまた，憲法14条1項に違反するということもできないものと解する。」

4．刑法第200条の違憲性

「さて，右のとおり，普通殺のほかに尊属殺という特別の罪を設け，その刑を加重すること自体はただちに違憲であるとはいえないのであるが，しかしながら，刑罰加重の程度いかんによっては，かかる差別の合理性を否定すべき場合がないとはいえない。すなわち，加重の程度が極端であって，前示のごとき立法目的達成の手段として甚だしく均衡を失し，これを正当化しうべき根拠を見出しえないときは，その差別は著しく不合理なものといわなければならず，かかる規定は憲法14条1項に違反して無効であるとしなければならない。

この観点から刑法200条をみるに，同条の法定刑は死刑および無期懲役刑のみであり，普通殺人罪に関する同法199条の法定刑が，死刑，無期懲役刑のほか3年以上の有期懲役刑となっているのと比較して，刑種選択の範囲が極めて重い刑に限られていることは明らかである。もっとも，現行刑法にはいくつの減軽規定が存し，これによって法定刑を修正しうるのであるが，現行法上許される2回の減軽を加えても，尊属殺につき有罪とされた卑属に対して刑を言い渡すべきときには，処断刑

の下限は懲役3年6月を下ることがなく，その結果として，いかに酌量すべき情状があろうとも法律上刑の執行を猶予することはできないのであり，普通殺の場合とは著しい対照をなすものといわなければならない。

　もとより，卑属が，責むべきところのない尊属を故なく殺害するがごときは厳重に処罰すべく，いささかも仮借すべきではないが，かかる場合でも普通殺人罪の規定の適用によってその目的を達することは不可能ではない。その反面，尊属でありながら卑属に対して非道の行為に出で，ついには卑属をして尊属を殺害する事態に立ち至らしめる事例も見られ，かかる場合，卑属の行為は必ずしも現行法の定める尊属殺の重刑をもって臨むほどの峻厳な非難には値しないものということができる。

　量刑の実情をみても，尊属殺の罪により法定刑を科せられる事例はほとんどなく，その大部分が減軽を加えられており，なかでも現行法上許される2回の減軽を加えられる例が少なくないのみか，その処断刑の下限である懲役3年6月の刑の宣告される場合も決して稀ではない。このことは，卑属の背倫理性が必ずしも常に大であるとはいえないことを示すとともに，尊属殺の法定刑が極端に重きに失していることをも窺わせるものである。

　このようにみてくると，尊属殺の法定刑は，それが死刑または無期懲役刑に限られている点（現行刑法上，これは外患誘致罪を除いて最も重いものである。）においてあまりにも厳しいものというべく，上記のごとき立法目的，すなわち，尊属に対する敬愛や報恩という自然的情愛ないし普遍的倫理の維持尊重の観点のみをもってしては，これにつき十分納得すべき説明がつきかねるところであり，合理的根拠に基づく差別的取扱いとして正当化することはとうていできない。

　以上のしだいで，刑法200条は，尊属殺の法定刑を死刑または無期懲役刑のみに限っている点において，その立法目的達成のため必要な限度を遥かに超え，普通殺に関する刑法199条の法定刑に比し著しく不合理な差別的取扱いをするものと認められ，憲法14条1項に違反して無効であるとしなければならず，したがって，尊属殺にも刑法199条を適用するのほかはない。この見解に反する当審従来の判例はこれを変更する。」

「原判決の確定した事実に法律を適用すると，被告人の所為は刑法199条に該当するので，所定刑中有期懲役刑を選択し，右は心神耗弱の状態における行為であるから同法39条2項，68条3号により法律上の減軽をし，その刑期範囲内で被告人を懲役2年6月に処し，なお，被告人は少女のころに実父から破倫の行為を受け，以後本件にいたるまで10余年間これと夫婦同様の生活を強いられ，その間数人の

子までできるという悲惨な境遇にあったにもかかわらず，本件以外になんらの非行も見られないこと，本件発生の直前，たまたま正常な結婚の機会にめぐりあったのに，実父がこれを嫌い，あくまでも被告人を自己の支配下に置き醜行を継続しようとしたのが本件の縁由であること，このため実父から旬日余にわたって脅迫虐待を受け，懊悩煩悶の極にあったところ，いわれのない実父の暴言に触発され，忌まわしい境遇から逃れようとしてついに本件にいたったこと，犯行後ただちに自首したほか再犯のおそれが考えられないことなど，諸般の情状にかんがみ，同法25条1項1号によりこの裁判確定の日から3年間右刑の執行を猶予……する。」

＊裁判官岡原昌男の補足意見──（略）
＊裁判官田中二郎の意見　「普通殺人と区別して尊属殺人に関する規定を設け，尊属殺人なるがゆえに差別的取扱いを認めること自体」が，憲法14条1項に違反するものと考える。それゆえ，刑法第200条の他，刑法第205条2項，第218条2項，第220条2項の各規定も違憲無効である。

　1　差別的取扱いが合理的な理由に基づくものとして許容されることがあるとしても，何が合理的な差別的取扱いであり，「合理的な差別」と「合理的でない差別」との区別基準は何かといえば，それは「個人の尊厳と人格価値の平等を尊重すべきものとする憲法の根本精神」であり，「これと矛盾牴触しない限度での差別的扱いのみが許容される」と考える。

　2　(1)　刑法200条は「一種の身分制道徳の見地に立つもの」であり，「旧家族制度的倫理観に立脚するもの」であって，先の基準と抵触する疑いが極めて濃厚である。親子の当然守るべき基本的道徳は「個人の自覚に基づき自発的に遵守されるべき道徳であって，決して，法律をもって強制されたり，特に厳しい刑罰を科することによって遵守させようとしたりすべきものではない。」

　(2)　かりに，尊属殺人に関し，普通殺人と区別して特別の規定を設けること自体は憲法14条1項に抵触しないという考え方(多数意見)に立つべきものとすれば，「尊属殺人に対していかなる刑罰をもって臨むべきかは，むしろ立法政策の当否の問題だと考える方が筋が通っている。

　3　「極刑をもって臨まざるを得ないような」「天人ともに許さない悪逆非道な」尊属殺人といえども，その処罰には刑法199条で事足りる。
　〔裁判官小川信雄，坂本吉勝はこの意見に同調〕
＊裁判官下村三郎，色川幸太郎の各意見──（略）
＊裁判官大隅健一郎の意見　　刑法第200条は「一種の身分制道徳の見地に立つも

の」で、憲法第14条1項の精神にもとり、昭和22年の「刑法の一部改正に際し、当然削除さるべき規定であった」。「尊属殺たる特別の罪を認め、その刑を加重する刑法200条の規定を設けること自体が憲法14条1項に違反する不合理な差別的取扱いにあたる」が「尊属に対する卑属の殺害行為についてのみその刑を加重する」ような一方的なものでなく、「夫婦相互間ならびに親子等の直系親族相互間の殺害行為(配偶者殺し、親殺し、子殺し等)につき近親殺というべき特別の罪を設け、その刑を加重すること」は、その加重の程度が「合理的な範囲を超えないかぎり」、それは法律政策の問題であって必ずしも違憲ではない。

＊裁判官下田武三の反対意見（要旨）　「そもそも尊属・卑属のごとき親族的な身分関係」は、憲法にいう社会的身分に該当せず、「これに基づいて刑法上の差別を設けることの当否は、もともと同条項の関知するところではない」。「そもそも親子の関係は、人智を超えた至高精妙な大自然の恵みにより発生し、人類の存続と文明伝承の基盤をなすものであり、最も尊ぶべき人間関係のひとつであって、その間における自然の情愛とたくまざる秩序とは、人類の歴史とともに古く、古今東西の別の存しないところ」であって、かかる自然発生的な人間関係が尊属・卑属の関係であり、これを「不合理な人為的社会的身分の差別と同一に論ずることは、とうていできない」。結局、目的違憲説〔6裁判官の意見〕にも手段違憲説〔8裁判官の多数意見〕にも同調できない。刑法第200条は、「その立法目的においても、その目的達成の手段においても」、「十分の合理的根拠を有するものであって、なんら憲法違反のかどはない」。

〔以上、6人の意見と1人の反対意見を除き、裁判官15人全員一致の意見〕

【判例8-2】
非嫡出子相続分規定違憲決定(遺産分割審判に対する抗告棄却決定に対する特別抗告事件)
最大決平25・9・4民集67巻6号1320頁　　　　　　　　　〔破棄差戻〕

〔事実の概要〕

平成13年7月▲▲日に死亡したAの遺産につき、Aの嫡出である子(その代襲相続人を含む)であるXらが、Aの非嫡出子であるYら(抗告人)に対し、遺産の分割の審判を申し立てた。原々審(東京家裁)は、最高裁の平成7年7月5日の決定(民集49巻7号1789頁)を引用して、民法900条4号ただし書の規定のうち嫡出でない子の相続分を嫡出子の相続分の2分の1とする部分(本件規定)は憲法14条1項に違反

するものとはいえないと判断し、本件規定を適用して算出されたＹらおよびＸらの法定相続分を前提にＡの遺産の分割をすべきものとした。また原審（東京高裁）もＹらの抗告を棄却したので、Ｙらから、本件規定が憲法14条1項に違反し無効であると主張して最高裁に特別抗告（民訴法第336条）がなされた。

> 民法第900条4号〔平成25年改正前〕 同順位の相続人が数人あるときは、その相続分は、左の規定に従う。〔1〜3号省略〕
> 4 子、直系尊属又は兄弟姉妹が数人あるときは、各自の相続分は、相等しいものとする。ただし、嫡出でない子の相続分は、嫡出である子の相続分の2分の1とし、父母の一方のみを同じくする兄弟姉妹の相続分は、父母の双方を同じくする兄弟姉妹の相続分の2分の1とする。

〔決定理由〕
1．憲法14条1項適合性の判断基準について

「憲法14条1項……の規定が、事柄の性質に応じた合理的な根拠に基づくものでない限り、法的な差別的取扱いを禁止する趣旨のものであると解すべきことは、当裁判所の判例とするところである（最大判昭39・5・27民集18巻4号676頁、最大判昭48・4・4刑集27巻3号265頁等）。」「相続制度は、被相続人の財産を誰に、どのように承継させるかを定めるものであるが、相続制度を定めるに当たっては、それぞれの国の伝統、社会事情、国民感情なども考慮されなければならない。さらに、現在の相続制度は、家族というものをどのように考えるかということと密接に関係しているのであって、その国における婚姻ないし親子関係に対する規律、国民の意識等を離れてこれを定めることはできない。これらを総合的に考慮した上で、相続制度をどのように定めるかは、立法府の合理的な裁量判断に委ねられているものというべきである。この事件で問われているのは、このようにして定められた相続制度全体のうち、本件規定により嫡出子と嫡出でない子との間で生ずる法定相続分に関する区別が、合理的理由のない差別的取扱いに当たるか否かということであり、立法府に与えられた上記のような裁量権を考慮しても、そのような区別をすることに合理的な根拠が認められない場合には、当該区別は、憲法14条1項に違反するものと解するのが相当である。」

2．非嫡出子法定相続分規定の憲法14条1項適合性

「(1) 憲法24条1項……を受けて、民法739条1項は、『婚姻は、戸籍法（中略）の定めるところにより届け出ることによって、その効力を生ずる。』と定め、いわゆる事実婚主義を排して法律婚主義を採用している。一方、相続制度については、昭和22年法律第222号による民法の一部改正（以下「昭和22年民法改正」という。）により、

『家』制度を支えてきた家督相続が廃止され，配偶者及び子が相続人となることを基本とする現在の相続制度が導入されたが，家族の死亡によって開始する遺産相続に関し嫡出でない子の法定相続分を嫡出子のそれの2分の1とする規定（昭和22年民法改正前の民法1004条ただし書）は，本件規定として現行民法にも引き継がれた。」

「(2) 最大決平7・7・5民集49巻7号1789頁（以下「平成7年大法廷決定」という。）は，本件規定を含む法定相続分の定めが，法定相続分のとおりに相続が行われなければならないことを定めたものではなく，遺言による相続分の指定等がない場合などにおいて補充的に機能する規定であることをも考慮事情とした上，前記(1)と同旨の判断基準の下で，嫡出でない子の法定相続分を嫡出子のそれの2分の1と定めた本件規定につき，「民法が法律婚主義を採用している以上，法定相続分は婚姻関係にある配偶者とその子を優遇してこれを定めるが，他方，非嫡出子にも一定の法定相続分を認めてその保護を図ったものである」とし，その定めが立法府に与えられた合理的な裁量判断の限界を超えたものということはできないのであって，憲法14条1項に反するものとはいえないと判断した。

しかし，法律婚主義の下においても，嫡出子と嫡出でない子の法定相続分をどのように定めるかということについては，前記(1)で説示した事柄を総合的に考慮して決せられるべきものであり，また，これらの事柄は時代と共に変遷するものでもあるから，その定めの合理性については，個人の尊厳と法の下の平等を定める憲法に照らして不断に検討され，吟味されなければならない。」

3．昭和22年民法改正以降の経緯

「(3) 前記(1)で説示した事柄のうち重要と思われる事実について，昭和22年民法改正以降の変遷等の概要をみると，次のとおりである。

ア 昭和22年民法改正の経緯をみると，その背景には，『家』制度を支えてきた家督相続は廃止されたものの，相続財産は嫡出の子孫に承継させたいとする気風や，法律婚を正当な婚姻とし，これを尊重し，保護する反面，法律婚以外の男女関係，あるいはその中で生まれた子に対する差別的な国民の意識が作用していたことがうかがわれる。また，この改正法案の国会審議においては，本件規定の憲法14条1項適合性の根拠として，嫡出でない子には相続分を認めないなど嫡出子と嫡出でない子の相続分に差異を設けていた当時の諸外国の立法例の存在が繰り返し挙げられており，現行民法に本件規定を設けるに当たり，上記諸外国の立法例が影響を与えていたことが認められる。

しかし，昭和22年民法改正以降，我が国においては，社会，経済状況の変動に伴い，婚姻や家族の実態が変化し，その在り方に対する国民の意識の変化も指摘され

ている。すなわち，地域や職業の種類によって差異のあるところであるが，要約すれば，戦後の経済の急速な発展の中で，職業生活を支える最小単位として，夫婦と一定年齢までの子どもを中心とする形態の家族が増加するとともに，高齢化の進展に伴って生存配偶者の生活の保障の必要性が高まり，子孫の生活手段としての意義が大きかった相続財産の持つ意味にも大きな変化が生じた。昭和55年法律第51号による民法の一部改正により配偶者の法定相続分が引き上げられるなどしたのは，このような変化を受けたものである。さらに，昭和50年代前半頃までは減少傾向にあった嫡出でない子の出生数は，その後現在に至るまで増加傾向が続いているほか，平成期に入った後においては，いわゆる晩婚化，非婚化，少子化が進み，これに伴って中高年の未婚の子どもがその親と同居する世帯や単独世帯が増加しているとともに，離婚件数，特に未成年の子を持つ夫婦の離婚件数及び再婚件数も増加するなどしている。これらのことから，婚姻，家族の形態が著しく多様化しており，これに伴い，婚姻，家族の在り方に対する国民の意識の多様化が大きく進んでいることが指摘されている。

　イ　前記アのとおり本件規定の立法に影響を与えた諸外国の状況も，大きく変化してきている。すなわち，諸外国，特に欧米諸国においては，かつては，宗教上の理由から嫡出でない子に対する差別の意識が強く，昭和22年民法改正当時は，多くの国が嫡出でない子の相続分を制限する傾向にあり，そのことが本件規定の立法に影響を与えたところである。しかし，1960年代後半（昭和40年代前半）以降，これらの国の多くで，子の権利の保護の観点から嫡出子と嫡出でない子との平等化が進み，相続に関する差別を廃止する立法がされ，平成7年大法廷決定時点でこの差別が残されていた主要国のうち，ドイツにおいては1998年（平成10年）の『非嫡出子の相続法上の平等化に関する法律』により，フランスにおいては2001年（平成13年）の『生存配偶者及び姦生子の権利並びに相続法の諸規定の現代化に関する法律』により，嫡出子と嫡出でない子の相続分に関する差別がそれぞれ撤廃されるに至っている。現在，我が国以外で嫡出子と嫡出でない子の相続分に差異を設けている国は，欧米諸国にはなく，世界的にも限られた状況にある。

　ウ　我が国は，昭和54年に『市民的及び政治的権利に関する国際規約』……を，平成6年に『児童の権利に関する条約』……をそれぞれ批准した。これらの条約には，児童が出生によっていかなる差別も受けない旨の規定が設けられている。また，国際連合の関連組織として，前者の条約に基づき自由権規約委員会が，後者の条約に基づき児童の権利委員会が設置されており，これらの委員会は，上記各条約の履行状況等につき，締約国に対し，意見の表明，勧告等をすることができるものとさ

れている。」「我が国の嫡出でない子に関する上記各条約の履行状況等については，平成5年に自由権規約委員会が，包括的に嫡出でない子に関する差別的規定の削除を勧告し，その後，上記各委員会が，具体的に本件規定を含む国籍，戸籍及び相続における差別的規定を問題にして，懸念の表明，法改正の勧告等を繰り返してきた。最近でも，平成22年に，児童の権利委員会が，本件規定の存在を懸念する旨の見解を改めて示している。

エ　前記イ及びウのような世界的な状況の推移の中で，我が国における嫡出子と嫡出でない子の区別に関わる法制等も変化してきた。すなわち，住民票における世帯主との続柄の記載をめぐり，昭和63年に訴訟が提起され，その控訴審係属中である平成6年に，住民基本台帳事務処理要領の一部改正……が行われ，世帯主の子は，嫡出子であるか嫡出でない子であるかを区別することなく，一律に『子』と記載することとされた。また，戸籍における嫡出でない子の父母との続柄欄の記載をめぐっても，平成11年に訴訟が提起され，その第1審判決言渡し後である平成16年に，戸籍法施行規則の一部改正……が行われ，嫡出子と同様に『長男（長女）』等と記載することとされ，既に戸籍に記載されている嫡出でない子の父母との続柄欄の記載も，通達……により，当該記載を申出により上記のとおり更正することとされた。さらに，最大判平20・6・4民集62巻6号1367頁は，嫡出でない子の日本国籍の取得につき嫡出子と異なる取扱いを定めた国籍法3条1項の規定（平成20年法律第88号による改正前のもの）が遅くとも平成15年当時において憲法14条1項に違反していた旨を判示し，同判決を契機とする国籍法の上記改正に際しては，同年以前に日本国籍取得の届出をした嫡出でない子も日本国籍を取得し得ることとされた。

オ　嫡出子と嫡出でない子の法定相続分を平等なものにすべきではないかとの問題についても，かなり早くから意識されており，昭和54年に法務省民事局参事官室により法制審議会民法部会身分法小委員会の審議に基づくものとして公表された『相続に関する民法改正要綱試案』において，嫡出子と嫡出でない子の法定相続分を平等とする旨の案が示された。また，平成6年に同じく上記小委員会の審議に基づくものとして公表された『婚姻制度等に関する民法改正要綱試案』及びこれを更に検討した上で平成8年に法制審議会が法務大臣に答申した『民法の一部を改正する法律案要綱』において，両者の法定相続分を平等とする旨が明記された。さらに，平成22年にも国会への提出を目指して上記要綱と同旨の法律案が政府により準備された。もっとも，いずれも国会提出には至っていない。

カ　前記ウの各委員会から懸念の表明，法改正の勧告等がされた点について同エのとおり改正が行われた結果，我が国でも，嫡出子と嫡出でない子の差別的取扱い

はおおむね解消されてきたが，本件規定の改正は現在においても実現されていない。その理由について考察すれば，欧米諸国の多くでは，全出生数に占める嫡出でない子の割合が著しく高く，中には50％以上に達している国もあるのとは対照的に，我が国においては，嫡出でない子の出生数が年々増加する傾向にあるとはいえ，平成23年でも2万3000人余，上記割合としては約2.2％にすぎないし，婚姻届を提出するかどうかの判断が第1子の妊娠と深く結び付いているとみられるなど，全体として嫡出でない子とすることを避けようとする傾向があること，換言すれば，家族等に関する国民の意識の多様化がいわれつつも，法律婚を尊重する意識は幅広く浸透しているとみられることが，上記理由の一つではないかと思われる。

　しかし，嫡出でない子の法定相続分を嫡出子のそれの2分の1とする本件規定の合理性は，〔前記で説示したとおり〕，種々の要素を総合考慮し，個人の尊厳と法の下の平等を定める憲法に照らし，嫡出でない子の権利が不当に侵害されているか否かという観点から判断されるべき法的問題であり，法律婚を尊重する意識が幅広く浸透しているということや，嫡出でない子の出生数の多寡，諸外国と比較した出生割合の大小は，上記法的問題の結論に直ちに結び付くものとはいえない。

　キ　当裁判所は，平成7年大法廷決定以来，結論としては本件規定を合憲とする判断を示してきたものであるが，平成7年大法廷決定において既に，嫡出でない子の立場を重視すべきであるとして5名の裁判官が反対意見を述べたほかに，婚姻，親子ないし家族形態とこれに対する国民の意識の変化，更には国際的環境の変化を指摘して，昭和22年民法改正当時の合理性が失われつつあるとの補足意見が述べられ，その後の小法廷判決及び小法廷決定においても，同旨の個別意見が繰り返し述べられてきた（最一判平12・1・27集民196号251頁，最二判平15・3・28集民209号347頁，最一判平15・3・31集民209号397頁，最一判平16・10・14集民215号253頁，最二決平21・9・30集民231号753頁等）。特に，前掲最一判平15・3・31以降の当審判例は，その補足意見の内容を考慮すれば，本件規定を合憲とする結論を辛うじて維持したものとみることができる。

　ク　前記キの当審判例の補足意見の中には，本件規定の変更は，相続，婚姻，親子関係等の関連規定との整合性や親族・相続制度全般に目配りした総合的な判断が必要であり，また，上記変更の効力発生時期ないし適用範囲の設定も慎重に行うべきであるとした上，これらのことは国会の立法作用により適切に行い得る事柄である旨を述べ，あるいは，速やかな立法措置を期待する旨を述べるものもある。

　これらの補足意見が付されたのは，前記オで説示したように，昭和54年以降間けつ的に本件規定の見直しの動きがあり，平成7年大法廷決定の前後においても法律

案要綱が作成される状況にあったことなどが大きく影響したものとみることもできるが、いずれにしても、親族・相続制度のうちどのような事項が嫡出でない子の法定相続分の差別の見直しと関連するのかということは必ずしも明らかではなく、嫡出子と嫡出でない子の法定相続分を平等とする内容を含む前記オの要綱及び法律案においても、上記法定相続分の平等化につき、配偶者相続分の変更その他の関連する親族・相続制度の改正を行うものとはされていない。そうすると、関連規定との整合性を検討することの必要性は、本件規定を当然に維持する理由とはならないというべきであって、上記補足意見も、裁判において本件規定を違憲と判断することができないとする趣旨をいうものとは解されない。また、裁判において本件規定を違憲と判断しても法的安定性の確保との調和を図り得ることは、後記〔6〕で説示するとおりである。

　なお、前記〔2⑵〕のとおり〕、平成7年大法廷決定においては、本件規定を含む法定相続分の定めが遺言による相続分の指定等がない場合などにおいて補充的に機能する規定であることをも考慮事情としている。しかし、本件規定の補充性からすれば、嫡出子と嫡出でない子の法定相続分を平等とすることも何ら不合理ではないといえる上、遺言によっても侵害し得ない遺留分については本件規定は明確な法律上の差別というべきであるとともに、本件規定の存在自体がその出生時から嫡出でない子に対する差別意識を生じさせかねないことをも考慮すれば、本件規定が上記のように補充的に機能する規定であることは、その合理性判断において重要性を有しないというべきである。」

4．上記の変遷からの帰結

「⑷　本件規定の合理性に関連する以上のような種々の事柄の変遷等は、その中のいずれか一つを捉えて、本件規定による法定相続分の区別を不合理とすべき決定的な理由とし得るものではない。しかし、昭和22年民法改正時から現在に至るまでの間の社会の動向、我が国における家族形態の多様化やこれに伴う国民の意識の変化、諸外国の立法のすう勢及び我が国が批准した条約の内容とこれに基づき設置された委員会からの指摘、嫡出子と嫡出でない子の区別に関わる法制等の変化、更にはこれまでの当審判例における度重なる問題の指摘等を総合的に考察すれば、家族という共同体の中における個人の尊重がより明確に認識されてきたことは明らかであるといえる。そして、法律婚という制度自体は我が国に定着しているとしても、上記のような認識の変化に伴い、上記制度の下で父母が婚姻関係になかったという、子にとっては自ら選択ないし修正する余地のない事柄を理由としてその子に不利益を及ぼすことは許されず、子を個人として尊重し、その権利を保障すべきであると

いう考えが確立されてきているものということができる。」

5．本件規定の違憲性

「以上を総合すれば，遅くともAの相続が開始した平成13年7月当時においては，立法府の裁量権を考慮しても，嫡出子と嫡出でない子の法定相続分を区別する合理的な根拠は失われていたというべきである。

したがって，本件規定は，遅くとも平成13年7月当時において，憲法14条1項に違反していたものというべきである。」

6．先例としての事実上の拘束性について

「本決定は，本件規定が遅くとも平成13年7月当時において憲法14条1項に違反していたと判断するものであり，平成7年大法廷決定並びに前記キの小法廷判決及び小法廷決定が，それより前に相続が開始した事件についてその相続開始時点での本件規定の合憲性を肯定した判断を変更するものではない。

他方，憲法に違反する法律は原則として無効であり，その法律に基づいてされた行為の効力も否定されるべきものであることからすると，本件規定は，本決定により遅くとも平成13年7月当時において憲法14条1項に違反していたと判断される以上，本決定の先例としての事実上の拘束性により，上記当時以降は無効であることとなり，また，本件規定に基づいてされた裁判や合意の効力等も否定されることになろう。しかしながら，本件規定は，国民生活や身分関係の基本法である民法の一部を構成し，相続という日常的な現象を規律する規定であって，平成13年7月から既に約12年もの期間が経過していることからすると，その間に，本件規定の合憲性を前提として，多くの遺産の分割が行われ，更にそれを基に新たな権利関係が形成される事態が広く生じてきていることが容易に推察される。取り分け，本決定の違憲判断は，長期にわたる社会状況の変化に照らし，本件規定がその合理性を失ったことを理由として，その違憲性を当裁判所として初めて明らかにするものである。それにもかかわらず，本決定の違憲判断が，先例としての事実上の拘束性という形で既に行われた遺産の分割等の効力にも影響し，いわば解決済みの事案にも効果が及ぶとすることは，著しく法的安定性を害することになる。法的安定性は法に内在する普遍的な要請であり，当裁判所の違憲判断も，その先例としての事実上の拘束性を限定し，法的安定性の確保との調和を図ることが求められているといわなければならず，このことは，裁判において本件規定を違憲と判断することの適否という点からも問題となり得るところといえる（前記3(3)ク参照）。

以上の観点からすると，既に関係者間において裁判，合意等により確定的なものとなったといえる法律関係までをも現時点で覆すことは相当ではないが，関係者間

の法律関係がそのような段階に至っていない事案であれば，本決定により違憲無効とされた本件規定の適用を排除した上で法律関係を確定的なものとするのが相当であるといえる。そして，相続の開始により法律上当然に法定相続分に応じて分割される可分債権又は可分債務については，債務者から支払を受け，又は債権者に弁済をするに当たり，法定相続分に関する規定の適用が問題となり得るものであるから，相続の開始により直ちに本件規定の定める相続分割合による分割がされたものとして法律関係が確定的なものとなったとみることは相当ではなく，その後の関係者間での裁判の終局，明示又は黙示の合意の成立等により上記規定を改めて適用する必要がない状態となったといえる場合に初めて，法律関係が確定的なものとなったとみるのが相当である。

したがって，本決定の違憲判断は，Aの相続の開始時から本決定までの間に開始された他の相続につき，本件規定を前提としてされた遺産の分割の審判その他の裁判，遺産の分割の協議その他の合意等により確定的なものとなった法律関係に影響を及ぼすものではないと解するのが相当である。」

7．結論

「以上によれば，平成13年7月▲▲日に開始したAの相続に関しては，本件規定は，憲法14条1項に違反し無効でありこれを適用することはできないというべきである。これに反する原審の前記判断は，同項の解釈を誤るものであって是認することができない。論旨は理由があり，その余の論旨について判断するまでもなく原決定は破棄を免れない。そして，更に審理を尽くさせるため，本件を原審に差し戻すこととする。」

＊金築誠志裁判官の補足意見(要旨)　「付随的違憲審査制は，当該具体的事案の解決に必要な限りにおいて法令の憲法適合性判断を行うものであるところ，本件の相続で問題とされているのは，同相続の開始時に実体的な効力を生じさせている法定相続分の規定であるから，その審査は，同相続が開始した時を基準として行うべきである。」「個別的効力説では，違憲判断は当該事件限りのものであって，最高裁判所の違憲判断といえども，違憲とされた規定を一般的に無効とする効力がないから，立法により当該規定が削除ないし改正されない限り，他の事件を担当する裁判所は，当該規定の存在を前提として，改めて憲法判断をしなければならない。個別的効力説における違憲判断は，他の事件に対しては，先例としての事実上の拘束性しか有しない」「とはいえ，遅くとも本件の相続開始当時には本件規定は憲法14条1項に違反するに至っていた旨の判断が最高裁判所においてされた以上，法の平等な適用

という観点からは，それ以降の相続開始に係る他の事件を担当する裁判所は，同判断に従って本件規定を違憲と判断するのが相当であることになる。その意味において，本決定の違憲判断の効果は，遡及するのが原則である。」「しかし，先例としての事実上の拘束性は，同種の事件に同一の解決を与えることにより，法の公平・平等な適用という要求に答えるものである」から，「合理的な理由に基づく例外が許されてよい。」「本決定の違憲判断により，既に行われた遺産分割等の効力が影響を受けるものとすることが，著しく法的安定性を害することについては，法廷意見の説示するとおりであるが，特に，従来の最高裁判例が合憲としてきた法令について違憲判断を行うという本件のような場合にあっては，従来の判例に依拠して行われてきた行為の効力を否定することは，法的安定性を害する程度が更に大きい。」「遡及効を制限できるか否か……の点に関する判示は，予測される混乱を回避する方途を示すことなく本件規定を違憲と判断することは相当でないという見地からなされたものと解されるのであって，違憲判断と密接に関連しているものであるから，単なる傍論と評価すべきではない。」「法令の違憲審査については，その影響の大きさに鑑み，法令を合憲的に限定解釈するなど，謙抑的な手法がとられることがあるが，遡及効の制限をするのは，違憲判断の及ぶ範囲を限定しようというものであるから，違憲審査権の謙抑的な行使と見ることも可能であろう。」「今後どのような形で関連する紛争が生ずるかは予測しきれないところがあり，本決定は，違憲判断の効果の及ばない場合について，網羅的に判示しているわけでもない。各裁判所は，本決定の判示を指針としつつも，違憲判断の要否等も含めて，事案の妥当な解決のために適切な判断を行っていく必要があるものと考える。」

＊**千葉勝美裁判官の補足意見**（要旨）　「1　法廷意見は，「本決定の違憲判断の先例としての事実上の拘束性……の効果の及ぶ範囲を一定程度に制限する判示（以下「本件遡及効の判示」という。）をしている。」「この判示については，我が国の最高裁判所による違憲審査権の行使が，いわゆる付随的審査制を採用し，違憲判断の効力については個別的効力説とするのが一般的な理解である以上，本件の違憲判断についての遡及効の有無，範囲等」を「対象となる事件の処理とは離れて，他の同種事件の今後の処理の在り方に関わるものとしてあらかじめ示すことになる点で異例ともいえるものである。しかし，これは，法令を違憲無効とすることは通常はそれを前提に築き上げられてきた多くの法律関係等を覆滅させる危険を生じさせるため，そのような法的安定性を大きく阻害する事態を避けるための措置であって，……最高裁判所が法令を違憲無効と判断する際には，基本的には常に必要不可欠な説示というべきものである。その意味で，本件遡及効の判示は，いわゆる傍論(obiter dictum)

ではなく，判旨(ratio decidendi)として扱うべきものである。」

2 「憲法が最高裁判所に付与した違憲審査権は，法令をも対象にするため，それが違憲無効との判断がされると，個別的効力説を前提にしたとしても，先例としての事実上の拘束性が広く及ぶことになるため，そのままでは法的安定性を損なう事態が生ずることは当然に予想されるところである。」「このような事態を避けるため，違憲判断の遡及効の有無，時期，範囲等を一定程度制限するという権能，すなわち，立法が改正法の附則でその施行時期等を定めるのに類した作用も，違憲審査権の制度の一部として当初から予定されているはずであり，本件遡及効の判示は，最高裁判所の違憲審査権の行使に性質上内在する，あるいはこれに付随する権能ないし制度を支える原理，作用の一部であって，憲法は，これを違憲審査権行使の司法作用としてあらかじめ承認しているものと考えるべきである。」

＊岡部喜代子裁判官(要旨) 1「平成7年大法廷決定は，民法が法律婚主義を採用した結果婚姻から出生した嫡出子と嫡出でない子の区別が生じ，親子関係の成立などにつき異なった規律がされてもやむを得ないと述べる。親子の成立要件について，妻が婚姻中に懐胎した子については何らの手続なくして出生と同時にその夫が父である嫡出子と法律上推定されるのであり(民法772条)，この点で，認知により父子関係が成立する嫡出でない子と異なるところ，その区別は婚姻関係に根拠を置くものであって合理性を有するといえる。しかし，相続分の定めは親子関係の効果の問題であるところ，婚姻関係から出生した嫡出子を嫡出でない子より優遇すべきであるとの結論は，上記親子関係の成立要件における区別に根拠があるというような意味で論理的に当然であると説明できるものではない。」「婚姻の尊重とは嫡出子を含む婚姻共同体の尊重であり，その尊重は当然に相続分における尊重を意味するとの見解も存在する。」しかし，「それらの事柄は時代と共に変遷するものである以上，……相続における婚姻共同体の尊重を，被相続人の嫡出でない子との関係で嫡出子の相続分を優遇することによって貫くことが憲法上許容されるか否かについては，不断に検討されなければならないことである。」

2 「夫婦及びその間の子を含む婚姻共同体の保護という考え方の実質上の根拠として，婚姻期間中に婚姻当事者が得た財産は実質的には婚姻共同体の財産であって本来その中に在る嫡出子に承継されていくべきものであるという見解が存在する。確かに，夫婦は婚姻共同体を維持するために働き，婚姻共同体を維持するために協力するのであり(夫婦については法的な協力扶助義務がある。)，その協力は長期にわたる不断の努力を必要とするものといえる。社会的事実としても，多くの場合，夫婦は互いに，生計を維持するために働き，家事を負担し，親戚付き合いや近所付

き合いを行うほか様々な雑事をこなし、あるいは、長期間の肉体的、経済的負担を伴う育児を行い、高齢となった親その他の親族の面倒を見ることになる場合もある。嫡出子はこの夫婦の協力により扶養され養育されて成長し、そして子自身も夫婦間の協力と性質・程度は異なるものの事実上これらに協力するのが通常であろう。」「これが、基本的に我が国の一つの家族像として考えられてきたものであり、こうした家族像を基盤として、法律婚を尊重する意識が広く共有されてきたものということができるであろう。平成7年大法廷決定が対象とした相続の開始時点である昭和63年当時においては、上記のような家族像が広く浸透し、本件規定の合理性を支えていたものと思われ」、現在においても、なお一定程度浸透しているものと思われ、「そのような状況の下において、婚姻共同体の構成員が、そこに属さない嫡出でない子の相続分を上記構成員である嫡出子と同等とすることに否定的な感情を抱くことも、理解できるところである。」「しかし、今日種々の理由によって上記のような家族像に変化が生じていることは法廷意見の指摘するとおりである。同時に、嫡出でない子は、生まれながらにして選択の余地がなく上記のような婚姻共同体の一員となることができない。もちろん、法律婚の形をとらないという両親の意思によって、実態は婚姻共同体とは異ならないが嫡出子となり得ないという場合もないではないが、多くの場合は、婚姻共同体に参加したくてもできず、婚姻共同体維持のために努力したくてもできないという地位に生まれながらにして置かれるというのが実態であろう。そして、法廷意見が述べる昭和22年民法改正以後の国内外の事情の変化は、子を個人として尊重すべきであるとの考えを確立させ、婚姻共同体の保護自体には十分理由があるとしても、そのために婚姻共同体のみを当然かつ一般的に婚姻外共同体よりも優遇することの合理性、ないし、婚姻共同体の保護を理由としてその構成員である嫡出子の相続分を非構成員である嫡出でない子の相続分よりも優遇することの合理性を減少せしめてきたものといえる。」「こうした観点からすると、全体として法律婚を尊重する意識が広く浸透しているからといって、嫡出子と嫡出でない子の相続分に差別を設けることはもはや相当ではないというべきである。」

〔以上3人の補足意見のほか、裁判官14人全員一致の意見〕

第9講　議員定数不均衡

1．日本国憲法と選挙権の平等

　普通・平等選挙は現代の憲法における選挙制度上の重要な原則の一つである。日本国憲法は第15条1項で選挙権を保障し，また同条3項で普通選挙を，そして第4項で投票の秘密を保障している。財産や教養等を選挙の資格要件とする制限選挙に対するものが本来の普通選挙である。また，第44条でも選挙権の平等が確保されており，同条の禁止する人種・信条等々による差別も普通選挙に反する。わが国では1925(大正14)年に，満25歳以上の男子による普通選挙制が採用されたが，婦人参政権が認められたのは，1945(昭和20)年のことである。この意味での選挙権の平等は，今日では比較的問題が少ない。

2．議員定数不均衡の問題と判例の動向

　ところが，人口の移動(特に都市への集中)に即応して議員定数(公職選挙法の「別表」)が適正かつ迅速に更正されないと，《一票の重み》，すなわち，投票が選挙の結果に及ぼす影響力(投票価値)に極端な不均衡が生ずる場合がある。これが，選挙の平等の問題として数多くの裁判で争われてきた《議員定数不均衡》という問題である。

　(1)　**旧判例**　すでに，1962(昭和37)年7月の参議院議員選挙に関して，最大較差(東京都と鳥取県)4.09対1という不均衡が問題とされたが，最高裁は，議員定数を人口数に比例して配分すべきことを積極的に命じている規定が憲法にないこと等の理由から，定数配分は「立法政策の問題」であるとして，違憲の主張を退けていた(⇨【判例9-1】)。また，1971(昭和46)年6月27日の参議院議員選挙での最大較差(同じく東京都と鳥取県)は5.08対1とさらに広がっていたが，やはり最高裁は合憲とした(最一判昭49・4・25判時737号3頁)。

　(2)　**違憲判決**　1972(昭和47)年12月10日の衆議院議員選挙(当時は今日とは異なり，いわゆる中選挙区制がとられていた)の際の，兵庫五区と千葉一区との較差(上の表参照)は1対4.81であった(最大較差は兵庫五区と大阪三区の間

衆議院議員一人当り有権者数
(昭 47.12.10 施行の第 33 回総選挙当日)

整理番号	選挙区名	議員定数	当日の有権者数	議員一人当りの有権者数
1	兵 庫 五	3	237,516	79,172
2	鹿児島三	3	245,010	81,670
3	石 川 二	3	253,610	84,536.67
122	東 京 七	5	1,837,518	367,503.6
123	千 葉 一	4	1,524,869	381,217.25
124	大 阪 三	4	1,579,800	394,950
	総 計	491	73,769,636	150,243.66

(出典：『判時』902 号 39～41 頁より)

で 1 対 4.98)が，東京高裁は合憲と判断した(昭 49・4・30 民集 30 巻 3 号 288 頁)。これを不服とする原告らの上告に対して，最高裁は原審判決を破棄して自判し，衆議院議員選挙の議員定数を定める公選法の規定(別表)を違憲と判断した(⇨【判例9-2】)が，いわゆる《事情判決》の法理を用いて，選挙自体は無効としなかった(なお，憲法第 98 条および公選法第 219 条参照)。しかしこの判決では，どの程度の較差を違憲判断の基準にするのかについては必ずしも明白ではなく，また学界でも意見が分かれていた。ちなみに，本判決の多数意見が議員定数配分規定は「単に憲法に違反する不平等を招来している部分のみでなく，全体として違憲の瑕疵を帯びる」と解したのに対し，裁判官の中にはこれと異なる意見もあり，また，そもそもこの種の訴訟は公選法上，不適法だとする意見もある(後記判例参照)。

(3) その後も最高裁は，衆議院議員選挙に関しては，1980(昭和 55 年)6 月 22 日の選挙につき，「選挙区間における議員一人当たりの選挙人数の較差は，憲法の選挙権の平等の要求に反する程度に至っていた」けれども，「憲法上要求される合理的期間内における是正がされなかったものと断定することは困難」であるとし，「できるだけ速やかに改正されることが強く望まれる」と警

---

1) 通常の裁判では《三審制》が採られているが，選挙の効力を争う裁判は公職選挙法第 204 条の規定により，全国 8 箇所の高等裁判所を第一審とする。
2) 後記の行政事件訴訟法第 31 条参照。

告するに留まった(最大判昭 58・11・7 民集 37 巻 9 号 1243 頁)が，その後も改正がなされないまま行われた 1983(昭和 58)年 12 月選挙につき，再度《事情判決》の法理を用いて「違憲だが有効」とする判決を下した(最大判昭 60・7・17 民集 39 巻 5 号 1100 頁)。ただ，この 60 年判決には，選挙は無効としつつその効果は一定期間経過後に初めて発生するという，いわゆる《将来効》判決の可能性を示唆する補足意見等も付されていた。

(4) さらにその後，衆議院議員選挙にかかわる訴訟については，1986(昭和 61)年 7 月施行の選挙当時の最大較差 1 対 2.92 につき，合憲とし(最二判昭 63・10・21 民集 42 巻 8 号 644 頁)，また 1986(昭和 61)年改正法による 1990(平成 2)年 2 月施行の選挙当時の最大較差 1 対 3.18 につき，違憲状態に至ってはいるが合理的期間内における是正がなされなかったとは断定できないとして，上記の昭和 58 年判決とほぼ同様の判断をしている(最大判平 5・1・20 民集 47 巻 1 号 67 頁)。また，1994(平成 6)年改正前の中選挙区制の下で行われた最後の衆議院選挙無効訴訟にかかわる判決(最一判平 7・6・8 民集 49 巻 6 号 1443 頁)は，最大較差 1 対 2.82 の不均衡につき，従前の判断枠組をそのまま踏襲して合憲と判断した(なおこの判決には，定数配分規定は違憲だが選挙は無効としないとすべきだとする 2 裁判官の反対意見がある)。

(5) 1994(平成 6)年の公選法改正によっていわゆる小選挙区比例代表並立制が導入され，それと同時に衆議院議員選挙区画定審議会法(平成 6 年 2 月 4 日法律第 3 号 = 区画審設置法)が制定され，それ以降は，内閣府に置かれたこの区画審(委員 7 人)が，小選挙区について，人口の最大較差が「二以上とならないようにすることを基本と」して，選挙区の画定をすることとなった(同法第 3 条 1 項)。また, 同法第 3 条 2 項(改正前)では, 各都道府県の区域内の衆議院小選挙区選出議員の選挙区の数は，各都道府県にあらかじめ一を配当し(これがいわゆる「一人別枠方式」である)，その上でこれに「小選挙区選出議員の定数に相当する数から都道府県の数を控除した数を人口に比例して各都道府県に配当した数を加えた数とする」とされていた。この新制度に基づいて施行された最初の総選挙(平成 8 年 10 月 20 日)に関する一連の判決のうち，小選挙区選出議員の選挙区割りを定める上記規定の合憲性が争われた訴訟に対する判決(最大判平 11・11・10 民集 53 巻 8 号 1441 頁)で，最高裁はこの規定が合憲

であると判断し，その後もこの判決を先例として合憲の判断が下された(定数訴訟一覧表参照)。しかし，平成 21 年 8 月 30 日施行の総選挙に対する選挙無効訴訟(最大格差は選挙人数が最も少ない高知県第 3 区と選挙人数が最も多い千葉県第 4 区との間で 2.304 倍あり，高知県第 3 区との較差が 2 倍以上の選挙区は 45 選挙区あった)において，全国の 8 高裁と 6 高裁支部の合計 17 の判決の中には，小選挙区の議員定数訴訟としては初めて違憲の結論(ただし選挙無効の請求自体は棄却)を下したものもあった(大阪高判平 21・12・28 判時 2075 号 3 頁および広島高判平 22・1・25 判時 2075 号 15 頁)が，これに対する上告審判決(最大判平 23・3・23 民集 65 巻 2 号 755 頁)において，最高裁は，選挙区の改定案の作成に当たり，旧区画審設置法 3 条 1 項の定めは，投票価値の平等の要請に配慮した合理的な基準を定めたものであると評価する一方，平成 21 年選挙時において，選挙区間の投票価値の較差が上記のとおり拡大していたのは，「一人別枠方式」がその主要な要因となっていたことが明らかであり，かつ，人口の少ない地方における定数の急激な減少への配慮等の視点から導入された 1 人別枠方式は既に立法時の合理性が失われていたものというべきであり，いわゆる違憲状態にあったとしつつも，合理的期間内における是正がされなかったとはいえず，憲法違反とはいえないとした上で，事柄の性質上必要とされる是正のための合理的期間内に上記の状態を解消するために，できるだけ速やかに本件旧区割基準中の 1 人別枠方式を廃止し，旧区画審設置法 3 条 1 項の趣旨に沿って本件区割規定を改正するなど，投票価値の平等の要請にかなう立法的措置を講ずる必要があると判示した。【判例9-3】でも，この結論自体は維持されたが，この判決で，平成 6 年改正以降の衆議院議員の定数訴訟に関する経緯についても，相当詳しく触れられている。

3．参議院の特殊性？

(1)　しかし，参議院の地方選出区(現行制度でいう選挙区選出)の議員定数配分規定(公選法別表 2＝現行の別表 3)については，衆議院とは異なる参議院の特殊性等を根拠として，定数配分につき国会の有する，より広い《立法裁量》を認めて，改めて合憲が確認され(最大判昭 58・4・27 民集 37 巻 3 号 345 頁)，1980(昭 55)年 6 月施行の選挙についてもこの趣旨が踏襲された(最一判昭 61・

最高裁の定数訴訟判決一覧

判決年月日	選挙年月日	衆/参	最大較差	法廷	合憲/違憲等	判決出典	備考
昭39・2・5	昭37・7・1	参	4.09	大	合憲	民集18巻2号270頁	「立法政策の当否」
昭41・5・31	昭40・7・4	参	4.09	三小	合憲	集民83号623頁	上記判決を踏襲
昭49・4・25	昭46・6・27	参	5.08	一小	合憲	判時737号3頁	上記判決を踏襲
昭51・4・14	昭47・12・10	衆	4.98	大	違憲	民集30巻3号223頁	事情判決
昭58・4・27	昭52・7・10	参	5.26	大	合憲	民集37巻3号345頁	反対意見＝違憲
昭58・11・7	昭55・6・22	衆	3.94	大	違憲状態	民集37巻9号1243頁	昭50年改正法後5年
昭60・7・17	昭58・12・18	衆	4.40	大	違憲	民集39巻5号1100頁	事情判決
昭61・3・27	昭55・6・22	参	5.37	一小	合憲	判時1195号66頁	
昭62・9・24	昭58・6・26	参	5.56	一小	合憲	判時1273号35頁	
昭63・10・21	昭61・7・6	衆	2.92	二小	合憲	民集42巻6号644頁	昭61年改正法
昭63・10・21	昭61・7・6	参	5.85	二小	合憲	判時1321号123頁	
平5・1・20	平2・2・18	衆	3.18	大	違憲状態	民集47巻1号67頁	合理的期間内
平7・6・8	平5・7・18	衆	2.82	一小	合憲	民集49巻6号1443頁	平4年改正法
平8・9・11	平4・7・26	参	6.59	大	違憲状態	民集50巻8号2283頁	参議院選挙で最初
平10・9・2	平7・7・23	参	4.97	大	合憲	民集52巻6号1373頁	平6年改正法(4増4減)
平11・11・10	平8・10・20	衆	2.31	大	合憲	民集53巻8号1441頁	小選挙区選挙で最初
平12・9・6	平10・7・12	参	4.98	大	合憲	民集54巻7号1997頁	
平13・12・18	平12・6・25	衆	2.47	三小	合憲	民集55巻7号1647頁	
平16・1・14	平13・7・29	参	5.06	大	合憲	民集58巻1号56頁	
平18・10・4	平16・7・11	参	5.13	大	合憲	民集60巻8号2696頁	
平19・6・13	平17・9・11	衆	2.17	大	合憲	民集61巻4号1617頁	
平21・9・30	平19・7・29	参	4.86	大	合憲	民集63巻7号1520頁	
平23・3・23	平21・8・30	衆	2.30	大	違憲状態	民集65巻2号755頁	一人別枠制度違憲状態
平24・10・17	平22・7・11	参	5.00	大	違憲状態	民集66巻10号3357頁	都道府県単位の見直し示唆
平25・11・20	平24・12・16	衆	2.425	大	違憲状態	民集67巻8号1503頁	合理的期間内
平26・11・26	平25・7・21	参	4.77	大	合憲	民集68巻9号1363頁	裁量権の限界内

3・27判時1195号66頁)。こうして参議院については合憲判決が定着した感があった(その後も、最一判昭62・9・24判時1273号35頁、最二判昭63・10・21判時1321号123頁)が、1992(平成4)年選挙につき、最高裁は初めて、衆議院についての前記違憲判決の枠組にほぼ依拠して、いわゆる「違憲状態」判決を下したことが注目される(最大判平8・9・11民集50巻8号2283頁)。

(2) その後1994(平成6)年の改正法(いわゆる四増四減)により、最大較差は1対4.81にまで縮小された。この改正法によって行われた1995(平成7)年7月選挙(当時の最大較差は1対4.97)に関しても、最高裁判所は従前の合憲判決を維持した。また1998(平成10)年7月12日選挙(最大格差1対4.98)に関しても、逆転現象も生じていた定数不均衡を広い立法裁量論のもとに合憲と判断している(最大判平12・9・6民集54巻7号1997頁)。その後、最高裁判所は、合憲の結論自体は維持しつつも、従来よりも厳しい審査姿勢を示すようになっていた(最大判平16・1・14民集58巻1号56頁および最大判平18・10・4民集60巻

8号2696頁)。とはいえ、その後の判例においても、平成21年判決(最大判平成21・9・30民集63巻7号1520頁)では、最大較差4.86について合憲とされ、「現行の選挙制度の仕組みを大きく変更するには、……相当の時間を要することは否定できないところであって、本件選挙までにそのような見直しを行うことは極めて困難であった」といわざるを得ず、「本件選挙までの間に本件定数配分規定を更に改正しなかったことが国会の裁量権の限界を超えたものということはできない」として合憲の判断を下した。しかし、平成22年7月の選挙(最大較差5.00)についての平成24年判決(最大判平24・10・17民集66巻10号3357頁)では、平成8年判決に続いて参議院の都道府県選挙区選挙について違憲状態だとしつつ、合憲性自体は維持した。最新判例である【判例9-4】も、最大較差4.77につき、同様の判断を下した。なお、すでに平成24年判決も、従来の都道府県単位の選挙区について見直しすべきことを示唆しており、平成26年判決でもその趣旨が受け継がれていた。これを受けて、平成27年の公選法改正により「10増10減」が成立した。これにより、北海道、東京など5つの選挙区の定数が各2議席ずつ増え、逆に5つの選挙区の定数が各2議席ずつ減少したが、とくに、減少した選挙区のうち「島根県と鳥取県」および「徳島県・高知県」がそれぞれ統合されて「合区」(定員各2名)となった点が、従前には考えられなかった改正である。しかしこれによっても、不均衡問題が根本的に解決されたと言えるかどうか、疑問視する見方もある。

　たしかに、投票価値の平等の問題は、選挙制度全体との関連で考察しなければならず、議員定数を純粋に人口比例のみを唯一の基準として配分することは困難であろうし、衆議院と参議院とで同じ基準を採用することは当を得ているとは言えないであろう(参議院議員の半数改選制の要請、衆議院議員の定数配分規定たる公選法別表1の末尾には「本表は、この法律施行の日から5年ごとに、直近に行われた国勢調査の結果によつて、更正するのを例とする」と規定されていたことの考慮、さらには、二院制の下での参議院の意義等を考えてみよう)。[3)]

4．地方公共団体の議会の議員定数不均衡

　最後に、地方公共団体の議会の議員の定数配分については、公選法みずか

らが「人口に比例して」条例で定めるべきことを命じている(同法第15条8項)こともあり、衆議院の場合よりもさらに強い人口比例の基準が求められているといえる。最高裁は、東京都議会議員選挙の定数配分不均衡訴訟に関する昭和59年の判決で、

> **公選法第15条8項** 各選挙区において選挙すべき地方公共団体の議会の議員の数は、人口に比例して、条例で定めなければならない。ただし、特別の事情があるときは、おおむね人口を基準とし、地域間の均衡を考慮して定めることができる。

上記【判例9-2】を基礎として、昭和56年7月5日に行われた都議会議員選挙を、「投票価値の不平等を正当化すべき特別の理由」がないとして(直接には違憲とするのではなく)公選法違反とした(最一判昭59・5・17民集38巻7号721頁)[4]。

【判例9-1】
参議院議員定数配分規定合憲判決(選挙無効請求事件)
最大判昭39・2・5民集18巻2号270頁　　　　　　　　〔上告棄却〕

〔事実の概要〕

昭和37年7月1日施行の参議院議員選挙について、原告(越山康(こしやまやすし))は、1962年のアメリカ合衆国最高裁の有名な判決(Baker v. Carr, 369 U. S. 186)に触発されて、東京地方区の投票価値が不平等であることを理由に、公選法第204条に基づいて同選挙の無効を主張して提訴した。原審(東京高判昭38・1・30民集18巻2号304頁)は本件訴えは適法としつつ、最高裁と類似した理由で本訴請求を棄却したので、原告から

---

3) 現行の衆議院(比例代表選出)議員にかかわる別表第2(公選法第13条2項)では、「この表は、国勢調査(統計法……第4条第2項本文の規定により10年ごとに行われる国勢調査に限る。)の結果によって、更正するのを例とする」となっているが、統計法の規定そのものはこの改正の前後で変わっていない。

4) ほかにも、千葉県議会議員の定数訴訟につき、東京高判昭59・8・7判時1122号15頁は、選挙は公選法違反であるが、選挙自体は無効とはしないとする手法をとっている。また第二次東京都議会議員定数訴訟(定数是正後の当時の最大較差1対3.40)では、《事情判決》を下すべき要件を列挙し、結論的には事情判決を採用したが、較差が1対2を超えることは特別の事情のない限り許されないとし、かつ、将来、改正努力をせずに次期選挙が行われた場合には即時無効判決もありうる(期限付無効判決)とした(東京高判昭61・2・26判時1184号30頁)。

上告がなされた。

〔判決理由〕

「憲法〔第43条2項，第47条〕が両議院の議員の定数，選挙区その他選挙に関する事項については特に自ら何ら規定せず，法律で定める旨規定した所以のものは，選挙に関する事項の決定は原則として立法府である国会の裁量的権限に委せているものと解せられる。従って，国会は法律を以って，参議院の選挙区を全国区と地方区とに区別すること，また，これらの区別を廃止することも，更には地方区の議員を各選挙区に如何なる割合で

> **公選法第14条** 参議院(地方選出)議員の選挙区及び各選挙区において選挙すべき議員の数は，別表第2で定める。〔現行規定では「参議院(選挙区選出)議員……は，別表第3で定める」となっている。〕
> **同法第204条** 衆議院議員又は参議院議員の選挙において，その選挙の効力に関し異議がある選挙人又は公職の候補者……は，……選挙管理委員会……を被告とし，当該選挙の日から30日以内に，高等裁判所に訴訟を提起することができる。

配分するかということ等を適当に決定する権限を有する。そして，憲法14条，44条その他の条項においても，議員定数を選挙区別の選挙人の人口数に比例して配分すべきことを積極的に命じている規定は存在しない。

もとより議員数を選挙人の人口数に比例して，各選挙区に配分することは，法の下に平等の憲法の原則からいって望ましいところであるが，議員数を選挙区に配分する要素の主要なものは，選挙人の人口比率であることは否定できないところであるとしても，他の幾多の要素を加えることを禁ずるものではない。例えば，憲法46条の参議院議員の3年ごとの半数改選の制度からいっても，各選挙区の議員数を人口数に拘らず現行の最低2人を更に低減することは困難であるし，その他選挙区の大小，歴史的沿革，行政区画別議員数の振合等の諸要素も考慮に値することであって，これを考慮に入れて議員数の配分を決定することも不合理とはいえない。前述の如く議員定数，選挙区および各選挙区に対する議員数の配分の決定に関し立法府である国会が裁量的権限を有する以上，選挙区の議員数について，選挙人の選挙権の享有に極端な不平等を生じさせるような場合は格別，各選挙区に如何なる割合で議員数を配分するかは，立法府である国会の権限に属する立法政策の問題であって，議員数の配分が選挙人の人口に比例していないという一事だけで，憲法14条1項に反し無効であると断ずることはできない。そして，現行の公職選挙法別表2が選挙人の人口数に比例して改訂されないため，不均衡が生ずるに至ったとしても，所論のような程度ではなお立法政策の当否の問題に止り，違憲問題を生ずるとは認められない。……」

〔裁判官斎藤朔郎の意見(略)を除き,裁判官13人全員一致の意見〕

【判例9-2】
衆議院議員定数不均衡違憲判決(選挙無効請求事件)
最大判昭51・4・14民集30巻3号223頁　　　　　　　〔破棄自判〕

〔事実の概要〕⇨上記本文(138頁〜139頁)参照。

〔判決主文〕

原判決を次のとおり変更する。

上告人の請求を棄却する。ただし,昭和47年12月10日に行われた衆議院議員選挙の千葉県第一区における選挙は,違法である。

訴訟費用は,原審及び当審を通じ,すべて被上告人の負担とする。

〔判決理由〕

1．選挙権の平等と選挙制度

(1)「元来,選挙権は,国民の国政への参加の機会を保障する基本的権利として,議会制民主主義の根幹をなすものであり,現代民主国家においては,一定の年齢に達した国民のすべてに平等に与えられるべきものとされているのが一般であるが,このような選挙権の平等化が実現されたのは,必ずしも古いことではない。平等は,自由と並んで,近代国家における基本的かつ窮極的な価値であり理念であって,特に政治の分野において強く追求されてきたのであるが,それにもかかわらず,当初においては,国民が政治的価値において平等視されることがなく,基本的な政治的権利というべき選挙権についても,種々の制限や差別が存しており,それが多年にわたる民主政治の発展の過程において次第に撤廃され,今日における平等化の実現をみるに至ったのである。国民の選挙権に関するわが憲法の規定もまた,このような歴史的発展の成果のあらわれにほかならない。

ところで,右の歴史的発展を通じて一貫して追求されてきたものは,右に述べたように,およそ選挙における投票という国民の国政参加の最も基本的な場面においては,国民は原則として完全に同等視されるべく,各自の身体的,精神的又は社会的条件に基づく属性の相違はすべて捨象されるべきであるとする理念であるが,このような平等原理の徹底した適用としての選挙権の平等は,単に選挙人資格に対する制限の撤廃による選挙権の拡大を要求するにとどまらず,更に進んで,選挙権の内容の平等,換言すれば,各選挙人の投票の価値,すなわち各投票が選挙の結果に及ぼす影響力においても平等であることを要求せざるをえないものである。そして,

このような選挙権の平等の性質からすれば，例えば，特定の範ちゅうの選挙人に複数の投票権を与えたり，選挙人の間に納税額等による種別を設けその種別ごとに選挙人数と不均衡な割合の数の議員を選出させたりするような，殊更に投票の実質的価値を不平等にする選挙制度がこれに違反することは明らかであるが，そのような顕著な場合ばかりでなく，具体的な選挙制度において各選挙人の投票価値に実質的な差異が生ずる場合には，常に右の選挙権の平等の原則との関係で問題を生ずるのである。本件で問題とされているような，各選挙区における選挙人の数と選挙される議員の数との比率上，各選挙人が自己の選ぶ候補者に投じた一票がその者を議員として当選させるために寄与する効果に大小が生ずる場合もまた，その一場合にほかならない。

……憲法14条1項に定める法の下の平等は，選挙権に関しては，国民はすべて政治的価値において平等であるべきであるとする徹底した平等化を志向するものであり，右15条1項等の各規定の文言上は単に選挙人資格における差別の禁止が定められているにすぎないけれども，単にそれだけにとどまらず，選挙権の内容，すなわち各選挙人の投票の価値の平等もまた，憲法の要求するところであると解するのが，相当である。

(2) しかしながら，右の投票価値の平等は，各投票が選挙の結果に及ぼす影響力が数字的に完全に同一であることまでも要求するものと考えることはできない。けだし，投票価値は，選挙制度の仕組みと密接に関連し，その仕組みのいかんにより，結果的に右のような投票の影響力に何程かの差異を生ずることがあるのを免れないからである。

代表民主制の下における選挙制度は，選挙された代表者を通じて，国民の利害や意見が公正かつ効果的に国政の運営に反映されることを目標とし，他方，政治における安定の要請をも考慮しながら，それぞれの国において，その国の事情に即して具体的に決定されるべきものであり，そこに論理的に要請される一定不変の形態が存在するわけのものではない。……それ故，憲法は，前記投票価値の平等についても，これをそれらの選挙制度の決定について国会が考慮すべき唯一絶対の基準としているわけではなく，国会は，衆議院及び参議院それぞれについて他にしんしゃくすることのできる事項をも考慮して，公正かつ効果的な代表という目標を実現するために適切な選挙制度を具体的に決定することができるのであり，投票価値の平等は，さきに例示した選挙制度のように明らかにこれに反するもの，その他憲法上正当な理由となりえないことが明らかな人種，信条，性別等による差別を除いては，原則として，国会が正当に考慮することのできる他の政策的目的ないしは理由との

関連において調和的に実現されるべきものと解さなければならない。

　もっとも，このことは，平等選挙権の一要素としての投票価値の平等が，単に国会の裁量権の行使の際における考慮事項の一つであるにとどまり，憲法上の要求としての意義と価値を有しないことを意味するものではない。投票価値の平等は，常にその絶対的な形における実現を必要とするものではないけれども，国会がその裁量によって決定した具体的な選挙制度において現実に投票価値に不平等の結果が生じている場合には，それは，国会が正当に考慮することのできる重要な政策的目的ないしは理由に基づく結果として合理的に是認することができるものでなければならないと解されるのであり，その限りにおいて大きな意義と効果を有するのである。それ故，国会が衆議院及び参議院それぞれについて決定した具体的選挙制度は，それが憲法上の選挙権の平等の要求に反するものでないかどうかにつき，常に各別に右の観点からする吟味と検討を免れることができないというべきである。」

2．本件議員定数配分の合憲性

　(1)　「衆議院議員の選挙……については，いわゆる中選挙区単記投票制が採用されている。これは，衆議院の有すべき性格にかんがみ，候補者と地域住民との密接性を考慮し，また，原則として選挙人の多数の意思の反映を確保しながら，少数者の意思を代表する議員の選出の可能性をも残そうとする趣旨に出たものと考えられるが，このような政策的考慮に立つ選挙制度の採用が憲法上国会の裁量権の範囲に属することは，異論のないところである。

　ところで，右のように，全国を幾つかの選挙区に分け，各選挙区に選挙されるべき議員数を配分し，単記投票をもって選挙を行わせる場合においては，各選挙区の選挙人数と議員定数との比率が必ずしも正確に一致せず，その間に多かれ少なかれ幾らかの差異を生ずるのが，通常である。それ故，このような差異が，特に問題とするに足りない程度にとどまる場合は格別，右の程度を超えて看過することのできない程度に達した場合には，選挙人の居住場所のいかんによってその選挙権の投票価値に不当な差別を設けるものではないかという憲法上の疑いが生ずることとならざるをえず，本件も，その一場合である。

　思うに，衆議院議員の選挙について，右のよう……〔な〕制度をとる場合において，具体的に，どのように選挙区を区分し，そのそれぞれに幾人の議員を配分するかを決定するについては，各選挙区の選挙人数又は人口数……と配分議員定数との比率の平等が最も重要かつ基本的な基準とされるべきことは当然であるとしても，それ以外にも，実際上考慮され，かつ，考慮されてしかるべき要素は，少なくない。殊に，都道府県は，それが従来わが国の政治及び行政の実際において果たしてきた

役割や，国民生活及び国民感情の上におけるその比重にかんがみ，選挙区割の基礎をなすものとして無視することのできない要素であり，また，これらの都道府県を更に細分するにあたっては，従来の選挙の実績や，選挙区としてのまとまり具合，市町村その他の行政区画，面積の大小，人口密度，住民構成，交通事情，地理的状況等諸般の要素を考慮し，配分されるべき議員数との関連を勘案しつつ，具体的な決定がされるものと考えられるのである。更にまた，社会の急激な変化や，その一つのあらわれとしての人口の都市集中化の現象などが生じた場合，これをどのように評価し，前述した政治における安定の要請をも考慮しながら，これを選挙区割や議員定数配分にどのように反映させるかも，国会における高度に政策的な考慮要素の一つであることを失わない。

　このように，衆議院議員の選挙における選挙区割と議員定数の配分の決定には，極めて多種多様で，複雑微妙な政策的及び技術的考慮要素が含まれており，それらの諸要素のそれぞれをどの程度考慮し，これを具体的決定にどこまで反映させることができるかについては，もとより厳密に一定された客観的基準が存在するわけのものではないから，結局は，国会の具体的に決定したところがその裁量権の合理的な行使として是認されるかどうかによって決するほかはなく，しかも事の性質上，その判断にあたっては特に慎重であることを要し，限られた資料に基づき，限られた観点からたやすくその決定の適否を判断すべきものでないことは，いうまでもない。しかしながら，このような見地に立って考えても，具体的に決定された選挙区割と議員定数の配分の下における選挙人の投票価値の不平等が，国会において通常考慮しうる諸般の要素をしんしゃくしてもなお，一般的に合理性を有するものとはとうてい考えられない程度に達しているときは，もはや国会の合理的裁量の限界を超えているものと推定されるべきものであり，このような不平等を正当化すべき特段の理由が示されない限り，憲法違反と判断するほかはないというべきである。

　(2)　本件議員定数配分規定は，主として昭和39年法律第132号による公選法の一部改正にかかるもので，右改正は，従来の衆議院議員の選挙における選挙区の人口数と議員定数との間に一部著しい不均衡が生じていたのを是正するために，新たに議員総数をふやし，これを適宜配分して選挙区別議員一人あたりの人口数の開きをほぼ2倍以下にとどめることを目的としたものである。ところが，当事者間に争いのない事実によれば，昭和47年12月10日の本件衆議院議員選挙当時においては，各選挙区の議員一人あたりの選挙人数と全国平均のそれとの偏差は，下限において47.30パーセント，上限において162.87パーセントとなり，その開きは，約5対1の割合に達していた，というのである。このような事態を生じたのは，専ら前

記改正後における人口の異働(ママ)に基づくものと推定されるが、右の開きが示す選挙人の投票価値の不平等は、前述のような諸般の要素、特に右の急激な社会的変化に対応するについてのある程度の政策的裁量を考慮に入れてもなお、一般的に合理性を有するものとはとうてい考えられない程度に達しているばかりでなく、これを更に超えるに至っているものというほかはなく、これを正当化すべき特段の理由をどこにも見出すことができない以上、本件議員定数配分規定の下における各選挙区の議員定数と人口数との比率の偏差は、右選挙当時には、憲法の選挙権の平等の要求に反する程度になっていたものといわなければならない。

しかしながら、……前記のような人口の異働(ママ)は不断に生じ、したがつて選挙区における人口数と議員定数との比率も絶えず変動するのに対し、選挙区割と議員定数の配分を頻繁に変更することは、必ずしも実際的ではなく、また、相当でないことを考えると、右事情によって具体的な比率の偏差が選挙権の平等の要求に反する程度となったとしても、これによって直ちに当該議員定数配分規定を憲法違反とすべきものではなく、人口の変動の状態をも考慮して合理的期間内における是正が憲法上要求されていると考えられるのにそれが行われない場合に始(ママ)めて憲法違反と断ぜられるべきものと解するのが、相当である。

この見地に立って本件議員定数配分規定をみると、同規定の下における人口数と議員定数との比率上の著しい不均衡は、前述のように人口の漸次的異働(ママ)によって生じたものであって、本件選挙当時における前記のような著しい比率の偏差から推しても、そのかなり以前から選挙権の平等の要求に反すると推定される程度に達していたと認められることを考慮し、更に、公選法自身その別表第1の末尾において同表はその施行後5年ごとに直近に行われた国勢調査の結果によって更正するのを例とする旨を規定しているにもかかわらず、昭和39年の改正後本件選挙の時まで8年余にわたってこの点についての改正がなんら施されていないことをしんしゃくするときは、前記規定は、憲法の要求するところに合致しない状態になっていたにもかかわらず、憲法上要求される合理的期間内における是正がされなかったものと認めざるをえない。それ故、本件議員定数配分規定は、本件選挙当時、憲法の選挙権の平等の要求に違反し、違憲と断ぜられるべきものであったというべきである。そして、選挙区割及び議員定数の配分は、議員総数と関連させながら、前述のような複雑、微妙な考慮の下で決定されるのであって、一旦このようにして決定されたものは、一定の議員総数の各選挙区への配分として、相互に有機的に関連し、一の部分における変動は他の部分にも波動的に影響を及ぼすべき性質を有するものと認められ、その意味において不可分の一体をなすと考えられるから、右配分規定は、単

に憲法に違反する不平等を招来している部分のみでなく、全体として違憲の瑕疵を帯びるものと解すべきである。」

3．本件選挙の効力

「右のように、本件議員定数配分規定は、本件選挙当時においては全体として違憲とされるべきものであったが、しかし、これによって本件選挙の効力がいかなる影響を受けるかについては、更に別途の考察が必要である。

憲法 98 条 1 項……の規定は、憲法の最高法規としての性格を明らかにし、これに反する国権行為はすべてその効力を否定されるべきことを宣言しているのであるが、しかし、この法規の文言によって直ちに、法律その他の国権行為が憲法に違反する場合に生ずべき効力上の諸問題に一義的解決が与えられているものとすることはできない。憲法に違反する法律は、原則としては当初から無効であり、また、これに基づいてされた行為の効力も否定されるべきものであるが、しかし、これは、このように解することが、通常は憲法に違反する結果を防止し、又はこれを是正するために最も適切であることによるのであって、右のような解釈によることが、必ずしも憲法違反の結果の防止又は是正に特に資するところがなく、かえって憲法上その他の関係において極めて不当な結果を生ずる場合には、むしろ右の解釈を貫くことがかえって憲法の所期するところに反することとなるのであり、このような場合には、おのずから別個の、総合的な視野に立つ合理的な解釈を施さざるをえないのである。

……本件議員定数配分規定……が憲法に違反し、したがってこれに基づいて行われた選挙が憲法の要求に沿わないものである……からといって、右規定及びこれに基づく選挙を当然に無効であると解した場合、これによって憲法に適合する状態が直ちにもたらされるわけではなく、かえって、右選挙により選出された議員がすべて当初から議員としての資格を有しなかったこととなる結果、すでに右議員によって組織された衆議院の議決を経たうえで成立した法律等の効力にも問題が生じ、また、今後における衆議院の活動が不可能となり、前記規定を憲法に適合するように改正することさえもできなくなるという明らかに憲法の所期しない結果を生ずるのである。それ故、右のような解釈をとるべきでないことは、極めて明らかである。

次に問題となるのは、現行法上選挙を将来に向かって形成的に無効とする訴訟として認められている公選法 204 条の選挙の効力に関する訴訟において、判決によって当該選挙を無効とする（同法 205 条 1 項）ことの可否である。この訴訟による場合には、選挙無効の判決があっても、これによっては当該特定の選挙が将来に向かって失効するだけで、他の選挙の効力には影響がないから、前記のように選挙を当然

に無効とする場合のような不都合な結果は、必ずしも生じない。（元来、右訴訟は、……同法自体を改正しなければ適法に選挙を行うことができないような場合を予期するものではなく、したがって、右訴訟において議員定数配分規定そのものの違憲を理由として選挙の効力を争うことはできないのではないか、との疑いがないではない。しかし、右の訴訟は、現行法上選挙人が選挙の適否を争うことのできる唯一の訴訟であり、それを措いては他に訴訟上公選法の違憲を主張してその是正を求める機会はないのである。およそ国民の基本的権利を侵害する国権行為に対しては、できるだけその是正、救済の途が開かれるべきであるという憲法上の要請に照らして考えるときは、前記公選法の規定が、その定める訴訟において、同法の議員定数配分規定が選挙権の平等に違反することを選挙無効の原因として主張することを殊更に排除する趣旨であるとすることは、決して当をえた解釈ということはできない。）

しかしながら、他面、右の場合においても、選挙無効の判決によって得られる結果は、当該選挙区の選出議員がいなくなるというだけであって、真に憲法に適合する選挙が実現するためには、公選法自体の改正にまたなければならないことに変わりはなく、更に、全国の選挙について同様の訴訟が提起され選挙無効の判決によってさきに指摘したのとほぼ同様の不当な結果を生ずることもありうるのである。また、仮に一部の選挙区の選挙のみが無効とされるにとどまった場合でも、もともと同じ憲法違反の瑕疵を有する選挙について、そのあるものは無効とされ、他のものはそのまま有効として残り、しかも、右公選法の改正を含むその後の衆議院の活動が、選挙を無効とされた選挙区からの選出議員を得ることができないままの異常な状態の下で、行われざるをえないこととなるのであって、このような結果は、憲法上決して望ましい姿ではなく、また、その所期するところでもないというべきである。それ故、公選法の定める選挙無効の訴訟において同法の議員定数配分規定の違憲を主張して選挙の効力を争うことを許した場合においても、右の違憲の主張が肯認されるときは常に当該選挙を無効とすべきものかどうかについては、更に検討を加える必要があるのである。」

4．事情判決の法理

「そこで考えるのに、行政処分の適否を争う訴訟についての一般法である行政事件訴訟法が、31条1項前段において、当該処分が違法であっても、これを取り消すことにより公の利益に著しい障害を生ずる場合においては、諸般の事情に照らして右処分を取り消すことが公共の福祉に適合しないと認められる限り、裁判所においてこれを取り消さないことができることを定めている。この規定は法政策的考慮に基づいて定められたものではあるが、しかしそこには、行政処分の取消の場合に限

られない一般的な法の基本原則に基づくものとして理解すべき要素も含まれていると考えられるのである。もっとも、行政事件訴訟法の右規定は、公選法の選挙の効力に関する訴訟についてはその準用を排除されているが（公選法219条）、これは、同法の規定に違反する選挙はこれを無効とすることが常に公共の利益に適合するとの立法府の判断に基づくものであるから、選挙が同法の規定に違反する場合に関する限りは、右の立法府の判断

> **行政事件訴訟法第31条1項** 取消訴訟については、処分又は裁決が違法ではあるが、これを取り消すことにより公の利益に著しい障害を生ずる場合において、……処分又は裁決を取り消すことが公共の福祉に適合しないと認めるときは、裁判所は、請求を棄却することができる。この場合には、当該判決の主文において、処分又は裁決が違法であることを宣言しなければならない。

が拘束力を有し、選挙無効の原因が存在するにもかかわらず諸般の事情を考慮して選挙を無効としない旨の判決をする余地はない。しかしながら、本件のように、選挙が憲法に違反する公選法に基づいて行われたという一般性をもつ瑕疵を帯び、その是正が法律の改正なくしては不可能である場合については、単なる公選法違反の個別的瑕疵を帯びるにすぎず、かつ、直ちに再選挙を行うことが可能な場合についてされた前記の立法府の判断は、必ずしも拘束力を有するものとすべきではなく、前記行政事件訴訟法の規定に含まれる法の基本原則の適用により、選挙を無効とすることによる不当な結果を回避する裁判をする余地もありうるものと解するのが、相当である。もとより、明文の規定がないのに安易にこのような法理を適用することは許されず、殊に憲法違反という重大な瑕疵を有する行為については、憲法98条1項の法意に照らしても、一般にその効力を維持するべきものではないが、しかし、このような行為についても、高次の法的見地から、右の法理を適用すべき場合がないとはいいきれないのである。

そこで本件について考えてみるのに、本件選挙が憲法に違反する議員定数配分規定に基づいて行われたものであること……を理由としてこれを無効とする判決をしても、これによって直ちに違憲状態が是正されるわけではなく、かえって憲法の所期するところに必ずしも適合しない結果を生ずることは、さきに述べたとおりである。これらの事情等を考慮するときは、本件においては、前記の法理にしたがい、本件選挙は憲法に違反する議員定数配分規定に基づいて行われた点において違法である旨を判示するにとどめ、選挙自体はこれを無効としないこととするのが、相当であり、そしてまた、このような場合においては、選挙を無効とする旨の判決を求める請求を棄却するとともに、当該選挙が違法である旨を主文で宣言するのが、相

＊裁判官岡原昌男，下田武三，江里口清雄，大塚喜一郎，吉田豊の反対意見　「われわれは，本件選挙当時の議員定数配分規定は，千葉県第一区に関する限り違憲無効であり，これに基づく選挙もまた無効なものとして，上告人の請求を認容すべきものと考える。」

＊裁判官岸盛一の反対意見　「本件配分規定のうち，千葉県第一区に関する部分は，その定数配分が過少に限定されている点において，かつ，その限度で違憲なのであるから，……同区の選挙は右の違憲な配分規定に基づく選挙として違法であり，無効とされるべきものであるが，当選人4名の選挙に関する限りは，その結果としての当選の効力を維持すべきであり，したがって，本件千葉県第一区の選挙を無効とするとともに，右選挙によって当選した当選人らは当選を失わない旨の判決をすべきである。」

＊裁判官天野武一の反対意見　「本件の訴えは，公選法の前記規定〔第204条〕の許容する範囲外のもの」であり，「そのような訴えのために道を開いた実定法規が制定されていない以上」，「不適法な訴えとして却下されるほかはない」。

〔以上，7裁判官の反対意見を除き，裁判官15人全員一致の意見〕

【判例9-3】
衆議院小選挙区選挙議員定数配分規定違憲状態判決(選挙無効請求事件)
最大判平25・1・21民集67巻8号1503頁　　　〔一部破棄自判，一部棄却〕

〔事実の概要〕
(1)　平成6年1月の公選法改正法以降，衆議院議員の選挙制度は，従来の中選挙区単記投票制からいわゆる「小選挙区比例代表並立制」に改められた(以下，上記改正後の当該選挙制度を「本件選挙制度」と略記)。本件選挙施行当時の本件選挙制度では，衆議院議員の定数は480人で，そのうち300人が小選挙区選出議員，180人が比例代表選出議員とされ，小選挙区選挙については，全国に300の選挙区を設け，各選挙区において1人の議員を選出するものとされ(以下，これらの規定を「区割規定」と略記)，比例代表選出議員の選挙(比例代表選挙)については，全国に11の選挙区において所定数の議員を選出するものとされている。総選挙においては，小選挙区選挙と比例代表選挙とを同時に行い，投票は小選挙区選挙と比例代表選挙ごとに1人1票とされている。

(2)　平成6年1月の上記公選法改正法律と同時に成立した区画審設置法によって

設置された区画審が，平成12年に実施された国勢調査の結果に基づいて，翌年12月，衆議院小選挙区選出議員の選挙区に関し，旧区画審設置法3条2項に従って各都道府県の議員の定数について策定して勧告した，いわゆる「5増5減」の改定案のとおり平成14年7月の公選法改正法律が成立し，この改正法によって改定された選挙区割り基づいて平成21年選挙の小選挙区選挙が施行された。この平成14年改正法の基礎とされた平成12年国勢調査の結果による人口を基に，本件区割規定の下における選挙区間の人口の較差を見ると，最大較差は人口が最も少ない高知県第1区と人口が最も多い兵庫県第6区との間で1対2.064であり，高知県第1区との較差が2倍以上の選挙区は9選挙区であった。また，平成21年選挙当日における選挙区間の選挙人数の最大較差は，選挙人数が最も少ない高知県第3区と選挙人数が最も多い千葉県第4区との間で1対2.304であり，高知県第3区との較差が2倍以上の選挙区は45選挙区であった。

(3)　このような状況の下で本件選挙区割りに基づいて施行された平成21年選挙について下された平成23年大法廷判決を受けて，投票価値の較差の是正のほか，議員の定数の削減や選挙制度の抜本的改革の問題をめぐって検討が重ねられたが，いずれについても成案を得られないまま，平成22年10月の勢調査の結果に基づく区画審による選挙区割りの改定案の勧告の期限である平成24年2月25日を経過した。その後は区画審が選挙区割りの改定案の検討に着手するための所要の法改正の作業が優先され，同年6月及び7月に複数の政党の提案に係る改正法案(その骨格は①「1人別枠方式」の廃止といわゆる「0増5減」案，②比例代表選挙の総定数削減など)が国会に提出され，①のみの改正が同年11月に成立した(法95号)。この「1人別枠方式」の廃止を含む制度の是正のためには，区画審の審議を挟んで区割基準に係る区画審設置法の改正と選挙区割りに係る公職選挙法の改正という二段階の法改正を要することから，この改正法は，附則において，旧区画審設置法3条2項を削除する改正規定は公布日から施行するものとする一方で，「0増5減」は次回の総選挙から適用するものとし，上記0増5減を前提に，区画審が選挙区間の人口較差が2倍未満となるように選挙区割りを改める改定案の勧告を公布日から6月以内に行い，政府がその勧告に基づいて速やかに法制上の措置を講ずべき旨を定めた。

(4)　平成24年改正法の成立と同日に衆議院が解散され，その1か月後の12月16日に本件選挙が施行されたが，上記のとおり，平成24年改正法の改正内容に沿った選挙区割りの改定には新たな区画審の勧告及びこれに基づく別途の法律の制定を要し，本件選挙までに新たな選挙区割りを定めることは時間的に不可能であったため，本件選挙は前回の平成21年選挙と同様に本件区割規定及びこれに基づく本件選挙

区割りの下で施行されることとなった。本件選挙当日における最大較差は選挙人数が最も少ない高知県第3区と選挙人数が最も多い千葉県第4区との間で1対2425であり，高知県第3区と比べて較差が2倍以上となっている選挙区は72選挙区であった。

(5) 本件選挙後の事情についてみると，平成24年改正法の成立後，同改正法の附則の規定に従って区画審による審議が行われ，区画審は，平成24年改正法の附則の規定に基づき，各都道府県の選挙区数の0増5減を前提に，選挙区間の人口較差が2倍未満となるように17都県の42選挙区において区割りを改めることを内容とする選挙区割りの改定案の勧告を行なった(平成25年3月28日)。この勧告を受けて，内閣は，上記0増5減を内容とする公職選挙法の改正規定の施行期日を定めるとともに，上記改定案に基づく選挙区割りの改定を内容とする公職選挙法の改正事項(本件区割規定の改正規定及びその施行期日)を定める法制上の措置として，平成24年改正法の一部を改正する法律案を回国会に提出し，国会は衆議院における再可決(憲法59条2項，4項参照)，平成25年改正法が成立した。同改正法は同月28日に公布・施行され，上記0増5減およびこれを踏まえた区画審の上記改定案に基づく選挙区割りの改定を内容とする公職選挙法の改正規定はその1か月後の同年7月28日から施行されており，これにより，平成22年国勢調査の結果による選挙区間の人口の最大較差は1.998倍に縮小されている。なお，平成25年改正法の成立の前後を通じて，国会においては，今後の人口異動によっても憲法の投票価値の平等の要求に反する状態とならないようにするための制度の見直しについて，総定数の削減の要否等を含め，引き続き検討が続けられている。

〔判決理由〕

1．憲法と投票価値の平等

「憲法は，選挙権の内容の平等，換言すれば投票価値の平等を要求しているものと解される。他方，投票価値の平等は，選挙制度の仕組みを決定する絶対の基準ではなく，国会が正当に考慮することのできる他の政策的目的ないし理由との関連において調和的に実現されるべきものであるところ，国会の両議院の議員の選挙については，憲法上，議員の定数，選挙区，投票の方法その他選挙に関する事項は法律で定めるべきものとされ(43条2項，47条)，選挙制度の仕組みの決定について国会に広範な裁量が認められている。

衆議院議員の選挙につき全国を多数の選挙区に分けて実施する制度が採用される場合には，選挙制度の仕組みのうち定数配分及び選挙区割りを決定するに際して，憲法上，議員1人当たりの選挙人数ないし人口ができる限り平等に保たれることを

最も重要かつ基本的な基準とすることが求められているというべきであるが，それ以外の要素も合理性を有する限り国会において考慮することが許容されているものと解されるのであって，具体的な選挙区を定めるに当たっては，都道府県を細分化した市町村その他の行政区画などを基本的な単位として，地域の面積，人口密度，住民構成，交通事情，地理的状況などの諸要素を考慮しつつ，国政遂行のための民意の的確な反映を実現するとともに，投票価値の平等を確保するという要請との調和を図ることが求められているところである。したがって，このような選挙制度の合憲性は，これらの諸事情を総合的に考慮した上でなお，国会に与えられた裁量権の行使として合理性を有するといえるか否かによって判断されることになり，国会がかかる選挙制度の仕組みについて具体的に定めたところが，上記のような憲法上の要請に反するため，上記の裁量権を考慮してもなおその限界を超えており，これを是認することができない場合に，初めてこれが憲法に違反することになるものと解すべきである。

　以上は，衆議院議員の選挙に関する最大判昭51・4・14民集30巻3号223頁以降の累次の大法廷判決の趣旨とするところであって（上掲最大判昭51・4・14，最大判昭58・11・7民集37巻9号1243頁，最大判昭60・7・17民集39巻5号1100頁，最大判平5・1・20民集47巻1号67頁，最大判平11・11・10民集53巻8号1441頁，最大判平11・11・10民集53巻8号1704頁，最大判平19・6・13民集61巻4号1617頁及び平成23年大法廷判決参照），これを変更する必要は認められない。」

2．本件区割りは違憲状態

「平成23年大法廷判決は，上記の基本的な判断枠組みに立った上で，本件旧区割基準のうち1人別枠方式に係る部分は，前記のとおり平成6年の選挙制度改革の実現のための人口比例の配分により定数の急激かつ大幅な減少を受ける人口の少ない県への配慮という経緯に由来するもので，その合理性には時間的な限界があったところ，本件選挙制度がその導入から10年以上を経過して定着し安定した運用がされていた平成21年選挙時には，その不合理性が投票価値の較差としても現れ，その立法時の合理性が失われていたにもかかわらず，投票価値の平等と相容れない作用を及ぼすものとして，憲法の投票価値の平等の要求に反する状態に至っており，上記の状態にあった同方式を含む本件旧区割基準に基づいて定められた本件選挙区割りも，……平成21年選挙時における選挙区間の較差の状況の下において，憲法の投票価値の平等の要求に反する状態に至っていた旨判示したものである。

　本件選挙は，このように平成21年選挙時に既に憲法の投票価値の平等の要求に反する状態に至っていた本件選挙区割りの下で再び施行されたものであること，

……選挙区間の較差は平成21年選挙時よりも更に拡大して最大較差が2.425倍に達していたこと等に照らせば，本件選挙時において，前回の平成21年選挙時と同様に，本件選挙区割りは憲法の投票価値の平等の要求に反する状態にあったものといわざるを得ない。」

3．最高裁判例のこれまでの判断枠組

「ア　衆議院議員の選挙における投票価値の較差の問題について，当裁判所大法廷は，これまで，①定数配分又は選挙区割りが前記のような諸事情を総合的に考慮した上で投票価値の較差において憲法の投票価値の平等の要求に反する状態に至っているか否か，②上記の状態に至っている場合に，憲法上要求される合理的期間内における是正がされなかったとして定数配分規定又は区割規定が憲法の規定に違反するに至っているか否か，③当該規定が憲法の規定に違反するに至っている場合に，選挙を無効とすることなく選挙の違法を宣言するにとどめるか否かといった判断の枠組みに従って審査を行ってきた。こうした段階を経て判断を行う方法が採られてきたのは，単に事柄の重要性に鑑み慎重な手順を踏むというよりは，憲法の予定している司法権と立法権との関係に由来するものと考えられる。すなわち，裁判所において選挙制度について投票価値の平等の観点から憲法上問題があると判断したとしても，自らこれに代わる具体的な制度を定め得るものではなく，その是正は国会の立法によって行われることになるものであり，是正の方法についても国会は幅広い裁量権を有しており，上記の判断枠組みのいずれの段階においても，国会において自ら制度の見直しを行うことが想定されているものと解される。換言すれば，裁判所が選挙制度の憲法適合性について上記の判断枠組みの各段階において一定の判断を示すことにより，国会がこれを踏まえて所要の適切な是正の措置を講ずることが，憲法の趣旨に沿うものというべきである。このような憲法秩序の下における司法権と立法権との関係に照らすと，上記①の段階において憲法の投票価値の平等の要求に反する状態に至っている旨の司法の判断がされれば国会はこれを受けて是正を行う責務を負うものであるところ，上記②の段階において憲法上要求される合理的期間内における是正がされなかったといえるか否かを判断するに当たっては，単に期間の長短のみならず，是正のために採るべき措置の内容，そのために検討を要する事項，実際に必要となる手続や作業等の諸般の事情を総合考慮して，国会における是正の実現に向けた取組が司法の判断の趣旨を踏まえた立法裁量権の行使として相当なものであったといえるか否かという観点から評価すべきものと解される。」

4．合理的期間

「イ　そこで，本件において，憲法上要求される合理的期間内における是正がされ

なかったといえるか否かについて検討する。

本件旧区割基準中の1人別枠方式に係る部分及び同方式を含む同区割基準に基づいて定められた選挙区割りについては，前掲最大判平19・6・13までは憲法の投票価値の平等の要求に反する状態に至っていないとする当審の判断が続けられており，これらが憲法の投票価値の平等の要求に反する状態に至っているとする当裁判所大法廷の判断が示されたのは，平成23年3月23日であり，国会においてこれらが上記の状態にあると認識し得たのはこの時点からであったというべきである。

これらの憲法の投票価値の平等の要求に反する状態を解消するためには，旧区画審設置法3条2項の定める1人別枠方式を廃止し，同条1項の趣旨に沿って平成22年国勢調査の結果を基に各都道府県への選挙区の数すなわち議員の定数の配分を見直し，それを前提として多数の選挙区の区割りを改定することが求められていたところである。その一連の過程を実現していくことは，多くの議員の身分にも直接関わる事柄であり，平成6年の公職選挙法の改正の際に人口の少ない県における定数の急激かつ大幅な減少への配慮等の視点から設けられた1人別枠方式によりそれらの県に割り当てられた定数を削減した上でその再配分を行うもので，制度の仕組みの見直しに準ずる作業を要するものということができ，立法の経緯等にも鑑み，国会における合意の形成が容易な事柄ではないといわざるを得ない。また，このような定数配分の見直しの際に，議員の定数の削減や選挙制度の抜本的改革といった基本的な政策課題が併せて議論の対象とされたことも，この問題の解決に向けての議論を収れんさせることを困難にする要因となったことも否定し難い。そうした中で，平成22年国勢調査の結果に基づく区画審による選挙区割りの改定案の勧告の期限を経過した後，まず憲法の投票価値の平等の要求に反する状態の是正が最も優先されるべき課題であるとの認識の下に法改正の作業が進められ，1人別枠方式を定めた旧区画審設置法3条2項の規定の削除と選挙区間の人口較差を2倍未満に抑えるための前記0増5減による定数配分の見直しが行われたものといえる。

このような上記0増5減による定数配分の見直しの内容を現に実施し得るものとするためには，1人別枠方式の廃止及び定数配分と区割り改定の枠組みを定める法改正の後，新たな区割基準に従い区画審が選挙区割りの改定案の勧告を行い，これに基づいて新たな選挙区割りを定める法改正を行うという二段階の法改正を含む作業を経る必要があったところ，前者の改正を内容とする平成24年改正法が成立した時点で衆議院が解散されたため，平成23年大法廷判決の言渡しから約1年9か月後に施行された本件選挙は従前の定数と選挙区割りの下において施行せざるを得なかったことは前記のとおりであるが，本件選挙前に成立した平成24年改正法の

定めた枠組みに基づき、本来の任期満了時までに、区画審の改定案の勧告を経て平成25年改正法が成立し、定数配分の上記0増5減の措置が行われ、平成22年国勢調査の結果に基づく選挙区間の人口較差を2倍未満に抑える選挙区割りの改定が実現されたところである。このように、平成21年選挙に関する平成23年大法廷判決を受けて、立法府における是正のための取組が行われ、本件選挙前の時点において是正の実現に向けた一定の前進と評価し得る法改正が成立に至っていたものということができる。

もとより、上記0増5減の措置における定数削減の対象とされた県以外の都道府県については、本件旧区割基準に基づいて配分された定数がそのまま維持されており、平成22年国勢調査の結果を基に1人別枠方式の廃止後の本件新区割基準に基づく定数の再配分が行われているわけではなく、全体として新区画審設置法3条の趣旨に沿った選挙制度の整備が十分に実現されているとはいえず、そのため、今後の人口変動により再び較差が2倍以上の選挙区が出現し増加する蓋然性が高いと想定されるなど、1人別枠方式の構造的な問題が最終的に解決されているとはいえない。しかしながら、この問題への対応や合意の形成に前述の様々な困難が伴うことを踏まえ、新区画審設置法3条の趣旨に沿った選挙制度の整備については、今回のような漸次的な見直しを重ねることによってこれを実現していくことも、国会の裁量に係る現実的な選択として許容されているところと解される。また、今後の国勢調査の結果に従って同条に基づく各都道府県への定数の再配分とこれを踏まえた選挙区割りの改定を行うべき時期が到来することも避けられないところである。

以上に鑑みると、本件選挙自体は、衆議院解散に伴い前回の平成21年選挙と同様の選挙区割りの下で行われ、平成21年選挙より最大較差も拡大していたところではあるが、本件選挙までに、1人別枠方式を定めた旧区画審設置法3条2項の規定が削除され、かつ、全国の選挙区間の人口較差を2倍未満に収めることを可能とする定数配分と区割り改定の枠組みが定められており、前記アにおいて述べた司法権と立法権との関係を踏まえ、前記のような考慮すべき諸事情に照らすと、国会における是正の実現に向けた取組が平成23年大法廷判決の趣旨を踏まえた立法裁量権の行使として相当なものでなかったということはできず、本件において憲法上要求される合理的期間を徒過したものと断ずることはできない。

5. 要　旨

「以上のとおりであって、本件選挙時において、本件区割規定の定める本件選挙区割りは、前回の平成21年選挙時と同様に憲法の投票価値の平等の要求に反する状態にあったものではあるが、憲法上要求される合理的期間内における是正がされな

かったとはいえず，本件区割規定が憲法14条1項等の憲法の規定に違反するものということはできない。

　投票価値の平等は憲法上の要請であり，1人別枠方式の構造的な問題は最終的に解決されているとはいえないことは前記のとおりであって，国会においては，今後も，新区画審設置法3条の趣旨に沿った選挙制度の整備に向けた取組が着実に続けられていく必要があるというべきである。」

　6．小選挙区選挙の選挙運動についての判断〔略〕
　7．結　論
　「原判決は，本件区割規定が本件選挙当時憲法に違反するものであったとしつつ，行政事件訴訟法31条1項に示された一般的な法の基本原則に従い，原審原告らの請求をいずれも棄却した上で，当該選挙区における本件選挙が違法であることを主文において宣言したものであるが，原判決は，前記判示と抵触する限度において変更を免れないというべきであり，原審被告らの論旨は上記の趣旨をいうものとして理由がある。他方，本件区割規定が本件選挙当時憲法に違反するものであり，また，小選挙区選挙の選挙運動に関する公職選挙法の規定が憲法に違反するものであるとした上で本件選挙を無効とすべき旨をいう原審原告らの論旨は，前記判示に照らし，いずれも採用することができない。

　以上の次第で，原審被告らの各上告に基づき，原判決を変更して，原審原告らの請求をいずれも棄却するとともに，原審原告らの上告を棄却することとする。」

＊裁判官鬼丸かおるの意見
⑴　投票価値について
「私は，衆議院議員の選挙における国民の投票価値につき，憲法は，できる限り1対1に近い平等を基本的に保障しているものと考えるものである。」「特に衆議院議員の選出に当たっては，衆議院議員の権能，任期，特に解散制度の存在に鑑み，選挙の施行ごとに，当該選挙の時点における的確な国民の意思を反映することが求められていると解されるところ，衆議院議員を選出する権利は，選挙人が当該選挙施行時における国政に関する自己の意見を主張するほぼ唯一の機会であって，国民主権を実現するための国民の最も重要な権利であるが，投票価値に不平等が存在すると認識されるときは選挙結果が国民の意見を適正に反映しているとの評価が困難になるのであって，衆議院議員が国民を代表して国政を行い民主主義を実現するとはいい難くなるものである。以上の理由により，憲法は，衆議院議員の選挙について，国民の投票価値をできる限り1対1に近い平等なものとすることを基本的に保障し

ているものというべきである。」

(2) **国会の立法裁量について**

憲法43条2項，44条，47条の規定により，「国会は，両議院議員の定数の定め及び選挙の仕組みを決定するに当たり，選挙制度を比例代表制にするか選挙区制にするか，選挙区制と比例代表制の両者を組み合わせるか，その方法をどのようなものにするか，大中小等いずれの選挙区制を選択するか，選挙区をどのように区割りするかなどの事項について，立法裁量権を有するのであるが，私は，これらの内容を国会が具体的に決定するに当たっては，投票価値の平等を最大限尊重し，その較差の最小化を図ることが憲法上要請されていると考えるものである。「他方，上記要請を前提にして国会が配慮を尽くしても，人口異動による選挙人の基礎人口の変化，あるいは選挙区の単位となる行政区画の規模の大小や行政区画の変更といった，社会的な事情及びその変動に伴ういわば技術的に不可避ともいうべき較差は生ずるのであって，このような較差は許容せざるを得ないものである。以上のことから，投票価値の較差については，それが生ずる理由を明らかにした上で，当該理由を投票価値の平等と比較衡量してその適否を検証すべきものであると考えるものである。

(3) **本件選挙について**

「そこで，本件選挙実施時に国会が採用した選挙制度等が，国会の立法裁量権の範囲内のものであったか否かについて検討する。」平成6年1月の公選法改正以来「衆議院議員の選挙制度が小選挙区比例代表並立制に改められたが，このような選挙制度を選択することは，憲法47条が国会に与えた権限に基づくものであり，国会の裁量権内の事項であることは改めて指摘するまでもないところである。」「小選挙区選挙の実施に当たっては，全国を300の小選挙区に区割りすることとされ，区割りについては，平成13年に衆議院議員選挙区画定審議会が区割りの改定案の作成方針を策定している。多数意見は，平成6年の制度改正後の選挙制度の下での区割りにおいて，投票価値の最大較差が2倍以上とならないようにすることを基本としていることに合理性を認めているが，私は既述のとおり，できる限り投票価値を1対1に近づけるべきであると考えるものであり，当初からこれを目指したものとはいえない上記作成方針は憲法上の要請に合致するものとはいえないと解するものである。」「平成13年策定の上記作成方針に基づいて選挙区割りを定めて選挙を実施すれば，憲法の投票価値の平等の要求に反する事態を招来することは避けられないというべきであったところ，加えて，多数意見も合理性を失ったとする1人別枠方式を含む区割基準に基づいて選挙区割りが定められたことによって，投票価値の最大較差が，前回の平成21年選挙時には2.304倍になり，本件選挙時には更に拡大して

2.425倍にまで至ったものであるから，本件選挙時の選挙区割りは憲法の投票価値の平等の要求に反する状態であったものというほかはない。」「しかし，私が憲法上の要請であると考えるところの水準にかなう投票価値の平等を保障する選挙制度を実現するためには，単に1人別枠方式を廃止するにとどまらず，都道府県への選挙区数の配分，各都道府県における選挙区割りの見直し，その結果についての全選挙区の選挙人数を比較対照した上での再度の選挙区割りの見直しといった相当に膨大かつ複雑な作業を必要とすることになる。しかも，こうした投票価値の平等を保障した選挙制度を実現するには，候補者間の公平や地勢，選挙事務を担う地方自治体の関わり方等の諸々の要素を総合考慮しながら，上記のような定数配分や区割りの検討を行う必要が存し，選挙区割りを決定するには，区割り案の当否につき国会内で論議を尽くし，各関係行政機関で協力体制を確保した上で，法令等を整備する必要があるのであるから，これらの作業には相当程度の長期間を要するものといわざるを得ない。」「一方，国会は，平成23年3月23日に当審の大法廷判決が言い渡される前には，平成14年改正後の公職選挙法13条1項及び別表の定める選挙区割りが憲法の投票価値の平等の要求に反する状態に至っていたとの認識を有することは困難であったと解されるところ，国会が上記判決から本件選挙施行までの約1年9か月の間に，多数意見において必要とされる内容の改正のみならず，私が憲法上の要請と考えるところのできる限り1対1に近い投票価値の平等を実現するために上記のような選挙区割りの是正作業を行うことは相当に困難であったと認められる。したがって，憲法上要求される合理的な期間内における是正がなされなかったものとすることはできないと考えるものである。」

＊裁判官大谷剛彦の反対意見　「私は，本件選挙は，憲法の投票価値の平等の要求に反する状態に至っていたとされた前回の選挙と同じ本件区割規定により実施されたもので，本件選挙区割りは憲法の投票価値の平等の要求に反する状態にあったというべきであり，また，多数意見と異なり，本件選挙時まで区割規定の是正が実施されなかったことは，憲法上要求される合理的な期間内における是正がなされなかったとして，本件区割規定が憲法の規定に違反するに至っていたといわざるを得ず，したがって本件選挙は違法であるが，いわゆる事情判決の法理により，違法を宣言するにとどめ，本件選挙を無効としないこととするのが相当と考えるものである。」

＊裁判官大橋正春の反対意見　「私は，……平成23年大法廷判決において憲法の投票価値の平等の要求に反する状態に至っているとされた本件選挙区割りについて，憲法上要求される合理的期間内における是正がされなかったものであり，本件

区割規定は憲法の規定に違反するに至っていると考えるものであるが，本件においては選挙の違法を宣言するにとどめるべきものと考える。」その理由は以下のとおりである。

＊裁判官木内道祥の反対意見　「憲法上要求される合理的期間内における是正がされなかったといえるか否かについては，私は，……その期間内における是正がされておらず，本件区割規定は違憲であると考える。そして，違憲とされた区割規定のもとで行われた本件選挙の効力については，憲法によって司法に委ねられた範囲内において裁判所がこれを定めることができるものであり，今回については，違法である旨を宣言するが選挙は無効としないこととするのが相当であると解する。」

【判例9-4】
参議院選挙区選出議員定数配分規定違憲状態判決(選挙無効請求事件)
最大判平26・11・26民集68巻9号1363頁　　　〔一部破棄自判，一部棄却〕

〔事実の概要〕

「1　平成25年7月21日施行の参議院議員通常選挙(以下「本件選挙」という。)について，東京都選挙区及び神奈川県選挙区の選挙人である原審原告らが，公職選挙法14条，別表第3の参議院(選挙区選出)議員の議員定数配分規定(以下，数次の改正の前後を通じ，平成6年法律第2号による改正前の別表第2を含め，「定数配分規定」という。)は憲法に違反し無効であるから，これに基づき施行された本件選挙の上記各選挙区における選挙も無効であると主張して提起した選挙無効訴訟である。

2　原審の適法に確定した事実関係等の概要は，次のとおりである。

(1)　参議院議員選挙法(昭和22年法律第11号)は，参議院議員の選挙について，参議院議員250人を全国選出議員100人と地方選出議員150人とに区分し，全国選出議員については，全都道府県の区域を通じて選出されるものとする一方，地方選出議員については，その選挙区及び各選挙区における議員定数を別表で定め，都道府県を単位とする選挙区において選出されるものとし，各選挙区ごとの議員定数については，定数を偶数としてその最小限を2人とする方針の下に，各選挙区の人口に比例する形で，2人ないし8人の偶数の議員定数を配分した。昭和25年に制定された公職選挙法の定数配分規定は，上記の参議院議員選挙法の議員定数配分規定をそのまま引き継いだものであり，その後に沖縄県選挙区の議員定数2人が付加されたほかは，平成6年法律第47号による公職選挙法の改正(以下「平成6年改正」という。)まで，上記定数配分規定に変更はなかった。なお，昭和57年法律第81号による公

職選挙法の改正(以下「昭和57年改正」という。)により，参議院議員の選挙について
いわゆる拘束名簿式比例代表制が導入され，参議院議員252人は各政党等の得票に
比例して選出される比例代表選出議員100人と都道府県を単位とする選挙区ごとに
選出される選挙区選出議員152人とに区分されることになったが，この選挙区選出
議員は，従来の地方選出議員の名称が変更されたものにすぎない。その後，平成12
年法律第118号による公職選挙法の改正(以下「平成12年改正」という。)により，比
例代表選出議員の選挙制度がいわゆる非拘束名簿式比例代表制に改められるととも
に，参議院議員の総定数が10人削減されて242人とされ，比例代表選出議員96人
及び選挙区選出議員146人とされた。

(2) 参議院議員選挙法制定当時，選挙区間における議員1人当たりの人口の最大
較差(以下，各立法当時の「選挙区間の最大較差」というときは，この人口の最大較差をい
う。)は2.62倍(以下，較差に関する数値は，全て概数である。)であったが，人口変動
により次第に拡大を続け，平成4年に施行された参議院議員通常選挙(以下，単に「通
常選挙」といい，この通常選挙を「平成4年選挙」という。)当時，選挙区間における議員
1人当たりの選挙人数の最大較差(以下，各選挙当時の「選挙区間の最大較差」というと
きは，この選挙人数の最大較差をいう。)が6.59倍に達した後，平成6年改正における
7選挙区の定数を8増8減する措置により，平成2年10月実施の国勢調査結果によ
る人口に基づく選挙区間の最大較差は4.81倍に縮小し，いわゆる逆転現象(人口又
は選挙人数において少ない選挙区が多い選挙区よりも多くの議員定数を配分されている状
態)は消滅した。その後，平成12年改正における3選挙区の定数を6減する措置に
より，平成6年改正後に再び生じたいわゆる逆転現象は消滅し，また，この措置及
び平成18年法律第52号による公職選挙法の改正(以下「平成18年改正」という。)に
おける4選挙区の定数を4増4減する措置の前後を通じて，平成13年から同19年
までに施行された各通常選挙当時の選挙区間の最大較差は5倍前後で推移した。

しかるところ，当裁判所大法廷は，定数配分規定の合憲性に関し，最大判昭58・4・
27民集37巻3号345頁において後記3の基本的な判断枠組みを示した後，選挙区
間の最大較差が6.59倍に達した平成4年選挙について，違憲の問題が生ずる程度
の投票価値の著しい不平等状態が生じていた旨判示したが(最大判平8・9・11民集50
巻8号2283頁)，平成6年改正後の定数配分規定の下で施行された2回の通常選挙
については，上掲最大判昭58・4・27(以下「昭和58年大法廷判決」という。)において昭
和52年に施行された通常選挙(以下「昭和52年選挙」という。)について判示したとこ
ろと同様に，上記の状態に至っていたとはいえない旨判示した(最大判平10・9・2民集
52巻6号1373頁，最大判平12・9・6民集54巻7号1997頁)。その後，平成12年改正後

の定数配分規定の下で施行された2回の通常選挙及び平成18年改正後の定数配分規定(以下,平成24年法律第94号による改正前のものを「本件旧定数配分規定」という。)の下で平成19年に施行された通常選挙(以下「平成19年選挙」という。)のいずれについても,当裁判所大法廷は,上記の状態に至っていたか否かにつき明示的に判示することなく,結論において当該各定数配分規定が憲法に違反するに至っていたとはいえない旨の判断を示した(最大判平16・1・14民集58巻1号56頁,最大判平18・10・4民集60巻8号2692頁,最大判平21・9・30民集63巻7号1520頁)。ただし,上掲最高裁平成18・10・4大法廷判決においては,投票価値の平等の重要性を考慮すると投票価値の不平等の是正について国会における不断の努力が望まれる旨の,上掲最高裁平21・9・30大法廷判決(以下「平成21年大法廷判決」という。)においては,当時の較差が投票価値の平等という観点からはなお大きな不平等が存する状態であって,選挙区間における投票価値の較差の縮小を図ることが求められる状況にあり,最大較差の大幅な縮小を図るためには現行の選挙制度の仕組み自体の見直しが必要となる旨の指摘がそれぞれされた。

(3) 上掲最高裁平16・1・14大法廷判決を受けて同年12月1日に参議院議長の諮問機関である参議院改革協議会の下に設けられた選挙制度に係る専門委員会が,各種の是正案を検討した上で同17年10月に同協議会に提出した報告書では,現行の選挙制度の仕組みを維持する限り,各選挙区の定数を振替える措置により較差の是正を図ったとしても,較差を4倍以内に抑えることは相当の困難がある旨の意見が示された。また,平成18年改正により同報告書の提案に係る前記4増4減の措置が採られた後,平成20年6月に改めて参議院改革協議会の下に設置された専門委員会においては,同22年5月までの協議を経て,同25年に施行される通常選挙に向けて選挙制度の見直しの検討を開始することとされ,同23年中の公職選挙法の改正法案の提出を目途とする旨の工程表が示されたものの,具体的な較差の是正が見送られた結果,同22年7月11日,選挙区間の最大較差が5.00倍に拡大した状況において,本件旧定数配分規定の下で2回目となる通常選挙が施行された(以下「平成22年選挙」という。)。

平成22年選挙後,平成21年大法廷判決の指摘を踏まえた選挙制度の仕組みの見直しを含む制度改革に向けた検討のため,参議院に選挙制度の改革に関する検討会が発足し,その会議において参議院議長から上記改革の検討の基礎となる案が提案され,平成23年以降,各政党からも様々な改正案が発表されるなどしたが,上記改革の方向性に係る各会派の意見は区々に分かれて集約されない状況が続き,同年12月以降の同検討会及びその下に設置された選挙制度協議会における検討を経て,同

24年8月に当面の較差の拡大を抑える措置として公職選挙法の一部を改正する法律案が国会に提出された。その内容は，平成25年7月に施行される通常選挙に向けた改正として選挙区選出議員について4選挙区で定数を4増4減するものであり，その附則には，同28年に施行される通常選挙に向けて，選挙制度の抜本的な見直しについて引き続き検討を行い，結論を得るものとする旨の規定が置かれていた（上記4増4減の改正が行われたとしても，同22年10月実施の国勢調査結果による人口に基づく選挙区間の最大較差は，4.75倍であった。）。

このような状況の下で，平成22年選挙につき，最高裁平24・10・17民集66巻10号3357頁は，結論において同選挙当時における本件旧定数配分規定が憲法に違反するに至っていたとはいえないとしたものの，長年にわたる制度及び社会状況の変化を踏まえ，都道府県を各選挙区の単位とする仕組みを維持しながら投票価値の平等の要求に応えていくことはもはや著しく困難な状況に至っていることなどに照らし，違憲の問題が生ずる程度の投票価値の著しい不平等状態が生じていた旨判示するとともに，都道府県を単位として各選挙区の定数を設定する現行の方式をしかるべき形で改めるなど，現行の選挙制度の仕組み自体の見直しを内容とする立法的措置を講じ，できるだけ速やかに違憲の問題が生ずる上記の不平等状態を解消する必要がある旨を指摘した。

(4) 上掲最高裁平24・10・17大法廷判決（以下「平成24年大法廷判決」という。）の言渡し後，同年11月16日に上記の公職選挙法の一部を改正する法律案が平成24年法律第94号（以下「平成24年改正法」という。）として成立し，同月26日に施行された（以下，同改正法による改正後の定数配分規定を「本件定数配分規定」という。）。

また，同月以降，選挙制度協議会において平成24年大法廷判決を受けて選挙制度の改革に関する検討が行われ，平成25年6月，選挙制度の改革に関する検討会において，選挙制度協議会の当時の座長から参議院議長及び参議院各会派に対し，平成24年改正法の上記附則の定めに従い，平成28年7月に施行される通常選挙から新選挙制度を適用すべく，平成26年度中に選挙制度の仕組みの見直しを内容とする改革の成案を得た上で，平成27年中の公職選挙法改正の成立を目指して検討を進める旨の工程表が示された。

平成25年7月21日，本件定数配分規定の下での初めての通常選挙として，本件選挙が施行された。本件選挙当時の選挙区間の最大較差は，4.77倍であった。

(5) 本件選挙後の事情についてみると，平成25年9月，参議院において本件選挙後に改めて選挙制度の改革に関する検討会が開かれてその下に選挙制度協議会が設置され，同検討会において，同27年中の公職選挙法改正の成立を目指すことが確認

されるとともに，同協議会において，同月以降おおむね月数回ずつ有識者等からの意見や説明の聴取をした上で協議が行われ，同26年4月には選挙制度の仕組みの見直しを内容とする具体的な改正案として座長案が示され，その後に同案の見直し案も示された。これらの案は，基本的には，人口の少ない一定数の選挙区を隣接区と合区してその定数を削減し，人口の多い一定数の選挙区の定数を増やして選挙区間の最大較差を大幅に縮小するというものであるところ，同協議会において，同年5月以降，上記の案や参議院の各会派の提案等をめぐり検討と協議が行われている（上記各会派の提案の中には，上記の案を基礎として合区の範囲等に修正を加える提案のほか，都道府県に代えてより広域の選挙区の単位を新たに創設する提案等が含まれている。）。

〔判決理由〕

3　憲法は，選挙権の内容の平等，換言すれば，議員の選出における各選挙人の投票の有する影響力の平等，すなわち投票価値の平等を要求していると解される。しかしながら，憲法は，国民の利害や意見を公正かつ効果的に国政に反映させるために選挙制度をどのような制度にするかの決定を国会の裁量に委ねているのであるから，投票価値の平等は，選挙制度の仕組みを決定する唯一，絶対の基準となるものではなく，国会が正当に考慮することができる他の政策的目的ないし理由との関連において調和的に実現されるべきものである。それゆえ，国会が具体的に定めたところがその裁量権の行使として合理性を有するものである限り，それによって投票価値の平等が一定の限度で譲歩を求められることになっても，憲法に違反するとはいえない。

憲法が二院制を採用し衆議院と参議院の権限及び議員の任期等に差異を設けている趣旨は，それぞれの議院に特色のある機能を発揮させることによって，国会を公正かつ効果的に国民を代表する機関たらしめようとするところにあると解される。前記2(1)においてみた参議院議員の選挙制度の仕組みは，このような観点から，参議院議員について，全国選出議員（昭和57年改正後は比例代表選出議員）と地方選出議員（同改正後は選挙区選出議員）に分け，前者については全国（全都道府県）の区域を通じて選挙するものとし，後者については都道府県を各選挙区の単位としたものである。昭和22年の参議院議員選挙法及び同25年の公職選挙法の制定当時において，このような選挙制度の仕組みを定めたことが，国会の有する裁量権の合理的な行使の範囲を超えるものであったということはできない。しかしながら，社会的，経済的変化の激しい時代にあって不断に生ずる人口変動の結果，上記の仕組みの下で投票価値の著しい不平等状態が生じ，かつ，それが相当期間継続しているにもかかわらずこれを是正する措置を講じないことが，国会の裁量権の限界を超えると判断さ

れる場合には，当該定数配分規定が憲法に違反するに至るものと解するのが相当である。

　以上は，昭和58年大法廷判決以降の参議院議員（地方選出議員ないし選挙区選出議員）選挙に関する累次の大法廷判決の趣旨とするところであり，基本的な判断枠組みとしてこれを変更する必要は認められない。

　もっとも，選挙区間の最大較差が5倍前後で常態化する中で，前記2(2)のとおり，平成16年，同18年及び同21年の前掲各大法廷判決においては，上記の判断枠組みは基本的に維持しつつも，選挙制度の仕組み自体の見直しが必要である旨の平成21年大法廷判決の指摘を含め，投票価値の平等の観点から実質的にはより厳格な評価がされるようになっていたところであり，また，平成24年大法廷判決においては，昭和58年大法廷判決が長期にわたる投票価値の大きな較差の継続を許容し得る根拠として挙げていた後記4(1)ウの諸点につき，長年にわたる制度及び社会状況の変化を踏まえ，数十年間にもわたり5倍前後の大きな較差が継続することを正当化する理由としては十分なものとはいえなくなっている旨の指摘がされているところである。

　4　上記の見地に立って，本件選挙当時の本件定数配分規定の合憲性について検討する。

　(1)　ア　憲法は，二院制の下で，一定の事項について衆議院の優越を認める反面，参議院議員につき任期を6年の長期とし，解散もなく，選挙は3年ごとにその半数について行うことを定めている（46条等）。その趣旨は，立法を始めとする多くの事柄について参議院にも衆議院とほぼ等しい権限を与えつつ，参議院議員の任期をより長期とすること等によって，多角的かつ長期的な視点からの民意を反映させ，衆議院との権限の抑制，均衡を図り，国政の運営の安定性，継続性を確保しようとしたものと解される。いかなる具体的な選挙制度によって，上記の憲法の趣旨を実現し，投票価値の平等の要請と調和させていくかは，二院制の下における参議院の性格や機能及び衆議院との異同をどのように位置付け，これをそれぞれの選挙制度にいかに反映させていくかという点を含め，国会の合理的な裁量に委ねられていると解すべきところであるが，その合理性を検討するに当たっては，参議院議員の選挙制度が設けられてから60年余にわたる制度及び社会状況の変化を考慮することが必要である。

　前記2の参議院議員の選挙制度の変遷を衆議院議員の選挙制度の変遷と対比してみると，両議院とも，政党に重きを置いた選挙制度を旨とする改正が行われている上，都道府県又はそれを細分化した地域を選挙区とする選挙と，より広範な地域を

選挙の単位とする比例代表選挙との組合せという類似した選出方法が採られ，その結果として同質的な選挙制度となってきており，急速に変化する社会の情勢の下で，議員の長い任期を背景に国政の運営における参議院の役割がこれまでにも増して大きくなってきているといえることに加えて，衆議院については，この間の改正を通じて，投票価値の平等の要請に対する制度的な配慮として，選挙区間の人口較差が2倍未満となることを基本とする旨の区割りの基準が定められていることにも照らすと，参議院についても，二院制に係る上記の憲法の趣旨との調和の下に，更に適切に民意が反映されるよう投票価値の平等の要請について十分に配慮することが求められるところである。

　イ　参議院においては，この間の人口変動により，都道府県間の人口較差が著しく拡大したため，半数改選という憲法上の要請を踏まえて定められた偶数配分を前提に，都道府県を単位として各選挙区の定数を定めるという現行の選挙制度の仕組みの下で，昭和22年の制度発足時には2.62倍であった選挙区間の最大較差が，昭和52年選挙の時点では5.26倍に拡大し，平成4年選挙の時点では6.59倍にまで達する状況となり，平成6年以降の数次の改正による定数の調整によって若干の較差の縮小が図られたが，5倍前後の較差が維持されたまま推移してきた。

　ウ　さきに述べたような憲法の趣旨，参議院の役割等に照らすと，参議院は衆議院とともに国権の最高機関として適切に民意を国政に反映する機関としての責務を負っていることは明らかであり，参議院議員の選挙であること自体から，直ちに投票価値の平等の要請が後退してよいと解すべき理由は見いだし難い。昭和58年大法廷判決は，参議院議員の選挙制度において長期にわたる投票価値の大きな較差の継続を許容し得る根拠として，上記の選挙制度の仕組みや参議院に関する憲法の定め等を挙げていたが，これらの諸点も，平成24年大法廷判決の指摘するとおり，上記アにおいてみたような長年にわたる制度及び社会状況の変化を踏まえると，数十年間にもわたり5倍前後の大きな較差が継続することを正当化する理由としては十分なものとはいえなくなっているものといわざるを得ない。殊に，昭和58年大法廷判決は，上記の選挙制度の仕組みに関して，都道府県が歴史的にも政治的，経済的，社会的にも独自の意義と実体を有し，政治的に一つのまとまりを有する単位として捉え得ることに照らし，都道府県を各選挙区の単位とすることによりこれを構成する住民の意思を集約的に反映させ得る旨の指摘をしていたが，この点についても，都道府県が地方における一つのまとまりを有する行政等の単位であるという限度において相応の合理性を有していたことは否定し難いものの，これを参議院議員の各選挙区の単位としなければならないという憲法上の要請はなく，むしろ，都道府県

を各選挙区の単位として固定する結果，その間の人口較差に起因して上記のように投票価値の大きな不平等状態が長期にわたって継続している状況の下では，上記の都道府県の意義や実体等をもって上記の選挙制度の仕組みの合理性を基礎付けるには足りなくなっているものといわなければならない。

　以上に鑑みると，人口の都市部への集中による都道府県間の人口較差の拡大が続き，総定数を増やす方法を採ることにも制約がある中で，半数改選という憲法上の要請を踏まえて定められた偶数配分を前提に，上記のような都道府県を各選挙区の単位とする仕組みを維持しながら投票価値の平等の実現を図るという要求に応えていくことは，もはや著しく困難な状況に至っているものというべきである。このことは，前記2(3)の平成17年10月の専門委員会の報告書において指摘されており，平成19年選挙当時も投票価値の大きな不平等がある状態であって選挙制度の仕組み自体の見直しが必要であることは，平成21年大法廷判決において特に指摘されていたところでもある。これらの事情の下では，平成24年大法廷判決の判示するとおり，平成22年選挙当時，本件旧定数配分規定の下での前記の較差が示す選挙区間における投票価値の不均衡は，投票価値の平等の重要性に照らしてもはや看過し得ない程度に達しており，これを正当化すべき特別の理由も見いだせない以上，違憲の問題が生ずる程度の著しい不平等状態に至っていたというほかはない。

　エ　本件選挙は，平成24年大法廷判決の言渡し後に成立した平成24年改正法による改正後の本件定数配分規定の下で施行されたものであるが，上記ウのとおり，本件旧定数配分規定の下での選挙区間における投票価値の不均衡が違憲の問題が生ずる程度の著しい不平等状態にあると評価されるに至ったのは，総定数の制約の下で偶数配分を前提に，長期にわたり投票価値の大きな較差を生じさせる要因となってきた都道府県を各選挙区の単位とする選挙制度の仕組みが，長年にわたる制度及び社会状況の変化により，もはやそのような較差の継続を正当化する十分な根拠を維持し得なくなっていることによるものであり，同判決において指摘されているとおり，上記の状態を解消するためには，一部の選挙区の定数の増減にとどまらず，上記制度の仕組み自体の見直しが必要であるといわなければならない。しかるところ，平成24年改正法による前記4増4減の措置は，上記制度の仕組みを維持して一部の選挙区の定数を増減するにとどまり，現に選挙区間の最大較差(本件選挙当時4.77倍)については上記改正の前後を通じてなお5倍前後の水準が続いていたのであるから，上記の状態を解消するには足りないものであったといわざるを得ない(同改正法自体も，その附則において，平成28年に施行される通常選挙に向けて選挙制度の抜本的な見直しについて引き続き検討を行い結論を得るものとする旨を定めており，上記4

増4減の措置の後も引き続き上記制度の仕組み自体の見直しの検討が必要となることを前提としていたものと解される。）。

したがって，平成24年改正法による上記の措置を経た後も，本件選挙当時に至るまで，本件定数配分規定の下での選挙区間における投票価値の不均衡は，平成22年選挙当時と同様に違憲の問題が生ずる程度の著しい不平等状態にあったものというべきである。

(2) ア　参議院議員の選挙における投票価値の較差の問題について，当裁判所大法廷は，これまで，①当該定数配分規定の下での選挙区間における投票価値の不均衡が，違憲の問題が生ずる程度の著しい不平等状態に至っているか否か，②上記の状態に至っている場合に，当該選挙までの期間内にその是正がされなかったことが国会の裁量権の限界を超えるとして当該定数配分規定が憲法に違反するに至っているか否かといった判断の枠組みを前提として審査を行ってきており，こうした判断の方法が採られてきたのは，憲法の予定している司法権と立法権との関係に由来するものと考えられる。すなわち，裁判所において選挙制度について投票価値の平等の観点から憲法上問題があると判断したとしても，自らこれに代わる具体的な制度を定め得るものではなく，その是正は国会の立法によって行われることになるものであり，是正の方法についても国会は幅広い裁量権を有しているので，裁判所が選挙制度の憲法適合性について上記の判断枠組みの下で一定の判断を示すことにより，国会がこれを踏まえて自ら所要の適切な是正の措置を講ずることが，憲法上想定されているものと解される。このような憲法秩序の下における司法権と立法権との関係に照らすと，上記①において違憲の問題が生ずる程度の著しい不平等状態に至っている旨の司法の判断がされれば国会はこれを受けて是正を行う責務を負うものであるところ，上記②において当該選挙までの期間内にその是正がされなかったことが国会の裁量権の限界を超えるといえるか否かを判断するに当たっては，単に期間の長短のみならず，是正のために採るべき措置の内容，そのために検討を要する事項，実際に必要となる手続や作業等の諸般の事情を総合考慮して，国会における是正の実現に向けた取組が司法の判断の趣旨を踏まえた裁量権の行使の在り方として相当なものであったといえるか否かという観点に立って評価すべきものと解される（〔衆議院に関する〕最大判平25・11・20民集67巻8号1503頁参照）。

イ　そこで，本件において，本件選挙までに違憲の問題が生ずる程度の投票価値の著しい不平等状態の是正がされなかったことが国会の裁量権の限界を超えるといえるか否かについて検討する。

参議院議員の選挙における投票価値の不均衡については，平成10年及び同12年

の前掲各大法廷判決は違憲の問題が生ずる程度の著しい不平等状態に至っていないとする判断を示し，その後も平成21年大法廷判決に至るまで上記の状態に至っていたとする判断が示されたことはなかったものであるところ，違憲の問題が生ずる程度の著しい不平等状態に至っているとし，その解消のために選挙制度の仕組み自体の見直しが必要であるとする当裁判所大法廷の判断が示されたのは，平成24年大法廷判決の言渡しがされた平成24年10月17日であり，国会において上記の状態に至っていると認識し得たのはこの時点からであったというべきである。

この違憲の問題が生ずる程度の投票価値の著しい不平等状態を解消するためには，平成24年大法廷判決の指摘するとおり，単に一部の選挙区の定数を増減するにとどまらず，都道府県を単位として各選挙区の定数を設定する現行の方式をしかるべき形で改めるなど，現行の選挙制度の仕組み自体の見直しを内容とする立法的措置を講ずることが求められていたところである。このような選挙制度の仕組み自体の見直しについては，平成21年及び同24年の前掲各大法廷判決の判示においても言及されているように，参議院の在り方をも踏まえた高度に政治的な判断が求められるなど，事柄の性質上課題も多いため，その検討に相応の時間を要することは認めざるを得ず，また，参議院の各会派による協議を経て改正の方向性や制度設計の方針を策定し，具体的な改正案を立案して法改正を実現していくためには，これらの各過程における諸々の手続や作業が必要となる。

しかるところ，平成24年大法廷判決の言渡しによって選挙区間における投票価値の不均衡が違憲の問題が生ずる程度の著しい不平等状態に至っていることを国会が認識し得た平成24年10月17日の時点から，本件選挙が施行された同25年7月21日までの期間は，約9か月にとどまるものであること，それ以前にも当裁判所大法廷の指摘を踏まえて参議院における選挙制度の改革に向けての検討が行われていたものの，それらはいまだ上記の状態に至っているとの判断がされていない段階での将来の見直しに向けての検討にとどまる上，前記2(3)のとおり上記改革の方向性に係る各会派等の意見は区々に分かれて集約されない状況にあったことなどに照らすと，平成24年大法廷判決の言渡しから本件選挙までの上記期間内に，上記のように高度に政治的な判断や多くの課題の検討を経て改正の方向性や制度設計の方針を策定し，具体的な改正案の立案と法改正の手続と作業を了することは，実現の困難な事柄であったものといわざるを得ない。

他方，国会においては，前記2(4)のとおり，平成24年大法廷判決の言渡し後，本件選挙までの間に，前記4増4減の措置に加え，附則において平成28年に施行される通常選挙に向けて選挙制度の抜本的な見直しについて引き続き検討を行い結論を

得るものとする旨を併せて定めた平成24年改正法が成立するとともに，参議院の選挙制度の改革に関する検討会及び選挙制度協議会において，平成24年大法廷判決を受けて選挙制度の改革に関する検討が行われ，上記附則の定めに従い，選挙制度の仕組みの見直しを内容とする公職選挙法改正の上記選挙までの成立を目指すなどの検討の方針や工程が示されてきている。このことに加え，前記2(5)のとおり，これらの参議院の検討機関において，本件選挙後も，上記附則の定めに従い，平成24年大法廷判決の趣旨に沿った方向で選挙制度の仕組みの見直しを内容とする法改正の具体的な方法等の検討が行われてきていることをも考慮に入れると，本件選挙前の国会における是正の実現に向けた上記の取組は，具体的な改正案の策定にまでは至らなかったものの，同判決の趣旨に沿った方向で進められていたものということができる。

　以上に鑑みると，本件選挙は，前記4増4減の措置後も前回の平成22年選挙当時と同様に違憲の問題が生ずる程度の投票価値の著しい不平等状態の下で施行されたものではあるが，平成24年大法廷判決の言渡しから本件選挙までの約9か月の間に，平成28年に施行される通常選挙に向けて選挙制度の抜本的な見直しについて引き続き検討を行い結論を得るものとする旨を附則に定めた平成24年改正法が成立し，参議院の検討機関において，上記附則の定めに従い，同判決の趣旨に沿った方向で選挙制度の仕組みの見直しを内容とする法改正の上記選挙までの成立を目指すなどの検討の方針や工程を示しつつその見直しの検討が行われてきているのであって，前記アにおいて述べた司法権と立法権との関係を踏まえ，前記のような考慮すべき諸事情に照らすと，国会における是正の実現に向けた取組が平成24年大法廷判決の趣旨を踏まえた国会の裁量権の行使の在り方として相当なものでなかったということはできず，本件選挙までの間に更に上記の見直しを内容とする法改正がされなかったことをもって国会の裁量権の限界を超えるものということはできない。

　(3)　以上のとおりであって，本件選挙当時において，本件定数配分規定の下で，選挙区間における投票価値の不均衡は，平成24年改正法による改正後も前回の平成22年選挙当時と同様に違憲の問題が生ずる程度の著しい不平等状態にあったものではあるが，本件選挙までの間に更に本件定数配分規定の改正がされなかったことをもって国会の裁量権の限界を超えるものとはいえず，本件定数配分規定が憲法に違反するに至っていたということはできない。

　参議院議員の選挙制度については，これまで，限られた総定数の枠内で，半数改選という憲法上の要請を踏まえて定められた偶数配分を前提に，都道府県を各選挙

区の単位とする現行の選挙制度の仕組みの下で，人口の都市部への集中による都道府県間の人口較差の拡大に伴い，一部の選挙区の定数を増減する数次の改正がされてきたが，これらの改正の前後を通じて長期にわたり投票価値の大きな較差が維持されたまま推移してきた。しかしながら，国民の意思を適正に反映する選挙制度が民主政治の基盤であり，投票価値の平等が憲法上の要請であることや，さきに述べた国政の運営における参議院の役割等に照らせば，より適切な民意の反映が可能となるよう，従来の改正のように単に一部の選挙区の定数を増減するにとどまらず，国会において，都道府県を単位として各選挙区の定数を設定する現行の方式をしかるべき形で改めるなどの具体的な改正案の検討と集約が着実に進められ，できるだけ速やかに，現行の選挙制度の仕組み自体の見直しを内容とする立法的措置によって違憲の問題が生ずる前記の不平等状態が解消される必要があるというべきである。

5 原判決は，本件定数配分規定が本件選挙当時憲法に違反するものであったとしつつ，行政事件訴訟法31条1項に示された一般的な法の基本原則に従い，原審原告らの請求をいずれも棄却した上で，当該選挙区における本件選挙が違法であることを主文において宣言したものであるが，原判決は，前記判示と抵触する限度において変更を免れないというべきであって，原審被告らの論旨は上記の趣旨をいうものとして理由がある。他方，本件定数配分規定が本件選挙当時憲法に違反するものであったとした上で本件選挙を無効とすべき旨をいう原審原告らの論旨は，前記判示に照らし，採用することができない。

以上の次第で，原審被告らの上告に基づき，原判決を変更して，原審原告らの請求をいずれも棄却するとともに，原審原告らの上告を棄却することとする。」

＊裁判官櫻井龍子・金築誠志・岡部喜代子・山浦善樹・山崎敏充の補足意見

「現行の参議院議員の選挙制度は，限られた総定数の枠内で，選挙区選出議員の選挙につき，半数改選という憲法上の要請を踏まえて定められた偶数配分を前提に，都道府県を単位として各選挙区の定数を設定するという仕組みを採っているが，人口の都市部への集中による都道府県間の人口較差の拡大が続き，総定数を増やすことにも制約がある中で，このような都道府県を各選挙区の単位とする仕組みを維持しながら投票価値の平等の実現を図るという要求に応えていくことは，もはや著しく困難な状況に至っているものというべきであり，違憲状態の解消を図るためにはこのような選挙制度の仕組み自体の見直しが必要」である。

「具体的な改正の方法の策定に関しては，投票価値の平等の実現を目的としつつ，

二院制に係る憲法の趣旨等との調和の観点も踏まえた総合的な検討や参議院の在り方をも踏まえた高度に政治的な判断が求められるなど、事柄の性質上課題も多いためその検討に相応の時間を要することは否定し難い。しかし、投票価値の不均衡の是正は、議会制民主主義の根幹に関わり、国権の最高機関としての国会の活動の正統性を支える基本的な条件に関わる極めて重要な問題であって、違憲状態を解消して民意を適正に反映する選挙制度を構築することは、国民全体のために優先して取り組むべき喫緊の課題というべきものである。様々な政治的困難を伴う作業であるとはいえ、国会自身が平成24年改正法の上記附則において主権者である国民に対して自らの責務の遂行の方針として宣明したとおり、今後国会において具体的な改正案の集約と収斂に向けた取組が着実に実行され、同附則の前記の定めに従って、平成24年大法廷判決及び本判決の趣旨に沿った選挙制度の仕組み自体の見直しを内容とする立法的措置ができるだけ速やかに実現されることが強く望まれるところである。」

＊裁判官千葉勝美の補足意見

「憲法秩序の下における司法権と立法権との関係に照らすと、司法部により議員定数の配分が違憲状態であるとされた場合は、早期にその是正を図るための措置を執ることは、国会としての憲法上の責務というべきである。他方、違憲状態にまでは至っていないとされた場合には、較差の是正が責務となっているとまではいえないが、投票価値の平等を目指すことは憲法の趣旨に沿うものであるから、国会としては、あるべき選挙制度を考えていく過程で較差の縮小を検討していくべきであり、また、そのような対応で足りよう。そうすると、司法部が〔平成18年と平成21年の〕大法廷判決において国会に対して一定の対応を求める付言を加えたことの意味が問題になる。」

「この点は、三権の一翼を担う司法部として、「国民の意思を適正に反映する選挙制度が民主政治の基盤であり、投票価値の平等が憲法上の要請であること」（平成21年大法廷判決理由5参照）を重要な前提にして、大きな較差が長期間にわたって継続し、その是正措置が進んでいないという状況を踏まえ、国会に対しその縮小を検討すべき較差が存在していることを、警告的な意味で注意喚起したものといえる。」

「平成24年大法廷判決では、国会において投票価値の較差縮小に向けて制度の仕組みを見直す必要がある旨を指摘するという説示を加えているが、その憲法上の意味は大きく異なるものである。すなわち、平成24年大法廷判決は、対象となる選挙時点での投票価値の不均衡は、もはや看過し得ない程度に達し、違憲状態に至っていたとしている。もっとも、これを是正するために必要とされる期間や是正に向け

た国会の取組の状況等から，対象となる選挙時点までに定数配分規定を改正しなかったことが国会の裁量権の限界を超えたとはいえないので結論としては定数配分規定が違憲であるとまではしなかったものの，当時の投票価値の較差が違憲状態であるという厳しい判断を示しているのである。そうすると，国会としては，平成24年大法廷判決によって早期にその是正を図るべき憲法上の責務を負ったものであり，司法部の上記の説示は，もはや単なる注意喚起ではなく，国会の裁量権行使の方向性に言及した上で，国会に対してこの憲法上の責務を合理的期間内に果たすべきことを求めたものというべきである。そして，国会は，この時点で，較差是正の憲法上の責務を負っていることを知ったといえるので，以後この方向での立法裁量権を行使していかなければならないこととなる。」

「本件選挙は，平成24年改正法の成立の約9か月後に施行され，そこでの投票価値の較差は，……依然として違憲状態にあるといわざるを得ないが，国会は，既に自ら期限を切って憲法上の責務の履行として是正措置を執ることを上記附則において宣明したのであり，その結果，都道府県を単位として各選挙区の定数を設定する現行の方式をしかるべき形で改めるなど，現行の選挙制度の仕組み自体の見直しを内容とする立法的措置を講じ違憲状態を解消する対応を採ることが，法的に義務付けられている状態（更にいえば自ら法的に義務付けた状態）にあるといえよう。」

「憲法における二院制の本質的な機能・役割を踏まえた参議院の在り方，そして，今日の社会的・政治的状況を踏まえた衆参両議院議員の選挙制度等のあるべき姿など制度の本質的な点をも含む検討をも行うのであれば十分な検討時間を確保する必要があろう……。しかし，平成24年大法廷判決及び本件大法廷判決の判示を受けた後は，平成24年改正法附則3項は，遅くとも，平成28年の参議院議員通常選挙の施行までの間に，少なくとも，投票価値の較差是正という違憲状態解消のための制度的見直しを実現していくことを最優先事項としたものと思われる。」「平成24年改正法附則3項に基づく制度改正のための国会における一連の検討状況とその結果としての改正内容は，次回の平成28年施行の参議院議員通常選挙における定数配分規定の憲法適合性との関係においては，違憲状態か否か，国会の立法裁量権の限界を超えるものかどうかについての司法判断の直接的な考慮要素となる重要な事項であるといえよう。」

多数意見は，「限られた議員定数の枠内では，偶数配分を前提に，都道府県を各選挙区の単位とする現行の選挙制度の仕組み自体の見直しを内容とする立法的措置によって違憲状態が解消される必要がある旨を説示しているが，この説示は，本件選挙時点の較差は，このような現行の選挙制度の仕組みの下における一部の選挙区の

定数の増減によってでは違憲状態が解消されない程度の大きなものとなっていることを示したものであり，逆にいえば，違憲状態の評価を脱するためには現状の較差の大幅な縮小がされなければならないのである。」

「参議院議員の選挙制度には地域代表的性格を保有させるべきであるという見解は，政策的観点からは相応の合理性は認められるが，それは憲法上の要請ではなく，投票価値の平等という憲法上の原則を支える人口比例原則に優越するものではないというべきである……。」

＊裁判官大橋正春の反対意見

「多数意見は，国会が，本件定数配分規定が違憲の問題が生ずる程度の著しい不平等状態に至っていることを認識し得たのは平成24年大法廷判決の言渡しがされた平成24年10月17日であり，この時点を起算日として本件選挙までに不平等状態の是正がなされなかったことが国会の裁量権の限界を超えるか否かが判断の対象となるとしている。しかし，国会……は憲法尊重擁護義務を負うものであるから，司法により憲法適合性についての判断がなされた場合にこれを受けて是正を行う責務があるだけでなく，司法判断の有無にかかわらず客観的に違憲状態にある場合にはこれを是正する責務を負うものである。したがって，国会が裁量権の限界を超えたか否かの判断において司法部による違憲状態の判断がされたことは決定的な要素ではあるものの，基本的には，客観的な違憲状態が生じた時から本件選挙までの間に是正措置が採られたか否かを判断すべきものと考える。」

「本件選挙までに違憲状態の是正がなされなかったことが国会の裁量権の限界を超えているといえるか否かを判断するに当たっては，単に期間の長短のみならず多数意見が指摘するような諸般の事情を総合考慮することが必要であることには異論がない。私は，この点について，次の3点を特に指摘しておきたい。」「第1に，国会の裁量権を考えるに当たっては，国会が問題の根本的解決のために真摯な努力を行っていることが前提となる。」「第2に，多数意見の引用する平成16年大法廷判決，平成18年大法廷判決及び平成21年大法廷判決において当該定数配分規定を違憲とする反対意見が付されただけでなく，憲法に違反しないとする多数意見に加わった裁判官の中からも国会の改正作業について厳しい意見が述べられたことも，国会の裁量権に関して判断するに際して重要な要素として考慮されるべきである。」「第3に，国会が真摯な努力を行っているか否かの判断においては，国会が自ら行った過去の検討の成果をどのように利用しているかが重要な要素となるというべきである。」

「参議院選挙区選出議員の選挙区の定数是正について，国会……が過去の検討結

果を利用して審議を促進させようとの動きを見ることはできず，国会の真摯な努力については疑問を持たざるを得ない。」

「関係者の主観的意図は別として，国会の行動は，外形的には，定数配分規定の憲法適合性が問題になると当面の選挙を対象とした暫定的措置を採って抜本的改革は先送りし，次の選挙が近づき定数配分規定の憲法適合性が問題になるとまた暫定的措置を採るのみで抜本的改革を先送りするということを繰り返しているように見える。……このような暫定的措置と抜本的改革の先送りを繰り返すだけでは，違憲状態が解消されるものではなく，制度の仕組み自体の見直しを内容とする改正の真摯な取組がされないまま期間が経過していくことは国会の裁量権の限界を超えるとの評価を免れないというべきである。」

「上記の諸事情を考慮すれば，本件選挙までに憲法の要求する投票価値の平等の実現を図らなかったことは国会の裁量権の限界を超えたものといわなければならない……。したがって，本件定数配分規定は，本件選挙当時において憲法に違反するものであったことになる。」

「定数配分規定が憲法に違反するとされた場合においても，具体的事情により当該定数配分規定によって行われた選挙を無効としないものとすることがあり得る（昭和51年大法廷判決参照）。このいわゆる事情判決の法理については，行政事件訴訟法の規定に含まれる法の一般原則に基づくものと理解されているが，私は，また，これは違憲判決の効果の範囲・内容を定めるについて裁判所の有する裁量権（最大決平25・9・4民集67巻6号1320頁〔＝【判例8-2】〕参照）の表れの一つであると考えるものである。殊に，定数配分規定の違憲を理由とする選挙無効訴訟は，公職選挙法204条の選挙の効力に関する訴訟の形式を借りて新たな憲法訴訟の方式を当審が創設したという実質を有するものであり（最大判昭60・7・17民集39巻5号1100頁の4名の裁判官の補足意見参照），その効果を定めるについて裁判所の裁量を認める余地は大きいものということができよう。勿論，憲法上保障される個人の基本的権利の侵害が問題になっている場合には，違憲の効力を制限することには慎重であるべきだが，本件はいわゆる客観訴訟でありそのような問題は生じない。」

「上記のように考えた場合には，裁判所は，昭和51年大法廷判決のいう違法であることを判示するにとどめて選挙自体は無効としないとすることや，上記の昭和60年大法廷判決の補足意見のいう選挙を無効とするがその効果は一定期間経過後に初めて発生するものとすることが可能であるだけでなく，全ての選挙区について選挙無効とするのではなく，一定の合理的基準（例えば較差が一定以上）に基づいて選択された一部の選挙区についてのみ選挙を無効とし，その他の選挙区については違法

を宣言するにとどめることも可能であると考える。」

しかし「民主主義は本来的に非効率的な面を有する制度であることや，一部の選挙区についてのみ選挙を無効とすることができるという考え方についてはいまだ十分な議論がなされていないこと，参議院において現在も一定の改正作業が進行しており，……少なくとも国会の中にも当審がこれまでの判決に込めたメッセージを受け止めてこれに対応しようと努力する動きがあることなどに照らすと，現時点で直ちに国会の自主的判断による是正の実現は期待できないと断ずるのは早すぎると考える。」

「以上により，私は，本件定数配分規定は，本件選挙当時，違憲であり，いわゆる事情判決の法理により，請求を棄却した上で，主文において本件選挙が違法である旨を宣言すべきであると考える。」

＊裁判官鬼丸かおるの反対意見

1　投票価値の平等について

「憲法は，両議院議員の選挙における国民の投票価値を平等とすることを基本原則としているというべきである」から，「投票価値に較差が生ずるについては，較差の存在及び較差の程度を是認するに足りる合理的な理由を要するというべきである。」」「参議院は，……衆議院とともに立法機関として国民を代表して民主主義による国政を行うのであるから，投票価値について衆議院議員の選挙と異にする理由はなく，参議院議員の選挙においても，原則として選挙人は1人1票の等価値の選挙権を有するとすることが憲法の要請するところであると解する。

2　参議院議員選挙における投票価値の較差を許容し得る理由の存否

「衆議院議員選挙と同様に，参議院議員選挙においても，投票価値の大きな較差を許容し得る合理的理由はなく，選挙区及び定数配分の具体的な設定に当たっても，……できる限り1対1に近い投票価値の平等の実現が憲法上求められる」。人口の少ない地域（「少人口地域」）の居住者の声を国会に届けることの重要性を否定するものではないが，「通信や交通の手段が格段に発達し，全国各地の情報を速やかに入手することが極めて容易になった近年においては，少人口地域等の投票価値を重くし，少人口地域等から選出される議員の当選可能得票数を他の地域の当選可能得票数より著しく少なくすることにより議員選出を容易にする方法を採らなければ，少人口地域の情勢や声が国会に伝わらないというような事情は既に解消されているのであって，ここに投票価値の較差を設けるべき合理的理由を見いだすことは困難である。」「国会が対応すべき課題は多数かつ多様であり，……少人口地域の居住者という要素のみを投票価値に反映させることに合理性を認めることには，著しい困難が

あるといえよう。」「憲法が二院制を採用し，第二院として参議院を置いたのは，参議院に地域代表の要素という独自性を持たせることにあるという考え方もあるところである」が，地方選出議員（現行の「選挙区選出議員」）の意義に関して，「憲法制定過程において，参議院選挙制度に地域代表的性格を持たせたことはなく，むしろ有用多種な人材を確保する意図であったとされて」いる。「国会が参議院の独自性に基づき選挙人の居住地域による投票価値の較差を設けたということはできない」。「参議院が衆議院議員と同等の人口比例原則による選出を基盤とした議員により構成されるならば，両院の選出基盤の同質化が進むことになり，憲法が採用した二院制の趣旨が生かされないという別の憲法上の問題を生ずるという考えや，参議院と衆議院があいまって機能することにより一つの国会の機能を果たすのであるから，1議院については投票価値に較差を設けることを許容して，異なる基準により選挙する方法が選択可能であるという考え等も存するところである。」「しかし，憲法は，二院制の下で，一定の事項について衆議院の優越を認める（59条ないし61条，67条，69条）反面，参議院には解散（54条）のない6年の任期を定め，半数改選の定めを置く（46条）以外には，衆議院と異なる定めは置いていないのであって，上記のような考えを支持する規定は存在しない。」「我が国は連邦制を採用していない単一国家であり，国会は，憲法の条文及び投票価値の平等などの憲法の要請や趣旨に反しない限り，立法裁量の範囲内で，いかなる二院制を構築するか，参議院にどのような独自性を持たせるか等の制度の設計が可能であり，投票価値を等価にしても選出方法を似通ったものにしない工夫をする権限も有するのである。したがって，投票価値が等価であるからといって，二院制の存在意義が失われるということはできないと解する。」

3　本件定数配分規定の憲法適合性と本件選挙の効力について

「国会は，遅くとも平成21年大法廷判決が示された平成21年9月30日の時点で，選挙制度の仕組み自体の見直しが必要であることを認識し得たということができる。平成24年大法廷判決は，投票価値の不均衡が違憲状態に至っている旨の判断を示すとともに，平成21年大法廷判決に判示された選挙制度の仕組みの見直しの在り方を具体的な方法の例示も含めて明示したものであり，仕組みの見直しの必要性については平成21年大法廷判決に既に示されていたというべきである。」「国会は，遅くとも平成21年大法廷判決の後，速やかに投票価値の平等の実現に向け選挙制度の仕組みの改革に着手し，法改正を行うべき責務を負ったものであって，本件選挙までには約3年9か月の期間があったのであるから，投票価値の平等を基本とする公職選挙法改正は実現可能であったというほかない。」「以上のとおり，本件選

挙までの間に投票価値の平等を基本とする定数配分規定の改正による違憲状態の是正がされなかったことは，国会の裁量権の限界を超えるものとの評価を免れず，本件選挙当時，本件定数配分規定は憲法に違反するに至っていたものというべきである。違憲の定数配分規定に基づき行われた本件選挙は違法というべきである」。「本件選挙を無効とするとの結論に至ったとしても，本件訴訟の対象となっていない比例代表選出議員や非改選の選挙区選出議員73人については，判決の効力は及ばず，本件選挙によって選出された議員だけが議席を失うことになり，参議院には非改選の選挙区選出議員と比例代表選出議員の議席は維持されるから，議事を開き議決するための定足数に欠けることにはならず(憲法56条)，参議院が議決の機能を失うことはない。また，各選挙区から選出された1名以上の非改選議員の議席にも影響が及ばないのであるから，いずれかの選挙区の選出議員が欠損するという不都合を生ずることもない。このような事情に着目すれば，本件選挙を無効とすることにより，直ちに公の利益に著しい障害を生じさせるとまではいい得ないと思われる。」しかし「今回，違憲の結論を採るに当たっては，憲法の予定する立法権と司法権の関係に鑑み，司法が直ちに選挙を無効とするとの結論を出すのではなく，まず国会自らによる是正の責務の内容及びこれを速やかに実現する必要性を明確に示すことが相当であると思料される。そして，今後の進捗の状況等を注視し，その是正が速やかに行われない場合には，司法が選挙の効力に関して上記の結論につき決する新たな段階に歩を進めるのが相当であろう。」「以上のことから，本件については，選挙を無効とすることなく，本件選挙は違法であると宣言することにとどめるのが相当である」。

＊裁判官木内道祥の反対意見　〔上記鬼丸裁判官の反対意見と類似している点が多いので省略〕

＊裁判官山本庸幸の反対意見　多数意見のいうように「国会の裁量を広く認める見解を採った上で，衆議院議員選挙の場合であれば2倍程度の一票の価値の較差を許容する考え方もある。しかし，国民主権と代表民主制の本来の姿からすれば，投票価値の平等は，他に優先する唯一かつ絶対的な基準として，あらゆる国政選挙において真っ先に守られなければならないものと考える。」「衆議院議員選挙の場合であれば2倍程度の一票の価値の較差でも許容され，これをもって法の下の平等が保たれていると解する考え方があるが，私は賛成しかねる。」「私は，現在の国政選挙の選挙制度において法の下の平等を貫くためには，一票の価値の較差など生じさせることなく，どの選挙区においても投票の価値を比較すれば1.0となるのが原則であると考える。その意味において，これは国政選挙における唯一かつ絶対的な基

準といって差し支えない。ただし，人口の急激な移動や技術的理由などの区割りの都合によっては1～2割程度の一票の価値の較差が生ずるのはやむを得ないと考えるが，それでもその場合に許容されるのは，せいぜい2割程度の較差にとどまるべきであり，これ以上の一票の価値の較差が生ずるような選挙制度は法の下の平等の規定に反し，違憲かつ無効であると考える。」その場合，いわゆる事情判決の法理を用いるべきだとする考え方があるが，「国政選挙という代表民主制を支える最も重要な制度の合憲性が争われる争訟において，裁判所がこれを違憲と判断しながら当該選挙を無効とせずに単に違法の宣言にとどめるということが，法律上の明文の根拠もなく許されるものであるかどうか，私には甚だ疑問に思えてならない。現にこれまでの経緯を振り返ると，選挙区の区割りや定数に関する幾たびかの法改正や国会における検討を経てもなお，一票の価値の平等という代表民主制を支える根幹の原理が守られておらず，その改善は遅々として進まないという状況にあって，選挙制度の憲法への適合性を守るべき立場にある裁判所としては，違憲であることを明確に判断した以上はこれを無効とすべきであり，そうした場合に生じ得る問題については，経過的にいかに取り扱うかを同時に決定する権限を有するものと考える。」例えば，①「判決により無効とされた選挙に基づいて選出された議員によって構成された参議院又は衆議院が既に行った議決等の効力」については，「それが判決前にされた議決等であれば，裁判所による選挙無効の判決の効力は将来に向かってのみ発生し，過去に遡及するものではないから，当該議決等の効力に及ぼす余地はなく，当該議決は当然に有効なものとして存続することとなることは，いうまでもない。それに加えて，判決後においても，裁判所による選挙無効の判断を受けて一票の価値の平等を実現する新たな選挙制度が制定されこれに基づく選挙が行われて選出された議員で構成される参議院又は衆議院が成立するまでの間を含めて，後述のとおり一定数の身分の継続する議員で構成される院により議決等を有効に行うことが可能となるので，その点で国政に混乱が生ずる余地はない。また仮に，判決の直後に判決前と同じ構成の院が議決等を行ったとしても，国政の混乱を避けるために，当該議決等を有効なものとして扱うべきである。」②次に，「判決により無効とされた選挙に基づいて選出された議員の身分の取扱い」については，参議院の場合，本件のように全選挙区が訴訟の対象とされているときは，その無効とされた選挙において一票の価値（各選挙区の有権者数の合計を各選挙区の定数の合計で除して得られた全国平均の有権者数をもって各選挙区の議員一人当たりの有権者数を除して得られた数。以下同じ。）が0.8を下回る選挙区から選出された議員は，全てその身分を失うものと解すべきである。なぜなら，一票の価値が許容限度の0.8より低い選挙区か

ら選出された議員がその身分を維持しつつ他の選挙区の議員と同様に国会の本会議や委員会において議事に加わることは,そもそも許されないと解されるからである。ちなみにそれ以外の選挙区から選出された議員については,選挙は無効になるものの,議員の身分は継続し,引き続きその任期終了までは参議院議員であり続けることができる。参議院議員は3年ごとにその半数が改選される(憲法46条)ので,このように解することにより,参議院はその機能を停止せずに活動することができるだけでなく,必要な場合には緊急集会の開催も可能である。」なお,一票の価値の平等を実現するための具体的な選挙区の定め方に関しては,「都道府県又はこれを細分化した市町村その他の行政区画などを基本単位としていては,策定が非常に困難か,事実上不可能という結果となることが懸念される。その最大の障害となっているのは都道府県であり,また,これを細分化した市町村その他の行政区画などもその大きな障害となり得るものと考えられる。したがって,これらは,もはや基本単位として取り扱うべきではなく,細分化するにしても例えば投票所単位など更に細分化するか,又は細分化とは全く逆の発想で全国を単一若しくは大まかなブロックに分けて選挙区及び定数を設定するか,そのいずれかでなければ,一票の価値の平等を実現することはできないのではないかと考える。」

第3章　思想・良心の自由と信教の自由

第10講　思想・良心の自由

1．基本的人権の分類

　日本国憲法は第15条以下に個別的に「国民の自由及び権利」を保障している。これらをどのように分類するかについては種々の考え方があり、伝統的にはこれを《自由権》と《社会権》に二分する方法が採られることが多かったが、これによると、たとえばすでに前講でも触れた選挙権(第15条)や請願権(第16条)のように、国民が能動的に国政に参加するための権利はうまく分類しにくいし、公の賠償請求権(第17条)や刑事補償請求権(第40条)のような受益権的な権利についても問題が生じる。それだけでなく、一口に自由権といっても、その性格は様々であるし、一般に《社会権》に分類される権利の中にも《自由権》としての性格を併せ持つとされるものがあるなど、体系的に説明することは容易でない。本書では、第1章の冒頭でも断ったように、体系論については触れず、便宜上、日本国憲法の規定の順序に原則的に従って、重要な判例のある基本的人権について触れていくこととし、本講ではまず、第19条を取り上げる。

2．思想・良心の自由

　(1)　憲法第19条は「思想及び良心の自由は、これを侵してはならない」と定める。この規定は、後述する表現の自由(第21条)、信教の自由(第20条)、学問の自由(第23条)と内的に関連しており、その意味では精神的自由権の一般法的地位を占めているが、これらの規定には解消しきれない独自の内容を含んでいる。[1]

　(2)　思想・良心の自由が人の内心領域における自由をさすとしても、それ

が具体的にどういう内容であるかについては学界でも議論がある。**三菱樹脂事件**(⇨【判例5-1】)では、「憲法19条の保障する思想、信条」という言い回しをして、本条の《良心》が憲法第14条1項後段の《信条》と同義であることを当然の前提としているようにも見受けられる。

(3) 《信条》は、一般に、宗教的信条(creed)のみならず、人生や政治に関する信念のようなものも含む概念と解されているが、上記【判例5-1】では、国家公務員法第27条等の文言を根拠として、《信条》には多かれ少なかれ具体的な「政治的意見」は含まれないとする鑑定意見(宮沢俊義)が被告側から出されて論議を呼んだが、この両者の区別は相対的なものがあり、いわゆる《傾向企業》(Tendenzbetrieb)における社員の政治的信条に関する、いわゆる日中旅行社事件(大阪地判昭44・12・26判タ243号143頁)等では、政治的意見も含むとして、積極的に解されている。

(4) 有名な**謝罪広告事件判決**(⇨【判例10-1】)では、とくに憲法第19条の《良心》の概念につき裁判官の意見が種々に分かれた。思想・良心の自由を、宗教的信条とそれに準ずべき世界観・主義・思想・主張をもつことと解する(同判決における田中耕太郎裁判官の補足意見参照)ならば、思想・良心と信条とはほぼ同義となろう。この判決では、各裁判官の意見において、とくに《良心》の概念内実が論議されており、大別すると、これを①freedom of conscienceの邦訳、つまり信仰選択の自由と捉え、これを思想の自由から分離させる狭い見解、②先に触れた《信条》とほぼ同義に関する見解、および③事物に関する是非弁別の判断をも含む、内心におけるものの見方ないし考え方全般と解する広い見解がある。とりわけ③においては、憲法第19条の保障の意義は《沈黙の自由》、すなわち言いたくないことを言わせられない自由にあると解するが、これに対しては、《沈黙の自由》は憲法第20条・21条等の問題でもあるとする批判がありうる。本判決の多数意見が良心の自由の保障をどの範囲のものと解しているかは判然としない点があるが、たとえば、いわゆる勤評長野方式事件判決(長野地判昭39・6・2判時374号8頁)は、はっきりと②説

---

1) この点については、さしあたり、初宿「思想・良心の自由の保障の効果」小嶋和司編『憲法の争点』〔新版〕ジュリスト増刊、91〜92頁参照。

を採用している。

(5) 「君が代」ピアノ伴奏職務命令拒否事件判決(⇨【判例10-2】)は，公立の小学校教師が入学式での「君が代」のピアノ伴奏をすることが自己の思想・信条に反するとして，校長の職務命令に従わなかったため，地方公務員法違反として戒告処分を受けたのに対し，その取消しを求めた訴訟である。最高裁判所は，ピアノ伴奏を拒否することは，原告の「歴史観ないし世界観に基づく」ものとはいえないわけではないが，本件職務命令がただちに原告の歴史観や世界観それ自体を否定するものとは認められないとし，職務命令が憲法第19条違反とはいえないとした。

なお，この事件当時は，『君が代』は法的には国歌ではなかったが，この事件と同年の平成11年8月13日に「国旗及び国歌に関する法律」(法127号)が公布・施行された。

(6) 国歌起立斉唱拒否事件判決(⇨【判例10-3】)は，上記(5)とやや類似しているが，公立学校の教諭が校長の職務命令に従わず卒業式での国歌斉唱の際に起立しなかったために受けた懲戒処分の効力を争ったもので，最高裁は，このような起立斉唱行為が「国旗及び国歌に対する敬意の表明を要素を含む行為」であり，思想・良心の間接的な制約となる面があるとしつつも，憲法19条に違反しないと結論づけた。[2]

【判例10-1】
謝罪広告と良心の自由(謝罪広告請求事件)
最大判昭31・7・4 民集10巻7号785頁　　　　　　　　〔上告棄却〕

〔事実の概要〕

被告O(上告人)は，昭和27年10月1日施行の衆議院議員選挙において，日本共

---

[2] この事件と同様に，都立高校の元教師らが過去の起立斉唱拒否による懲戒処分歴を理由として退職後の再雇用が不合格となったことを争った損害賠償請求事件に対する最一判平23・6・6民集65巻4号1855頁，東京の公立中学校の教諭らが職務命令違反に対する懲戒(戒告)処分の効力を争って取消しと損害賠償を求めた事件に対する最三判平23・6・14民集65巻4号2148頁，広島県立高校の教職員らが同様に戒告処分の取消しを求めた事案に対する最三判平23・6・21時事2123号35頁があるが，いずれも原告の請求は棄却されている。

産党公認候補として徳島県から立候補し、その選挙運動中の9月に、NHK徳島放送局のラジオにおける3回の政見放送（各5分間）の際、対立候補である原告K（被上告人）が、県副知事在職中に坂州発電所の発電機購入にからんで800万円の

> 民法第723条　他人の名誉を毀損した者に対しては、裁判所は、被害者の請求により、損害賠償に代えて、又は損害賠償とともに、名誉を回復するのに適当な処分を命ずることができる。

斡旋料をとった旨の虚偽の事実を公表し、また同月29日発行の徳島新聞紙上で、訴外Aが「公開状」と題してOに釈明したのに対して、Oは「……K君が斡旋料800万円をとった問題だが、……君〔Aのこと〕がどの様に弁明しようとも、……K君がこの斡旋に奔走して800万円の『そでの下』をもらった事実は打ち消すことができない」とか、「この問題の当事者であるK君はわが党が3ケ月も以前から曝露しているにも拘らず一言の申訳も出来ないのはどうしたわけか」云々と発表した。これに対しKは、この事実が無根でありKの名誉を毀損されたとして、その名誉回復のための謝罪文のラジオでの放送および新聞紙（6紙）上への掲載を求める訴えを提起した。第一審（徳島地裁）は、Oの発表した事実が無根であり、その公表によってKの名誉が毀損されたとして、Kの請求を認め、Oに対し、「……放送及び記事は真実に相違して居り、貴下の名誉を傷け御迷惑をおかけいたしました。ここに陳謝の意を表します。」という文面の「謝罪広告」を徳島新聞他3紙上に掲載することを命じたが、ラジオでの放送は認めなかった（昭28・6・24）。第二審の高松高裁も原判決を正当と認めて控訴を棄却した（昭28・10・3）ので、Oは最高裁に上告し、自己の「全然意図しない言説を上告人の名前で新聞に掲載せしむる如きは、上告人の良心の自由を侵害するものである」と主張した。

〔判決理由〕

「民法723条にいわゆる『他人の名誉を毀損した者に対して被害者の名誉を回復するに適当な処分』として謝罪広告を新聞紙等に掲載すべきことを加害者に命ずることは、従来学説判例の肯認するところであり、また謝罪広告を新聞紙等に掲載することは我国民生活の実際においても行われているのである。尤も謝罪広告を命ずる判決にもその内容上、これを新聞紙に掲載することが謝罪者の意思決定に委ねる〔ママ〕を相当とし、これを命ずる場合の執行も債務者の意思のみに係る不代替行為として民訴734条〔＝現行の民事執行法第172条〕に基き間接強制によるを相当とするものもあるべく、時にはこれを強制することが債務者の人格を無視し著しくその名誉を毀損し意思決定の自由乃至良心の自由を不当に制限することとなり、いわゆる強制執行に適さない場合に該当することもありうるであろうけれど、単に事態の真相

を告白し陳謝の意を表明するに止まる程度のものにあっては、これが強制執行も代替作為として民訴733条〔＝現行の民事執行法第171条〕の手続によることを得るものといわなければならない。そして原判決の是認した被上告人の本訴請求は、上告人が判示日時に判示放送、又は新聞紙において公表した客観的事実につき上告人名義を以て被上告人に宛て『右放送及記事は真相に相違しており、貴下の名誉を傷け御迷惑をおかけいたしました。ここに陳謝の意を表します』なる内容のもので、結局上告人をして右公表事実が虚偽且つ不当であったことを広報機関を通じて発表すべきことを求めるに帰する。されば少くともこの種の謝罪広告を新聞紙に掲載すべきことを命ずる原判決は、上告人に屈辱的若くは苦役的労苦を科し、又は上告人の有する倫理的な意思、良心の自由を侵害することを要求するものとは解せられないし、また民法723条にいわゆる適当な処分というべきである……。」

＊裁判官田中耕太郎の補足意見　　憲法第19条の「良心」は「宗教上の信仰に限らずひろく世界観や主義や思想や主張をもつこと」であり、「謝罪の意思表示の基礎としての道徳的な反省とか誠実さというものを含まない」が、謝罪する意思の伴わない単に「いやいやながら」なされる謝罪広告といえども「法の世界においては被害者にとって意味があ」り、本件は憲法第19条とは無関係である。

＊裁判官栗山茂の意見　　諸外国憲法の用例から見て、憲法第19条の「良心の自由」は「フリーダム・オブ・コンシャンスの邦訳」であり、「信仰選択の自由」を意味するから、本件は良心の自由の侵害の問題を生じない。

＊裁判官入江俊郎の意見　　本件判決の内容は「良心による倫理的判断」を「自発的意思表示の形式をもって表示すべきことを求めている」から、その強制執行は許されない。

＊裁判官藤田八郎の反対意見　　「良心の自由」とは「単に事物に関する是非弁別の内心的自由のみならず、かかる是非弁別の判断に関する事項を外部に表現するの自由並びに表現せざるの自由をも包含するものと解すべきであり」、「人の本心に反して、事の是非善悪の判断を外部に表現せしめ、心にもない陳謝の念の発露を判決をもって命ずるがごときことは、まさに憲法19条の保障する良心の外的自由を侵犯するものである」。

＊裁判官垂水克己の反対意見　　憲法第19条は「信条上沈黙を欲する者に沈黙する自由をも保障するもの」であり、「謝罪」および「陳謝の意を表します」との文言は「本人の信条に反し、彼の欲しないかも知れない意思表明の公表を強制するものであって、憲法19条に違反する」。

〔以上,「裁判官 田中耕太郎,同栗山茂,同入江俊郎の各補足意見および裁判官 藤田八郎,同垂水克己の各反対意見〔ママ〕」があるほか,裁判官15人一致の意見〕

【判例10-2】
「君が代」ピアノ伴奏職務命令拒否事件判決(戒告処分取消請求事件)
最三判平19・2・27民集61巻1号291頁　　　　　　　　〔上告棄却〕

〔事実の概要〕

　日野市立A小学校では,1995(平成7)年3月以降,卒業式および入学式において,音楽専科の教諭によるピアノ伴奏で「君が代」の斉唱が行われてきており,同校の校長は,1999(平成11)年4月6日に行われる入学式(本件入学式)においても,式次第に「国歌斉唱」を入れて音楽専科の教諭によるピアノ伴奏で「君が代」を斉唱することとした。1999年4月1日からA小学校に音楽専科の教諭として勤務していたXは,4月5日の本件入学式の最終打合せのための職員会議の際,事前に校長から国歌斉唱の際にピアノ伴奏を行うよう言われたが,自分の思想,信条上,また音楽の教師としても,これを行うことはできない旨発言した。校長は,Xに対し,本件入学式の国歌斉唱の際にピアノ伴奏を行うよう命じたが,Xは,これに応じない旨返答した。校長は,同月6日午前8時20分過ぎころ,校長室において,Xに対し,改めて,本件入学式の国歌斉唱の際にピアノ伴奏を行うよう命じた(本件職務命令)が,Xは,これに応じない旨返答した。同日午前10時,本件入学式が開始され,司会者が「国歌斉唱」と言ったが,Xはピアノの椅子に座ったままであった。校長は,Xがピアノを弾き始める様子がなかったことから,約5～10秒間待った後,あらかじめ用意しておいた録音テープによって国歌斉唱が行われた。Y(東京都教育委員会)は,本件職務命令に従わなかったことが地公法第32条および第33条に違反するとして,地公法第29条1項1～3号に基づき,Xを戒告処分としたのに対し,Xは,本件職務命令が思想・良心の自由を保障した憲法19条に違反すること等から同処分は違法であると主張して,その取消しを求めた。第1審(東京地判平15・12・3判時1845号135頁)は,本件職務命令がXの思想・良心の自由を制約するものであってもXにおいて受忍すべきものであり,憲法19条に違反するとまではいえないと判示した。控訴審(東京高判平16・7・7判自290号86頁)もXの請求を棄却したため,Xが上告した。

〔判決理由〕
1 本件職務命令はただちに原告の歴史観・世界観の否定ではない

Xは、「君が代」が過去の日本のアジア侵略と結び付いており、これを公然と歌ったり、伴奏することはできない、また、子どもに「君が代」がアジア侵略で果たしてきた役割等の正確な歴史的事実を教えず、子どもの思想及び良心の自由を実質的に保障する措置を執らないまま「君が代」を歌わせるという人権侵害に加担することはできないなどの思想及び良心を有すると主張するところ、このような考えは、「君が代」が過去の我が国において果たした役割に係わるX自身の歴史観ないし世界観及びこれに由来する社会生活上の信念等ということができる。しかしながら、学校の儀式的行事において「君が代」のピアノ伴奏をすべきでないとして本件入学式の国歌斉唱の際のピアノ伴奏を拒否することは、Xにとっては、上記の歴史観ないし世界観に基づく一つの選択ではあろうが、一般的には、これと不可分に結び付くものということはできず、Xに対して本件入学式の国歌斉唱の際にピアノ伴奏を求めることを内容とする本件職務命令が、直ちにXの有する上記の歴史観ないし世界観それ自体を否定するものと認めることはできないというべきである。

2 「君が代」のピアノ伴奏は特定の思想の表明ではない

他方において、本件職務命令当時、公立小学校における入学式や卒業式において、国歌斉唱として「君が代」が斉唱されることが広く行われていたことは周知の事実であり、客観的に見て、入学式の国歌斉唱の際に「君が代」のピアノ伴奏をするという行為自体は、音楽専科の教諭等にとって通常想定され期待されるものであって、上記伴奏を行う教諭等が特定の思想を有するということを外部に表明する行為であると評価することは困難なものであり、特に、職務上の命令に従ってこのような行為が行われる場合には、上記のように評価することは一層困難であるといわざるを得ない。

本件職務命令は、上記のように、公立小学校における儀式的行事において広く行われ、A小学校でも従前から入学式等において行われていた国歌斉唱に際し、音楽専科の教諭にそのピアノ伴奏を命ずるものであって、Xに対して、特定の思想を持つことを強制したり、あるいはこれを禁止したりするものではなく、特定の思想の有無について告白することを強要するものでもなく、児童に対して一方的な思想や理念を教え込むことを強制するものとみることもできない。

3 原告は法令および職務上の命令に従う立場にある

さらに、憲法15条2項は、「すべて公務員は、全体の奉仕者であって、一部の奉仕者ではない。」と定めており、地方公務員も、地方公共団体の住民全体の奉仕者と

しての地位を有するものである。こうした地位の特殊性及び職務の公共性にかんがみ，地方公務員法 30 条は，地方公務員は，全体の奉仕者として公共の利益のために勤務し，かつ，職務の遂行に当たっては全力を挙げてこれに専念しなければならない旨規定し，同法 32 条は，上記の地方公務員がその職務を遂行するに当たって，法令等に従い，かつ，上司の職務上の命令に忠実に従わなければならない旨規定するところ，X は，A 小学校の音楽専科の教諭であって，法令等や職務上の命令に従わなければならない立場にあり，校長から同校の学校行事である入学式に関して本件職務命令を受けたものである。そして，学校教育法 18 条 2 号は，小学校教育の目標として「郷土及び国家の現状と伝統について，正しい理解に導き，進んで国際協調の精神を養うこと。」を規定し，学校教育法(平成 11 年法律第 87 号による改正前のもの)20 条，学校教育法施行規則(平成 12 年文部省令第 53 による改正前のもの)25 条に基づいて定められた小学校学習指導要領(平成元年文部省告示第 24 号)第 4 章第 2D(1)は，学校行事のうち儀式的行事について，「学校生活に有意義な変化や折り目を付け，厳粛で清新な気分を味わい，新しい生活の展開への動機付けとなるような活動を行うこと。」と定めるところ，同章第 3 の 3 は，「入学式や卒業式などにおいては，その意義を踏まえ，国旗を掲揚するとともに，国歌を斉唱するよう指導するものとする。」と定めている。

　入学式等において音楽専科の教諭によるピアノ伴奏で国歌斉唱を行うことは，これらの規定の趣旨にかなうものであり，A 小学校では従来から入学式等において音楽専科の教諭によるピアノ伴奏で「君が代」の斉唱が行われてきたことに照らしても，本件職務命令は，その目的及び内容において不合理であるということはできないというべきである。

4　本件職務命令は憲法第 19 条に違反しない

　以上の諸点にかんがみると，本件職務命令は，X の思想及び良心の自由を侵すものとして憲法 19 条に反するとはいえないと解するのが相当である。

　なお，X は，雅楽を基本にしながらドイツ和声を付けているという音楽的に不適切な「君が代」を平均律のピアノという不適切な方法で演奏することは音楽家としても教育者としてもできないという思想及び良心を有するとも主張するが，以上に説示したところによれば，X がこのような考えを有することから本件職務命令が憲法 19 条に反することとなるといえないことも明らかである。

　以上は，当裁判所大法廷判決(最大判昭 31・7・4 民集 10 巻 7 号 785 頁〔【判例 10-1】〕，最大判昭 49・11・6 刑集 28 巻 9 号 393 頁〔【判例 15-1】〕，最大判昭 51・5・21 刑集 30 巻 5 号 615 頁〔【判例 18-2】〕及び最大判昭 51・5・21 刑集 30 巻 5 号 1178 頁)の趣旨に徴して明ら

かである。
  ＊裁判官那須弘平の補足意見
  1　Xの立場からすると，職務命令により入学式における「君が代」のピアノ伴奏を強制されることは，Xの前記歴史観や世界観を否定されることであり，さらに特定の思想を有することを外部に表明する行為と評価され得ることにもなるものではないかと思われる。

  この点，本件で問題とされているピアノ伴奏は，外形的な手足の作動だけでこれを行うことは困難であって，伴奏者が内面に有する音楽的な感覚・感情や知識・技能の働きを動員することによってはじめて演奏可能となり，意味のあるものになると考えられる。Xのような信念を有する人々が学校の儀式的行事において信念に反して「君が代」のピアノ伴奏を強制されることは，演奏のために動員される上記のような音楽的な内心の働きと，そのような行動をすることに反発し演奏をしたくない，できればやめたいという心情との間に心理的な矛盾・葛藤を引き起こし，結果として伴奏者に精神的苦痛を与えることがあることも，容易に理解できることである。

  本件職務命令は，Xに対し上述の意味で心理的な矛盾・葛藤を生じさせる点で，同人が有する思想及び良心の自由との間に一定の緊張関係を惹起させ，ひいては思想及び良心の自由に対する制約の問題を生じさせる可能性がある。したがって，本件職務命令と「思想及び良心」との関係を論じるについては，Xが上記のような心理的矛盾・葛藤や精神的苦痛にさいなまれる事態が生じる可能性があることを前提として，これをなぜ甘受しなければならないのかということについて敷えんして述べる必要があると考える。

  2　多数意見が挙げる憲法15条2項……，地公法30条……，32条……等の規定と，Xのような「君が代」斉唱に批判的な信念を持つ教師の思想・良心の自由との関係については，以下のとおり理解することができる。

  第1に，入学式におけるピアノ伴奏は，一方において演奏者の内心の自由たる「思想及び良心」の問題に深く関わる内面性を持つと同時に，他方で入学式の進行において参列者の国歌斉唱を補助し誘導するという外部性をも有する行為である。

  その内面性に着目すれば，演奏者の「思想及び良心の自由」の保障の対象に含まれ得るが，外部性に着目すれば学校行事の一環としての「君が代」斉唱をより円滑かつ効果的なものにするに必要な行為にほかならず，音楽専科の教諭の職務の一つとして校長の職務命令の対象となり得る性質のものである。

  このような両面性を持った行為が，「思想及び良心の自由」を理由にして，学校行

事という重要な教育活動の場から事実上排除されたり，あるいは各教師の個人的な裁量にゆだねられたりするのでは，学校教育の均質性や組織としての学校の秩序を維持する上で深刻な問題を引き起こし，ひいては良質な教育活動の実現にも影響を与えかねない。

なお，学校の教師は専門的な知識と技能を有し，高い見識を備えた専門性を有するものではあるが，個別具体的な教育活動がすべて教師の専門性に依拠して各教師の裁量にゆだねられるということでは，学校教育は成り立たない面がある。少なくとも，入学式等の学校行事については，学校単位での統一的な意思決定とこれに準拠した整然たる活動(必ずしも参加者の画一的・一律の行動を要求するものではないが，少なくとも無秩序に流れることにより学校行事の意義を損ねることのない態様のものであること)が必要とされる面があって，学校行事に関する校長の教職員に対する職務命令を含む監督権もこの目的に資するところが大きい。

第2に，入学式における「君が代」の斉唱については，学校は消極的な意見を有する人々の立場にも相応の配慮を怠るべきではないが，他方で斉唱することに積極的な意義を見いだす人々の立場をも十分に尊重する必要がある。そのような多元的な価値の併存を可能とするような運営をすることが学校としては最も望ましいことであり，これが「全体の奉仕者」としての公務員の本質(憲法15条2項)にも合致し，また「公の性質」を有する学校における「全体の奉仕者」としての教員の在り方(平成18年法律第120号による全部改正前の教育基本法6条1項及び2項)にも調和するものであることは明らかである。

他面において，学校行事としての教育活動を適時・適切に実践する必要上，上記のような多元性の尊重だけではこと足りず，学校としての統一的な意思決定と，その確実な遂行が必要な場合も少なくなく，この場合には，校長の監督権(学校教育法28条3項)や，公務員が上司の職務上の命令に従う義務(地方公務員法32条)の規定に基づく校長の指導力が重要な役割を果たすことになる。そこで，前記のような両面性を持った行為についても，行事の目的を達成するために必要な範囲内では，学校単位での統一性を重視し，校長の裁量による統一的な意思決定に服させることも「思想及び良心の自由」との関係で許されると解する。

3　本件職務命令は，小学校における入学式に際し，その式典の一環として従前の例に従い「君が代」を斉唱することを学校の方針として決定し，これを実施するために発せられたものである。そして，入学式において，「君が代」を斉唱させることが義務的なものかどうかについてはともかく，少なくとも本件当時における市立小学校においては，学校現場の責任者である校長が最終的な裁量権を行使して斉唱

を行うことを決定することまで否定することは，上記校長の権限との関係から見ても，困難である。そうしてみると，学校が組織として国歌斉唱を行うことを決めたからには，これを効果的に実施するために音楽専科の教諭に伴奏させることは極めて合理的な選択であり，その反面として，これに代わる措置としてのテープ演奏では，伴奏の必要性を十分に満たすものとはいえないことから，指示を受けた教諭が任意に伴奏を行わない場合に職務命令によって職務上の義務としてこれを行わせる形を採ることも，必要な措置として憲法上許されると解する。

この場合，職務命令を受けた教諭の中には，Xと同様な理由で伴奏することに消極的な信条・信念を持つ者がいることも想定されるところであるが，そうであるからといって思想・良心の自由を理由にして職務命令を拒否することを許していては，職場の秩序が保持できないばかりか，子どもたちが入学式に参加し国歌を斉唱することを通じ新たに始まる学年に向けて気持ちを引き締め，学習意欲を高めるための格好の機会を奪ったり損ねたりすることにもなり，結果的に集団活動を通じ子どもたちが修得すべき教育上の諸利益を害することとなる。

入学式において「君が代」の斉唱を行うことに対するXの消極的な意見は，これが内面の信念にとどまる限り思想・良心の自由の観点から十分に保障されるべきものではあるが，この意見を他に押しつけたり，学校が組織として決定した斉唱を困難にさせたり，あるいは学校が定めた入学式の円滑な実施に支障を生じさせたりすることまでが認められるものではない。

4　Xは，子どもに「君が代」がアジア侵略で果たしてきた役割等の正確な歴史的事実を教えず，子どもの思想及び良心の自由を実質的に保障する措置を執らないまま，「君が代」を歌わせることは，教師としての職業的「思想・良心」に反するとも主張する。Xの主張にかかる上記職業的な思想・良心も，それが内面における信念にとどまる限りは十二分に尊重されるべきであるが，学校教育の実践の場における問題としては，各教師には教育の専門家として一定の裁量権が認められるにしても，すべてが各教師の選択にゆだねられるものではなく，それぞれの学校という教育組織の中で法令に基づき採択された意思決定に従い，総合的統一的に整然と実施されなければ，教育効果の面で深刻な弊害が生じることも見やすい理である。殊に，入学式や卒業式等の行事は，通常教員が単独で担当する各クラス単位での授業と異なり，学校全体で実施するもので，その実施方法についても全校的に統一性をもって整然と実施される必要があり，本件職務命令もこの観点から事前にしかも複数回にわたって校長からXに発出されたものであった。

したがって，A小学校において，入学式における国歌斉唱を行うことが組織とし

て決定された後は，上記のような思想・良心を有するXもこれに協力する義務を負うに至ったというべきであり，本件職務命令はこの義務を更に明確に表明した措置であって，これを違憲，違法とする理由は見いだし難い。

＊裁判官藤田宙靖の反対意見

　私は，Xに対し，その意に反して入学式における「君が代」斉唱のピアノ伴奏を命ずる校長の本件職務命令が，Xの思想及び良心の自由を侵すものとして憲法19条に反するとはいえないとする多数意見に対しては，なお疑問を抱くものであって，にわかに賛成することはできない。

　1　私には，まず，本件における真の問題は，校長の職務命令によってピアノの伴奏を命じることが，Xに「『君が代』に対する否定的評価」それ自体を禁じたり，あるいは一定の「歴史観ないし世界観」の有無についての告白を強要することになるかどうかというところにあるのではなく……，むしろ，入学式においてピアノ伴奏をすることは，自らの信条に照らしXにとって極めて苦痛なことであり，それにもかかわらずこれを強制することが許されるかどうかという点にこそあるように思われる。そうであるとすると，本件において問題とされるべきXの「思想及び良心」としては，このように「『君が代』が果たしてきた役割に対する否定的評価という歴史観ないし世界観それ自体」もさることながら，それに加えて更に，「『君が代』の斉唱をめぐり，学校の入学式のような公的儀式の場で，公的機関が，参加者にその意思に反してでも一律に行動すべく強制することに対する否定的評価（従って，また，このような行動に自分は参加してはならないという信念ないし信条）」といった側面が含まれている可能性があるのであり，また，後者の側面こそが，本件では重要なのではないかと考える。そして，これが肯定されるとすれば，このような信念ないし信条がそれ自体として憲法による保護を受けるものとはいえないのか，すなわち，そのような信念・信条に反する行為……を強制することが憲法違反とならないかどうかは，仮に多数意見の上記の考えを前提とするとしても，改めて検討する必要があるものといわなければならない。このことは，例えば，「君が代」を国歌として位置付けることには異論が無く，従って，例えばオリンピックにおいて優勝者が国歌演奏によって讃えられること自体については抵抗感が無くとも，一方で「君が代」に対する評価に関し国民の中に大きな分かれが現に存在する以上，公的儀式においてその斉唱を強制することについては，そのこと自体に対して強く反対するという考え方も有り得るし，また現にこのような考え方を採る者も少なからず存在するということからも，いえるところである。この考え方は，それ自体，上記の歴史観ないし世界観とは理論的には一応区別された一つの信念・信条であるということができ，

このような信念・信条を抱く者に対して公的儀式における斉唱への協力を強制することが，当人の信念・信条そのものに対する直接的抑圧となることは，明白であるといわなければならない。そしてまた，こういった信念・信条が，例えば「およそ法秩序に従った行動をすべきではない」というような，国民一般に到底受入れられないようなものであるのではなく，自由主義・個人主義の見地から，それなりに評価し得るものであることも，にわかに否定することはできない。本件における，Xに対してピアノ伴奏を命じる職務命令とXの思想・良心の自由との関係については，こういった見地から更に慎重な検討が加えられるべきものと考える。

　2　公務員が全体の奉仕者であることから，その基本的人権にそれなりの内在的制約が伴うこと自体は，いうまでもなくこれを否定することができないが，ただ，逆に，「全体の奉仕者」であるということからして当然に，公務員はその基本的人権につき如何なる制限をも甘受すべきである，といったレヴェルの一般論により，具体的なケースにおける権利制限の可否を決めることができないことも，また明らかである。本件の場合にも，ピアノ伴奏を命じる校長の職務命令によって達せられようとしている公共の利益の具体的な内容は何かが問われなければならず，そのような利益と上記に見たようなものとしてのXの「思想及び良心」の保護の必要との間で，慎重な考量がなされなければならないものと考える。

　ところで，学校行政の究極的目的が「子供の教育を受ける利益の達成」でなければならないことは，自明の事柄であって，それ自体は極めて重要な公共の利益であるが，そのことから直接に，音楽教師に対し入学式において「君が代」のピアノ伴奏をすることを強制しなければならないという結論が導き出せるわけではない。本件の場合，「公共の利益の達成」は，いわば，「子供の教育を受ける利益の達成」という究極の（一般的・抽象的な）目的のために，「入学式における『君が代』斉唱の指導」という中間目的が（学習指導要領により）設定され，それを実現するために，いわば，「入学式進行における秩序・紀律」及び「（組織決定を遂行するための）校長の指揮権の確保」を具体的な目的とした「『君が代』のピアノ伴奏をすること」という職務命令が発せられるという構造によって行われることとされているのである。そして，仮に上記の中間目的が承認されたとしても，そのことが当然に「『君が代』のピアノ伴奏を強制すること」の不可欠性を導くものでもない。公務員の基本的人権の制約要因たり得る公共の福祉ないし公共の利益が認められるか否かについては，この重層構造のそれぞれの位相に対応して慎重に検討されるべきであると考えるのであって，本件の場合，何よりも，上記の〔1〕「入学式進行における秩序・紀律」及び〔2〕「校長の指揮権の確保」という具体的な目的との関係において考量されることが必

要であるというべきである。このうち上記〔1〕については，本件の場合，Xは，当日になって突如ピアノ伴奏を拒否したわけではなく，また実力をもって式進行を阻止しようとしていたものでもなく，ただ，以前から繰り返し述べていた希望のとおりの不作為を行おうとしていたものにすぎなかった。従って，校長は，このような不作為を充分に予測できたのであり，現にそのような事態に備えて用意しておいたテープによる伴奏が行われることによって，基本的には問題無く式は進行している。ただ，確かに，それ以外の曲については伴奏をするXが，「君が代」に限って伴奏しないということが，参列者に一種の違和感を与えるかもしれないことは，想定できないではないが，問題は，仮に，上記1において見たように，本件のピアノ伴奏拒否が，Xの思想・良心の直接的な表現であるとして位置付けられるとしたとき，このような「違和感」が，これを制約するのに充分な公共の福祉ないし公共の利益であるといえるか否かにある……。また，上記〔2〕については，仮にこういった目的のために校長が発した職務命令が，公務員の基本的人権を制限するような内容のものであるとき，人権の重みよりもなおこの意味での校長の指揮権行使の方が重要なのか，が問われなければならないことになる。原審は，「思想・良心の自由も，公教育に携わる教育公務員としての職務の公共性に由来する内在的制約を受けることからすれば，本件職務命令が，教育公務員である控訴人の思想・良心の自由を制約するものであっても，控訴人においてこれを受忍すべきものであり，受忍を強いられたからといってそのことが憲法19条に違反するとはいえない。」というのであるが，基本的人権の制約要因たる公共の利益の本件における上記具体的構造を充分に踏まえた上での議論であるようには思われない。また，原審及び多数意見は，本件職務命令は，教育公務員それも音楽専科の教諭であるXに対し，学校行事におけるピアノ伴奏を命じるものであることを重視するものと思われるが，入学式におけるピアノ伴奏が，音楽担当の教諭の職務にとって少なくとも付随的な業務であることは否定できないにしても，他者をもって代えることのできない職務の中枢を成すものであるといえるか否かには，なお疑問が残るところであり（付随的な業務であるからこそ，本件の場合テープによる代替が可能であったのではないか，ともいえよう。ちなみに，Xは，本来的な職務である音楽の授業においては，「君が代」を適切に教えていたことを主張している。），多数意見等の上記の思考は，余りにも観念的・抽象的に過ぎるもののように思われる。これは，基本的に「入学式等の学校行事については，学校単位での統一的な意思決定とこれに準拠した整然たる活動が必要とされる」という理由から本件においてXにピアノ伴奏を命じた校長の職務命令の合憲性を根拠付けようとする補足意見についても同様である。

3　以上見たように，本件において本来問題とされるべきXの「思想及び良心」とは正確にどのような内容のものであるのかについて，更に詳細な検討を加える必要があり，また，そうして確定された内容の「思想及び良心」の自由とその制約要因としての公共の福祉ないし公共の利益との間での考量については，本件事案の内容に即した，より詳細かつ具体的な検討がなされるべきである。このような作業を行ない，その結果を踏まえてXに対する戒告処分の適法性につき改めて検討させるべく，原判決を破棄し，本件を原審に差し戻す必要があるものと考える。

〔以上の反対意見および補足意見があるほか，裁判官5人全員一致の意見〕

【判例10-3】
国歌起立斉唱拒否事件判決（再雇用拒否処分取消等請求事件）
最二判平23・5・30民集65巻4号1780頁　　　　〔上告棄却〕

〔事実の概要〕
　都立高校の教職員を平成19年3月31日付で定年退職したXは，これに先立つ平成18年10月に申し込んでいた再雇用職員及び再任用職員の採用選考において，過去に（平成16年3月5日），卒業式で国歌斉唱の際に国旗に向かって起立し国歌を斉唱すること（起立斉唱行為）を命ずる旨の校長の職務命令に従わず，国歌斉唱の際に起立しなかったことにより戒告処分を受けた（地公法29条1～3号）ため，勤務成績が良好とはいえないとして不合格となったこと。そこでXは，この職務命令が憲法19条に違反し，Xを不合格としたことは違法であるなどと主張して，Y（東京都）に対し，上記職務命令の取消しや国賠法に基づく損害賠償等を求めた。第一審は逸失利益相当額と弁護士費用の損害賠償請求の一部のみを認容したが，控訴審では原審判決のこの部分も取り消して請求を棄却したので，Xが上告した。上告棄却。

【判　旨】
　「Xは，卒業式における国歌斉唱の際の起立斉唱行為を拒否する理由について，日本の侵略戦争の歴史を学ぶ在日朝鮮人，在日中国人の生徒に対し，『日の丸』や『君が代』を卒業式に組み入れて強制することは，教師としての良心が許さないという考えを有している旨主張する。このような考えは，『日の丸』や『君が代』が戦前の軍国主義等との関係で一定の役割を果たしたとするX自身の歴史観ないし世界観から生ずる社会生活上ないし教育上の信念等ということができる。
　しかしながら，本件職務命令当時，公立高等学校における卒業式等の式典におい

て，国旗としての『日の丸』の掲揚及び国歌としての『君が代』の斉唱が広く行われていたことは周知の事実であって，学校の儀式的行事である卒業式等の式典における国歌斉唱の際の起立斉唱行為は，一般的，客観的に見て，これらの式典における慣例上の儀礼的な所作としての性質を有するものであり，かつ，そのような所作として外部からも認識されるものというべきである。したがって，上記の起立斉唱行為は，その性質の点から見て，Xの有する歴史観ないし世界観を否定することと不可分に結び付くものとはいえず，Xに対して上記の起立斉唱行為を求める本件職務命令は，上記の歴史観ないし世界観それ自体を否定するものということはできない。また，上記の起立斉唱行為は，その外部からの認識という点から見ても，特定の思想又はこれに反する思想の表明として外部から認識されるものと評価することは困難であり，職務上の命令に従ってこのような行為が行われる場合には，上記のように評価することは一層困難であるといえるのであって，本件職務命令は，特定の思想を持つことを強制したり，これに反する思想を持つことを禁止したりするものではなく，特定の思想の有無について告白することを強要するものということもできない。そうすると，本件職務命令は，これらの観点において，個人の思想及び良心の自由を直ちに制約するものと認めることはできないというべきである。

(2) もっとも，上記の起立斉唱行為は，教員が日常担当する教科等や日常従事する事務の内容それ自体には含まれないものであって，一般的，客観的に見ても，国旗及び国歌に対する敬意の表明の要素を含む行為であるということができる。そうすると，自らの歴史観ないし世界観との関係で否定的な評価の対象となる『日の丸』や『君が代』に対して敬意を表明することには応じ難いと考える者が，これらに対する敬意の表明の要素を含む行為を求められることは，その行為が個人の歴史観ないし世界観に反する特定の思想の表明に係る行為そのものではないとはいえ，個人の歴史観ないし世界観に由来する行動(敬意の表明の拒否)と異なる外部的行為(敬意の表明の要素を含む行為)を求められることとなり，その限りにおいて，その者の思想及び良心の自由についての間接的な制約となる面があることは否定し難い。

なお，Xは，個人の歴史観ないし世界観との関係に加えて，学校の卒業式のような式典において一律の行動を強制されるべきではないという信条それ自体との関係でも個人の思想及び良心の自由が侵される旨主張するが，そのような信条との関係における制約の有無が問題となり得るとしても，それは，上記のような外部的行為が求められる場面においては，個人の歴史観ないし世界観との関係における間接的な制約の有無に包摂される事柄というべきであって，これとは別途の検討を要するものとは解されない。

そこで，このような間接的な制約について検討するに，個人の歴史観ないし世界観には多種多様なものがあり得るのであり，それが内心にとどまらず，それに由来する行動の実行又は拒否という外部的行動として現れ，当該外部的行動が社会一般の規範等と抵触する場面において制限を受けることがあるところ，その制限が必要かつ合理的なものである場合には，その制限を介して生ずる上記の間接的な制約も許容され得るものというべきである。そして，職務命令においてある行為を求められることが，個人の歴史観ないし世界観に由来する行動と異なる外部的行為を求められることとなり，その限りにおいて，当該職務命令が個人の思想及び良心の自由についての間接的な制約となる面があると判断される場合にも，職務命令の目的及び内容には種々のものが想定され，また，上記の制限を介して生ずる制約の態様等も，職務命令の対象となる行為の内容及び性質並びにこれが個人の内心に及ぼす影響その他の諸事情に応じて様々であるといえる。したがって，このような間接的な制約が許容されるか否かは，職務命令の目的及び内容並びに上記の制限を介して生ずる制約の態様等を総合的に較量して，当該職務命令に上記の制約を許容し得る程度の必要性及び合理性が認められるか否かという観点から判断するのが相当である。

　(3)　これを本件についてみるに，本件職務命令に係る起立斉唱行為は，前記のとおり，Ｘの歴史観ないし世界観との関係で否定的な評価の対象となるものに対する敬意の表明の要素を含むものであることから，そのような敬意の表明には応じ難いと考えるＸにとって，その歴史観ないし世界観に由来する行動（敬意の表明の拒否）と異なる外部的行為となるものである。この点に照らすと，本件職務命令は，一般的，客観的な見地からは式典における慣例上の儀礼的な所作とされる行為を求めるものであり，それが結果として上記の要素との関係においてその歴史観ないし世界観に由来する行動との相違を生じさせることとなるという点で，その限りでＸの思想及び良心の自由についての間接的な制約となる面があるものということができる。

　他方，学校の卒業式や入学式等という教育上の特に重要な節目となる儀式的行事においては，生徒等への配慮を含め，教育上の行事にふさわしい秩序を確保して式典の円滑な進行を図ることが必要であるといえる。法令等においても，学校教育法は，高等学校教育の目標として国家の現状と伝統についての正しい理解と国際協調の精神の涵養を掲げ（同法42条1号，36条1号，18条2号），同法43条及び学校教育法施行規則57条の2の規定に基づき高等学校教育の内容及び方法に関する全国的な大綱的基準として定められた高等学校学習指導要領も，学校の儀式的行事の意義

を踏まえて国旗国歌条項を定めているところであり，また，国旗及び国歌に関する法律は，従来の慣習を法文化して，国旗は日章旗（『日の丸』）とし，国歌は『君が代』とする旨を定めている。そして，住民全体の奉仕者として法令等及び上司の職務上の命令に従って職務を遂行すべきこととされる地方公務員の地位の性質及びその職務の公共性（憲法15条2項，地方公務員法30条，32条）に鑑み，公立高等学校の教諭であるXは，法令等及び職務上の命令に従わなければならない立場にあるところ，地方公務員法に基づき，高等学校学習指導要領に沿った式典の実施の指針を示した本件通達を踏まえて，その勤務する当該学校の校長から学校行事である卒業式に関して本件職務命令を受けたものである。これらの点に照らすと，本件職務命令は，公立高等学校の教諭であるXに対して当該学校の卒業式という式典における慣例上の儀礼的な所作として国歌斉唱の際の起立斉唱行為を求めることを内容とするものであって，高等学校教育の目標や卒業式等の儀式的行事の意義，在り方等を定めた関係法令等の諸規定の趣旨に沿い，かつ，地方公務員の地位の性質及びその職務の公共性を踏まえた上で，生徒等への配慮を含め，教育上の行事にふさわしい秩序の確保とともに当該式典の円滑な進行を図るものであるということができる。

　以上の諸事情を踏まえると，本件職務命令については，前記のように外部的行動の制限を介してXの思想及び良心の自由についての間接的な制約となる面はあるものの，職務命令の目的及び内容並びに上記の制限を介して生ずる制約の態様等を総合的に較量すれば，上記の制約を許容し得る程度の必要性及び合理性が認められるものというべきである。

　(4)　以上の諸点に鑑みると，本件職務命令は，Xの思想及び良心の自由を侵すものとして憲法19条に違反するとはいえないと解するのが相当である。以上は，当裁判所大法廷判決（最大判昭和31年7月4日民集10巻7号785頁，最大判昭和49年11月6日刑集28巻9号393頁，最大判昭和51年5月21日刑集30巻5号615頁，最大判昭和51年5月21日刑集30巻5号1178頁）の趣旨に徴して明らかというべきである。」

＊竹内行夫裁判官の補足意見（要旨）

　1　思想及び良心の自由は個人の内心の領域に係るものであり，「日の丸」や「君が代」が戦前の軍国主義等との関係で一定の役割を果たしたとするXのような個人の歴史観ないし世界観は，内心にとどまる限り，絶対的に自由であり法的に保護されなければならない。そして，一般的・客観的には起立斉唱行為は儀礼的な所作であって，個人の歴史観等を否定するものではなく，また，そのような個人の歴史観等を直ちに露顕させるものであるとも解されないとしても，そのようないわば第

三者的な見地だけから本件職務命令が思想及び良心の自由についての制約に当たらないとの結論に到達しえない。思想及び良心の自由は本来個人の内心の領域に係るものであるから、当該本人自身において起立斉唱行為が敬意の表明の要素を含む点において自己の歴史観等に由来する行動と相反する外部的行為であるとして心理的矛盾や精神的な痛みを感じるのであれば、そのような状態は思想及び良心の自由についての制約の問題が事実上生じている状態であるといわざるを得ない。

 2　人がその歴史観等に基づいて行動する場合には、その外部的行動が社会による客観的評価の対象となり社会規範等に抵触することがあり得るのであり、そのような場面においては、外部的行動が社会規範等により制限されることがあり、そのような制限を介して、結果として、歴史観ないし世界観についての間接的な制約となることはあり得る。本件職務命令により制限の対象とされるのは、Xの卒業式において起立斉唱をしないという行動であって、その歴史観ないし世界観ではない。人の外部的行動が歴史観等に基づいたものである場合に、当該行動と歴史観等との関連性の程度というものはおよそ個人の内心の領域に属するものであり、外部の者が立ち入るべき領域ではないのみならず、そのような関連性の程度を測る基準を一般的、客観的に定めることもできない。あえてこれを測ろうとするならば、それは個人の内心に立ち入った恣意的な判断となる危険を免れないこととなろう。Xがあえて起立斉唱をしないという行動を採ったのは、それが自己の歴史観等に基づく行動と両立するものではないと確信しているからであると解されるのであり、本件Xの起立斉唱行為の拒否が、その内心の状態に照らして、Xの歴史観等と不可分一体なものではないと判断しうる根拠はない。」

 3(1)　一般に、卒業式、国際スポーツ競技の開会式などの種々の行事や式典において国旗が掲揚されたり、国歌が演奏されたりするが、そのような際に、一般の人々の対応としては、通常、慣例上の儀礼的な所作としてごく自然に国旗や国歌に対する敬意の表明を示しているものと考えられる。そして、国際社会においては、他国の国旗、国歌に対する敬意の表明は国際常識、国際マナーとされ、これに反するような行動は国際礼譲の上で好ましくないこととされている。他の国の国旗、国歌に対して敬意をもって接するという国際常識を身に付けるためにも、まず自分の国の国旗、国歌に対する敬意が必要であり、学校教育においてかかる点についての配慮がされることはいわば当然であると考える。

 (2)　Xは、学校行事を含めて生徒を指導する義務を負う教員の立場にあり、国旗、国歌に対する敬意や儀礼を生徒に指導するための重要な機会である卒業式や入学式などの学校行事において、教員が起立斉唱行為を拒否する行動をとることは、国旗、

国歌に対する敬意や儀礼について指導し，生徒の模範となるべき教員としての職務に抵触するものといわざるを得ない。

＊裁判官須藤正彦の補足意見(要旨)

1　内心における思想及び良心の自由の保障は絶対であるが，特定の思想が内心にとどまらない場合は，外部的行動との関わりにおいて他の利益と抵触するため，それは常に絶対というわけではない面がある。例えば一夫多妻制や一妻多夫制が正しいとの歴史観等を有することは絶対に自由であるが，これに従って重婚に及んだ者は処罰される（刑法184条）。この場合，国家はその者の歴史観等に対する否定的評価を刑法に取り込んでいるとみることも可能であるように思われ，そうすると，その疑いもなく少数の者は外部的行為の介在によって思想及び良心の自由につきいわば直接的制約を受けることとなるが，憲法19条は明らかに刑法184条を許容しているといえる。一般に，外部的行為を，社会一般の規範等が個人に要求する場合，それが元来ある歴史観等や信条などについて否定的評価や意図を含んでいるとはみられないにもかかわらず，その外部的行為が，個人の歴史観等やそれに基づく信条などに由来する外部的行動と異なり，その者はそれには応じ難いというときがあり得る。この場合，外部の行為を要求することを通じて，結果として個人の内心の自由についての制約（間接的制約）を生じさせることになり，本件も，主として社会一般の規範等に当たる本件職務命令による間接的制約の問題といえる（もっとも，このように一般的，客観的観点からは間接的制約と評価されても，それを受ける者にとっては，当該外部的行為を要求されることで，自己の歴史観等の核心部分を否定されたものと，あるいはその外部的行為を自己が否定する歴史観等を外部に表明する行為と評価されるものと受け止めて，精神的葛藤を生じることがある。また，外部的行為の要求が一律に強制される場合，当該要求が一律に強制されるべきではないという信条を有する者にとっては，その信条の直接的な否定となり，これはそのような信条に係るいわば直接的制約ともいえる）。憲法における思想及び良心の自由の保障は，個人の尊厳の観点からして，あるいは，多様な思想，多元的な価値観の併存こそが民主主義社会成立のための前提基盤であるとの観点からして，まずもってその当人の主観を中心にして考えられるものであり，このような憲法的価値の性質からすると，間接的制約や信条の制約の場面でも，憲法19条の保障の趣旨は及ぶというべきである。思想・良心の自由は，少数者のものであるとの理由で制限することは許されないものであり，多数者の恣意から少数者のそれを護ることが司法の役割でもある。思想・良心の自由の保障が戦前に歩んだ苦難の歴史を踏まえて，諸外国の憲法とは異なり，独自に日本国憲法に規定されたという立法の経緯からしても，そのことは強調されるべきことであろうが，外部

的行為が介在する場面での思想・良心の自由の保障は，必ずしも絶対不可侵なものではない。けだし，社会一般の規範等に基づく外部的行為の要求が間接的制約を生ずるがゆえに絶対的に許されないのであれば，結局社会が成り立たなくなってしまうと思われ，憲法は社会が成り立たなくなってしまう事態まで求めるものとは思われないからである。したがって，このような外部的行為を介しての間接的制約の場面では，その規範等に間接的制約を許容し得る程度の必要性，合理性がある場合には，憲法自身が，それを内在的制約としてなお容認しているものとみるのが相当である。その必要性，合理性の根拠はできるだけ憲法自体に求められるのが望ましいと思われるが，同時に，必要性や合理性は広い意味に捉え得るので，特に外部的行為の方法，態様などの点に関しては，憲法論で捉えるよりも，当該外部的行為の拒否を理由とする不利益処分が裁量の範囲を逸脱するものとして違法と評価されるか否かとの判断方法で捉える方が適切であるという場合も現実には多いと思われる。それは，思想及び良心の自由が外部的行為の介在によって社会一般の規範等と抵触する場合の調整の在り方として，一般的，客観的な見地の下に，その規範等の趣旨，目的や思想・良心の自由についての制約の有無に加え，制約の直接性，間接性，思想・良心の核心部分との遠近，制約の程度等をも検討し，それらを前提とした上で，間接的制約等についての必要性，合理性を考量すべきものとする考え方である。この判断は，あくまで法的判断として主観を前提とした上での客観的な評価を行う作用である。思想・良心の自由に関わる外部的行為の介在による規範等との抵触の場合の調整の在り方としては，前記のいわゆる直接的制約のような場合には，いわゆる厳格な基準などによるべきことと思われるが，間接的制約等の場合には，上記の判断枠組みは，必要性，合理性の考量が安易になされないことを必須の条件として，適切な方法と考える。この場合の制約は，憲法自身が容認する内在的制約である。

2　本件の起立斉唱行為は，一般的，客観的にみれば卒業式等の式典における慣例上の儀礼的な所作としての性質を有するものであるが「日の丸」や「君が代」が戦前の軍国主義等との関係で一定の役割を果たしたとするXの歴史観等に由来する外部的行動と矛盾抵触し，その歴史観等の核心部分を否定されるもの，あるいは自己が否定する歴史観等を外部に表明する行為と評価されるものと受け止められるであろうから，Xの内心で精神的葛藤を生じ，その歴史観等に係る制約となる面があるが，社会一般の規範等である本件職務命令は，特定の歴史観等は前提としたり否定するようなことは予定されておらず，一般にそのようにみられるものでもないから，その制約は，結果としての間接的制約となるものである。本件職務命令が憲法に違反するか否かは，これらの間接的制約等を許容し得る程度の必要性及び合理

性が認められるか否かによって定まることとなる。

　3　本件職務命令の趣旨・目的は，高校生徒が，国旗たる「日の丸」と国歌たる「君が代」への敬意の表明の要素を含む行為を契機として，日常の意識の中で自国のことに注意を向けるようにすることにあり，そのために，卒業式典という重要な儀式的行事の機会に指導者たる教員に，いわば率先垂範してこれを行わしめるものといえ，教員に日常の意識の中で自国のことに注意を向ける契機を与える行為を行わしめることは当然のことともいえる。国民は，日常の意識の中で自国のことに注意を向ける契機を与える教育について，その提供を受ける権利を有するということができ，国はこれに対応してそのような教育の提供をする義務があるともいえるのであるから，教育関係者がその実践に及ぶことはその観点からしても当然のこととといえる。さらに，Xは公務員として，また都立高校の教諭として，平和的な国家・社会の形成者たる新しい世代を育成し，国民の教育を受ける権利を実現する上での上記の契機を与えるための教育を行うことは，全体の奉仕者としての当然の責務であるともいえ，そのような教育を行わしめることは，憲法上の要請ということも可能である。このための教育の手段としては，様々なものがあり得るから，「日の丸」や「君が代」に対して敬意の表明の要素を含む行為をさせることは唯一の選択肢ではないものの，これらは，国旗，国歌として国を象徴するものであるがゆえに，直截で分かりやすく，これに敬意の表明の要素を含む行為をすることが，日常の意識の中で自国のことに注意を向ける契機となるものと思われる。自国の国旗，国歌に敬意の表明の要素を含む行為をすることは，他国の国旗，国歌に対する敬意の表明の要素を含む行為を行うことにつながり，他国の国旗，国歌を尊重することは他国を尊重することを含意すると思われ，他国を尊重するように教育をすることは大切なことであり，卒業式において，「国」のことに注意を向ける契機を与えるための教育の手段として，「日の丸」や「君が代」を用い，教員をして，これに対する敬意の表明の要素を含む行為をさせることには，必要性及び合理性が認められるといえる。「日の丸」も「君が代」も，特定の歴史観等や反憲法的国家像が前提とされているわけではないから，本件職務命令はそのような前提には立っていないというべきであるが，「日の丸」，「君が代」については，様々な考え方があるのも現実である。しかし，一般的には，「日の丸」，「君が代」がメッセージしているのは，特定の国家像などを前提としていない国であり，本件における起立斉唱も，慣例上の儀礼的な所作としての性質を有するものと捉えられるといえるし，起立斉唱という方法に代替し又は拮抗する方法は容易に見いだし難いように思われ，この方法を採ることには憲法上も実際上も必要性・合理性が認められる。

＊**裁判官千葉勝美の補足意見**(要旨)

1 憲法19条に思想・良心の自由の意味については，広く人の内心の活動全般をいうとする見解がある。そこでは，各人のライフスタイル，社会生活上の考えや嗜好，常識的な物事の是非の判断や好悪の感情まで広く含まれることになろう。もちろん，このような内心の活動が社会生活において一般に尊重されるべきものであることは了解できるところではあるが，これにも憲法19条の保障が及ぶとなると，これに反する行為を求めることは個人の思想及び良心の自由の制約になり，許されないということになる。しかしながら，これでは自分が嫌だと考えていることは強制されることはないということになり，社会秩序が成り立たなくなることにもなりかねない。したがって，ここでは，基本的には，信仰に準ずる確固たる世界観，主義，思想等，個人の人格形成の核心を成す内心の活動をいうものと解すべきであろう。このような思想・良心の自由は，内心の領域の問題であるので，外部からこれを直接制約することを許さない絶対的な人権であるとされている。これを直接制約する行為というのは，性質上余り想定し難いところではあるが，例を挙げれば，個人の思想を強制的に変えさせるために思想教育を行うことなどがあろう。このように，個人の思想及び良心の自由としての歴史観ないし世界観は，内心の領域の問題ではあるが，現実には，それにとどまらず，歴史観等に根ざす様々な外部的な行動となって現れることがあり，その中には，各人の歴史観等とは切り離すことができない不可分一体の関係にあるものがあり，これも歴史観等とともに憲法上の保障の対象となり，これを直接的に制約しあるいはこれに直接反する行為を命ずること(例えば，本件ではXの歴史観等を否定しあるいはこれに直接反する見解の表明行為に参加することを命ずることなど)も，同様に憲法19条により禁止されると解してよいであろう。そうすると，この歴史観等及びこれと不可分一体の行動(「核となる思想信条等」)が憲法19条による直接的，絶対的な保障の対象となる。

2 次に，「核となる思想信条等」に由来するものではあるが，それと不可分一体とまではいえない種々の考えないし行動というものが現実にはあり，これが他の規範との関係で，何らかの形で制限されあるいはこれに反する行為を命ぜられることがあろう。このような制限をする行為(「制限的行為」)がどのような場合に許されるのかが問題になる。Xの起立斉唱行為の拒否という外部的行動は，Xの「日の丸」・「君が代」に関する歴史観等そのもの，あるいはそれと不可分一体のものとまではいえないが，それに由来するものである。他方，本件職務命令は外部的行動に反する制限的行為となるから，その許否が検討されることになる。

3 憲法19条にいう思想及び良心の自由の保障の範囲をどのように考えるかに

際しては，このような外部的行動を憲法論的な観点から客観的，一般的に捉え，核となる思想信条等との間でどの程度の関連性があるのかを検討する必要があるというべきである。これが客観的，一般的に見て不可分一体なものであれば，もはや外部的行動というよりも核となる思想信条等に属し，憲法19条の直接的，絶対的な保障の対象となるが，そこまでのものでないものもあり，その意味で関連性の程度には差異が認められることになる。「核となる思想信条等」が絶対的保障を受ける核心部分とすれば，これに属するものを除いた外部的行動は，いわばその外側に存在する同心円の中に位置し，核心部分との遠近によって，関連性の程度に差異が生ずるという性質のものである。そして，この外部的行動は，内側の同心円に属する「核となる思想信条等」ではないので，憲法19条の保障の対象そのものではなく，その制限をおよそ許さないというものではないし，その制限の許容性・合憲性の審査については，精神的自由としての基本的人権を制約する行為の合憲性の審査基準であるいわゆる「厳格な基準」による必要もない。しかしながら，この外部的行動は「核となる思想信条等」との関連性が存在するのであるから，制限的行為によりその間接的な制約となる面が生ずるのであって，制限的行為の許容性等については，これを正当化し得る必要性，合理性がなければならないというべきである。さらに，当該外部的行動が核心部分に近くなり関連性が強くなるほど間接的な制約の程度も強くなる関係にあるので，制限的行為に求められる必要性，合理性の程度は，それに応じて高度なもの，厳しいものが求められる。他方，核心部分から遠く関連性が強くないものについては，要求される必要性，合理性の程度は前者の場合よりは緩やかに解することになる。そして，このような必要性，合理性の程度等の判断に際しては，制限される外部的行動の内容及び性質並びに当該制限的行為の態様等の諸事情を勘案した上で，「核となる思想信条等」についての間接的な制約となる面がどの程度あるのか，制限的行為の目的・内容，それにより得られる利益がどのようなものか等を，比較考量の観点から検討し判断していくことになる。このような比較考量は，本人の内心の領域に立ち入って，本人が主観的に思想として確信しているものについて思想としての濃淡を付けたり，ランク付けしたりするものではなく，飽くまでも外部的行動が「核となる思想信条等」とどの程度の関連性が認められるかという憲法論的観点からの客観的，一般的な判断に基づくものにとどまるものである。例を挙げれば，【判例10-2】の事案のように，本件のXと同様の歴史観等(核となる思想信条等)を有する市立小学校のピアノ教師が，自己の信念として「君が代」のピアノ伴奏を拒否するという外部的行動と，本件の起立斉唱行為の拒否という外部的行動を比べると，各人の内心における信念としては，いずれも各人の歴史観等

と不可分一体のものと考えているものと思われるが，「核となる思想信条等」としての歴史観等との憲法論的な観点からの客観的，一般的な関連性については，本件起立斉唱行為の拒否の方が，「日の丸」・「君が代」に対する敬意の表明という要素が含まれている行為を拒否するという意味合いを有することなどからみて，関連性がより強くなるものということになろう。

　4　本件のXの外部的行動は，Xの「核となる思想信条等」に由来するものであり，それとの関連性は強いとはいえ，それと不可分一体とまではいえないというべきである。　また，Xは，儀式的行事において行われる『日の丸』・『君が代』に係る起立斉唱行為のように，公的な式典において本人が意図せぬ一定の行為を他の公的機関から強制されるのは自己の信念に反し苦痛であるという趣旨の主張もしているが，これは，いわゆる反強制的信条（前記最高裁判決における藤田裁判官の反対意見参照）というべきものの一つであろう。このような反強制的信条は，それが，Xの個人的な卒業式の在り方についての観念や，そもそも教育の場で教師として一定の行動を他から強制されることへの強い嫌悪感ないし否定的な心情のようなものである場合もあろう。そうであれば，これらは，個人の内心の活動に属する問題であり，一教師としてあるいは個人としての立場から尊重され得る事柄ではあるが，憲法上の絶対的な保障の対象となる思想・良心の自由の領域そのものの問題ではない。

　5　ところで，本件職務命令が求める起立斉唱行為は，「日の丸」・「君が代」に対して敬意を表する意味合いが含まれており，その点において，本件職務命令は，Xの歴史観等に対する間接的制約となる面があり，また，その限りにおいてXの上記の反強制的信条ともそごする可能性があるものではあるが，起立斉唱行為は，学校行事における慣例上の儀礼的な所作としての性質を有し，外部から見てもXの歴史観等自体を否定するような思想の表明として認識されるものではなく，他方，起立斉唱行為の教育現場における意義等は十分認められるのであって，本件職務命令は，憲法上これを許容し得る程度の必要性，合理性が認められるものと解される。

第 *11* 講　信教の自由と政教分離

1．信教の自由

(1)　憲法は第20条1項前段で《信教の自由》を保障し，2項ではこれをさらに消極的側面から捉えて「宗教上の行為」等への参加を強制されない自由

として保障している。ここにいう《信教の自由》という文言は，明治憲法第28条を受け継いだものであり，要するに《宗教の自由》と同義と考えられる。

(2) 明治憲法の下で，「宗教団体法」(昭和14年法律第77号)は「宗教団体トハ神道教派，仏教宗派及基督教其ノ他ノ宗教ノ教団……並ニ寺院及教会ヲ謂フ」と規定していたが，神社はこの法律にいう《宗教団体》には含まれず，神社については明治年代から特別の制度が確立されていた。一般の神道教派，宗派，寺院，教会等は文部省の管轄下にあってその宗教行政の対象とされていたが，「神社は宗教に非ず」という命題の下に，神社は内務省の管轄下に置かれていた。上記の「宗教団体法」制定の翌年(1940年)には，内務省の外局として《神祇院》が設置され，これが神宮，官国幣社以下神社に関する事項，神職に関する事項および敬神思想の普及に関する事項をつかさどっていた。

このようにして，神社神道は事実上，国教的地位を与えられていたし，また明治憲法第28条には，いわゆる《法律の留保》さえも妥当しないと一般に解釈・運用されており，神社神道以外の宗教に対する保障はきわめて弱いものであった。

(3) 第二次大戦後の1945(昭和20)年10月4日の連合国最高司令部覚書によって，「治安維持法」，「思想犯保護観察法」とともに先の「宗教団体法」についても，その廃止と適用の停止が命ぜられ，続く12月28日公布の「宗教法人令」(勅令第719条)が「宗教団体法」等を廃止したが，神社や神宮に関する規定はそこにはなかった。神社については同年12月15日のいわゆる「神道指令」によって神社，神宮に関する規制が一切廃止され，その後上述の「宗教法人令」が改正されて(昭和21年2月2日勅令第70号)，神宮・神社・靖国神社も宗教法人令上の法人とみなされるに至った。その後この「宗教法人令」は，何度か改正を経た後，昭和26年施行の現行の「宗教法人法」に取って代わられ，現在に至っている。

---

1) 本書の巻末【資料9】参照。
2) 正式には「国家神道(神社神道)ニ対スル政府ノ保証，支援，保全，監督及ビ弘布ノ廃止ニ関スル覚書」という。

2．政教分離

　憲法第20条は，このような歴史をも踏まえ，古典的な自由権の一つとしての信教の自由を保障するとともに，同条1項後段は，宗教団体が国から特権を受けたり政治上の権力を行使したりすることを禁止し，また同条3項は，国およびその機関（地方公共団体もここに含まれる）が「宗教的活動」を行うことを禁止している。これがいわゆる《政教分離原則》であり，憲法第89条はこれを財政的側面から裏づけ，公金その他公の財産を宗教上の組織・団体に支出・供与することを禁じている。この原則の法的性格を《制度的保障》と解することの是非ないし意味については，見解が分かれている。

3．信教の自由にかかわる重要判例

　信教の自由は，具体的には信仰の自由（信仰告白の自由も含む），宗教的行為の自由および宗教的結社の自由からなる。内心における信仰の自由は絶対的であるが，それが外部的行為に及ぶ場合には制約される場合がある。しかしその外部的行為が内面の信仰と深くかかわっている場合には，その制約にはとくに慎重を要する。

　(1)　精神障害の治癒を依頼された僧侶が線香護摩による加持祈禱を行なった結果，精神障害者が心臓麻痺で死亡したため僧侶が傷害致死罪に問われた**加持祈禱事件**で，最高裁は，当該行為が宗教的行為としてなされたものであり，正当業務行為（刑法第35条）として違法性を阻却するとの主張を斥け，「信教の自由の保障の限界を逸脱した行為」であるとして原審の有罪判決を支持した（⇨【判例11-1】）。

　(2)　他方，窃盗などの事件の犯人として警察が追及していた高校生2人を教会内に宿泊させたとして，犯人蔵匿罪（刑法第103条）に問われた牧師の行為につき，被告人の行為が信教の自由の一内容としての《牧会活動》であり，手段方法においても相当であり，むしろ高校生に対する「宗教家としての献身は称賛されるべきもの」で，「全体として法秩序の理念に反するところがなく，正当な業務行為として罪とはならない」として，被告人を無罪とした下級審の事例がある（神戸簡判昭50・2・20判時768号3頁）。

　(3)　「エホバの証人」を信仰する公立高校生（神戸高専）がその信仰上の教義

に基づいて，必須科目たる剣道実技の授業の受講を拒否したことから，学校の規則により単位を認定されず，1年目には原級留置処分(留年の措置)を受け，2年目には退学内規に基づいて退学処分を受けたため，これらの処分が信教の自由および学習権を侵害するとしてその取消しを求めた訴訟で，地方裁判所は請求を棄却したが，控訴審判決(大阪高判平6・12・22判時1524号8頁)はこれを取り消し，本件各処分を被告(校長)の裁量権を著しく逸脱した違法な処分であるとした。最高裁判所も，控訴審判決の判断を支持して，学校側の上告を棄却した(⇨【判例11-2】)。

4．政教分離にかかわる重要判例

(1)　地方公共団体が主催して神式で行なった起工式(いわゆる地鎮祭)が憲法の《政教分離原則》に違反するかどうかが争われた**津地鎮祭訴訟**で，名古屋高裁は，わが国の判例としてはほとんど例外的に，憲法でいう《宗教》の概念にまで詳しく論及し，当該地鎮祭が違憲(憲法第20条3項違反)であるとした(⇨【判例11-3】)が，最高裁は，政教分離原則に違反するかどうかの判断基準として，いわゆる《目的・効果論》を導入し，宗教的活動(同条3項)と宗教的行為(同条2項)との範囲を区別することによって，当該地鎮祭を合憲とした(⇨【判例11-4】)。

(2)　自衛隊の外郭団体である山口県隊友会が，公務中に交通事故で死亡した殉職自衛官を，妻たる原告の意思を無視して山口県護国神社の祭神として合祀すべく申請した行為への，自衛隊のかかわりが問われた**殉職自衛官合祀拒否訴訟**で，最高裁は，本件合祀は，基本的には遺族の要望を受けた山口県隊友会がその実現に向けて山口県護国神社と折衝を重ねるなどの努力をし，同神社が殉職自衛隊員を合祀する方針を決定した結果実現したものであり，県隊友会において自衛隊山口地方連絡部職員(地連職員)の「事務的な協力に負うところがあるにしても，県隊友会の単独名義でされた本件合祀申請は，実質的にも県隊友会単独の行為であったものというべく，これを地連職員と県隊友会の共同の行為とし，地連職員も本件合祀申請をしたものと評価することはできないものといわなければならない」として，国に対して慰謝料の支払いを命じた第一審・第二審の判決を破棄して，被上告人(原告)の請求を

棄却した(最大判昭 63・6・1 民集 42 巻 5 号 277 頁)。

(3) 箕面市のいわゆる忠魂碑訴訟と慰霊祭訴訟について併合審理を進めていた大阪高裁は，それぞれについての第一審判決をほぼ全面的に覆して，当該《忠魂碑》の公費による移設行為と同忠魂碑前における《慰霊祭》(神式と仏式)への市教育長等の参列行為を合憲とし(大阪高判昭 62・7・16 判時 1237 号 3 頁)[3]，最高裁判所もこれを支持した(最三判平 5・2・16 民集 47 巻 3 号 1687 頁)。

(4) 愛媛県知事が数年にわたって靖国神社や護国神社の例大祭等に支出していた玉串料等について，最高裁判所は憲法第 20 条 3 項の政教分離原則に違反するとする違憲判決(⇨【判例11-5】)を出して注目された。

(5) また，北海道砂川市がその所有する土地上に設置している地域の集会場を神社施設として無償で提供し使用させていた行為について，最高裁判所は，この行為が憲法第 89 条の禁止する公の財産の利用提供に当たり，ひいては憲法第 20 条 1 項後段の禁止する宗教団体に対する特権の付与にも該当するとする違憲判決を下した(⇨【判例11-6】)[4]。

(6) 以上のほかにも，政教分離に関しては，たとえば宗教法人オウム真理教に対する解散命令が合憲であるとされた最高裁決定(最一決平 8・1・30 民集 50 巻 1 号 199 頁)，大阪地蔵像訴訟に対する最高裁判決(最一判平 4・11・16 判時 1441 号 57 頁)，さらには，一連の靖国訴訟に関する判決(大阪高判平 4・7・30 判時 1434 号 38 頁〔確定〕，大阪高判平 5・3・18 判時 1457 号 98 頁，福岡高判平 4・2・28 判時 1426 号 85 頁〔確定〕)，長崎忠魂碑訴訟(福岡高判平 4・12・18 判時 1444 号 53 頁)，昭和天皇の死去に伴う大嘗祭や明仁天皇の即位の礼にかかわる一連の違憲訴訟に関する判決(鹿児島地判平 4・10・2 判時 1435 号 24 頁，大阪高判平 7・3・9 行集 46 巻 2・3 号 250 頁，東京地判平 11・3・24 判時 1673 号 3 頁)，大分県「抜穂の儀」違憲訴訟にかかわる控訴審判決(福岡高判平 10・9・25 判時 1660 号 34 頁)

---

3) この判決については多くの評釈があるが，筆者の見解については，初宿「《忠魂碑》前での慰霊祭と憲法の政教分離原則」ジュリスト No.894(1987.10.1)，88 頁以下参照。

4) この判決中でも言及されている別件(最高裁平成 19 年(行ツ)第 334 号事件)に対する同日の最高裁判決では，砂川市が富平神社(T 神社)の敷地となっている市有地を砂川市 T 町内会に(利用提供ではなく)無償で譲与したことが違憲かどうかが争われた事案について，裁判官全員一致の判決で合憲とされている(最大判平 22・1・20 民集 64 巻 1 号 128 頁)。

等々がある。

【判例11-1】

加持祈禱事件(傷害致死被告事件)
最大判昭38・5・15刑集17巻4号302頁　　　　　　　　　〔上告棄却〕

〔事実の概要〕

被告人Nは真言宗の僧侶であったが，1958(昭和33)年10月，当時18歳の少女Ⅰの近親者からⅠの精神異常平癒の依頼を受け，同月14日午前0時40分頃，Ⅰ家の8畳間に護摩壇を作り，そのすぐそばにⅠを坐らせ，いわゆる《線香護摩》による加持祈禱の行として壇上で多量の線香を焚いたが，熱気のため身をもがいて暴れ出したⅠを近親者に取り押さえさせ，ひもでⅠの手足を縛らせ，N自身も，嫌がるⅠを無理に線香にあたらせ，「ど狸早く出ろ」と怒号しながらⅠの咽喉部を線香の火でぶらせ，またⅠの背中を押さえつけ，手で殴るなどし，祈禱を開始して約4時間後，線香約800束を燃やし尽くし，Ⅰはとくに前頸部の熱傷，皮下出血などと，それに基づく二次性ショックならびに疲労等に基づく急性心臓麻痺により，ついに同所で死亡するに至った。そこでNは傷害致死罪(刑法第205条)に問われて起訴された。第一審の大阪地裁(昭35・5・7)は，傷害致死罪の成立を認めてNを懲役2年(執行猶予3年)に処し，控訴審の大阪高裁もこれを支持した(昭35・12・22)ので，Nはこの行為が宗教教師としての正当な業務行為(刑法第35条)であるから違法性が阻却されるし，人権は「あらゆる権威から不可侵性の絶対無制限的存在である」から，教訓的規定たる憲法第12条，第13条を根拠として，公共の福祉による制限を受けるわけではない，等と主張して上告したものである。

〔判決理由〕

「信教の自由が基本的人権の一として極めて重要なものであることはいうまでもない。しかし，およそ基本的人権は，国民はこれを濫用してはならないのであって，常に公共の福祉のためにこれを利用する責任を負うべきことは憲法12条の定めるところであり，また同13条は，基本的人権は，公共の福祉に反しない限り立法その他の国政の上で，最大の尊重を必要とする旨を定めており，これら憲法の規定は，決して……教訓的規定というべきものではなく，従って，信教の自由の保障も絶対無制限のものではない。

これを本件についてみるに，……原判決の認定したところによれば，……被告人の右加持祈禱行為の動機，手段，方法およびそれによって右被害者の生命を奪うに

至った暴行の程度等は，医療上一般に承認された精神異常者に対する治療行為とは到底認め得ないというのである。しからば，被告人の本件行為は，所論のように一種の宗教行為としてなされたものであったとしても，それが前記各判決の認定したような他人の生命，身体等に危害を及ぼす違法な有形力の行使に当るものであり，これにより被害者を死に致したものである以上，被告人の右行為が著しく反社会的なものであることは否定し得ないところであって，憲法20条1項の信教の自由の保障の限界を逸脱したものというほかはなく，これを刑法205条に該当するものとして処罰したことは，何ら憲法の右条項に反するものではない。……

……（なお，被告人の本件行為が，刑法35条の正当な業務行為と認め難いとした原判決の判示は，その確定した事実関係の下においては，当裁判所もこれを正当と認める。）」

〔裁判官14人全員一致の意見〕

【判例11-2】
神戸高専剣道受講拒否事件（進級拒否処分取消，退学命令処分等取消請求事件）
最二判平 8・3・8 民集50巻3号469頁　　　　　　　　　　〔上告棄却〕

〔事実の概要〕

原審（大阪高裁）の認定した事実によると，

1　被上告人Xは，1990（平成2）年4月に神戸市立工業高等専門学校（神戸高専）に入学した。

2　高等専門学校においては学年制が採られており，学生は各学年の修了の認定があって初めて上級学年に進級することができる。神戸高専の「学業成績評価及び進級並びに卒業の認定に関する規程」（以下「進級等規程」という。）によると，進級の認定を受けるためには，修得しなければならない科目全部について不認定のないことが必要であり，ある科目の学業成績が100点法で評価して55点未満であれば，その科目は不認定となる。学業成績は，科目担当教員が学習態度と試験成績を総合して前期，後期の各学期末に評価し，学年成績は，原則として各学期末の成績を総合して行うこととされていた。また，進級等規程によれば，休学による場合は別として，学生は連続して2回原級にとどまることはできず，神戸市立工業高等専門学校学則（昭和38年神戸市教育委員会規則第10号。以下「学則」という。）および退学に関する内規（以下「退学内規」という。）では，校長は，連続して2回進級することができなかった学生に対し，退学を命ずることができることとされていた。

3　神戸高専では，保健体育が全学年の必修科目とされており，平成2年度からは，第一学年の体育科目の授業の種目として剣道が採用された。剣道の授業は，前期又は後期のいずれかにおいて履修すべきものとされ，その学期の体育科目の配点100点のうち70点，すなわち，第一学年の体育科目の点数100点のうち35点が配点された。

4　Xは，両親が，聖書に固く従うという信仰を持つキリスト教信者である「エホバの証人」であったこともあって，自らも「エホバの証人」となった。Xは，その教義に従い，格技である剣道の実技に参加することは自己の宗教的信条と根本的に相容れないとの信念の下に，神戸高専入学直後で剣道の授業が開始される前の平成2年4月下旬に，他の「エホバの証人」である学生と共に，4名の体育担当教員Aらに対し，宗教上の理由で剣道実技に参加することができないことを説明し，レポート提出等の代替措置を認めて欲しい旨申し入れたが，Aらは，これを即座に拒否した。Xは，実際に剣道の授業が行われるまでに同趣旨の申入れを繰り返したが，Aらからは剣道実技をしないのであれば欠席扱いにすると言われた。上告人（神戸高専校長）Yは，Xらが剣道実技への参加ができないとの申し出をしていることを知って，同月下旬，Aらと協議をし，これらの学生に対して剣道実技に代わる代替措置を採らないことを決めた。Xは，同月末ころから開始された剣道の授業では，服装を替え，サーキットトレーニング，講義，準備体操には参加したが，剣道実技には参加せず，その間，道場の隅で正座をし，レポートを作成するために授業の内容を記録していた。Xは，授業の後，右記録に基づきレポートを作成して，次の授業が行われるより前の日にAらに提出しようとしたが，その受領を拒否された。

5　Aら又はYは，Xら剣道実技に参加しない学生やその保護者に対し，剣道実技に参加するよう説得を試み，保護者に対して，剣道実技に参加しなければ留年することは必至であること，代替措置は採らないこと等の神戸高専側の方針を説明した。

保護者からは代替措置を採って欲しい旨の陳情があったが，神戸高専の回答は，代替措置は採らないというものであった。その間，YとAら関係者は，協議して，剣道実技への不参加者に対する特別救済措置として剣道実技の補講を行うこととし，2回にわたって，学生又は保護者に参加を勧めたが，Xはこれに参加しなかった。その結果，Aらは，Xの剣道実技の履修に関しては欠席扱いとし，剣道種目については準備体操を行った点のみを5点（学年成績でいえば2.5点）と評価し，第一学年にXが履修した他の体育種目の評価と総合してXの体育科目を42点と評価した。第一次進級認定会議で，剣道実技に参加しないXら5名の学生について，体育の成

績を認定することができないとされ，これらの学生に対し剣道実技の補講を行うことが決められたが，X外4名はこれに参加しなかった。そのため，平成3年3月23日開催の第二次進級認定会議において，同人らは進級不認定とされ，Yは，同月25日，Xにつき第二学年に進級させない旨の原級留置処分をし，X及び保護者に対してこれを告知した。

6　平成3年度においても，Xの態度は前年度と同様であり，学校の対応も同様であったため，Xの体育科目の評価は総合して48点とされ，剣道実技の補講にも参加しなかったXは，平成4年3月23日開催の平成3年度第二次進級認定会議において，ほかの4名の学生と共に進級不認定とされ，Yは，Xに対する再度の原級留置処分を決定した。また，同日，表彰懲戒委員会が開催され，X外1名について退学の措置を採ることが相当と決定され，Yは，自主退学をしなかったXに対し，2回連続して原級に留め置かれたことから学則31条に定める退学事由である「学力劣等で成業の見込みがないと認められる者」に該当するとの判断の下に，同月27日，上記原級留置処分を前提とする退学処分を告知した。

7　Xが，剣道以外の体育種目の受講に特に不熱心であったとは認められない。また，Xの体育以外の成績は優秀であり，授業態度も真摯なものであった。

なお，Xのような学生に対し，レポートの提出又は他の運動をさせる代替措置を採用している高等専門学校もある。

〔判決理由〕

「高等専門学校の校長が学生に対し原級留置処分又は退学処分を行うかどうかの判断は，校長の合理的な教育的裁量にゆだねられるべきものであり，裁判所がその処分の適否を審査するに当たっては，校長と同一の立場に立って当該処分をすべきであったかどうか等について判断し，その結果と当該処分とを比較してその適否，軽重等を論ずべきものではなく，校長の裁量権の行使としての処分が，全く事実の基礎を欠くか又は社会観念上著しく妥当を欠き，裁量権の範囲を超え又は裁量権を濫用してされたと認められる場合に限り，違法であると判断すべきものである（最三判昭29・7・30民集8巻7号1463頁，最三判昭29・7・30民集8巻7号1501頁，最三判昭49・7・19民集28巻5号790頁〔＝昭和女子大事件【判例5-2】〕，最三判昭52・12・20民集31巻7号1101頁参照）。しかし，退学処分は学生の身分をはく奪する重大な措置であり，学校教育法施行規則13条3項も4個の退学事由を限定的に定めていることからすると，当該学生を学外に排除することが教育上やむを得ないと認められる場合に限って退学処分を選択すべきであり，その要件の認定につき他の処分の選択に比較して特に慎重な配慮を要するものである（前掲第三小法廷判決〔＝【判例5-2】〕参照）。

また，原級留置処分も，学生にその意に反して1年間にわたり既に履修した科目，種目を再履修することを余儀なくさせ，上級学年における授業を受ける時期を延期させ，卒業を遅らせる上，神戸高専においては，原級留置処分が2回連続してされることにより退学処分にもつながるものであるから，その学生に与える不利益の大きさに照らして，原級留置処分の決定に当たっても，同様に慎重な配慮が要求されるものというべきである。そして，前記事実関係の下においては，以下に説示するとおり，本件各処分は，社会観念上著しく妥当を欠き，裁量権の範囲を超えた違法なものといわざるを得ない。

1 公教育の教育課程において，学年に応じた一定の重要な知識，能力等を学生に共通に修得させることが必要であることは，教育水準の確保等の要請から，否定することができず，保健体育科目の履修もその例外ではない。しかし，高等専門学校においては，剣道実技の履修が必須のものとまではいい難く，体育科目による教育目的の達成は，他の体育種目の履修などの代替的方法によってこれを行うことも性質上可能というべきである。

2 他方，前記事実関係によれば，Xが剣道実技への参加を拒否する理由は，Xの信仰の核心部分と密接に関連する真しなものであった。Xは，他の体育種目の履修は拒否しておらず，特に不熱心でもなかったが，剣道種目の点数として35点中のわずか2.5点しか与えられなかったため，他の種目の履修のみで体育科目の合格点を取ることは著しく困難であったと認められる。したがって，Xは，信仰上の理由による剣道実技の履修拒否の結果として，他の科目では成績優秀であったにもかかわらず，原級留置，退学という事態に追い込まれたものというべきであり，その不利益が極めて大きいことも明らかである。また，本件各処分は，その内容それ自体においてXに信仰上の教義に反する行動を命じたものではなく，その意味では，Xの信教の自由を直接的に制約するものとはいえないが，しかし，Xがそれらによる重大な不利益を避けるためには剣道実技の履修という自己の信仰上の教義に反する行動を採ることを余儀なくさせられるという性質を有するものであったことは明白である。

Yの採った措置が，信仰の自由や宗教的行為に対する制約を特に目的とするものではなく，教育内容の設定及びその履修に関する評価方法についての一般的な定めに従ったものであるとしても，本件各処分が右のとおりの性質を有するものであった以上，Yは，前記裁量権の行使に当たり，当然そのことに相応の考慮を払う必要があったというべきである。また，Xが，自らの自由意思により，必修である体育科目の種目として剣道の授業を採用している学校を選択したことを理由に，先にみ

たような著しい不利益をXに与えることが当然に許容されることになるものでもない。

3　Xは、レポート提出等の代替措置を認めて欲しい旨繰り返し申し入れていたのであって、剣道実技を履修しないまま直ちに履修したと同様の評価を受けることを求めていたものではない。これに対し、神戸高専においては、Xら「エホバの証人」である学生が、信仰上の理由から格技の授業を拒否する旨の申出をするや否や、剣道実技の履修拒否は認めず、代替措置は採らないことを明言し、X及び保護者からの代替措置を採って欲しいとの要求も一切拒否し、剣道実技の補講を受けることのみを説得したというのである。本件各処分の前示の性質にかんがみれば、本件各処分に至るまでに何らかの代替措置を採ることの是非、その方法、態様等について十分に考慮するべきであったということができるが、本件においてそれがされていたとは到底いうことができない。

所論は、神戸高専においては代替措置を採るにつき実際的な障害があったという。しかし、信仰上の理由に基づく格技の履修拒否に対して代替措置を採っている学校も現にあるというのであり、他の学生に不公平感を生じさせないような適切な方法、態様による代替措置を採ることは可能であると考えられる。また、履修拒否が信仰上の理由に基づくものかどうかは外形的事情の調査によって容易に明らかになるであろうし、信仰上の理由に仮託して履修拒否をしようという者が多数に上るとも考え難いところである。さらに、代替措置を採ることによって神戸高専における教育秩序を維持することができないとか、学校全体の運営に看過することができない重大な支障を生ずるおそれがあったとは認められないとした原審の認定判断も是認することができる。そうすると、代替措置を採ることが実際上不可能であったということはできない。

所論は、代替措置を採ることは憲法20条3項に違反するとも主張するが、信仰上の真しな理由から剣道実技に参加することができない学生に対し、代替措置として、例えば、他の体育実技の履修、レポートの提出等を求めた上で、その成果に応じた評価をすることが、その目的において宗教的意義を有し、特定の宗教を援助、助長、促進する効果を有するものということはできず、他の宗教者又は無宗教者に圧迫、干渉を加える効果があるともいえないのであって、およそ代替措置を採ることが、その方法、態様のいかんを問わず、憲法20条3項に違反するということができないことは明らかである。また、公立学校において、学生の信仰を調査せん索し、宗教を序列化して別段の取扱いをすることは許されないものであるが、学生が信仰を理由に剣道実技の履修を拒否する場合に、学校が、その理由の当否を判断するため、

単なる怠学のための口実であるか，当事者の説明する宗教上の信条と履修拒否との合理的関連性が認められるかどうかを確認する程度の調査をすることが公教育の宗教的中立性に反するとはいえないものと解される。これらのことは，最大判昭52・7・13民集31巻4号533頁〔＝津地鎮祭判決【判例11-4】〕の趣旨に徴して明らかである。

　4　以上によれば，信仰上の理由による剣道実技の履修拒否を，正当な理由のない履修拒否と区別することなく，代替措置が不可能というわけでもないのに，代替措置について何ら検討することもなく，体育科目を不認定とした担当教員らの評価を受けて，原級留置処分をし，さらに，不認定の主たる理由及び全体成績について勘案することなく，2年続けて原級留置となったため進級等規程及び退学内規に従って学則にいう「学力劣等で成業の見込みがないと認められる者」に当たるとし，退学処分をしたというYの措置は，考慮すべき事項を考慮しておらず，又は考慮された事実に対する評価が明白に合理性を欠き，その結果，社会観念上著しく妥当を欠く処分をしたものと評するほかはなく，本件各処分は，裁量権の範囲を超える違法なものといわざるを得ない。」

〔裁判官全員一致の意見〕

【判例11-3】
津地鎮祭訴訟控訴審判決（行政処分取消等請求事件）
名古屋高判昭46・5・14判時630号7頁　　　　　〔一部認容，一部控訴棄却〕

〔事実の概要〕

　昭和40年1月14日，津市は市体育館建設に際し，神式にのっとった起工式（地鎮祭）を挙行し，それに要した経費（神官への報償金4,000円，供物青物代金等3,663円）合計7,663円を，津市議会の議決に基づき市の予算から支出した。この起工式に出席した原告の市会議員Sは，本件起工式が「神道の宗教的活動」であることは明白であり，かかる宗教的儀式に市が公金を支出することは憲法第20条3項，第89条，地方自治法第138条の2に違反するとして，監査請求をしたが，認められなかったので，これを不服として地方自治法第242条の2に基づき，津市長と同市教育委員会を相手どって住民訴訟を提起し，右違法支出により市が被った損害の補塡と，Sが本件起工式に参加を強制されたために被った精神的苦痛に対する慰謝料（5万円）とを請求した。これに対し第一審の津地裁は（昭42・3・16行集18巻3号246頁），本件起工式が「外見上は神道の宗教的行事に属することは否定できないけれども」，そ

の実態をみれば，本件起工式は古くからの慣行であり，「その宗教的色彩は非常に稀薄」であり，宗教的行為というよりむしろ単に工事の無事安全を願う「習俗的行事」にすぎないから，市がこれを主催しても違憲ではなく，またＳもその参加を強制されていなかった，として請求を棄却した。そこで原告Ｓが控訴したものである。判決は損害補塡の請求は認めたが，慰謝料の請求については，参加の「強制」がなかったとしてこれを棄却した。

〔判決理由〕
1．本件地鎮祭の宗教性の有無について
〔1〕地鎮祭の意義・沿革等
(1) 地鎮祭の意義・名称

「地鎮祭(「とこしづめのまつり」とも訓む)とは，神社仏閣，宮殿，官公署，校舎，一般住宅，その他各種建物の新築又は各種土木事業を開始するに当り，その土地の神を祭り土地の平安堅固，工事の無事安全等を祈願する儀式である。元来，仏教(真言宗)から生じた名称であって，平安時代末頃より地鎮祭の呼称が固定し現在に至っているが，一般には地祭，起工式と称えられ，伊勢神宮では逆に鎮地祭と称している。また古くは，鎮祭，地勧請，地曳之式札ともいわれた。仏教各宗派特に真言宗，天台宗，日蓮宗，曹洞宗，浄土宗では地鎮式又は起工式といって天神地祇等の来臨を請い工事の安全，建物の繁栄と仏法の発展を祈願し，キリスト教では，プロテスタント(新教)，カトリック(旧教)を問わず，造物主である神に対して工事の安全等を祈禱する同様の儀式を起工式又は定礎式といっている。」

(2) 結び

「以上のような歴史的経緯から考えると，地鎮祭又は起工式そのものは古来から行なわれてきた建築儀式の一つであるが，本件において神職が主宰した神道式地鎮祭は，……明治40年以降に神社神道が定めた式次第に比較的厳格に則って行なわれていることが認められる。従って，本件地鎮祭は神社神道の祭祀としてなされるその固有の儀式の一つであるということができる。」

〔2〕神社神道の宗教性の有無について
(1) 神社神道の特質

「神道は，講学上，古代以来存在して，仏教，儒教，陰陽道，キリスト教等外来の宗教に対立し，それらと習合又は交渉し，それらの影響の下に変遷し発達してきたわが国固有の宗教であるといわれる。一般の宗教学上，宗教は，自然的宗教(民族宗教)と創唱的(成立)宗教(世界宗教)とに大別される。自然宗教とは，原始宗教や神社神道(教派神道ないし教学神道と区別する意味でこの用語を用いる。以下同じ)，ユダヤ教

等のように創始者(教祖)をもたない宗教であり，これに対して創唱的宗教は，キリスト教，仏教等のように創始者をもち，そのよるべき教義，教典をもっている宗教である。

　神社神道が成立宗教のような教祖及び特定の教義，教典をもたないのは，このような自然的宗教性に由来するものであり，歴史的にみて余り布教伝道を行なってこなかったのも，かかる自然形成的な性格によるところが多い。

　もともと，わが国の原始社会は，水田耕作を中心とする集団的農耕社会で，ここでは個人的性格の強い信仰より自然崇拝，穀霊崇拝と穀物の豊饒を祈願する社会的性格の強い農耕儀礼が民族宗教の要めをなしていた。その後，個人的な精霊信仰も部族的な氏神祭祀から地縁集団の守護神である産土神信仰へ推移し，原始神道がこれらを包容して祖霊崇拝，氏神信仰の宗教観念を形成していった。このように神社神道は地理的に孤立したわが国で集団的な祭祀，儀礼を中心に生成発達した。そして祭祀を通じて，村落共同体など集団における統制と協同の強化，促進をはかる契機となり，共同信仰の性格が強かった。その後7世紀に至ってようやく仏教，儒教，陰陽道等外来の宗教と接触して宗教としての独自の立場を形成していったが，19世紀中葉明治維新に至るまで，本質的には原始宗教以来の共同体(集団)の祭祀形態を持続してきたものである。従って，教義も中世において神仏，神儒習合の教義が体系化されたことはあるが，神社神道独自の教義が正確に体系化されたことがなかったのは，右のような形成過程によるものである。

　そして，このような祭祀中心の集団的宗教として生成発展してきた神社神道の特質が，祭政一致を国体観念とした古代国家および明治政府の政治権力と結びつく基礎的条件になっているのであり，今日でも国及び地方公共団体など共同体(集団)と結びつきやすい性質を有しているのである。また，神社神道は，いわゆる伝道宗教と異なり，祭祀中心の宗教として継承存続したため，特に成立宗教のような布教伝道を必要としないまま今次敗戦に至るまで国家の特別保護を受けてきたのである。」

　(2)　神社神道における祭祀の意義

　「地鎮祭が神社神道における祭祀の一つであることは前記のとおりである。神社神道においては祭祀とは，神を祭ることであり，個人でも集団でも，自己の敬う神に対し行なう行為である。祭祀という宗教的実践的行為を通じて絶対者なる神と一体化する，「祭るものが祭られるものである」という神人一体，神人交感の現象を実現せんとするのである。故に祭祀は，神社神道における中心的表現であり，神社神道において最も重要な意義をもつものである。」

(3) 憲法20条にいう宗教の意義

「一口に宗教といっても，極めて多元的多義的であるのでこれを定義づけることは頗る困難である。宗教法人法……が宗教の定義を避けたのもこのためである。……宗教学上，最も広い意味で，「宗教とは神と人との関係である」と定義づけられている（ティーレ）。すなわち，宗教は本質的に人間相互の関係でなく，人間の神に対する精神的生活面（信仰）であるとする趣旨である。ところで本件で争われている信教の自由，政教分離の原則に関する憲法20条についていうと，『宗教』とは，同条各項により多少広狭の差はあるが，後記のような同条の立法趣旨及び目的に照らして考えれば，できるだけこれを広く解釈すべきである。

そこで，敢えて定義づければ，憲法でいう宗教とは「超自然的，超人間的本質（すなわち絶対者，造物主，至高の存在等，なかんずく神，仏，霊）の存在を確信し，畏敬崇拝する心情と行為」をいい，個人的宗教たると，集団的宗教たると，はたまた発生的に自然的宗教たると，創唱的宗教たるとを問わず，すべてこれを包含するものと解するを相当とする。従って，これを限定的に解釈し，個人的宗教のみを指すとか，特定の教義，教典をもち，かつ教義の伝道，信者の教化育成等を目的とする成立宗教のみを宗教と解すべきではない。」

(4) 神社神道は宗教である

「かかる観点からこれを考えれば，たとえ神社神道が祭祀中心の宗教であって，自然宗教的，民族宗教的特色があっても，神社の祭神（神霊）が個人の宗教的信仰の対象となる以上，宗教学上はもとよりわが国法上も宗教であることは明白である。個人が神社を崇敬しこれに参拝するのは，神社の建造物や神職に対してするものではなく，その背後にある神霊すなわち超人間的存在を信じてこれに礼拝するのである。人間と超人間的存在との関係が本質的にすべて宗教の問題であることは，さきに述べたとおりである……。

ところが，旧憲法の下においては，神社に国教的性格を与え，祭祀と宗教を分離して宗教団体法……の規律の範囲外とするなど，行政上他の宗教と区別したため，当時の政府は，神社は旧憲法28条にいう宗教ではなく，憲法の上諭・告文・勅語で明らかなわが国体観念に基づく超宗教であり，国家の祭祀であって，『神社は宗教に非ず』と説明していた。しかし，これに対しては，他の宗教界，宗教学者及び法学者らより強い非難があり，むしろ神社神道が宗教であることは，当時すでに国内的にも国際的にも定説というべきものであった。

戦後，いわゆる神道指令により神社神道の国教的性格が制度的にも廃止され，他の宗教団体と同様に一宗教法人として取り扱われ，各種税法上非課税措置その他の

特例を受けて，法律系〔ママ〕上，神社が宗教であることは明らかになった。しかし，なお神社を宗教に非ずとする説もとなえられている。例えば，当審鑑定人渋川謙一は，『神道は神ながらの道であり，日本古来の信仰，文化を包含するが故に非宗教である』といい，また，当審鑑定人大石義雄は，『いわゆる国家神道または神社神道の本質的普遍的性格は，宗教ではなく国民道徳的なものであり，神社の宗教性は従属的，偶然的性格である』というけれどもこのような見解は，上述してきたところに徴し，採り難いものである。

　むしろ，神社神道の本質的普遍的性格は，法人格の有無，名称の如何にかかわらず，わが法制上は宗教であり，宗教現象の中心的部分にあると周辺的部分にあるとを問わず，憲法上の規制を免れないと断ぜざるを得ない。」

〔３〕**神社神道式地鎮祭の習俗性の有無について**

　「以上のように，当裁判所は，神社神道がわが国法上の宗教であると考えるものであるが，これを前提にして，なおかつ神社神道式に則った本件地鎮祭が非宗教的習俗行為といえるか否かについて，さらに検討を加える。」

　(1)　習俗の意義

　「ここで『習俗』とは，縦に世代的伝承性をもち，強い規範性ないし拘束性を帯びた協同体の伝統的意思表現すなわち生活様式ないしそれを支えている思考様式をいい，一般に普遍性を有する民間の日常生活一般をいう。……そして，習俗は，すくなくとも，三世代以上にわたり民間に伝承されて存する定型化された慣行で，国家の規制を受けないものをいうべきである。そうした習俗は，これを反省したり，そのために何らの説明を施したりすることなく世代的に伝承され，抵抗なく受け容れられるものでなければならない。

　……また，元来，宗教に起源を有する行事であっても，正月の門松，雛祭り，家庭における豆まき，クリスマスツリーのごとく宗教的意義が非常に稀薄となり，その行為が広く国民の間に定着して殆ど宗教的意識を伴うことなく行なわれ，今日では習俗的行事ないし季節的行事と化しているもののあることも一般に指摘されているとおりである……。

　このように，習俗は，固定的な概念でなく，時代と環境とにより推移するものであることは否定できない。宗教的意義，色彩を失った習俗的行事については，後に述べる政教分離の原則に関係がないことは当然である。」

　(2)　宗教的行為と習俗的行為とを区別する基準

　「このような観点から，本件地鎮祭が右に挙げた正月の門松，クリスマスツリー等と同視できる習俗的行事といえるかどうかについて考察する。宗教上の施設外で行

なわれた本件地鎮祭が宗教的行為か，習俗的行為であるかを区別する客観的な基準として，次の3点を挙げることができる。
　（イ）当該行為の主宰者が宗教家であるかどうか
　（ロ）当該行為の順序作法(式次第)が宗教界で定められたものかどうか
　（ハ）当該行為が一般人に違和感なく受け容れられる程度に普遍性を有するものかどうか

　そこで，これを本件についてみるに，(イ)本件地鎮祭の主宰者は，衣冠束帯の式服を身につけた専門の宗教家である神職(大市神社の宮司外3名)であって，大工・棟梁等非宗教家ではないこと，(ロ)本件地鎮祭の式次第は，明治40年(1907年)内務省告示により制定された神社神道固有の祭式に大体準拠し，一定の祭場を設け一定の祭具(宗教用具)を使用してなされた儀式であること，(ハ)地鎮祭は，わずか数十年の伝統をもつに過ぎず，すべての国民が各人のもつ宗教的信仰にかかわらず，抵抗なく受け容れられるほど普遍性をもつものとはいえないこと……，以上の諸点から考えれば，大市神社の神職が主宰して，神社神道固有の式次第(宗教的作法)に則って行なわれた本件地鎮祭は，宗教的行為というべきであって，未だ習俗的行事とはいえないものといわなければならない。」

(3)　本件地鎮祭と宗教的信仰の有無

「本件地鎮祭は，まさに宗教的信仰心の外部的表現であり，土地の守護神である産土神等，神に対する信心の発露として，神を祭り，神に礼拝し，工事の安全等を祈願する宗教上の儀式(神事)を神職主宰の下に執り行なったものであって，宗教的行為以外の何ものでもない。それは，被控訴人主張のような宗教的信仰・意識・感情を伴わない形式だけの，単なる慣習による式典として行なわれたものでないことはいうまでもない。」

(4)　他の宗教および民間における地鎮祭の事例

「今日，本件のような地鎮祭のみが国民の間に広く慣行として行なわれているわけではなく，神社神道以外の他の宗教，宗派において，それぞれ異なった独自の方式でこの種の儀式が行なわれていることが認められる。……

　本件のような神職の掌る神社神道式地鎮祭が盛大に挙行される至ったのは，むしろ近年，特にビル等の建築ブームに便乗して顕著となった現象であって，殊に公共用建築物の神式地鎮祭に対しては，これまでもしばしば有識者より疑問が提出され批判を受けていたことは〈証拠〉により明らかである。また，本件地鎮祭の参列者であり津市の市民でもある本件控訴人及び補助参加人らも右儀式に違和感を抱き，抵抗を感じているものであることはいうまでもない。

従って，神社神道式地鎮祭のみが，すべての国民の抵抗なく受け容れられるほど馴染んでおり，普遍性を有するものとはいえない。」

(5) 国民大衆の宗教的意識

「これを一般大衆の宗教的意識の面から考察するに，この点については，すでに宗教学及び宗教社会学において宗教的意識の雑居性ないし混淆性とよばれ，いわゆる多重信仰（シンクレティズム）の現象として取り上げ指摘されているところである。すなわち，多くの国民は，村や町等地域社会集団の一員としては神道を，他方個人又は家としては仏教等を信仰するなど，大衆の信仰における雑居的構造は否めない。……

他面，大衆の宗教的観念には，聖と俗との相互移行が体質化しているため，両者の区別，限界について合理的判断力が欠け，宗教的にルーズであるといわれている。殊に戦後，新興宗教等の熱心な信者を除いて国民の多くは，一般に個人としての宗教的関心度が低く，それが宗教的潔癖感の欠如を招いているといってよい。また一般的傾向として，現代人から神の観念ないし宗教的意識が次第にうすれつつあることは否定できない。……

しかし，右のように宗教的潔癖感を欠く大衆の雑居的信仰構造を基にして，一般に神道式地鎮祭が日常多くみられるからといって，直ちにこれが習俗慣行化していると即断するのは，安易に過ぎる。

そして……今日，神道以外の他の宗教，宗派等による地鎮祭，起工式も少なからず行なわれていることを併せ考えれば，神道による地鎮祭のみが国民的慣行として定着しているものといえないことは明らかである。」

(6) 結び——本件地鎮祭は習俗的行為ではない

「以上要するに，いずれの観点からしても，津市が神職に依頼し，神社神道の式次第に従ってなした本件地鎮祭は，神社神道固有の宗教儀式というべきであって，宗教的意義の稀薄な正月の門松，クリスマスツリー等とは同視できないから，被控訴人の主張する古来一般の社会的儀礼とか単なる習俗的行事又は宗教類似の行為とは，到底いいえない。」

2．信教の自由と政教分離の原則について

〔1〕日本国憲法20条の趣旨・沿革

「日本国憲法20条の目的とするところは，各個人がその精神的，宗教的欲求をいかなる外的権威にも妨害されることなく自由に追求しうる社会状態を確保するにある。しかして，このように憲法をもって信教の自由を保障する定めをしているのは，近代各国における憲法の特徴である。歴史的にみても，ヨーロッパにおける信教の

自由は，基本的人権の中でも精神的自由確立の先駆的かつ中枢的役割をなしたものであり，信教の自由を獲得したことが，やがて思想，良心および表現等の自由権の達成につながったのである。かかる意味で信教の自由を保障する日本国憲法20条の規定が，思想及び良心の自由(19条)と思想表現の自由(21条)の中間に位置づけられ，その核心を形成していることは，まことに象徴的であるといってよい。」

「わが国では，ヨーロッパの諸国民がかつて教会及びこれと結合する国権の圧力に対立抗争し，数世紀にわたる宗教的自由獲得のため，自らの血を流して自由権を闘い取ったような経験がない。そのように歴史的基盤を異にするわが国においては，戦前一般に信教の自由に対する尊厳不可侵の認識が頗る稀薄であった。それ故に旧憲法は，……と規定し，自由権の中でも「法律の留保」を伴わないことに特色があるとされながら，結局憲法自体がその制限をつけた限定的な信教の自由たるに止まった。のみならず，天皇を現人神とし，祭政一致をわが国体と観念した国家体制の下で，「神社は宗教に非ず」との建て前をとり，事実上神道に国教的地位を与え，「臣民タルノ義務」として神社参拝を強制したため，戦前における国民の信教の自由は，後に述べるごとく極度に制限又は抑圧されたものであった。

そのような苦い経験と戦争の惨禍を経て，日本国憲法は，信教の自由を何らの制限なく保障し，何人も自己の欲するところに従い，特定の宗教を信じ，又は信じない自由を有すること，この自由は国家その他の権力によって不当に侵されないとする徹底した政教分離の原則を確立し(20条)，さらに財政的側面からもこれを裏付け規制したのである(89条)。」

〔2〕**信教の自由と政教分離との関係**
(1) わが国における政教分離原則の特質

「戦前の国家神道の下における特殊な宗教事情に対する反省が，日本国憲法20条の政教分離主義の制定を自発的かつ積極的に支持する原因になっていると考えるべきであり，わが国における政教分離原則の特質は，まさに戦前，戦中の国家神道による思想的支配を憲法によって完全に払拭することにより，信教の自由を確立，保障した点にあるといってよい。

さらに，……わが国のように宗教が多元的に併存している国では，国家と特定宗教との結びつきを排除するため，政教分離を徹底化することにより，はじめて信教の自由を保障することができるものというべきである。」

(2) 信教の自由に対する具体的保障の態様

「右のように国家と宗教との関係は，それぞれの国の歴史的条件によって異っているので，信教の自由を憲法で保障する場合，その具体的保障の態様は国によって

異っている。……

　日本国憲法は，……アメリカ合衆国のとっている憲法原則（修正第1条）及びその下で展開し確立された判例理論と，ほぼ同様の完全な政教分離制度を採用していることは，憲法の沿革に徴して明らかであり，各国の憲法に比較し規定の上では，最も先進的な性格をもつものの一つといえる。

　……これにより，憲法は国家と宗教との明確な分離を意図し，国家の非宗教性を宣明したのである。そして憲法の右規定を受けて教育基本法9条〔現行法では15条〕1，2項，社会教育法23条2項のような規定が設けられているのである。

　従って，日本国憲法のとる厳格な政教分離原則を看過して，西欧のキリスト教諸国において，国家的行事がキリスト教の司祭によって執り行なわれているから，同様に日本においても，神社の神職が公的行事として宗教儀式を主宰する程度のことは是認されてよいと即断することはできない。」

〔3〕　**政教分離原則の意義及び目的**
(1)　政教分離原則の意義

「政教分離の原則とは，およそ宗教・信仰自由の問題が人間生活における精神的・内面的自由にかかる純粋に個人的心情の問題であるから，世俗的権力である国家（地方公共団体を含む。以下同じ）の関与すべきことではなく，これを神聖なものとして公権力の彼方におき，国家は宗教そのものに干渉すべきではない，との国家の非宗教性ないし宗教に対する中立性を意味する。

　要するに，宗教の問題は，国家的事項ではなく個人の私事であり，政治的次元をこえる人間の魂の救済の問題であるから，これを国家の関心外の事項とする，ということである。」

(2)　政教分離原則の目的

「政教分離の原則が目的とするところは，第一に信教の自由に対する保障を制度的に補強し確保するところにある。すなわち，信教の自由は，政教分離なる手段によって具体的に保障される意味で，人権条項に併せ規定されているが，政教分離条項は，本来基本的人権そのものではなく，国の宗教に対する根本的な政治姿勢に関する原理である。換言すれば，信教の自由は，政教の分離なくして完全に確保することは不可能であり，政教分離は，まさに信教の自由をより具体的に実現せしめる現実的手段であって，信教の自由に対する制度的保障の原理である。このことは，過去の歴史において，特定の宗教がその全盛時には常に時の政治権力に結びついて信仰を強制し，時の権力者もまた民衆統制に宗教を利用し，利用し得ない宗教はこれを禁圧したため，自己の信仰体制をもっている人々はこれを固守して激しく抵抗

せざるを得なかったことなど,政治と宗教とが対決した場面は枚挙にいとまがない。近くは,さきに述べたとおり,戦前における国家神道の下で,信教の自由が極度に侵害された歴史的事実を顧みると,信教の自由(無信仰の自由を含む)を完全に保障するために政教分離がいかに重要であるか自ら明らかである。

　第二に,政教分離の原則は,国家と宗教との結合により国家を破壊し,宗教を堕落せしめる危険を防止することを目的とする。もし,国家がある特定の宗教と結びつくと,その結果,他の宗教を信仰する人々の国家に対する憎悪,不信,反感をもたらし,国家の基礎を破壊する危険を招来する。のみならず,特定宗教に対する国家の政治的,財政的援助は,該宗教に対する人々の尊敬を失わせ,その腐敗堕落を醸成する。すなわち,宗教は世俗的権力の介入を許すことができないほど,余りに個人的であり,神聖であり,かつ至純なものである。政教分離の原則は,宗教を敵視し,これを無力化することを目的とするものではなく,国によって定められた宗教と宗教的迫害が手をたずさえるものであるという歴史的事実の自覚の上に基礎をおいているのである。」

〔4〕**本件地鎮祭と政教分離原則との関係**

「津市で催された一見些細なできごとである本件地鎮祭が,違憲であるか合憲であるかを判断するにあたって,……右に述べたような政教分離原則の原点に立ち帰って,その違憲性につき深くこれを考察しなければならない。

　政教分離原則の侵害の有無は,憲法20条2項の宗教の自由侵害の有無と異なり,個人に対する『強制』の要素の存在を必要としない。すなわち,国又は地方公共団体が行為主体になって特定の宗教的活動を行えば,一般市民に参加を強制しなくても,それだけで政教分離原則の侵害となるのである。……これがさきに詳論したとおり,国又は地方公共団体の非宗教性を毀損し,その存立基礎を破壊する危険を生ぜしめるのみならず,特定の宗教を堕落せしめることにつながるから,政教分離原則の趣旨,目的からいって右のようなことが許されないことは当然である。

　さらに,国又は地方公共団体のする特定の宗教的活動が大部分の人の宗教的意識に合致し,これに伴う公金の支出が少額であっても,それは許容される筋合のものではない。なぜならば,そのことによって残された少数の人は自己の納付した税金を自己の信じない,又は反対する宗教の維持発展のために使用されることになり,結局自己の信じない,又は反対する宗教のために税金を徴収されると同じ結果をもたらし,宗教的少数者の人権が無視されることになるからである。このような少数者の権利の確保が,個人の尊厳を基調とする人権規定の根底にあり,信教の自由を保障する規定の基礎にあるわけである。人権に関することがらを大部分の人の意識

に合致するからといった，多数決で処理するような考え方は許されるはずがない。日本国憲法が基本的人権を人類の自由獲得の努力の成果であるとし，普遍人類性を強調していることからいって，他の自由権と同様にこれを厳格に解釈すべきことは当然である。

本件において，津市が地鎮祭を神社神道式で行なったところで，とりたてて非難したり重大視するほどの問題でないとする考え方は，右に述べたような人権の本質，政教分離の憲法原則を理解しないものというべきである。政教分離に対する軽微な侵害が，やがては思想・良心・信仰といった精神的自由に対する重大な侵害になることを恐れなければならない。」

3．憲法20条3項違背の主張について
〔1〕「国及びその機関」の意義

「憲法20条3項……で『国及びその機関』とは，国及び地方公共団体，その他の公権力を行使する一切の機関を総称するものと解すべきである。地方公共団体も包含されることは，地方公共団体も国と同様に公権力を行使する機関であるから憲法の基本的人権関係の規定及びこれに関連する規定については，憲法の趣旨から考えて，その権利を尊重し，これを保障すべきは当然であるからである。憲法の基本的人権に関する規定には，国と表示せられるものとその表示を欠くものとが存するが，これはただ表現上の問題にすぎないものであって，両者を別異に解すべき何らの理由もない。

従って，本件において地方自治体たる津市は憲法20条3項の主体に該当する。」

〔2〕「宗教的活動」の意義

「ここにいう『宗教的活動』の範囲は極めて広く，特定の宗教の布教，教化，宣伝を目的とする行為のほか，祈禱，礼拝，儀式，祝典，行事等および宗教的信仰の表現である一切の行為を包括する概念と解すべきである。すなわち，第3項は，第1項後段の規定を受けて公共団体を主体とする一切の宗教的活動を禁止する趣旨に出たものであり，このことは，さきに述べた国家と宗教の完全分離主義をとるわが国の政教分離原則成立の由来からいって明らかであり，日本国憲法が国にある程度の宗教的機能を営むことを認め，20条3項において国に対し禁止すべき宗教的行為を制限的に挙示したものであると解すべきではない。従って，同条3項に『宗教教育』を挙げたのは，戦前になされたような国立，公立学校における神道教育を排除する趣旨でこれを重視し，例示したにすぎないのであって，同項にいう『宗教的活動』とは，単に宗教の布教，教化，宣伝等を目的とする積極的行為に限らず，同条2項の『宗教上の行為，祝典，儀式又は行事』を含む一切の宗教的行為を網羅する趣旨

であると解すべきである。

　……もし、『宗教上の行為、祝典、儀式又は行事』の下に、国又は地方公共団体等と特定宗教との結びつきを許せば、政教分離の憲法原則は、遂にその一角から容易に崩れ去ってしまうであろう。『宗教上の行為』と『宗教的活動』とは截然と区別し得べき性質のものではないし、またこれを区別すべき理由もない。」

〔3〕本件地鎮祭は特定の宗教的活動である

「以上説示してきたところから明らかであるとおり、本件において、津市が主催者となり、大市神社の神職に依頼して挙行した本件地鎮祭は、神社神道における祭祀の一つである。しかも、神社神道は祭りを通じて積極的な教化活動をしていることは、さきに……詳説したとおりであるから、本件地鎮祭が特定宗教による宗教上の儀式であると同時に、憲法20条3項で禁止する『宗教的活動』に該当することはいうまでもない。」

4. 結 び

「以上の次第で、津市が挙行した神社神道式の本件地鎮祭は、政教分離の原則を侵し、憲法20条3項の規定に違反する宗教的活動として許されないものといわねばならない。従って、これに基づき被控訴人が市長としてなした公金……の支出は、右金銭の名目、形式、金額の如何を問わず……、憲法89条の適用をまつまでもなく、基本となる権利義務関係が法律上許されない以上、違法な支出たるを免れない。また、被控訴人市長は、右公金の支出が事前に津市議会において適法に議決されていることの故をもって免責されるものではない。地方公共団体たる津市は、右違法な公金の支出により右同額の財産上の損害を蒙っているものといわざるを得ない。」

〔名古屋高裁民事第三部 伊藤淳吉、宮本聖司、土田勇〕

【判例11-4】
津地鎮祭訴訟上告審判決（行政処分取消等請求事件）
最大判昭52・7・13民集31巻4号533頁　　　　　　〔一部破棄自判〕

〔事実の概要〕⇨【判例11-3】

〔判決理由〕

1. 憲法における政教分離原則

「一般に、政教分離原則とは、およそ宗教や信仰の問題は、もともと政治的次元を超えた個人の内心にかかわることがらであるから、世俗的権力である国家（地方公共団体を含む。以下同じ。）は、これを公権力の彼方におき、宗教そのものに干渉すべき

ではないとする，国家の非宗教性ないし宗教的中立性を意味するものとされている。もとより，国家との関係には，それぞれの国の歴史的・社会的条件によって異なるものがある。……元来，わが国においては，キリスト教諸国や回教諸国等と異なり，各種の宗教が多元的，重層的に発達，併存してきているのであって，このような宗教事情のもとで信教の自由を確実に実現するためには，単に信教の自由を無条件に保障するのみでは足りず，国家といかなる宗教との結びつきをも排除するため，政教分離規定を設ける必要性が大であった。これらの諸点にかんがみると，憲法は，政教分離規定を設けるにあたり，国家と宗教との完全な分離を理想とし，国家の非宗教性ないし宗教的中立性を確保しようとしたもの，と解すべきである。

　しかしながら，元来，政教分離規定は，いわゆる制度的保障の規定であって，信教の自由そのものを直接保障するものではなく，国家と宗教との分離を制度として保障することにより，間接的に信教の自由の保障を確保しようとするものである。ところが，宗教は，信仰という個人の内心的な事象としての側面を有するにとどまらず，同時に極めて多方面にわたる外部的な社会事象としての側面を伴うのが常であって，この側面においては，教育，福祉，文化，民俗風習など広汎な場面で社会生活と接触することになり，そのことからくる当然の帰結として，国家が，社会生活に規制を加え，あるいは教育，福祉，文化などに関する助成，援助等の諸施策を実施するにあたって，宗教とのかかわり合いを生ずることを免れえないこととなる。したがって，現実の国家制度として，国家と宗教との完全な分離を実現することは，実際上不可能に近いものといわなければならない。更にまた，政教分離原則を完全に貫こうとすれば，かえって社会生活の各方面に不合理な事態を生ずることを免れないのであって，例えば，特定宗教と関係のある私立学校に対し一般の私立学校と同様な助成をしたり，文化財である神社，寺院の建築物や仏像等の維持保存のため国が宗教団体に補助金を支出したりすることも疑問とされるに至り，それが許されないということになれば，そこには，宗教との関係があることによる不利益な取扱い，すなわち宗教による差別が生ずることになりかねず，また例えば，刑務所等における教誨活動も，それがなんらかの宗教的色彩を帯びる限り一切許されないということになれば，かえって受刑者の信教の自由は著しく制約される結果を招くことにもなりかねないのである。これらの点にかんがみると，政教分離規定の保障の対象となる国家と宗教との分離にもおのずから一定の限界があることを免れず，政教分離原則が現実の国家制度として具現される場合には，それぞれの国の社会的・文化的諸条件に照らし，国家は実際上宗教とある程度のかかわり合いをもたざるをえないことを前提としたうえで，そのかかわり合いが，信教の自由の保障の確保とい

う制度の根本目的との関係で，いかなる場合にいかなる限度で許されないこととなるかが，問題とならざるをえないのである。右のような見地から考えると，わが憲法の前記政教分離規定の基礎となり，その解釈の指導原理となる政教分離原則は，国家が宗教的に中立であることを要求するものではあるが，国家が宗教とのかかわり合いをもつことを全く許さないとするものではなく，宗教とのかかわり合いをもたらす行為の目的及び効果にかんがみ，そのかかわり合いが右の諸条件に照らし相当とされる限度を超えるものと認められる場合にこれを許さないとするものであると解すべきである。」

2．憲法20条3項により禁止される宗教的活動

「憲法20条3項……にいう宗教的活動とは，前述の政教分離原則の意義に照らしてこれをみれば，およそ国及びその機関の活動で宗教とのかかわり合いをもつすべての行為を指すものではなく，そのかかわり合いが右にいう相当とされる限度を超えるものに限られるというべきであって，当該行為の目的が宗教的意義をもち，その効果が宗教に対する援助，助長，促進又は圧迫，干渉等になるような行為をいうものと解すべきである。その典型的なものは，同項に例示される宗教教育のような宗教の布教，教化，宣伝等の活動であるが，そのほか宗教上の祝典，儀式，行事等であっても，その目的，効果が前記のようなものである限り，当然，これに含まれる。そして，この点から，ある行為が右にいう宗教的活動に該当するかどうかを検討するにあたっては，当該行為の主宰者が宗教家であるかどうか，その順序作法(式次第)が宗教の定める方式に則ったものであるかどうかなど，当該行為の外形的側面のみにとらわれることなく，当該行為の行われる場所，当該行為に対する一般人の宗教的評価，当該行為者が当該行為を行うについての意図，目的及び宗教的意識の有無，程度，当該行為の一般人に与える効果，影響等，諸般の事情を考慮し，社会通念に従って，客観的に判断しなければならない。

なお，憲法20条2項の規定と同条3項の規定との関係を考えるのに，両者はともに広義の信教の自由に関する規定ではあるが，2項の規定は，何人も参加することを欲しない宗教上の行為等に参加を強制されることはないという，多数者によっても奪うことのできない狭義の信教の自由を直接保障する規定であるのに対し，3項の規定は，直接には，国及びその機関が行うことのできない行為の範囲を定めて国家と宗教との分離を制度として保障し，もって間接的に信教の自由を保障しようとする規定であって，前述のように，後者の保障にはおのずから限界があり，そして，その限界は，社会生活上における国家と宗教とのかかわり合いの問題である以上，それを考えるうえでは，当然に一般人の見解を考慮に入れなければならないもので

ある。右のように、両者の規定は、それぞれ目的、趣旨、保障の対象、範囲を異にするものであるから、2項の宗教上の行為等と3項の宗教的活動とのとらえ方は、その視点を異にするものというべきであり、2項の宗教上の行為等は、必ずしもすべて3項の宗教的活動に含まれるという関係にあるものではなく、たとえ3項の宗教的活動に含まれないとされる宗教上の祝典、儀式、行事等であっても、宗教的信条に反するとしてこれに参加を拒否する者に対し国家が参加を強制すれば、右の者の信教の自由を侵害し、2項に違反することとなるのはいうまでもない。それ故、憲法20条3項により禁止される宗教的活動について前記のように解したからといって、直ちに、宗教的少数者の信教の自由を侵害するおそれが生ずることにはならないのである。」

3．本件起工式の性質

「本件起工式は、……建物の建築の着工にあたり、土地の平安堅固、工事の無事安全を祈願する儀式として行われたことが明らかであるが、その儀式の方式は、……専門の宗教家である神職が、所定の服装で、神社神道固有の祭式に則り、一定の祭場を設け一定の祭具を使用して行ったというのであり、また、これを主宰した神職自身も宗教的信仰心に基づいてこれを執行したものと考えられるから、それが宗教とかかわり合いをもつものであることは、否定することができない。

しかしながら、……起工式は、土地の神を鎮め祭るという宗教的な起源をもつ儀式であったが、時代の推移とともに、その宗教的な意義が次第に稀薄化してきていることは、疑いのないところである。一般に、建物等の建築の着工にあたり、工事の無事安全等を祈願する儀式を行うこと自体は、『祈る』という行為を含むものであるとしても、今日においては、もはや宗教的意義がほとんど認められなくなった建築上の儀礼と化し、その儀式が、たとえ既存の宗教において定められた方式をかりて行われる場合でも、それが長年月にわたって広く行われてきた方式の範囲を出ないものである限り、一般人の意識においては、起工式にさしたる宗教的意義を認めず、建築着工に際しての慣習化した社会的儀礼として、世俗的な行事と評価しているものと考えられる。本件起工式は、神社神道固有の祭祀儀礼に則って行われたものであるが、かかる儀式は、国民一般の間ですでに長年月にわたり広く行われてきた方式の範囲を出ないものであるから、一般人及びこれを主催した津市の市長以下の関係者の意識においては、これを世俗的行事と評価し、これにさしたる宗教的意義を認めなかったものと考える。

また、現実の一般的な慣行としては、建築着工にあたり建築主の主催又は臨席のもとに本件のような儀式をとり入れた起工式を行うことは、特に工事の無事安全等

を願う工事関係者にとっては，欠くことのできない行事とされているのであり，このことと前記のような一般人の意識に徴すれば，建築主が一般の慣習に従い起工式を行うのは，工事の円滑な進行をはかるため工事関係者の要請に応じ建築着工に際しての慣習化した社会的儀礼を行うという極めて世俗的な目的によるものであると考えられるのであって，特段の事情のない本件起工式についても，主催者の津市の市長以下の関係者が右のような一般の建築主の目的と異なるものをもっていたとは認められない。

　元来，わが国においては，多くの国民は，地域社会の一員としては神道を，個人としては仏教を信仰するなどし，冠婚葬祭に際しても異なる宗教を使いわけてさしたる矛盾を感ずることがないというような宗教意識の雑居性が認められ，国民一般の宗教的関心度は必ずしも高いものとはいいがたい。他方，神社神道自体については，祭祀儀礼に専念し，他の宗教にみられる積極的な布教・伝道のような対外活動がほとんど行われることがないという特色がみられる。このような事情と前記のような起工式に対する一般人の意識に徴すれば，建築工事現場において，たとえ専門の宗教家である神職により神社神道固有の祭祀儀礼に則って，起工式が行われたとしても，それが参列者及び一般人の宗教的関心を特に高めることとなるものとは考えられず，これにより神道を援助，助長，促進するような効果をもたらすことになるものとも認められない。そして，このことは，国家が主催して，私人と同様の立場で，本件のような儀式による起工式を行った場合においても，異なるものではなく，そのために，国家と神社神道との間に特別に密接な関係が生じ，ひいては，神道が再び国教的な地位をえたり，あるいは信教の自由がおびやかされたりするような結果を招くものとは，とうてい考えられないのである。

　以上の諸事情を総合的に考慮して判断すれば，本件起工式は，宗教とかかわり合いをもつものであることを否定しえないが，その目的は建築着工に際し土地の平安堅固，工事の無事安全を願い，社会の一般的慣習に従った儀礼を行うという専ら世俗的なものと認められ，その効果は神道を援助，助長，促進し又は他の宗教に圧迫，干渉を加えるものとは認められないのであるから，憲法20条3項により禁止される宗教的活動にはあたらないと解するのが，相当である。」

4．結　論

「本件起工式は，なんら憲法20条3項に違反するものではなく，また，宗教団体に特権を与えるものともいえないから，同条1項後段にも違反しないというべきである。更に，右起工式の挙式費用の支出も，前述のような本件起工式の目的，効果及び支出金の性質，額等から考えると，特定の宗教組織又は宗教団体に対する財政

援助的な支出とはいえないから，憲法89条に違反するものではなく，地方自治法2条15項〔現行法16項〕，138条の2にも違反するものではない。したがって，右支出が違法であることを前提とする上告人に対する被上告人の請求は理由がなく，棄却されるべきものである。それ故，これと同旨の第一審判決は相当であり，前記部分に関する本件控訴は棄却されるべきものである。」

*裁判官藤林益三，吉田豊，団藤重光，服部高顯，環昌一の反対意見

1　憲法における政教分離は，「国家と宗教との徹底的な分離を意味する」と解すべきである。「多数意見のいう国家と宗教とのかかわり合いとはどのような趣旨であるのか必ずしも明確でないばかりでなく，そのかかわり合いが相当とされる限度を超えるものと認められる場合とはどのような場合であるのもあいまいであって，政教分離原則を多数意見のように解すると，国家と宗教との結びつきを容易に許し，ひいては信教の自由の保障そのものをゆるがすこととなりかねないという危惧をわれわれは抱かざるを得ない」。国家と宗教との徹底的分離という立場においても，多数意見の挙げる「不合理な事態」の例のごときは，「平等の原則等憲法上の要請に基づいて許される場合にあたると解されるから，なんら不合理な事態は生じないのである。」

2　憲法の禁止する宗教的活動には，「宗教の教義の宣布，信者の教化育成等の活動」はもちろんのこと，「宗教上の祝典，儀式，行事等を行うこと」も，「宗教的信仰心の表白の形式」であり，国又はその機関がこれらを行うことは，その及ぼす具体的効果のいかんを問うまでもなく国家の非宗教性と相容れないことは明らかである。「もっとも，一応宗教的活動にあたると認められるようなものであっても，国若しくはその機関がこれを行わなければかえって国民の信教の自由が制約される結果となるとき又は平等の原則等憲法上の要請に基づいて行われるときには，許される場合があることを否定するものではない。」「元来は宗教に起源を有する儀式，行事であっても時代の推移とともにその宗教性が稀薄化し今日において完全にその宗教的意義・色彩を喪失した非宗教的な習俗的行事」は，憲法の禁止する宗教的活動にあたらないというべきであるが，他方，「習俗的行事化しているものであってもなお宗教性があると認められる宗教的な習俗的行事」は，宗教的活動に当然含まれる。

3　本件起工式自体は，極めて宗教的色彩の濃いもので，これを非宗教的行事ということはとうていできない。「かような活動を極めて些細な事柄として放置すれば，地方公共団体と神社神道との間に密接な関係が生ずるおそれのあることは否定することができない」のであり，多数意見は「その宗教的意義を軽視し，しかもそ

の効果を過小に評価しようとするもの」であってとうてい賛同できない。本件起工式は，明らかに，憲法20条3項にいう宗教的活動にあたり，許されないものといわなければならない。

＊裁判官藤林益三の追加反対意見　　1　信教の自由は，「近世民主主義国家の一大原則」であって，「数世紀にわたる政治的及び学問的闘争の結果，かちえた寛容の精神の結晶」である。政教分離原則の保障に不可欠の前提として，⑴宗教に対する国家の中立性，⑵信教の私事性がある。この原則の確立により国家の特定宗教への結びつきは原則的に否定され，国家は世俗的なもののみに関与するべきものとされるに至ったのであるが，このことは国家の宗教に対する無関心，無感覚を意味するのではなく，「信教自由の原則は，国家の宗教に対する冷淡の標識ではなく，かえって宗教尊重の結果でなければならない。」

2　いわゆる神道指令は3つの重要な点を含んでいる。すなわち⑴神社を宗教と認めたこと⑵神社に国家の行政的もしくは財政的保護を与えることの廃止⑶神社を宗教として信仰することを国民の自由としたこと，である。

3　憲法20条3項の解釈の指導原理となるべき政教分離原則の意義から考えると，この規定によって禁止される宗教的活動は広く解すべきであって，「これを狭く解するときには，それ以外の宗教ないし宗教類似の行為には20条の保障が及ばないこととなって，信教の自由が著しく制限される結果となるばかりでなく，反面，国家と宗教の密接な結びつきが許容される道を開くこととなるであろう。」

4　正月の門松は「縁起ものとして今日でも行われている」し，「雛祭りやクリスマスツリーの如きものも，親が子供に与える家庭のたのしみとして，あるいは集団での懇親のための行事として意味のあることが十分に理解でき」，今日では「これらは宗教的意義を有しないとすることもできるであろう。」しかし，「本件起工式をとり行うことをもって，単なる縁起もの又はたのしみのようなものにすぎないとすることができるであろうか。」本件儀式は「主催者の意思如何にかかわらず，工事の円滑な進行をはかるため，工事関係者の要請に応じて行われるもの」で，ここに「単なる慣行というだけでは理解できないものが存在する」。「工事の無事安全等に関し人力以上のものを希求するから，その人為以外の何ものかにたよることになるのである。これを宗教的なものといわないで，何を宗教的というべきであろうか。」本件においては，「土俗の慣例にしたがい大工，棟梁が儀式を行ったものではなく，神職4名が神社から出張して儀式をとり行ったのである。神職は，たんなる余興に出演したのではない。」祭祀は神社神道における中心的表現であり，神社神道において最も重要な意義をもつものである。

5　本件起工式に「違和感を有する人があることもまた事実である。もとより，個人あるいは私法人が起工式を行うに当たり，神社神道又はその他の宗教によることは自由」であるが，「本件起工式は，地方公共団体が主催して行ったものであることが，案外，軽視されているように思われてならないのである。すなわち国家や地方公共団体の権威，威信及び財政上の支持が特定の宗教の背後に存在する場合には，それは宗教的少数者に対し，公的承認を受けた宗教に服従するよう間接的に強制する圧力を生じるからである。たとえ儀式に要する費用が多くなくても，また一般市民に参加を強制しなくても，それは問題ではない。」「要するに，そういう事柄から国家や地方公共団体は，手を引くべきものなのである。たとえ，少数者の潔癖感に基づく意見と見られるものがあっても，かれらの宗教や良心の自由に対する侵犯は多数決をもってしても許されないのである。そこには，民主主義を維持する上に不可欠というべき最終的，最少限度守らなければならない精神的自由の人権が存在するからである。」「国家又は地方公共団体は，信教や良心に関するような事柄で，社会的対立ないしは世論の対立を生ずるようなことを避けるべきものであって，ここに政教分離原則の真の意義が存するのである。」

6　「以上が，反対意見に追加する私の意見であるが，その1及び2項において，私は矢内原忠雄全集18巻357頁以下『近代日本における宗教と民主主義』の文章から多くの引用をしたことを，本判決の有する意味にかんがみ，付記するものである。」

〔以上の反対意見を除き，裁判官15人全員一致の意見。ただし裁判官下田武三は退官のため，裁判官岸盛一は病気のため，署名捺印できない。〕

【判例11-5】

愛媛玉串料訴訟(損害賠償代位請求事件)

最大判平9・4・2民集51巻4号1673頁　　〔一部破棄自判，一部上告棄却〕

〔事実の概要〕

(1)　原審(高松高判平4・5・12判時1419号38頁)の確定した事実関係によると，被上告人Sが愛媛県知事の職にあった昭和56年から同61年にかけて，①愛媛県(＝「県」)の東京事務所長の職にあった被上告人Aが，宗教法人靖国神社(＝「靖国神社」)の挙行した春季又は秋季の例大祭に際して奉納する玉串料として9回にわたり各5,000円(合計4万5,000円)を，②同じく同被上告人が，靖国神社の挙行した7月中旬の「みたま祭」に際して奉納する献灯料として4回にわたり各7,000円又は8,000円(合計3万1,000円)を，また，③県生活福祉部老人福祉課長の職にあった被

上告人B，承継前被上告人亡C，被上告人D，同E及び同Fが，宗教法人愛媛県護国神社（＝「護国神社」）の挙行した春季又は秋季の慰霊大祭に際して愛媛県遺族会を通じて奉納する供物料として9回にわたり各1万円（合計9万円）を，それぞれ県の公金から支出した（以下，これらの支出を「本件支出」という。）。

本件は，本件支出が憲法第20条3項，第89条等に照らして許されない違法な財務会計上の行為に当たるかどうかが争われた地方自治法第242条の2第1項4号に基づく損害賠償代位請求住民訴訟である。

(2) 第一審（松山地判平元・3・17判時1305号26頁）は，本件支出は，その目的が宗教的意義を持つことを否定することができないばかりでなく，その効果が靖国神社又は護国神社の宗教活動を援助，助長，促進することになるものであって，本件支出によって生ずる県と靖国神社及び護国神社との結び付きは我が国の文化的・社会的諸条件に照らして考えるとき，もはや相当とされる限度を超えるものであるから，憲法第20条3項の禁止する宗教的活動に当たり，違法なものといわなければならないと判断した。

(3) これに対して，原審（上記高松高判）は，本件支出は宗教的な意義を持つが，一般人にとって神社に参拝する際に玉串料等を支出することは過大でない限り社会的儀礼として受容されるという宗教的評価がされており，知事は，遺族援護行政の一環として本件支出をしたものであってそれ以外の意図，目的や深い宗教心に基づいてこれをしたものではないし，その支出の程度は，少額で社会的な儀礼の程度にとどまっており，その行為が一般人に与える効果，影響は，靖国神社等の第二次大戦中の法的地位の復活や神道の援助，助長についての特別の関心，気風を呼び起こしたりするものではなく，これらによれば，本件支出は，神道に対する援助，助長，促進又は他の宗教に対する圧迫，干渉等になるようなものではないから憲法第20条3項，第89条に違反しないと判断した。

〔判決理由〕

原審の右判断は是認することができない。その理由は以下のとおりである。

1．政教分離原則と憲法20条3項，89条により禁止される国家等の行為

憲法は，20条1項後段，3項，89条において，いわゆる政教分離の原則に基づく諸規定（以下「政教分離規定」という。）を設けている。

一般に，政教分離原則とは，国家（地方公共団体を含む。以下同じ。）は宗教そのものに干渉すべきではないとする，国家の非宗教性ないし宗教的中立性を意味するものとされているところ，国家と宗教との関係には，それぞれの国の歴史的・社会的条件によって異なるものがある。我が国では，大日本帝国憲法に信教の自由を保障す

る規定(28条)を設けていたものの,その保障は「安寧秩序ヲ妨ケス及臣民タルノ義務ニ背カサル限ニ於テ」という同条自体の制限を伴っていたばかりでなく,国家神道に対し事実上国教的な地位が与えられ,ときとして,それに対する信仰が要請され,あるいは一部の宗教団体に対し厳しい迫害が加えられた等のこともあって,同憲法の下における信教の自由の保障は不完全なものであることを免れなかった。憲法は,明治維新以降国家と神道が密接に結び付き右のような種々の弊害を生じたことにかんがみ,新たに信教の自由を無条件に保障することとし,更にその保障を一層確実なものとするため,政教分離規定を設けるに至ったのである。元来,我が国においては,各種の宗教が多元的,重層的に発達,併存してきているのであって,このような宗教事情の下で信教の自由を確実に実現するためには,単に信教の自由を無条件に保障するのみでは足りず,国家といかなる宗教との結び付きをも排除するため,政教分離規定を設ける必要性が大であった。これらの点にかんがみると,憲法は,政教分離規定を設けるに当たり,国家と宗教との完全な分離を理想とし,国家の非宗教性ないし宗教的中立性を確保しようとしたものと解すべきである。

しかしながら,元来,政教分離規定は,いわゆる制度的保障の規定であって,信教の自由そのものを直接保障するものではなく,国家と宗教との分離を制度として保障することにより,間接的に信教の自由の保障を確保しようとするものである。そして,国家が社会生活に規制を加え,あるいは教育,福祉,文化などに関する助成,援助等の諸施策を実施するに当たって,宗教とのかかわり合いを生ずることを免れることはできないから,現実の国家制度として,国家と宗教との完全な分離を実現することは,実際上不可能に近いものといわなければならない。さらにまた,政教分離原則を完全に貫こうとすれば,かえって社会生活の各方面に不合理な事態を生ずることを免れない。これらの点にかんがみると政教分離規定の保障の対象となる国家と宗教との分離にもおのずから一定の限界があることを免れず,政教分離原則が現実の国家制度として具現される場合には,それぞれの国の社会的・文化的諸条件に照らし,国家は実際上宗教とある程度のかかわり合いを持たざるを得ないことを前提とした上で,そのかかわり合いが,信教の自由の保障の確保という制度の根本目的との関係で,いかなる場合にいかなる限度で許されないこととなるかが問題とならざるを得ないのである。右のような見地から考えると,憲法の政教分離規定の基礎となり,その解釈の指導原理となる政教分離原則は,国家が宗教的に中立であることを要求するものではあるが,国家が宗教とのかかわり合いを持つことを全く許さないとするものではなく,宗教とのかかわり合いをもたらす行為の目的及び効果にかんがみ,そのかかわり合いが我が国の社会的・文化的諸条件に照らし

相当とされる限度を超えるものと認められる場合にこれを許さないとするものであると解すべきである。

　右の政教分離原則の意義に照らすと，憲法20条3項にいう宗教的活動とは，およそ国及びその機関の活動で宗教とのかかわり合いを持つすべての行為を指すものではなく，そのかかわり合いが右にいう相当とされる限度を超えるものに限られるというべきであって当該行為の目的が宗教的意義を持ち，その効果が宗教に対する援助，助長，促進又は圧迫干渉等になるような行為をいうものと解すべきである。そして，ある行為が右にいう宗教的活動に該当するかどうかを検討するに当たっては，当該行為の外形的側面のみにとらわれることなく，当該行為の行われる場所，当該行為に対する一般人の宗教的評価，当該行為者が当該行為を行うについての意図，目的及び宗教的意識の有無，程度，当該行為の一般人に与える効果，影響等，諸般の事情を考慮し，社会通念に従って，客観的に判断しなければならない。

　憲法89条が禁止している公金その他の公の財産を宗教上の組織又は団体の使用，便益又は維持のために支出すること又はその利用に供することというのも，前記の政教分離原則の意義に照らして，公金支出行為等における国家と宗教とのかかわり合いが前記の相当とされる限度を超えるものをいうものと解すべきであり，これに該当するかどうかを検討するに当たっては，前記と同様の基準によって判断しなければならない。

　以上は，当裁判所の判例の趣旨とするところでもある（最大判昭52・7・13民集31巻4号533頁〔＝【判例11-4】〕，最大判昭63・6・1民集42巻5号277頁〔＝【判例11-5】〕参照）。

2．本件支出の違法性

　そこで，以上の見地に立って，本件支出の違法性について検討する。

　(1)　原審の適法に確定した事実関係によれば，被上告人Aらは，いずれも宗教法人であって憲法20条1項後段にいう宗教団体に当たることが明らかな靖国神社又は護国神社が各神社の境内において挙行した恒例の宗教上の祭祀である例大祭，みたま祭又は慰霊大祭に際して，玉串料，献灯料又は供物料を奉納するため，前記回数にわたり前記金額の金員を県の公金から支出したというのである。ところで，神社神道においては，祭祀を行うことがその中心的な宗教上の活動であるとされていること，例大祭及び慰霊大祭は，神道の祭式にのっとって行われる儀式を中心とする祭祀であり，各神社の挙行する恒例の祭祀中でも重要な意義を有するものと位置付けられていること，みたま祭は，同様の儀式を行う祭祀であり，靖国神社の祭祀中最も盛大な規模で行われるものであることは，いずれも公知の事実である。そして，玉串料及び供物料は，例大祭又は慰霊大祭において右のような宗教上の儀式が

執り行われるに際して神前に供えられるものであり，献灯料は，これによりみたま祭において境内に奉納者の名前を記した灯明が掲げられるというものであって，いずれも各神社が宗教的意義を有すると考えていることが明らかなものである。

これらのことからすれば，県が特定の宗教団体の挙行する重要な宗教上の祭祀にかかわり合いを持ったということが明らかである。そして，一般に，神社自体がその境内において挙行する恒例の重要な祭祀に際して右のような玉串料等を奉納することは，建築主が主催して建築現場において土地の平安堅固，工事の無事安全等を祈願するために行う儀式である起工式の場合とは異なり，時代の推移によって既にその宗教的意義が希薄化し，慣習化した社会的儀礼にすぎないものになっているとまでは到底いうことができず，一般人が本件の玉串料等の奉納を社会的儀礼の一つにすぎないと評価しているとは考え難いところである。そうであれば，玉串料等の奉納者においても，それが宗教的意義を有するものであるという意識を大なり小なり持たざるを得ないのであり，このことは，本件においても同様というべきである。また，本件においては，県が他の宗教団体の挙行する同種の儀式に対して同様の支出をしたという事実がうかがわれないのであって，県が特定の宗教団体との間にのみ意識的に特別のかかわり合いを持ったことを否定することができない。これらのことからすれば，地方公共団体が特定の宗教団体に対してのみ本件のような形で特別のかかわり合いを持つことは，一般人に対して，県が当該特定の宗教団体を特別に支援しており，それらの宗教団体が他の宗教団体とは異なる特別のものであるとの印象を与え，特定の宗教への関心を呼び起こすものといわざるを得ない。

被上告人らは，本件支出は，遺族援護行政の一環として，戦没者の慰霊及び遺族の慰謝という世俗的な目的で行われた社会的儀礼にすぎないものであるから，憲法に違反しないと主張する。確かに，靖国神社及び護国神社に祭られている祭神の多くは第二次大戦の戦没者であって，その遺族を始めとする愛媛県民のうちの相当数の者が，県が公の立場において靖国神社等に祭られている戦没者の慰霊を行うことを望んでおり，そのうちには，必ずしも戦没者を祭神として信仰の対象としているからではなく，故人をしのぶ心情からそのように望んでいる者もいることは，これを肯認することができる。そのような希望にこたえるという側面においては，本件の玉串料等の奉納に儀礼的な意味合いがあることも否定できない。しかしながら，明治維新以降国家と神道が密接に結び付き種々の弊害を生じたことにかんがみ政教分離規定を設けるに至ったなど前記の憲法制定の経緯に照らせば，たとえ相当数の者がそれを望んでいるとしても，そのことのゆえに，地方公共団体と特定の宗教とのかかわり合いが，相当とされる限度を超えないものとして憲法上許されることに

なるとはいえない。戦没者の慰霊及び遺族の慰謝ということ自体は，本件のように特定の宗教と特別のかかわり合いを持つ形でなくてもこれを行うことができると考えられるし神社の挙行する恒例祭に際して玉串料等を奉納することが，慣習化した社会的儀礼にすぎないものになっているとも認められないことは，前記説示のとおりである。ちなみに，神社に対する玉串料等の奉納が故人の葬礼に際して香典を贈ることとの対比で論じられることがあるが，香典は，故人に対する哀悼の意と遺族に対する弔意を表するために遺族に対して贈られ，その葬礼儀式を執り行っている宗教家ないし宗教団体を援助するためのものではないと一般に理解されており，これと宗教団体の行う祭祀に際して宗教団体自体に対して玉串料等を奉納することとでは，一般人の評価において，全く異なるものがあるといわなければならない。また，被上告人らは，玉串料等の奉納は，神社仏閣を訪れた際にさい銭を投ずることと同様のものであるとも主張するが，地方公共団体の名を示して行う玉串料等の奉納と一般にはその名を表示せずに行うさい銭の奉納とでは，その社会的意味を同一に論じられないことは，おのずから明らかである。そうであれば，本件玉串料等の奉納は，たとえそれが戦没者の慰霊及びその遺族の慰謝を直接の目的としてされたものであったとしても，世俗的目的で行われた社会的儀礼にすぎないものとして憲法に違反しないということはできない。

　以上の事情を総合的に考慮して判断すれば，県が本件玉串料等を靖国神社又は護国神社に前記のとおり奉納したことは，その目的が宗教的意義を持つことを免れず，その効果が特定の宗教に対する援助，助長，促進になると認めるべきであり，これによってもたらされる県と靖国神社等とのかかわり合いが我が国の社会的・文化的諸条件に照らし相当とされる限度を超えるものであって，憲法20条3項の禁止する宗教的活動に当たると解するのが相当である。そうすると，本件支出は，同項の禁止する宗教的活動を行うためにしたものとして，違法というべきである。これと異なる原審の判断は，同項の解釈適用を誤るものというほかはない。

　(2)　また，靖国神社及び護国神社は憲法89条にいう宗教上の組織又は団体に当たることが明らかであるところ，以上に判示したところからすると，本件玉串料等を靖国神社又は護国神社に前記のとおり奉納したことによってもたらされる県と靖国神社等とのかかわり合いが我が国の社会的・文化的諸条件に照らし相当とされる限度を超えるものと解されるのであるから，本件支出は，同条の禁止する公金の支出に当たり，違法というべきである。したがって，この点に関する原審の判断も，同条の解釈適用を誤るものといわざるを得ない。

3．被上告人らの損害賠償責任の有無

　原審は、右の誤った判断に基づき、本件支出に違法はないとして、上告人らの請求をいずれも棄却すべきであるとしたが、以上のとおり、本件支出は違法であるというべきであるから、更に進んで、被上告人らの損害賠償責任の有無について検討することとする。

　原審の適法に確定した事実関係によれば、本件支出の当時、本件支出の権限を法令上本来的に有していたのは、知事の職にあった被上告人Sであったところ、本件支出のうち靖国神社に対してされたものについては、県の規則により県東京事務所長に対し権限が委任され、その職にあった被上告人Aがこれを行ったのであり、また、本件支出のうち護国神社に対してされたものについては、県の規則及び訓令により県生活福祉部老人福祉課長に専決させることとされ、その職にあった被上告人B、承継前被上告人亡C、被上告人D、同E及び同F（以下、被上告人Aを含め、これらの者を「被上告人Aら」という。）がそれぞれこれを行ったというのである。

　右のように、被上告人Sは、自己の権限に属する本件支出を補助職員である被上告人Aらに委任し、又は専決により処理させたのであるから、その指揮監督上の義務に違反し、故意又は過失によりこれを阻止しなかったと認められる場合には、県に対し右違法な支出によって県が被った損害を賠償する義務を負うことになると解すべきである（最二判平3・12・20民集45巻9号1455頁、最三判平5・2・16民集47巻3号1687頁参照）。原審の適法に確定したところによれば、被上告人Sは、靖国神社等に対し、被上告人Aらに玉串料等を持参させるなどして、これを奉納したと認められるというのであり、本件支出には憲法に違反するという重大な違法があること、地方公共団体が特定の宗教団体に玉串料、供物料等の支出をすることについて、文部省、自治省等が、政教分離原則に照らし、慎重な対応を求める趣旨の通達、回答をしてきたことなどをも考慮すると、その指揮監督上の義務に違反したものであって、これにつき少なくとも過失があったというのが相当である。したがって、被上告人Sは、県に対し、違法な本件支出により県が被った本件支出金相当額の損害を賠償する義務を負うというべきである。

　これに対し、被上告人Aらについては、地方自治法243条の2第1項後段により損害賠償責任の発生要件が限定されており、本件支出行為をするにつき故意又は重大な過失があった場合に限り県に対して損害賠償責任を負うものである……、被上告人Aらは、知事の指揮監督の下で知事の委任を受け、又は専決することを任された補助職員としてした本件支出が、憲法に違反するか否かを極めて容易に判断することができたとまではいえないから、被上告人Aらがこれを憲法に違反しないと考

えて行ったことは，その判断を誤ったものではあるが，著しく注意義務を怠ったものとして重大な過失があったということはできず，被上告人S以外の被上告人らは県に対し損害賠償責任を負わない。

＊裁判官大野正男の補足意見――（略）

＊裁判官福田博の補足意見――（略）

＊**裁判官園部逸夫の意見**　本件支出が違法な公金の支出に当たるということについては，私も多数意見と結論を同じくするものであるが，その理由（多数意見第1の2)については，見解を異にする。

我が国には，戦前から，戦没者追悼慰霊の中心的施設として，靖国神社及び護国神社が置かれているが，原審の判断及び被上告人らの主張はいずれも，これらの神社が通常の宗教施設と異なった意義を有することを強調している。しかしながら，靖国神社及び護国神社は，戦後の法制度の改革により，他の宗教団体と同等の地位にある宗教団体（宗教法人）となっており，その施設は，通常の宗教施設である。

私は，……本件における公金の支出は，公金の支出の憲法上の制限を定める憲法89条の規定に違反するものであり，この1点において，違憲と判断すべきものと考える。

一般に，葬式・告別式等の際にお悔やみとして供される金員は，社会通念上，特定の故人の遺族を直接の対象とし社会的儀礼の範囲に属する支出とみられている。これと異なり宗教団体の主催する恒例の宗教行事のために，当該行事の一環としてその儀式にのっとった形式で奉納される金員は，当該宗教団体を直接の対象とする支出とみるべきである。したがって，右のような金員を公金から支出した行為は，一面において，その支出の財務会計上の費目，意図された支出の目的，支出の形態，支出された金額等に照らし社会的儀礼の範囲に属するとみられるところがあったとしても，詰まるところ，当該宗教団体の使用（宗教上の使用）のため公金を支出したものと判断すべきであって，このような支出は，宗教上の団体の使用のため公金を支出することを禁じている憲法89条の規定に違反するものといわなければならない。

……ここで，2つのことを付言しておきたい。まず，従来の最高裁判所判例は，公金を宗教上の団体に対して支出することを制限している憲法89条の規定の解釈についても，憲法20条3項の解釈に関するいわゆる目的効果基準が適用されるとしているが，私は，右基準の客観性，正確性及び実効性について，尾崎裁判官の意見と同様の疑問を抱いており，特に，本判決において，その感を深くしている。しかし，その点はさておき，本件において，憲法89条の右規定の解釈について，右基準を適用する必要はないと考える。

次に，本件の争点である公金の支出の違憲性の判断について，当該支出が憲法89条の右規定に違反することが明らかである以上，憲法20条3項に違反するかどうかを判断する必要はない。私は，およそ信教に関する問題についての公の機関の判断はできる限り謙抑であることが望ましいと考える。「為政者の全権限は，魂の救済には決して及ぶべきでなく，また及ぶことが出来ない。」（ジョン・ロック。種谷春洋『近代寛容思想と信教自由の成立』230頁以下参照）。

＊裁判官高橋久子の意見

　1　多数意見の依拠している「地鎮祭判決」〔【判例11-4】〕に示された目的・効果基準についてはいくつかの疑問を持たざるを得ない。

　第一に，地鎮祭判決の挙げている不合理な事態の例は，平等の原則からいって，当該団体を他団体と同様に取り扱うことが当然要請されるものであり，特定宗教と関係があることを理由に他団体に交付される助成金や補助金などが支給されないならば，むしろ，そのことが信教の自由に反する行為であるといわなければならない。このような例は，政教分離原則を国家と宗教との完全な分離と解することによって生ずる不合理な事態とはいえず，国家と宗教との完全な分離を貫くことの妨げとなるものとは考えられないのである。

　私も，「完全分離」が不可能あるいは不適当である場合が全くないと考えているわけではない。クリスマスツリーや門松のように習俗的行事化していることがだれの目にも明らかなものもないわけではないが，憲法20条3項の規定は，宗教とかかわり合いを持つすべての行為を原則として禁じていると解すべきであり，それに対して，当該行為を別扱いにするには，その理由を示すことが必要であると考える。すなわち，原則はあくまでも「国家はいかなる宗教的活動もしてはならない」のであって，多数意見は，前提条件を逆転させている。

　憲法20条3項の規定が，我が国の過去の苦い経験を踏まえて国家と宗教との完全分離を理想としたものであることを考えると，目的・効果基準によって宗教的活動に制限を付し，その範囲を狭く限定することは，憲法の意図するところではないと考える。

　第二は，政教分離原則は厳格に遵守されるべきであって，多数意見のように，「社会的・文化的諸条件に照らし相当とされる限度」，「社会通念に従って，客観的に判断」というような現実是認の尺度で判断されるべき事柄ではないと思う。

　第三は，いわゆる目的・効果基準は極めてあいまいな明確性を欠く基準，いわば目盛りのない物差しだということである。したがって，この基準によって判断された地鎮祭判決後の判決が，同じ事実を認定しながら結論を異にするものが少なくな

い。殉職自衛隊員合祀訴訟でも，第一，二審判決は，県隊友会の同神社に対する合祀申請に自衛隊職員が関与した行為が憲法20条3項にいう宗教的活動に当たるとしたが，多数意見引用の最大判昭63・6・1〔【判例11-5】参照〕は，右行為は宗教的活動に当たらないとした。箕面市忠魂碑・慰霊祭訴訟でも，第一審判決は，右行為が宗教的活動に当たると判断したが，第二審判決は，これを否定し，最三判平5・2・16も，宗教的活動には当たらないとした。

本件についても，一審判決と原判決とでは，同じ目的・効果基準によって判断しながら結論は反対であるし，本判決においても，多数意見と反対意見とでは，同じ認定事実の下にいずれも地鎮祭判決の目的・効果基準に依拠するとしつつ全く反対の結論に到達しているのであって，これをみても，地鎮祭判決の示す基準が明確な指針たり得るかどうかに疑問を禁じ得ないのである。

2　以上のとおり，目的・効果基準は，基準としては極めてあいまいなものといわざるを得ず，このようなあいまいな基準で国家と宗教とのかかわり合いを判断し，憲法20条3項の宗教的活動を限定的に解することについては，国家と宗教との結び付きを許す範囲をいつの間にか拡大させ，ひいては信教の自由もおびやかされる可能性があるとの懸念を持たざるを得ない。

私は，憲法20条の規定する政教分離原則は，国家と宗教との完全な分離，すなわち国家は宗教の介入を受けず，また，宗教に介入すべきではないという国家の非宗教性を意味するものと思うのである。信教の自由に関する保障が不十分であったことによって多くの弊害をもたらした我が国の過去を思うとき，政教分離原則は，厳格に解されるべきことはいうまでもない。

したがって，私は，完全な分離が不可能，不適当であることの理由が示されない限り，国が宗教とかかわり合いを持つことは許されないものと考える。県の公金から靖国神社の例大祭，みたま祭に玉串料，献灯料を，護国神社の慰霊大祭に供物料を奉納するため金員を支出した本件各行為は，いずれもそのような例外に当たるものとは到底いえないことが明らかであり，違憲というほかはない。

＊**裁判官尾崎行信の意見**　　私は，多数意見の結論には同調するが，多数意見の説く理由には賛成できない。

1　政教分離規定の趣旨・目的と合憲性の判断基準

多数意見が引用する津地鎮祭判決の説示の趣旨に沿って政教分離規定を解釈すれば，国家と宗教との完全分離を原則とし，完全分離が不可能であり，かつ，分離に固執すると不合理な結果を招く場合に限って，例外的に国家と宗教とのかかわり合いが憲法上許容されるとすべきものと考える。

このような考え方に立てば、国が宗教とのかかわり合いを持つ行為は、原則として禁止、ただ実際上国家と宗教との分離が不可能で、分離に固執すると不合理な結果を生ずる場合に限って、例外的に許容されると解すべきであるから、国は、その施策を実施するための行為が宗教とのかかわり合いを持つものであるときには、まず禁じられた活動に当たるとしてこれを避け、宗教性のない代替手段が存しないかどうかを検討すべきである。そして、宗教とのかかわり合いを持たない方法では、当該施策を実施することができず、これを放棄すると、社会生活上不合理な結果を生ずるときは、更に進んで、当該施策の目的や施策に含まれる法的価値、利益はいかなるものか、この価値はその行為を行うことにより信教の自由に及ぼす影響と比べて優越するものか、その程度はどれほどかなどを考慮しなければならない。施策を実施しない場合に他の重要な価値、特に憲法的価値の侵害が生ずることも、著しい社会的不合理の一場合である。こうした検証を経た上、政教分離原則の除外例として特に許容するに値する高度な法的利益が明白に認められない限り、国は、疑義ある活動に関与すべきではない。このような解釈こそが、憲法が政教分離規定を設けた前述の経緯や趣旨に最もよく合致し、文言にも忠実なものである上、合憲性の判断基準としても明確で疑義の少ないものということができる。そして、この検討の結果、明確に例外的事情があるものと判断されない限り、その行為は禁止されると解するのが、制度の趣旨に沿うものと考える。

2 多数意見に対する疑問

多数意見の示す政教分離規定の解釈は、前述の制定経緯やその趣旨及び文言に忠実とはいえず、また、その判断基準は、極めて多様な諸要素の総合考慮という漠然としたもので、基準としての客観性、明確性に欠けており、相当ではないというほかはなく、私は、以下の理由でこれに賛成することができない。

(1) 多数意見のように、完全分離を理想と考え、国が宗教とかかわり合いを持つことは原則的に許されないという立場から出発するのであれば、何が「許されない」かを問題とするのではなく、何が例外的に「許される」のかをこそ論ずべきである。

(2) 法解釈の原則は、法文を通常の意味・用法に従って解釈し、それで分明でないときは立法者の意思を探求することである。「いかなる宗教的活動」をも禁止するとの文言を素直に読めば、宗教とかかわり合いを持つ行為はすべて禁止されていると解釈すべきことは極めて分明で、「原則禁止、例外許容」の立場を採るのが当然である。憲法20条3項に影響を与えた米国憲法の類似規定(修正1条)に関し、いわゆる目的効果基準を採る判例が、この規定は一定の目的、効果を持つ行為を禁ずるものであると解釈していることにならって、我が国でも同様な限定を「宗教的活動」

に加える考えが生まれたとみられるが，これは両国憲法の規定の相違を無視するものである。米国憲法では，「国教樹立や宗教の自由行使の禁止に当たる行為のみが許されないとしているため，この禁止に当たる範囲を定義する必要が生じ，判例は，許されない行為を決定する立場から基準を定めたのであるのに対し，我が憲法は，端的にすべての宗教的活動を禁止の対象とするとしているのであるから，およそ宗教色を帯びる行為は一義的に禁止した上，特別の場合に許容されるとの基準を設けるのが自然なこととなる。両国の条文の差異をみれば，基準の立て方が異なってこそ，それぞれ素直に条文に適するといえよう。

(3) また，多数意見のいう「宗教的活動」とか「当該行為の行われる場所」さらに，後続部分における「当該行為」等の用語も，その意味内容を特定し難い部分があり，真意を把握するのが困難で，その適用に際し，判断を誤らせる危険があり，合憲性を左右する基準として，このような不明確さは許されるべきでない。

(4) 私の立場によれば，国の行為のうち，一応宗教的と認められるものは，すべて回避され，特に例外とすべき事由が明確に示されて初めて許容されることとなるため，検討すべき行為の量も検討すべき事項も，選別され，限定される。要するに，基準の客観的定立と適用がより容易になるといい得る。

3　結　論

(1) そこで，本件を前記1において述べた基準に従って見てみると，まず，県が戦没者を慰霊するという意図を実現するために，靖国神社等の祭祀に当たって玉串料等を奉納する以外には，宗教とかかわり合いを持たないでこれを行う方法はなかったのかどうかを検討しなければならない。しかし，そのような主張，立証はないのみならず，反対に，多くの宗教色のない慰霊のみちがあることは，公知の事実である。したがって，本件の県の行為は，宗教との分離が実際上不可能な場合には当たらないというほかはなく，本件の玉串料等の奉納は，憲法20条3項に違反するものであり，本件支出は違法というべきである。

(2) これに対し，本件の玉串料等の奉納は，その金額も回数も少なく，特定宗教の援助等に当たるとして問題とするほどのものではないと主張されており，これに加えて，今日の社会情勢では，昭和初期と異なり，もはや国家神道の復活など期待する者もなく，その点に関する不安はき憂に等しいともいわれる。

しかし，我々が自らの歴史を振り返れば，そのように考えることの危険がいかに大きいかを示す実例を容易に見ることができる。人々は，大正末期，最も拡大された自由を享受する日々を過ごしていたが，その情勢は，わずか数年にして国家の意図するままに一変し信教の自由はもちろん，思想の自由，言論，出版の自由もこと

ごとく制限，禁圧されて，有名無実となったのみか，生命身体の自由をも奪われたのである。「今日の滴る細流がたちまち荒れ狂う激流となる」との警句を身をもって体験したのは，最近のことである。情勢の急変には10年を要しなかったことを想起すれば，今日この種の問題を些細なこととして放置すべきでなく，回数や金額の多少を問わず，常に発生の初期においてこれを制止し，事態の拡大を防止すべきものと信ずる。

　これに類する主張として，我が国における宗教の雑居性，重層性を挙げ，国民は他者の宗教的感情に寛大であるから，本件程度の問題は寛容に受け入れられており，違憲などといってとがめ立てする必要がないとするものもある。しかし，宗教の雑居性などのために，国民は，宗教につき寛容であるだけでなく，無関心であることが多く，他者が宗教的に違和感を持つことに理解を示さず，その宗教的感情を傷付け，軽視する弊害もある。信教の自由は，本来，少数者のそれを保障するところに意義があるのであるから，多数者が無関心であることを理由に，反発を感ずる少数者を無視して，特定宗教への傾斜を示す行為を放置することを許すべきでない。さらに，初期においては些少で問題にしなくてよいと思われる事態が，既成事実となり，積み上げられ，取り返し不能な状態に達する危険があることは，歴史の教訓でもある。この面からも，現象の大小を問わず，ことの本質に関しては原則を固守することをおろそかにすべきではない。

　私は，こうした点を考慮しつつ，憲法がその条文に明示した制度を求めるに至った歴史的背景を想起し，これを当然のこととして，異論なく受容した制定者始め国民の意識に思いを致せば，国は，憲法の定める制度の趣旨，目的を最大限実現するよう行動すべきであって，憲法の解釈も，これを要請し，勧奨するよう，なさるべきものと信じ，本意見を述べるものである。

　＊裁判官三好達の反対意見　　私は，本件支出は，憲法20条3項の禁止する宗教的活動に該当せず，また，同89条の禁止する公金の支出にも該当しないし，宗教団体が国から特権を受けることを禁止した同20条1項後段にも違反しないと考える。

　1　政教分離原則と憲法の禁止する宗教的活動及び公金の支出〔略〕
　2　靖国神社及び護国神社一般をめぐる国民の意識等
　(1)　祖国や父母，妻子，同胞等を守るために一命を捧げた戦没者を追悼し，慰霊することは，遺族や戦友に限らず，国民一般としての当然の行為ということができる。このような追悼，慰霊は，祖国や世界の平和を祈念し，また，配偶者や肉親を失った遺族を慰めることでもあり，宗教，宗派あるいは民族，国家を超えた人間自然の普遍的な感情であるからである。そして，国や地方公共団体，あるいはそれを

代表する立場に立つ者としても，このような追悼，慰霊を行うことは，国民多数の感情にも合致し，遺族の心情にも沿うものであるのみならず，国家に殉じた戦没者を手厚く，末長く追悼，慰霊することは，国や地方公共団体，あるいはそれを代表する立場にある者としての当然の礼儀であり，道義の上からは義務ともいうべきものである。諸外国の実情をみても，各国の法令上の差異や，国家と宗教とのかかわり方の相違などにかかわらず，国が自ら追悼，慰霊のための行事を行い，あるいは，国を代表する者その他公的立場に立つ者が民間団体の行うこれらの行事に公的資格において参列するなど，戦没者の追悼，慰霊を公的に行う多数の例が存在する。我が国においても，この間の事情は，これら諸外国と同様に考えることができる。そして前述のように戦没者に対する追悼，慰霊は人間自然の普遍的な情感であることからすれば追悼，慰霊を行うべきことは，戦没者が国に殉じた当時における国としての政策が，長い歴史からみて，正であったか邪であったか，当を得ていたか否かとはかかわりのないことというべきである。……

　そして，一般的にいえば，慰霊の対象である御霊というものは，宗教的意識と全く切り離された存在としては考え難いのであって，ただ留意すべきことは，追悼，慰霊に当たり特定の宗教とのかかわり合いが相当とされる限度を超えることによって，憲法20条3項等に違反してはならないということである。

　(2)　靖国神社および各県などにある護国神社は，いずれも宗教的施設にほかならない。折りにふれ靖国神社や護国神社にいわゆるお参りをする遺族や戦友を始め国民の中には，祭神を信仰の対象としてお参りするという者もあるであろうが，より一般的には，そのような宗教的行為をしているという意識よりは，国に殉じた父，息子，兄弟，友人，知人，さらにはもっと広く国に殉じた同胞を偲び，追悼し，慰霊するという意識が強く，これをもっと素朴にいえば，戦没者を慰めるために，会いに行くという気持が強いといえる。

　そうであってみれば，靖国神社や護国神社は，正に神道の宗教的施設であり，各神社の側としては，お参りする者はすべて祭神を信仰の対象とする宗教的意識に基づき宗教的行為をしている者と受け取っているであろうことはいうまでもないところであるが，上に述べたような多くの国民の意識からすれば，これら各神社は，戦没者を偲び，追悼し，慰霊する特別の施設，追悼，慰霊の中心的施設となっているといえるのであって，国民の多くからは，特定の宗教にかかる施設というよりも，特定の宗教を超えての，国に殉じた人々の御霊を象徴する施設として，あたかも御霊を象徴する標柱，碑，名牌などのように受け取られているといってよいものと思われる。……

これに加えて，現実の問題として，戦没者を追悼，慰霊しようとする場合，我が国に殉じた戦没者すべての御霊を象徴するものは，靖国神社以外に存在しないし，これら戦没者のうちその県などに縁故のある人々すべての御霊を象徴するものは，その県などの護国神社をおいてほかに存在しないといってよい。千鳥ヶ淵戦没者墓苑もあり，この墓苑における追悼慰霊も怠ってはならないが，何といっても，この墓苑は，先の大戦での戦没者の遺骨のうち氏名が判明せず，また，その遺族が不明なことから，遺族に渡すことのできない遺骨を奉安した墓苑であって，日清戦争や日露戦争での戦没者を始めとし，我が国のために殉じたすべての戦没者の御霊にかかる施設ではない。また，識者の中には，追悼，慰霊のための宗教，宗派にかかわりのない公的施設を新たに設置することを提案する意見もあり，考慮に値する意見ではあるが，国民感情や遺族の心境は，必ずしも合理的に割り切れるものではなく，このような施設が設置されたからといって，これまで靖国神社や護国神社を追悼慰霊の中心的施設としてきている国民感情や遺族の心境に直ちに大きな変化をもたらすものとは考え難い。

(3) 国民の中に，靖国神社や護国神社において，国や地方公共団体などを代表する立場にある者によって戦没者の追悼，慰霊の途が講ぜられることを望む声が多く，また，いわゆる公式参拝決議をした県議会や市町村議会も多いが，それらは，このように多くの国民の意識としてこれら各神社が戦没者の追悼，慰霊の中心的施設として意識されていることによるものである。これらのことなどから，まだ占領下であった昭和26年10月18日，戦後はじめての靖国神社の秋季例大祭に内閣総理大臣，その他の国務大臣らによる参拝が行われて以来，靖国神社の春季，秋季の例大祭や終戦記念日に同神社に参拝した内閣総理大臣その他の国務大臣は多く（一定の時期までは，内閣総理大臣のうち参拝しなかった者は，むしろ例外である。），それらのうちには，いわゆる公式参拝であることを言明した者がかなりの数に上っているし，参拝した内閣総理大臣の中には，クリスチャンである者も含まれているとされている。……

(4) 本件支出を評価するに当たっての社会的・文化的諸条件として，以上述べたような靖国神社や護国神社に対する多くの国民の意識等を十分に考慮しなければならない。

3 本件支出にかかる事実関係とその検討

1 靖国神社に対する供与　靖国神社に対する供与については，次の諸点が留意されなければならない。

(1) ……春秋の例大祭及びみたま祭は，靖国神社の立場からすれば，いわゆる恒

例祭として，重要な宗教的意義を持ち，外形的にも主要な宗教的儀式にほかならないけれども，上述のとおり，多くの国民は，靖国神社を戦没者の追悼，慰霊の中心的施設と意識しているのであって，祖先などの追悼，慰霊の日にちなんだ日に行われる例大祭やみたま祭については，多くの国民や遺族は，戦没者を偲び，追悼し，慰霊する行事との意識が強く，祭神を信仰の対象としての宗教的儀式という意識は，必ずしも一般的ではないといえる。憲法20条3項の禁止する宗教的活動及び同89条の禁止する公金の支出に当たるかどうかの判断は，多くの国民の側の意識を考慮してされるべきであって，靖国神社の立場に立ってされるべきではない。このことは宗教的儀式の二面性ともいうべきものであって，世俗的行事とされている地鎮祭のような宗教的儀式についてもいえる。すなわち，地鎮祭も，これを主宰している神職の立場からすれば，降神の儀により大地主神及び産土神をその場所に招いて行う厳粛な神儀であり，外形的にも宗教的儀式にほかならないが，ただ建築主その他の参列者を含む国民一般は，世俗的行事と意識しているということなのである。

(2) 上記の各金員の供与は，いずれも靖国神社からの案内に基づき，あらかじめ愛媛県知事である被上告人Sから委任を受けていた愛媛県東京事務所長である被上告人Aが通常の封筒に金員を入れて同神社の社務所に持参し，玉串料又は献灯料として持参した旨を口頭で告げて，同神社に交付したというのである。この供与の機会あるいは例大祭やみたま祭の機会に，県知事自らが参拝した事実はないのみならず，東京事務所長その他の県職員が代理して参拝した事実もなく，通常の封筒に入れて玉串料又は献灯料と記載することもなく交付しているのであって，供与の態様は極めて事務的といえる。

例大祭に際しては，交付に当たり「玉串料」と告げているが，玉串料とは，神式による儀式に関連して金員を供与するに当たっての1つの名目でもあり，葬儀が神式で行われる場合，香典の表書を「御玉串料」とする例も多いことは，周知のところであるし，例大祭において，県関係者による現実の玉串奉奠がされたこともない。それ故，玉串料という名目に，必ずしも供与する側の宗教的意図，目的を見出すことはできず，また，必ずしも国民一般がこれを宗教的意義ある供与として意識するともいえないと思われる。ちなみに前出の津地鎮祭訴訟判決〔=【判例11-4】〕が世俗的行事であって憲法20条3項にいう宗教的活動に当たらないと判示した津市体育館の地鎮祭においては，神事として，津市長同市議会議長らによって，現実に玉串奉奠が行われているし，箕面市忠魂碑慰霊祭判決がそれへの参列は宗教的活動に当たらないとした忠魂碑前での神式による慰霊祭の神事においても，市長ら参列者により現実の玉串奉奠が行われているのである。

みたま祭に際しては，交付に当たり「献灯料」と告げているが，境内に提灯が掲げられるのは，お盆に祖先を迎えるため提灯を掲げる我が国の習俗に由来すること，多くの国民は靖国神社を戦没者の追悼，慰霊の中心的施設と意識していること前述のとおりであることからすれば，多くの国民は，みたま祭の献灯を靖国神社の祭神にかかる宗教的儀式と結び付ける意識は薄く，戦没者の追悼，慰霊のためとの意識が強いということができる。そのための献灯料の供与に，必ずしも供与する側の宗教的意図，目的を見出すことはできず，また，必ずしも国民一般がこれを宗教的意義ある供与として意識するともいえないと思われる。

(3) 供与にかかる金員の額は，一般に冠婚葬祭などに際し，都道府県ないしその知事の名義で社会的儀礼として供与する金員として最低限度の額といえるものであることは明らかであるし，愛媛県の規模，予算その他からしても，逆に靖国神社のそれらからしても極めて微少であって，金額からみれば，宗教とのかかわり合いは最低限度のものといってよい。金員の供与が毎年の例大祭ないしみたま祭に際し継続的にされていることから，単に社会的儀礼の範囲にとどまるものとは評価し難いとする向きもあるが，上のように，例大祭やみたま祭に際しての金員の供与が，追悼，慰霊としての社会的儀礼の範囲内といえる程度のものであるならば，それが春秋ないし毎年の追悼，慰霊の機会に継続的にされたことは，あたかも死没者に対する毎年の命日ごとの追悼，慰霊のように，手厚い儀礼上の配慮がされたというべきものであって，継続的にされたことから，社会的儀礼の範囲を超えるものと評価することは当たらない。……

なお，判例をみると，地方公共団体が行う接待等については，一回の機会にかなりの金額を支出している場合にも，社会通念上儀礼の範囲を逸脱したものとまでは断じ難いとしており，奈良県の某町が，地元出身の大臣の祝賀式典の挙行等のために，326万余円の公金(同町の当時の歳出予算額の0.16パーセントを占める金額)を支出した事案で，「社交儀礼の範囲を逸脱しているとまでは断定することができず」と判示した(最三判平元・7・4判時1356号78頁)のは，その例である。戦没者の追悼，慰霊のための宗教とのかかわり合いが相当とされる限度を超えるかどうかが問題とされる場合のみ，微少な金額の支出についても，厳しく糾弾するのは，バランスを欠くとの感を否めない。

2 宗教法人愛媛県護国神社に対する供与については，次の諸点が留意されなければならない。

(1) 金員の供与は春秋の慰霊大祭の際にされており，愛媛県護国神社の恒例の大祭に際して供与されたことが問題とされる。しかしながら，春秋の大祭は，愛媛県

護国神社の立場からすれば，重要な宗教的意義を持ち，外形的にも主要な宗教的儀式にほかならないけれども，多くの国民は，護国神社を戦没者の追悼，慰霊の中心的施設と意識しているのであって，慰霊大祭の名の下に行われるこの行事については，後述するようにこの行事に深く関与している愛媛県遺族会を始めとし，多くの国民や遺族は，慰霊大祭の名に示されるとおり，正に戦没者を偲び，追悼し，慰霊する行事との意識が強く，祭神を信仰の対象としての宗教的儀式という意識は，必ずしも一般的ではないといえる。このことは，靖国神社の例大祭及びみたま祭について述べたと同じく，宗教的儀式の二面性として把握されるべきものであって，憲法20条3項の禁止する宗教的活動及び同89条の禁止する公金の支出に当たるかどうかの判断は，多くの国民の側の意識を考慮してされるべきものであって，愛媛県護国神社の立場に立ってされるべきではない。

(2) 右各金員の供与は，まず愛媛県遺族会ないし同会長の名義による愛媛県知事あての慰霊大祭の案内状が届き，愛媛県では，慰霊大祭の供物料として1万円を支出する手続をとり，「供物料，愛媛県」と表書したのし袋に入れ，通常は老人福祉課遺族援護係長が愛媛県遺族会の事務所に持参し，これを受領した同会は，慰霊大祭の日に，右1万円を「供物料，財団法人愛媛県遺族会会長S」と表書したのし袋に入れ替えて，愛媛県護国神社に交付した，というのである。

このように，愛媛県からの金員供与は，直接的には，愛媛県遺族会に対してされ，同会において，同会会長名を表書した別ののし袋に入れ替えて，愛媛県護国神社に交付しているのであるから，愛媛県から愛媛県護国神社に対する金員の供与というべきであるかは著しく疑問で，むしろ，供物料を奉納するのは愛媛県遺族会であって，愛媛県は，遺族援護業務として，愛媛県遺族会に対し供物料を供与したものといえるのである。愛媛県遺族会が宗教上の組織又は団体に当たらないことはいうまでもない。仮に愛媛県から愛媛県護国神社への供与とみることができるとしても，その供与は間接的というほかはない。

表書は「供物料」となっているが，供物料とは，神式に限らず，神式又は仏式による儀式に関連して金員を供与するに当たっての一つの名目でもあるから，供物料という名目に，必ずしも供与する側の宗教的意図，目的を見出すことはできず，また，必ずしも国民一般がこれを宗教的意義ある供与として意識するともいえないと思われる。

(3) 供与にかかる金員の額は，一般に冠婚葬祭などに際し，都道府県ないしその知事の名義で社会的儀礼として供与する金員として最低限度の額といえるものであることは明らかであり，愛媛県の規模，予算その他からしても，極めて微少であっ

て、金額からみれば、宗教とのかかわり合いは最低限度のものといってよいことなどは、靖国神社に対する供与について述べたのと同様である。金員の供与が毎年春秋の慰霊大祭に際し継続的にされていることから、単に社会的儀礼の範囲にとどまるものとは評価し難いとする向きもあるが、靖国神社に対する供与について述べたのと同様に、金員の供与が追悼、慰霊としての社会的儀礼の範囲内といえる程度のものであるならば、それが継続されたことは、手厚い儀礼上の配慮がされたと評価すべきものであって、継続的にされたことから、社会的儀礼の範囲を超えるものと評価することはできない。

 4 本件支出の評価

 戦没者に対する追悼、慰霊は、国民一般として、当然の行為であり、また、国や地方公共団体、あるいはそれを代表する立場にある者としても、当然の礼儀であり、道義上からは義務ともいえるものであること、また、靖国神社や護国神社は、多くの国民から、日清戦争、日露戦争以来の我が国の戦没者の追悼、慰霊の中心的施設であり、戦没者の御霊のすべてを象徴する施設として意識されており、現実の問題として、そのような施設は、靖国神社や護国神社をおいてほかに存在しない。また、本件支出にかかる靖国神社及び愛媛県護国神社への供与は、これら各神社の側からすれば、重要な宗教的意義を持ち外形的にも主要な宗教的儀式である恒例祭に際してされたものであるけれども、多くの国民や遺族にとっては、戦没者を偲び、追悼し、慰霊する行事に際してのことであること、靖国神社への供与は、その交付の態様は極めて事務的であること、愛媛県護国神社への供与とされている供与は、遺族援護業務としての愛媛県遺族会への供与ということができ、愛媛県護国神社への供与と断ずべきものか著しく疑問であるのみならず、仮にそのような供与とみることができるとしても、その供与は間接的であること、玉串料又は献灯料と告げ、あるいは供物料と表書したことに、必ずしも供与する側の宗教的意図、目的を見出すことはできず、また、必ずしも国民一般がこれを宗教的意義ある供与として意識するともいえないと思われること、供与の額は、一般に冠婚葬祭などに際し、都道府県やその知事の名義で社会的儀礼として供与される金員として最低限度の額といえるものであり、金額からみれば、宗教とのかかわり合いは最低限度のものといってよいこと、供与が毎年継続的にされたことから、社会的儀礼の範囲を超えるものと評価することはできない。

 以上に加えて、我が国においては、家に神棚と仏壇が併存し、その双方にお参りをし、さらに、家の中にはそれ以外の神仏の守り札も掲げられているといった家庭が多く、場合によっては、その子女はミッション系の学園で学んでいるといったこ

ともみられる。また前出最三判平5・2・16の事案にみられるように、同一の遺族会主催の下に毎年1回行われる同一の忠魂碑の前での慰霊祭が、神式、仏式隔年交替で行われている事例もある。すなわち、我が国においては、多くの国民の宗教意識にも、その日常生活にも、異なる宗教が併存し、その併存は、調和し、違和感のないものとして、肯定されているのであって、我が国の社会においては、一般に、特定の宗教に対するこだわりの意識は希薄であり、他に対してむしろ寛容であるといってよい。このような社会の在り方は、別段批判せらるべきものではなく、一つの評価してよい在り方であり、少なくとも「宗教的意識の雑居性」というような「さげすみ」ともとれる言葉で呼ばれるべきものではない。このような社会的事情も考慮に入れられなければならず、特定の宗教のみに深い信仰を持つ人々にも、本件のような問題につきある程度の寛容さが求められるところである。

これら諸般の事情を総合すれば、本件支出は、いずれも遺族援護業務の一環としてされたものであって、支出の意図、目的は、戦没者を追悼し、慰霊し、遺族を慰めることにあったとみるべきであり、多くの国民もそのようなものとして受け止めているということができ、国民一般に与える効果、影響等としても、戦没者を追悼、慰霊し、我が国や世界の平和を祈求し、遺族を慰める気持を援助、助長、促進するという積極に評価されるべき効果、影響等はあるけれども、特定の宗教を援助、助長、促進し、又は他の宗教に対する圧迫、干渉等となる効果、影響等があるとは到底いうことができず、これによってもたらされる愛媛県と靖国神社又は愛媛県護国神社とのかかわり合いは、我が国の社会的・文化的諸条件に照らし相当とされる限度を超えるとはいえない。本件支出は、憲法20条3項の禁止する宗教的活動に該当せず、同89条の禁止する公金の支出にも該当せず、また、同20条1項後段にも違反しないというべきである。

5 付　言

(1)　靖国神社や護国神社と国や地方公共団体とのかかわりに関して、世上、国家神道及び軍国主義の復活を懸念する声がある。戦前の一時期及び戦時中において、事実上神社に対する礼拝が強制されたことがあり、右危惧を抱く気持は理解し得ないではない。しかしながら、昭和20年12月15日の連合国最高司令官からのいわゆる神道指令により、神社神道は一宗教として他のすべての宗教と全く同一の法的基礎に立つものとされると同時に神道を含む一切の宗教を国家から分離するための具体的措置が明示され、さらに、昭和22年5月3日には政教分離規定を設けた憲法が施行された。戦後現在に至る靖国神社や護国神社は、他の宗教法人と同じ地位にある宗教法人であって、戦前とはその性格を異にしている。また、政教分離規定を設

けた憲法の下では、国家神道の復活はあり得ないし、平和主義をその基本原理の一つとする憲法は、軍国主義の十分な歯止めとなっている。靖国神社の社憲2条にも、神社の目的として、「……万世にゆるぎなき太平の基を開き、以て安国の実現に寄与するを以て根幹の目的とする。」と定められているところである。靖国神社や護国神社と国や地方公共団体との本件程度のかかわり合いにつき、そのような危惧を抱くのは、短絡的との感を免れず、日本国民の良識を疑っているものといわざるを得ない。戦後長い間に培われた日本国民の良識をもっと信頼すべきであろう。

(2) 世上、靖国神社に14人のA級戦犯も合祀されていることを指摘する向きもある。しかし、A級戦犯が合祀されていることは、246万余にのぼる多くの戦没者につき、追悼、慰霊がされるべきであることとかかわりのないことであるし、まして本件支出が特定の宗教との相当とされる限度を超えるかかわり合いに当たるかどうかとは無関係の事柄である。靖国懇報告書にも、「合祀者の決定は、現在、靖国神社の自由になし得るところであり、また、合祀者の決定に仮に問題があるとしても、国家、社会、国民のために尊い生命を捧げた多くの人々をおろそかにして良いことにはならないであろう。」と指摘されているので、これを引用する。

＊裁判官可部恒雄の反対意見

1　私は、津地鎮祭大法廷判決〔⇨【判例11-4】〕の定立した基準に従い、その列挙した四つの考慮要素を勘案すれば、自然に合憲の結論に導かれるものと考えるので、多数意見の説示するところと対比しながら、以下に順次所見を述べることとしたい。

2　〔略〕

3　「我が国の社会的・文化的諸条件に照らし相当とされる限度を超えるものと認められる場合にこれを許さないとするもの」というのは、表現それ自体としては、いわば、適法とされる限度を超える場合には違法となるとするの類いで、もとよりその内容において一義的でなく、それ自体としては、当該行為の合違憲性の判断基準として明確性を欠くとの非難を免れないが、……「憲法20条3項にいう宗教的活動とは、およそ国及びその機関の活動で宗教とのかかわり合いを持つすべての行為を指すものではなく、そのかかわり合いが右にいう相当とされる限度を超えるものに限られるというべきであって、当該行為の目的が宗教的意義を持ち、その効果が宗教に対する援助、助長、促進又は圧迫、干渉等になるような行為をいう……」と〔する〕いわゆる目的・効果基準であり、さきにみた「相当とされる限度を超えるもの」というおよそ一義性に欠ける説示の内容が合違憲性の判断基準として機能することが可能となるための指標が与えられたものと評することができよう。

しかしながら，具体的な憲法訴訟として提起される社会的紛争につき，右の基準を適用して妥当な結論に到達するためには，更により具体的な考慮要素が示されなければならない。多数意見は，この点につき，(1)当該行為の行われる場所，(2)当該行為に対する一般人の宗教的評価，(3)当該行為者が当該行為を行うについての意図，目的及び宗教的意識の有無，程度，(4)当該行為の一般人に与える効果，影響の四つの考慮要素を挙げ，ある行為が憲法20条3項にいう「宗教的活動」に該当するかどうかを検討するにあたっては，当該行為の外形的側面のみにとらわれることなく，右の(1)ないし(4)の考慮要素等諸般の事情を考慮し，社会通念に従って客観的に判断しなければならない旨を判示した。

4　津地鎮祭大法廷判決が判例法理として定立した目的・効果基準とは，(1)当該行為の目的が宗教的意義を持つものであること，及び(2)その効果が宗教に対する援助，助長，促進又は圧迫，干渉等になるような行為であること，の二要件を充足する場合に，それが憲法20条3項にいう「宗教的活動」として違憲となる(その一つでも欠けるときは違憲とならない)とするもので，この点，合衆国判例にいうレモン・テストにおいて，ａ目的が世俗的なものといえるか，ｂ主要な効果が宗教を援助するものでないといえるか，ｃ国家と宗教との間に過度のかかわり合いがないといえるか，の一つでも充足しないときは違憲とされることとの違いがまず指摘されるべきであろう。

本件において県のしたさきの支出行為が目的(宗教的意義を持つか)効果(宗教に対する援助，助長，促進又は圧迫，干渉等となるか)基準の二要件を充足するか否かを，四つの考慮要素を勘案し，社会通念に従って客観的に判断するためには，まず，津地鎮祭大法廷判決の事案を眺め，それと本件玉串料等支出の事案との異同を識別しなければならない。……

以下に，津地鎮祭大法廷事件との対比において，本件において，"当該行為"が憲法20条3項にいう「宗教的活動」に該当するか否かを決するにあたり，検討されるべき考慮要素とは何か，についてみることとする。

5　本件において，多数意見が憲法適合性の論議の対象として取上げるのは，前述のように，靖国神社の春秋の例大祭に際して奉納された玉串料，みたま祭に際して奉納された献灯料，県護国神社の春秋の慰霊大祭に際して県遺族会を通じて奉納された供物料，の公金からの支出行為自体であって，それ以外にない。

さきの津地鎮祭大法廷事件において憲法適合性が論ぜられたのは津市の主催する地鎮祭であるが，本件において多数意見の言及する右の例大祭，みたま祭，慰霊大祭の主催者は，靖国神社や県護国神社であって，もとより県ではない。

6　津地鎮祭大法廷事件と本件との事案の相違の最も顕著な点は右のとおりであるが，まず，検討すべき考慮要素の(1)「当該行為の行われる場所」についてみると……恒例の宗教上の祭祀である例大祭，みたま祭又は慰霊大祭が神社の境内において挙行されるのは，あまりにも当然のことであって……，問題とされた本件支出行為につき，津地鎮祭大法廷判決が例示し，本件において多数意見がこれに倣う考慮要素の一としての"当該行為の行われる場所"としての意味を持ち得るものではない。

7　次に，多数意見の掲げる考慮要素の(2)「当該行為に対する一般人の宗教的評価」についてみる〔と〕，……神社の恒例の祭祀に際し，招かれて或いは求められて玉串料，献灯料，供物料等を捧げることは，神社の祭祀にかかわることであり，奉納先が神社であるところから，宗教にかかわるものであることは否定できず，またその必要もないが，それが慣習化した社会的儀礼としての側面を有することは，到底否定し難いところといわなければならない。

……地鎮祭は，前述のとおり，津市の主催の下に，専門の宗教家である神職が，所定の服装で，神社神道固有の祭祀儀式に則って，一定の祭場を設け一定の祭具を使用して行ったものであるのに対し，本件は靖国神社又は県護国神社の主催する例大祭，みたま祭又は慰霊大祭に際して，比較的低額の玉串料等を奉納したというのが実態であって,当該行為に対する一般人の宗教的評価いかんを判定するにあたり，前者は社会的儀礼にすぎないが，後者をもって「一般人が……社会的儀礼の一つにすぎないと評価しているとは考え難い」とするのは，著しく評価のバランスを失するものといわなければならない。……

多数意見〔が〕目的・効果基準……の具体的適用にあたり検討すべき……考慮要素〔として〕掲げた〔4つの〕考慮要素の(2)"当該行為に対する一般人の宗教的評価"を論ずるにあたり，「県が特定の宗教団体の挙行する重要な宗教上の祭祀にかかわり合いを持った」ことを理由に，当該行為が宗教的意義を持つとの一般人の評価が肯定されるというのでは，目的・効果基準を具体的に適用する上での考慮要素(2)は何ら機能していないものといわざるを得ない。

8　考慮要素の(3)「当該行為者が当該行為を行うについての意図，目的及び宗教的意識の有無，程度」についてみる〔と〕……長年にわたって比較的低額のまま維持された玉串料等の奉納が慣習化した社会的儀礼としての側面を持つことは，多数意見の右の説示をまつまでもなく，社会生活の実際において到底否定し難いところであり，玉串料等の奉納者においても，それが宗教的意義を有するという意識を「大なり小なり持たざるを得ない」とする説示は，あたかも，この間の消息を物語るも

ののようにも感ぜられる。……靖国神社の例大祭，みたま祭や県護国神社の慰霊大祭以外にも，愛媛県は公金を支出して来た。千鳥ヶ淵戦没者墓苑における慰霊祭には，同墓苑の創設された昭和 34 年以来ずっと公金を支出し，東京事務所長らが出席している。支出金は 15000 円（昭和 60 年）で，靖国神社や県護国神社に対する年間支出金額と大差ない。全国戦没者追悼式に際しても，毎年供花料として 1 万円を支出している。沖縄には愛媛県出身戦没者のための慰霊塔「愛媛の塔」（昭和 37 年 10 月建立）があり，遺族会は毎年慰霊塔の前で仏式慰霊祭を行って来たが，この慰霊塔の維持管理のため，毎年公金（約 20 万円）を支出している，という。県の公金支出は宗教的目的のためではなく，目的はあくまで戦没者の慰霊や遺族の慰謝にある，というのである。千鳥ヶ淵戦没者墓苑における慰霊祭，全国戦没者追悼式，「愛媛の塔」の前での慰霊祭を挙行しているのは，なるほど宗教団体ではない。しかし，千鳥ヶ淵も，全国追悼式も，「愛媛の塔」も，靖国神社も，県護国神社も，公金の支出はすべて戦没者の慰霊，遺族の慰謝が目的であると主張されている案件において，靖国神社と県護国神社のみが宗教団体といえるものであることを捉えて，「県が他の宗教団体の挙行する同種の儀式に対して同様の支出をしたという事実がうかがわれない」との理由付けで，「県が特定の宗教団体との間にのみ意識的に特別のかかわり合いを持ったことを否定することができない」とするのは，判断として公正を欠くとの譏りを免れないであろう。これまで特定の宗教団体とのかかわり合いとされて来たのが，ここで俄かに「特別の」かかわり合いとされたことに注目すべきであろう。

9　最後に，……考慮要素の⑷「当該行為の一般人に与える効果，影響」についてみる〔と〕……多数意見が千鳥ヶ淵戦没者墓苑における慰霊祭，全国戦没者追悼式，「愛媛の塔」前の仏式慰霊祭の例を度外視し，これら慰霊の行事の主催者が宗教団体でない点を捉えてした立論が当を得ないことはさきに指摘したとおりで，これを根拠として，「地方公共団体が特定の宗教団体に対してのみ本件のような形で特別のかかわり合いを持つ」ことの是非を論じたのは，その前提に誤りがあるものといわなければならない。しかも，この前提の上に立って，多数意見が考慮要素の⑷当該行為の一般人に与える効果，影響として述べるのは，「一般人に対して，県が当該特定の宗教団体を特別に支援しており，それらの宗教団体が他の宗教団体とは異なる特別のものであるとの印象を与え，特定の宗教への関心を呼び起こすもの」であるというに尽きる。

　甚だ抽象的で具体性に欠け，援助，助長，促進との観念上のつながりを手探りしているかの感があるが，……津地鎮祭大法廷判決によって定立された目的・効果基準の適用にあたって，当該行為の効果が宗教に対する援助，助長，促進又は圧迫，

干渉等になるか否かの判定は，このような，専ら精神面における印象や可能性や象徴を主要な手がかりとして決せられてはならない。このように抽象的で内容的に具体的なつかみどころのない観念が指標とされるときは，違憲審査権の行使は恣意的とならざるを得ないからである。多数意見は，一審判決のいう「結び付きに関する象徴」云々の表現を用いなかったが，その判旨の内容は実質的に異なるものではない。

10 以上，津地鎮祭大法廷判決の定立した判例法理に従うとして，多数意見が考慮要素の(1)ないし(4)について説示するところをみて来たが，論理に従ってその文脈を辿ることは著しく困難であるといわざるを得ない。考慮要素の(1)はそもそも本件において機能し得ず，また考慮要素の(2)ないし(4)については十分な説明も論証もないまま，多数意見は，目的・効果基準を適用して，本件支出行為と宗教とのかかわり合いが「相当と認められる限度を超えるもの」と論断した。

しかし，すでにみたように，玉串料等の奉納行為が社会的儀礼としての側面を有することは到底否定し難く，そのため右行為の持つ宗教的意義はかなりの程度に減殺されるものといわざるを得ず，援助，助長，促進に至っては，およそその実体を欠き，徒らに国家神道の影に怯えるものとの感を懐かざるを得ない。

11 本件支出の合違憲性についての私の所見は，基本的に以上に述べたところに尽きるが，私は本件支出は違憲でないとの結論をとるので，憲法20条のみならず89条についても言及する必要がある。

多数意見はこの点につき，靖国神社及び県護国神社は憲法89条にいう宗教上の組織又は団体に当たることが明らかであり，本件玉串料等を靖国神社又は県護国神社に奉納したことによってもたらされる県と靖国神社等とのかかわり合いが我が国の社会的・文化的諸条件に照らし相当とされる限度を超えるものと解されるから，本件支出は，同条の禁止する公金の支出に当たり，違法というべきであるとした。

憲法89条は，行政実務上の解釈困難な問題規定の一つであり，多数意見が津地鎮祭大法廷判決の定立した目的・効果基準に従い，本件支出の憲法89条適合性を判断した態度は是認されよう。……津地鎮祭大法廷判決においていう「当該行為」とは津市当局の主催した地鎮祭の挙行であり，本件においては，玉串料等の奉納という支出以外に「当該行為」と目すべきものは存在しないから，右の先例の判文をそのままなぞって本件に翻訳することはできないが，要するに，玉串料等の奉納という本件支出の目的，効果，支出金の性質，額等から考えると，特定の宗教組織又は宗教団体に対する財政援助的な支出とはいえないから，憲法89条に違反するものではない，というに帰着しよう。

12　憲法89条についての戦後の論議は，実り豊かなものではなかった……。そして，その条文は，その規定に該当する限り一銭一厘の支出も許されないかの如き体裁となっている。そこで忽ち問題となるのが，津地鎮祭大法廷判決の判文にも現れる「特定宗教と関係のある私立学校に対し一般の私立学校と同様な助成を」することは，憲法89条に違反することにならないか，ということである。

この点は，他の私学への助成金（公金）の支出が許されるのに，特定宗教と関係のある私学への助成金（公金）の支出が許されないとすれば，平等原則の要請に反するから……と説明されるのが通常である。しかし，憲法解釈上の難問に遭遇したとき，安易に平等原則を引いて問題を一挙にクリヤーしようとするのは，実は，憲法論議としての自殺行為にほかならないのではあるまいか。

一方において，宗教関係学校法人に対する億単位，否，十億単位をもってする巨額の公金の支出が平等原則の故に是認され得るとすれば，そして，もしそれが許されないとすれば即信教の自由の侵害になると論断されるのであれば，その論理は同時に，他の戦没者慰霊施設に対する公金の支出が許されるとすれば，同じく戦没者慰霊施設としての基本的性質を有する神社への，5000円，7000円，8000円，10000円という微々たる公金の支出が許されないわけがない，もし神社が「宗教上の組織又は団体」に当たるとの理由でそれが許されないとすれば，即信教の自由の侵害になる，との結論を導き出すものでなければならない。宗教関係学校法人への巨額の助成を許容しながら微細な玉串料等の支出を違憲として，何故，論者は矛盾を感じないのであろうか。すべて，戦前・戦中の神社崇拝強制の歴史を背景とする，神道批判の結論が先行するが故である。

戦前・戦中における国家権力による宗教に対する弾圧・干渉をいうならば，苛酷な迫害を受けたものとして，神道系宗教の一派である大本教等があったことが指摘されなければならない。

13　悪の芽は小さな中に摘みとるのがよく，憲法の理想とするところを実現するための環境を整える努力を怠ってはならない。しかし，国家神道が消滅してすでに久しい現在，我々の目の前に小さな悪の芽以上のものは存在しないのであろうか。

憲法89条に関連して一例を挙げれば，宗教団体の所有する不動産やその収益と目すべきものにつき，これを課税の対象から外すことは，宗教団体に対し積極的に公金を支出するのと同様の意味を持つ。これが政教分離原則との関係において合衆国判例において論ぜられて久しい。

我が国において，これらの点に関連して論ぜられるべき問題状況は果たして存在しないのであろうか。

何故これらの点がまともに論ぜられることなく，かえって，細く長く絶えず続けられた本件玉串料等の支出の如きが，何故かくも大々的に論議されなければならないのであるか。これが疑問とされないのは何故であるかを疑問とせざるを得ないのである。

〔以上の各補足意見・意見・反対意見を除き，裁判官15人全員一致の意見〕

【判例11-6】
空知太神社事件判決(財産管理を怠る事実の違法確認請求事件)
最大判平22・1・20民集64巻1号1頁　　　　　　　　　　　〔破棄差戻〕

〔事実の概要〕

　北海道砂川市(以下「市」)が所有する本件各土地上には，地域の集会場等であるS会館(本件建物)が建てられ，その一角に空知太(S)神社(本件神社)の祠(本件祠)が設置され，建物の外壁には「神社」との表示が設けられていた。また，本件土地1上には，鳥居(本件鳥居)及び地神宮(本件地神宮)が設置されている(以下，これら4物件を併せて「本件神社物件」という)。市は，本件建物及び本件神社物件の所有者であるS連合町内会(本件町内会)に対し，本件各土地を無償で本件建物・鳥居及び地神宮の敷地としての利用に供していた(本件利用提供行為)。本件鳥居の上部正面には「S神社」の額が掲げられていた。本件建物には，会館入口とは別に，鳥居の正面に当たる部分に「神社」と表示された入口が設けられ，その入口を入った正面に祠が設置されていた。鳥居の脇には，「地神宮」と彫られた石造の地神宮が設置されていた。鳥居・神社入口及び祠は一直線上に配置され，また，祠内には御神体として天照大神が宿るとされる鏡が置かれていた。本件町内会(S地区の6町内会によって組織される地域団体)は，本件氏子集団(神社付近の住民らで構成される氏子集団)を包摂し，各町内会の会員によって組織される運営委員会が本件建物の管理運営を行っていた。本件神社物件は，法的には本件町内会の所有と認められる。建物の主要部分を占める集会室は，ふだんは使用料を徴収して学習塾等の用途に使用されていたが，本件町内会及び本件氏子集団は，本件各土地又は本件建物における本件神社物件の所有・使用について対価を市に支払っていなかった。

　本件神社で行われる年3回の祭事のうち，初詣の際には，A神社から提供されたおみくじや交通安全の札等が販売され，代金や売れ残ったおみくじ等はA神社に納められていた。また，春祭りと秋祭りの際には，A神社から宮司の派遣を受け，「S神社」，「地神宮」などと書かれたのぼりが本件鳥居の両脇に立てられたし，秋祭

りの際には，本件地神宮の両脇に「奉納地神宮氏子中」などと書かれたのぼりが立てられて神事が行われ，「秋季祭典奉納S神社」などと書かれた看板が地域に掲げられた。

そこで市の住民Xらは，砂川市がその所有する土地を神社施設の敷地として無償で使用させていることは，憲法の定める政教分離原則に違反する行為であって，敷地の使用貸借契約を解除し同施設の撤去及び土地明渡しを請求しないことは違法に財産の管理を怠るものであるとして，Y(市長)を被告としてその違法確認を求めた(地方自治法第242条の2第1項3号参照)。

第1審(札幌地判平18・3・3民集64巻1号89頁)は，①本件施設が宗教施設(神社)であり，本件土地取得の目的は宗教的意義を有し，本件土地の無償提供行為は特定の宗教に特別の便宜を与えこれを援助・助長・促進することが明らかであって憲法第20条3項及び第89条に違反するとし，他方，S会館が地域住民の非宗教的活動にも用いられていることにも鑑みれば，使用貸借契約を解除して土地の明渡しを請求しなくても，本件祠や鳥居，神社の表示などを収去させることで違憲状態が解消されると判断し，その限度でYの怠る事実の違法性を確認した。控訴審(札幌高判平19・6・26民集64巻1号119頁)も，本件神社物件及び本件建物は宗教施設としての性格が明確であり，本件利用提供行為は，「市が特定の宗教上の組織との間にのみ意識的に特別のかかわり合いを持つものであり，一般人に対し市が特定の宗教に特別の便宜を与えているとの印象をもたらすものであって，我が国の社会的，文化的諸条件に照らして相当とされる限度を超え」，憲法第20条3項の政教分離原則に違反するとともに，憲法第20条1項後段及び第89条の政教分離原則の精神に明らかに反するもの」とし，また，上記の点についてもYの主張を退けたため，Yが上告した。

【判決理由】

本件利用提供行為は憲法89条に違反し，ひいては憲法20条1項後段にも違反するものであって，論旨は採用することができない。その理由は，次のとおりである。

1 憲法判断の枠組み

憲法89条〔の〕趣旨は，国家が宗教的に中立であることを要求するいわゆる政教分離の原則を，公の財産の利用提供等の財政的な側面において徹底させるところにあり，これによって，憲法20条1項後段の規定する宗教団体に対する特権の付与の禁止を財政的側面からも確保し，信教の自由の保障を一層確実なものにしようとしたものである。しかし，国家と宗教とのかかわり合いには種々の形態があり，およそ国又は地方公共団体が宗教との一切の関係を持つことが許されないというものではなく，憲法89条も，公の財産の利用提供等における宗教とのかかわり合いが，我

が国の社会的，文化的諸条件に照らし，信教の自由の保障の確保という制度の根本目的との関係で相当とされる限度を超えるものと認められる場合に，これを許さないとするものと解される。

　国又は地方公共団体が国公有地を無償で宗教的施設の敷地としての用に供する行為は，一般的には，当該宗教的施設を設置する宗教団体等に対する便宜の供与として，憲法89条との抵触が問題となる行為であるといわなければならない。もっとも，国公有地が無償で宗教的施設の敷地としての用に供されているといっても，当該施設の性格や来歴，無償提供に至る経緯，利用の態様等には様々なものがあり得ることが容易に想定されるところである。例えば，一般的には宗教的施設としての性格を有する施設であっても，同時に歴史的，文化財的な建造物として保護の対象となるものであったり，観光資源，国際親善，地域の親睦の場などといった他の意義を有していたりすることも少なくなく，それらの文化的あるいは社会的な価値や意義に着目して当該施設が国公有地に設置されている場合もあり得よう。また，我が国においては，明治初期以来，一定の社寺領を国等に上知（上地）させ，官有地に編入し，又は寄附により受け入れるなどの施策が広く採られたこともあって，国公有地が無償で社寺等の敷地として供される事例が多数生じた。このような事例については，戦後，国有地につき「社寺等に無償で貸し付けてある国有財産の処分に関する法律」……が公布され，公有地についても同法と同様に譲与等の処分をすべきものとする内務文部次官通牒が発出された上，これらによる譲与の申請期間が経過した後も，譲与，売払い，貸付け等の措置が講じられてきたが，それにもかかわらず，現在に至っても，なおそのような措置を講ずることができないまま社寺等の敷地となっている国公有地が相当数残存していることがうかがわれるところである。これらの事情のいかんは，当該利用提供行為が，一般人の目から見て特定の宗教に対する援助等と評価されるか否かに影響するものと考えられるから，政教分離原則との関係を考えるに当たっても，重要な考慮要素とされるべきものといえよう。

　そうすると，国公有地が無償で宗教的施設の敷地としての用に供されている状態が，……信教の自由の保障の確保という制度の根本目的との関係で相当とされる限度を超えて憲法89条に違反するか否かを判断するに当たっては，当該宗教的施設の性格，当該土地が無償で当該施設の敷地としての用に供されるに至った経緯，当該無償提供の態様，これらに対する一般人の評価等，諸般の事情を考慮し，社会通念に照らして総合的に判断すべきものと解するのが相当である。以上のように解すべきことは，当裁判所の判例（最大判昭52・7・13民集31巻4号533頁〔⇨【判例11-4】〕，最大判平9・4・2民集51巻4号1673頁〔⇨【判例11-6】〕等）の趣旨とするところからも

明らかである。

2 本件利用提供行為の憲法適合性

(1) 本件神社物件は，一体として神道の神社施設に当たるものと見るほかはない。

また，本件神社において行われている諸行事は，地域の伝統的行事として親睦などの意義を有するとしても，神道の方式にのっとって行われているその態様にかんがみると，宗教的な意義の希薄な，単なる世俗的行事にすぎないということはでき〔ず〕，このような施設の性格に沿って宗教的行事として行われているものということができる。

(2) 本件神社物件を管理し，上記のような祭事を行っている……本件氏子集団は，……宗教的行事等を行うことを主たる目的としている宗教団体であって，寄附を集めて本件神社の祭事を行っており，憲法89条にいう，『宗教上の組織若しくは団体』に当たるものと解される。

しかし，本件氏子集団は，祭事に伴う建物使用の対価を町内会に支払うほかは，本件神社物件の設置に通常必要とされる対価を何ら支払うことなく，その設置に伴う便益を享受している。すなわち，本件利用提供行為は，その直接の効果として，氏子集団が神社を利用した宗教的活動を行うことを容易にしているものということができる。

(3) そうすると，本件利用提供行為は，市が，何らの対価を得ることなく本件各土地上に宗教的施設を設置させ，本件氏子集団においてこれを利用して宗教的活動を行うことを容易にさせているものといわざるを得ず，一般人の目から見て，市が特定の宗教に対して特別の便益を提供し，これを援助していると評価されてもやむを得ないものである。前記事実関係等によれば，本件利用提供行為は，もともとは小学校敷地の拡張に協力した用地提供者に報いるという世俗的，公共的な目的から始まったもので，本件神社を特別に保護，援助するという目的によるものではなかったことが認められるものの，明らかな宗教的施設といわざるを得ない本件神社物件の性格，これに対し長期間にわたり継続的に便益を提供し続けていることなどの本件利用提供行為の具体的態様等にかんがみると，本件において，当初の動機，目的は上記評価を左右するものではない。

(4) 以上のような事情を考慮し，社会通念に照らして総合的に判断すると，本件利用提供行為は，市と本件神社ないし神道とのかかわり合いが，我が国の社会的，文化的諸条件に照らし，信教の自由の保障の確保という制度の根本目的との関係で相当とされる限度を超えるものとして，憲法89条の禁止する公の財産の利用提供に当たり，ひいては憲法20条1項後段の禁止する宗教団体に対する特権の付与に

も該当すると解するのが相当である。
3 職権による検討
1 〔略〕

2 本件利用提供行為……を違憲とする理由は，判示のような施設の下に一定の行事を行っている本件氏子集団に対し，長期にわたって無償で土地を提供していることによるものであって，このような違憲状態の解消には，神社施設を撤去し土地を明け渡す以外にも適切な手段があり得るというべきである。例えば，戦前に国公有に帰した多くの社寺境内地について戦後に行われた処分等と同様に，本件土地1及び2の全部又は一部を譲与し，有償で譲渡し，又は適正な時価で貸し付ける等の方法によっても上記の違憲性を解消することができる。そして，Yには，本件各土地，本件建物及び本件神社物件の現況，違憲性を解消するための措置が利用者に与える影響，関係者の意向，実行の難易等，諸般の事情を考慮に入れて，相当と認められる方法を選択する裁量権があると解される。本件利用提供行為に至った事情は，それが違憲であることを否定するような事情として評価することまではできないとしても，解消手段の選択においては十分に考慮されるべきであろう。本件利用提供行為が開始された経緯や本件氏子集団による本件神社物件を利用した祭事がごく平穏な態様で行われてきていること等を考慮すると，Yにおいて直接的な手段に訴えて直ちに本件神社物件を撤去させるべきものとすることは，神社敷地として使用することを前提に土地を借り受けている本件町内会の信頼を害するのみならず，地域住民らによって守り伝えられてきた宗教的活動を著しく困難なものにし，氏子集団の構成員の信教の自由に重大な不利益を及ぼすものとなることは自明であるといわざるを得ない。さらに，上記の他の手段のうちには，市議会の議決を要件とするものなども含まれているが，そのような議決が適法に得られる見込みの有無も考慮する必要がある。これらの事情に照らし，Yにおいて他に選択することのできる合理的で現実的な手段が存在する場合には，Yが本件神社物件の撤去及び土地明渡請求という手段を講じていないことは，財産管理上直ちに違法との評価を受けるものではな〔く〕，それが違法とされるのは，上記のような他の手段の存在を考慮しても，なおYにおいて上記撤去及び土地明渡請求をしないことがYの財産管理上の裁量権を逸脱又は濫用するものと評価される場合に限られるものと解するのが相当である。

3 本件において，当事者は，……本件利用提供行為の違憲性を解消するための他の手段が存在するか否かに関する主張をしておらず，原審も当事者に対してそのような手段の有無に関し釈明権を行使した形跡はうかがわれない。しかし，本件利

用提供行為の違憲性を解消するための他の手段があり得ることは，当事者の主張の有無にかかわらず明らかというべきである。また，原審は，本件と併行して，本件と当事者がほぼ共通する市内の別の神社（T神社）をめぐる住民訴訟を審理しており，同訴訟においては，市有地上に神社施設が存在する状態を解消するため，市が，神社敷地として無償で使用させていた市有地を町内会に譲与したことの憲法適合性が争われていたところ，第1，2審とも，それを合憲と判断し，当裁判所もそれを合憲と判断するものである（最高裁平成19年（行ツ）第334号）。原審は，上記訴訟の審理を通じて，本件においてもそのような他の手段が存在する可能性があり，Yがこうした手段を講ずる場合があることを職務上知っていたものである。

そうすると，原審がYにおいて本件神社物件の撤去及び土地明渡請求をすることを怠る事実を違法と判断する以上は，原審において，本件利用提供行為の違憲性を解消するための他の合理的で現実的な手段が存在するか否かについて適切に審理判断するか，当事者に対して釈明権を行使する必要があったというべきである。……

4 結 論

以上によれば，本件利用提供行為を違憲とした原審の判断は是認することができるが，Yが本件神社物件の撤去請求をすることを怠る事実を違法とした判断には，判決に影響を及ぼすことが明らかな法令の違反がある。そこで，原判決を職権で破棄し，本件利用提供行為の違憲性を解消するための他の手段の存否等について更に審理を尽くさせるため，本件を原審に差し戻すこととする。

＊裁判官藤田宙靖の補足意見

1 ……本件において，敢えて目的効果基準の採用それ自体に対しこれを全面的に否定するまでの必要は無いものと考える〔が〕，ここにいう目的効果基準の具体的な内容あるいはその適用の在り方については，慎重な配慮が必要なのであって，当該事案の内容を十分比較検討することなく，過去における当審判例上の文言を金科玉条として引用し，機械的に結論を導くようなことをしてはならない。……

2 本件において合憲性が問われているのは，……取り立てて宗教外の意義を持つものではない純粋の神道施設につき，地方公共団体が公有地を単純にその敷地として提供しているという事実である。……過去の当審判例上，目的効果基準が機能せしめられてきたのは，問題となる行為等においていわば「宗教性」と「世俗性」とが同居しておりその優劣が微妙であるときに，そのどちらを重視するかの決定に際してであって……，明確に宗教性のみを持った行為につき，更に，それが如何な

る目的をもって行われたかが問われる場面においてではなかったということができる……。

……本件における神社施設は、これといった文化財や史跡等としての世俗的意義を有するものではなく、一義的に宗教施設(神道施設)であって、そこで行われる行事もまた宗教的な行事であることは明らかである……。従って、本件利用提供行為が専ら特定の純粋な宗教施設及び行事(要するに「神社」)を利する結果をもたらしていること自体は、これを否定することができないのであって、地鎮祭における起工式(津地鎮祭訴訟)、忠魂碑の移設のための代替地貸与並びに慰霊祭への出席行為(箕面忠魂碑訴訟)、さらには地蔵像の移設のための市有地提供行為等(大阪地蔵像訴訟)とは、状況が明らかに異なるといわなければならない……。その意味においては、本件における憲法問題は、本来、目的効果基準の適用の可否が問われる以前の問題であるというべきである。

3　もっとも、……本件神社は、それ自体としては明らかに純粋な神道施設であると認められるものの、他方において、その外観、日々の宗教的活動の態様等からして、さほど宗教施設としての存在感の大きいものであるわけではなく、……また、Xらが問題提起をするまでは、他の市民の間において殊更にその違憲性が問題視されることも無かった、というのが実態であったようにうかがわれる〔ことからすると〕少なくとも、本件利用提供行為が、直ちに他の宗教あるいはその信者らに対する圧迫ないし脅威となるとまではいえず(現に、例えば、本件氏子集団の役員らはいずれも仏教徒であることが認定されている。)、これをもって敢えて憲法違反を問うまでのことはないのではないかという疑問も抱かれ得るところであろう。……本件における固有の問題は、一義的に特定の宗教のための施設であれば……地域におけるその存在感がさして大きなものではない……ような場合であっても、そのような施設に対して行われる地方公共団体の土地利用提供行為をもって、当然に憲法89条違反といい得るか、という点にあるというべきであろう。

ところで、上記のような状況は、その教義上排他性の比較的希薄な伝統的神道の特色及び宗教意識の比較的薄い国民性等によってもたらされている面が強いように思われるが、いうまでもなく、政教分離の問題は、対象となる宗教の教義の内容如何とは明確に区別されるべき問題であるし、また、ある宗教を信じあるいは受容している国民の数ないし割合が多いか否かが政教分離の問題と結び付けられるべきものではないことも、明らかであるといわなければならない。憲法89条……の定める政教分離原則に違反するか否かの問題は、必ずしも、問題とされている行為によって個々人の信教の自由が現実に侵害されているか否かの事実によってのみ判断され

るべきものではないのであって、多数意見が本件利用提供行為につき「一般人の目から見て、市が特定の宗教に対して特別の便益を提供し、これを援助していると評価されてもやむを得ないものである」と述べるのは、このような意味において正当というべきである。……

＊裁判官田原睦夫の補足意見
1　憲法における政教分離原則について
……政教分離原則は、本来、厳格に適用されてしかるべきである〔が〕、雛祭や七夕祭、地域の盆踊りの如く、巷間行われる行事等が宗教的な起源を有してはいるものの、今日では宗教的な要素がほとんどなく、地域の習俗、年中行事として行われているような場合にまでその原則が適用されるものでないことはいうまでもない。また、国家(地方公共団体を含む。以下「国家等」という。)と宗教との関わり合いについては、国家等が、宗教上の行事等への参加や宗教団体への財政的な出捐等の行為を含む何らかの積極的な関与をなす場合と、国家等が所有する土地や施設に、歴史的な経緯等から宗教的な施設等が存置されているのを除去しないという不作為を含む消極的な関与に止まるにすぎない場合とでは、政教分離原則の位置づけは、自ら異ならざるを得ないと考える。即ち、前者においては、それが国家等の意思の発現たる性質が顕著であり、国民の精神的自由に対して直接的な影響を及ぼし得るものであるとともに、その社会的影響も大きいことからして、政教分離原則は厳格に適用されるべきである〔が〕、後者の場合、例えば、路傍の道祖神や地蔵尊等の如く、今日では宗教的な意義が稀薄となり、習俗として存置されたままになっているものや、設置主体や管理主体も定かでない祠等のようなものが設けられているのを除去することなく放置していたとしても、そのことが国家等と宗教との関係において、社会的に何らかの影響をもたらすとは認め難い。……

砂川市の前身たる砂川町が本件土地……を、祠等の境内地として無償で使用させるとの負担付で寄附を受け容れたこと自体が憲法に違反するものであって、本来その寄附を受け容れた行為は、無効であったというべきものであ〔り〕、砂川町が……土地の寄附を受け容れ、引き続き本件神社の敷地として無償で利用させることは、実質的に本件神社の管理主体を経済的に支援するために、上記寄附を受け容れたものと認めざるを得ず、それは憲法20条1項後段及び89条に違反するものとして無効であると評さざるを得ないものである。

＊裁判官近藤崇晴の補足意見
1　本件利用提供行為の憲法適合性
……憲法が政教分離原則において本来的に想定しているのは、国によって政治的

に利用される危険性のある宗教であり，典型的にはかつての国家神道がこれに当たる。その他，既成の大宗教に属する有力な教団や信者に対する支配力の強い有力な新宗教など，信者に対する精神的，経済的な支配力の強い宗教が潜在的にその危険性を帯びているであろう。……

しかしながら，上記のような弊害を生ずる危険性の大小によって違憲か合憲かの線引きをすることは，困難であり，適切でもない。……本件利用提供行為も，……その直接の効果として，本件氏子集団が本件神社を利用した宗教的活動を行うことを容易にさせているものといわざるを得ないのであって，上記のような弊害を生ずる現実の危険性がいかに乏しいとしても，憲法89条及び20条1項後段に抵触し，違憲であると評価せざるを得ないのである。

2 本件における違憲状態解消の手段方法

……本件利用提供行為が違憲であるとした場合に，これを解消する方法にはこの撤去等の請求……以外にも，本件各土地の譲与その他の適切な手段があり得る。……そして，違憲状態を解消する方法が上記撤去等の請求だけではないとすれば，これを怠ることが直ちに違法であるということにはならず，Xらの上記確認請求は棄却すべきであるということになる。

もう一つ考慮すべきことは，Xらの求める「鳥居，地神宮等の神社施設の撤去」……等の請求は，政教分離を実現しようとする結果，憲法20条1項前段の保障する信教の自由を侵害することになりかねない〔の〕に対し，上記の譲与等の手段によるならば，氏子(信者)の信教の自由を侵害するおそれはなく，適切な結果を得ることができる。

*裁判官甲斐中辰夫，同中川了滋，同古田佑紀，同竹内行夫の意見

1 ……国公有地の宗教的施設に対する無償による利用提供行為が相当とされる限度を超えて憲法89条に違反するか否かの判断に当たって，……多数意見〔が示した〕考え方については，私たちも基本的に賛成する〔が〕，特に，本件のように明治以来，地域社会と密接な関係を持って，存続し引き継がれてきた宗教的施設については，過去の沿革・経緯，宗教的施設の性格，土地利用の具体的態様，運営主体の性格，地域住民の認識や一般人の評価などを，外形のみならず実態に即して，文字どおり総合的に判断する必要がある。この点で，原判決は，……過去の経緯，土地利用の具体的態様，運営主体の性格，地域住民の認識や一般人の評価などについては，部分的又は抽象的な認定にとどまっている。多数意見も原判決のような一面的な確定事実を基礎として，本件利用提供行為が違憲であるとの判断をしているが，結果として本来の意味での総合的判断がされていないきらいがある。

2　……Yは，本件建物は町内会館であって，本件建物内部の構造は，集会場等地域のコミュニティーセンターとしての利用に供するように造られていて，本件祠が設置されている部分は，そのごく一部であり（本件建物の概略図によれば，その建築面積の20分の1程度），日常的には，その扉は閉ざされたままで，参拝する者は皆無であることや，本件建物の利用状況も，その大半は英語などの学習教室や，老人クラブなどの町内会の親睦等に利用され，年間利用実績355回のうち神社の行事として利用されているのは，2％足らずの7回程度にすぎないことを主張立証している。このような本件建物の構造や利用状況を踏まえると，本件建物に対する市有地の利用提供の意味も，単なる宗教的施設に利用提供する場合とはおのずから異なってくるのであって，それが特定の宗教に対する特別の便宜の提供や援助に当たるか否かについての判断や一般人の評価にも影響を与えることは明らかである。……

本件のように北海道の農村地帯に存在し，専ら地元住民が自らの手で維持，管理してきたもので，地元住民以外に知る人が少ない宗教的施設に対する公有地の利用提供行為についての一般人の評価を検討するのであれば，まず，当該宗教施設が存在する地元住民の一般的な評価を検討しなければならないところ，……Xらによる本件監査請求以前に，住民らが本件利用提供行為の憲法適合性について問題提起したり，市議会において採り上げられたという事情はうかがわれず，……本件利用提供行為に特段憲法上の問題はないとの理解が一般的ではないかと思われる。このような点についての検討をしないで，一般人の評価を抽象的に観念して憲法判断の理由とすることは，審理不尽といわざるを得ない。

＊裁判官今井功の反対意見

私は，砂川市がその所有する本件土地を本件神社物件のために無償で使用させている本件利用提供行為が憲法89条の禁止する公の財産の利用提供に当たり，ひいては憲法20条1項後段の禁止する宗教団体に対する特権の付与にも該当して違憲であるとする多数意見の判示第2に全面的に賛成するものであるが，多数意見が判示第3において，原判決を破棄し，本件を原審に差し戻すべきものとする点については賛成することができず，本件上告を棄却すべきものと考える。

＊裁判官堀籠幸男の反対意見

本件における争点は，砂川市がその所有する土地を神社施設の敷地として無償で使用させていることが，憲法の定める政教分離原則に違反するかどうか〔に関する〕多数意見……の「憲法判断の枠組み」において述べる……憲法解釈を前提としても，これを本件に適用し，違憲と判断する点において，多数意見に賛成することができない。……

神道は，日本列島に住む人々が集団生活を営む中で生まれた，自然崇拝，祖先崇拝の念を中心として，自然発生的に育った伝統的な民俗信仰・自然信仰であって，日本の固有文化に起源を持つものであり，……人々の生活に密着した信仰ともいうべきものであって，その生活の一部になっているともいえる。……確かに，神道も，憲法にいう宗教としての性質を有することは否定することはできないが，……これと，創始者が存在し，確固たる教義や教典を持つ排他的な宗教とを，政教分離原則の適用上，抽象的に宗教一般として同列に論ずるのは相当ではないと考える。……
　……本件神社は，もともと北海道開拓のためS地域へ渡った……開拓者やその子孫によって開拓当時の思いを伝承するものとして，維持，運営されてきたものである。そして，本件神社の行事は，……主として地域住民の安らぎや親睦を主たる目的として行っているものであり，神道の普及のために行っているものではないと推認することができる。多数意見は，初詣までも除外することなく本件神社における諸行事すべてが宗教的な意義の希薄な単なる世俗的行事にすぎないということはできないとしており，国民一般から見れば違和感があるというべきである。……
　本件神社物件は，宗教性がより希薄であり，むしろ，習俗的，世俗的施設の意味合いが強い施設というべきである。……
　したがって，本件利用提供行為は，我が国の社会的，文化的諸条件に照らし，信教の自由の保障という制度の根本目的との関係で相当とされる限度を超えるものとは到底認められないというべきであ〔り〕，憲法の定める政教分離原則に違反するということはできない。
　〔以上の補足意見，違憲，反対意見を除くほか，裁判官全員一致の意見〕

第4章　表現の自由と検閲の禁止

第 *12* 講　性表現の規制 ― 刑法第175条を中心に

　1．憲法第21条1項は「集会，結社及び言論，出版その他一切の表現の自由は，これを保障する」と規定している。文言からすれば，同項では《集会の自由》と《結社の自由》および《言論・出版その他一切の表現の自由》とが合わせて保障されていることになる。もっとも，現実には前者と後者とは密接に関連している場合も多く，たとえば後出の公安条例に関する判例(⇨【判例13-2】)でも，通常は集会の一種(「動く集会」)として理解されているデモ行進などの集団行動が，表現の自由の問題として捉えられている。

　2．「表現の自由」は，内心における精神作用を何らかの方法で外部に表明する精神活動の自由であり，芸術上の表現活動や報道の自由等々，その範囲は広範である。言論・出版を中心とする表現の自由が，民主制の存立にとってきわめて重要であることはいうまでもないが，他方，人の精神活動は，それが内心に留まっている場合と違って，それが外部に表現された場合には，他人のプライバシー権(⇨第6講)と衝突したり，犯罪の煽動，性表現，名誉毀損的表現のように，刑法などの法的規制に服する場合がある。しかし，表現の自由の《優越的地位》を承認しうるとすると，その規制の合憲性は厳格にテストされる必要がある。従来から《明白かつ現在の危険》(clear and present danger)とか《二重の基準》(double standard)とか《より制限的でない他の手段》(LRA)といった法理が主張されているのも，そのためである。

　3．性表現を規制する刑法第175条の合憲性が争われたリーディング・ケースは**チャタレー事件**(⇨【判例*12*-1】)であり，ここでは従来からの《公共の

---

1) ドイツ憲法等の伝統ではこれらは別個の条文で規定するのが普通である(⇨[資料8])。

福祉》論が再確認されている。この判決において確認されている、猥褻に関するいわゆる《三要素説》や、猥褻性と芸術性とは別次元とする考え方は、それから12年後の『**悪徳の栄え**』**事件**判決（⇨【**判例12-2**】）でも基本的に

> （わいせつ物頒布等）
> **刑法第175条** わいせつな文書，図画その他の物を頒布し，販売し，又は公然と陳列した者は，2年以下の懲役又は250万円以下の罰金若しくは科料に処する。販売の目的でこれらの物を所持した者も，同様とする。

は維持されたが，ここではチャタレー判決とは若干のニュアンスの差が認められ，猥褻性の判断を「文書全体との関連において」考察しなければならないという考え（全体的考察方法）を示唆した点に特色が見られる。また，ここでは5人の裁判官の注目すべき反対意見があり，チャタレー判決からの時代の推移が看取される。

こうした傾向をさらに強めたのが『**四畳半襖の下張**』**事件**判決（⇨【**判例12-3**】）であり，本件でも結論的には当該文書は猥褻だとされたが，そこでは猥褻判断に際しての《全体的考察方法》が具体的に示されている。

4．猥褻文書ではなく猥褻図画の販売ないし販売目的所持が問われた事件について最高裁が昭和58年に下した2つの判決（最三判昭58・3・8刑集37巻2号15頁および最一判昭58・10・27刑集37巻8号1294頁）においては，いわゆる「ハード・コア・ポルノ」が「特定の思想や意見を伝達するものとはいえず，社会的価値を欠いているか，または法的に評価できる価値をほとんどもつものではない」から，それは憲法の保護の範囲外にある，とする意見（前者の判例における伊藤正己裁判官の補足意見）や「ハード・コア・ポルノ」が「広い意味での表現には相違ないが，『表現の自由』という場合の特殊な意義における『表現』には該当しないというべき」だとする意見（後者における団藤重光裁判官の補足意見）がある。

5．以上の最高裁判例以外にも，下級審判決で決着がつき（理由は一様ではないが）無罪の判決が確定したものとして，たとえば映画『黒い雪』事件判決（東京高判昭44・9・17判時571号19頁），日活ロマンポルノ事件判決（東京高判昭55・7・18判時975号20頁），『愛のコリーダ』事件判決（東京高判昭57・6・8判時1043号3頁）等がある。

第*12*講　性表現の規制―刑法第175条を中心に　【判例*12*-1】　277

---【判例*12*-1】---

チャタレー事件(猥褻文書販売被告事件)
最大判昭32・3・13刑集11巻3号997頁　　　　　　　　　　〔上告棄却〕

〔事実の概要〕

　出版社小山書店社長小山久二郎は，イギリス人作家ロレンス(David Herbert Lawrence, 1885-1930)の選集の刊行を企画し，その第一冊として，有名な『チャタレー夫人の恋人』(Lady Chatterley's Lover, 1928)を選び，戦前の昭和11年にすでに削除版を底本としてこれを翻訳していた作家の伊藤整に依頼した。無削除版に依った訳稿を渡す際に，伊藤は小山に対し「慎重に考慮して，完訳のままで出版するなり，多少の手加減を加えるなりよく考えてくれ」との要望をつけたが，小山は訳稿どおりの形で昭和25年4月に上巻を，翌5月には下巻を出版した。売れ行きは爆発的で，警察が同年6月に摘発・押収するまでのわずか2か月の間に上巻8万余，下巻7万弱が売れたという。ところが検察庁は本件訳書中の合計12ヵ所の性的描写が露骨すぎるとして，同年9月，小山社長と訳者伊藤整とを刑法第175条の猥褻文書販売罪の共犯として起訴した。第一審判決までの公判には，弁護側から，福原麟太郎，神近市子，吉田健一，宮城音弥，波多野完治など多数の著名人が証人として出廷した。第一審判決(東京地判昭27・1・18判時105号7頁)は，猥褻文書を「一般的に性慾を刺激するに足る表現があり，これにより人が性的興奮を惹起し理性による制御を否定又は動揺するに至るもので，自ら羞恥の念を生じ且つそのものに対して嫌悪感を抱く文書」と定義した上で，「かかる結果を招来する危険のある文書は所謂春本であると否とを問わず」猥褻文書として排除しても憲法の保障する基本的人権の侵害とはならない，とし，本件訳書については，「猥褻文書に頗る類似(紙一重といふべきもの)したものというべき」だとしつつも，本件訳書の読者層への無思慮，販売方法(上下に分冊して手軽に購入しうるようにはかったこと，及び「煽情的・刺戟的な広告」をしたこと)等の環境下に本件訳書が販売されたため，「一般的には所謂春本とその類を同じくするものとして遇せられるようになったもの」と認め，小山社長に罰金刑を宣告したが，伊藤はそのような環境下に本件訳書が販売されることに積極的に加功しなかったとして，無罪を言い渡した。これに対し，被告人小山と地検の双方から控訴がなされ，東京高裁は，文書の猥褻性は文書自体の記載から判定すべきであるとし，また猥褻文書販売罪の犯意の成立には，当該文書の記載内容についての事実的な認識とそれを販売することの認識で足り，猥褻文書に該当することについての認識(違法性の認識)を要しない，として，伊藤にも有罪を宣告した(東京高判昭27・12・10判時

105号28頁)。そこで被告人両名から上告がなされた。

〔判決理由〕
1.「チャタレー夫人の恋人」の翻訳出版と刑法175条

「チャタレー夫人の恋人」は英文学界において名前が通っている D. H. ロレンスの長編小説であり，芸術的観点からして相当高く評価されている作品である。……次にこの小説は思想，文明批評等に関する諸問題を含んでいる。……

……そしてその主題の中で全篇を一貫する最も重要なものは，性的欲望の完全な満足を第一義的のものとし，恋愛において人生の意義と人間の完成を認めるかのような人生哲学である。

……本書がいわゆる春本とは類を異にするところの芸術的作品であることは，第一審判決および原判決も認めているところである。しかしながらロレンスの提唱するような性秩序や世界観を肯定するか否かは，これ道徳，哲学，宗教，教育等の範域に属する問題であり，それが反道徳的，非教育的だという結論に到達したにしても，それだけを理由として現行法上その頒布販売を処罰することはできない。これは言論および出版の自由の範囲内に属するものと認むべきである。問題は本書の中に刑法175条の『猥褻の文書』に該当する要素が含まれているかどうかにかかっている。……

しからば刑法の前記法条の猥褻文書(および図画その他の物)とは如何なるものを意味するか。従来の大審院の判例は『性欲を刺戟興奮し又は之を満足せしむべき文書図画その他一切の物品を指称し，従って猥褻物たるには人をして羞恥嫌悪の感念を生ぜしむるものたることを要する』ものとしており(例えば大正7年……6月10日刑事第二部判決)，また最高裁判所の判例は『徒らに性欲を興奮又は刺戟せしめ，且つ普通人の正常な性的羞恥心を害し，善良な性的道義観念に反するものをいう」としている(第一小法廷〔昭26・5・10〕判決，最高裁判所刑事判例集5巻6号1026頁以下)。そして原審判決は右大審院および最高裁判所の判決に従うをもって正当と認めており，我々もまたこれらの判例を是認するものである。

要するに判例によれば猥褻文書たるためには，羞恥心を害することと性欲の興奮，刺戟を来すことと善良な性的道義観念に反することが要求される。

およそ人間が人種，風土，歴史，文明の程度の差にかかわらず羞恥感情を有することは，人間を動物と区別するところの本質的特徴の一つである。……

羞恥感情は性欲について顕著である。……要するに人間に関する限り，性行為の非公然性は，人間性に由来するところの羞恥感情の当然の発露である。かような羞恥感情は尊重されなければならず，従ってこれを偽善として排斥することは人間性

に反する。なお羞恥感情の存在が理性と相俟って制御の困難な人間の性生活を放恣に陥らないように制限し，どのような未開社会にあっても存在するところの，性に関する道徳と秩序の維持に貢献しているのである。」

「もちろん法はすべての道徳や善良の風俗を維持する任務を負わされているものではない。かような任務は教育や宗教の分野に属し，法は単に社会秩序の維持に関し重要な意義をもつ道徳すなわち『最少限度の道徳』だけを自己の中に取り入れ，それが実現を企図するのである。刑法各本条が犯罪として掲げているところのものは要するにかような最少限度の道徳に違反した行為だと認められる種類のものである。性道徳に関しても法は最少限度を維持することを任務とする。そして刑法175条が猥褻文書の頒布販売を犯罪として禁止しているのも，かような趣旨に出ているのである。

しからば本被告事件において問題となっている『チャタレー夫人の恋人』が刑法175条の猥褻文書に該当するか否か。これについて前提問題としてまず明瞭にしておかなければならないことは，この判断が法解釈すなわち法的価値判断に関係しており事実認定の問題でないということである。

……そして裁判所が右の判断をなす場合の規準は，一般社会において行われている良識すなわち社会通念である。この社会通念は，『個々人の認識の集合又はその平均値でなく，これを超えた集団意識であり，個々人がこれに反する認識をもつことによって否定するものでない』こと原判決が判示しているごとくである。かような社会通念が如何なるものであるかの判断は，現制度の下においては裁判官に委ねられているのである。……従って本著作が猥褻文書にあたるかどうかの判断が一部の国民の見解と一致しないことがあっても止むを得ないところである。この場合に裁判官が良識に従い社会通念が何であるかを決定しなければならぬことは，すべての法解釈の場合と異るところがない。……

なお性一般に関する社会通念が時と所とによって同一でなく，同一の社会においても変遷があることである。……つまり往昔存在していたタブーが漸次姿を消しつつあることは事実である。しかし性に関するかような社会通念の変化が存在しまた現在かような変化が行われつつあるにかかわらず，超ゆべからざる限界としていずれの社会においても認められまた一般的に守られている規範が存在することも否定できない。それは前に述べた性行為の非公然性の原則である。この点に関する限り，以前に猥褻とされていたものが今日ではもはや一般に猥褻と認められなくなったといえるほど著るしい社会通念の変化は認められないのである。かりに一歩譲って相当多数の国民層の倫理的感覚が麻痺しており，真に猥褻なものを猥褻と認めないと

しても，裁判所は良識をそなえた健全な人間の観念である社会通念の規範に従って，社会を道徳的頽廃から守らなければならない。」

「さて本件訳書を検討するに，その中の検察官が指摘する12箇所に及ぶ性的場面の描写は，そこに春本類とちがった芸術的特色が認められないではないが，それにしても相当大胆，微細かつ写実的である。それは性行為の非公然性の原則に反し，家庭の団欒においてはもちろん，世間の集会などで朗読を憚（はばか）る程度に羞恥感情を害するものである。またその及ぼす個人的，社会的効果としては，性的欲望を興奮刺戟せしめまた善良な性的道義観念に反する程度のものと認められる。要するに本訳書の性的場面の描写は，社会通念上認容された限界を超えているものと認められる。」

「本書が全体として芸術的，思想的作品であり，その故に英文学界において相当の高い評価を受けていることは上述のごとくである。本書の芸術性はその全部についてばかりでなく，検察官が指摘した12箇所に及ぶ性的描写の部分についても認め得られないではない。しかし芸術性と猥褻性とは別異の次元に属する概念であり，両立し得ないものではない。……いわゆる春本の類はおおむねかような芸術性を欠いているから，芸術性を備えている本件訳書はこれを春本と認めることができないこと第一審以来判定されてきたところである。しかしそれが春本ではなく芸術的作品であるという理由からその猥褻性を否定することはできない。何となれば芸術的面においてすぐれた作品であっても，これと次元を異にする道徳的，法的面において猥褻性をもっているものと評価されることは不可能ではないからである。我々は作品の芸術性のみを強調して，これに関する道徳的，法的観点からの批判を拒否するような芸術至上主義に賛成することができない。高度の芸術性といえども作品の猥褻性を解消するものとは限らない。……

……芸術的作品は客観的，冷静に記述されている科学書とことなって，感覚や感情に訴えることが強いから，それが芸術的であることによって猥褻性が解消しないのみか，かえってこれにもとずく刺戟や興奮の程度を強めることがないとはいえない。

猥褻性の存否は純客観的に，つまり作品自体からして判断されなければならず，作者の主観的意図によって影響されるべきものではない。……作品の誠実性必ずしもその猥褻性を解消するものとは限らない。……」

2．刑法175条と憲法21条

「本件訳書の許否についての判断の基礎は一般社会において行われている良識または社会通念として存在しているから，事前に不明白であるとはいい得ない。また公共の福祉に反するか否かは，客観的に判断すべきものであり，各人の自主的判断

に委ねられるべきものではない。……

　……憲法の保障する各種の基本的人権についてそれぞれに関する各条文に制限の可能性を明示していると否とにかかわりなく，憲法12条，13条の規定からしてその濫用が禁止せられ，公共の福祉の制限の下に立つものであり，絶対無制限のものでないことは，当裁判所がしばしば判示したところである……。この原則を出版その他表現の自由に適用すれば，この種の自由は極めて重要なものではあるが，しかしやはり公共の福祉によって制限されるものと認めなければならない。そして性的秩序を守り，最少限度の性道徳を維持することが公共の福祉の内容をなすことについて疑問の余地がないのであるから，本件訳書を猥褻文書と認めその出版を公共の福祉に違反するものとなした原判決は正当である。

　……憲法によって事前の検閲が禁止されることになったからといって，猥褻文書の頒布販売もまたできなくなったと推論することはできない。猥褻文書の禁止が公共の福祉に適合するものであること明らかであることおよび何が猥褻文書であるかについても社会通念で判断できるものである以上，原判決には所論のごとき憲法違反は存在しない。」

〔裁判官　真野毅の意見，同小林俊三の補足意見を除き，裁判官12人全員一致の意見〕

【判例12-2】
『悪徳の栄え』事件（猥褻文書販売，同所持被告事件）
最大判昭44・10・15刑集23巻10号1239頁　　　　　　〔上告棄却〕

〔事実の概要〕

　出版業(現代思潮社)を営む被告人石井恭二はフランスの作家マルキ・ド・サド(Marquis de Sade, 1740-1814)の翻訳その他評論等の著述に従事する被告人渋澤竜彦こと渋澤竜雄に依頼して，サドの著作『悪徳の栄え』(Juliette ou Les Prospérités du Vice, 1797)の翻訳(原著の約3分の1程度のダイジェスト版)を，上巻『悪徳の栄え』，下巻『悪徳の栄え(続)——ジュリエットの遍歴——』という表題で昭和34年に出版したが，下巻の14ケ所に，「性交，性戯に関する露骨にして具体的かつ詳細な描写記述を含んでいる」として，両者が猥褻文書販売・販売目的所持の罪の共同正犯として起訴された。第一審の東京地裁は，（イ）猥褻文書の定義に関してはチャタレー事件に関する最高裁判決(【判例11-1】)を正当とする，（ロ）作品の猥褻性は，社会通念に従い，全体として考察すべきであり，個々の記載のみで判断すべきではない，（ハ）芸術性ないし思想性と猥褻性とは，両立しうるけれども，全く無関係のものとはい

えない、という観点から、①本件訳書の性的描写の内容は、一般的に「空想的非現実的であり、その表現は無味乾燥であって、読者の情緒や官能に訴える要素が乏しい」のみならず、「殺人、鞭打、火あぶり、集団殺戮など極度に残忍醜悪な場面描写」が性的場面の描写と不可分一体をなすかその前後に続いており、一般読者に極めて不快な刺戟を与え、性的刺激は全く消失させられるか、ほとんど萎縮させられてしまう性質のものであり、②本件訳書は、「全体として見た場合、その内容が、普通人の正常な性的羞恥心を害し、善良な性的道徳観念に反するものと認められるにもかかわらず、性欲を徒らに刺戟または興奮せしめるものとは解されず」、刑法第175条にいう「猥褻ノ文書」には該当しない、として被告人両名を無罪とした(昭37・10・16判時318号3頁)が、第二審の東京高裁は、猥褻文書たるための従来の3要素は「欠くことのできない要件」であると解しつつ、本訳書の問題部分は「徒らに(過度に)性欲を刺戟せしめるに足る記述描写である」と認め、猥褻文書にあたるとして、原判決を破棄し、被告人石井に罰金10万円、被告人渋澤に罰金7万円の有罪判決を下した(昭38・11・21判時366号13頁)。そこで被告人から上告がなされた。

〔判決理由〕

1．「原判決が、刑法175条の文書についての猥褻性と芸術性・思想性との関係について、当裁判所……大法廷判決……(いわゆるチャタレー事件の判決〔⇨【判例12-1】〕)の見解にしたがうことを明らかにしたうえ、猥褻と芸術性・思想性とは、その属する次元を異にする概念であり、芸術的・思想的の文書であっても、これと次元を異にする道徳的・法的の面において猥褻性を有するものと評価されることは不可能ではなく、その文書が、その有する芸術性・思想性にかかわらず猥褻性ありと評価される以上、刑法175条の適用を受け、その販売、頒布等が罪とされることは当然である旨判示したことは、原判決の記載によって明らかである。そして……芸術的・思想的価値のある文書であっても、これを猥褻性を有するものとすることはなんらさしつかえのないものと解せられる。もとより、文書がもつ芸術性・思想性が、文書の内容である性的描写による性的刺戟を減少・緩和させて、刑法が処罰の対象とする程度以下に猥褻性を解消させる場合があることは考えられるが、右のような程度に猥褻性が解消されないかぎり、芸術的・思想的価値のある文書であっても、猥褻の文書としての取扱いを免れることはできない。当裁判所は、文書の芸術性・思想性を強調して、芸術的・思想的価値のある文書は猥褻の文書として処罰対象とすることができないとか、名誉毀損罪に関する法理と同じく、文書のもつ猥褻性によって侵害される法益と芸術的・思想的文書としてもつ公益性とを比較衡量して、猥褻罪の成否を決すべしとするような主張は、採用することができない。」

2.「以上のような考えによると、芸術的・思想的価値のある文書でも、猥褻の文書として処罰の対象とされることになり、間接的ではあるが芸術や思想の発展が抑制されることになるので、猥褻性の有無の判断にあたっては、慎重な配慮がなされなければならないことはいうまでもないことである。しかし、刑法は、その175条に規定された頒布、販売、公然陳列および販売の目的をもってする所持の行為を処罰するだけであるから、ある文書について猥褻性が認められたからといって、ただちに、それが社会から抹殺され、無意味に帰するということはない。」

3.「文書の個々の章句の部分は、全体としての文書の一部として意味をもつものであるから、その章句の部分の猥褻性の有無は、文書全体との関連において判断されなければならないものである。したがって、特定の章句の部分を取り出し、全体から切り離して、その部分だけについて猥褻性の有無を判断するのは相当ではないが、特定の章句の部分について猥褻性の有無が判断されている場合でも、その判断が文書全体との関連においてなされている以上、これを不当とする理由は存在しない。」

4.「芸術的・思想的価値のある文書についても、それが猥褻性をもつものである場合には、性生活に関する秩序および健全な風俗を維持するため、これを処罰の対象とすることが国民生活全体の利益に合致するものと認められるから、これを目して憲法21条、23条に違反するものということはできない。

原判決が、本件『悪徳の栄え(続)』のうち原判決適示の14個所の部分を右訳書の内容全体との関連において考察し、右部分は、……いわゆる春本などと比較すると、性欲を興奮または刺戟させる点において趣を異にするものがあるが、なお、通常人の性欲をいたずらに興奮または刺戟させるに足りるものと認め、これらの部分を含む右訳書を刑法175条の猥褻の文書にあたるものとしたのは正当であり、したがって、原判決に所論憲法の違反があるということはできない。……

この判決は、裁判官下村三郎の補足意見、裁判官岩田誠の意見および裁判官横田正俊、同奥野健一、同田中二郎、同色川幸太郎、同大隅健一郎の反対意見があるほか、裁判官〔13人〕全員一致の意見によるものである。

＊**裁判官横田正俊の反対意見**〔裁判官大隅健一郎はこれに同調〕　性的文書も憲法21条の保障を受け、読者の性欲をいたずらに刺戟興奮させることとならないときは、その作品をわいせつ文書ということはできない。

＊**裁判官田中二郎の反対意見**　表現の自由や学問の自由は基本的人権の中でもきわめて重要なもので「公共の福祉」の要請という名目で立法政策的な配慮によっ

て制約することは許されず、それらは「内在的制約」に服するにすぎない。また猥褻概念は、文書そのものの猥褻性の強弱、受け手の側から見たその強弱において、社会の文化の発展程度等諸々の環境の推移に照応し、その作品の芸術性・思想性との関連において、また販売・頒布方法等との関連において、相対的に判断すべきである。

＊**裁判官色川幸太郎の反対意見**　端的な春本は別としても、作品が猥褻性をもっているために帯びる反価値と、「作品そのものの具有する社会的価値とを慎重に比較衡量することなく、ただちにこれを猥褻の文書と判断すること」は許されず、表現の自由に含まれる「知る自由」を十分に尊重するためには、ある作品の頒布等が「社会の性秩序に何らかの好ましからざる影響を及ぼすものであるとしても、その作品を出版し、鑑賞せしめることに、より大なる社会的価値がある限り」、これを制限することは表現の自由の侵害となる。「特段の事情のない限り、これらが自由に出版、頒布され且つ自由に読まれてこそ、文化の発展が期待される」のであり、「公共の福祉という抽象概念を安易に駆使して表現の自由を一刀両断的に切りすてる態度は、厳に避けなければなるまい。」

【判例 12-3】

『四畳半襖の下張』事件（わいせつ文書販売被告事件）

最二判昭 55・11・28 刑集 34 巻 6 号 433 頁　　　　　〔上告棄却〕

〔事実の概要〕

　永井荷風の作といわれる戯作調の性交の場面等を内容とする短編『四畳半襖の下張』を月刊雑誌『面白半分』昭和 47 年 7 月号に掲載したことで、当時その雑誌の編集長であった作家の野坂昭如と、その雑誌を出版した株式会社面白半分社長佐藤嘉尚とが、猥褻文書販売罪の共犯として起訴された。第一審の東京地裁は最高裁のチャタレー判決の趣旨に従い、刑法第 175 条それ自体は憲法第 21 条に違反しないとしつつも「芸術、思想、学問等の社会的価値を備える文書の存在すること」は否めないとして、ある文書の販売は、①「その文書の有する社会的有用性の利用と現実に資するという真摯な目的」をもち、②販売方法等において「右の目的が正しく達成されるような配慮」がなされており、③文書の現実の販売により「社会が芸術、思想、学問等の面で享受した利益とわいせつ性のため侵害された法益との比較衡量をしたうえで、その行為を全体として考察し法秩序の是認する範囲内にある」場合には、正当な行為に該当し、罪とならない、との見解を打ち出したが、結論的には、本件

の文書のわいせつ性を肯定して，被告人佐藤に罰金15万円，同野坂に罰金10万円を科した（昭51・4・27判時812号22頁）ので，被告人から控訴がなされたが，東京高裁も控訴を棄却した（昭54・3・20判時918号17頁）。この高裁判決では，わいせつ文書の規制と憲法第21条との関係や，わいせつ性判断の具体的基準などについて，興味深い判示が見られるが，ここでは省略する。なお，この事件の第一審判決の出る少し前には，大阪地裁でいわゆる「ふたりのラブジュース」事件についての無罪判決が出た（昭51・3・29判時812号125頁）が，控訴審では破棄され有罪とされており（大阪高判昭54・3・8判時923号137頁），さらに，「四畳半」とその関係の新聞記事等を複写して冊子にまとめたものを販売する目的で所持していたと起訴されていた，いわゆる「模索舎」事件も，同時期に第一審判決（東京地判昭51・12・23判例集不登載），第二審判決（東京高判昭54・10・4高刑集32巻3号235頁）が出ていた。以下に取り上げたのは，同日にでたこれら三事件に対する上告審判決のうち，とくに「文書のわいせつ性の判断」の方法について判示した，「四畳半」事件の判決である（「模索社」事件判決は判時982号80頁，「ふたりのラブジュース」事件判決は判時982号87頁）。

〔判決理由〕
「なお，文書のわいせつ性の判断にあたっては，当該文書の性に関する露骨で詳細な描写叙述の程度とその手法，右描写叙述の文書全体に占める比重，文書に表現された思想等と右描写叙述との関連性，文書の構成や展開，さらには芸術性・思想性等による性的刺戟の緩和の程度，これらの観点から該文書を全体として見たときに，主として，読者の好色的興味にうったえるものと認められるか否かなどの諸点を検討することが必要であり，これらの事情を総合し，その時代の健全な社会通念に照らして，それが『徒らに性欲を興奮又は刺戟せしめ，かつ，普通人の正常な性的羞恥心を害し，善良な性的道徳観念に反するもの』（前掲最高裁昭和32年3月13日大法廷判決〔チャタレー判決【判例12-1】〕参照）といえるか否かを決すべきである。本件についてこれをみると，本件『四畳半襖の下張』は，男女の性的交渉の情景を扇情的な筆致で露骨，詳細かつ具体的に描写した部分が量的質的に文書の中枢を占めており，その構成や展開，さらには文芸的，思想的価値などを考慮に容れても，主として読者の好色的興味にうったえるものと認められるから，以上の諸点を総合検討したうえ，本件文書が刑法175条にいう『わいせつ文書』にあたると認めた原判断は，正当である。」

〔裁判官5人全員一致の意見〕

第 *13* 講　集会の自由と集団行動の規制

1．集団行進・集団示威運動等，集団行動の自由が，憲法第21条1項で保障されているとすることについてはあまり異論はないが，これを①集会の意思の一表現形態として《動く集会》として捉えるか，②「その他一切の表現」の一種と捉えるかについては，議論がありうる。**東京都公安条例**に対する最高裁判例(⇨【判例*13-2*】)等は，これを表現の一種と理解している。集会の自由が本来的に多数人の自由であることからして，これら集団行動の自由を集会の自由の一形態と見ることも根拠のないことではない。しかし，集団行動の目的は，集団による思想等の表明であることがほとんどであるから，どちらに解しても実質的にはあまり違いは出てこないといえよう。そしてその意味では，憲法第21条が《集会の自由》と《表現の自由》とを同一条項で規定したのは，それなりに理由のあることといえる(⇨第*12*講参照)。

2．集団行進等は，道路交通法(第77条等)による規制のほか，一般に《公安条例》と呼ばれる地方公共団体の条例による規制を受けることが多い。条例による規制の合憲性が初めて争われたのが，昭和24年制定の**新潟県公安条例**についての最高裁判決(⇨【判例*13-1*】)である。この判決では，届出制と一般的許可制とを区別し，後者ならば違憲であるとしつつ，本件条例は単に「特定の場所又は方法」についての許可制にすぎないとして，合憲としたのであるが，昭和35年の東京都公安条例判決(⇨【判例*13-2*】)ではこの区別も放棄され，新潟県条例に比してさらに一般的許可制の色彩の強い同条例が合憲とされた。ここには集団行動を本来的に危険な存在とする見方が看取される。

3．この判決以後も，下級審の判決において，条例自体は合憲であるとしながらも，運用の実態を憲法上問題とし，違憲と判断されるべき運用の一環として当該処分(条件付許可等)がなされていることを理由として(いわゆる《運用違憲》の手法で)違憲無効とした事例(東京地判昭42・5・10下刑集9巻5号638頁──いわゆる寺尾判決)や，被告人らの行動が公安委員会による許可条件(「ことさらな駆け足行進をしないこと」等)には当たらないとして無罪とした事例

(東京地判昭42・5・30判時483号12頁)など，興味深い判決がいくつか見られる[1]。

4．最高裁が公安条例に関して下した判決としては，上記2判例のほか，徳島市公安条例違反事件に対する判決(最大判昭50・9・10刑集29巻8号489頁)があるが，そこでの論点は主として憲法第31条(条例の「交通秩序を維持すること」なる文言が，犯罪構成要件として「あいまい不明確」でないかどうかということ)にかかわっている。

5．屋外における集会の規制が問題となった別の事例として，**広島市暴走族追放条例事件**があり，この事例では，「暴走族」の定義の中に暴走族以外の集団が含めれる文言になっていることが憲法21条1項や31条との関係で問題となったが，最高裁はいわゆる合憲限定解釈によって合憲と判断した(⇨【判例*13*-3】)。

6．以上のような屋外での集会ではなく，市民会館など屋内の集会については，集会の規模が施設の収容人数を超過する場合とか，複数の集会の許可申請が同一日時になされた場合のような場合は別として，原則として禁止できないと解される(地方自治法244条参照)が，**泉佐野市民会館**の使用申請に対して不許可処分をしたことが争われた事例のように，例外的に不許可にしたことが「正当な理由」に当たるとされる場合(⇨【判例*13*-4】)がある(なお，上尾市福祉会館

> **地方自治法　第244条**　普通地方公共団体は，住民の福祉を増進する目的をもつてその利用に供するための施設(これを公の施設という。)を設けるものとする。
> 　2　普通地方公共団体……は，正当な理由がない限り，住民が公の施設を利用することを拒んではならない。
> 　3　普通地方公共団体は，住民が公の施設を利用することについて，不当な差別的取扱いをしてはならない。
> **第244条の2第1項**　普通地方公共団体は，法律又はこれに基づく政令に特別の定めがあるものを除くほか，公の施設の設置及びその管理に関する事項は，条例でこれを定めなければならない。

---

[1] 新潟県公安条例判決(【判例*13*-1】)の理論に即して京都市公安条例を違憲とした判決(京都地判昭42・2・23判時480号3頁)や，広島県庁前広場が広島県条例にいう「道路，公園，広場その他屋外の公共の場所」に該当せず，単に「公用の場所」にすぎないとして，被告人に無罪を言い渡した判決(広島高判昭42・5・29判時483号12頁)なども参照。

事件に対する最二判平 8・3・15 民集 50 巻 3 号 549 頁は，逆に不許可処分を違法としている)。

【判例13-1】
新潟県公安条例事件判決(昭和 24 年新潟県条例第 4 号違反被告事件)
最大判昭 29・11・24 刑集 8 巻 11 号 1866 頁　　　　　　　　〔上告棄却〕

〔事実の概要〕

　被告人(2 名)は昭和 24 年 4 月 8 日，その前日に行われた密造酒被疑者 30 数名の一斉検挙に抗議し，全員の即時釈放を要求して，集まった約 200～300 人の朝鮮人などの公衆を指導し，高田市公安委員会の許可を受けないで集団示威運動を行い，昭和 24 年新潟県条例 4 号(いわゆる新潟県公安条例)に違反するとして起訴された。第一審の新潟地裁は，公安条例の憲法適否につき何らの判断も示さず，それぞれ懲役 3 月，4 月に処した(昭 24・1・6)。被告人らの控訴に対し，東京高裁は，①憲法第 94 等に基づいて適法に制定された条例に罰則を設けても違憲ではなく，②「国民の集会結社の自由，勤労者の団結権」といえども憲法第 12 条により，「公共の秩序を維持し或は国民の福祉を保持するがために必要なる限度において」制限されることは違憲ではなく，その目的のためには許可制も「やむを得ざる措置」と認めざるをえないとして，控訴を棄却した(昭 25・10・26)。これを不服として被告人側が本条例の憲法第 21 条，第 98 条違反を主張して上告した。

〔判決理由〕

　「行列行進又は公衆の集団示威運動(以下単にこれらの行動という)は，公共の福祉に反するような不当な目的又は方法によらないかぎり，本来国民の自由とするところであるから，条例においてこれらの行動につき単なる届出制を定めることは格別，そうでなく一般的な許可制を定めてこれを事前に抑制することは，憲法の趣旨に反し許されないと解するを相当とする。しかしこれらの行動といえども公共の秩序を保持し，又は公共の福祉が著しく侵されることを防止するため，特定の場所又は方法につき，合理的かつ明確な基準の下に，予じめ許可を受けしめ，又は届出をなさしめてこのような場合にはこれを禁止することができる旨の規定を条例に設けても，これをもって直ちに憲法の保障する国民の自由を不当に制限するものと解することはできない。けだしかかる条例の規定は，なんらこれらの行動を一般に制限するのでなく，前示の観点から単に特定の場所又は方法について制限する場合があることを認めるに過ぎないからである。さらにまた，これらの行動について公共の安

全に対し明らかな差迫った危険を及ぼすことが予見されるときは、これを許可せず又は禁止することができる旨の規定を設けることも、これをもって直ちに憲法の保障する国民の自由を不当に制限することにはならないと解すべきである。

そこで本件の新潟県条例(以下単に本件条例という)を考究してみるに、その1条に、これらの行動について公安委員会の許可を受けないで行ってはならないと定めているが、ここにいう『行列行進又は公衆の集団示威運動』は、その解釈として括弧内に『徒歩又は車輛で道路公園その他公衆の自由に交通することができる場所を行進し又は占拠しようとするもの、以下同じ』と記載されているから、本件条例が許可を受けることを要求する

> **新潟県公安条例 第1条** 行列行進又は公衆の集団示威運動(徒歩又は車輛で道路公園その他公衆の自由に交通することができる場所を行進し又は占拠しようとするもの、以下同じ)はその地域を管轄する公安委員会の許可を受けないで行つてはならない。……
>
> **第4条** ①公安委員会はその行列又は示威運動が公安を害する虞がないと認める場合には開始日時の24時間前迄に許可を与えなければならない。
>
> ④……公安委員会が当該行列行進集団示威運動開始日時の24時間前迄に条件を附し又は許可を与えない旨の意思表示をしない時は許可のあつたものとして行動することができる。

行動とは、右の記載する特定の場所又は方法に関するものを指す趣旨であることが認められる。そしてさらにその1条2項6条及び7条によれば、これらの行動に近似し又は密接な関係があるため、同じ対象とされ易い事項を掲げてこれを除外し、又はこれらが抑制の対象とならないことを厳に注意する規定を置くとともに、その4条1項後段同2項4項を合せて考えれば、条例がその1条によって許可を受けることを要求する行動は、冒頭に述べた趣旨において特定の場所又は方法に関するものに限ることがうかがわれ、またこれらの行動といえども特段の事由のない限り許可することを原則とする趣旨であることが認められる。されば本件条例1条の立言(括弧内)はなお一般的な部分があり、特に4条1項の前段はきわめて抽象的な基準を掲げ、公安委員会の裁量の範囲がいちじるしく広く解されるおそれがあって、いずれも明らかな具体的な表示に改めることが望ましいけれども、条例の趣旨全体を綜合して考察すれば、本件条例は許可の語を用いてはいるが、これらの行動そのものを一般的に許可制によって抑制する趣旨ではなく、上述のように別の観点から特定の場所又は方法についてのみ制限する場合があることを定めたものに過ぎないと解するを相当とする。されば本件条例は、所論の憲法12条同21条同28条同98条その他論旨の挙げる憲法のいずれの条項にも違反するものではなく、従って原判決

にも所論のような違法はなく論旨は理由がない。(なお本件条例4条1項は，文理としては許可することを原則とする立言をとりながら，その要件としてきわめて一般的抽象的に「公安を害する虞がないと認める場合は」と定めているから，逆に「公安を害するおそれがあると認める場合は」許可されないという反対の制約があることとなり，かかる条項を唯一の基準として許否を決定するものとすれば，公安委員会の裁量によって，これらの行動が不当な制限を受けるおそれがないとはいえない。従ってかかる一般的抽象的な基準を唯一の根拠とすれば，本件条例は憲法の趣旨に適合するものでないといわなければならない。しかしながらこれらの行動に対する規制は，右摘示部分のみを唯一の基準とするのでなく，条例の各条項及び附属法規全体を有機的な一体として考察し，その解釈適用により行われるものであるこというまでもないから，上記説明のとおり結論としてはこれを違憲と解することはできないのである。)」

＊裁判官藤田八郎の少数意見 多数説が「本件条例をもって違憲にあらずとする所以のものは，右条例は如上集団行動を一般的に許可制によって抑制する趣旨ではなく『特定の場所又は方法についてのみ制限する場合があること』を定めたものに過ぎないからであるというに帰する。」「しかしながら，およそ問題となるべき行列行進又は公衆の集団示威運動のほとんどすべては徒歩又は車輛で道路公園その他公衆の自由に交通することができる場所を行進し，又は占拠しようとするものであって，それ以外の場所方法による集団行動は，ほとんど，ここで問題とするに足りないと云っても過言ではあるまい。右条例掲示のような場所方法による集団行動のすべてを許可制にかかるとすることは，とりもなおさず，この種行動に対する一般的，抽象的な抑制に外ならないのであって，これをしも，場所と方法とを特定してする局限的な抑制とするがごときは，ことさらに，顧みて他をいうのそしりを免れないのであろう。」「以上綜合すれば本条例は，1条2項に掲げられた修学旅行的のもの以外の道路公園等で行われる行列行進又は公衆の集団示威運動はすべて，必ず事前に公安委員会の許可を受けなければならない，これを受けないで行うときは1年以下の懲役又は5万円の罰金に処せられるとするものである。」そして，4条は「多数説のいうごとく，『公安委員会が公安を害するおそれがあると認める場合は，許可されないという反対の制約があること』を意味するのであって，かかる行動の公安を害するおそれあるや否やの判定は公安委員会の極めて広範な―特に何らの規準の定めもない―自由裁量に委ねられているのである。」「いうまでもなく，この種集団行動は憲法の保障する言論集会の自由に直結するものであって，これを一般的に禁止し，その許否を一公安委員会の広範な自由裁量にかからしめるというごとき

こと」は，多数意見の説くとおり，憲法の趣旨に適合するものでなく，本条例は，一般的禁止にあたるから，違憲であると断ぜざるをえない。

＊**裁判官井上登，同岩松三郎の補足意見**　本条例は「許可という語を用いて居るけれども」「実質は届出制において正当な事由ある場合に禁止をするのと少しも変らない」し，本件は，「許可の申請をもしないで原判示の行動をした事案である」から，本条例「第1条が合憲なりや否やに関係なく本判決主文は維持されて然るべきものである。」

〔以上の意見を除き，裁判官15人全員一致の意見〕

【判例13-2】

東京都公安条例判決(昭和25年東京都条例第44号集会，集団行進及び集団示威運動に関する条例違反被告事件)

最大判昭35・7・20刑集14巻9号1243頁　　　　　　　　　　〔破棄差戻〕

〔事実の概要〕

被告人Oは昭和33年9月15日，東京都公安委員会の附した条件に反して蛇行進・渦巻進の先頭に立って集団行進を指導したとして，また被告人S，N，I，は，同年11月5日午後，国会正門に通ずる道路上において，東京都公安委員会の許可を受けないで，警職法改悪反対等のための集会および集団行進を行なった際，それを主催して指導した，として，それぞれ，昭和25年東京都条例第44号(集会，集団行進及び集団示威運動に関する条例)違反の罪を問われたものである。第一審の東京地裁は，新潟県公安条例事件判決(➡【判例13-1】)の趣旨を踏襲し，東京都条例の定める規制方法は「憲法上特に重要視されねばならない表現の自由に対するものとしてやむを得ない限度を超えたものというべきであり同条例は憲法に違反する」と解して，被告人らを無罪とした(昭34・8・8)。これに対して検察官が東京高裁に控訴したが，同高裁は事件を最高裁に移送した(刑訴規則第247条)ので，最高裁はこれに対して本判決を下し，事件を東京地裁に差し戻した。なお，同日には，ほかに，昭和25年広島市条例32号(集団行進及び集団示威運動に関する条例)に関する判決と，昭和23年静岡県条例74号(示威運動取締に関する条例)に関する判決が同時に出ており，前者では第一審の広島地裁が条例の憲法判断をせずに被告人を有罪(懲役6月)にし，控訴を受けた広島高裁が条例を合憲として破棄自判(懲役10月および6月)していたのに対し，最高裁は後述の東京都条例に関すると同趣旨で条例を合憲とし，上告を棄却した(刑集14巻9号1197頁)。また，後者では，第一審(静岡地裁)が条例によ

る示威運動の事前規制が余りに概括的に過ぎ，憲法第21条に違反するとして被告人を無罪とし，東京高裁も検察官の控訴を棄却して，同条例の規制が「必要やむ得ない限度を超えたもの」として同じく違憲と判断していたのに対し，最高裁は，昭和29年の警察法の施行によって県条例第2条は死文化し，適用の余地がなくなったとして，免訴(刑訴第337条2号)の判決を下した(刑集14巻9号1215頁)。

〔判決理由〕

「そもそも憲法21条の規定する集会，結社および言論，出版その他一切の表現の自由が，侵すことのできない永久の権利すなわち基本的人権に属し，その完全なる保障が民主政治の基本原則の一つであること，とくにこれが民主主義を全体主義から区別する最も重要な一特徴をなすことは，多言を要しない。しかし国民がこの種の自由を濫用することを得ず，つねに公共の福祉のためにこれを利用する責任を負うことも，他の種類の基本的人権とことなるところはない(憲法12条参照)。この故に日本国憲法の下において，裁判所は，個々の具体的事件に関し，表現の自由を擁護するとともに，その濫用を防止し，これと公共の福祉との調和をはかり，自由と公共の福祉との間に正当な限界を画することを任務としているのである。

本件において争われている昭和25年東京都条例……(以下「本条例」と称する)が憲法に適合するや否やの問題の解決も，結局，本条例によって憲法の保障する表現の自由が，憲法の定める濫用の禁止と公共の福祉の保持の要請を越えて不当に制限されているかどうかの判断に帰着するのである。

本条例の規制の対象となっているものは，道路その他公共の場所における集会若しくは集団行進，および場所のいかんにかかわりない集団示威運動(以下「集団行動」という)である。かような集団行動が全くの自由に放任さるべきものであるか，それとも公共の福祉——本件に関しては公共の安寧の保持——のためにこれについて何等かの法的規制をなし得るかどうかがまず問題になる。

およそ集団行動は，学生，生徒等の遠足，修学旅行等および，冠婚葬祭等の行事をのぞいては，通常一般大衆に訴えんとする，政治，経済，労働，世界観等に関する何等かの思想，主張，感情等の表現を内包するものである。この点におい

> 東京都公安条例　第1条　道路その他公共の場所で集会若しくは集団行進を行おうとするとき，又は場所のいかんを問わず集団示威行為を行おうとするときは，公安委員会の許可を受けなければならない……。
> 　第3条　①公安委員会は……集会集団行進又は集団示威運動の実施が公共の安寧を保持する上に直接危険を及ぼすと明らかに認められる場合の外は，これを許可しなければならない。

て集団行動には，表現の自由として憲法によって保障さるべき要素が存在することはもちろんである。ところでかような集団行動による思想等の表現は，単なる言論，出版等によるものとはことなって，現在する多数人の集合体自体の力，つまり潜在する一種の物理的力によって支持されていることを特徴とする。かような潜在的な力は，あるいは予定された計画に従い，あるいは突発的に内外からの刺戟，せん動等によってきわめて容易に動員され得る性質のものである。この場合に平穏静粛な集団であっても，時に昂奮，激昂の渦中に巻きこまれ，甚だしい場合には一瞬にして暴徒と化し，勢いの赴くところ実力によって法と秩序を蹂躙し，集団行動の指揮者はもちろん警察力を以てしても如何ともし得ないような事態に発展する危険が存在すること，群集心理の法則と現実の経験に徴して明らかである。従って地方公共団体が，純粋な意味における表現といえる出版等についての事前規制である検閲が憲法21条2項によって禁止されているにかかわらず，集団行動による表現の自由に関するかぎり，いわゆる『公安条例』を以て，地方的情況その他諸般の事情を十分考慮に入れ，不測の事態に備え，法と秩序を維持するに必要かつ最小限度の措置を事前に講ずることは，けだし止むを得ない次第である。

　しからば如何なる程度の措置が必要かつ最小限度のものとして是認できるであろうか。これについては，公安条例の定める集団行動に関して要求される条件が『許可』を得ることまたは『届出』をすることのいずれであるかというような，概念乃至用語のみによって判断すべきでない。またこれが判断にあたっては条例の立法技術上のいくらかの欠陥にも拘泥してはならない。我々はそのためにすべからく条例全体の精神を実質的かつ有機的に考察しなければならない。

　今本条例を検討するに，……本条例は規定の文面上では許可制を採用しているが，この許可制は実質において届出制とことなるところがない。集団行動の条件が許可であれ，届出であれ，要はそれによって表現の自由が不当に制限されることにならなければ差支えないのである。もちろん『公共の安寧を保持する上に直接危険を及ぼすと明らかに認められる場合』には，許可が与えられないことになる。しかしこのことは法と秩序の維持について地方公共団体が住民に対し責任を負担することからして止むを得ない次第である。許可または不許可の処分をするについて，かような場合に該当する事情が存するかどうかの認定が公安委員会の裁量に属することは，それが諸般の情況を具体的に検討，考量して判断すべき性質の事項であることから見て当然である。我々は，とくに不許可の処分が不当である場合を想定し，または許否の決定が保留されたまま行動実施予定日が到来した場合の救済手段が定められていないことを理由としてただちに本条例を違憲，無効と認めることはできな

い。本条例中には、公安委員会が集団行動開始日時の一定時刻前までに不許可の意思表示をしない場合に、許可があったものとして行動することができる旨の規定が存在しない。……しかしかような規定の不存在を理由にして本条例の趣旨が、許可制を以て表現の自由を制限するに存するもののごとく考え、本条例全体を違憲とする原判決の結論は、本末を顛倒するものであり、決して当を得た判断とはいえない。

次に規制の対象となる集団行動が行われる場所に関し、原判決は、本条例が……一般的にまたは一般的に近い制限をなしているから、制限が具体性を欠き不明確であると批判する。しかしいやしくも集団行動を法的に規制する必要があるとするなら、集団行動が行われ得るような場所をある程度包括的にかかげ、またはその行われる場所の如何を問わないものとすることは止むを得ない次第であり、他の条例において見受けられるような、本条例よりも幾分詳細な規準……を示していないからといって、これを以て本条例が違憲、無効である理由とすることはできない。なお集団示威運動が『場所のいかんを問わず』として一般的に制限されているにしても、かような運動が公衆の利用と全く無関係な場所において行われることは、運動の性質上想像できないところであり、これを論議することは全く実益がない。

要するに本条例の対象とする集団行動、とくに集団示威運動は、本来平穏に、秩序を重んじてなさるべき純粋なる表現の自由の行使の範囲を逸脱し、静ひつを乱し、暴力に発展する危険性のある物理的力を内包しているものであり、従ってこれに関するある程度の法的規制は必要でないとはいえない。国家、社会は表現の自由を最大限に尊重しなければならないこともちろんであるが、表現の自由を口実にして集団行動により平和と秩序を破壊するような行動またはさような傾向を帯びた行動を事前に予知し、不慮の事態に備え、適切な措置を講じ得るようにすることはけだし止むを得ないものと認めなければならない。もっとも本条例といえども、その運用の如何によって憲法21条の保障する表現の自由の保障を侵す危険を絶対に包蔵しないとはいえない。条例の運用にあたる公安委員会が権限を濫用し、公共の安寧の保持を口実にして、平穏で秩序ある集団行動まで抑圧することのないよう極力戒心すべきこともちろんである。しかし濫用の虞れがあり得るからといって、本条例を違憲とすることは失当である。」

＊裁判官藤田八郎の反対意見　最高裁が新潟県公安条例の合憲性に関して示した「自由とその規制に関する根本原則は、あくまでもこれを堅持しなければならない」ものであって、「単に概念乃至用語の問題として一蹴さるべきものではない。」本条例が「許可制でありながら、これを届出制と同視し得るとするがためには」許

否の決定がない場合のいわゆる許可推定条項〔新潟県条例4条4項のごとき〕の存在は，最小限度必要であり，しかも本条例においては許可決定が公安委員会の裁量に委ねられているなど濫用防止に対する考慮を欠いており，本件許可制を届出制と同視することはできない。

＊裁判官垂水克己の反対意見　　本条例1条の「場所のいかんを問わず」の文言を削り，かつ，《許可推定条項》を設けない限り，本条例の処罰規定は憲法第21条1項に反し違憲である。

〔以上の2反対意見を除き，裁判官15人全員一致の意見〕

【判例13-3】

広島市暴走族追放条例事件判決（広島市暴走族追放条例違反被告事件）
最三判平19・9・18刑集61巻6号601頁　　　　　　　　　〔上告棄却〕

〔事実の概要〕

被告人Yは，観音連合などの暴走族構成員約40名と共謀の上，2002（平成14）年11月23日午後10時31分ころから，広島市が管理する公共の場所である広島市中区所在の「広島市西新天地公共広場」において，広島市長の許可を得ないで，所属する暴走族のグループ名を刺しゅうした「特攻服」と呼ばれる服を着用し，顔面の全部若しくは一部を覆い隠し，円陣を組み，旗を立てる等威勢を示して，公衆に不安又は恐怖を覚えさせるような集会を行い，同日午後10時35分ころ，同所において，広島市暴走族追放条例による広島市長の権限を代行する広島市職員から，上記集会を中止して上記広場から退去するよう命令を受けたが，これに従わず，引き続き同日午後10時41分ころまで本件集会を継続し上記命令に違反したとして起訴された事例である。Yは，自己に適用された同条例第16条，第17条および第19条の各規定（「本規定」）の文言が不明確であり，また，規制対象が広範に過ぎ，さらに，本条例のような集会の規制は憲法21条1項の集会の自由の保障を侵害するものであるとして，憲法第31条，第21条1項に違反すると主張した。これに対し，第1審の広島地判平16・7・16刑集61巻6号645頁は，その合憲性を肯定してYを有罪（懲役4月，執行猶予3年）とし，第2審の広島高判平17・7・28刑集61巻6号662頁もYの控訴を棄却したので，Yが上告した。

〔判決理由〕

1．「記録によれば，上記観音連合など本件集会参加者が所属する暴走族は，いずれも暴走行為をすることを目的として結成された集団，すなわち社会通念上の暴走

族にほかならず，暴力団の準構成員であるYは，これら暴走族の後ろ盾となることにより事実上これを支配する『面倒見』と呼ばれる地位にあって，本件集会を主宰し，これを指揮していたものと認められる。」

2．合憲限定解釈　「なるほど，本条例は，暴走族の定義において社会通念上の暴走族以外の集団が含まれる文言となっていること，禁止行為の対象及び市長の中止・退去命令の対象も社会通念上の暴走族以外の者の行為にも及ぶ文言となっていることなど，規定の仕方が適切ではなく，本条例がその文言どおりに適用されることになると，規制の対象が広範囲に及び，憲法21条1項及び31条との関係で問題があることは所論のとおりである。しかし，本条例19条が処罰の対象としているのは，同17条の市長の中止・退去命令に違反する行為に限られる。そして，本条例の目的規定である1条は，『暴走行為，い集，集会及び祭礼等における示威行為が，市民生活や少年の健全育成に多大な影響を及ぼしているのみならず，国際平和文化都市の印象を著しく傷つけている』存在としての『暴走族』を本条例が規定する諸対策の対象として想定するものと解され，本条例5条，6条も，少年が加入する対象としての『暴走族』を想定しているほか，本条例には，暴走行為自体の抑止を眼目としている規定も数多く含まれている。また，本条例の委任規則である本条例施行規則3条は，『暴走，騒音，暴走族名等暴走族であることを強調するような文言等を刺しゅう，印刷等をされた服装等』の着用者の存在(1号)，『暴走族名等暴走族であることを強調するような文言等を刺しゅう，印刷等をされた旗等』の存在(4号)，『暴走族であることを強調するような大声の掛合い等』(5号)を本条例17条の中止命令等を発する際の判断基準として挙げている。このような本条例の全体から読み取ることができる趣旨，さらには本条例施行規則の規定等を総合すれば，本条例が規制の対象としている『暴走族』は，本条例2条7号の定

> **広島市暴走族追放条例（平成14年広島市条例39号）**
> **第16条1項1号**　何人も，次に掲げる行為をしてはならない。
> 　(1)　公共の場所において，当該場所の所有者又は管理者の承諾又は許可を得ないで，公衆に不安又は恐怖を覚えさせるような集又は集会を行うこと。
> **第17条**　前条第1項第1号の行為が，本市の管理する公共の場所において，得意な服装をし，顔面の全部若しくは一部を覆い隠し，円陣を組み，又は旗を立てる等威勢を占め得ることにより行われたときは，市長は，当該行為者に対し，当該行為の中止または当該場所からの退去を命ずることができる。
> **第19条**　第17条の規定による市長の命令に違反した者は，6月以下の懲役又は10万円以下の罰金に処する。

義にもかかわらず，暴走行為を目的として結成された集団である本来的な意味における暴走族の外には，服装，旗，言動などにおいてこのような暴走族に類似し社会通念上これと同視することができる集団に限られるものと解され，したがって，市長において本条例による中止・退去命令を発し得る対象も，被告人に適用されている『集会』との関係では，本来的な意味における暴走族及び上記のようなその類似集団による集会が，本条例16条1項1号，17条所定の場所及び態様で行われている場合に限定されると解される。」

3．本規定の合憲性　　「そして，このように限定的に解釈すれば，本条例16条1項1号，17条，19条の規定による規制は，広島市内の公共の場所における暴走族による集会等が公衆の平穏を害してきたこと，規制に係る集会であっても，これを行うことを直ちに犯罪として処罰するのではなく，市長による中止命令等の対象とするにとどめ，この命令に違反した場合に初めて処罰すべきものとするという事後的かつ段階的規制によっていること等にかんがみると，その弊害を防止しようとする規制目的の正当性，弊害防止手段としての合理性，この規制により得られる利益と失われる利益との均衡の観点に照らし，いまだ憲法21条1項，31条に違反するとまではいえないことは，最大判昭49・11・6刑集28巻9号393頁〔＝猿払事件判決〕，最大判平4・7・1民集46巻5号437頁〔＝成田新法事件判決〕の趣旨に徴して明らかである。」「なお，所論は，本条例16条1項1号，17条，19条の各規定が明確性を欠き，憲法21条1項，31条に違反する旨主張するが，各規定の文言が不明確であるとはいえないから，所論は前提を欠く。」

＊堀籠幸男裁判官の補足意見　　「田原裁判官は，本条例による規制が広範過ぎて不明確であることの理由の一つとして，本条例16条1号及び2号が『い集』〔＝蝟集〕という文言を用いていることを挙げる。しかし，これは裁判所の憲法判断の方法として相当でないと考える。そもそも『い集』と『集会』とは，その外形的な現象は似ているが，後者は特定の目的，意図の下に人々が結集するもので，集会自体か多人数による一つの表現行為という面を持つものである。したがって，両者は，その特性，表現行為説いての意味なし価値の点等から大きく異なるものであり，これらに対する規制は，それぞれ別個のものとしてとらえて評価すべきであって，これを同一のものととられて評価すべきものではない。そして，最大判昭59・12・12日民集38巻12号1308頁は，関税定率法21条1項3号の『公安又は風俗を害すべき書籍，図画』等の明確性が問題となった事案において，上告人に適用された『風俗』に関する部分についてのみ判断し，『公安』の関係については一切判断していない。

これは，憲法判断をするに際し，最高裁判所が当該事件に直接には適用されない文言の関係について判断するのは適当でないことを明らかにしたものと解される。本件においては，Yに適用されたのは『集会』という文言であって，『い集』という文言は適用されていないのである。したがって，『い集』という文言の不明確性をもって，違憲の理由とすることは相当ではないと考える。」

＊**那須弘平裁判官の補足意見**　「本条例は，広島市における暴走族の追放を眼目として，市民生活の安全と安心が確保される地域社会の実現を図るために制定されたものであり，地方自治の本旨に基づく市の責務遂行の一環として，それなりの評価がなされて然るべき性質のものである。」「私は，本件につき第1審及び原審の判断を維持しつつ，憲法上広範に過ぎると判断される部分については判決書の中でこれを指摘するにとどめ，後のことは広島市における早期かつ適切な改正等の自発的な措置にまつこととするのが至当であると考える。」

＊**藤田宙靖裁判官の反対意見**　「多数意見のような解釈は，……言条例の粗雑な規定の仕方が，単純に立法技術が稚拙であることに由来するものであるとの認識に立った場合，初めて首肯されるものであって，法文の規定そのものから多数意見のような解釈を導くことには，相当の無理があるものと言わなければならない。」「私もまた，法令の合憲限定解釈一般について，それを許さないとするものではないが，表現の自由の規制について，最高裁判所が法令の文言とりわけ定義規定の強引な解釈を行ってまで法令の合憲性を救うことが果たして適切であるかについては，重大な疑念を抱くものである。本件の場合，広島市の立法意図が多数意見のいうようなところにあるのであるとするならば，『暴走族』概念の定義を始め問題となる諸規定をその趣旨に即した形で改正することは，技術的にさほど困難であるとは思われないのであって，本件は，当審が敢えて合憲限定解釈を行って条例の有効性を維持すべき事案ではなく，違憲無効と判断し，即刻の改正を強いるべき事案であると考える。」

＊**田原睦夫裁判官**　「『い集』とは『蝟（はりねずみ）の毛のように，多く寄り集まること』（広辞苑第5版）を意味しているが，い集している集団は，集会と異なり，その参加者に主観的な共同目的はなく，個々人が，その自由な意思の下に，単なる興味目的や野次馬としても含めて，随時集っている状態である。」「い集している集団に対して，中止命令等を発令し，その命令違反を刑事罰に問うことは，不能な条件を付した構成要件に該当する行為を犯罪に問うものであって，その点においても憲法31条に違反するものと言わざるを得ない。」「本条例の規制対象者は，本条例の目的規定を超えて『何人も』がその対象であり，その対象行為は，本条例の制定目

的を遥かに超えて，特異な服装等一般に及び得るのであって，その対象行為は余りに広範囲であって憲法31条に違反すると共に，民主主義国家であれば当然に認められるいわば憲法11条，13条をまつまでもなく認められる行動の自由権を侵害し，また，表現，集会の自由を侵害するものとして憲法21条に違反するものであると言わざるを得ない。」「本条例によって保護されるのは，市が管理する公共の場所を利用する公衆の漠とした『不安』，『恐怖』にすぎず，他方規制されるのは，人間の根源的な服装や行動の自由，思想，表現の自由であり，しかもそれを刑罰の威嚇の下に直接規制するものであって，その保護法益ないし侵害行為と規制内容の間の乖離が著しいと解さざるを得ない。」「したがって，かかる視点からしても，本条例は憲法11条，13条，21条，31条に反するものであると言わざるを得ないのである。」「多数意見のように限定解釈によって，本条例の合憲性を肯定した場合，仮にその限定解釈の枠を超えて本条例が適用されると，それに伴って，国民(市民)の行動の自由や表現，集会の自由等精神的自由が，一旦直接に規制されることとなり，それがその後裁判によって，その具体的適用が限定解釈の枠を超えるものとして違法とされても，既に侵害された国民(市民)の精神的自由自体は，回復されないのであり，また，一旦，それが限定解釈の枠を超えて適用されると，それが違憲，無効であるとの最終判断がなされるまでの間，多くの国民(市民)は，本条例が限定解釈の枠を超えて適用される可能性があり得ると判断して行動することとなり，国民(市民)の行動に対し，強い萎縮的効果をもたらしかねないのである。」

―【判例13-4】――
泉佐野市民会館事件判決(損害賠償請求事件)
最三判平7・3・7民集49巻3号687頁　　　　　　　　　　〔上告棄却〕

〔事実の概要〕
　本件会館は，被上告人(泉佐野市Y)が泉佐野市民の文化，教養の向上を図り，併せて集会等の用に供する目的で設置したものであり，南海電鉄泉佐野駅前ターミナルの一角にあって，付近は，道路を隔てて約250店舗の商店街があり，市内最大の繁華街を形成している。本件会館ホールの定員は，816名(補助席を含めて1028名)である。Xらは，1984(昭和59)年6月3日に市立泉佐野市民会館ホールで「関西新空港反対全国総決起集会」を開催するため，Y市長に対し，同年4月2日，市立泉佐野市民会館条例6条に基づき，使用団体名を「全関西実行委員会」として使用許可申請をした。これに対してYは同月23日，下記(判決理由参照)の理由により，同条例

第7条1号および3号に該当するとして不許可処分をしたため，Xらは損害賠償を請求した。第1審の大阪地裁は本件不許可処分は適法であるとしてXらの請求を棄却し(昭60・8・14)，第2審の大阪高裁も判も控訴を棄却した(平元・1・25)ので，Xらが，憲法21条1項・2項，地方自治法244条に違反すると主張して上告した。

> **市立泉佐野市民会館条例(昭和38年泉佐野市条例第27号)**
> **第7条** 市長は，つぎの各号の一に該当すると認めた場合は，使用を許可してはならない。
> (1) 公の秩序をみだすおそれがある場合
> (2) 建物，設備等を破損または汚損するおそれがある場合
> (3) その他会館の管理上支障があると認められる場合

〔判決理由〕
1．不許可処分の理由(要旨)

(1) 本件申請の許否の専決権者であるY市総務部長は，下記の理由により，泉佐野市長の名で，本件不許可処分をした。

① 本件集会は，全関西実行委員会の名義で行うものとされているが，その実体はいわゆる中核派(全学連反戦青年委員会)が主催するものであり，中核派は，本件申請の直後である4月4日に後記の連続爆破事件を起こすなどした過激な活動組織であり，泉佐野商業連合会等の各種団体からいわゆる極左暴力集団に対しては本件会館を使用させないようにされたい旨の嘆願書や要望書も提出されていた。このような組織に本件会館を使用させることは，本件集会及びその前後のデモ行進などを通じて不測の事態を生ずることが憂慮され，かつ，その結果，本件会館周辺の住民の平穏な生活が脅かされるおそれがあって，公共の福祉に反する。

② 本件申請は，集会参加予定人員を300名としているが，本件集会は全国規模の集会であって右予定人員の信用性は疑わしく，本件会館ホールの定員との関係で問題がある。

③ 本件申請をした上告人Kは，後記のとおり昭和56年に関西新空港の説明会で混乱を引き起こしており，また，中核派は，従来から他の団体と対立抗争中で，昭和58年には他の団体の主催する集会に乱入する事件を起こしているという状況からみて，本件集会にも対立団体が介入するなどして，本件会館のみならずその付近一帯が大混乱に陥るおそれがある。

(2) 本件集会に関連して，上告人Xらないし中核派については，次のような事実があった。

① (イ) 本件集会の名義人である「全関西実行委員会」を構成する6団体は，関西新空港の建設に反対し，昭和57年，58年にも全国的規模の反対集会を大阪市内

の扇町公園で平穏に開催するなどしてきた。

　(ロ)　これら6団体の一つで上告人Kが運営委員である「泉佐野・新空港に反対する会」は，本件会館小会議室で過去に何度も講演等を開催してきた。

　(ハ)　上告人Nが代表者である「全関西実行委員会」は，反対集会を昭和52年ころから大阪市内の中之島中央公会堂等で平穏に開催してきた。

　②　(イ)　ところが，昭和59年に至り，関西新空港につきいよいよ新会社が発足し，同年中にも工事に着手するような情勢になってくると，「全関西実行委員会」と密接な関係があり，本件集会について重要な地位を占める中核派は，関西新空港の建設を実力で阻止する闘争方針を打ち出し，デモ行進，集会等の合法的活動をするにとどまらず，例えば，(i)　昭和59年3月1日，東京の新東京国際空港公団本部ビルに対し，付近の高速道路から火炎放射器様のもので火を噴き付け，(ii)　同年4月4日，大阪市内の大阪科学技術センター(関西新空港対策室が所在)及び大阪府庁(企業局空港対策部が所在)に対し，時限発火装置による連続爆破や放火をして9人の負傷者を出すといった違法な実力行使について，自ら犯行声明を出すに至った。中核派は，特に右(ii)の事件について，その機関紙『前進』において，「この戦闘は15年余のたたかいをひきつぐ関西新空港粉砕闘争の本格的第一弾である。同時に3・1公園本社火炎攻撃，3・25三里塚闘争の大高揚をひきつぎ，5・20——今秋二期決戦を切り開く巨弾である。」とした上，「4・4戦闘につづき5・20へ，そして，6・3関西新空港粉砕全国総決起へ進撃しよう。」と記載し，さらに，「肉迫攻撃を敵中枢に敢行したわが革命軍は，必要ならば百回でも二百回でもゲリラ攻撃を敢行し，新空港建設計画をズタズタにするであろう。」との決意を表明して，本件集会がこれらの事件の延長線上にある旨を強調している。

　(ロ)　中核派は，本件不許可処分の日の前日である昭和59年4月22日，関西新空港反対闘争の一環として，泉佐野市臨海緑地から泉佐野駅前へのデモ行進を行ったが，「4・4ゲリラ闘争万才！関西新空港実力阻止闘争　中核派」などと記載し，更に本件集会について「6・3大阪現地全国闘争へ！」と記載した横断幕を掲げるなどして，本件集会がこれら一連の闘争の大きな山場であることを明示し，参加者のほぼ全員がヘルメットにマスクという姿であり，その前後を警察官が警備するという状況であったため，これに不安を感じてシャッターを閉じる商店もあった。

　(ハ)　上告人Kは，中核派と活動を共にする活動家であり，昭和56年8月に岸和田市市民会館で関西新空港の説明会が開催された際，壇上を占拠するなどして混乱を引き起こし，威力業務妨害罪により罰金刑に処せられたことがあった。また，右のデモ行進の許可申請者兼責任者であり，自身もデモに参加してビラの配布活動等

も行った。

(二) 中核派は，従来からいわゆる革マル派と内ゲバ殺人事件を起こすなど左翼運動の主導権をめぐって他のグループと対立抗争を続けてきたが，本件不許可処分のされた当時，次のように，他のグループとの対立抗争の緊張を高めていた。

(i) 昭和58年7月1日，大阪市内の中之島中央公会堂でいわゆる第四インターの主催する三里塚闘争関西集会が開催された際，中核派が会場に乱入し，多数の負傷者や逮捕者を出した。

(ii) 中核派は，同月18日付けの機関紙『前進』において，「すべての第四インター分子は断罪と報復の対象である。絶対に等価以上の報復をたたきつけてやらなくてはならない。」と記述し，さらに，昭和59年4月2日付けの同紙において，10年前に法政大学で中核派の同志が虐殺された事件の犯人が革マル派の者であることを報じて「革命的武装闘争」の中で「反革命カクマルをせん滅・一掃せよ！」と記述し，同月23日付けの同紙において，「4・4戦闘の勝利は同時に，4—6月の三里塚二期，関西新空港闘争の大爆発の巨大な条件となっている。」とした上，「間断なき戦闘と戦略的エスカレーションの原則にのっとり革命的武装闘争をさらに発展させよ。この全過程を同時に脱落派，第四インター，日向派など，メンシェビキ，解党主義的腐敗分子，反革命との戦いで断固として主導権を堅持して戦い抜かなければならない。」と記述している。

(3) Xらは，本件会館の使用が許可されなかったため，会場を泉佐野市野出町の海浜に変更して本件集会を開催したところ，中核派の機関紙によれば2600名が結集したと報じられ，少なくとも約1000名の参加があった。

2．原審の判断

原審は，……次のように説示して，本件不許可処分が適法であるとした。

(1) 中核派は，単に本件集会の一参加団体ないし支援団体というにとどまらず，本件集会の主体を成すか，そうでないとしても，本件集会の動向を左右し得る有力な団体として重要な地位を占めるものであった。

(2) 本件集会が開催された場合，中核派と対立する団体がこれに介入するなどして，本件会館の内外に混乱が生ずることも多分に考えられる状況であった。

(3) このような状況の下において，泉佐野市総務部長が，本件集会が開催されたならば，少なからぬ混乱が生じ，その結果，一般市民の生命，身体，財産に対する安全を侵害するおそれがある，すなわち公共の安全に対する明白かつ現在の危険があると判断し，本件条例7条1号の「公の秩序をみだすおそれがある場合」に当たるとしたことに責めるべき点はない。

(4) また，本件集会の参加人員は，本件会館の定員をはるかに超える可能性が高かったから，本件条例7条3号の「その他会館の管理上支障があると認められる場合」にも当たる。

3．公の施設

「Yの設置した本件会館は，地方自治法244条にいう公の施設に当たる……。本件条例は，同法244条の2第1項に基づき，公の施設である本件会館の設置及び管理について定めるものであり，本件条例七条の各号は，その利用を拒否するために必要とされる右の正当な理由を具体化したものであると解される。」

4．集会の自由制約の審査基準

「そして，地方自治法244条にいう普通地方公共団体の公の施設として，本件会館のように集会の用に供する施設が設けられている場合，住民は，その施設の設置目的に反しない限りその利用を原則的に認められることになるので，管理者が正当な理由なくその利用を拒否するときは，憲法の保障する集会の自由の不当な制限につながるおそれが生ずることになる。したがって，本件条例7条1号及び3号を解釈適用するに当たっては，本件会館の使用を拒否することによって憲法の保障する集会の自由を実質的に否定することにならないかどうかを検討すべきである。」

このような観点からすると，集会の用に供される公共施設の管理者は，当該公共施設の種類に応じ，また，その規模，構造，設備等を勘案し，公共施設としての使命を十分達成せしめるよう適正にその管理権を行使すべきであって，これらの点からみて利用を不相当とする事由が認められないにもかかわらずその利用を拒否し得るのは，利用の希望が競合する場合のほかは，施設をその集会のために利用させることによって，他の基本的人権が侵害され，公共の福祉が損なわれる危険がある場合に限られるものというべきであり，このような場合には，その危険を回避し，防止するために，その施設における集会の開催が必要かつ合理的な範囲で制限を受けることがあるといわなければならない。そして，右の制限が必要かつ合理的なものとして肯認されるかどうかは，基本的には，基本的人権としての集会の自由の重要性と，当該集会が開かれることによって侵害されることのある他の基本的人権の内容や侵害の発生の危険性の程度等を較量して決せられるべきものである。本件条例7条による本件会館の使用の規制は，このような較量によって必要かつ合理的なものとして肯認される限りは，集会の自由を不当に市内するものではなく，また，検閲に当たるものではなく，したがって，憲法21条に違反するものではない。

以上のように解すべきことは，当裁判所大法廷判決（最大判昭28・12・23民集7巻13号1561頁，最大判昭59・12・12民集38巻12号1308頁，最大判昭61・6・11民集

40巻4号872頁, 最大判平4・7・1民集46巻5号437頁)の趣旨に徴して明らかである。

そして, このような較量をするに当たっては, 集会の自由の制約は, 基本的人権のうち精神的自由を制約するものであるから, 経済的自由の制約における以上に厳格な基準の下にされなければならない(最大判昭50・4・30民集29巻4号572頁参照)。」

5. 本件条例の限定解釈

「本件条例7条1号は,『公の秩序をみだすおそれがある場合』を本件会館の使用を許可してはならない事由として規定しているが, 同号は, 広義の表現を採っているとはいえ, 右のような趣旨からして, 本件会館における集会の自由を保障することの重要性よりも, 本件会館で集会が開かれることによって, 人の生命, 身体又は財産が侵害され, 公共の安全が損なわれる危険を回避し, 防止することの必要性が優越する場合をいうものと限定して解すべきであり, その危険性の程度としては, 前記大法廷判決の趣旨によれば, 単に危険な事態を生ずる蓋然性があるというだけでは足りず, 明らかな差し迫った危険の発生が具体的に予見されることが必要であると解するのが相当である(最大判昭29・11・24刑集8巻11号1866頁参照)。そう解する限り, このような規制は, 他の基本的人権に対する侵害を回避し, 防止するために必要かつ合理的なものとして, 憲法21条に違反するものではなく, また, 地方自治法244条に違反するものでもないというべきである。

そして, 右事由の存在を肯認することができるのは, そのような事態の発生がが許可権者の主観により予測されるだけではなく, 客観的な事実に照らして具体的に明らかに予測される場合でなければならないことはいうまでもない。」

6. 本件不許可処分の適否

「本件不許可処分のあった昭和59年4月23日の時点においては, 本件集会の実質上の主催者と目される中核派は, 関西新空港建設工事の着手を控えて, これを激しい実力行使によって阻止する闘争方針を採っており, 現に同年3月, 4月には, 東京, 大阪において, 空港関係機関に対して爆破事件を起こして負傷者を出すなどし, 6月3日に予定される本件集会をこれらの事件に引き続く関西新空港建設反対運動の山場としていたものであって, さらに, 対立する他のグループとの対立緊張も一層増大していた。このような状況の下においては, それ以前において……Xらによる関西新空港建設反対のための集会が平穏に行われたこともあったことを考慮しても, 右時点において本件集会が本件会館で開かれたならば, 対立する他のグループがこれを阻止し, 妨害するために本件会館に押しかけ, 本件集会の主催者側も自らこれに積極的に対抗することにより, 本件会館内又はその付近の路上等においてグ

ループ間で暴力の行使を伴う衝突が起こるなどの事態が生じ，その結果，グループの構成員だけでなく，本件会館の職員，通行人，付近住民等の生命，身体又は財産が侵害されるという事態を生ずることが，客観的事実によって具体的に明らかに予見されたということができる。」

「もとより，普通地方公共団体が公の施設の使用の許否を決するに当たり，集会の目的や集会を主催する団体の性格そのものを理由として，使用を許可せず，あるいは不当に差別的に取り扱うことは許されない。しかしながら，本件においてＹがＸらに本件会館の使用を許可しなかつたのが，Ｘらの唱道する関西新空港建設反対という集会目的のためであると認める余地のないことは，……Ｙが，過去に何度も，上告人Ｋが運営委員である『泉佐野・新空港に反対する会』に対し，講演等のために本件会館小会議室を使用することを許可してきたことからも明らかである。また，本件集会が開かれることによって前示のような暴力の行使を伴う衝突が起こるなどの事態が生ずる明らかな差し迫った危険が予見される以上，本件会館の管理責任を負うＹがそのような事態を回避し，防止するための措置を採ることはやむを得ないところであって，本件不許可処分が本件会館の利用についてＸらを不当に差別的に取り扱ったものであるということはできない。それは，Ｘらの言論の内容や団体の性格そのものによる差別ではなく，本件集会の実質上の主催者と目される中核派が当時激しい実力行使を繰り返し，対立する他のグループと抗争していたことから，その山場であるとされる本件集会には右の危険が伴うと認められることによる必要かつ合理的な制限であるということができる。

「また，主催者が集会を平穏に行おうとしているのに，その集会の目的や主催者の思想，信条に反対する他のグループ等がこれを実力で阻止し，妨害しようとして紛争を起こすおそれがあることを理由に公の施設の利用を拒むことは，憲法21条の趣旨に反するところである。しかしながら，本件集会の実質上の主催者と目される中核派は，関西新空港建設反対運動の主導権をめぐって他のグループと過激な対立抗争を続けており，他のグループの集会を攻撃して妨害し，更には人身に危害を加える事件も引き起こしていたのであって，これに対し他のグループから報復，襲撃を受ける危険があったことは前示のとおりであり，これをＹが警察に依頼するなどしてあらかじめ防止することは不可能に近かったといわなければならず，平穏な集会を行おうとしている者に対して一方的に実力による妨害がされる場合と同一に論ずることはできないのである。

このように，本件不許可処分は，本件集会の目的やその実質上の主催者と目される中核派という団体の性格そのものを理由とするものではなく，また，Ｙの主観的

な判断による蓋然的な危険発生のおそれを理由とするものでもなく，中核派が，本件不許可処分のあった当時，関西新空港の建設に反対して違法な実力行使を繰り返し，対立する他のグループと暴力による抗争を続けてきたという客観的事実からみて，本件集会が本件会館で開かれたならば，本件会館内又はその付近の路上等においてグループ間で暴力の行使を伴う衝突が起こるなどの事態が生じ，その結果，グループの構成員だけでなく，本件会館の職員，通行人，付近住民等の生命，身体又は財産が侵害されるという事態を生ずることが，具体的に明らかに予見されることを理由とするものと認められる。

　したがって，本件不許可処分が憲法21条，地方自治法244条に違反するということはできない。」

＊**園部逸夫裁判官の補足意見**(要旨)　「この種の会館の使用が，集会の自由ひいては表現の自由の保障に密接にかかわる可能性のある状況の下において……条例の運用が，右の諸自由に対する公権力による恣意的な規制に至るおそれがないとはいえない。」「本件条例は，公物管理条例であって，会館に関する公物管理権の行使について定めるのを本来の目的とするものであるから，公の施設の管理に関連するものであっても，地方公共の秩序の維持及び住民・滞在者の安全の保持のための規制に及ぶ場合は(地方自治法2条3項1号)，公物警察権行使のための組織・権限及び手続に関する法令(条例を含む。)に基づく適正な規制によるべきである。右の観点からすれば，本件条例7条1号は，「正当な理由」による公の施設利用拒否を規定する地方自治法244条2項の委任の範囲を超える疑いがないとはいえない」。

〔以上の補足意見を除き，裁判官5人全員一致の意見〕

第 *14* 講　報道の自由・取材の自由・知る権利

　1．表現の自由は，本来的には，人の内心における精神作用を外部に表出する精神活動の自由であり，芸術的表現もこれに含まれるし，公衆の面前で徴兵カードを焼却するといった象徴的表現も同様である[1]。

　2．さらに，《事実》の表現としての《報道の自由》もこれに含まれることが，最高裁の**博多駅フィルム提出命令事件**に関する決定(⇨【判例*14*-1】)や**外務省秘密漏洩事件**決定(⇨【判例*14*-2】)でも一般論としては確認された。また

これら一切の情報は，これを受け止める行為を必要とするので，《情報受領権》がなければ，ある意味では表現は無意味である。ちなみに，情報受領権はいわゆる《知る権利》の一部を成すものであるが，この権利は，さらに能動的，とくに公権力に対して情報の開示を請求する権利をも含むと解されている。また，情報を伝達する行為（とくに報道機関の報道）は，その情報を自由に収集する活動を前提とするので，表現の自由には一般的には《情報収集権》も含まれていると解される。しかし，情報収集権が，収集した情報源（取材源）を秘匿する権利をも含むかどうかについては，争いがある。**石井記者証言拒否事件**（⇨【判例 **14**-3】）で最高裁は，この点につき消極的な見解を示した。

3．その後も，北海道新聞島田記者証言拒否事件の裁判において，札幌高決昭 54・8・31 判時 937 号 16 頁は，旧民訴法第 281 条 1 項 3 号（現行の民訴法第 197 条 1 項 3 号に該当）について，「新聞記者の側と情報を提供する側との間において，取材源を絶対に公表しないという信頼関係があって，はじめて正確な情報が提供されるものであり，従って取材源の秘匿は正確な報道の必要条件であるというべきところ，自由な言論が維持されるべき新聞において，もし記者が取材源を公表しなければならないとすると，情報提供者を信頼させ安んじて正確な情報を提供させることが不可能ないし著しく困難になることは当然推測されるところであるから，新聞記者の取材源は右『職業ノ秘密』に該ると解するのが相当である」と判示していたが，最高裁は，これに実体判断を加えることなく斥けていた（最三決昭 55・3・6 判時 956 号 32 頁）。ところがその後，NHK 記者証言拒否事件の裁判において，最高裁は，報道関係者の取材源は，民訴法第 197 条 1 項 3 号にいう「職業の秘密」に当たるとし，「当該取材源の秘密が保護に値する秘密であるかどうかは，当該報道の内容，性質，その持つ社会的な意義・価値，当該取材の態様，将来における同種の取材活動が妨げられることによって生ずる不利益の内容，程度等と，当該民事事件の内容，性質，その持つ社会的な意義・価値，当該民事事件において当該証言を必要とする程度，代替証拠の有無等の諸事情を比較衡量して決すべきことになる」とした（最三決平 18・10・3 民集 60 巻 8 号 2647 頁）。

---

1) いわゆるハード・コア・ポルノが憲法第 21 条の意味での《表現》でないとする意見（⇨第 *12* 講 4 参照）があり，そこには，表現の自由が人の《思想》ないし《精神活動》の自由を保護するものだということが前提されているといってよいであろうが，報道の自由や取材の自由が《事実》の表現の自由であり，それが憲法第 21 条の保護法益に含まれると解されるとすれば，そういった限定には疑義がありえよう。

4．最後に，新聞や放送を中心とするマス・メディアを利用して市民が自己の意見を表明する権利として，いわゆる《アクセス権》が主張されており，さらに，「サンケイ新聞意見広告」事件(最二判昭62・4・24民集41巻3号490頁)では，意見広告に対して無料で反論文を掲載することを請求する権利があるかどうかが争いになり，最高裁は，《反論文掲載請求権》を認める法の明文の規定が存在しないことを根拠とし，また私人間における人権規定の効力に関する従来の見解を根拠として，「当事者の一方が情報の収集，管理，処理につき強い影響力をもつ日刊新聞紙を全国的に発行・発売する者である場合でも，憲法21条の規定から直接に，所論のような反論文掲載請求権が他方の当事者に生ずるものではない」とした。

【判例14-1】

博多駅フィルム提出命令事件決定(取材フィルム提出命令に対する抗告棄却決定に対する特別抗告事件)

最大決昭44・11・26刑集23巻11号1490頁　　　　　　　〔抗告棄却〕

〔事実の概要〕

昭和43年1月16日，米原子力空母エンタープライズ号佐世保寄港阻止闘争に参加する三派系全学連所属学生約300名が，その途中で，午前6時45分，博多駅に下車した際，警備等のため出動していた機動隊等と衝突した。この警備につき，特別公務員暴行陵虐・公務員職権濫用罪(刑法第193条～196条)にあたるとして告発がなされたが，不起訴処分になったため，刑訴法第262条により付審判請求がなされた。この審理にあたった福岡地裁は，RKB毎日放送，九州朝日放送，テレビ西日本およびNHK(福岡放送局)の4社に対し，事件当日の模様を撮影したテレビフィルムの任意提出を求めたが，拒否されたので，刑訴法第99条2項により提出を命じた(昭44・8・28)。これに対し上記4社は，提出命令が報道の自由・取材の自由の侵害である等として福岡高裁に抗告したが，同高裁は，報道の自由も表現の自由に属し，その不可欠の前提としての取材の自由も十分に要請されるとしつつも，その自由も公共の福祉による制限を受け，「国家の最も重要な任務の一つである司法裁判が実体的真実を発見し法の適正な実現を期するという使命を達するために絶対不可欠」である場合には，右の自由に障害をもたらす結果を生じたとしても，憲法21条に反しない等として抗告を棄却した(昭44・9・20判時569号23頁)。これに対し抗告人が，原決定の破棄と第一審の提出命令の取消しを求めて特別抗告したものである。

第14講　報道の自由・取材の自由・知る権利　【判例14-1】　309

〔決定理由〕

「報道機関の報道は，民主主義社会において，国民が国政に関与するにつき，重要な判断の資料を提供し，国民の『知る権利』に奉仕するものである。したがって，思想の表明の自由とならんで，事実の報道の自由は，表現の自由を規定した憲法21条の保障のもとにあることはいうまでもない。また，このような報道機関の報道が正しい内容をもつためには，報道の自由とともに，報道のための取材の自由も，憲法21条の精神に照らし，十分尊重に値いするものといわなければならない。

ところで，本件において，提出命令の対象とされたのは，すでに放映されたフィルムを含む放映のために準備された取材フィルムである。それは報道機関の取材活動の結果すでに得られたものであるから，その提出を命ずることは，右フィルムの取材活動そのものとは直接関係がない。もっとも，報道機関がその取材活動によって得たフィルムは，報道機関が報道の目的に役立たせるためのものであって，このような目的をもって取材されたフィルムが，他の目的，すなわち，本件におけるように刑事裁判の証拠のために使用されるような場合には，報道機関の将来における取材活動の自由を妨げることになるおそれがないわけではない。

しかし，取材の自由といっても，もとより何らの制約を受けないものではなく，たとえば公正な裁判の実現というような憲法上の要請があるときは，ある程度の制約を受けることのあることも否定することができない。

……公正な刑事裁判を実現することは，国家の基本的要請であり，刑事裁判においては，実体的真実の発見が強く要請されることもいうまでもない。このような公正な刑事裁判の実現を保障するために，報道機関の取材活動によって得られたものが，証拠として必要と認められるような場合には，取材の自由がある程度の制約を蒙ることとなってもやむを得ないところというべきである。しかしながら，このような場合においても，一面において，審判の対象とされている犯罪の性質，態様，軽重および取材したものの証拠としての価値，ひいては，公正な刑事裁判を実現するにあたっての必要性の有無を考慮するとともに，他面において取材したものを証拠として提出させられることによって報道機関の取材の自由が妨げられる程度およびこれが報道の自由に及ぼす影響の度合その他諸般の事情を比較衡量して決せられるべきであり，これを刑事裁判の証拠として使用することがやむを得ないと認められる場合においても，それによって受ける報道機関の不利益が必要な限度をこえないように配慮されなければならない。

……本件の付審判請求事件の審理の対象は，多数の機動隊等と学生との間の衝突に際して行なわれたとされる機動隊員等の公務員職権乱用罪，特別公務員暴行陵虐

罪の成否にある。その審理は，現在において，被疑者および被害者の特定すら困難な状態であって，事件発生後2年ちかくを経過した現在，第三者の新たな証言はもはや期待することができず，したがって，当時，右の現場を中立的な立場から撮影した報道機関の本件フィルムが証拠上きわめて重要な価値を有し，被疑者らの罪責の有無を判定するうえに，ほとんど必須のものと認められる状況にある。他方，本件フィルムは，すでに放映されたものを含む放映のために準備されたものであり，それが証拠として使用されることによって報道機関が蒙る不利益は，報道の自由そのものではなく，将来の取材の自由が妨げられるおそれがあるというにとどまるものと解されるのであって，……本件の刑事裁判が公正に行われることを期するためには，この程度の不利益は，報道機関の立場を十分尊重すべきものとの見地に立っても，なお忍受されなければならない程度のものというべきである。また，本件提出命令を発した福岡地方裁判所は，本件フィルムにつき，一たん押収した後においても，時機に応じた仮還付などの措置により，報道機関のフィルム使用に支障をきたさないよう配慮すべき旨を表明している。以上の諸点その他各般の事情をあわせ考慮するときは，本件フィルムを付審判請求事件の証拠として使用するために本件提出命令を発したことは，まことにやむを得ないものがあると認められるのである。

　前叙のように考えると，本件フィルムの提出命令は，憲法21条に違反するものでないことはもちろん，その趣旨に抵触するものでもなく，これを正当として維持した原判断は相当であり，所論は理由がない。」

〔裁判官15人全員一致の意見〕

【判例14-2】
外務省秘密漏洩事件(国家公務員法違反被告事件)
最一決昭53・5・31刑集32巻3号457頁　　　　　　〔上告棄却〕

〔事実の概要〕
　昭和47年3月，衆院予算委員会で，某社会党議員が，外務省で極秘扱いとされていた沖縄返還交渉に関する外務省と駐米日本大使館との電信文3通の写しを示して政府に質問したことに端を発し，これが毎日新聞社の元記者で被告人の西山太吉が，外務省の事務官(H)をそそのかして入手したものであることが判明しHが国公法第109条12号，第100条1項違反に，また西山が国公法第111条違反に問われて起訴された。西山記者の本件取材が，Hと情を通じてなされたという特殊な事情もあってか，社会的にも相当大きな関心が寄せられた。第一審の東京地裁は被告人Hを懲

役6月(執行猶予1年)の有罪に処したが、被告人西山に対しては無罪とした(昭49・1・31判時732号12頁)ので、検察官は西山に対する無罪を不服として控訴した。東京高裁は第一審判決の「そそのかし」の定義が広きに失するとしてこれを限定的に解釈しつつ、その限定解釈によっても被告人の行為はなお国公法第111条の「そそのかし」にあたるとして、第一審判決を破棄し、被告人西山記者を懲役4月(執行猶予1年)とする有罪の判決を下した(昭51・7・20高刑集29巻3号429頁)。(この判決では、「秘密」(国公法第100条)の意義についても論じられているが、詳しくは述べない。)被告人の弁護人(伊達秋雄等)から、原判決の憲法第21条違反等を主張して上告がなされたが、最高裁は上告趣意がすべて刑訴法第405条の上告理由にあたらない、としつつ、職権による判断として以下のように判示している。

> 国家公務員法第100条1項　職員は、職務上知ることのできた秘密を漏らしてはならない。その職を退いた後といえども同様とする。
> 同法第109条12号　次の各号のいずれかに該当する者は、1年以下の懲役又は50万円以下の罰金に処する。
> 　12　第100条第1項……の規定に違反して秘密を漏らした者
> 同法第111条　第109条第2号より第4号まで及び第12号又は前条第1項第1号、第3号から第7号まで、第9号から第15号まで、第18号及び第20号に掲げる行為を企て、命じ、故意にこれを容認し、そそのかし又はそのほう助をした者は、それぞれ各本条の刑に処する。

〔決定理由〕

　1　「国家公務員法109条12号、100条1項にいう秘密とは、非公知の事実であって、実質的にもそれを秘密として保護するに値すると認められるものをいい……、その判定は司法判断に服するものである。

　原判決が認定したところによれば、本件第1034号電信文案には、昭和46年5月28日に愛知外務大臣とマイヤー駐日米国大使との間でなされた、いわゆる沖縄返還協定に関する会談の概要が記載され、その内容は非公知の事実であるというのである。そして、条約や協定の締結を目的とする外交交渉の過程で行われる会談の具体的内容については、当事国が公開しないという国際的外交慣行が存在するのであり、これが漏示されると相手国ばかりでなく第三国の不信を招き、当該外交交渉のみならず、将来における外交交渉の効果的遂行が阻害される危険性があるものというべきであるから、本件第1034号電信文案の内容は、実質的にも秘密として保護するに値するものと認められる。右電信文案中に含まれている原判示対米請求権問題の財源については、日米双方の交渉担当者において、円滑な交渉妥結をはかるため、そ

れぞれの対内関係の考慮上秘匿することを必要としたもののようであるが，わが国においては早晩国会における政府の政治責任として討議批判されるべきであったもので，政府が右のいわゆる密約によって憲法秩序に抵触するとまでいえるような行動をしたものではないのであって，違法秘密といわれるべきものではなく，この点も外交交渉の一部をなすものとして実質的に秘密として保護するに値するものである。……

2　国家公務員法111条にいう同法109条12号，100条1項所定の行為の『そそのかし』とは，右109条12号，100条1項所定の秘密漏示行為を実行させる目的をもって，公務員に対し，その行為を実行する決意を新に生じさせるに足りる慫慂(しょうよう)行為をすることを意味するものと解するのが相当であるところ……，原判決が認定したところによると，被告人は毎日新聞社東京本社編集局政治部に勤務し，外務省担当記者であった者であるが，当時外務事務官として原判示職務を担当していたＨと原判示『ホテル山王』で肉体関係をもった直後，『取材に困っている，助けると思って安川審議官のところに来る書類を見せてくれ。君や外務省には絶対に迷惑をかけない。特に沖縄関係の秘密文書を頼む。』という趣旨の依頼をして懇願し，一応同女の受諾を得たうえ，さらに，原判示秋元政策研究所事務所において，同女に対し『5月28日愛知外務大臣とマイヤー大使とが請求権問題で会談するので，その関係書類を持ち出してもらいたい。』旨申し向けたというのであるから，被告人の右行為は，国家公務員法111条，109条12号，100条1項の『そそのかし』にあたるものというべきである。

ところで，報道機関の国政に関する報道は，民主主義社会において，国民が国政に関与するにつき，重要な判断の資料を提供し，いわゆる国民の知る権利に奉仕するものであるから，報道の自由は，憲法21条が保障する表現の自由のうちでも特に重要なものであり，また，このような報道が正しい内容をもつためには，報道のための取材の自由もまた，憲法21条の精神に照らし，十分尊重に値するものといわなければならない（〔【判例14-1】〕）。そして，報道機関の国政に関する取材行為は，国家秘密の探知という点で公務員の守秘義務と対立拮抗するものであり，時としては誘導・唆(さ)誘的性質を伴うものであるから，報道機関が取材の目的で公務員に対し秘密を漏示するようにそそのかしたからといって，そのことだけで，直ちに当該行為の違法性が推定されるものと解するのは相当ではなく，報道機関が公務員に対し根気強く執拗に説得ないし要請を続けることは，それが真に報道の目的からでたものであり，その手段・方法が法秩序全体の精神に照らし相当なものとして社会観念上是認されるものである限りは，実質的に違法性を欠き正当な業務行為というべきであ

る。しかしながら，報道機関といえども，取材に関し他人の権利・自由を不当に侵害することのできる特権を有するものではないことはいうまでもなく，取材の手段・方法が贈賄，脅迫，強要等の一般の刑罰法令に触れる行為を伴う場合は勿論，その手段・方法が一般の刑罰法令に触れないものであっても，取材対象者の個人としての人格の尊厳を著しく蹂躙する等法秩序全体の精神に照らし社会観念上是認することのできない態様のものである場合にも，正当な取材活動の範囲を逸脱し違法性を帯びるものといわなければならない。これを本件についてみると……，被告人は，昭和46年5月18日頃，従前それほど親交のあったわけでもなく，また愛情を寄せていたものでもない前記Hをはじめて誘って一夕の酒食を共にしたうえ，かなり強引に同女と肉体関係をもち，さらに，同月22日原判示『ホテル山王』に誘って再び肉体関係をもった直後に，前記のように秘密文書の持出しを依頼して懇願し，同女の一応の受諾を得，さらに，電話でその決断を促し，その後も同女との関係を継続して，同女が被告人との右関係のため，その依頼を拒み難い心理状態になったのに乗じ，以後十数回にわたり秘密文書の持出しをさせていたもので，本件そそのかし行為もその一環としてなされたものであるところ，同年6月17日いわゆる沖縄返還協定が締結され，もはや取材の必要がなくなり，同月28日被告人が渡米して8月上旬帰国した後は，同女に対する態度を急変して他人行儀となり，同女との関係も立消えとなり，加えて，被告人は，本件第1034号電信文案については，その情報源が外務省内部の特定の者にあることが容易に判明するようなその写を国会議員に交付していることなどが認められる。そのような被告人の一連の行為を通じてみるに，被告人は，当初から秘密文書を入手するための手段として利用する意図で右Hと肉体関係を持ち，同女が右関係のため被告人の依頼を拒み難い心理状態に陥ったことに乗じて秘密文書を持ち出させたが，同女を利用する必要がなくなるや，同女との右関係を消滅させてその後は同女を顧みなくなったものであって，取材対象者であるHの個人としての人格の尊厳を著しく蹂躙したものといわざるをえず，このような被告人の取材行為は，その手段・方法において法秩序全体の精神に照らし，社会観念上，到底是認することのできない不相当なものであるから，正当な取材活動の範囲を逸脱しているものというべきである。

　3　以上の次第であるから，被告人の行為は，国家公務員法111条（109条12号，100条1項）の罪を構成するものというべきであ……る。……」

〔第一小法廷裁判官5人全員一致の意見〕

【判例14-3】
石井記者証言拒否事件(刑事訴訟法第161条違反被告事件)
最大判昭27・8・6刑集6巻8号974頁　　　　　　　　　　〔上告棄却〕

〔事実の概要〕

　朝日新聞社松本支局勤務の記者で被告人の石井清は，公務員の収賄被疑事件に関連して新聞に記載した記事につき長野地裁に証人として召喚されて(刑訴法第226条)出頭したが，取材源の秘匿は新聞記者の職業倫理の命ずるところなりとして，証人としての宣誓と証言を拒否したため，刑訴法第161条(証言拒絶罪)違反として起訴された。第一審裁判所(長野簡判昭24・10・5)は「現行法上新聞記者に特別の証言拒否権は認められていない」として罰金3,000円の有罪判決を下し，第二審の東京高裁もこれを支持して控訴を棄却した(昭25・7・19)ので，被告人は「社会の公器」としての新聞の表現の自由のためには取材の自由，またそれを維持するための取材源の秘匿が必要で，これが憲法第21条によって保障されているので，新聞記者が法廷で取材源につき証言を拒絶することは刑訴法第161条にいう「正当の理由」がある場合に該当する。それゆえ原判決は憲法第21条違反である，として上告した。

> **刑事訴訟法第149条**　医師，歯科医師，助産師，看護師，弁護士……，弁理士，公証人，宗教の職に在る者又はこれらの職に在つた者は，業務上委託を受けたため知り得た事実で他人の秘密に関するものについては，証言を拒むことができる。……
> **第161条1項**　正当な理由がなく宣誓又は証言を拒んだ者は，10万円以下の罰金又は拘留に処する。

〔判決理由〕

　「刑訴143条は「裁判所はこの法律に特別の定ある場合を除いては何人でも証人としてこれを尋問することができる」と規定し，一般国民に証言義務を課しているのである。証人として法廷に出頭し証言することはその証人個人に対しては多大の犠牲を強いるものである。個人的な道義観念からいえば秘密にしておきたいと思うことでも証言しなければならない場合もあり，またその結果，他人から敵意，不信，怨恨を買う場合もあるのである。そして，証言を必要とする具体的事件は訴訟当事者の問題であるのにかかわらず，証人にかかる犠牲を強いる根拠は実験的真実の発見によって法の適正な実現を期することが司法裁判の使命であり，証人の証言を強制することがその使命の達成に不可欠なものであるからである。従って，一般国民の証言義務は国民が司法裁判の適正な行使に協力すべき重大な義務であるといわなければならない。ところで，法律は一般国民の証言義務を原則としているが，その

証言義務が免除される場合を例外的に認めているのである〔刑訴法第144条ないし第149条等〕。……これらの証言義務に対する例外規定のうち，刑訴146条は憲法38条1項の規定による憲法上の保障を実現するために規定された例外であるが，その他の規定はすべて証言拒絶の例外を認めることが立法政策的考慮から妥当であると認められた場合の例外である。そして，一般国民の証言義務は国民の重大な義務である点に鑑み，証言拒絶権を認められる場合は極めて例外に属するのであり，また制限的である。従って，前示例外規定は限定的列挙であって，これを他の場合に類推適用すべきものでないことは勿論である。新聞記者に取材源につき証言拒絶権を認めるか否かは立法政策上考慮の余地のある問題であり，新聞記者に証言拒絶権を認めた立法例もあるのであるが，わが現行刑訴法は新聞記者を証言拒絶権あるものとして列挙していないのであるから，刑訴149条に列挙する医師等と比較して新聞記者に右規定を類推適用することのできないことはいうまでもないところである。それゆえ，わが現行刑訴法は勿論旧刑訴法においても，新聞記者に証言拒絶権を与えなかったものであることは解釈上疑を容れないところである。……

……憲法の右規定〔憲法21条〕は一般人に対し平等に表現の自由を保障したものであって，新聞記者に特種の保障を与えたものではない。……憲法の右規定の保障は，公の福祉に反しない限り，いいたいことはいわせなければならないということである。未だいいたいことの内容も定まらず，これからその内容を作り出すための取材に関しその取材源について，公の福祉のため最も重大な司法権の公正な発動につき必要欠くべからざる証言の義務をも犠牲にして，証言拒絶の権利までも保障したものとは到底解することができない。……」

〔裁判官12人全員一致の意見。ただし裁判官長谷川太一郎は退官につき評議に関与しない〕

第15講　公務員の政治活動の規制

1．国家公務員法(国公法)第102条等が公務員の政治活動の自由を制限していることも，従来から非常に議論のあるところである。最高裁は，当初は憲法第15条2項を根拠とする「全体の奉仕者」論や「公共の福祉」論で，これを簡単に合憲としていた(最大判昭33・4・16刑集12巻6号942頁)。

2．その後，公務員の労働基本権の規制に関するいわゆる全逓東京中郵事

件判決（最大判昭 41・10・26 刑集 20 巻 8 号 901 頁）において，最高裁は，公務員が「全体の奉仕者」であることを理由としてその労働基本権を全面的に否定することは許されず，その制限は「合理性の認められる必要最小限度のものにとどめなければならない」として，公務員の権利を尊重する機運がつくられ，その趣旨は都教組事件判決（最大判昭 44・4・2 刑集 23 巻 5 号 305 頁）においてさらに徹底された。

　3．しかし最高裁はさらにその後，いわゆる**全農林警職法事件**判決（⇨【判例22-1】）で，再び「公務員の地位の特殊性と職務の公共性」等を根拠に，公務員の労働基本権の制限を合憲とした（⇨第 22 講参照）。これを受けて，公務員の政治的活動の自由の制限に関して出された**猿払事件**判決（⇨【判例15-1】）は，国家公務員法第 102 条およびその委任に基づく人事院規則 14―7 による公務員の政治的活動の禁止を合憲とし，これを被告人の行為に適用することも，憲法違反ではないとしていたが，その後，**堀越事件**判決（⇨【判例15-2】）では，上記判例の変更には当たらないとしつつも，具体的な事案（文書配布行為）について，被告人の行為が国公法第 119 条 1 項 19 号の罰則規定の構成要件に該当しないとして，被告人を無罪とする判断を下して注目された。[1]

【判例15-1】

猿払事件判決（国家公務員法違反被告事件）
最大判昭 49・11・6 刑集 28 巻 9 号 393 頁　　　　　　　〔破棄自判〕

〔事実の概要〕

　北海道宗谷郡猿払村の鬼志別郵便局に勤務する郵政事務官 X（被告人）は，昭和 42 年の衆議院議員選挙に際し，猿払地区労働組合協議会の決定に従い，事務局長として，日本社会党を支持する目的で同党公認候補者の選挙用ポスターを掲示し，また掲示方を他人に依頼して同ポスターを配布した。この行為が国公法第 102 条 1 項と

1）この事例と同日に下された別の判決（最二判平 24・12・7 刑集 66 巻 12 号 1722 頁＝いわゆる**世田谷事件**）は，厚生労働省本省の総括課長補佐として勤務していた厚生労働事務官の被告人が，この事例と同様の目的で，警視庁の職員住宅に N 党の機関紙を配布した行為が本件と同じ罰則規定に当たるとして起訴された事例であり，最高裁判所は，下級審での有罪判決を維持している。

その委任に基づく人事院規則14-7に違反するとして起訴された。稚内簡易裁判所で罰金5,000円の略式命令を受けたXが本訴に及んだものである。第一審の旭川地裁は，上記事実の他，Xが非管理職である現業公務員であり，本件政治的行為が勤務時間外に，国の施設・職務を利用することなく行なわれたという事実を認定した上で，前記全逓東京中郵判決の趣旨にそって，公務員の政治活動の制限は必要最小限度のものでなければならないとし，同人事院規則6項13号に該当する上記のような行為で労働組合活動の一環として行なわれたと認められるものに刑罰を科することを定めている国公法第110条1項19号は，Xのこのような行為に適用される限度において違憲であるとして（いわゆる《適用違憲》の手法で）無罪とした（昭43・3・25下刑集10巻3号293頁）。原審の札幌高裁もこれを全面的に支持して，検察官の控訴を棄却した（昭44・6・24判時560号30頁）ので，さらに上告がなされた。これに対して最高裁は破棄自判してXに罰金5,000円の有罪判決を下した。

〔判決理由〕
1．本件政治的行為の禁止の合憲性
(1)「憲法21条の保障する表現の自由は，民主主義国家の政治的基盤をなし，国民の基本的人権のうちでもとりわけ重要なものであり，法律によってもみだりに制限することができないものである。そして，およそ政治的行為は，行動としての面をもつほかに，政治的意見の表明としての面をも有するものであるから，その限りにおいて，憲法21条による保障を受けるものであることも，明らかである。国公法102条1項及び規則によって公務員に禁止されている政治的行為も多かれ少なかれ政治的意見の表明を内包する行為であるから，もしそのような行為が国民一般に対して禁止されるのであれば，憲法違反の問題が生ずることはいうまでもない。

しかしながら，国公法102条1項及び規則による政治的行為の禁止は，もとより国民一般に対して向けられているものではなく，公務員のみに対して向けられているものである。ところで，国民の信託による国政が国民全体への奉仕を旨として行われなければならないことは当然の理であるが，……憲法15条2項の規定からもまた，公務が国民の一部に対する奉仕としてではなく，その全体に対する奉仕として運営されるべきものであることを理解することができる。公務のうちでも行政の分野におけるそれは，憲法の定める統治組織の構造に照らし，議会制民主主義に基づく政治過程を経て決定された政策の忠実な遂行を期し，もっぱら国民全体に対する奉仕を旨とし，政治的偏向を排して運営されなければならないものと解されるのであって，そのためには，個々の公務員が，政治的に，一党一派に偏することなく，厳に中立の立場を堅持して，その職務の遂行にあたることが必要となるのである。

すなわち，行政の中立的運営が確保され，これに対する国民の信頼が維持されることは，憲法の要請にかなうものであり，公務員の政治的中立性が維持されることは，国民全体の重要な利益にほかならないというべきである。したがって，公務員の政治的中立性を損うおそれのある公務員の政治的行為を禁止することは，それが合理的で必要やむをえない限度にとどまるものである限り，憲法の許容するところであるといわなければならない。

(2) 国公法102条1項及び規則による公務員に対する政治的行為の禁止が右の合理的で必要やむをえない限度にとどまるものか否かを判断するにあたっては，禁止の目的，この目的と禁止される政治的行為との関連性，政治的行為を禁止することにより得られる利益と禁止することにより失われる利益との均衡の3点から検討することが必要である。

そこで，まず，禁止の目的及びこの目的と禁止される行為との関連性について考えると，もし公務員の政治的行為のすべてが自由に放任されるときは，おのずから公務員の政治的中立性が損われ，ためにその職務の遂行ひいてはその属する行政機関の公務の運営に党派的偏向を招くおそれがあり，行政の中立的運営に対する国民の信頼が損われることを免れない。また，公務員の右のような党派的偏向は，逆に政治的党派の行政への不当な介入を容易にし，行政の中立的運営が歪められる可能性が一層増大するばかりでなく，そのような傾向が拡大すれば，本来政治的中立を保ちつつ一体となって国民全体に奉仕すべき責務を負う行政組織の内部に深刻な政治的対立を醸成し，そのため行政の能率的で安定した運営は阻

> **国公法第102条1項** ①職員は，政党又は政治的目的のために，寄附金その他の利益を求め，若しくは受領し，又は何らの方法を以てするを問わず，これらの行為に関与し，あるいは選挙権の行使を除く外，人事院規則で定める政治的行為をしてはならない。
> **第110条1項19号** 次の各号のいずれかに該当する者は，3年以下の懲役又は100万円以下の罰金に処する。
> 　19 第102条第1項に規定する政治的行為の制限に違反した者
> **人事院規則14-7・5項3号** 法及び規則中政治的目的とは，次に掲げるものをいう。政治的目的をもつてなされる行為であつても，第6項に定める政治的行為に含まれない限り，法第102条第1項の規定に違反するものではない。
> 　3 特定の政党その他の政治的団体を支持し又はこれに反対すること。
> **同規則6項13号** 法第102条第1項の規定する政治的行為とは，次に掲げるものをいう。
> 　13 政治的目的を有する署名又は無署名の文書，図画，音盤又は形象を発行し，回覧に供し，掲示し若しくは配布し又は多数の人に対して朗読し若しくは聴取させ，あるいはこれらの用に供するために著作し又は編集すること。

害され，ひいては議会制民主主義の政治過程を経て決定された国の政策の忠実な遂行にも重大な支障をきたすおそれがあり，このようなおそれは行政組織の規模の大きさに比例して拡大すべく，かくては，もはや組織の内部規律のみによってはその弊害を防止することができない事態に立ち至るのである。したがって，このような弊害の発生を防止し，行政の中立的運営とこれに対する国民の信頼を確保するため，公務員の政治的中立性を損うおそれのある政治的行為を禁止することは，まさしく憲法の要請に応え，公務員を含む国民全体の共同利益を擁護するための措置にほかならないのであって，その目的は正当なものというべきである。また，右のような弊害の発生を防止するため，公務員の政治的中立性を損うおそれがあると認められる政治的行為を禁止することは，禁止目的との間に合理的な関連性があるものと認められるのであって，たとえその禁止が，公務員の職種・職務権限，勤務時間の内外，国の施設の利用の有無等を区別することなく，あるいは行政の中立的運営を直接，具体的に損う行為のみに限定されていないとしても，右の合理的な関連性が失われるものではない。

　次に，利益の均衡の点について考えてみると，民主主義国家においては，できる限り多数の国民の参加によって政治が行われることが国民全体にとって重要な利益であることはいうまでもないのであるから，公務員が全体の奉仕者であることの一面のみを強調するあまり，ひとしく国民の一員である公務員の政治的行為を禁止することによって右の利益が失われることとなる消極的面を軽視することがあってはならない。しかしながら，公務員の政治的中立性を損うおそれのある行動類型に属する政治的行為を，これに内包される意見表明そのものの制約をねらいとしてではなく，その行動のもたらす弊害の防止をねらいとして禁止するときは，同時にそれにより意見表明の自由が制約されることにはなるが，それは，単に行動の禁止に伴う限度での間接的，付随的な制約に過ぎず，かつ，国公法102条1項及び規則の定める行動類型以外の行為により意見を表明する自由までも制約するものではなく，他面，禁止により得られる利益は，公務員の政治的中立性を維持し，行政の中立的運営とこれに対する国民の信頼を確保するという国民全体の共同利益なのであるから，得られる利益は，失われる利益に比してさらに重要なものというべきであり，その禁止は利益の均衡を失するものではない。

(3)　以上の観点から本件で問題とされている規則5項3号，6項13号の政治的行為をみると，その行為は，特定の政党を支持する政治的目的を有する文書を掲示し又は配布する行為であって，政治的偏向の強い行動類型に属するものにほかならず，政治的行為の中でも，公務員の政治的中立性の維持を損うおそれが強いと認め

られるものであり、政治的行為の禁止目的との間に合理的な関連性をもつものであることは明白である。また、その行為の禁止は、もとよりそれに内包される意見表明そのものの制約をねらいとしたものではなく、行動のもたらす弊害の防止をねらいとしたものであって、国民全体の共同利益を擁護するためのものであるから、その禁止により得られる利益とこれにより失われる利益との間に均衡を失するところがあるものとは、認められない。したがって、国公法102条1項及び規則5項3号、6項13号は、合理的で必要やむをえない限度を超えるものとは認められず、憲法21条に違反するものということはできない。

(4) ところで、第一審判決は、その違憲判断の根拠として、被告人の本件行為が、非管理職である現業公務員でその職務内容が機械的労務の提供にとどまるものにより、勤務時間外に、国の施設を利用することなく、かつ、職務を利用せず又はその公正を害する意図なく、労働組合活動の一環として行われたものであることをあげ、原判決もこれを是認している。しかしながら、本件行為のような政治的行為が公務員によってされる場合には、当該公務員の管理職・非管理職の別、現業・非現業の別、裁量権の範囲の広狭などは、公務員の政治的中立性を維持することにより行政の中立的運営とこれに対する国民の信頼を確保しようとする法の目的を阻害する点に、差異をもたらすものではない。右各判決が、個々の公務員の担当する職務を問題とし、本件被告人の職務内容が裁量の余地のない機械的業務であることを理由として、禁止違反による弊害が小さいものであるとしている点も、有機的統一体として機能している行政組織における公務の全体の中立性が問題とされるべきものである以上、失当である。郵便や郵便貯金のような業務は、もともと、あまねく公平に、役務を提供し、利用させることを目的としているのであるから……、国民全体への公平な奉仕を旨として運営されなければならないのであって、原判決の指摘するように、その業務の性質上、機械的労務が重い比重を占めるからといって、そのことのゆえに、その種の業務に従事する現業公務員を公務員の政治的中立性について例外視する理由はない。また、前述のような公務員の政治的行為の禁止の趣旨からすれば、勤務時間の内外、国の施設の利用の有無、職務利用の有無などは、その政治的行為の禁止の合憲性を判断するうえにおいては、必ずしも重要な意味をもつものではない。さらに、政治的行為が労働組合活動の一環としてなされたとしても、そのことが組合員である個々の公務員の政治的行為を正当化する理由となるものではなく、また、個々の公務員に対して禁止されている政治的行為が組合活動として行われるときは、組合員に対して統制力をもつ労働組合の組織を通じて計画的に広汎に行われ、その弊害は一層拡大することとなるのであって、その禁止が解除される

べきいわれは少しもないのである。……」
 2．本件政治的行為に対する罰則の合憲性
 (1)「およそ刑罰は，国権の作用による最も峻厳な制裁であるから，特に基本的人権に関連する事項につき罰則を設けるには，慎重な考慮を必要とすることはいうまでもなく，刑罰規定が罪刑の均衡その他種々の観点からして著しく不合理なものであって，とうてい許容し難いものであるときは，違憲の判断を受けなければならないのである。そして，刑罰規定は，保護法益の性質，行為の態様・結果，刑罰を必要とする理由，刑罰を法定することによりもたらされる積極的・消極的な効果・影響などの諸々の要因を考慮しつつ，国民の法意識の反映として，国民の代表機関である国会により，歴史的，現実的な社会的基盤に立って具体的に決定されるものであり，その法定刑は，違反行為が帯びる違法性の大小を考慮して定められるべきものである。

　ところで，国公法102条1項及び規則による国公法の政治的行為の禁止……に違反して国民全体の共同利益を損う行為に出る公務員に対する制裁として刑罰をもって臨むことを必要とするか否かは，右の国民全体の共同利益を擁護する見地からの立法政策の問題であって，右の禁止が表現の自由に対する合理的で必要やむをえない制限であると解され，かつ，刑罰を違憲とする特別の事情がない限り，立法機関の裁量により決定されたところのものは，尊重されなければならない。

　そこで，国公法制定の経過をみると，当初制定された国公法（昭和22年法律第120号）には，現行法の110条1項19号のような罰則は設けられていなかったところ，昭和23年法律第222号による改正の結果右の規定が追加されたのであるが，その後昭和25年法律第261号として制定された地方公務員法においては，初め政府案として政治的行為をあおる等の一定の行為について設けられていた罰則規定は，国会審議の過程で削除された。その際，国公法の右の罰則は，地方公務員法についての右の措置にもかかわらず，あえて削除されることなく今日に至っているのであるが，そのことは，ひとしく公務員であっても，国家公務員の場合は，地方公務員の場合と異なり，その政治的行為の禁止に対する違反が行政の中立的運営に及ぼす弊害に逕庭があることからして，罰則を存置することの必然性が，国民の代表機関である国会により，わが国の現実の社会的基盤に照らして，承認されてきたものとみることができる。

　そして，国公法の右の罰則を設けたことについて，政策的見地からする批判のあることはさておき，その保護法益の重要性にかんがみるときは，罰則制定の要否及び法定刑についての立法機関の決定がその裁量の範囲を著しく逸脱しているもので

あるとは認められない。特に，本件において問題とされる規則5項3号，6項13号の政治的行為は，特定の政党を支持する政治的目的を有する文書の掲示又は配布であって，前述したとおり，政治的行為の中でも党派的偏向の強い行動類型に属するものであり，公務員の政治的中立性を損うおそれが大きく，このような違法性の強い行為に対して国公法の定める程度の刑罰を法定したとしても，決して不合理とはいえず，したがって，右の罰則が憲法31条に違反するものということはできない。

(2) また，公務員の政治的行為の禁止が国民全体の共同利益を擁護する見地からされたものであって，その違反行為が刑罰の対象となる違法性を帯びることが認められ，かつ，その禁止が，前述のとおり，憲法21条に違反するものではないと判断される以上，その違反行為を構成要件として罰則を法定しても，そのことが憲法21条に違反することとなる道理は，ありえない。

(3) 右各判決は，たとえ公務員の政治的行為の禁止が憲法21条に違反しないとしても，その行為のもたらす弊害が軽微なものについてまで一律に罰則を適用することは，同条に違反するというのであるが，違反行為がもたらす弊害の大小は，とりもなおさず違法性の強弱の問題にほかならないのであるから，このような見解は，違法性の程度の問題と憲法違反の有為〔ママ〕の問題とを混同するものであって，失当というほかはない。

(4) 原判決は，さらに，規制の目的を達成しうる，より制限的でない他の選びうる手段があるときは，広い規制手段は違憲となるとしたうえ，被告人の本件行為に対する制裁としては懲戒処分をもって足り，罰則までも法定することは合理的にして必要最小限度を超え，違憲となる旨を判示し，第一審判決もまた，外国の立法例をあげたうえ，被告人の本件行為のような公務員の政治的行為の禁止の違反に対して罰則を法定することは違憲である旨を判示する。

しかしながら，各国の憲法の規定に共通するところがあるとしても，それぞれの国の歴史的経験と伝統はまちまちであり，国民の権利意識や自由感覚にもまた差異があるのであって，基本的人権に対して加えられる規制の合理性についての判断基準は，およそ，その国の社会的基盤を離れて成り立つものではないのである。これを公務員の政治的行為についてみるに，その規制を公務員自身の節度と自制に委ねるか，特定の政治的行為に限って禁止するか，特定の公務員のみに対して禁止するか，禁止違反に対する制裁をどのようなものとするかは，いずれも，それぞれの国の歴史的所産である社会的諸条件にかかわるところが大であるといわなければならない。したがって，外国の立法例は，一つの重要な参考資料ではあるが，右の社会的諸条件を無視して，それをそのままわが国にあてはめることは，決して正しい憲

法判断の態度ということはできない。

　いま，わが国公法の規定をみると，公務員の政治的行為の禁止の違反に対しては，一方で，前記のとおり，同法110条1項19号が罰則を科する旨を規定するとともに，他方では，同法82条が懲戒処分を課することができる旨を規定し，さらに同法85条においては，同一事件につき懲戒処分と刑事訴追の手続を重複して進めることができる旨を定めている。このような立法措置がとられたのは，同法による懲戒処分が，もともと国が公務員に対し，あたかも私企業における使用者にも比すべき立場において，公務員組織の内部秩序を維持するため，その秩序を乱す特定の行為について課する行政上の制裁であるのに対し，刑罰は，国が統治の作用を営む立場において，国民全体の共同利益を擁護するため，その共同利益を損う特定の行為について科する司法上の制裁であって，両者がその目的，性質，効果を異にするからにほかならない。そして，公務員の政治的行為の禁止に違反する行為が，公務員組織の内部秩序を維持する見地から課される懲戒処分を根拠づけるに足りるものであるとともに，国民全体の共同利益を擁護する見地から科される刑罰を根拠づける違法性を帯びるものであることは，前述のとおりであるから，その禁止の違反行為に対し懲戒処分のほか罰則を法定することが不合理な措置であるとはいえないのである。

　このように，懲戒処分と刑罰とは，その目的，性質，効果を異にする別個の制裁なのであるから，前者と後者を同列に置いて比較し，司法判断によって前者をもってより制限的でない他の選びうる手段であると軽々に断定することは，相当ではないというべきである。

　なお，政治的行為の定めを人事院規則に委任する国公法102条1項が，公務員の政治的中立性を損うおそれのある行動類型に属する政治的行為を具体的に定めることを委任するものであることは，同条項の合理的な解釈により理解しうるところである。そして，そのような政治的行為が，公務員組織の内部秩序を維持する見地から課される懲戒処分を根拠づけるに足りるものであるとともに，国民全体の共同利益を擁護する見地から科される刑罰を根拠づける違法性を帯びるものであることは，すでに述べたとおりであるから，右条項は，それが同法82条による懲戒処分及び同法110条1項19号による刑罰の対象となる政治的行為の定めを一様に委任するものであるからといって，そのことの故に，憲法の許容する委任の限度を超えることになるものではない。……」

3．結　論

「以上のとおり，被告人の本件行為に対し適用されるべき国公法110条1項19号の罰則は，憲法21条，31条に違反するものではなく，また，第一審判決及び原判決

の判示する事実関係のもとにおいて，右罰則を被告人の右行為に適用することも，憲法の右各法条に違反するものではない。……」

〔裁判官大隅健一郎，関根小郷，小川信雄，坂本吉勝の反対意見を除き，裁判官15人全員一致の意見〕

【判例15-2】

堀越事件判決(国家公務員法違反被告事件)

最二判平24・12・7刑集66巻12号1337頁　　　　　　　〔上告棄却〕

〔事実の概要〕

社会保険庁東京社会保険事務局目黒社会保険事務所に年金審査官として勤務していた厚生労働事務官のYは，2003(平成15)年11月9日施行の衆議院議員総選挙に際し，K党を支持する目的をもって，①同年10月19日午後0時3分頃～33分頃までの間，東京都中央区所在のB不動産ほか12か所に同党の機関紙(赤旗)の2003年10月号外(「いよいよ総選挙」で始まるもの)とK党を支持する政治的目的を有する無署名の文書(東京民報2003年10月号外)を配布し，②同月25日午前10時11分頃～15分頃までの間，同区所在のC方ほか55か所に前記の機関紙および東京民報を配布し，③同年11月3日午前10時6分頃～18分頃までの間，同区所在のD方ほか56か所に同党の機関紙の2003年10月号外(「憲法問題特集」で始まるもの)および同紙の2003年11月号外を配布した。これらのYの行為が国家公務員法(「本法」)第110条1項19号，第102条1項，人事院規則14—7(政治的行為)(「本規則」)第6項7号・13号(第5項3号)(以下では，これらの規定を合わせて「本件罰則規定」という)に当たるとして起訴された。なお，Yは本件当時，上記社会保険事務所の国民年金の資格に関する事務等を取り扱う国民年金業務課で，相談室付係長として相談業務を担当していたが，その業務は，全く裁量の余地のないものであった。さらに，Yには，年金支給の可否を決定したり，支給される年金額等を変更したりする権限はなく，保険料の徴収等の手続に関与することもなく，社会保険の相談に関する業務を統括管理していた副長の指導の下で，専門職として，相談業務を担当していただけで，人事や監督に関する権限も与えられていなかった。

第1審の東京地裁は，Yを有罪として罰金10万円，執行猶予2年に処した(平18・6・29)のに対し，控訴審の東京高裁は，本件配布行為は，裁量の余地のない職務を担当する，地方出先機関の管理職でもないYが，休日に，勤務先やその職務と関わりなく，勤務先の所在地や管轄区域から離れた自己の居住地の周辺で，公務員である

ことを明らかにせず，無言で，他人の居宅や事務所等の郵便受けに政党の機関紙や政治的文書を配布したことにとどまるものであると認定した上で，本件配布行為が本件罰則規定の保護法益である国の行政の中立的運営及びこれに対する国民の信頼の確保を侵害すべき危険性は，抽象的なものを含めて，全く肯認できないから，本件配布行為に対して本件罰則規定を適用することは，国家公務員の政治活動の自由に対する必要やむを得ない限度を超えた制約を加え，これを処罰の対象とするものといわざるを得ず，憲法21条1項及び31条に違反するとして，第1審判決を破棄し，Yを無罪とした(平22・3・29判タ1340号105頁)。そこで検察官側から上告がなされた。

〔判決理由〕

1. 国家公務員法第102条1項の目的・意味

「本法102条1項は，……行政の中立的運営を確保し，これに対する国民の信頼を維持することをその趣旨とするものと解される。すなわち，憲法15条2項は，『すべて公務員は，全体の奉仕者であって，一部の奉仕者ではない。』と定めており，国民の信託に基づく国政の運営のために行われる公務は，国民の一部でなく，その全体の利益のために行われるべきものであることが要請されている。その中で，国の行政機関における公務は，憲法の定める我が国の統治機構の仕組みの下で，議会制民主主義に基づく政治過程を経て決定された政策を忠実に遂行するため，国民全体に対する奉仕を旨として，政治的に中立に運営されるべきものといえる。そして，このような行政の中立的運営が確保されるためには，公務員が，政治的に公正かつ中立な立場に立って職務の遂行に当たることが必要となるものである。このように，本法102条1項は，公務員の職務の遂行の政治的中立性を保持することによって行政の中立的運営を確保し，これに対する国民の信頼を維持することを目的とするものと解される。

他方，国民は，憲法上，表現の自由(21条1項)としての政治活動の自由を保障されており，この精神的自由は立憲民主政の政治過程にとって不可欠の基本的人権であって，民主主義社会を基礎付ける重要な権利であることに鑑みると，上記の目的に基づく法令による公務員に対する政治的行為の禁止は，国民としての政治活動の自由に対する必要やむを得ない限度にその範囲が画されるべきものである。

このような本法102条1項の文言，趣旨，目的や規制される政治活動の自由の重要性に加え，同項の規定が刑罰法規の構成要件となることを考慮すると，同項にいう『政治的行為』とは，公務員の職務の遂行の政治的中立性を損なうおそれが，観念的なものにとどまらず，現実的に起こり得るものとして実質的に認められるもの

を指し、同項はそのような行為の類型の具体的な定めを人事院規則に委任したものと解するのが相当である。そして、その委任に基づいて定められた本規則も、このような同項の委任の範囲内において、公務員の職務の遂行の政治的中立性を損なうおそれが実質的に認められる行為の類型を規定したものと解すべきである。上記のような本法の委任の趣旨及び本規則の性格に照らすと、本件罰則規定に係る本規則6項7号、13号（5項3号）については、それぞれが定める行為類型に文言上該当する行為であって、公務員の職務の遂行の政治的中立性を損なうおそれが実質的に認められるものを当該各号の禁止の対象となる政治的行為と規定したものと解するのが相当である。このような行為は、それが一公務員のものであっても、行政の組織的な運営の性質等に鑑みると、当該公務員の職務権限の行使ないし指揮命令や指導監督等を通じてその属する行政組織の職務の遂行や組織の運営に影響が及び、行政の中立的運営に影響を及ぼすものというべきであり、また、こうした影響は、勤務外の行為であっても、事情によってはその政治的傾向が職務内容に現れる蓋然性が高まることなどによって生じ得るものというべきである。

　そして、上記のような規制の目的やその対象となる政治的行為の内容等に鑑みると、公務員の職務の遂行の政治的中立性を損なうおそれが実質的に認められるかどうかは、当該公務員の地位、その職務の内容や権限等、当該公務員がした行為の性質、態様、目的、内容等の諸般の事情を総合して判断するのが相当である。具体的には、当該公務員につき、指揮命令や指導監督等を通じて他の職員の職務の遂行に一定の影響を及ぼし得る地位（管理職的地位）の有無、職務の内容や権限における裁量の有無、当該行為につき、勤務時間の内外、国ないし職場の施設の利用の有無、公務員の地位の利用の有無、公務員により組織される団体の活動としての性格の有無、公務員による行為と直接認識され得る態様の有無、行政の中立的運営と直接相反する目的や内容の有無等が考慮の対象となるものと解される。

2．本件罰則規定の合憲性

　そこで、進んで本件罰則規定のが憲法21条1項、31条に違反するかを検討する。この点については、本件罰則規定による政治的行為に対する規制が必要かつ合理的なものとして是認されるかどうかによることになるが、これは、本件罰則規定の目的のために規制が必要とされる程度と、規制される自由の内容及び性質、具体的な規制の態様及び程度等を較量して決せられるべきものである（最大判昭58・6・22民集37巻5号793頁）。そこで、まず、本件罰則規定の目的は、前記のとおり、公務員の職務の遂行の政治的中立性を保持することによって行政の中立的運営を確保し、これに対する国民の信頼を維持することにあるところ、これは、議会制民主主義に基

づく統治機構の仕組みを定める憲法の要請にかなう国民全体の重要な利益というべきであり，公務員の職務の遂行の政治的中立性を損なうおそれが実質的に認められる政治的行為を禁止することは，国民全体の上記利益の保護のためであって，その規制の目的は合理的であり正当なものといえる。他方，本件罰則規定により禁止されるのは，民主主義社会において重要な意義を有する表現の自由としての政治活動の自由ではあるものの，〔前記1のとおり〕，禁止の対象とされるものは，公務員の職務の遂行の政治的中立性を損なうおそれが実質的に認められる政治的行為に限られ，このようなおそれが認められない政治的行為や本規則が規定する行為類型以外の政治的行為が禁止されるものではないから，その制限は必要やむを得ない限度にとどまり，前記の目的を達成するために必要かつ合理的な範囲のものというべきである。そして，上記の解釈の下における本件罰則規定は，不明確なものとも，過度に広汎な規制であるともいえないと解される。なお，このような禁止行為に対しては，服務規律違反を理由とする懲戒処分のみではなく，刑罰を科すことをも制度として予定されているが，これは，国民全体の上記利益を損なう影響の重大性等に鑑みて禁止行為の内容，態様等が懲戒処分等では対応しきれない場合も想定されるためであり，あり得べき対応というべきであって，刑罰を含む規制であることをもって直ちに必要かつ合理的なものであることが否定されるものではない。

　以上の諸点に鑑みれば，本件罰則規定は憲法21条1項，31条に違反するものではないというべきであり，このように解することができることは，当裁判所の判例（最大判昭49・11・6刑集28巻9号393頁〔＝【判例15-1】〕，最大判昭58・6・22民集37巻5号793頁，最大判昭59・12・12民集38巻12号1308頁〔＝【判例16-1】〕，最大判昭61・6・11民集40巻4号872頁，最大判平4・7・1民集46巻5号437頁，最大決平10・12・1民集52巻9号1761頁）の趣旨に徴して明らかである。

3．本件配布行為の可罰性

　次に，本件配布行為が本件罰則規定の構成要件に該当するかを検討するに，本件配布行為が本規則6項7号，13号(5項3号)が定める行為類型に文言上該当する行為であることは明らかであるが，公務員の職務の遂行の政治的中立性を損なうおそれが実質的に認められるものかどうかについて，前記諸般の事情を総合して判断する。

　前記のとおり，Yは，社会保険事務所に年金審査官として勤務する事務官であり，管理職的地位にはなく，その職務の内容や権限も，来庁した利用者からの年金の受給の可否や年金の請求，年金の見込額等に関する相談を受け，これに対し，コンピューターに保管されている当該利用者の年金に関する記録を調査した上，その情

報に基づいて回答し，必要な手続をとるよう促すという，裁量の余地のないものであった。そして，本件配布行為は，勤務時間外である休日に，国ないし職場の施設を利用せずに，公務員としての地位を利用することなく行われたものである上，公務員により組織される団体の活動としての性格もなく，公務員であることを明らかにすることなく，無言で郵便受けに文書を配布したにとどまるものであって，公務員による行為と認識し得る態様でもなかったものである。これらの事情によれば，本件配布行為は，管理職的地位になく，その職務の内容や権限に裁量の余地のない公務員によって，職務と全く無関係に，公務員により組織される団体の活動としての性格もなく行われたものであり，公務員による行為と認識し得る態様で行われたものでもないから，公務員の職務の遂行の政治的中立性を損なうおそれが実質的に認められるものとはいえない。そうすると，本件配布行為は本件罰則規定の構成要件に該当しないというべきである。」

「なお，原判決は，本件罰則規定をYに適用することが憲法21条1項，31条に違反するとしているが，そもそも本件配布行為は本件罰則規定の解釈上その構成要件に該当しないためその適用がないと解すべきであって，上記憲法の各規定によってその適用が制限されるものではないと解されるから，原判決中その旨を説示する部分は相当ではないが，それが判決に影響を及ぼすものでないことは明らかである。論旨は採用することができない。」

4．先例違反かどうか

所論引用の判例（前掲最大判昭49・11・6〔＝【判例15-1】〕）の事案は，特定の地区の労働組合協議会事務局長である郵便局職員が，同労働組合協議会の決定に従って選挙用ポスターの掲示や配布をしたというものであるところ，これは，上記労働組合協議会の構成員である職員団体の活動の一環として行われ，公務員により組織される団体の活動としての性格を有するものであり，勤務時間外の行為であっても，その行為の態様からみて当該地区において公務員が特定の政党の候補者を国政選挙において積極的に支援する行為であることが一般人に容易に認識され得るようなものであった。これらの事情によれば，当該公務員が管理職的地位になく，その職務の内容や権限に裁量の余地がなく，当該行為が勤務時間外に，国ないし職場の施設を利用せず，公務員の地位を利用することなく行われたことなどの事情を考慮しても，公務員の職務の遂行の政治的中立性を損なうおそれが実質的に認められるものであったということができ，行政の中立的運営の確保とこれに対する国民の信頼に影響を及ぼすものであった。

したがって，上記判例は，このような文書の掲示又は配布の事案についてのもの

であり，判例違反の主張は，事案を異にする判例を引用するものであって，本件に適切ではなく，所論は刑訴法 405 条の上告理由に当たらない。」

＊裁判官千葉勝美の補足意見　「猿払事件大法廷判決は，国家公務員の政治的行為に関し本件罰則規定の合憲性と適用の有無を判示した直接の先例となるものである。そこでは，特定の政党を支持する政治的目的を有する文書の掲示又は配布をしたという行為について，本件罰則規定に違反し，これに刑罰を適用することは，たとえその掲示又は配布が，非管理職の現業公務員でその職務内容が機械的労務の提供にとどまるものにより，勤務時間外に，国の施設を利用することなく，職務を利用せず又はその公正を害する意図なく，かつ，労働組合活動の一環として行われた場合であっても憲法に違反しない，としており，本件罰則規定の禁止する「政治的行為」に限定を付さないという法令解釈を示しているようにも読めなくはない。しかしながら，判決による司法判断は，全て具体的な事実を前提にしてそれに法を適用して事件を処理するために，更にはそれに必要な限度で法令解釈を展開するものであり，常に採用する法理論ないし解釈の全体像を示しているとは限らない。上記の政治的行為に関する判示部分も，飽くまでも当該事案を前提とするものである。」すなわち，猿払事件における被告人行為の性質・態様等については，勤務時間外に国の施設を利用せずに行われた行為が中心であるとはいえ，当該公務員の所属組織による活動の一環として当該組織の機関決定に基づいて行われ，当該地区において公務員が特定の政党の候補者の当選に向けて積極的に支援する行為であることが外形上一般人にも容易に認識されるものであるから，当該公務員の地位・権限や職務内容，勤務時間の内外を問うまでもなく，実質的にみて『公務員の職務の遂行の中立性を損なうおそれがある行為』であると認められるものである。このような事案の特殊性を前提にすれば，当該ポスター掲示等の行為が本件罰則規定の禁止する政治的行為に該当することが明らかであるから，上記のような『おそれ』の有無等を特に吟味するまでもなく（『おそれ』は当然認められるとして）政治的行為該当性を肯定したものとみることができる。」「猿払事件大法廷判決の上記判示は，本件罰則規定自体の抽象的な法令解釈について述べたものではなく，当該事案に対する具体的な当てはめを述べたものであり，本件とは事案が異なる事件についてのものであって，本件罰則規定の法令解釈において本件多数意見と猿払事件大法廷判決の判示とが矛盾・抵触するようなものではないというべきである。」「そうであれば，本件多数意見の判断の枠組み・合憲性の審査基準と猿払事件大法廷判決のそれとは，やはり矛盾・抵触するものでないというべきである。」「多数意見が，まず，本件罰

則規定について，憲法の趣旨を踏まえ，行政の中立的運営を確保し，これに対する国民の信頼を維持するという規定の目的を考慮した上で，慎重な解釈を行い，それが「公務員の職務遂行の政治的中立性を損なうおそれが実質的に認められる行為」を政治的行為として禁止していると解釈したのは，このような考え方に基づくものであり，基本法についての司法判断の基本的な姿勢ともいえる。」

＊裁判官須藤正彦の意見　「公務員の政治的行為によってその職務の遂行の政治的中立性が損なわれるおそれが生ずるのは，公務員の政治的行為と職務の遂行との間で一定の結び付き（牽連性）があるがゆえであり，しかもそのおそれが観念的なものにとどまらず，現実的に起こり得るものとして実質的に認められるものとなるのは，公務員の政治的行為からうかがわれるその政治的傾向がその職務の遂行に反映する機序あるいはその蓋然性について合理的に説明できる結び付きが認められるからである。そうすると，公務員の職務の遂行の政治的中立性が損なわれるおそれが実質的に生ずるとは，そのような結び付きが認められる場合を指すことになる。」「Yの本件配布行為は政治的傾向を有する行為ではあることは明らかであるが，勤務時間外である休日に，国ないし職場の施設を利用せず，かつ，公務員としての地位を利用することも，公務員であることを明らかにすることもなく，しかも，無言で郵便受けに文書を配布したにとどまるものであって，Yは，いわば，一私人，一市民として行動しているとみられるから，それは勤務外のものであると評価される。そうすると，Yの本件配布行為からうかがわれる政治的傾向がYの職務の遂行に反映する機序あるいは蓋然性について合理的に説明できる結び付きは認めることができず，公務員の職務の遂行の政治的中立性を損なうおそれが実質的に認められるとはいえないというべきである。したがって，Yの管理職的地位の有無，その職務の内容や権限における裁量の有無等を検討するまでもなく，Yの本件配布行為は本件罰則規定の構成要件に該当しないというべきである。」

第 *16* 講　検閲の禁止

1．言論・出版の自由が十分に確保されるためには，《検閲》が禁止されなければならない。憲法第21条2項前段は《検閲》制度を禁止して表現の自由の保障を制度的に補強しているということができる。

ここにいう《検閲》とは何かについては，従来から議論がある。すでに下

級審では**家永教科書裁判**の判決(⇨【判例18-1】)の中でこれに関連した判示がなされていたが，最高裁は，関税定率法第21条1項3号〔現行法では4号〕のいわゆる**税関検査の合憲性**が争われた事件に対する判決(⇨【判例16-1】)において，初めてこの問題を取り扱い，憲法第21条2項にいう《検閲》とは，「行政権が主体となって，思想内容等の表現物を対象とし，その一部又は全部の発表の禁止を目的として，対象とされる一定の表現物につき網羅的一般的に，発表前にその内容を審査した上，不適当と認めるものの発表を禁止することを，その特質として備えるものを指す」と定義した上で，税関検査はこの意味での《検閲》に当たらないと判示した。

　2．さらに，いわゆる「**北方ジャーナル**」**事件**判決(⇨【判例16-2】)においても，最高裁は，《検閲》の概念については上記税関検査合憲判決の論旨を基本的には踏襲して，《裁判所》による事前抑制は憲法の禁ずる《検閲》に当たらないとしつつ，裁判所によって名誉毀損表現を事前に差し止めることが，例外的に憲法第21条2項に違反しないための要件について判示した。またこの判決は出版物の頒布等の《事前差止》が憲法第21条1項の表現の自由の侵害にならないかどうかについても，興味深い判示をしている[1]。

　3．岐阜県青少年保護育成条例による有害図書規制に基づいて，岐阜県内の自動販売機に，予め岐阜県知事が指定した有害図書に該当するとされる雑誌類を収納したとして起訴された刑事事件において，最高裁は，【判例12-1】，【判例12-2】【判例23-3】を引用して，同条例の規定による有害図書の自動販売機への収納禁止の規制が，憲法21条1項に違反しないとし，また，憲法21条2項前段違反の主張についても，【判例16-1】【判例16-2】の趣旨に徴し明らかであるとした(最三判平元・9・19刑集43巻8号785頁)。

【判例16-1】
札幌税関検査違憲訴訟判決(輸入禁制品該当通知処分等取消請求事件)
最大判昭59・12・12民集38巻12号1308頁　　　　　　　　　〔上告棄却〕

---

1) この事件の経緯については，さしあたり，堀部政男＝植田義昭＝中村泰次「研究座談会『北方ジャーナル』事件最高裁大法廷判決」(『法律時報』58巻11号6頁以下)参照。

〔事実の概要〕

原告Xは欧米所在の商社に8ミリフィルム、雑誌、書籍等を注文したところ、これらの物件はX宛の郵便物として札幌中央郵便局に到着したが、税関検査の結果、それらは「性交行為が撮影又は掲載されている」がゆえに関税定率法第21条1項3号(当時)にいう「風俗を害すべき」物品であると判断されたので、函館税関札幌税関支署長Y_1はその旨をXに通知した。これを不服としてXは函館税関長Y_2に対して異議の申立をしたが、Y_2はこれを棄却する決定をしたので、この通知および決定の取消を、また国Y_3に対しては本件物件の引渡および慰藉料の支払を求めて訴えを提起した。第一審(札幌地判昭55・3・25判時961号29頁)は、検閲とは「公権力が外に発表されるべき思想の内容を予め審査し、不適当と認めるときはその発表を禁止すること」であると定義し、本件通知および決定は《検閲》に該当するとした。ただ、「若しこれを行わなければ社会公共の福祉にとって明白かつ差し迫った危険が存在する」ような、「事後的規制方法によっては規制としての実効性が望み得ない」場合には例外的に検閲が許される場合があるが、本件のごとき税関検査はその許される場合に当たらない、として上の通知および決定を取り消した(ただし本件物件の引渡および慰藉料の支払の請求については棄却)。Y_1Y_2の控訴を受けた札幌高裁は、本件処分のような「税関規制は、形式論理のうえでは、検閲の範疇に属する」としても、「我国の公の秩序並びに善良の風俗を維持するうえで極めて重要な制度」であり、「憲法の禁止する検閲に該当するものではない」として第一審判決を取り消した(札幌高判昭57・7・19判時1051号57頁)ので、Xから上告した。

> 関税定率法第21条1項3号〔現行法では関税法第69条の11第1項7号〕 左の各号に該当する貨物は、輸入してはならない。
> 　3　公安又は風俗を害すべき書籍、図画、彫刻物その他の物品
> 同条3項〔現行法では関税法第69条の11第3項〕　税関長は、関税法第6章に定めるところに従い輸入されようとする貨物のうちに第1項第4号に掲げる貨物に該当すると認めるのに相当の理由がある貨物があるときは、当該貨物を輸入しようとする者に対し、その旨を通知しなければならない。

〔判決理由〕

1．3号物件(現行法では7号物件)に関する輸入規制と検閲(憲法21条2項前段)

1　「憲法21条2項前段は、『検閲は、これをしてはならない。』と規定する。憲法が、表現の自由につき、広くこれを保障する旨の一般的規定を同条1項に置きながら、別に検閲の禁止についてかような特別の規定を設けたのは、検閲がその性質上表現の自由に対する最も厳しい制約となるものであることにかんがみ、これについては、公共の福祉を理由とする例外の許容(憲法12条、13条参照)をも認めない趣

旨を明らかにしたものと解すべきである。けだし，諸外国においても，表現を事前に規制する検閲の制度により思想表現の自由が著しく制限されたという歴史的経験があり，また，わが国においても，旧憲法下における出版法(明治26年法律第15号)，新聞紙法(明治42年法律第41号)により，文書，図画ないし新聞，雑誌等を出版直前ないし発行時に提出させた上，その発売，頒布を禁止する権限が内務大臣に与えられ，その運用を通じて実質的な検閲が行われたほか，映画法(昭和14年法律第66号)により映画フィルムにつき内務大臣による典型的な検閲が行われる等，思想の自由な発表，交流が妨げられるに至った経験を有するのであって，憲法21条2項前段の規定は，これらの経験に基づいて，検閲の絶対的禁止を宣言した趣旨と解されるのである。

　そして，前記のような沿革に基づき，右の解釈を前提として考究すると，憲法21条2項にいう『検閲』とは，行政権が主体となって，思想内容等の表現物を対象とし，その全部又は一部の発表の禁止を目的として，対象とされる一定の表現物につき網羅的一般的に，発表前にその内容を審査した上，不適当と認めるものの発表を禁止することを，その特質として備えるものを指すと解すべきである。

　2　そこで，3号物件に関する税関検査が憲法21条2項にいう『検閲』に当たるか否かについて判断する。

　(1)　税関検査の結果，輸入申告にかかる書籍，図画その他の物品や輸入される郵便物中にある信書以外の物につき，それが3号物件に該当すると認めるのに相当の理由があるとして税関長よりその旨の通知がされたときは，以後これを適法に輸入する途が閉ざされること前述のとおりであって，その結果，当該表現物に表された思想内容等は，わが国内においては発表の機会を奪われることとなる。また，表現の自由の保障は，他面において，これを受ける者の側の知る自由の保障をも伴うものと解すべきところ……，税関長の右処分により，わが国内においては，当該表現物に表された思想内容等に接する機会を奪われ，右の知る自由が制限されることとなる。これらの点において，税関検査が表現の事前規制たる側面を有することを否定することはできない。

　しかし，これにより輸入が禁止される表現物は，一般に，国外においては既に発表済みのものであって，その輸入を禁止したからといって，それは，当該表現物につき，事前に発表そのものを一切禁止するというものではない。また，当該表現物は，輸入が禁止されるだけであって，税関により没収，廃棄されるわけではないから，発表の機会が全面的に奪われてしまうというわけのものでもない。その意味において，税関検査は，事前規制そのものということはできない。

(2) 税関検査は，関税徴収手続の一環として，これに付随して行われるもので，思想内容等の表現物に限らず，広く輸入される貨物及び輸入される郵便物中の信書以外の物の全般を対象とし，3号物件についても，右のような付随的手続の中で容易に判定し得る限りにおいて審査しようとするものにすぎず，思想内容等それ自体を網羅的に審査し規制することを目的とするものではない。

(3) 税関検査は行政権によって行われるとはいえ，その主体となる税関は，関税の確定及び徴収を本来の職務内容とする機関であって，特に思想内容等を対象としてこれを規制することを独自の使命とするものではなく，また，前述のように，思想内容等の表現物につき税関長の通知がされたときは司法審査の機会が与えられているのであって，行政権の判断が最終的なものとされるわけではない。

以上の諸点を総合して考察すると，3号物件に関する税関検査は，憲法21条2項にいう『検閲』に当たらないものというべきである。なお，憲法上検閲を禁止する旨の規定が置かれている国を含め，諸外国において，一定の表現物に関する税関検査が行われていることも，右の結論と照応するものというべきである。

3　右の次第であるから，所論憲法21条2項前段違反の主張は理由がない。」

2．3号物件に関する輸入規制と表現の自由(憲法21条1項)

1　「本件においては，上告人あての郵便物中に猥褻な書籍，図画があるとして関税定率法21条1項3号の規定が適用されたものであるところ，同号の『風俗を害すべき書籍，図画』等の中に猥褻な書籍，図画等が含まれることは明らかであるから，同号の規定が所論のように明確性に欠けるか否かについてはのちに論及することとして，まず，これによる猥褻な書籍，図画等の輸入規制が憲法21条1項の規定に違反するかどうかについて検討する。

思うに，表現の自由は，憲法の保障する基本的人権の中でも特に重要視されるべきものであるが，さりとて絶対無制限なものではなく，公共の福祉による制限の下にあることは，いうまでもない。また，性的秩序を守り，最小限度の性道徳を維持することは公共の福祉の内容をなすものであって，猥褻文書の頒布等は公共の福祉に反するものであり，これを処罰の対象とすることが表現の自由に関する憲法21条1項の規定に違反するものでないことも，明らかである……。そして，わが国内における健全な性的風俗を維持確保する見地からするときは，猥褻表現物がみだりに国外から流入することを阻止することは，公共の福祉に合致するものであり，猥褻刊行物ノ流布及取引ノ禁止ノ為ノ国際条約(昭和11年条約3号)1条の規定が締約国に頒布等を目的とする猥褻な物品の輸入行為等を処罰することを義務づけていることをも併せ考えると，表現の自由に関する憲法の保障も，その限りにおいて制約

を受けるものというほかなく，前述のような税関検査による猥褻表現物の輸入規制は，憲法21条1項の規定に反するものではないというべきである。

　わが国内においては猥褻文書等に関する行為が処罰の対象となるのは，その頒布，販売及び販売の目的をもってする所持等であって(刑法175条)，単なる所持自体は処罰の対象とされていないから，最小限度の制約としては，単なる所持を目的とする輸入は，これを規制の対象から除外すべき筋合いであるけれども，いかなる目的で輸入されるかはたやすく識別され難いばかりでなく，流入した猥褻表現物を頒布，販売の過程に置くことが容易であることは見易い道理であるから，猥褻表現物の流入，伝播によりわが国内における健全な性的風俗が害されることを実効的に防止するには，単なる所持目的かどうかを区別することなく，その流入を一般的に，いわば水際で阻止することもやむを得ないものといわなければならない。

　また，このようにして猥褻表現物である書籍，図画等の輸入が一切禁止されることとなる結果，わが国内における発表の機会が奪われるとともに，国民のこれに接する機会も失われ，知る自由が制限されることとなるのは否定し難いところであるが，かかる書籍，図画等については，前述のとおり，もともとその頒布，販売は国内において禁止されており，これについての発表の自由も知る自由も，他の一般の表現物の場合に比し，著しく制限されているのであって，このことを考慮すれば，右のような制限もやむを得ないものとして是認せざるを得ない。

　2　上告人は，関税定率法21条1項3号の規定が明確性を欠き，その文言不明確の故に当該規定自体が違憲無効である旨主張するので，以下，この点について判断する。同号は，書籍，図画，彫刻物その他の物品のうち『公安又は風俗を害すべき』ものを輸入禁制品として掲げているが，これは，『公安』又は『風俗』という規制の対象として可分な二種のものを便宜一の条文中に規定したものと解されるので，本件においては，上告人に適用があるとされた『風俗』に関する部分についてのみ考究することとする。

　(1)　同法21条1項3号は，輸入を禁止すべき物品として，『風俗を害すべき書籍，図画』等と規定する。この規定のうち，『風俗』という用語そのものの意味内容は，性的風俗，社会的風俗，宗教的風俗等多義にわたり，その文言自体から直ちに一義的に明らかであるといえないことは所論のとおりであるが，およそ法的規制の対象として『風俗を害すべき書籍，図画』等というときは，性的風俗を害すべきもの，すなわち猥褻な書籍，図画等を意味するものと解することができるのであって，この間の消息は，旧刑法(明治13年太政官布告第36号)が『風俗ヲ害スル罪』の章の中に書籍，図画等の表現物に関する罪として猥褻物公然陳列と同販売の罪のみを規定

し，また，現行刑法上，表現物で風俗を害すべきものとして規制の対象とされるのは 175 条の猥褻文書，図画等のみであることによっても窺うことができるのである。

したがって，関税定率法 21 条 1 項 3 号にいう『風俗を害すべき書籍，図画』等との規定を合理的に解釈すれば，右にいう『風俗』とは専ら性的風俗を意味し，右規定により輸入禁止の対象とされるのは猥褻な書籍，図画等に限られるものということができ，このような限定的な解釈が可能である以上，右規定は，何ら明確性に欠けるものではなく，憲法 21 条 1 項の規定に反しない合憲的なものというべきである。以下，これを詳述する。

(2) 表現物の規制についての関係法令をみるのに，刑法の規定は前述のとおりであり，旧関税定率法 (明治 39 年法律第 19 号) 10 条 3 号及びこれを踏襲した関税定率法 21 条 1 項 3 号にいう『風俗を害すべき』との用語は，旧憲法下においては，当時施行されていた出版法が『風俗ヲ壊乱スルモノ』を，また新聞紙法が『風俗ヲ害スルモノ』を規制の対象としていた関係規定との対比において，『猥褻』を中核としつつ，なお『不倫』その他若干の観念を含む余地があったものと解され得るのである。しかしながら，日本国憲法施行後においては，右出版法，新聞紙法等の廃止により，猥褻物以外の表現物については，その頒布，販売等の規制が解除されたため，その限りにおいてその輸入を禁止すべき理由は消滅し，これに対し猥褻表現物については，なお刑法 175 条の規定の存置により輸入禁止の必要が存続しているのであって，以上にみるような一般法としての刑法の規定を背景とした『風俗』という用語の趣旨及び表現物の規制に関する法規の変遷に徴し，関税定率法 21 条 1 項 3 号にいう『風俗を害すべき書籍，図画』等を猥褻な書籍，図画等に限定して解釈することは，十分な合理性を有するものということができるのである。

(3) 表現の自由は，前述のとおり，憲法の保障する基本的人権の中でも特に重要視されるべきものであって，法律をもって表現の自由を規制するについては，基準の広汎，不明確の故に当該規制が本来憲法上許容されるべき表現にまで及ぼされて表現の自由が不当に制限されるという結果を招くことがないように配慮する必要があり，事前規制的なものについては特に然りというべきである。法律の解釈，特にその規定の文言を限定して解釈する場合においても，その要請は異なるところがない。したがって，表現の自由を規制する法律の規定について限定解釈をすることが許されるのは，その解釈により，規制の対象となるものとそうでないものとが明確に区別され，かつ，合憲的に規制し得るもののみが規制の対象となることが明らかにされる場合でなければならず，また，一般国民の理解において，具体的場合に当該表現物が規制の対象となるかどうかの判断を可能ならしめるような基準をその規

定から読みとることができるものでなければならない……。けだし，かかる制約を付さないとすれば，規制の基準が不明確であるかあるいは広汎に失するため，表現の自由が不当に制限されることとなるばかりでなく，国民がその規定の適用を恐れて本来自由に行い得る表現行為までも差し控えるという効果を生むこととなるからである。

(4) これを本件についてみるのに，猥褻表現物の輸入を禁止することによる表現の自由の制限が憲法21条1項の規定に違反するものでないことは，前述したとおりであって，関税定率法21条1項3号の『風俗を害すべき書籍，図画』等を猥褻な書籍，図画等のみを指すものと限定的に解釈することによって，合憲的に規制し得るもののみがその対象となることが明らかにされたものということができる。また，右規定において『風俗を害すべき書籍，図画』とある文言が専ら猥褻な書籍，図画を意味することは，現在の社会事情の下において，わが国内における社会通念に合致するものといって妨げない。そして，猥褻性の概念は刑法175条の規定の解釈に関する判例の蓄積により明確化されており，規制の対象となるものとそうでないものとの区別の基準につき，明確性の要請に欠けるところはなく，前記3号の規定を右のように限定的に解釈すれば，憲法上保護に値する表現行為をしようとする者を萎縮させ，表現の自由を不当に制限する結果を招来するおそれのないものということができる。

(5) 以上要するに，関税定率法21条1項3号の『風俗を害すべき書籍，図画』等の中に猥褻物以外のものを含めて解釈するときは，規制の対象となる書籍，図画等の範囲が広汎，不明確となることを免れず，憲法21条1項の規定の法意に照らして，かかる法律の規定は違憲無効となるものというべく，前記のような限定解釈によって初めて合憲なものとして是認し得るのである。

そして，本件のように，日本国憲法施行前に制定された法律の規定の如きについては，合理的な法解釈の範囲内において可能である限り，憲法と調和するように解釈してその効力を維持すべく，法律の文言にとらわれてその効力を否定するのは相当でない。

3 右の次第であるから，関税定率法21条1項3号にいう『風俗を害すべき書籍，図画』等とは，猥褻な書籍，図画等を指すものと解すべきであり，右規定は広汎又は不明確の故に違憲無効ということはできず，当該規定による猥褻表現物の輸入規制が憲法21条1項の規定に違反するものでないことは，上来説示のとおりである。したがって，所論憲法21条1項違反の主張は理由がなく，関税定率法の右規定の不明確を前提とする憲法29条，31条違反の主張は，すべて失当である。」

3．郵便物に関する税関検査と通信の秘密（憲法21条2項後段）

「憲法21条2項後段の規定は，郵便物については信書の秘密を保障するものであるが，関税法76条1項ただし書の規定によれば，郵便物に関する税関検査は，信書以外の物についてされるものであり，原審の適法に確定したところによると，本件の上告人あての郵便物は，いずれも信書には当たらないというのであるから，右郵便物についてした税関検査は，信書の秘密を侵すものではない。したがって，その余の所論に論及するまでもなく，憲法21条2項後段違反の主張は理由がない。」

4．本件貨物の関税定率法21条1項3号該当性

「原審の適法に確定した事実関係の下において，本件貨物がいずれも猥褻性を有し関税定率法21条1項3号にいう『風俗を害すべき書籍，図画』に該当するとした原審の判断は，正当として是認することができ，原判決に所論の違法はない……。」

＊裁判官大橋進，木戸口久治，角田禮次郎，矢口洪一の補足意見　　明治43年制定の現行の関税定率法は，制定当初から憲法施行後，その内容において何ら変更されることなく今日に至っている。かかる法律については，「その文言だけをみれば，憲法の規定に照らし若干の疑義を生ずる余地を残している規定があり得ることは否定できない。このような場合に，憲法と調和するように解釈することが可能なものについてまで，これを違憲無効とするのは相当でなく，合理的な法解釈の範囲内のものとして許される限りにおいて，憲法秩序と矛盾することのないように解釈し，その効力を肯認するのが相当」であり，「およそ憲法秩序と相いれないものであることが明らかな規定についてまで，まげてこれを憲法に適合するように解釈すべきであるとするものでないことはいうまでもない。」関税定率法21条1項3号の「風俗」に関する規定により輸入を禁止されるのが猥褻物に限られるとすることは相当であるとしても，なお，「風俗」という語の多義性にかんがみ，右規定の文言が適切を欠く嫌いを免れないことは否定できず，これが憲法に違反するものでないことは別として，右規定の文言をそのままに放置することは相当でなく，一読その意味を理解し得るような文言に改正されることが望ましい。なお，関税定率法21条1項3号の「公安」がいかなるものを指すかは極めて不明確であって，「風俗を害すべき……」等と異なり，前述のような合理的な限定解釈を施す余地がなく，右の部分は明確性を欠き又は広汎に失するものとして憲法21条1項に違反するとの疑いを免れない。「風俗」に関する部分につき前記のような改正がなされることが望ましいとする見解からすれば，「公安」に関する部分についても，併せて検討を加えるべきものであることを付言する。

＊裁判官藤﨑萬里の意見　　本件規定にいう「風俗」とは善良な風俗を意味し，抽象的には，社会一般の健全な道徳的，倫理的価値観によって支持された秩序を指すとしても，規定の文言は抽象的，包括的で，規制の対象が具体的，個別的に示されていない。文言の解釈としては，猥褻な表現物のほか，例えば極端に残虐な表現物も包含されるというべきで，この種の表現物が風俗を害するものであることを否定することはできない。ところが多数意見は，本件規定は猥褻表現物だけを指すものと限定的に解釈しうるから明確性に欠けるところはなく，その反面，このような限定解釈をしなければ本件規定自体が違憲無効となることを免れないとする。たしかに本件規定に明確性を欠くところがあることを否定しえないが，その不明確さは，それを含む規定自体を憲法21条1項との関係で違憲無効としなければならないほどのものではなく，本件規定を憲法に適合させるために限定的に解釈する必要もない。本来，表現の自由の保障は，すべての種類の表現につき一様に考える必要はなく，表現の内容等により保障の程度に差等があって然るべきである。猥褻な表現についても，これが憲法の基本的原理たる民主主義において最も重視されるべき政治的意見の発表の自由と同様に尊重されなければならないということはないはずである。また，表現の自由にとって本質的なものは表現の主体による積極的な発表の自由であって，受動的にこれに接してその内容を知る自由は二次的なものといってよい。本件規定による輸入規制は後者であって，憲法21条1項の基本理念からすれば重要度の低い部類に属する。また，反対意見にいわゆる萎縮的効果も，その実態は無きに等しく，表現の自由に対する実害が生ずることは考えられない。

＊裁判官伊藤正己，谷口正孝，安岡滿彦，島谷六郎の反対意見　　表現の自由を規制する法律が不明確で，国民に対して何が規制の対象となるかが明確な基準をもって示されていないときは，規制機関による恣意的な適用を招く危険がある結果，「国民はその規定の適用を恐れて本来自由にすることができる範囲に属する表現までをも差し控えるという効果の生ずることを否定できない」から，表現の自由規制立法の規定は，それ自体明確な基準を示すものでなければならない。本件法律の「風俗を害すべき書籍，図画」等の規定の中に猥褻表現物が含まれると解することは可能としても，それ以外に何が含まれるのかが不明確で，これを性的風俗に限定し，本件規定の規制の対象を猥褻表現物に限ると解すべき根拠はなく，この規定は，不明確であると同時に広汎に過ぎ，かつ，それが本来規制の許されるべきでない場合にも適用される可能性を無視し得ないから，憲法21条1項に違反し無効である。たとえばこれを「猥褻な書籍，図画」等といったより明確な規定にすることも可能であるから，ことさらに限定解釈を加えて合憲とするのは適切ではない。

---【判例*16*-2】---
『北方ジャーナル』事件判決(損害賠償請求事件)
最大判昭61・6・11 民集40巻4号872頁　　　　　　　　　〔上告棄却〕

〔事実の概要〕

1979(昭和54)年4月施行の北海道知事選挙に立候補を予定していた被上告人Y(被告・被控訴人)は、雑誌「北方ジャーナル」の同月号に「ある権力主義者の誘惑」と題する、Yの名誉を傷つける内容の記事が掲載・発表されようとしたことを知り、上告人X(原告・控訴人)を相手取ってその印刷・販売等の禁止を求めて札幌地裁に仮処分の申請をした。同地裁は無審尋でこれを認め、同誌の印刷・製本・販売・頒布を禁止する仮処分命令を発し(昭54・2・16)、特別上告に対し最高裁も簡単な理由でこの仮処分決定を支持した(昭56・10・2)。また第一審判決に対して株式会社北方ジャーナルXは、この仮処分申請とこれを認めた裁判所の命令が違法であるとして、国とYとを相手どり、損害賠償を請求して提訴していた(昭54・3・12)。第一審・第二審ともにXの請求を棄却したので、Xは本件仮処分による上記記事の事前差止が憲法21条2項の禁止する検閲に当たり、かつ、言論・出版の自由を保障した同条1項にも違反すると主張して上告した。

〔判決理由〕

1. 本件仮処分と検閲の禁止

憲法21条2項後段は、検閲の絶対的禁止を規定したものであるから(〔【判例*16*-1】〕)、他の論点に先立って、まず、この点に関する所論につき判断する。

憲法21条2項前段にいう検閲とは、行政権が主体となって、思想内容等の表現物を対象とし、その全部又は一部の発表の禁止を目的として、対象とされる一定の表現物につき網羅的一般的に、発表前にその内容を審査したうえ、不適当と認めるものの発表を禁止することを、その特質として備えるものを指すと解すべきことは、前掲大法廷判決の判示するところである。ところで、一定の記事を掲載した雑誌その他の出版物の印刷、製本、販売、頒布等の仮処分による事前差止めは、裁判の形式によるとはいえ、口頭弁論ないし債務者の審尋を必要的とせず、立証についても疎明で足りるとされているなど簡略な手続によるものであり、また、いわゆる満足的仮処分として争いのある権利関係を暫定的に規律するものであって、非訟的な要素を有することを否定することはできないが、仮処分による事前差止めは、表現物の内容の網羅的一般的な審査に基づく事前規制が行政機関によりそれ自体を目的として行われる場合とは異なり、個別的な私人間の紛争について、司法裁判所により、

当事者の申請に基づき差止請求権等の私法上の被保全権利の存否，保全の必要性の有無を審理判断して発せられるものであって，右判示にいう『検閲』には当たらないものというべきである。したがって，本件において，札幌地方裁判所が被上告人Yの申請に基づき上告人発行の『ある権力主義者の誘惑』と題する記事（以下「本件記事」という。）を掲載した月刊雑誌『北方ジャーナル』昭和54年4月号の事前差止めを命ずる仮処分命令（以下「本件仮処分」という。）を発したことは『検閲』に当たらない，とした原審の判断は正当であり，論旨は採用することができない。

2．本件仮処分と表現の自由

1　「論旨は，本件仮処分は，『検閲』に当たらないとしても，表現の自由を保障する憲法21条1項に違反する旨主張するので，以下に判断する。

㈠　所論にかんがみ，事前差止めの合憲性に関する判断に先立ち，実体法上の差止請求権の存否について考えるのに，人の品性，徳行，名声，信用等の人格的価値について社会から受ける客観的評価である名誉を違法に侵害された者は，損害賠償（民法710条）又は名誉回復のための処分（同法723条）を求めることができるほか，人格権としての名誉権に基づき，加害者に対し，現に行われている侵害行為を排除し，又は将来生ずべき侵害を予防するため，侵害行為の差止めを求めることができるものと解するのが相当である。けだし，名誉は生命，身体とともに極めて重大な保護法益であり，人格権としての名誉権は，物権の場合と同様に排他性を有する権利というべきであるからである。

㈡　しかしながら，言論，出版等の表現行為により名誉侵害を来す場合には，人格権としての個人の名誉の保護（憲法13条）と表現の自由の保障（同21条）とが衝突し，その調整を要することとなるので，いかなる場合に侵害行為としてその規制が許されるかについて憲法上慎重な考慮が必要である。

主権が国民に属する民主制国家は，その構成員である国民がおよそ一切の主義主張等を表明するとともにこれらの情報を相互に受領することができ，その中から自由な意思をもって自己が正当と信ずるものを採用することにより多数意見が形成され，かかる過程を通じて国政が決定されることをその存立の基礎としているのであるから，表現の自由，とりわけ，公共的事項に関する表現の自由は，特に重要な憲法上の権利として尊重されなければならないものであり，憲法21条1項の規定は，その核心においてかかる趣旨を含むものと解される。もとより，右の規定も，あらゆる表現の自由を無制限に保障しているものではなく，他人の名誉を害する表現は表現の自由の濫用であって，これを規制することを妨げないが，右の趣旨にかんがみ，刑事上及び民事上の名誉毀損に当たる行為についても，当該行為が公共の利害

に関する事実にかかり，その目的が専ら公益を図るものである場合には，当該事実が真実であることの証明があれば，右行為には違法性がなく，また，真実であることの証明がなくても，行為者がそれを真実であると誤信したことについて相当の理由があるときは，右行為には故意又は過失がないと解すべく，これにより人格権としての個人の名誉の保護と表現の自由の保障との調和が図られているものであることは，当裁判所の判例とするところであり……，このことは，侵害行為の事前規制の許否を考察するに当たっても考慮を要するところといわなければならない。

　㈢　次に，裁判所の行う出版物の頒布等の事前差止めは，いわゆる事前抑制として憲法21条1項に違反しないか，について検討する。

　⑴　表現行為に対する事前抑制は，新聞，雑誌その他の出版物や放送等の表現物がその自由市場に出る前に抑止してその内容を読者ないし聴視者の側に到達させる途を閉ざし又はその到達を遅らせてその意義を失わせ，公の批判の機会を減少させるものであり，また，事前抑制たることの性質上，予測に基づくものとならざるをえないこと等から事後制裁の場合よりも広汎にわたり易く，濫用の虞があるうえ，実際上の抑止的効果が事後制裁の場合より大きいと考えられるのであって，表現行為に対する事前抑制は，表現の自由を保障し検閲を禁止する憲法21条の趣旨に照らし，厳格かつ明確な要件のもとにおいてのみ許容されうるものといわなければならない。

　出版物の頒布等の事前差止めは，このような事前抑制に該当するものであって，とりわけ，その対象が公務員又は公職選挙の候補者に対する評価，批判等の表現行為に関するものである場合には，そのこと自体から，一般にそれが公共の利害に関する事項であるということができ，前示のような憲法21条1項の趣旨……に照らし，その表現が私人の名誉権に優先する社会的価値を含み憲法上特に保護されるべきであることにかんがみると，当該表現行為に対する事前差止めは，原則として許されないものといわなければならない。ただ，右のような場合においても，その表現内容が真実でなく，又はそれが専ら公益を図る目的のものでないことが明白であって，かつ，被害者が重大にして著しく回復困難な損害を被る虞があるときは，当該表現行為はその価値が被害者の名誉に劣後することが明らかであるうえ，有効適切な救済方法としての差止めの必要性も肯定されるから，かかる実体的要件を具備するときに限って，例外的に事前差止めが許されるものというべきであり，このように解しても上来説示にかかる憲法の趣旨に反するものとはいえない。

　⑵　表現行為の事前抑制につき以上説示するところによれば，公共の利害に関する事項についての表現行為に対し，その事前差止めを仮処分手続によって求める場

合に，一般の仮処分命令手続のように，専ら迅速な処理を旨とし，口頭弁論ないし債務者の審尋を必要的とせず，立証についても疎明で足りるものとすることは，表現の自由を確保するうえで，その手続的保障として十分であるとはいえず，しかもこの場合，表現行為者側の主たる防禦方法は，その目的が専ら公益を図るものであることと当該事実が真実であることとの立証にあるのである（前記㈡参照）から，事前差止めを命ずる仮処分命令を発するについては，口頭弁論又は債務者の審尋を行い，表現内容の真実性等の主張立証の機会を与えることを原則とすべきものと解するのが相当である。ただ，差止めの対象が公共の利害に関する事項についての表現行為である場合においても，口頭弁論を開き又は債務者の審尋を行うまでもなく，債権者の提出した資料によって，その表現内容が真実でなく，又はそれが専ら公益を図る目的のものでないことが明白であり，かつ，債権者が重大にして著しく回復困難な損害を被る虞があると認められるときは，口頭弁論又は債務者の審尋を経ないで差止めの仮処分命令を発したとしても，憲法21条の前示の趣旨に反するものということはできない。けだし，右のような要件を具備する場合に限って無審尋の差止めが認められるとすれば，債務者に主張立証の機会を与えないことによる実害はないといえるからであり，また，一般に満足的仮処分の決定に対しては債務者は異議の申立てをするとともに当該仮処分の執行の停止を求めることもできると解される……から，表現行為者に対しても迅速な救済の途が残されているといえるのである。」

2 「以上の見地に立って，本件をみると，

㈠ 原審の適法に確定した事実関係の概要は，次のとおりである。

⑴ 被上告人Yは，昭和38年5月から同49年9月までの間，旭川市長の地位にあり，その後同50年4月の北海道知事選挙に立候補し，更に同54年4月施行予定の同選挙にも同年2月の時点で立候補する予定であった。

⑵ 上告人代表者は，本件記事の原稿を作成し，上告人はこれを昭和54年2月23日頃発売予定の本件雑誌（同年4月号，予定発行部数第一刷25,000部）に掲載することとし，同年2月8日校了し，印刷その他の準備をしていた。本件記事は，北海道知事たる者は聡明で責任感が強く人格が清潔で円満でなければならないと立言したうえ，被上告人Yは右適格要件を備えていないとの論旨を展開しているところ，同被上告人の人物論を述べるに当たり，同被上告人は「嘘と，ハッタリと，カンニングの巧みな」少年であったとか，「Y（中略）のようなゴキブリ共」「言葉の魔術者であり，インチキ製品を叩き売っている（政治的な）大道ヤシ」「天性の嘘つき」「美しい仮面にひそむ，醜悪な性格」「己れの利益，己れの出世のためなら，手段を選ばない

オポチュニスト」「メス犬の尻のような市長」「広三の素顔は，昼は人をたぶらかす詐欺師，夜は闇に乗ずる凶賊で，云うならばマムシの道三」などという表現をもって同被上告人の人格を評し，その私生活につき，「クラブ(中略)のホステスをしていた新しい女(中略)を得るために，罪もない妻を卑劣な手段を用いて離別し，自殺せしめた」とか「老父と若き母の寵愛をいいことに，異母兄たちを追い払」ったことがあると記し，その行動様式は「常に保身を考え，選挙を意識し，極端な人気とり政策を無計画に進め，市民に奉仕することより，自己宣伝に力を強め，利権漁りが巧みで，特定の業者とゆ着して私腹を肥やし，汚職を蔓延せしめ」「巧みに法網をくぐり逮捕はまぬかれ」ており，知事選立候補は「知事になり権勢をほしいままにするのが目的である。」とする内容をもち，同被上告人は「北海道にとって真に無用有害な人物であり，社会党が本当に革新の旗を振るなら，速やかに知事候補を変えるべきであろう。」と主張するものであり，また，標題にそえ，本文に先立って「いま北海道の大地に広三という名の妖怪が蠢めいている　昼は蝶に，夜は毛虫に変身して赤レンガに棲みたいと啼く　その毒気は人々を惑乱させる。今こそ，この化物の正体を……」との文章を記すことになっていた。

(3)　被上告人Yの代理人弁護士菅沼文雄らは，昭和54年2月16日札幌地方裁判所に対し，債権者を同被上告人，債務者を上告人及び山藤印刷株式会社とし，名誉権の侵害を予防するとの理由で本件雑誌の執行官保管，その印刷，製本及び販売又は頒布の禁止等を命ずる第一審判決添付の主文目録と同旨の仮処分決定を求める仮処分申請をした。札幌地方裁判所裁判官は，同日，右仮処分申請を相当と認め，右主文目録記載のとおりの仮処分決定をした。その後，札幌地方裁判所執行官においてこれを執行した。

㈡　右確定事実によれば，本件記事は，北海道知事選挙に重ねて立候補を予定していた被上告人Yの評価という公共的事項に関するもので，原則的には差止めを許容すべきでない類型に属するものであるが，前記のような記事内容・記述方法に照らし，それが同被上告人に対することさらに下品で侮辱的な言辞による人身攻撃等を多分に含むものであって，到底それが専ら公益を図る目的のために作成されたものということはできず，かつ，真実性に欠けるものであることが本件記事の表現内容及び疎明資料に徴し本件仮処分当時においても明らかであったというべきところ，本件雑誌の予定発行部数(第一刷)が25,000部であり，北海道知事選挙を2か月足らず後に控えた立候補予定者である同被上告人としては，本件記事を掲載する本件雑誌の発行によって事後的には回復しがたい重大な損失を受ける虞があったということができるから，本件雑誌の印刷，製本及び販売または頒布の事前差止めを命

じた本件仮処分は，差止請求権の存否にかかわる実体面において憲法上の要請をみたしていたもの（前記1㈢(1)参照）というべきであるとともに，また，口頭弁論ないし債務者の審尋を経たものであることは原審の確定しないところであるが，手続面においても憲法上の要請に欠けるところはなかったもの（同(2)参照）ということができ，結局，本件仮処分に所論違憲の廉はなく，右違憲を前提とする本件仮処分申請の違憲ないし違法の主張は，前提を欠く。

3　更に，所論は，原審が，本件記事の内容が名誉毀損に当たるか否かにつき事実審理をせず，また，被上告人Yらの不法に入手した資料に基づいて，本件雑誌の頒布の差止めを命じた本件仮処分を是認したものであるうえ，右資料の不法入手は通信の秘密の不可侵を定めた憲法21条2項後段に違反するともいうが，記録によれば，原審が事実審理のうえ本件記事の内容が名誉毀損に当たることが明らかである旨を認定判断していることが認められ，また，同被上告人らの資料の不法入手の点については，原審においてその事実は認められないとしており，所論は，原審の認定にそわない事実に基づく原判決の非難にすぎないというほかない。

4　したがって，以上と同趣旨の原審の判断は，正当として是認することができ，その過程に所論の違憲，違法はないものというべきである。論旨は，採用することができない。……」

＊**裁判官伊藤正己の補足意見**　　表現の自由を制約するものの中でも，「とりわけ事前の規制に関する場合には，それが合憲とされるためにみたすべき基準は，事後の制裁の場合に比していっそう厳しいものとならざるを得ない……。もとより，事前の規制といっても多様なものがあるから，これに画一的に判断」基準を設定することは困難であるし，画一的な基準はむしろ適切とはいえない。本件で問題とされている，表現行為に対する裁判所の仮処分手続による差止めが検閲に当たらないことは明らかとしても，「単に規制を行う機関が裁判所であるという一事によって，直ちにその差止めが『検閲』から程遠いものとするのは速断にすぎる」。裁判所の仮処分による差止めは，①「表現行為が受け手に到達するに先立って公権力をもって抑止するもの」であって，「差止めを受けた表現は，思想の自由市場，すなわち，いかなる表現も制限なしにもち出され，表現には表現をもって対抗することが予定されている場合にあらわれる機会を奪われる点」において，②裁判所の審査が「表現の外面上の点のみならず，その思想内容そのものにも及ぶ」点において，③仮処分手続は，「司法手続とはいっても非訟的な要素を帯びる手続で，ある意味で行政手続に近似した性格をもっており，またその手続も簡単で，とくに不利益を受ける債務

者の意見が聞かれる機会のないこともある点」において,「検閲」に類似する側面を帯有する事前の規制であることも否定できない。それゆえ,「差止請求権の要件についても,憲法の要請をうけて相当に厳しい基準によって判断」すべきである。

　この基準について,まず考えられるのは,(1)利益較量によって判断する方法であるが,精神的自由権にかかわる場合には,単に具体的事件ごとにそこでの諸事情を総合勘案して利益較量を行うのではなく,この較量の際の指標となるべき基準を求めなければならない。その点で,類型別の利益較量(大橋裁判官の補足意見)は,「較量に一定のルールを与え,規制の許される場合を明確化するもの」として有用な見解ではあるが,類型別の利益較量は,表現行為に対する事後の制裁の合憲性を判断する際には適切であるとしても,事前の規制の場合には,それがかえって事前の規制である点の考慮を稀薄にするのではないか。(2)つぎに,谷口裁判官のいういわゆる「現実の悪意」〔actual malice〕の基準が考えられるが,「たとえ公的人物を対象とする名誉毀損の場合に限るとしても,これを事前の規制に対する判断基準として用いること」には若干の疑問がある。現実の悪意の推認は「表現行為者の主観に立ち入るものである」だけに,とくにその者の「意見を聞くことなしにこの基準を用いることは,妥当を欠くものと思われる。」むしろ(3)多数意見のように(公益に反し,真実でないことの)顕著な明白性を要求する限り,裁判所による差止めを許しても事前の規制に伴う弊害があるということはできないであろう。

　こうみてくると,「公的な人物,とりわけ公職選挙の候補者,公務員とくに公職選挙で選ばれる公務員や政治ないし行政のあり方に影響力を行使できる公務員に対する名誉毀損は,本件のような特異な例外的場合を除いて,仮処分によって事前に差し止めることはできないことになると思われ」,「少なくとも公的な人物を対象とする場合には,表現の自由の価値が重視され,被害者が救済をうけることができるとしても,きわめて限られた例外を除いて,その救済は,事後の制裁を通じてされるものとするほかはないと思われる。」

　＊裁判官大橋進の補足意見(裁判官牧圭次同調)　　差止請求権をどのような場合に肯定すべきかという問題は,基本的には,互いに衝突する人格権としての個人の名誉の保護と表現の自由の保障との調和と均衡をどのような点に求めるべきか(比較較量)という問題であるが,その際,「表現行為により批判の対象とされた人物の公的性格ないし事実の公共性,表現内容の公益性・真実性,表現行為者の意図,名誉侵害の程度,マス・メディアの種類・性格」等の諸般の事情を個別的具体的に考慮して判断する考えは左袒できない。むしろ,「名誉の価値と表現行為の価値との比較較量を,表現行為をできるだけ類型化し,類型化された表現行為の一般的利益と

これと対立する名誉の一般的利益とを比較較量して判断するという類型的較量によるのが相当である」。

＊裁判官長島敦の補足意見(略)

＊裁判官谷口正孝の意見　「真実に反する情報の流通が他人の名誉を侵害・毀損する場合に，真実に反することの故をもって直ちに名誉毀損に当たり民事上，刑事上の責任を問われるということになれば，一般の市民としては，表現内容が真実でないことが判明した場合にその法的責任を追及されることを慮り，これを危惧する結果，いきおい意見の発表ないし情報の提供を躊躇することになろう。」このような「自己検閲」を防止するためには，「真実に反した言論をも許容することが必要となる」。「誤った言論にも，自由な討論に有益なものとして積極的に是認しうる面があり，真実に反する言論にも，それを保護し，それを表現させる自由を保障する必要性・有益性のあることを肯定しなければならない。」「しかし，その表現行為がいわゆる現実の悪意をもってされた場合，換言すれば，表現にかかる事実が真実に反し虚偽であることを知りながらその行為に及んだとき又は虚偽であるか否かを無謀にも無視して表現行為に踏み切った場合には，表現の自由の優越的保障は後退し，その保護を主張しえないものと考える。」したがって，「専ら公益を図る目的のものでないというような不確定な要件を理由として公的問題に関する雑誌記事等の事前差止めを認めること」は，表現の自由の保障に対する歯止めとはならない。

「公的問題に関する雑誌記事等の事前の差止めについては，表現内容が真実に反することにつき表現行為をする者に現実の悪意のあることを要件とすると考える」ので，この種の記事について，裁判所が事前差止めを命ずる仮処分命令を発するについては，多数意見の示すとおり口頭弁論を開き，債務者を審尋し，主張，立証の機会を与えなければならないことは当然で，「その場合，債務者に対し，表現内容にかかる事実の真実性を一応推測させる程度の相当な合理的根拠・資料があり，表現行為がそのような根拠・資料に基づいてなされたことの主張，立証の機会が与えられなければならないものと考える。」しかし，「この手続的要件を充足しない場合，すなわち，口頭弁論ないし債務者の審尋を経ないで発した裁判所の仮処分手続による差止命令が常に必ずしも憲法21条2項，1項の規定の趣旨に反するものと断じ切ることはできない」と思われ，「差止めの対象が公務員又は公選による公職の候補者に対する評価，批判等，公共の利害に関する事項についての表現行為である場合」においても，（本件のように現実の悪意のあったことが明白な）極めて例外的な事例について，口頭弁論を開き債務者の審尋を行なうまでもなく，「債権者の提出した資料によって，その表現内容が真実でなく，それが債務者の現実の悪意をもってなされた

ものであることが表現方法，内容に照らし極めて明白であるときは，以上の手続要件を充足せず差止めの仮処分命令を発したとしても」，憲法の趣旨に反するものとはいえない。

〔以上の補足意見及び意見を除き，裁判官 14 名の一致した意見〕

第5章　学問の自由の保障と教育の自由

第17講　学問の自由と大学の自治

　1．《学問の自由》を憲法典の中で明文で保障するのは，1849年のフランクフルト憲法以来のドイツ憲法の伝統である（⇨〖資料7〗および〖資料8〗参照）。明治憲法には学問の自由に関する規定はなく，現行憲法に初めて登場した規定であるが，憲法第23条の文言は，現行憲法の規定中，第65条と並んで最も短く，憲法制定議会の審議においても，この自由の範囲や，これを「保障する」ことの意味等について，かなりの論議を呼んだ。

　2．本条の内容としては，一般には，①学問研究活動の自由，②その成果の発表の自由，③教授の自由，および④大学の自治が挙げられる。これらのうち①は憲法第19条の内心の自由の一部を成すものであり，また②は表現の自由の学問的側面であるということができ，これらの自由は広く国民一般に保障されていると考えられている。しかし③については，大学における教授の自由のみならず，下級教育機関の教師の「教育の自由」も含むものかどうか，議論がある（⇨【判例18-1】）。いわゆる**ポポロ事件**に関する最高裁判決（⇨【判例17-1】）では，この点は消極的に解されている。またこの判決は，とくに警察権との関係で④の《大学の自治》の問題にも言及しつつ，その範囲を限定的に解し，学生は基本的には《大学の自治》の主体ではなく，その《反射的利益》を享受しうる地位にあるにすぎないとされている[1]。

---

1) 大学への警察権力の立入りが問題となった事例としては，他にも，たとえば愛知大学事件（名古屋高判昭45・8・25判時609号7頁）がある。

【判例17-1】
ポポロ事件判決(暴力行為等処罰ニ関スル法律違反被告事件)
最大判昭38・5・22刑集17巻4号370頁　　　　　　　　　〔破棄差戻〕

〔事実の概要〕

昭和25年7月末頃以降，東京大学構内で警備情報収集のための警備活動を続けていた東京警視庁本富士警察署の警官4名は，昭和27年2月20日，同大学法文経25番教室において，反植民地闘争デーの一環として，同大学公認の劇団ポポロ主催の演劇発表会が開かれることを知り，一般市民と同様に入場券を買い求

> **暴力行為等処罰ニ関スル法律第1条**
> 団体若ハ多衆ノ威力ヲ示シ，団体若ハ多衆ヲ仮装シテ威力ヲ示シ又ハ兇器ヲ示シ若ハ数人共同シテ刑法第208条〔暴行〕，第222条〔脅迫〕又ハ第261条〔器物損壊・傷害〕ノ罪ヲ犯シタル者ハ3年以下ノ懲役又ハ30万円以下ノ罰金ニ処ス

めて私服で同教室内に入り，会の模様を監視していたが，学生に発見され，退出しようとしたところを，うち3人が学生達により捕えられ写真を撮られた上，警察手帳を一時取り上げられたりした。被告人(学生)はこれらの警官に暴行を加えたとして，暴力行為等処罰ニ関スル法律第1条違反で起訴された。

第一審の東京地裁は，被告人らの行為は，「それ自体としては一見，逮捕，監禁，暴行等の可罰的違法類型に該当するかの如くに見える」が，それは「憲法23条を中心にして形成される重大な国家的国民的法益の侵害に対し，徒らにこれを黙過することなく，将来再び違法な警察活動が学内において繰返されざらんことを期し，これを実効的に防止する手段の一つとして」なされたものであり，「官憲の違法行為を目前に見て徒らに坐視し，これに対する適切な反抗と抗議の手段を尽さないことは，自ら自由を廃棄することにもなるであろう。自由は，これに対する侵害に対して絶えず一定の防衛の態勢をとって護って行かなくては侵され易いものである。」本件行為は，その結果侵害される「警官の個人的法益」よりも「はるかに重大な利益，価値」である「憲法的秩序保全という国家的，国民的利益」を擁護せんとしたものであり，「法令上正当な行為として罪とならない」として被告人らに無罪を言い渡した[2](東京地判昭29・5・11判時26号3頁)。検察側の控訴も棄却された(東京高判昭31・

---

2) この第一審判決が「もっとも明瞭な形で抵抗権を認めた」ものと評するものもある(家永三郎『歴史の中の憲法』(下)東京大学出版会，1977年，521頁)。この点については，初宿「抵抗権」杉原泰雄編／講座・憲法学の基礎2『憲法学の基礎概念Ⅱ』勁草書房，1983年，237頁以下参照。

5・8判時77号5頁)ので，上告がなされた。最高裁は下記のような理由で第一審の東京地裁に差し戻した。その後，差戻し後の第一審判決(東京地判昭40・6・26判時417号11頁)で有罪(懲役4〜6月，いずれも執行猶予2年)となり，被告人側からの控訴も棄却され(東京高判昭41・9・14判時476号19頁)，さらに上告も棄却されて(最一判昭48・3・22刑集27巻2号167頁)，事件発生後21年を経てようやく決着がついた。

〔判決理由〕

「学問の自由は，学問的研究の自由とその研究結果の発表の自由とを含むものであって，同条が学問の自由はこれを保障すると規定したのは，一面において，広くすべての国民に対してそれらの自由を保障するとともに，他面において，大学が学術の中心として深く真理を探究することを本質とすることにかんがみて，特に大学におけるそれらの自由を保障することを趣旨としたものである。教育ないし教授の自由は，学問の自由と密接な関係を有するけれども，必ずしもこれに含まれるものではない。しかし，大学については，憲法の右の趣旨と，これに沿って学校教育法52条〔現行法では83条〕が『大学は，学術の中心として，広く知識を授けるとともに，深く専門の学芸を教授研究』することを目的とするとしていることとに基づいて，大学において教授その他の研究者がその専門の研究の結果を教授する自由は，これを保障されると解するのを相当とする。すなわち，教授その他の研究者は，その研究の結果を大学の講義または演習において教授する自由を保障されるのである。そして，以上の自由は，すべて公共の福祉による制限を免れるものではないが，大学における自由は，右のような大学の本質に基づいて，一般の場合よりもある程度で広く認められると解される。

大学における学問の自由を保障するために，伝統的に大学の自治が認められている。この自治は，とくに大学の教授その他の研究者の人事に関して認められ，大学の学長，教授その他の研究者が大学の自主的判断に基づいて選任される。また，大学の施設と学生の管理についてもある程度で認められ，これらについてある程度で大学に自主的な秩序維持の権能が認められている。

このように，大学の学問の自由と自治は，大学が学術の中心として深く真理を探究し，専門の学芸を教授研究することを本質とすることに基づくから，直接には教授その他の研究者の研究，その結果の発表，研究結果の教授の自由とこれらを保障するための自治とを意味すると解される。大学の施設と学生は，これらの自由と自治の効果として，施設が大学当局によって自治的に管理され，学生も学問の自由と施設の利用を認められるのである。もとより，憲法23条の学問の自由は，学生も一般の国民と同じように享有する。しかし，大学の学生としてそれ以上に学問の自由

を享有し，また大学当局の自治的管理による施設を利用できるのは，大学の本質に基づき，大学の教授その他の研究者の有する特別な学問の自由と自治の効果としてである。

大学における学生の集会も，右の範囲において自由と自治を認められるものであって，大学の公認した学内団体であるとか，大学の許可した学内集会であるとかいうことのみによって，特別な自由と自治を享有するものではない。学生の集会が真に学問的な研究またはその結果の発表のためのものでなく，実社会の政治的社会的活動に当る行為をする場合には，大学の有する特別の学問の自由と自治は享有しないといわなければならない。また，その集会が学生のみのものでなく，とくに一般の公衆の入場を許す場合には，むしろ公開の集会と見なされるべきであり，すくなくともこれに準じるものというべきである。

本件の東大劇団ポポロ演劇発表会は，……実社会の政治的社会的活動に当る行為にほかならないのであって，本件集会はそれによってもはや真に学問的な研究と発表のためのものでなくなるといわなければならない。また，……右発表会の会場には，東京大学の学生および教職員以外の外来者が入場券を買って入場していたのであって，本件警察官も入場券を買って自由に入場したのである。これによって見れば，一般の公衆が自由に入場券を買って入場することを許されたものと判断されるのであって，本件の集会は決して特定の学生のみの集会とはいえず，むしろ公開の集会と見なされるべきであり，すくなくともこれに準じるものというべきである。そうして見れば，本件集会は，真に学問的な研究と発表のためのものでなく，実社会の政治的社会的活動であり，かつ公開の集会またはこれに準じるものであって，大学の学問の自由と自治は，これを享有しないといわなければならない。したがって，本件の集会に警察官が立ち入ったことは，大学の学問の自由と自治を犯す〔ママ〕ものではない。」

＊**裁判官入江俊郎，奥野健一，山田作之助，斎藤朔郎の共同補足意見**　学問の自由には学生の「学ぶ自由」も含まれるから，警官が「単に警備情報の収集を目的と」して大学内に立ち入ることは学問の自由ないし大学の自治を侵害することになるが，本件集会は「真に学問的研究や，その発表のための集会とは認められ」ず，本件立入行為は違法ではないが，本件集会は少なくとも大学における屋内集会であるから，本件立入りは「集会の自由」の侵害である。しかし，本件暴行は警官の違法行為を「阻止，排除するため」に「緊急にして必要已むを得ない行為であった」とは認められず，違法性を阻却しない。

＊**裁判官垂水克己の補足意見**　憲法 23 条にいう学問とは，本来の意味では，深い真理（真の事実を含む）の専門的，体系的探究解明をいい，哲学およびあらゆる自然科学，社会科学を含むが，倫理学，文学，美学等には，世界観，人生観等哲学や高い美の探究創造が含まれることがあり，高い芸術の探究創造は本来の意味の学問と同様に自由が保障されるべきであるから，憲法 23 条にいう「学問」には芸術を含むと解される。憲法上の学芸の自由をもつのは，「その意思と能力を持って専門的に研究する学者，芸術家個人」であるが，「かような学者，芸術家の多数が自由独立の立場で学芸を研究，解明する永続的，組織的中心である公私立の大学はまたその構成員たる学者，芸術家個人とは別に大学自体として学芸の自由を憲法上保障される。」しかし，「大学における或る教授の担任学科が演劇ないし芸術である場合に，その学科を研究する学生がその教授を受け若しくはその指導の下に演劇を行い或いは鑑賞する行為はまさに憲法上の自由に属する」けれども，演劇専門外の法学，理学，医学部等の学生が本件のような行為をすることは深い学問又は高い芸術の専門的研究ではない。……

＊**裁判官石坂修一の補足意見**　第一審判決およびこれを維持する原判決は，頗る薄弱な事実認定の上に立って，徒らに超法規的な正当行為論を想定展開した憾みがある。

＊**裁判官横田正俊の意見**　原審は，劇団ポポロの実体，本件集会の真の目的，その現実のあり方，許可に際し大学当局はこの集会の目的，内容をどのように理解していたか等本件集会の実態を明らかにするために必要な事項に関し審理又は判断をよく尽くしていないうらみがあることを否みえないから，それを尽くさせるために原審に差し戻すべきである。

〔以上の各意見を除き，裁判官 13 人全員一致の意見。〕

第 *18* 講　教育を受ける権利と教育の自由

1．憲法第 26 条の保障する「教育を受ける権利」は，従来は，むしろいわゆる《社会権》として分類されてきた。たしかに，同条は親権者がその子女を教育するについての自由を包含しており，その意味ではこの権利は《自由権》としての側面も有している（学校選択の自由，家庭教育の自由等）が，現代国家にあっては単にそれだけにとどまらず，国家に対して，教育制度の充実等を

通じて適切な教育の場を提供すべきこと等を要求する権利をも含んでおり，その意味では《社会権》として捉えうる側面も有しているといえる。

　2．この規定に含まれる権利の内容のうち，同条2項の保障する「義務教育の無償」の意味についても，無償範囲法定説，授業料無償説，就学必需費無償説等の対立があるが，最高裁は授業料無償説を採っている（最大判昭39・2・26民集18巻2号343頁）。

　3．初等・中等教育機関の教師も憲法第23条の《学問の自由》を有していることは当然としても，教師の《教育の自由》ないし《教授の自由》も同条の保障するところであるといえるかどうか。従来，学説は下級教育機関における教育の本質等を根拠にこれを消極に解しており，上述のポポロ事件判決（⇨【判例17-1】）において最高裁も，この点につき，傍論ながら，「教育ないし教授の自由は，学問の自由と密接な関係を有するけれども，必ずしもこれに含まれるものではない」等としていた。いわゆる**家永教科書裁判**の第一次訴訟に対する第一審判決（いわゆる高津判決）でも同様であるが，**第二次訴訟に関す

---

1) **家永教科書検定訴訟**　元東京教育大学教授家永三郎の提起した教科書検定訴訟は，現在までに第三次訴訟まで提起されている。1965（昭和40）年に提起された**第一次訴訟**は，原告の執筆にかかる高校用日本史教科書『新日本史』の検定手続における条件付許可処分等に伴う印税等の逸失利益の賠償と慰謝料を求めた損害賠償請求訴訟で，上記の地裁判決（東京地判昭49・7・16判時751号47頁），東京高裁判決（昭61・3・19判時1188号1頁）を経て，最高裁判所が上告棄却の判決を出して決着した（最三判平5・3・16民集47巻5号3483頁）。また**第二次訴訟**（検定不合格処分取消訴訟）は，原告の請求を認容した第一審判決（⇨【判例18-1】）のあと，控訴審（東京高判昭50・12・20行集26巻12号1446頁）は「教科書検定制度の憲法違反の有無について審理判断する必要はない」として憲法判断を回避しつつも，被告の控訴を棄却した。上告審判決（最一判昭57・4・8民集36巻4号594頁）は，文部〔科学〕省の指導要領の改訂により「訴えの利益」があるかどうかについて再検討させるべく，高裁に差戻した。差戻し審（東京高判平元・6・27判時1317号36頁）は改めて訴えの利益なしとし，原告が上告を断念して確定した。さらに，中国大陸への「侵略」等に関する記述についての文部〔科学〕大臣の修正指示の違法を主張して損害賠償を請求した**第三次訴訟**については，地裁判決（東京地判平元・10・3判タ709号63頁）が請求の一部を認容し，控訴審判決（東京高判平5・10・20判時1473号3頁）も，上記の2つの最高裁判決の趣旨に基づいて，第一審判決が棄却した請求も一部認容した。最高裁判所は，基本的には第一次訴訟に関する上記の平成5年判決の枠組に従いながらも，個々の検定意見について詳細に検討し，いわゆる「七三一部隊」に関する修正意見には「看過し難い過誤があり，裁量権を逸脱した違法がある」として，一部について破棄自判した（最三判平9・8・29民集51巻7号2921頁）。

る第一審判決(いわゆる杉本判決(⇨【判例18-1】)はこれを積極に解している。この判決は《教育の自由》について，いわゆる《国民教育権説》(教育の自由についての積極説)に依拠しているのに対し，上記の高津判決は基本的にいわゆる《国家教育権説》(教育の自由についての消極説)に依拠している。最高裁は，**旭川学力テスト事件**判決(⇨【判例18-2】)において，この両説をいずれも極端として斥け，折衷説とも言うべきものを打ち出したが，どちらかといえば消極説的側面の方に重点が置かれているように思われる。

学説においては，ここにいう教師の《教育の自由》を憲法第23条にではなく，憲法第26条に根拠づけるもの，憲法第13条に帰せしめるもの，現行の教育基本法第16条にその根拠を求めるもの等，種々に見解が分かれている。

―【判例18-1】――――――――――――――――――――――――
家永教科書検定第二次訴訟第一審判決(検定処分取消訴訟事件)
東京地判昭45・7・17判時604号29頁　　　　　　　　　　〔請求認容〕

〔事実の概要〕

原告(家永)は第一次訴訟提起後，条件付合格となった新日本史五訂版に改訂を加え，昭和41年11月に検定申請したところ，「歴史をささえる人々」という見出しを付された4箇所を含む6箇所につき不合格処分を受けたので，この処分の取消しを求めて出訴した。ここでは判決理由が長大なので，これを相当省略して引用する。

〔判決理由〕

「憲法26条……の規定は，憲法25条をうけて，いわゆる生存権的基本権のいわば文化的側面として，国民一人一人にひとしく教育を受ける権利を保障し，その反面として，国に対し右の教育を受ける権利を実現するための立法その他の措置を講ずべき責務を負わせたものであって，国民とくに子どもについて教育を受ける権利を保障したものということができる。」「教育の本質にかんがみると，前記の子どもの教育を受ける権利に対応して子どもを教育する責務をになうのは親を中心として国民全体であると考えられる。」「してみれば，国家は，右のような国民の教育責務の遂行を助成するためにもっぱら責任を負うものであって，その責任を果たすために国家に与えられる権能は，教育内容に対する介入を必然的に要請するものではなく，教育を育成するための諸条件を整備することであると考えられ，国家が教育内容に

「介入をすることは基本的には許されないというべきである。」

「憲法23条は、教師に対し、学問研究の自由はもちろんのこと学問研究の結果自らの正当とする学問的見解を教授する自由をも保障していると解するのが相当である。もっとも、実際問題として現在の教師には学問研究の諸条件が整備されているとはいいがたく、したがって教育ないし教授の自由は主として大学における教授（教師）について認められるというべきであろうが、下級教育機関における教師についても、基本的には、教育の自由の保障は否定されていないというべきである。」

「教科書検定は、……国の行政機関である文部〔科学〕大臣が教科書の発行に先だち、申請教科書について審査を加え、その結果検定において不合格とされた図書を教科書として出版することを禁止するものであって、その法的性格は事前の許可と解せられるのであるが、しかし出版に関する事前許可制がすべて検閲に該当するわけでないことはいうまでもない。してみると、右の審査が思想内容に及ぶものでない限り、教科書検定は検閲に該当しないものというべきである。」「なお、ここで思想内容の審査とは、政治思想のみならず、広く精神活動の成果に対する審査をいい、したがって、学問研究の成果としての学問的見解（学説）に対する審査も当然にこれに含まれると解すべきである。」

「教育基本法10条の趣旨とするところは、……教育行政ことに国の教育行政は教育目的を遂行するに必要な教育施設の管理、就学義務の監督その他の教育の外的事項についての条件整備の確立を目標として行う責務を負うが、教育課程その他の教育の内的事項については一定の限度を超えてこれに権力的に介入することは許されず、このような介入は不当な支配に該当するというにあると解するを相当とする。」「これを教科書検定についてみるに、教科書検定における審査は教科書の誤記、誤植、その他の客観的に明らかな誤り、教科書の造本その他教科書についての技術的事項および教科書内容が教育課程の大綱的基準の枠内にあるかの諸点にとどめられるべきものであって、審査が右の限度を超えて、教科書の記述内容の当否にまで及ぶときには、検定は教育基本法10条に違反するというべきである。」

「本件検定不合格処分は、いずれも教科書に盛られた執筆者の思想（学問研究の成果）内容を事前審査するものというべきであるから、憲法21条2項の禁止する検閲に該当し、同時に、教科書の誤

旧教育基本法第10条（教育行政）

①教育は、不当な支配に服することなく、国民全体に対し直接に責任を負つて行われるべきものである。

②教育行政は、この自覚のもとに、教育の目的を遂行するに必要な諸条件の整備確立を目標として行われなければならない。

〔現行法では第16条に相当する〕

記，誤植その他の著者の学問的見解にかかわらない客観的に明白な誤りとはいえない記述内容の当否に介入するものであるから，教育基本法10条に違反するものといわざるをえない。」

〔東京地方裁判所民事第二部　裁判長裁判官　杉本良吉，裁判官　中平健吉。裁判官　岩井俊は転勤のため署名捺印することができない。〕

【判例18-2】

旭川学力テスト事件判決(建造物侵入，暴力行為等処罰ニ関スル法律違反被告事件)

最大判昭51・5・21刑集30巻5号615頁　　〔一部破棄自判，一部上告棄却〕

〔事実の概要〕

文部省〔文部科学省〕は昭和35年秋頃，全国の中学校2，3年の全生徒を対象とする一せい学力調査(学力テスト)を企画し，各都道府県教育委員会に対し地教行法(地方教育行政の組織及び運営に関する法律)第54条2項に基づき，この調査及びその結果に関する資料，報告の提出を求めた。そこで北海道教委(教育委員会)は

> 地教行法第54条2項　文部科学大臣は地方公共団体の長又は教育委員会に対し，都道府県委員会は市町村長又は市町村委員会に対し，それぞれ都道府県又は市町村の区域内の教育に関する事務に関し，必要な調査，統計その他の資料又は報告の提出を求めることができる。

昭和36年6月20日付の教育長名の通達により，各市町村教委にこの調査及びその結果に関する資料，報告の提出を求め，これを受けた旭川市教委は，同年10月23日，市立の各中学校長に対し，本件学力テストの実施を命じた。被告人Sほか3名は同月26日，旭川市立永山中学校において実施予定の本件学力テストを阻止する目的をもって，校長の制止にもかかわらず校舎内に侵入し，校長の要求を受けたにもかかわらず退去せず，校長が調査を開始するや，市教委派遣の職員および校長に対し，共同して暴行・脅迫を加えた，として，建造物侵入罪，公務執行妨害罪，暴行罪に問われた。第一審の旭川地裁は，建造物侵入罪と共同暴行罪の成立は認めたが，本件学力調査は重大な違法であるとして，公務執行妨害罪の成立を否定した(昭41・5・25)ので，検察官，被告人らの双方が控訴した。しかし第二審の札幌高裁は各控訴を棄却した(昭43・6・26)ので，双方から上告がなされた。最高裁は弁護人側からの上告を棄却し，検察官の上告に対しては，職権で次のように判断した。

〔判決理由〕
1. 子どもの教育と教育権能の帰属の問題

(一)「子どもの教育は、子どもが将来一人前の大人となり、共同社会の一員としてその中で生活し、自己の人格を完成、実現していく基礎となる能力を身につけるために必要不可欠な営みであり、それはまた、共同社会の存続と発展のためにも欠くことのできないものである。この子どもの教育は、その最も始源的かつ基本的な形態としては、親が子との自然的関係に基づいて子に対して行う養育、監護の作用の一環としてあらわれるのであるが、しかしこのような私事としての親の教育及びその延長としての私的施設による教育をもってしては、近代社会における経済的、技術的、文化的発展と社会の複雑化に伴う教育要求の質的拡大及び量的増大に対応しきれなくなるに及んで、子どもの教育が社会における重要な共通の関心事となり、子どもの教育をいわば社会の公共的課題として公共の施設を通じて組織的かつ計画的に行ういわゆる公教育制度の発展をみるに至り、現代国家においては、子どもの教育は、主としてこのような公共施設としての国公立の学校を中心として営まれるという状態になっている。

ところで、右のような公教育制度の発展に伴って、教育全般に対する国家の関心が高まり、教育に対する国家の支配ないし介入が増大するに至った一方、教育の本質ないしはそのあり方に対する反省も深化し、その結果、子どもの教育は誰が支配し、決定すべきかという問題との関連において、上記のような子どもの教育に対する国家の支配ないし介入の当否及びその限界が極めて重要な問題として浮かびあがるようになった。このことは、世界的な現象であり、これに対する解決も、国によってそれぞれ異なるが、わが国においても戦後の教育改革における基本的問題の一つとしてとりあげられたところである。……したがって、この問題を考察するにあたっては、広く、わが国おいて憲法以下の教育関係法制が右の基本的問題に対していかなる態度をとっているかという全体的な観察の下で、これを行わなければならない。

(二) ところで、わが国の法制上子どもの教育の内容を決定する権能が誰に帰属するとされているかについては、二つの極端に対立する見解があり、そのそれぞれが検察官及び弁護人の主張の基底をなしているようにみうけられる。すなわち、一の見解は、……法律は、当然に、公教育における教育の内容及び方法についても包括的にこれを定めることができ、また、教育行政機関も、法律の授権に基づく限り、広くこれらの事項について決定権限を有する、と主張する。これに対し、他の見解は、……権力主体としての国の子どもの教育に対するかかわり合いは、……国民の教育義務の遂行を側面から助成するための諸条件の整備に限られ、子どもの教育の

内容及び方法については，国は原則として介入権能をもたず，教育は，その実施にあたる教師が，その教育専門家としての立場から，国民全体に対して教育的，文化的責任を負うような形で，その内容及び方法を決定，遂行すべきものであ……る，と主張するのである。

　当裁判所は，右の二つの見解はいずれも極端かつ一方的であり，そのいずれをも全面的に採用することはできないと考える。……」

2．憲法と子どもに対する教育権能

㈠　憲法中教育そのものについて直接の定めをしている規定は憲法26条である……。この規定は，福祉国家の理念に基づき，国が積極的に教育に関する諸施設を設けて国民の利用に供する責務を負うことを明らかにするとともに，子どもに対する基礎的教育である普通教育の絶対的必要性にかんがみ，親に対し，その子女に普通教育を受けさせる義務を課し，かつ，その費用を国において負担すべきことを宣言したものであるが，この規定の背後には，国民各自が，一個の人間として，また，一市民として，成長，発達し，自己の人格を完成，実現するために必要な学習をする固有の権利を有すること，特に，みずから学習することのできない子どもは，その学習要求を充足するための教育を自己に施すことを大人一般に対して要求する権利を有するとの観念が存在していると考えられる。換言すれば，子どもの教育は，教育を施す者の支配的権能ではなく，何よりもまず，子どもの学習をする権利に対応し，その充足をはかりうる立場にある者の責務に属するものとしてとらえられているのである。

　しかしながら，このように，子どもの教育が，専ら子どもの利益のために，教育を与える者の責務として行われるべきものであるということからは，このような教育の内容及び方法を，誰がいかにして決定すべく，また，決定することができるかという問題に対する一定の結論は，当然には導き出されない。すなわち，同条が，子どもに与えるべき教育の内容は，国の一般的な政治的意思決定手続によって決定されるべきか，それともこのような政治的意思の支配，介入から全く自由な社会的，文化的領域内の問題として決定，処理されるべきかを，直接一義的に決定していると解すべき根拠は，どこにもみあたらないのである。」

㈡　「確かに，憲法の保障する学問の自由は，単に学問研究の自由ばかりでなく，その結果を教授する自由をも含むと解されるし，更にまた，専ら自由な学問的探究と勉学を旨とする大学教育に比してむしろ知識の伝達と能力の開発を主とする普通教育の場においても，例えば教師が公権力によって特定の意見のみを教授することを強制されないという意味において，また，子どもの教育が教師と子どもとの間

の直接の人格的接触を通じ，その個性に応じて行われなければならないという本質的要請に照らし，教授の具体的内容及び方法につきある程度自由な裁量が認められなければならないという意味においては，一定の範囲における教授の自由が保障されるべきことを肯定できないではない。しかし，大学教育の場合には，学生が一応教授内容を批判する能力を備えていると考えられるのに対し，普通教育においては，児童生徒にこのような能力がなく，教師が児童生徒に対して強い影響力，支配力を有することを考え，また，普通教育においては，子どもの側に学校や教師を選択する余地が乏しく，教育の機会均等をはかる上からも全国的に一定の水準を確保すべき強い要請があること等に思いをいたすときは，普通教育における教師に完全な教授の自由を認めることは，とうてい許されないところといわなければならない。」

㈢ 「思うに，子どもはその成長の過程において他からの影響によって大きく左右されるいわば可塑性をもつ存在であるから，子どもにどのような教育を施すかは，その子どもが将来どのような大人に育つかに対して決定的な役割をはたすものである。それ故，子どもの教育の結果に利害と関心をもつ関係者が，それぞれその教育の内容及び方法につき深甚な関心を抱き，それぞれの立場からその決定，実施に対する支配権ないしは発言権を主張するのは，極めて自然な成行きということができる。子どもの教育は，……専ら子どもの利益のために行われるべきものであり，本来的には右の関係者らがその目的の下に一致協力して行うべきものであるけれども，何が子どもの利益であり，また，そのために何が必要であるかについては，意見の対立が当然に生じうるのであって，そのために教育内容の決定につき矛盾，対立する主張の衝突が起こるのを免れることができない。憲法がこのような矛盾対立を一義的に解決すべき一定の基準を明示的に示していないことは，上に述べたとおりである。そうであるとすれば，憲法の次元におけるこの問題の解釈としては，右の関係者らのそれぞれの主張のよって立つ憲法上の根拠に照らして各主張の妥当すべき範囲を画するのが，最も合理的な解釈というべきである。

そして，この観点に立って考えるときは，まず親は，子どもに対する自然的関係により，子どもの将来に対して最も深い関心をもち，かつ，配慮をすべき立場にある者として，子どもの教育に対する一定の支配権，すなわち子女の教育の自由を有すると認められるが，このような親の教育の自由は，主として家庭教育等学校外における教育や学校選択の自由にあらわれるものと考えられるし，また，私学教育における自由や前述した教師の教授の自由も，それぞれ限られた一定の範囲においてこれを肯定するのが相当であるけれども，それ以外の領域においては，一般に社会公共的な問題について国民全体の意思を組織的に決定，実現すべき立場にある国は，

国政の一部として広く適切な教育政策を樹立，実施すべく，また，しうる者として，憲法上は，あるいは子ども自身の利益の擁護のため，あるいは子どもの成長に対する社会公共の利益と関心にこたえるため，必要かつ相当と認められる範囲において，教育内容についてもこれを決定する権能を有するものと解さざるをえず，これを否定すべき理由ないし根拠は，どこにもみいだせないのである。もとより，政党政治の下で多数決原理によってされる国政上の意思決定は，さまざまな政治的要因によって左右されるものであるから，本来人間の内面的価値に関する文化的営みとして，党派的な政治的観念や利害によって支配されるべきでない教育にそのような政治的影響が深く入り込む危険があることを考えるときは，教育内容に対する右のごとき国家的介入についてはできるだけ抑制的であることが要請されるし，殊に個人の基本的自由を認め，その人格の独立を国政上尊重すべきのとしている憲法の下においては，子どもが自由かつ独立の人格として成長することを妨げるような国家的介入，例えば，誤った知識や一方的な観念を子どもに植えつけるような内容の教育を施すことを強制するようなことは，憲法26条，13条の規定上からも許されないと解することができるけれども，これらのことは，前述のような子どもの教育内容に対する国の正当な理由に基づく合理的な決定権能を否定する理由となるものではないといわなければならない。」

3．教基法10条の解釈

㈠ 「教基法は，憲法において教育のあり方の基本を定めることに代えて，わが国の教育及び教育制度全体を通じる基本理念と基本原理を宣明することを目的として制定されたものであって，戦後のわが国の政治，社会，文化の各方面における諸改革中最も重要な問題の一つとされていた教育の根本的改革を目途として制定された諸立法の中で中心的地位を占める法律であり，このことは，同法の前文の文言及び各規定の内容に徴しても，明らかである。それ故，同法における定めは，形式的には通常の法律規定として，これと矛盾する他の法律規定を無効にする効力をもつものではないけれども，一般に教育関係法令の解釈及び運用については，法律自体に別段の規定がない限り，できるだけ教基法の規定及び同法の趣旨，目的に沿うように考慮が払われなければならないというべきである。

ところで，教基法は，その前文の示すように，憲法の精神にのっとり，民主的で文化的な国家を建設して世界の平和と人類の福祉に貢献するためには，教育が根本的重要性を有するとの認識の下に，個人の尊厳を重んじ，真理と平和を希求する人間の育成を期するとともに，普遍的で，しかも個性豊かな文化の創造をめざす教育が今後におけるわが国の教育の基本理念であるとしている。これは，戦前のわが国

の教育が，国家による強い支配の下で形式的，画一的に流れ，時に軍国主義的又は極端な国家主義的傾向を帯びる面があったことに対する反省によるものであり，右の理念は，これを更に具体化した同法の各規定を解釈するにあたっても，強く念頭に置かれるべきものであることは，いうまでもない。

㈡　本件で問題とされている教基法10条〔現行法の16条〕は，教育と教育行政との関係についての基本原理を明らかにした極めて重要な規定であり，……この規定の解釈については，検察官の主張と原判決が大筋において採用したと考えられる弁護人の主張との間に顕著な対立があるが，その要点は，⑴　第一に，教育行政機関が法令に基づいて行政を行う場合は右教基法10条1項にいう『不当な支配』に含まれないと解すべきかどうかであり，⑵　第二に，同条2項にいう教育の目的を遂行するに必要な諸条件の整備確立とは，主として教育施設の設置管理，教員配置等のいわゆる教育の外的事項に関するものを指し，教育課程，教育方法等のいわゆる内的事項については，教育行政機関の権限は原則としてごく大綱的な基準の設定に限られ，その余は指導，助言的作用にとどめられるべきものかどうかである，と考えられる。

㈢　まず，⑴の問題について考えるのに，前記教基法10条1項は，その文言からも明らかなように，教育が国民から信託されたものであり，したがって教育は，右の信託にこたえて国民全体に対して直接責任を負うように行われるべく，その間において不当な支配によってゆがめられることがあってはならないとして，教育が専ら教育本来の目的に従って行われるべきことを示したものと考えられる。これによってみれば，同条項が排斥しているのは，教育が国民の信託にこたえて右の意味において自主的に行われることをゆがめるような『不当な支配』であって，そのような支配と認められない限り，その主体のいかんは問うところでないと解しなければならない。それ故，論理的には，教育行政機関が行う行政でも，右にいう『不当な支配』にあたる場合がありうることを否定できず，問題は，教育行政機関が法令に基づいてする行為が『不当な支配』にあたる場合がありうるかということに帰着する。思うに，憲法に適合する有効な他の法律の命ずるところをそのまま執行する教育行政機関の行為がここにいう『不当な支配』となりえないことは明らかであるが，……他の教育関係法律は教基法の規定及び同法の趣旨，目的に反しないように解釈されなければならないのであるから，教育行政機関がこれらの法律を運用する場合においても，当該法律規定が特定的に命じていることを執行する場合を除き，教基法10条1項にいう『不当な支配』とならないように配慮しなければならない拘束を受けているものと解されるのであり，その意味において，教基法10条1項は，

いわゆる法令に基づく教育行政機関の行為にも適用があるものといわなければならない。

(四) そこで，次に，上記(2)の問題について考える……。

思うに，子どもの教育が，教師と子どもとの間の直接の人格的接触を通じ，子どもの個性に応じて弾力的に行われなければならず，そこに教師の自由な創意と工夫の余地が要請されることは原判決の説くとおりであるし，また，教基法が前述のように戦前における教育に対する過度の国家的介入，統制に対する反省から生まれたものであることに照らせば，同法10条が教育に対する権力的介入，特に行政権力によるそれを警戒し，これに対して抑制的態度を表明したものと解することは，それなりの合理性を有するけれども，このことから，教育内容に対する行政の権力的介入が一切排除されているものであるとの結論を導き出すことは，早計である。さきにも述べたように，憲法上，国は，適切な教育政策を樹立，実施する権能を有し，国会は，国の立法機関として，教育の内容及び方法についても，法律により，直接に又は行政機関に授権して必要かつ合理的な規制を施す権限を有するのみならず，子どもの利益のため又は子どもの成長に対する社会公共の利益のためにそのような規制を施すことが要請される場合もありうるのであり，国会が教基法においてこのような権限の行使を自己限定したものと解すべき根拠はない。むしろ教基法10条は，国の教育統制権能を前提としつつ，教育行政の目標を教育の目的の遂行に必要な諸条件の整備確立に置き，その整備確立のための措置を講ずるにあたっては，教育の自主性尊重の見地から，これに対する『不当な支配』となることのないようにすべき旨の限定を付したところにその意味があり，したがって，教育に対する行政権力の不当，不要の介入は排除されるべきであるとしても，許容される目的のために必要かつ合理的と認められるそれは，たとえ教育の内容及び方法に関するものであっても，必ずしも同条の禁止するところではないと解するのが，相当である。

……国の教育行政機関が法律の授権に基づいて義務教育に属する普通教育の内容及び方法について遵守すべき基準を設定する場合には，教師の創意工夫の尊重等教基法10条に関してさきに述べたとこのほか，後述する教育に関する地方自治の原則をも考慮し，右教育における機会均等の確保と全国的な一定の水準の維持という目的のために必要かつ合理的と認められる大綱的なそれにとどめられるべきものと解しなければならないけれども，右の大綱的基準の範囲に関する原判決の見解は，狭きに失し，これを採用することはできないと考える。これを前記学習指導要領についていえば，文部大臣は，学校教育法38条，106条〔旧規定〕による中学校の教科に関する事項を定める権限に基づき，普通教育に属する中学校における教育の内

容及び方法につき，上述のような教育の機会均等の確保等の目的のために必要かつ合理的な基準を設定することができるものと解すべきところ，本件当時の中学校学習指導要領の内容を通覧するのに，おおむね，中学校において地域差，学校差を超えて全国的に共通なものとして教授されることが必要な最小限度の基準と考えても必ずしも不合理とはいえない事項が，その根幹をなしていると認められるのであり，その中には，ある程度細目にわたり，かつ，詳細に過ぎ，また必ずしも法的拘束力をもって地方公共団体を制約し，又は教師を強制するのに適切でなく，また，はたしてそのように制約し，ないしは強制する趣旨であるかどうか疑わしいものが幾分含まれているとしても，右指導要領の下における教師による創造的かつ弾力的な教育の余地や，地方ごとの特殊性を反映した個別化の余地が十分に残されており，全体としてはなお全国的な大綱的基準としての性格をもつものと認められるし，また，その内容においても，教師に対し一方的な一定の理論ないしは観念を生徒に教え込むことを強制するような点は全く含まれないのである。それ故，上記指導要領は，全体としてみた場合，教育政策上の当否はともかくとして，少なくとも法的見地からは，上記目的のために必要かつ合理的な基準の設定として是認することができるものと解するのが，相当である。」

4．本件学力調査と教基法10条

「そこで，以上の解釈に基づき，本件学力調査が教基法10条1項にいう教育に対する『不当な支配』として右規定に違反するかどうかを検討する。……

㈣ 以上説示のとおりであって，本件学力調査には，教育そのものに対する『不当な支配』として教基法10条に違反する違法があるとすることはできない。」

〔裁判官15人全員一致の意見〕

第6章　経済的自由権とその制限

第 *19* 講　営業の自由とその規制

　1．憲法第22条は第1項で「居住移転の自由」と「職業選択の自由」を、また第2項で「外国移住の自由」と「国籍離脱の自由」をそれぞれ保障している。憲法第22条は、通常、経済的自由権の保障規定だとされているが、これらの自由はいずれも、単に経済的自由としては捉えきれない側面を持っている。特に「居住移転の自由」や「外国移住の自由」は、沿革的には経済的自由と密接なかかわりをもつものであるとしても、それだけではなく、多分に《人身の自由》ないし《身体の自由》としての側面をも有するものといえる。

　2．職業選択の自由は、文字どおり職業を《選択》する自由と、その選択した職業を《遂行》する自由とからなる。後者の中に、いわゆる《営業の自由》も含まれると一般に解されている。[1] 職業選択の自由の中核は、経済活動の自由であり、精神的自由と比較して公権力による規制の要請が強い。憲法第22条1項がとくに「公共の福祉に反しない限り」という文言を付しているのも、このことにかかわると解される。いわゆる《二重の基準》論は、民主政治における精神活動の自由の重要性にかんがみて、その規制の合憲性を経済活動の自由に対する規制のそれよりも厳しい基準で審査すべきだとするものであるが、しかし後者の自由の規制がどの程度緩やかな基準でよいか、つまりどこまで立法府の裁量を尊重すべきかは、一概にはいえず、規制の目的、必要性、手段・方法、程度など、具体的な規制について慎重に判断することが要請される。たとえば、国民の生命・健康に対する危険の防止等、弊害を除去・防止するためのいわば消極的・警察的目的を達成するための制約と、経済の調

---

1) この理解に対する批判として、岡田与好『独占と営業の自由』（木鐸社、1975年）参照。

和的発展や経済的弱者の保護等，社会政策・経済政策上の積極的目的を達成するための制約とでは，規制の合憲性の基準が異なるとされている。

　3．公衆浴場の距離制限を定める**公衆浴場法**について，最高裁はこれを合憲としていた(⇨【判例*19*-1】)が，薬局開設の距離制限を定める薬事法改正法に関する昭和50年の**薬事法違憲**判決(⇨【判例*19*-2】)の中で，経済活動を規制する立法の合憲性判断のありかたについて，《立法事実》にまで踏み込んだ判断を示して注目された。なお，この問題については，小売市場の許可制を定める小売商業調整特別措置法第3条1項の規定に関する最高裁判例(最大判昭47・11・22刑集26巻9号586頁)も重要である。

　4．後に最高裁は，公衆浴場法第2条2項の距離制限規定について，これがいわゆる積極的目的のものであることをはっきりと判示した(⇨【判例*19*-3】)(なお，同法違反に問われた別の刑事事件についての最二判平元・1・20刑集43巻1号1頁もある)。

【判例*19*-1】
公衆浴場法合憲旧判決（公衆浴場法違反被告事件）
最大判昭30・1・26刑集9巻1号89頁　　　　　　　　　〔上告棄却〕

〔事実の概要〕

　被告人Xは，公衆浴場法第2条及び同法の委任に基づく福岡県条例により必要とされる知事の許可を受けずに1952（昭和27）年1月8日から3月16日の間に，自らの設置した浴場において公衆浴場を経営したとして起訴された。第一審の福岡地裁吉井支部は，これらの法令が憲法第22条に違反し無効であるとのXの主張を斥け，Xを罰金5,000円の有罪とし（昭28・6・1），控訴審裁判所でもこれが支持された（福岡高判昭28・9・29）ので，これを不服として上告し，「公衆浴場の……設置の場所が配置

公衆浴場法（昭和25年法律第187号による改正後のもの）**第2条**　①業として公衆浴場を経営しようとする者は，政令の定める手数料を納めて，都道府県知事の許可を受けなければならない。

　②都道府県知事は，公衆浴場の設置の場所若しくはその構造設備が，公衆衛生上不適当であると認めるとき又はその設置の場所が配置の適正を欠くと認めるときは，前項の許可を与えないことができる。……

　③前項の設置の場所の配置の基準については，都道府県が条例で，これを定める。

の適正を欠くと認めるとき」に知事が許可を与えないことができる旨などを定める同法の規定が憲法第22条に違反すると主張した。

〔判決理由〕

「公衆浴場は，多数の国民の日常生活に必要欠くべからざる，多分に公共性を伴う厚生施設である。そして，若しその設立を業者の自由に任せて，何等その偏在及び濫立を防止する等その配置の適正を保つために必要な措置が講ぜられないときは，その偏在により，多数の国民が日常容易に公衆浴場を利用しようとする場合に不便を来たすおそれなきを保し難く，また，その濫立により，浴場経営に無用の競争を生じその経営を経済的に不合理ならしめ，ひいて浴場の衛生設備の低下等好ましからざる影響を来たすおそれなきを保し難い。このようなことは，上記公衆浴場の性質に鑑み，国民保健及び環境衛生の上から，出来る限り防止することが望ましいのであり，従って，公衆浴場の設置場所が配置の適正を欠き，その偏在及び濫立を来たすに至るがごときことは，公共の福祉に反するものであって，この理由により公衆浴場の経営の許可を与えないことができる旨の規定を設けることは，憲法22条に違反するものとは認められない。……」

〔裁判官15人全員一致の意見〕

> 公衆浴場法第2条並びに第3条に規定する基準条例（昭和25年9月1日福岡県条例第54号）**第3条** 公衆浴場の設置の場所の基準は，既に許可を受けた公衆浴場から市部にあっては250メートル以上，郡部にあっては300メートル以上の距離とする。②前項の距離は，直線とし，公衆浴場家屋相互間の最近距離とする。

【判例19-2】

薬事法距離制限違憲判決（行政処分取消請求事件）
最大判昭50・4・30民集29巻4号572頁　　　　　　〔破棄自判〕

〔事実の概要〕

原告（株式会社角吉）は1963（昭和38）年6月26日付書面で広島県知事（被上告人）に対し，福山市での薬局の許可を申請したが，同知事は同年7月12日施行の改正薬事法第6条2項，及び同法の委任を受けて制定された配置適正基準を定めた条例に基づき，不許可の処分をしたので，この処分の取消しを求めた。広島地裁は本件許可申請と本件改正薬事法の施行との時間的前後関係等を理由として原告の請求を認めた（昭42・4・17）が，広島高裁は公衆浴場法の距離制限に関する最高裁判決（⇨【判例19-1】）の趣旨に従い，薬局が「国民の保健衛生に極めて重要な影響を与える」医薬品

を調剤し供給する役割をもつ「多分に公共性を有する施設」である，として上記法令を合憲とし，その他の点でも原判決を取り消して，原告の請求を棄却した（昭43・7・30）。原告の上告に対し，最高裁は裁判官15人の全員一致の意見で破棄自判し，薬事法を違憲とした。なお，国会はこの違憲判決を受けて，同年中に同法第6条2項ないし4項を削除する措置をとって迅速に対応し，同条は改正前と同一の文言に戻った。

〔判決理由〕

1．憲法第22条1項の職業選択の自由と許可制

㈠「憲法22条1項は，何人も，公共の福祉に反しないかぎり，職業選択の自由を有すると規定している。職業は，人が自己の生計を維持するためにする継続的活動であるとともに，分業社会においては，これを通じて社会の存続と発展に寄与する社会的機能分担の活動たる性質を有し，各人が自己のもつ個性を全うすべき場として，個人の人格的価値とも不可分の関連を有するものである。右規定が職業選択の自由を基本的人権の一つとして保障したゆえんも，現代社会における職業のもつ右のような性格と意義にあるものということができる。そして，このような職業の性格と意義に照らすときは，職業は，ひとりその選択，すなわち職業の開始，継続，廃止において自由であるばかりでなく，選択した職業の遂行自体，すなわちその職業活動の内容，態様においても，原則として自由であることが要請されるのであり，したがって，右規定は，狭義における職業選択の自由のみならず，職

薬事法第6条2項 前項各号に規定する場合のほか，その薬局の設置の場所が配置の適正を欠くと認められる場合には，前条第1項の許可を与えないことができる。

4項 第2項の配置の基準は，住民に対し適正な調剤の確保と医薬品の適正な供給を図ることができるように，都道府県が条例で定めるものとし，その制定に当たっては，人口，交通事情その他調剤及び医薬品の需給に影響を与える各般の事情を考慮するものとする。

薬局等の配置の基準を定める条例（昭和38年広島県条例第29号）**第3条** 薬局等の設置の場所の配置の基準は，……既設の薬局等（……）の設置場所から新たに薬局開設の許可等を受けようとする薬局等の設置場所までの距離がおおむね百メートルに保たれているものとする。

②前項の距離は，当該相互の薬局等の所在する建築物のもよりの出入口（……）間の水平距離による最短距離とする。

2）最高裁判所裁判事務処理規則によると，違憲の裁判をしたときは，その要旨を官報に公告し，かつその裁判書の正本を内閣に送付し，法律を違憲とする裁判のときは，正本を国会にも送付するとされている（第14条）。もっとも，最高裁判所の違憲判決を受けて当該法律を改正・削除等をなすべき法的義務が国会にあるわけではない。

業活動の自由の保障をも包含しているものと解すべきである。

㈡　もっとも，職業は，……本質的に社会的な，しかも主として経済的な活動であって，その性質上，社会的相互関連性が大きいものであるから，職業の自由は，それ以外の憲法の保障する自由，殊にいわゆる精神的自由に比較して，公権力による規制の要請がつよく，憲法22条1項が『公共の福祉に反しない限り』という留保のもとに職業選択の自由を認めたのも，特にこの点を強調する趣旨に出たものと考えられる。このように，職業は，それ自身のうちになんらかの制約の必要性が内在する社会的活動であるが，その種類，性質，内容，社会的意義及び影響がきわめて多種多様であるため，その規制を要求する社会的理由ないし目的も，国民経済の円満な発展や社会公共の便宜の促進，経済的弱者の保護等の社会政策及び経済政策上の積極的なものから，社会生活における安全の保障や秩序の維持等の消極的なものに至るまで千差万別で，その重要性も区々にわたるのである。そしてこれに対応して，現実に職業の自由に対して加えられる制限も，あるいは特定の職業につき私人による遂行を一切禁止してこれを国家又は公共団体の専業とし，あるいは一定の条件をみたした者にのみこれを認め，更に，場合によっては，進んでそれらの者に職業の継続，遂行の義務を課し，あるいは職業の開始，継続，廃止の自由を認めながらその遂行の方法又は態様について規制する等，それぞれの事情に応じて各種各様の形をとることとなるのである。それ故，これらの規制措置が憲法22条1項にいう公共の福祉のために要求されるものとして是認されるかどうかは，これを一律に論ずることができず，具体的な規制措置について，規制の目的，必要性，内容，これによって制限される職業の自由の性質，内容及び制限の程度を検討し，これらを比較考量したうえで慎重に決定されなければならない。……

㈢　職業の許可制は，法定の条件をみたし，許可を与えられた者のみにその職業の遂行を許し，それ以外の者に対してはこれを禁止するもの……であるが，一般に許可制は，単なる職業活動の内容及び態様に対する規制を超えて，狭義における職業の選択の自由そのものに制約を課するもので，職業の自由に対する強力な制限であるから，その合憲性を肯定しうるためには，原則として，重要な公共の利益のために必要かつ合理的な措置であることを要し，また，それが社会政策ないしは経済政策上の積極的な目的のための措置ではなく，自由な職業活動が社会公共に対してもたらす弊害を防止するための消極的，警察的措置である場合には，許可制に比べて職業の自由に対するよりゆるやかな制限である職業活動の内容及び態様に対する規制によっては右の目的を十分に達成することができないと認められることを要するもの，というべきである。そして，この要件は，許可制そのものについてのみな

らず，その内容についても要求されるのであって，許可制の採用自体が是認される場合であっても，個々の許可条件については，更に個別的に右の要件に照らしてその適否を判断しなければならないのである。」

2．薬事法における許可制について

㈠　「医薬品は，国民の生命及び健康の保持上の必需品であるとともに，これと至大の関係を有するものであるから，不良医薬品の供給(不良調剤を含む。以下同じ。)から国民の健康と安全とをまもるために，業務の内容の規制のみならず，供給業者を一定の資格要件を具備する者に限定し，それ以外の者による開業を禁止する許可制を採用したことは，それ自体としては公共の福祉に適合する目的のための必要かつ合理的措置として肯認することができる……。

㈡　そこで進んで，許可条件に関する基準をみると，薬事法6条……の許可条件に関する基準のうち，同条1項各号に定めるものは，いずれも不良医薬品の供給の防止の目的に直結する事項であり，比較的容易にその必要性と合理性を肯定しうるものである……のに対し，2項に定めるものは，このような直接の関連性をもっておらず，……それ故，以下において適正配置上の観点から不許可の道を開くこととした趣旨，目的を明らかにし，このような許可条件の設定とその目的との関連性，及びこのような目的を達成する手段としての必要性と合理性を検討し，この点に関する立法府の判断がその合理的裁量の範囲を超えないかどうかを判断することとする。」

3．薬局等の適正配置規制の立法目的及び理由について

㈠　「薬事法6条2項，4項の適正配置規制に関する規定は，昭和38年7月12日法律第135号『薬事法の一部を改正する法律』により，新たな薬局の開設等の許可条件として追加されたものであるが，右の改正法律案の提案者は，その提案の理由として，一部地域における薬局等の乱設による過当競争のために一部業者に経営の不安定を生じ，その結果として施設の欠陥等による不良医薬品の供給の危険が生じるのを防止すること，及び薬局等の一部地域への偏在の阻止によって無薬局地域又は過少薬局地域への薬局の開設等を間接的に促進することの2点を挙げ，これらを通じて医薬品の供給(調剤を含む。以下同じ。)の適正をはかることがその趣旨であると説明しており，薬事法の性格及びその規定全体との関係からみても，この2点が右の適正配置規則の目的であるとともに，その中でも前者がその主たる目的をなし，後者は副次的，補充的目的であるにとどまると考えられる。

これによると，右の適正配置規制は，主として国民の生命及び健康に対する危険の防止という消極的，警察的目的のための規制措置であり，そこで考えられている

薬局等の過当競争及びその経営の不安定化の防止も，それ自体が目的ではなく，あくまでも不良医薬品の供給の防止のための手段であるにすぎないものと認められる。すなわち，小企業の多い薬局等の経営の保護というような社会政策的ないしは経済政策的目的は右の適正配置規制の意図するところではな……いと考えられるのである。」

4．適正配置規制の合憲性について

㈠ 「薬局の開設等の許可条件として地域的な配置基準を定めた目的が前記3の㈠に述べたところにあるとすれば，それらの目的は，いずれも公共の福祉に合致するものであり，かつ，それ自体としては重要な公共の利益ということができるから，右の配置規制がこれらの目的のために必要かつ合理的であり，薬局等の業務執行に対する規制によるだけでは右の目的を達することができないとすれば，許可条件の一つとして地域的な適正配置基準を定めることは，憲法22条1項に違反するものとはいえない。問題は，果たして，右のような必要性と合理性の存在を認めるこができるかどうか，である。

㈡ 薬局等の設置場所についてなんらの地域的制限が設けられない場合，被上告人の指摘するように，薬局等が都会地に偏在し，これに伴ってその一部において業者間に過当競争が生じ，その結果として一部業者の経営が不安定となるような状態を招来する可能性があることは容易に推察しうるところで……ある。しかし，このことから，医薬品の供給上の著しい弊害が，薬局の開設等の許可につき地域的規制を施すことによって防止しなければならない必要性と合理性を肯定させるほどに，生じているものと合理的に認められるかどうかについては，更に検討を必要とする。

⑴ 薬局の開設等の許可における適正配置規制は，設置場所の制限にとどまり，開業そのものが許されないこととなるものではない。しかしながら，……開業場所の地域的制限は，実質的には職業選択の自由に対する大きな制約的効果を有するものである。

⑵ 被上告人は，右のような地域的制限がない場合には，薬局等が偏在し，一部地域で過当な販売競争が行われ，その結果前記のように医薬品の適正供給上種々の弊害を生じると主張する。……

㈤ まず，現行法上国民の保健上有害な医薬品の供給を防止するために，薬事法は，医薬品の製造，貯蔵，販売の全過程を通じてその品質の保障及び保全上の種々の厳重な規制を設けているし，薬剤師法もまた，調剤について厳しい遵守規定を定めている。そしてこれらの規制違反に対しては，罰則及び許可又は免許の取消等の制裁が設けられているほか，不良医薬品の廃棄命令，施設の構造設備の改善命令，

薬剤師の増員命令，管理者変更命令等の行政上の是正措置が定められ，更に行政機関の立入検査権による強制調査も認められ，このような行政上の検査機構として薬事監視員が設けられている。これらはいずれも，薬事関係各種業者の業務活動に対する規制として定められているものであり，刑罰及び行政上の制裁と行政的監督のもとでそれが励行，遵守されるかぎり，不良医薬品の供給の危険の防止という警察上の目的を十分に達成することができるはずである。もっとも，……不良医薬品の供給による国民の保健に対する危険を完全に防止するための万全の措置として，更に進んで違反の原因となる可能性のある事由をできるかぎり除去する予防的措置を講じることは，決して無意義ではなく，その必要性が全くないとはいえない。しかし，このような予防措置として職業の自由に対する大きな制約である薬局の開設等の地域的制限が憲法上是認されるためには，単に右のような意味において国民の保健上の必要性がないとはいえないというだけでは足りず，このような制限を施さなければ右措置による職業の自由の制約と均衡を失しない程度において国民の保健に対する危険を生じさせるおそれのあることが，合理的に認められることを必要とするというべきである。

　㈡　ところで，薬局の開設等について地域的制限が存在しない場合，薬局等が偏在し，これに伴い一部地域において業者間に過当競争が生じる可能性があることは，さきに述べたとおりであり，このような過当競争の結果として一部業者の経営が不安定となるおそれがあることも，容易に想定されるところである。……確かに，観念上はそのような可能性を否定することができない。しかし，果たして実際上どの程度にこのような危険かあるかは，必ずしも明らかにされてはいないのである。……不良医薬品の販売の現象を直ちに一部薬局等の経営不安定，特にその結果としての医薬品の貯蔵その他の管理上の不備等に直結させることは，決して合理的な判断とはいえない。……このようにみてくると，競争の激化―経営の不安定―法規違反という因果関係に立つ不良医薬品の供給の危険が，薬局等の段階において，相当程度の規模で発生する可能性があるとすることは，単なる観念上の想定にすぎず，確実な根拠に基づく合理的な判断とは認めがたいといわなければならない。……

　㈢　仮に右に述べたような危険発生の可能性を肯定するとしても，更にこれに対する行政上の監督体制の強化等の手段によって有効にこれを防止することが不可能かどうかという問題がある。……例えば，薬局等の偏在によって競争が激化している一部地域に限って重点的に監視を強化することによってその実効性を高める方途もありえないではなく，……供給業務に対する規制や監督の励行等によって防止しきれないような，専ら薬局等の経営不安定に由来する不良薬品の供給の危険が相当

程度において存すると断じるのは，合理性を欠くというべきである。……

(ホ) ……医薬品の乱売やその乱用の主要原因は，医薬品の過剰生産と販売合戦，これに随伴する誇大な広告等にあり，一般消費者に対する直接販売の段階における競争激化はむしろその従たる原因にすぎず，特に右競争激化のみに基づく乱用助長の危険は比較的軽少にすぎないと考えるのが，合理的である。のみならず，右のような弊害に対する対策としては，薬事法66条による誇大広告の規制のほか，一般消費者に対する啓蒙の強化の方法も存するのであって，薬局等の設置場所の地域的制限によって対処することには，その合理性を認めがたいのである。

(ヘ) 以上……述べたとおり，薬局等の設置場所の地域的制限の必要性と合理性を裏づける理由として被上告人の指摘する薬局等の偏在―競争激化―一部薬局等の経営の不安定―不良医薬品の供給の危険又は医薬品乱用の助長の弊害という事由は，いずれもいまだそれによって右の必要性と合理性を肯定するに足りず，また，これらの事由を総合しても右の結論を動かすものではない。

(3) ……無薬局地域等の解消を促進する目的のために設置場所の地域的制限のような強力な職業の自由の制限措置をとることは，目的と手段の均衡を著しく失するものであって，とうていその合理性を認めることができない。

本件適正配置規制は，右の目的と前記(2)で論じた国民の保健上の危険防止の目的との，二つの目的のための手段としての措置であることを考慮に入れるとしても，全体としてその必要性と合理性を肯定しうるにはなお遠いものであり，この点に関する立法府の判断は，その合理的裁量の範囲を超えるものであるといわなければならない。」

5．結　論

「以上のとおり，薬局の開設等の許可基準の一つとして地域的制限を定めた薬事法6条2項，4項(これらを準用する同法26条2項)は，不良医薬品の供給の防止等の目的のために必要かつ合理的な規制を定めたものということができないから，憲法22条1項に違反し，無効である。」

〔裁判官15人全員一致の意見〕

【判例19-3】
公衆浴場法距離制限合憲判決(営業不許可処分取消請求事件)
最三判平元・3・7 判時1308号111頁　　　　　　　〔上告棄却〕

〔事実の概要〕

原告は1983(昭和58)年8月3日，大阪市長に対して公衆浴場の営業許可を申請したが，公衆浴場法第2条3項およびこれに基づく大阪府公衆浴場法施行条例の要件に合わないとして不許可の処分を受けた(同月13日)ので，この処分の取消しを求めたが，第一審および第二審でいずれも請求を棄却されたため，上告した。

〔判決理由〕

公衆浴場法(以下「法」という。)2条2項の規定が憲法22条1項に違反するものでないことは，当裁判所の判例とするところである(最大判昭30・1・26刑集9巻1号89頁〔=【判例19-1】……)。

おもうに，法2条2項による適正配置規制の目的は，国民保健及び環境衛生の確保にあるとともに，公衆浴場が自家風呂を持たない国民にとって日常生活上必要不可欠な厚生施設であり，入浴料金が物価統制令により低額に統制されていること，利用者の範囲が地域的に限定されているため企業としての弾力性に乏しいこと，自家風呂の普及に伴い公衆浴場業の経営が困難になっていることなどにかんがみ，既存公衆浴場業者の経営の安定を図ることにより，自家風呂を持たない国民にとって必要不可欠な厚生施設である公衆浴場自体を確保しようとすることも，その目的としているものと解されるのであり，前記適正配置規制は右目的を達成するための必要かつ合理的な範囲内の手段と考えられるので，前記大法廷判例に従い法2条2項及び大阪府公衆浴場法施行条例2条の規定は憲法22条1項に違反しないと解すべきである。

〔裁判官全員一致の意見〕

第20講　財産権の保障とその制限

1．憲法第29条は《私有財産制》を保障しつつ(第1項)，《公共の福祉》に適合するように財産権の内容を法律によって決定することとし(第2項)，《正当な補償》の下に私有財産を公共のために用いることができるとしている(第3項)。ここにいわゆる《正当な補償》というのが，《完全補償》を意味するのか，《相当補償》を意味するのかについては，議論がある。最高裁は，戦後直後に自作農の創設を目的として行われた農地改革による**農地買収の合憲性**が争わ

れた事件に対する判決(⇨【判例20-1】)において、《相当補償》説の立場からこれを合憲としたが、学説の中には、《完全補償》説の立場に立ちつつ、本件農地改革が、占領下における全国的な社会改革の一環としてなされた特殊な事象として、その結論は認めながらも、個別的な財産権侵害については、一般には《相当補償》では足りない、とするものもあり、両者の区別はかなり相対的であるといえる。

2．最近になって最高裁は、共有森林につき民法第256条1項所定の共有物分割請求権を制限している**森林法第186条本文**につき、前記薬事法違憲判決(⇨【判例19-2】)に基本的に依りつつ、同条が憲法第29条2項に違反するとした(⇨【判例20-2】)。この事件では、私人間において法律の合憲性が争点となっており、国が全く事件の当事者として登場していない点でも、きわめて注目すべき憲法訴訟といえよう。なお、森林法第186条は1987(昭和62)年改正で削除された。

3．関税法に違反する密輸出未遂行為で有罪を問われて機帆船と貨物の没収の判決を受けた被告人が、当該貨物が被告人以外の第三者の所有物であり、その第三者に告知・弁解等の機会を与えずに没収することは憲法第29条・第31条に違反すると主張したのを認めた最高裁判例(⇨【判例23-2】)も、重要である。

【判例20-1】

農地改革事件判決(農地買収に対する不服申立事件)
最大判昭28・12・23 民集7巻13号1523頁　　　　　　　　　　〔上告棄却〕

〔事実の概要〕

Xは1947(昭和22)年、農地改革の一環として自作農創設特別措置法(以下「自創法」という)第6条3項に基づいて農地を買収されたが、その買収対価の算定価格が当時の経済事情からみて著しく低く、憲法第29条3項にいう《正当な補償》とはいえないとして、買収対価の変更を求めて出訴した。同項によれば農地買収の最高価格は、田については、土地台帳法による賃貸価格の40倍、畑についてはその48倍と定められていたが、この算定の基準となっている米価は政府が任意に決定するものであって、実際の経済価格より著しく低く、経済事情の激変を考慮にいれると、実質

的には無償で取り上げられるのと異ならない、という主張であった。第一審判決(山形地判昭24・5・6)はXの請求を棄却し、控訴審(仙台高判昭24・10・14)でもこれが支持されたので、さらに上告がなされた。

〔判決理由〕

「憲法第29条3項にいうところの財産権を公共の用に供する場合の正当な補償とは、その当時の経済状態において成立することを考えられる価格に基き、合理的に算出された相当な額をいうのであって、必しも常にかかる価格と完全に一致することを要するものでないと解するのを相当とする。」

「対価の採算方法を地主採算価格によらず自作収益価格によったことは、農地を耕作地として維持し、耕作者の地位の安定と農業生産力の維持増進を図ろうとする……一貫した国策に基く法の目的からいって当然であるといわなければならない。」

「そしてこの計算の基礎とされた前記米価は、いわゆる公定価格……であるが、このように米価を特定することは国民食糧の確保と国民経済の安定を図るためやむを得ない法律上の措置であり、……農地の買収対価を算出するにあたり、まずこの米価によったことは正当であって、……その算出過程においてなんら不合理を認めることはできない。」

「以上のとおり田と畑とに通じて対価算出の項目と数字は、いずれも客観的且つ平均的標準に立つのであって、わが国の全土にわたり自作農を急速且つ広汎に創設する自創法の目的を達するための自創法3条の要件を具備する農地を買収し、これによって大多数の耕作者に自作農としての地位を確立しようとするのであるから、各農地のそれぞれについて、常に変化する経済事情の下に自由な取引によってのみ成立し得べき価格を標準とすることは許されないと解するのを相当とする。」

「農地は自創法成立までに、すでに自由処分を制限され、耕作以外の目的に変更することを制限され〔る〕に至ったのである。そしてかかる農地所有権の性質の変化は、自作農創設を目的とする一貫した国策に伴う法律上の措置であって、いいかえれば憲法29条2項にいう公共の福祉に適合するように法律によって定められた農地所有権の内容であると見なければならない。」

「法律により定められる公定又は統制価格といえども、国民の経済状態に即しその諸条件に適合するように定められるのを相当とするけれども、もともとかかる公定又は統制価格は、公共の福祉のために定められるのであるから、必しも常に当時の経済状態における収益に適合する価格と完全に一致するとはいえず、まして自由な市場取引において成立することを考えられる価格と一致することを要するものではない。従って対価基準が買収当時における自由な取引によって生ずる他の物価と

比べてこれに正確に適合しないからといって適正な補償でないということはできない。」

【判例20-2】
森林法第186条違憲判決(共有物分割等請求事件)
最大判昭62・4・22民集41巻3号408頁　　　　　　　〔一部破棄差戻〕

〔事実の概要〕
　原告(弟)と被告(兄)とが共有している本件山林は，もともとは両者の父の所有であったが，父が両者にそれぞれ2分の1の持分を生前贈与した結果，両者の共有となっていたものであり，本件は弟が原告となり兄を被告として，この山林の分割請求等を求めたものである。被告は原告の分割請求は森林法第186条本文に反して許されないと主張したのに対し，原告は，同条本文が憲法第29条に違反する無効な規定であると主張した。第一審も控訴審も，同条本文が憲法第29条2項に違反しないとして原告の共有物分割請求を認めなかったので，原告が上告した。

> **民法第256条1項**　各共有者は，いつでも共有物の分割を請求することができる。ただし，5年を超えない期間内は分割をしない旨の契約をすることを妨げない。
> **森林法第186条**（当時）　森林の共有者は，民法第256条第1項（共有物ノ分割請求）の規定にかかわらず，その共有に係る森林の分割を請求することができない。ただし，各共有者の持分の価額に従いその過半数をもって分割の請求をすることを妨げない。

〔判決理由〕
1．憲法第29条の法意
　「憲法29条は……私有財産制度を保障しているのみでなく，社会的経済的活動の基礎をなす国民の個々の財産権につきこれを基本的人権として保障するとともに，社会全体の利益を考慮して財産権に対し制約を加える必要性が増大するに至ったため，立法府は公共の福祉に適合する限り財産権について規制を加えることができる，としているのである。」

2．財産権の規制の合憲性判断基準
　「財産権は，それ自体に内在する制約があるほか，右のとおり立法府が社会全体の利益を図るために加える規制により制約を受けるものであるが，この規制は，財産権の種類，性質等が多種多様であり，また，財産権に対し規制を要求する社会的理由ないし目的も，社会公共の便宜の促進，経済的弱者の保護等の社会政策及び経済

政策上の積極的なものから，社会生活における安全の保障や秩序の維持等の消極的なものに至るまで多岐にわたるため，種々様々でありうるのである。したがって，財産権に対して加えられる規制が憲法29条2項にいう公共の福祉に適合するものとして是認されるべきものであるかどうかは，規制の目的，必要性，内容，その規制によって制限される財産権の種類，性質及び制限の程度等を比較考量して決すべきものであるが，裁判所としては，立法府がした右比較考量に基づく判断を尊重すべきものであるから，立法の規制目的が前示のような社会的理由ないし目的に出たとはいえないものとして公共の福祉に合致しないことが明らかであるか，又は規制目的が公共の福祉に合致するものであっても規制手段が右目的を達成するための手段として必要性若しくは合理性に欠けていることが明らかであって，そのため立法府の判断が合理的裁量の範囲を超えるものとなる場合に限り，当該規制立法が憲法29条2項に違背するものとして，その効力を否定することができるものと解するのが相当である(〔【判例19-2】〕参照)。」

3．民法第256条1項の共有物分割請求権

「森林法186条は，共有森林につき持分価額2分の1以下の共有者(持分価額の合計が2分の1以下の複数の共有者を含む。以下同じ。)に民法256条1項所定の分割請求権を否定している。

そこでまず，民法256条の立法の趣旨・目的について考察することとする。共有とは，複数の者が目的物を共同して所有することをいい，共有者は各自，それ自体所有権の性質をもつ持分権を有しているにとどまり，共有関係にあるというだけでは，それ以上に相互に特定の目的の下に結合されているとはいえないものである。そして，共有の場合にあっては，持分権が共有の性質上互いに制約し合う関係に立つため，単独所有の場合に比し，物の利用又は改善等において十分配慮されない状態におかれることがあり，また，共有者間に共有物の管理，変更等をめぐって，意見の対立，紛争が生じやすく，いったんかかる意見の対立，紛争が生じたときは，共有物の管理，変更等に障害を来し，物の経済的価値が十分に実現されなくなるという事態となるので，同条は，かかる弊害を除去し，共有者に目的物を自由に支配させ，その経済的効用を十分に発揮させるため，各共有者はいつでも共有物の分割を請求することができるものとし，しかも共有者の締結する共有物の不分割契約について期間の制限を設け，不分割契約は右制限を超えては効力を有しないとして，共有者に共有物の分割請求権を保障しているのである。このように，共有物分割請求権は，各共有者に近代市民社会における原則的所有形態である単独所有への移行を可能ならしめ，右のような公益的目的を果たすものとして発展した権利であり，

共有の本質的属性として，持分権の処分の自由とともに，民法において認められるに至ったものである。

したがって，当該共有物がその性質上分割することのできないものでない限り，分割請求権を共有者に否定することは，憲法上，財産権の制限に該当し，かかる制限を設ける立法は，憲法29条2項にいう公共の福祉に適合することを要するものと解すべきところ，共有森林はその性質上分割することのできないものに該当しないから，共有森林につき持分価額2分の1以下の共有者に分割請求権を否定している森林法186条は，公共の福祉に適合するものといえないときは，違憲の規定として，その効力を有しないものというべきである。」

4．森林法第186条の立法目的と手段の合理性

1　「森林法186条は，森林法(明治40年法律第43号)(以下「明治40年法」という。)6条の「民法第256条ノ規定ハ共有ノ森林ニ之ヲ適用セス但シ各共有者持分ノ価格ニ従ヒ其ノ過半数ヲ以テ分割ノ請求ヲ為スコトヲ妨ケス」との規定を受け継いだものである。明治40年法6条の立法目的は，その立法の過程における政府委員の説明が，長年を期して営むことを要する事業である森林経営の安定を図るために持分価格2分の1以下の共有者の分割請求を禁ずることとしたものである旨の説明に尽きていることに照らすと，森林の細分化を防止することによって森林経営の安定を図ることにあったものというべきであり，当該森林の水資源かん養，国土保全及び保健保全等のいわゆる公益的機能の維持又は増進等は同条の直接の立法目的に含まれていたとはいい難い。昭和26年に制定された現行の森林法は，明治40年法6条の内容を実質的に変更することなく，その字句に修正を加え，規定の位置を第7章雑則に移し，186条として規定したにとどまるから，同条の立法目的は，明治40年法6条のそれと異なったものとされたとはいえないが，森林法が1条として規定するに至った同法の目的をも考慮すると，結局，森林の細分化を防止することによって森林経営の安定を図り，ひいては森林の保続培養と森林の生産力の増進を図り，もって国民経済の発展に資することにあると解すべきである。

同法186条の立法目的は，以上のように解される限り，公共の福祉に合致しないことが明らかであるとはいえない。

2　したがって，森林法186条が共有森林につき持分価額2分の1以下の共有者に分割請求権を否定していることが，同条の立法目的達成のための手段として合理性又は必要性に欠けることが明らかであるといえない限り，同条は憲法29条2項に違反するものとはいえない。以下，この点につき検討を加える。

㈠　森林が共有となることによって，当然に，その共有者間に森林経営のための

目的的団体が形成されることになるわけではなく，また，共有者が当該森林の経営につき相互に協力すべき権利義務を負うに至るものではないから，森林が共有であることと森林の共同経営とは直接関連するものとはいえない。したがって，共有森林の共有者間の権利義務についての規制は，森林経営の安定を直接的目的とする前示の森林法186条の立法目的と関連性が全くないとはいえないまでも，合理的関連性があるとはいえない。

森林法は，共有森林の保存，管理又は変更について，持分価額2分の1以下の共有者からの分割請求を許さないとの限度で民法第3章第3節共有の規定の適用を排除しているが，そのほかは右共有の規定に従うものとしていることが明らかであるところ，共有者間，ことに持分の価額が相等しい2名の共有者間において，共有物の管理又は変更等をめぐって意見の対立，紛争が生ずるに至ったときは，各共有者は，共有森林につき，同法252条但し書に基づき保存行為をなしうるにとどまり，管理又は変更の行為を適法にすることができないこととなり，ひいては当該森林の荒廃という事態を招来することとなる。同法256条1項は，かかる事態を解決するために設けられた規定であることは前示のとおりであるが，森林法186条が共有森林につき持分価額2分の1以下の共有者に民法の右規定の適用を排除した結果は，右のような事態の永続化を招くだけであって，当該森林の経営の安定化に資することにはならず，森林法186条の立法目的と同条が共有森林につき持分価額2分の1以下の共有者に分割請求権を否定したこととの間に合理的関連性のないことは，これを見ても明らかであるというべきである。

(二) (1) 森林法は森林の分割を絶対的に禁止しているわけではなく，わが国の森林面積の大半を占める単独所有に係る森林の所有者が，これを細分化し，分割後の各森林を第三者に譲渡することは許容されていると解されるし，共有森林についても，共有者の協議による現物分割及び持分価額が過半数の共有者(持分価額の合計が2分の1を超える複数の共有者を含む。)の分割請求権に基づく分割並びに民法907条に基づく遺産分割は許容されているのであり，許されていないのは，持分価額2分の1以下の共有者の同法256条1項に基づく分割請求のみである。共有森林につき持分価額2分の1以下の共有者に分割請求権を認めた場合に，これに基づいてされる分割の結果は，右に述べた譲渡，分割が許容されている場合においてされる分割等の結果に比し，当該共有森林が常により細分化されることになるとはいえないから，森林法が分割を許さないとする場合と分割等を許容する場合との区別の基準を遺産に属しない共有森林の持分価額の2分の1を超えるか否かに求めていることの合理性には疑問があるが，この点はさておいても，共有森林につき持分価額2分

1 以下の共有者からの民法 256 条 1 項に基づく分割請求の場合に限って，他の場合に比し，当該森林の細分化を防止することによって森林経営の安定を図らなければならない社会的必要性が強く存すると認めるべき根拠は，これを見出だすことができないにもかかわらず，森林法 186 条が分割を許さないとする森林の範囲及び期間のいずれについても限定を設けていないため，同条所定の分割の禁止は，必要な限度を超える極めて厳格なものとなっているといわざるをえない。

　まず，森林の安定的経営のために必要な最小限度の森林面積は，当該森林の地域的位置，気候，植栽竹木の種類等によって差異はあっても，これを定めることが可能というべきであるから，当該共有森林を分割した場合に，分割後の各森林面積が必要最小限度の面積を下回るか否かを問うことなく，一律に現物分割を認めないとすることは，同条の立法目的を達成する規制手段として合理性に欠け，必要な限度を超えるものというべきである。

　また，当該森林の伐採期あるいは計画植林の完了時期等を何ら考慮することなく無期限に分割請求を禁止することも，同条の立法目的の点からは必要な限度を超えた不必要な規制というべきである。……

　以上のように，現物分割においても，当該共有物の性質等又は共有状態に応じた合理的な分割をすることが可能であるから，共有森林につき現物分割をしても直ちにその細分化を来すものとはいえないし，また，同条 2 項は，競売による代金分割の方法をも規定しているのであり，この方法により一括競売がされるときは，当該共有森林の細分化という結果は生じないのである。したがって，森林法 186 条が共有森林につき持分価額 2 分の 1 以下の共有者に一律に分割請求権を否定しているのは，同条の立法目的を達成するについて必要な限度を超えた不必要な規制というべきである。」

5．森林法第 186 条の違憲性

「以上のとおり，森林法 186 条が共有森林につき持分価額 2 分の 1 以下の共有者に民法 256 条 1 項所定の分割請求権を否定しているのは，森林法 186 条の立法目的との関係において，合理性と必要性のいずれをも肯定することのできないことが明らかであって，この点に関する立法府の判断は，その合理的裁量の範囲を超えるものであるといわなければならない。したがって，同条は，憲法 29 条 2 項に違反し，無効というべきであるから，共有森林につき持分価額 2 分の 1 以下の共有者についても民法 256 条 1 項本文の適用があるものというべきである。

　6．本件について，原判決は，森林法 186 条は憲法 29 条 2 項に違反するものではなく，森林法 186 条に従うと，本件森林につき 2 分の 1 の持分価額を有するにとど

まる上告人には分割請求権はないとして，本件分割請求を排斥しているが，右判断は憲法29条2項の解釈適用を誤ったものというべきであるから，この点の違憲をいう論旨は理由があり，原判決中上告人敗訴の部分は破棄を免れない。そして，右部分については，上告人の分割請求に基づき民法258条に従い本件森林を分割すべきものであるから，本件を原審に差し戻すこととする。」

＊裁判官坂上壽夫および林藤之輔の各補足意見(略)

＊**裁判官大内恒夫の意見**(裁判官高島益郎同調)　森林法第186条の規定の立法目的は，「共有森林に係る林業経営の特殊性にかんがみ，共有者の分割請求権を制限し，林業経営の安定を図ったものである」と解されるから，同条において2分の1未満の共有者の分割請求権が否定されている点は，立法目的との間に合理的な関連性を有するものといわなければならず，また，過半数持分権者の分割請求が許されるのに2分の1未満持分権者の分割請求が禁じられる点は，多数持分権者の意思の尊重という合理的理由に基づくものとして首肯できる。しかし，「同条のうち2分の1持分権者の分割請求を禁止する部分は，立法目的を達成するための手段として著しく不合理で立法府の裁量権を逸脱したことが明らかであるといわざるをえない。」したがって，「共有森林の分割請求権の制限を定める森林法186条は，その全部が憲法29条に違反するものではなく，持分価額が2分の1の共有者からの分割請求(本件はこの場合に当たる)をも禁じている点において，憲法の右条項に違反するにすぎない」。

＊**裁判官香川保一の反対意見**　森林はその性質上木竹の植栽，育成，伐採，すなわち森林経営に供されることを本来の機能とするものであり，森林経営は，相当規模の森林全体について長期的計画により木竹の植栽，育成，伐採の交互的，周期的な施業がなされるものであって，森林の土地全体は相当広大な面積のものであることが望ましいから，共有森林が，何時でも，しかも無条件に共有者の一人からでもなされ得る共有物分割請求によって，細分化ないし経営の小規模化を招く恐れがあるのみならず，上述のような交互的，周期的な森林の施業が著しく阻害されて森林の荒廃を招く恐れもあるので，森林法186条がかかる公共の福祉の見地から共有物分割の請求を制限しているのであって，その立法目的において公共の福祉に適合するものであることは明らかであり，その規制内容において必要性を欠く甚だしく不合理な，立法府の裁量権を逸脱したものであることが明白なものとは到底解することができないから，憲法29条2項に違背するものとは断じえない。多数意見が森林法の同規定の違憲の根拠とする点は，これを総合しても，到底首肯しえない。

〔以上の各補足意見，意見，反対意見を除くほか，裁判官15人全員一致の意見〕

第7章　社会権的基本権

第 *21* 講　憲法第 25 条と生存権の法的性格

　1．憲法第 25 条 1 項は「健康で文化的な最低限度の生活を営む権利」をすべての国民に保障しており，この権利を《生存権》と呼ぶのが習わしである。この権利は，沿革的には，勤労権(憲法第 27 条)や次講で取り上げる労働基本権(憲法第 28 条)その他の，いわゆる《社会権》の中核的地位を占めるものであり，同条はこれら社会権の総則的意味をも有しているといってよかろう。社会権は，本来的には，社会的・経済的に弱い立場にある者の保護のために，国家による積極的行為を要求するところにその本質を有し，その点で，古典的な《自由権》とは性格を異にしていることは事実であるが，現代国家においては，自由権も，単に国家からの自由という防御的側面だけでなく，国家による自由としての請求権的側面を考慮にいれなくてはならないということが主張されており，その限りにおいては，「自由権か社会権」かという区別は相対化しているといえよう。

　2．ところで，従来からこの規定の法的性格をどう捉えるかについて，①これをいわゆる《プログラム規定》とみるか，②《法的権利》を保障した規定とみるか，議論がある。前者は，同条が国の政策的目標ないし政治道徳的義務を定めたものであって，個々の国民に具体的な請求権を保障したものではないとするのに対し，後者は同条が国民に権利を保障し国の法的義務を定めたものであるとする。後者はさらに，その権利の性質の捉え方によって，(イ)《抽象的権利説》と(ロ)《具体的権利説》とに分かれる。(イ)説は，この権利の具体的・一般的実現には法律の制定を待たねばならない，とするのに対し，(ロ)説は，国が憲法第 25 条を具体化する立法をしない場合には，国の不作為の違憲性を確認する訴訟を提起しうる，とすることになる。①説は元来，主

としてヴァイマル憲法第151条(⇨〔資料7〕)の解釈として主張されてきたものであるが，ヴァイマル憲法の生存権規定と違って，《権利》が明言されている日本国憲法第25条について，この解釈をそのままあてはめることは不適当であろう。しかし逆に(ロ)については，わが国の現行の裁判制度の下でこの種の訴訟がいかなる形態で可能であるのか，困難な問題もあろう。

3．食糧管理法違反事件についての昭和23年の判決において最高裁は，本条1項の規定により「直接に個々の国民は，国家に対して具体的，現実的にかかる権利を有するものではない」として，プログラム規定説的な見地に立った(最大判昭23・9・29刑集2巻10号1235頁)が，**朝日訴訟**上告審判決(⇨【判例21-1】)ではこの点においてやや含みのある判示をしており，上記(イ)説に立っていると見ることができる余地がある。また，この判決は，事件の解釈そのものには直接関係しない《傍論》の中で，「(なお，念のために……)」として憲法にかかわる論旨を展開しており，違憲審査権行使の方法としても興味ある問題を提起している(⇨第2講参照)。そしてこの朝日訴訟判決の趣旨は，いわゆる**堀木訴訟**に関する最高裁判決(⇨【判例21-2】)でも踏襲されているが，ここでは主として《立法裁量》の範囲の問題として論じられている。

【判例21-1】

朝日訴訟判決(生活保護法による保護に関する不服の申立に対する裁決取消請求事件)

最大判昭42・5・24民集21巻5号1043頁　　　　　　〔訴訟終了〕

〔事実の概要〕

原告朝日茂は十数年前から肺結核で国立岡山療養所に入院し，単身かつ無収入のため生活保護法に基づく医療扶助および月額600円の生活扶助を受けていたが，1956(昭和31)年8月以降，実兄朝日敬一から月1,500円の仕送りを受けることになったので，津山市社会福祉事務所長は，同年7月18日付で生活扶助を廃止し，かつ，この1,500円のうち600円を日用品費に充当せしめることとし，残額900円を医療費の一部自己負担額として負担させる旨の保護変更決定をした。原告は同年8月6日，この決定を不服として，仕送り金から日用品費として少なくとも1,000円を控除すべきことを要求して岡山県知事に，次いで12月3日，厚生大臣に同趣旨の不服申立をしたが，いずれも却下された。そこで原告は，厚生大臣を被告として，

日用品費月600円という基準は憲法第25条に由来する生活保護法第3条の規定する「健康で文化的な生活水準を維持する」に足りない違法なものであると主張し、厚生大臣の上の不服申立却下裁決の取消しを求める訴えを起こした。第一審の東京地裁は、①生活保護法を憲法第25条の理念の具体化と見、同法を、積極的に国に対し健康で文化的な最低限度の生活を保障する保護の実施を請求する保護請求権を与えることを規定したものと解し、②健康で文化的な生活水準の設定は同法第3条、第8条2項を逸脱することのできない覊束(きそく)行為であり、それが同法に適合するかどうかは裁判所の判断の対象となる。③最低限度の生活水準の判定に際しては、ボーダー・ラインに位する人々の生活水準をもって直ちに同法の保障する「健康で文化的な生活水準」に当たると解してはならないし、その時々の国の予算の配分によって左右されるべきではない。④本件保護基準は「健康で文化的な生活水準」の維持を可能ならしめるものではなく、同法第3条、第8条に違反し、それゆえ本件保護変更処分は違法である、として、原告の請求を認め、被告厚生大臣の右裁決を取り消した（昭35・10・19行集11巻10号2921頁）。ところが、第二審の東京高裁は、日用品費を月額670円程度と算定し、「一割程度の不足」をもってしては、不当とはいえても、本件保護基準を違法と断定することはできないとして、第一審判決を取り消し、原告の請求を棄却した（被告勝訴）（昭38・11・4行集14巻11号1963頁）。そこで原告は最高裁に上告したが、その後、最高裁判決を待たずに1964(昭和39)年2月14日に死亡したので、相続人（養子夫妻）が訴訟承継を主張した。

〔判決理由〕

「おもうに、生活保護法の規定に基づき要保護者または被保護者が国から生活保護を受けるのは、単なる国の恩恵ないし社会政策の実施に伴う反射的利益ではなく、

> 生活保護法第3条 ①この法律により保障される最低限度の生活は、健康で文化的な生活水準を維持することができるものでなければならない。
> 同法第8条1項 保護は、厚生労働大臣の定める基準により測定した要保護者の需要を基とし、そのうち、その者の金銭又は物品で満たすことのできない不足分を補う程度において行うものとする。
> ②前項の基準は、要保護者の年齢別、性別、世帯構成別、所在地域別その他保護の種類に応じて必要な事情を考慮した最低限度の生活の需要を満たすに十分なものであつて、且つ、これをこえないものでなければならない。
> 同法第59条 被保護者は、保護を受ける権利を譲り渡すことができない。
> 民法第896条 相続人は、相続開始の時から、被相続人の財産に属した一切の権利義務を承継する。ただし、被相続人の一身に専属したものは、この限りでない。

月額 600 円の内訳

費　目	年間数量	月額円.銭	備　考
被　服　費		131.71	下記内訳は具体例
衣　　　類		102.90	
肌　　　着	2年1着	16.66	1着 400 円×1/2×1/12
パ　ン　ツ	1枚	10.00	1枚 120 円×1/12
補　修　布	4ヤール	43.33	1ヤール 130 円×4×1/12
タ　オ　ル	2本	11.66	1本 70 円×2×1/12
足　　　袋	1足	12.50	1足 150 円×1/12
身　廻　品		28.81	
下　　　駄	1足	5.83	1足 70 円×1/12
湯　　　呑	1ケ	1.00	1ケ 12 円×1/12
保健衛生費		223.33	下記内訳は具体例
理　髪　料	12回	60.00	（男子のみ）月1回 60 円
石　け　ん	洗顔12	30.00	1ケ 30 円
	洗濯24	40.00	1ケ 20 円
歯磨き粉	6ケ	7.50	1袋 15 円×6×1/12
歯ブラシ	6ケ	7.50	1本 15 円×6×1/12
チ　リ　紙	12束	20.00	
雑　　　費		244.96	下記内訳は具体例
ハ　ガ　キ	24枚	10.00	1枚 5 円×24×1/12
切　　　手	12枚	10.00	1枚 10 円
封　　　筒	12枚	1.00	
新　聞　代	12部	150.00	1種 150 円
鉛　　　筆	6本	5.00	1本 10 円×6×1/12
計		600.00	

〔第一審判決に付されている別表に基づいて作成した(民集21巻5号1372頁)〕

法的権利であって，保護受給権とも称すべきものと解すべきである。しかし，この権利は，被保護者自身の最低限度の生活を維持するために当該個人に与えられた一身専属の権利であって，他にこれを譲渡し得ないし(59条参照)，相続の対象ともなり得ないというべきである。また，被保護者の生存中の扶助ですでに遅滞にあるものの給付を求める権利についても，医療扶助の場合はもちろんのこと，金銭給付を内容とする生活扶助の場合でも，それは当該被保護者の最低限度の生活の需要を満

たすことを目的とするものであって，法の予定する目的以外に流用することを許さないものであるから，当該被保護者の死亡によって当然消滅し，相続の対象となり得ない，と解するのが相当である。また，所論不当利得返還請求権は，保護受給権を前提としてはじめて成立するものであり，その保護受給権が右に述べたように一身専属の権利である以上，相続の対象となり得ないと解するのが相当である。

されば，本件訴訟は，上告人の死亡と同時に終了し，同人の相続人朝日健二，同君子の両名においてこれを承継し得る余地はないもの，といわなければならない。
（なお，念のために，本件生活扶助基準の適否に関する当裁判所の意見を付加する。

1　憲法25条1項……の規定は，すべての国民が健康で文化的な最低限度の生活を営み得るように国政を運営すべきことを国の責務として宣言したにとどまり，直接個々の国民に対して具体的権利を賦与したものではない（〔上記昭23・9・29判決〕参照）。具体的権利としては，憲法の規定の趣旨を実現するために制定された生活保護法によって，はじめて与えられているというべきである。生活保護法は，『この法律の定める要件』を満たす者は，『この法律による保護』を受けることができると規定し（2条参照），その保護は，厚生大臣の設定する基準に基づいて行なうものとしているから（8条1項参照），右の権利は，厚生大臣が最低限度の生活水準を維持するにたりると認めて設定した保護基準による保護を受け得ることにあると解すべきである。もとより，厚生大臣の定める保護基準は，法8条2項所定の事項を遵守したものであることを要し，結局には憲法の定める健康で文化的で最低限度の生活を維持するにたりるものでなければならない。しかし，健康で文化的な最低限度の生活なるものは，抽象的な相対的概念であり，その具体的内容は，文化の発達，国民経済の進展に伴って向上するのはもとより，多数の不確定的要素を綜合考量してはじめて決定できるものである。したがって，何が健康で文化的な最低限度の生活であるかの認定判断は，いちおう，厚生大臣の合目的的な裁量に委されており，その判断は，当不当の問題として政府の政治責任が問われることはあっても，直ちに違法の問題を生ずることはない。ただ，現実の生活条件を無視して著しく低い基準を設定する等憲法及び生活保護法の趣旨・目的に反し，法律によって与えられた裁量権の限界をこえた場合または裁量権を濫用した場合には，違法な行為として司法審査の対象となることをまぬかれない。

原判決は，保護基準設定行為を行政処分たる覊束裁量行為であると解し，なにが健康で文化的な最低限度の生活であるかは，厚生大臣の専門技術的裁量に委されていると判示し，その判断の誤りは，法の趣旨・目的を逸脱しないかぎり，当不当の問題にすぎないものであるとした。覊束裁量行為といっても行政庁に全然裁量の余地が認められていないわけではないので，原判決が保護基準設定行為を覊束裁量行為と解しながら，そこに厚生大臣の専門技術的裁量の余地を認めたこと自体は，理由齟齬の違法をおかしたものではない。また，

原判決が本件生活保護基準の適否を判断するにあたって考慮したいわゆる生活外的要素というのは，当時の国民所得ないしその反映である国の財政状態，国民の一般的生活水準，都市と農村における生活の格差，低所得者の生活程度とこの層に属する者の全人口において占める割合，生活保護を受けている者の生活が保護を受けていない多数貧困者の生活より優遇されているのは不当であるとの一部の国民感情および予算配分の事情である。以上のような諸要素を考慮することは，保護基準の設定について厚生大臣の裁量のうちに属することであって，その判断については，法の趣旨・目的を逸脱しないかぎり，当不当の問題を生ずるにすぎないのであって，違法の問題を生ずることはない。」

　2　「生活保護法によって保障される最低限度の生活とは，健康で文化的な生活水準を維持することができるものであることを必要とし（3条参照），保護の内容も，要保護者個人またはその世帯の実際の必要を考慮して，有効かつ適切に決定されなければならないが（9条参照），同時に，それは最低限度の生活の需要を満たすに十分なものであって，かつ，これをこえてはならないこととなっている（8条2項参照）。本件のような入院入所中の保護患者については，生活保護法による保護の程度に関して，長期療養という特殊な生活事情や医療目的からくる一定の制約があることに留意しなければならない。この場合に，日用品費の額の多少が病気治療の効果と無関係でなく，その額の不足は，病人に対し看過し難い影響を及ぼすことのあるのは，否定し得ないところである。しかし，患者の最低限度の需要を満たす手段として，法は，その需要に即応するとともに，保護実施の適正を期する目的から，保護の種類および範囲を定めて，これを単給または併給することとし，入院入所中の保護患者については，生活扶助のほかに給食を含む医療扶助の制度を設けているが，両制度の間にはおのずから性質上および運用上の区別があり，また，これらとは別に生業扶助の制度が存するのであるから，単に，治療効果を促進しあるいは現行医療制度や看護制度の欠陥を補うために必要であるとか，退院退所後の生活を容易にするために必要であるとかいうようなことから，それに要する費用をもって日用品費と断定し，生活扶助基準にかような費用が計上されていないという理由で，同基準の違法を攻撃することは，許されないものといわなければならない。

　さらに，本件生活扶助基準という患者の日用品に対する一般抽象的な需要測定の尺度が具体的に妥当なものであるかどうかを検討するにあたっては，日用品の消費量が各人の節約の程度，当該日用品の品質等によって異なるのはもとより，重症患者と中・軽症患者とではその必要とする費目が異なり，特定の患者にとってはある程度相互流用の可能性が考えられるので，単に本件基準の各費目，数量，単価を個別的に考察するだけではなく，その全体を統一的に把握すべきである。また，入院入所中の患者の日用品であっても，経常的に必要とするものと臨時例外的に必要とするものとの区別があり，臨時例外的なものを一般基

準に組み入れるか，特別基準ないしは一時支給，貸与の制度に譲るかは，厚生大臣の裁量で定め得るところである。

　以上のことを念頭に入れて検討すれば，原判決の確定した事実関係の下においては，本件生活扶助基準が入院入所患者の最低限度の日用品費を支弁するにたりるとした厚生大臣の認定判断は，与えられた裁量権の限界をこえまたは裁量権を濫用した違法があるものとはとうてい断定することができない。)……」

＊裁判官奥野健一の補足意見
　多数意見のとおり，「本件訴訟はすでに終了したものと解する以上，最早事件は裁判所に係属していないのであるから，本件生活扶助基準の適否について論ずることは，余り意味のないことである。しかし，多数意見が念のため付加した意見や田中裁判官の反対意見の中で示された保護受給権の性質に関する見解に賛同することができ」ない。憲法第25条1項の規定が「生存権を，単なる自由権として，すなわち，国が国民の生存を不当に侵害するのを防止し，または，国に対して不当な侵害からの保護を求め得るという消極的な権利としてではなく，……積極的に，すべての国民が健康で文化的な最低限度の生活を営み得るような施策を講ずべきことを国の責務として要請する権利として捉えているところに新憲法の近代憲法としての特色があるものといわなければならない。……憲法は，右の権利を，時の政府の施策方針によって左右されることのない客観的な最低限度の生活水準なるものを想定して，国に前記責務を賦課したものとみるのが妥当であると思う。」

　しかし，「厚生大臣の定める保護基準は客観的に存在する最低限度の生活水準に合致した適正なものでなければならないからといって，適正に設定された保護基準の内容がその後のある時点において右の基準線に完全に合致しないというだけの理由で，直ちに当該基準を違法と認めるべきことにはならない。……適正に設定された保護基準の内容が，その後の情勢の変化により生活の実態を正確に反映しないことになったとしても，基準の改訂に要する相当の期間内であれば，当該時点における基準と生活の実態との乖離が憲法及び生存権の趣旨・目的を著しく逸脱するほどのものではないと認められる限り，……まだもって違法と断ずることは許されないといわざるを得ない。」本件の事実関係の下においては，「本件生活保護基準で定められた月額600円なる金額は低きに失するきらいはあるが，まだもって違法とは認められない」とした原審の判断は，これを首肯し得ないわけではない。

＊裁判官田中二郎の反対意見
　本件で訴訟の承継の成否を決する契機として捉えるべきものは，本件保護変更決

定によって医療費の一部自己負担金に繰り入れられた月額900円を限度として，そのうち厚生大臣の定めた生活扶助基準金額と適正な生活扶助基準金額との差額に相当する部分に対する不当利得返還請求権であると解すべきだとすれば，相続人の両名は，本件裁決の取消によって回復すべき法律上の利益を有するものと解するのが相当であり，そう考えれば，本件訴訟の承継は，理論上もこれを肯認し得ないわけではなく，そうである以上，本案の内容に立ち入って，上告理由で主張する諸論点について，裁判所の判断を明らかにするのが妥当な態度ではなかったかと考える。
〔その他の論点についての意見省略〕

＊裁判官松田二郎，岩田誠の反対意見(裁判官草鹿浅之助同調)

保護受給権が一身専属的であるということは，本件訴訟において承継を否定する根拠となるものではない。朝日茂は本件裁決の取消を条件とする不当利得返還請求権を国に対して有し得ることとなり，この条件付権利は，不当利得返還請求権を内容とするものである以上，同人の有する保護受給権とは別個のものであって，一身専属的のものではなく，相続性を有するから，相続人の両名は「本件裁決の取消によって回復すべき法律上の利益」(行政事件訴訟法9条参照)を有する。

〔以上の各意見を除くほか，裁判官13人全員一致の意見〕

【判例21-2】

堀木訴訟判決(行政処分取消等請求事件)

最大判昭57・7・7民集36巻7号1235頁　　　　　　〔上告棄却〕

〔事実の概要〕

上告人H(原告・堀木フミ子)は国民年金法別表記載の1級1号に該当する視力障害者で，同法に基づく障害福祉年金を受給していたが，内縁の夫と離別後，二人の間の子(堀木守・昭30・5・12生)を独力で養育していたため，児童扶養手当法(昭48法93号による改正前のもの)に基づく児童扶養手当の受給資格認定の請求を兵庫県知事(被告・被上告人)にした(昭45・2・23)が，同知事はこれを却下したので，Hは異議申立をしたが，同知事は児童扶養手当法第4条3項3号(以下判決中で「本件併給調整条項」といわれている規定)に該当し，Hが障害福祉年金を受給しているので児童扶養手当の受給資格を欠く(併給禁止)との理由で，異議申立の棄却を決定した。そこでHはこの却下処分の取消し，及び手当受給資格の認定を被告に義務づける判決を求める訴訟(義務づけ訴訟)を提起した。第一審の神戸地裁は(昭47・9・20判時678号19頁)，義務づけ訴訟については，行政庁の第一次的判断を侵害し，三権分立の原則に

反するとして，訴えを却下したが，被告による本件却下処分については，右の併給禁止規定が，Hのような地位にある女性を「一方において，同程度の視覚障害者である障害福祉年金受給者の父たる男性と性別により差別し，他方において……健全な母たる女性と社会的身分に類する地位により差別する」ものであり，併給禁止条項から障害福祉年金を除外しない限り，憲法第14条1項に違反する，として，却下処分を取り消した(憲法第25条についてはほとんど論じられていない)。これに対し，控訴審(大阪高判昭50・11・10判時795号3頁)は，憲法第25条の裁判規範性は否定していないが，同条1項2項分離論をとっている。つまり2項

> 児童扶養手当法(昭48法93号による改正前のもの)**第4条3項** 第1項の規定にかかわらず，手当は，母に対する手当にあっては当該母が，養育者に対する手当にあっては当該養育者が，次の各号のいずれかに該当するときは，支給しない。
> 　3　公的年金給付を受けることができるとき。ただし，その金額につきその支給が停止されているときを除く。〔なお昭和48年の改正後の規定では，2号が「国民年金法に基づく障害福祉年金及び老齢福祉年金以外の公的年金給付を……」となって，本件のような併給禁止は行われなくなったが，現在ではさらに別の制度になっている。〕

は「国の事前の積極的防貧施策をなすべき努力義務のあること」を宣言したものであるのに対し，1項は2項の防貧施策の実施にもかかわらず落ちこぼれた者に対して，国が「事後的，補足的且つ個別的な救貧施策をなすべき責務のあること」を宣言したものであると解するのである。そして①生活保護法による公的扶助は1項の問題であるが，本件のような手当等は2項の問題であって1項には直接関わらない，②本件併給禁止条項を設けた立法府の裁量には濫用・逸脱があるとは認めがたいから，同条項は憲法第25条2項に違反しない，とし，さらに③憲法第14条，第13条違反の主張についてもこれを認めず，結局，本件却下処分は適法であるとしたので，Hが上告したものである。

〔判決理由〕

1　「まず，本件併給調整条項が憲法25条に違反するものでないとした原判決が同条の解釈適用を誤ったものであるかどうかについて検討する。

憲法25条1項……の規定が，いわゆる福祉国家の理念に基づき，すべての国民が健康で文化的な最低限度の生活を営みうるよう国政を運営すべきことを国の責務として宣言したものであること，また，同条2項……の規定が，同じく福祉国家の理念に基づき，社会的立法及び社会的施設の創造拡充に努力すべきことを国の責務として宣言したものであること，そして，同条1項は，国が個々の国民に対して具体

的・現実的に右のような義務を有することを規定したものではなく,同条2項によって国の責務であるとされている社会的立法及び社会的施設の創造拡充により個々の国民の具体的・現実的な生活権が設定充実されてゆくものであると解すべきことは,すでに当裁判所の判例とするところである(〔上記食糧管理法違反事件判決〕)。

このように,憲法25条の規定は,国権の作用に対し,一定の目的を設定しその実現のための積極的な発動を期待するという性質のものである。しかも,右規定にいう『健康で文化的な最低限度の生活』なるものは,きわめて抽象的・相対的な概念であって,その具体的内容は,その時々における文化の発達の程度,経済的・社会的条件,一般的な国民生活の状況等との相関関係において判断決定されるべきものであるとともに,右規定を現実の立法として具体化するに当たっては,国の財政事情を無視することができず,また,多方面にわたる複雑多様な,しかも高度の専門技術的な考察とそれに基づいた政策的判断を必要とするものである。したがって,憲法25条の規定の趣旨にこたえて具体的にどのような立法措置を講ずるかの選択決定は,立法府の広い裁量にゆだねられており,それが著しく合理性を欠き明らかに裁量の逸脱・濫用と見ざるをえないような場合を除き,裁判所が審査判断するのに適しない事柄であるといわなければならない。

そこで,本件において問題とされている併給調整条項の設定について考えるのに,上告人がすでに受給している国民年金法上の障害福祉年金といい,また,上告人がその受給資格について認定の請求をした児童扶養手当といい,いずれも憲法25条の規定の趣旨を実現する目的をもって設定された社会保障法上の制度であり,それぞれ所定の事由に該当する者に対して年金又は手当という形で一定額の金員を支給することをその内容とするものである。ところで,児童扶養手当がいわゆる児童手当の制度を理念とし将来における右理念の実現の期待のもとに,いわばその萌芽として創設されたものであることは,立法の経過に照らし,一概に否定することのできないところではあるが,国民年金法1条,2条,56条,61条,児童扶養手当法1条,2条,4条の諸規定に示された障害福祉年金,母子福祉年金及び児童扶養手当の各制度の趣旨・目的及び支給要件の定めを通覧し,かつ,国民年金法62条,63条,66条3項,同法施行令5条の4第3項及び児童手当法5条,9条,同法施行令2条の2各所定の支給金額及び支給方法を比較対照した結果等をも参酌して判断すると,児童扶養手当は,もともと国民年金法61条所定の母子福祉年金を補完する制度として設けられたものと見るのを相当とするのであり,児童の養育者に対する養育に伴う支出についての保障であることが明らかな児童手当法所定の児童手当とはその性格を異にし,受給者に対する所得保障である点において,前記母子福祉年金

ひいては国民年金法所定の国民年金（公的年金）一般，したがってその一種である障害福祉年金と基本的に同一の性格を有するもの，と見るのがむしろ自然である。そして，一般に，社会保障法制上，同一人に同一の性格を有する2以上の公的年金が支給されることとなるべき，いわゆる複数事故において，そのそれぞれの事故それ自体としては支給原因である稼得能力の喪失又は低下をもたらすものであっても，事故が2以上重なったからといって稼得能力の喪失又は低下の程度が必ずしも事故の数に比例して増加するといえないことは明らかである。このような場合について，社会保障給付の全般的公平を図るため公的年金相互間における併給調整を行うかどうかは，さきに述べたところにより，立法府の裁量の範囲に属する事柄と見るべきである。また，この種の立法における給付額の決定も，立法政策上の裁量事項であり，それが低額であるからといって当然に憲法25条違反に結びつくものということはできない。

　以上の次第であるから，本件併給調整条項が憲法25条に違反して無効であるとする上告人の主張を排斥した原判決は，結局において正当というべきである。（なお，児童扶養手当法は，その後の改正により右障害福祉年金と老齢福祉年金の2種類の福祉年金について児童扶養手当との併給を認めるに至ったが，これは前記立法政策上の裁量の範囲における改定措置と見るべきであり，このことによって前記判断が左右されるわけのものではない。）

　2　次に，本件併給調整条項が上告人のような地位にある者に対してその受給する障害福祉年金と児童扶養手当との併給を禁じたことが憲法14条及び13条に違反するかどうかについて見るのに，憲法25条の規定の要請にこたえて制定された法令において，受給者の範囲，支給要件，支給金額等につきなんら合理的理由のない不当な差別的取扱をしたり，あるいは個人の尊厳を毀損するような内容の定めを設けているときは，別に所論指摘の憲法14条及び13条違反の問題を生じうることは否定しえないところである。しかしながら，本件併給調整条項の適用により，上告人のように障害福祉年金を受けることができる地位にある者とそのような地位にない者との間に児童扶養手当の受給に関して差別を生ずることになるとしても，さきに説示したところに加えて原判決の指摘した諸点，とりわけ身体障害者，母子に対する諸施策及び生活保護制度の存在などに照らして総合的に判断すると，右差別がなんら合理的理由のない不当なものであるとはいえないとした原審の判断は，正当として是認することができる。また，本件併給調整条項が児童の個人としての尊厳を害し，憲法13条に違反する恣意的かつ不合理な立法であるといえないことも，上来説示したところに徴して明らかである……。」

〔裁判官14人全員の一致した意見〕

第22講　労働基本権とその限界

　1．憲法は第27条で勤労の権利を保障し，また第28条で「勤労者の団結する権利及び団体交渉その他の団体行動をする権利」（いわゆる労働三権[1]）を保障している。この権利は上述の社会権と違い，国家との関係においてのみならず，私人間の関係においても妥当する権利であり，むしろ本来，私企業において経済的劣位に立つ勤労者に対して実質的な自由と平等を確保するための手段として保障されたものである。

　2．これらの権利に関連して，憲法上特に問題とされるのは，国家公務員法等が公務員に対して同盟罷業，怠業(サボタージュ)その他の争議行為を禁止していることの合憲性である。最高裁は，昭和23年7月22日のマッカーサー書簡に基づいて発布された，公務員の争議権，団体交渉権等を制限・禁止すべきことを指令した政令201号違反事件に対する判決（最大判昭28・4・8刑集7巻4号775頁）において，憲法第15条2項の《全体の奉仕者》を理由としてこれを合憲とし，その後，公労法第17条についても合憲とした（最判昭38・3・15刑集17巻2号23頁）。しかしその後，いわゆる全逓東京中郵事件判決（最大判昭41・10・26刑集20巻8号901頁）において公務員の労働基本権の制限が合理性の認められる必要最小限度のものでなければならないとして，公労法に関する上記の判例を変更し，続いて地方公務員法に関する都教組事件判決（最大判昭44・4・2刑集23巻5号305頁），さらには国家公務員法に関する全司法仙台事件判決（最大判昭44・4・2刑集23巻5号685頁）と，一連の公務員の労働基本権尊重の機運が高まった。

　3．ところが最高裁はその後，**全農林警職法事件**判決（⇨**【判例22-1】**）においてこのような立場を再び修正し，先の全司法仙台事件判決において採用した

---

[1] 労働三権とは，団結権，団体交渉権および争議権を総称したもので，これと勤労の権利とを併せて《労働基本権》と総称するのが習わしである。

いわゆる《合憲限定解釈》によるいわゆる《二重のしぼり》論を否定して，非現業国家公務員に対する争議行為の一律禁止を合憲とした。この立場は地公法については岩手県教組学テ事件判決（最大判昭 51・5・21 刑集 30 巻 5 号 1178 頁）で，また公労法第 17 条に関してはいわゆる全逓名古屋中郵事件判決（最大判昭 52・5・4 刑集 31 巻 3 号 182 頁）でも，それぞれ確認され，従来の判例変更がなされるに至っている。

【判例22-1】

全農林警職法事件判決（国家公務員法違反被告事件）

最大判昭 48・4・25 刑集 27 巻 4 号 547 頁　　　　　　　　〔上告棄却〕

〔事実の概要〕

　全農林労働組合の役員であった被告人らは昭和 33 年の警察官職務執行法の改正に反対する統一行動の一環として，同年 10 月 30 日から 11 月 2 日にかけて，同組合の各県本部等にあてて同月 5 日の正午出勤を指令し，また，当日午前 10 時頃から 11 時 40 分頃までの間の職場大会への参加を慫慂（しょうよう）した。これらの行為が国家公務員法第 98 条 5 項（昭和 40 年の改正前のもの）に違反するとして，同法第 110 条 1 項 17 号によって起訴された。第一審の東京地裁は同条にいう《あおり行為》の合憲限定解釈によって被告人らを無罪とした（昭 38・4・19 判時 338 号 8 頁）が，控訴審の東京高裁はこれを破棄して有罪を宣告した（昭 43・9・30 判時 547 号 12 頁）ので，被告人側から上告した。最高裁は上告を棄却したが，この判決は 15 人の裁判官のうち 8 人の多数意見によるもので，そのうち 7 人が補足意見を，2 人が追加補足意見を書いている他，6 人の意見，および 1 人の反対意見がある。

〔判決理由〕

1. 国公法の政治的行為禁止規定と憲

国家公務員法（昭和 40 年法律第 69 号による改正前のもの）**第 98 条 5 項**　職員は，政府が代表する使用者としての公衆に対して同盟罷業，怠業その他の争議行為をなし，又は政府の活動能率を低下させる怠業的行為をしてはならない。又，何人も，このような違法な行為を企て，又はその遂行を共謀し，そそのかし，若しくはあおってはならない。

同法第 110 条 1 項 17 号　左の各号のいずれかに該当する者は，3 年以下の懲役又は 10 万円以下の罰金に処する。

　17　何人たるを問わず第 98 条第 5 項前段に規定する違法な行為の遂行を共謀し，そそのかし，若しくはあおり，又はこれらの行為を企てた者

法 21 条

1 「憲法 28 条……の労働基本権の保障は，憲法 25 条のいわゆる生存権の保障を基本理念とし，憲法 27 条の勤労の権利および勤労条件に関する基準の法定の保障と相まって勤労者の経済的地位の向上を目的とするものである。このような労働基本権の根本精神に即して考えると，公務員は，私企業の労働者とは異なり，使用者との合意によって賃金その他の労働条件が決定される立場にないとはいえ，勤労者として，自己の労務を提供することにより生活の資を得ているものである点において一般の勤労者と異なるところはないから，憲法 28 条の労働基本権の保障は公務員に対しても及ぶものと解すべきである。ただ，この労働基本権は……勤労者の経済的地位の向上のための手段として認められたものであって，それ自体が目的とされる絶対的なものではないから，おのずから勤労者を含めた国民全体の共同利益の見地からする制約を免れないものであり，このことは，憲法 13 条の規定の趣旨に徴しても疑いのないところである（この場合，憲法 13 条にいう『公共の福祉』とは，勤労者たる地位にあるすべての者を包摂した国民全体の共同の利益を指すものということができよう。）以下，この理を，さしあたり，本件において問題となっている非現業の国家公務員（非現業の国家公務員を以下単に公務員という。）について詳述すれば，次のとおりである。

(1) 公務員は，私企業の労働者と異なり，国民の信託に基づいて国政を担当する政府により任命されるものであるが，憲法 15 条の示すとおり，実質的にはその使用者は国民全体であり，公務員の労務提供義務は国民全体に対して負うものである。もとよりこのことだけの理由から公務員に対して団結権をはじめその他一切の労働基本権を否定することは許されないのであるが，公務員の地位の特殊性と職務の公共性にかんがみるときは，これを根拠として公務員の労働基本権に対し必要やむをえない限度の制限を加えることは，十分合理的な理由があるというべきである。けだし，公務員は，公共の利益のために勤務するものであり，公務の円滑な運営のためには，その相当する職務内容の別なく，それぞれの職場においてその職責を果すことが必要不可欠であって，公務員が争議行為に及ぶことは，その地位の特殊性および職務の公共性と相容れないばかりでなく，多かれ少なかれ公務の停滞をもたらし，その停滞は勤労者を含めた国民全体の共同利益に重大な影響を及ぼすか，またはその虞れがあるからである。

次に公務員の勤務条件の決定については，私企業における勤労者と異なるものがあることを看過することはできない。すなわち……公務員の場合は，その給与の財源は国の財政とも関連して主として税収によって賄われ，私企業における労働者の

利潤の分配要求のごときものとは全く異なり，その勤務条件はすべて政治的，財政的，社会的その他諸般の合理的な配慮により適当に決定しなければならず，しかもその決定は民主国家のルールに従い，立法府において論議のうえなされるべきもので，同盟罷業等争議行為の圧力による強制を容認する余地は全く存しないのである。……このように公務員の給与をはじめ，その他の勤務条件は，私企業の場合のごとく労使間の自由な交渉に基づく合意によって定められるものではなく，原則として，国民の代表者により構成される国会の制定した法律，予算によって定められることとなっているのである。その場合，使用者としての政府にいかなる範囲の決定権を委任するかは，まさに国会みずからが立法をもって定めるべき労働政策の問題である。したがって，これら公務員の勤務条件の決定に関し，政府が国会から適法な委任を受けていない事項について，公務員が政府に対し争議行為を行なうことは，的はずれであって正常なものとはいいがたく，もしこのような制度上の制約にもかかわらず公務員による争議行為が行なわれるならば，使用者としての政府によっては解決できない立法問題に逢着せざるをえないこととなり，ひいては民主的に行なわれるべき公務員の勤務条件決定の手続過程を歪曲することともなって，憲法の基本原則である議会制民主主義（憲法41条，83条等参照）に背馳し，国会の議決権を侵す虞れすらなしとしないのである。……

(2) しかしながら，……公務員についても憲法によってその労働基本権が保障される以上，この保障と国民全体の共同利益との間に均衡が保たれることを必要とすることは，憲法の趣旨であると解されるのであるから，その労働基本権を制限するにあたっては，これに代わる相応の措置が講じられなければならない。そこで，わが法制上の公務員の勤務関係における具体的措置が果して憲法の要請に添うものかどうかについて，検討を加えてみるに，

(イ) ……〔国公法の〕関係法規から見ると，労働基本権につき前記のような当然の制約を受ける公務員に対しても，法は，国民全体の共同利益を維持増進することとの均衡を考慮しつつ，その労働基本権を尊重し，これに対する制約，とくに罰則を設けることを，最少限度にとどめようとしている態度をとっているものと解することができる。そして，この趣旨は，いわゆる全逓中郵事件判決の多数意見においても指摘されたところである。……

(ロ) このように，その争議行為等が，勤労者をも含めた国民全体の共同利益の保障という見地から制約を受ける公務員に対しても，その生存権保障の趣旨から，法は，これらの制約に見合う代償措置として身分，任免，服務，給与その他に関する勤務条件についての周到詳密な規定を設け，さらに中央人事行政機関として準司法

機関的性格をもつ人事院を設けている。ことに公務員は，法律によって定められる給与準則に基づいて給与を受け，その給与準則には俸給表のほか法定の事項が規定される等，いわゆる法定された勤務条件を享有しているのであって，人事院は，公務員の給与，勤務時間その他の勤務条件について，いわゆる情勢適応の原則により，国会および内閣に対し勧告または報告を義務づけられている。そして，公務員たる職員は，個別的にまたは職員団体を通じて俸給，給料その他の勤務条件に関し，人事院に対しいわゆる行政措置要求をし，あるいはまた，もし不利益な処分を受けたときは，人事院に対し審査請求をする途も開かれているのである。このように，公務員は，労働基本権に対する制限の代償として，制度上整備された生存権擁護のための関連措置による保障を受けているのである。

(3) 以上に説明したとおり，公務員の従事する職務には公共性がある一方，法律によりその主要な勤務条件が定められ，身分が保障されているほか，適切な代償措置が講じられているのであるから，国公法98条5項〔現2項〕がかかる公務員の争議行為およびそのあおり行為等を禁止するのは，勤労者をも含めた国民全体の共同利益の見地からするやむをえない制約というべきであって，憲法28条に違反するものではないといわなければならない。」

2 「次に，国公法110条1項17号は，公務員の争議行為による業務の停滞が広く国民全体の共同利益に重大な障害をもたらす虞れのあることを考慮し，公務員たると否とを問わず，何人であってもかかる違法な争議行為の原動力または支柱としての役割を演じた場合については，そのことを理由として罰則を規定しているのである。すなわち，前述のように，公務員の争議行為の禁止は，憲法に違反することはないのであるから，何人であっても，この禁止を侵す違法な争議行為をあおる等の行為をする者は，違法な争議行為に対する原動力を与える者として，単なる争議参加者にくらべて社会的責任が重いのであり，また争議行為の開始ないしはその遂行の原因を作るものであるから，かかるあおり等の行為者の責任を問い，かつ，違法な争議行為の防遏を図るため，その者に対しとくに処罰の必要性を認めて罰則を設けることは，十分に合理性があるものということができる。したがって，国公法110条1項17号は，憲法18条，憲法28条に違反するものとはとうてい考えることができない。」

3 「さらに，憲法21条との関係を見るに，……被告人らの所為ならびにそのあおった争議行為すなわち農林省職員の職場離脱による右職場大会は，警職法改止反対という政治的目的のためになされたものというべきである。
ところで，憲法21条の保障する表現の自由といえども，もともと国民の無制約な

恣意のままに許されるものではなく、公共の福祉に反する場合には合理的な制限を加えうるものと解すべきところ……、とくに勤労者なるがゆえに、本来経済的地位向上のための手段として認められた争議行為をその政治的主張貫徹のための手段として使用しうる特権をもつものとはいえないから、かかる争議行為が表現の自由として特別に保障されるということは、本来ありえないものというべきである。そして、……公務員は、もともと合憲である法律によって争議行為をすること自体が禁止されているのであるから、勤労者たる公務員は、かかる政治的目的のために争議行為をすることは、二重の意味で許されないものといわなければならない。してみると、このような禁止された公務員の違法な争議行為をあおる等の行為をあえてすることは、それ自体がたとえ思想の表現たる一面をもつとしても、公共の利益のために勤務する公務員の重大な義務の懈怠を慫慂するにほかならないのであって、結局、国民全体の共同利益に重大な障害をもたらす虞があるものであり、憲法の保障する言論の自由の限界を逸脱するものというべきである。したがって、あおり等の行為を処罰すべきものとしている国公法110条1項17号は、憲法21条に違反するものということができない。

以上要するに、これらの国公法の各規定自体が違憲であるとする所論は、その理由がなく、したがって、原判決が国公法の右各規定を本件に適用したことを非難する論旨も、採用することができない。」

2．国公法の刑罰規定と憲法31条

「所論は、要するに、国公法110条1項17号は、その規定する構成要件、とくにあおり行為等の概念が不明確であり、かつ、争議行為の実行が不処罰であるのに、その前段階的行為であるあおり行為等のみを処罰の対象としているのは不合理であるから、憲法31条に違反し、これを適用した原判決も違法であるというのである。

しかしながら、違法な争議行為に対する原動力または支柱となるものとして罰則の対象とされる国公法110条1項17号所定の各行為のうち、本件において問題となっている『あおり』および『企て』について考えるに、ここに『あおり』とは、国公法98条5項〔現2項〕前段に定める違法行為を実行させる目的をもって、他人に対し、その行為を実行する決意を生じさせるような、またはすでに生じている決意を助長させるような勢いのある刺激を与えること……をいい、また、『企て』とは、右のごとき違法行為の共謀、そそのかし、またはあおり行為の遂行を計画準備することであって、違法行為発生の危険性が具体的に生じたと認めうる状態に達したものをいうと解するのが相当である（いずれの場合にせよ、単なる機会的労務を提供したにすぎない者、またはこれに類するものは含まれない。）。してみると、国公法110条1

項17号に規定する犯罪構成要件は，所論のように，内容が漠然としているものとはいいがたく，また違法な行為につき，その前段階的行為であるあおり行為等のみを独立犯として処罰することは，前述のとおりこれらの行為が違法行為に原因を与える行為として単なる争議への参加に比べて社会的責任が重いと見られる以上，決して不合理とはいいがたいから，所論違憲の主張は理由がない。……

　国公法98条5項〔現2項〕，110条1項17号の解釈に関して，公務員の争議行為等禁止の措置が違憲ではなく，また，争議行為をあおる等の行為に高度の反社会性があるとして罰則を設けることの合理性を肯認できることは前述のとおりであるから，公務員の行なう争議行為のうち，同法によって違法とされるものとそうでないものとの区別を認め，さらに違法とされる争議行為にも違法性の強いものと弱いものとの区別を立て，あおり行為等の罪として刑事制裁を科せられるのはそのうち違法性の強い争議行為に対するものに限るとし，あるいはまた，あおり行為等につき，争議行為の企画，共謀，説得，慫慂，指令等を争議行為にいわゆる通常随伴するものとして，国公法上不処罰とされる争議行為自体と同一視し，かかるあおり等の行為自体の違法性の強弱または社会的許容性の有無を論ずることは，いずれも，とうてい是認することができない。けだし，いま，もし，国公法110条1項17号が，違法性の強い争議行為を違法性の強いまたは社会的許容性のない行為によりあおる等した場合に限ってこれに刑事制裁を科すべき趣旨であると解するときは，いうところの違法性の強弱の区別が元来はなはだ曖昧であるから刑事制裁を科しうる場合と科しえない場合との限界がすこぶる明確性を欠くこととなり，また同条項が争議行為に『通常随伴』し，これと同一視できる一体不可分のあおり等の行為を処罰の対象としていない趣旨と解することは，一般に争議行為が争議指導者の指令により開始され，打ち切られる現実を無視するばかりでなく，何ら労働基本権の保障を受けない第三者がした，このようなあおり等の行為までが処罰の対象から除外される結果となり，さらに，もしかかる第三者のしたあおり等の行為は，争議行為に『通常随伴』するものでないとしてその態様のいかんを問わずこれを処罰の対象とするものと解するときは，同一形態のあおり等をしながら公務員のしたものと第三者のしたものとの間に処罰上の差別を認めることとなって，ただに法文の『何人たるを問わず』規定するところに反するばかりでなく，衡平を失するものといわざるをえないからである。いずれにしても，このように不明確な限定解釈は，かえって犯罪構成要件の保障的機能を失わせることとなり，その明確性を要請する憲法31条に違反する疑いすら存するものといわなければならない。

　なお，公務員の団体行動とされるもののなかでも，その態様からして，実質が単

なる規律違反としての評価を受けるにすぎないものについては，その煽動等の行為が国公法110条1項17号所定の罰則の構成要件に該当しないことはもちろんであり，また，右罰則の構成要件に該当する行為であっても，具体的事情のいかんによっては法秩序全体の精神に照らし許容されるものと認められるときは，刑法上違法性が阻却されることもありうることはいうまでもない。もし公務員中職種と職務内容の公共性の程度が弱く，その争議行為が国民全体の共同利益にさほどの障害を与えないものについて，争議行為を禁止し，あるいはそのあおり等の行為を処罰することの当を得ないものがあるとすれば，それらの行為に対する措置は，公務員たる地位を保有させることの可否とともに立法機関において慎重に考慮すべき立法問題であると考えられるのである。

いわゆる全司法仙台事件についての当裁判所の判決……は，本判決において判示したところに抵触する限度で，変更を免れないものである。」

3．憲法28条と「政治スト」

「所論は，要するに，公務員の政治目的に出た争議行為も憲法28条によって保障されることを前提とし，原判決が，いわゆる『政治スト』は，憲法28条に保障された争議行為としての正当性の限界を逸脱するものとして刑事制裁を免れないと判断したのは，憲法21条，28条，31条の解釈を誤ったものである旨主張する。

しかしながら，公務員については，経済目的に出たものであると，はたまた，政治目的に出たものであるとを問わず，国公法上許容された争議行為なるものが存在するとすることは，とうていこれを是認することができないのであって，かく解釈しても憲法に違反するものではないから，所論違憲の主張は，その前提を欠き，適法な上告理由にあたらない（なお，私企業の労働者たると，公務員を含むその他の勤労者たるとを問わず，使用者に対する経済的地位の向上の要請とは直接関係があるとはいえない警職法の改正に対する反対のような政治的目的のために争議行為を行なうがごときは，もともと憲法28条の保障とは無関係なものというべきである。……）。」

〔この判決には，裁判官石田和外，村上朝一，藤林益三，岡原昌男，下田武三，岸盛一，天野武一の共同補足意見（これは主として裁判官田中二郎他の意見への批判として書かれたもの），裁判官岸盛一，天野武一の追加補足意見，裁判官岩田誠の意見（主として国公法の規定の「限定解釈」にかかわるもの），裁判官田中二郎，大隅健一郎，関根小郷，小川信雄，坂本吉勝の意見，および裁判官色川幸太郎の反対意見があり，さまざまな問題について論及されているが，それぞれ相当に詳細なものであり，紙幅の関係上，ここでは省略せざるをえない。〕

第8章　人身の自由と刑事裁判手続の保障

第23講　法定手続の保障

　1．憲法は第18条で奴隷的拘束・苦役からの自由を保障しているほか，第31条以下で詳細な刑事裁判手続上の保障を規定している。第18条の自由は，一般に，単に公権力に対してのみならず私人間においても保障されると考えられており，私人間における人権の効力の問題(⇨第5講参照)を論じる際にもよく引き合いに出される規定である。労働基準法の強制労働の禁止(第5条)や刑法の逮捕監禁罪(第220条)などもこの規定の趣旨に添うものである。しかし，本章では，これらの点については詳論しない。本講では，第31条のいわゆる《法定手続》の保障，第36条の《残虐な刑罰》禁止および第37条の《迅速な裁判》を受ける権利について触れるにとどめる。

　2．憲法第31条は「何人も，法律の定める手続によらなければ，その生命若しくは自由を奪われ，又はその他の刑罰を科せられない。」と規定している。ここにいう「法律の定める手続」の意味については，とくに，沿革的に本条に影響を与えたと考えられるアメリカ合衆国憲法修正第5条(および第14条)(⇨〔資料3〕)のいわゆる《適正手続条項》(due process clause)との関わりにおいて，種々の見解に分かれ，科刑の手続の法定のみを要求するものとみる最狭義の説から，科刑の手続および実体要件の法定およびその内容の適正性まで要求しているとみる最広義の説までさまざまである。

　3．本条にいう《法律》が，地方公共団体が「法律の範囲内で」(憲法第94条)制定する「条例」を含むか，つまり，法律の授権に基づいて条例において罰則を定めることが憲法第31条に違反しないかどうか，という問題があり，法律と条例の関係についても諸説があるが，最高裁は，地方自治法の委任に基づいて大阪市が制定した**売春勧誘行為等取締条例**に関する判決(⇨【判例

23-1】)において罰則規定も含む当該条例が合憲であると判示した。

 4．刑罰としての《没収》にかかる貨物が，被告人以外の**第三者の所有物**である場合に，当該所有者に告知・弁解等の機会を与えずこれを没収することが，憲法第31条に違反しないかどうかが争われた事件において，最高裁は，原審判決を破棄してこの没収の言渡しを違憲とした(⇨【判例23-2】)。

 なお，この判決後の1963(昭和38)年7月には「刑事事件における第三者所有物の没収手続に関する応急措置法」が制定され，検察官は，公訴を提起した場合において，第三者の所有に属する物(被告人の所有に属するか第三者の所有に属するかが明らかでない物を含む)の没収を必要と認めるときは，すみやかに，その第三者に対し，書面により，①被告事件の係属する裁判所，②被告事件名及び被告人の氏名，③没収すべき物の品名，数量その他その物を特定するに足りる事項，④没収の理由となるべき事実の要旨，⑤被告事件の係属する裁判所に対し，被告事件の手続への参加を申し立てることができる旨，⑥参加の申立てをすることができる期間，⑦被告事件について公判期日が定められているときは公判期日について，告知をしなければならない(第2条1項)，また第三者の所在がわからないなどの理由で第1項の告知をすることができないときは，検察官は，上の①〜⑦の事項を官報及び新聞紙に掲載し，かつ，検察庁の掲示場に14日間掲示して公告しなければならない，等の規定が置かれた。

 5．最近では，最高裁は，刑罰法規の犯罪構成要件が「曖昧不明確」のゆえに憲法第31条違反となる可能性について，徳島市公安条例事件判決(最大判昭50・9・10刑集29巻8号489頁)において一応の見解を示した(⇨286頁も参照)ほか，**福岡県青少年保護育成条例事件**判決(⇨【判例23-3】)において，同条例にいう《淫行》の意味を限定解釈することによってこれを合憲とした。

【判例23-1】
売春勧誘行為等取締条例事件判決(大阪市条例第68号違反被告事件)
最大判昭37・5・30刑集16巻5号577頁　　　　　　　　　　〔上告棄却〕

〔事実の概要〕
 地方自治法第14条1項および同条5項の委任に基づいて制定された大阪市条例

第 68 号「街路等における売春勧誘行為等の取締条例」第 2 条 1 項は「売春の目的で、街路その他公の場所において、他人の身辺につきまとったり又は誘ったりした者は 5,000 円以下の罰金又は拘留に処する」と定めていた(当時は「売春防止法」はまだ制定されていなかった)。これに違反するとして起訴された被告人が、本条例の憲法違反を主張した。第一審の大阪簡裁は本件条例は有効であるとして被告人に罰金刑(5,000 円)を科し(昭 31・3・15)、控訴審でもこれが支持された(大阪高判昭 31・10・18 刑集 16 巻 5 号 605 頁)ので、さらに被告人側から上告がなされた。

> 地方自治法第 2 条 2 項　普通地方公共団体は、地域における事務及びその他の事務で法律又はこれに基づく政令により処理することとされるものを処理する。
> 同法第 14 条　①普通地方公共団体は、法令に違反しない限りにおいて第 2 条第 2 項の事務に関し、条例を制定することができる。
> ③普通地方公共団体は、法令に特別の定めがあるものを除くほか、その条例中に、条例に違反した者に対し、2 年以下の懲役若しくは禁錮、100 万円以下の罰金、拘留、科料若しくは没収の刑又は 5 万円以下の過料を科する旨の規定を設けることができる。

〔判決理由〕
「わが憲法の下における社会生活の法的規律は、通常、基本的なそして全国にわたり劃一的効力を持つ法律によってなされるが、中には各地方の自然的ないし社会的状態に応じその地方の住民自身の理想に従った規律をさせるためこれを各地方公共団体の自治に委ねる方が一層民主主義的かつ合目的的なものもあり、また、ときには、いずれの方法によって規律しても差支えないものもあるので、憲法は、地方公共団体の組織及び運営に関する事項は、地方自治の本旨に基づいて、法律でこれを定めるべく(憲法 92 条)、これに議会を設置し、その議員、地方公共団体の長等は、その住民が直接これを選挙すべきもの(同 93 条)と定めた上、地方公共団体は、その事務を処理し行政を執行する等の権能を有するほか、法律の範囲内で条例を制定することができる旨を定めたのである(同 94 条)……。すなわち、地方公共団体の制定する条例は、憲法が特に民主主義政治組織の欠くべからざる構成として保障する地方自治の本旨に基づき(同 92 条)、直接憲法 94 条により法律の範囲内において制定する権能を認められた自治立法に外ならない。従って条例を制定する権能もその効力も法律の認める範囲を越えることはできないけれども、法律の範囲内にあるかぎり、条例はその効力を有するものといわなければならない……。」

「憲法 31 条はかならずしも刑罰がすべて法律そのもので定められなければならないとするものでなく、法律の授権によってそれ以下の法令によって定めることもできると解すべきで、このことは憲法 73 条 6 号但書によっても明らかである。ただ、

法律の授権が不特定な一般的の白紙委任的なものであってはならないことは、いうまでもない。ところで、地方自治法2条に規定された事項のうちで、本件に関係のあるのは〔旧〕3項7号及び1号に掲げられた事項であるが、これらの事項は相当に具体的な内容のものであるし、同法14条5項による罰則の範囲も限定されている。しかも、条例は、法律以下の法令といっても、上述のように、公選の議員をもって組織する地方公共団体の議会の議決を経て制定される自治立法であって、行政府の制定する命令等とは性質を異にし、むしろ国民の公選した議員をもって組織する国会の議決を経て制定される法律に類するものであるから、条例によって刑罰を定める場合には、法律の授権が相当な程度に具体的であり、限定されておればたりると解するのが正当である。そうしてみれば、地方自治法2条〔旧〕3項7号及び1号のように、相当に具体的な内容の事項につき、同法14条5項のように限定された刑罰の範囲内において、条例をもって罰則を定めることができるとしたのは、憲法31条の意味において法律の定める手続によって刑罰を科するものということができるのであって、所論のように同条に違反するとはいえない。したがって地方自治法14条5項に基づく本件条例の右条項も憲法同条に違反するものということができない。」

＊裁判官入江俊郎の補足意見

「法律が政令以外の法令に罰則を委任する場合においても、政令に対すると同様に一般的委任は許されず、個別的委任たることを要する」ものと解され、「条例に罰則を委任する場合においても、また同様でなければならぬ」。ただ、「ひと口に個別的委任といっても、条例への委任の仕方と、政令等行政府のみで制定する法令への委任の仕方との間に、若干差異があってもよい」。すなわち、条例は、「地方議会の議決を経た地方公共団体の民主的な自治立法である点において、条例への罰則の委任の仕方は、政令等に対する委任の場合に比較して、より緩やかなものであってもよいと思う」。

〔裁判官 垂水克己の補足意見（裁判官藤田八郎同調）および裁判官 奥野健一の補足意見、省略。以上の補足意見を除くほか、裁判官14人全員一致の意見〕

【判例23-2】
第三者所有物没収違憲判決（関税法違反未遂被告事件）

最大判昭37・11・28 刑集16巻11号1593頁　　　　　　　〔破棄自判〕

〔事実の概要〕

被告人らは1954(昭和29)年10月5日頃、共謀の上、韓国向け貨物を密輸出しようと企て、税関の輸出免許を受けずに大阪港で機帆船に貨物を積み込み、同月11日頃、下関で衣料品を積載して同日これを博多沖で漁船に積み替えようとしたが、しけのために未遂に終わった。第一審裁判所は、この行為を関税法違反の未遂として執行猶予つきの懲役刑に処するとともに、同法第118条1項により、機帆船および貨物の没収を言い渡し(福岡地小倉支判昭30・4・25)、控訴審でもこの判決が是認された(福岡高判昭30・9・21)。ところが、没収にかかるこの貨物は被告人ら以外の所有であり、それが誰の所有物か、必ずしも明確にはされていなかった。そこで被告人らは上告し、その理由として、この貨物は「所有者不明であり、従ってその所有者は関税法第109条乃至第112条の犯罪が行はれることを予め知っていたか否かを確かめることを得ない儘であり、従って所有者に財産権擁護の機会を全く与へない儘に之を没収したのであり、右は憲法第29条第1項に違反する」と主張した。

> **関税法第118条1項〔当時〕**　第109条から第110条まで(禁制品を輸入する罪、関税を免れる等の罪、許可を受けないで輸出入する罪)の犯罪に係る貨物、その犯罪行為の用に供した船舶若しくは航空機又は第112条(密輸貨物の運搬等をする罪)の犯罪に係る貨物(以下この条において「犯罪貨物等」という。)は、没収する。但し、犯罪貨物等が犯人以外の者の所有に係り、且つ、その者が左の各号の一に該当する場合は、この限りでない。
> 　一　第109条から第112条までの犯罪が行われることをあらかじめ知らないでその犯罪が行われた時から引き続き犯罪貨物等を所有していると認められるとき。
> 　二　前号に掲げる犯罪が行われた後、その情を知らないで犯罪貨物等を取得したと認められるとき。

〔判決理由〕

「関税法118条1項の規定による没収は、同項所定の犯罪に関係ある船舶、貨物等で同項但書に該当しないものにつき、被告人の所有に属すると否とを問わず、その所有権を剝奪して国庫に帰属せしめる処分であって、被告人以外の第三者が所有者である場合においても、被告人に対する附加刑としての没収の言渡により、当該第

三者の所有権剝奪の効果を生ずる趣旨であると解するのが相当である。
　しかし，第三者の所有物を没収する場合において，その没収に関して当該所有者に対し，何ら告知，弁解，防禦の機会を与えることなく，その所有権を奪うことは，著しく不合理であって，憲法の容認しないところであるといわなければならない。けだし，……前記第三者の所有物の没収は，被告人に対する附加刑として言い渡され，その刑事処分の効果が第三者に及ぶものであるから，所有物を没収せられる第三者についても，告知，弁護，防禦の機会を与えることが必要であって，これなくして第三者の所有物を没収することは，適正な法律手続によらないで，財産権を侵害する制裁を科するに外ならないからである。そして，このことは，右第三者に，事後においていかなる権利救済の方法が認められるかということとは，別個の問題である。然るに，関税法118条1項は，同項所定の犯罪に関係ある船舶，貨物等が被告人以外の第三者の所有に属する場合においてもこれを没収する旨規定しながら，その所有者たる第三者に対し，告知，弁護，防禦の機会を与えるべきことを定めておらず，また刑訴法その他の法令においても，何らかかる手続に関する規定を設けていないのである。従って，前記関税法118条1項によって第三者の所有物を没収することは，憲法31条，29条に違反するものと断ぜざるをえない。
　そして，かかる没収の言渡を受けた被告人は，たとえ第三者の所有物に関する場合であっても，被告人に対する附加刑である以上，没収の裁判の違憲を理由として上告をなしうることは，当然である。のみならず，被告人としても没収に係る物の占有権を剝奪され，またはこれが使用，収益をなしえない状態におかれ，更には所有権を剝奪された第三者から賠償請求権等を行使される危険に曝される等，利害関係を有することが明らかであるから，上告によりこれが救済を求めることができるものと解すべきである。これと矛盾する昭和……35年10月19日当裁判所大法廷言渡の判決〔刑集14巻12号1574頁〕は，これを変更するを相当と認める。」
　本件につきこれを見るに，没収に係る貨物が被告人以外の第三者の所有に係るものであることは，原審の確定するところであるから，前述の理由により本件貨物の没収の言渡は違憲であって，この点に関する論旨は，結局理由あるに帰し，原判決および第一審判決は，この点において破棄を免れない。」

＊裁判官入江俊郎の補足意見
(1)「憲法31条にいわゆる法定手続の保障は，単に形式上法律で定めれば，それで本条の要請を満たしたものというものではなく，たとえ法律で定めても，その法律の内容が，近代民主主義国家における憲法の基本原理に反するようなものであれ

ば本条違反たるを免れず，単に手続規定のみについてでなく，権利の内容を定めた実体規定についても，本条の保障ありと解すべきであり，更に本条は単に刑罰についてのみではなく，『若しくは自由を奪われ』[ママ]という中には，刑罰以外に，国家権力によって個人の権利，利益を侵害する場合をも包含しているものと解すべきであると考える。」

(2)「しかし，憲法31条は，国家権力が個人に対してその権利，利益を侵害するすべての場合に，常に必ずその者に告知，聴聞の機会を与えて，意見を開陳し弁解，防禦をなすことを得せしめるべきことを要請したものだとは考えない。もちろん，それが刑罰である場合には，憲法は他の規定，例えば32条，37条，82条等により，そのような要請が明定せられ，それらの規定と31条とが相まって，そのような保障がなされていると解すべきである」が，刑罰以外のものについては，「それが基本的人権の保障の上に不可欠のものと考えられない限りは，そのことがないからといって，立法政策上の当否はしばらくおき，これを憲法31条に違反するものであると解すべきではない」といえる。

(3)「本件第三者の所有物の没収は，被告人に対する附加刑として言渡され，その刑事処分の効果が第三者に及ぶものであり，右第三者に対する関係においても，刑事処分に準じて取扱うことを妥当とすべく，被告人に対する場合に準じて，第三者を訴訟手続に参加せしめ，これに告知，弁解，防禦の機会を与えるべきであり，単に第三者を証人として尋問し，その機会にこれを告知，弁解，防禦をなさしめる程度では，未だ憲法31条にいう適正な法律手続によるものとはいい得ないと解するのが正当である……。」

＊裁判官垂水克己の補足意見

「現行刑訴法には，被告事件の第三者からその所有物を没収する場合について〔告知，弁解，防禦といった〕第三者の利益保護のための特別の手続規定がない。この特別規定が立法されない間は，かりに，第三者所有物没収を是認する実体刑事法の規定が合憲であっても，第三者所有物を没収した判決は憲法31条違反，従って同29条1項違反となる。」

＊裁判官奥野健一の補足意見および裁判官藤田八郎の少数意見(略)

＊裁判官下飯坂潤夫の反対意見

「没収物の所有者たる第三者が賠償請求権を行使するかどうかは未定の問題であり，この危険は未確定，抽象的なものに止る。したがって，被告人は本件没収の裁判により現実的には何らの不利益を蒙っているわけではない」から，「現実の具体的不利益を蒙っていない被告人の申立に基づき没収の裁判の違憲性の争点に判断を加

えた多数意見は，将来を予想して疑義論争に抽象的判断を下したものに外ならず，憲法81条の下で裁判所に付与されている違憲審査権の行使の範囲を逸脱したものであると論結せざるを得ない。されば，被告人は本件没収の裁判につきこれを違憲と抗争する現実の具体的利害関係を欠如しているものであるから，没収を違憲と主張する上告理由は不適法なものであり，本件はこれを理由として棄却さるべき筋合のものなのである。」

＊裁判官高木常七・山田作之助の少数意見および裁判官石坂修一の反対意見(略)
〔以上の各意見を除くほか，裁判官15人の全員一致の意見〕

【判例23-3】
福岡県青少年保護育成条例事件判決(福岡県青少年保護育成条例違反被告事件)最大判昭60・10・23刑集39巻6号413頁　　　　〔上告棄却〕

〔事実の概要〕

被告人(本件当時26歳)は，当時16歳の少女Nと性交したとして本条例違反に問われ，第一審で罰金5万円に処せられた(小倉簡判昭56・12・14)。控訴審でもこの有罪が支持された(福岡高裁昭57・3・29)ため，上告に及んだものである。

〔判決理由〕

「本条例は，青少年の健全な育成を図るため青少年を保護することを目的として定められ(1条1項)，他の法令により成年者と同一の能力を有する者を除き，小学校就学の始期から満18歳に達するまでの者を青少年と定義した(3条1項)上で，『何人も，青少年に対し，淫行又はわいせつの行為をしてはならない。』(10条1項)と規定し，その違反者に対しては2年以下の懲役又は10万円以下の罰金を科し(16条1項)，違反者が青少年であるときは，これに対して罰則を適用しない(17条)こととしている。これらの条項の規定するところを総合すると，本条例10条1項，16条1項の規定(以下，両者を併せて「本件各規定」という。)の趣旨は，一般に青少年が，その心身の未成熟や発育程度の不均衡から，精神的に未だ十分に安定していないため，性行為等によって精神的な痛手を受け易く，また，その痛手からの回復が困難となりがちである等の事情にかんがみ，青少年の健全な育成を図るため，青少年を対象としてなされる性行為等のうち，その育成を阻害するおそれのあるものとして社会通念上非難を受けるべき性質のものを禁止することとしたものであることが明らかであって，右のような本件各規定の趣旨及びその文理等に徴すると，本条例10条1項の規定にいう『淫行』とは，広く青少年に対する性行為一般をいうものと解すべ

きではなく，青少年を誘惑し，威迫し，欺罔し又は困惑させる等その心身の未成熟に乗じた不当な手段により行う性交又は性交類似行為のほか，青少年を単に自己の性的欲望を満足させるための対象として扱っているとしか認められないような性交又は性交類似行為をいうものと解するのが相当である。けだし，右の『淫行』を広く青少年に対する性行為一般を指すものと解するときは，『淫らな』性行為を指す『淫行』の用語自体の意義に添わないばかりでなく，例えば婚約中の青少年又はこれに準ずる真摯な交際関係にある青少年との間で行われる性行為等，社会通念上およそ処罰の対象として考え難いものをも含むこととなって，その解釈は広きに失することが明らかであり，また，前記『淫行』を目して単に反倫理的あるいは不純な性行為等と解するのでは，犯罪の構成要件として不明確であるとの批判を免れないのであって，前記の規定の文理から合理的に導き出され得る解釈の範囲内で，前叙のように限定して解するのを相当とする。このような解釈は通常の判断能力を有する一般人の理解にも適うものであり，『淫行』の意義を右のように解釈するときは，同規定につき処罰の範囲が不当に広過ぎるとも不明確であるともいえないから，本件各規定が憲法31条の規定に違反するものとはいえず，憲法11条，13条，19条，21条違反をいう所論も前提を欠くに帰し，すべて採用することができない。

なお，本件につき原判決認定の事実関係に基づいて検討するのに，被告人と少女との間には本件行為がすでに相当期間にわたって一応付合いと見られるような関係があったようであるが，当時における両者のそれぞれの年齢，性交渉に至る経緯，その他両者間の付合いの態様等の諸事情に照らすと，本件は，被告人において当該少女を単に自己の性的欲望を満足させるための対象として扱っているとしか認められないような性行為をした場合に該当するものというほかないから，本件行為が本条例10条1項にいう『淫行』に当たるとした原判断は正当である。」

＊裁判官牧圭次の補足意見および裁判官長島敦の補足意見——（略）
＊**裁判官伊藤正己の反対意見**
多数意見の言うように「青少年を誘惑し，威迫し，欺罔し又は困惑させる等その心身の未成熟に乗じた不当な手段により」という限定を加えることが，単に「淫行」とのみ規定する本条例10条1項の解釈として可能であるか。当裁判所の徳島市公安条例判決（⇨第**13**講参照）および札幌税関検査訴訟判決（⇨【判例**16**-1】）は，いずれも表現の自由にかかわるものであるが，「刑罰という最も厳しい法的制裁を科する刑事法規については，罪刑法定主義にもとづく構成要件の明確性の要請がつよく働くのであるから，判例の説示するところは，憲法31条のもとにあって，刑罰法規に

ついてもほぼ同様に考えてよいと思われる。」「この判断基準にたって本条例10条1項の規定が憲法31条の要求する明確性をそなえているかどうかを考えてみるに，多数意見の示すような限定解釈は一般人の理解として『淫行』という文言から読みとれるかどうかきわめて疑問であって，もはや解釈の限界を超えたものと思われ」，淫行処罰規定による処罰の範囲は，上記の「誘惑し……等」の不当な手段により青少年との性交又は性交類似行為がなされた場合に限られると解するが，「このような解釈は，『淫行』という文言の語義からいっても無理を伴うもので，通常の判断能力を有する一般人の理解の及びえないものであり，『淫行』の意義の解釈の域を逸脱したものといわざるをえない。」このように考えると，この文言は，正当に処罰の範囲を示すことができず，「犯罪の構成要件の明確性の要請を充たすことができないものであって，憲法31条に違反し無効というほかはない。」

＊裁判官谷口正孝の反対意見

　問題の規定は，少なくとも年長青少年（例えば16歳以上の者）との淫行を処罰する限りにおいて，刑罰法規の明確性，適正処罰の観点から考えて憲法第31条に違反し無効であると考える。

＊裁判官島谷六郎の反対意見——（略）

〔以上の各意見を除くほか，裁判官15人全員一致の意見〕

第 *24* 講　死刑と残虐な刑罰

　1．憲法第31条からすると，「法律の定める手続」によれば刑罰としての死刑（「生命」を奪う刑罰）を規定することもできると解しうる可能性があるのであるが，他方，憲法は第36条において「残虐な刑罰は，絶対にこれを禁ずる」としているので，死刑が第36条にいう《残虐刑罰》に該当するかどうかが問題になる。最高裁はすぐに昭和23年の**死刑合憲**判決（⇨【判例*24*-1】）において，新憲法の下においても，刑罰としての死刑を合憲であるとし，その後一貫してその態度を維持している。[1]

---

1) 死刑の合憲性，残虐な刑罰の意味等に関する最高裁の判例については，とりあえず，初宿正典「木村亀二の死刑『違憲』論について——とくに『第九条違反』とする点に着目しつつ——」ホセ・ヨンパルト／三島淑臣編『法の理論5』成文堂1985年刊，65頁以下およびそこに挙げてある文献参照。

死刑執行者数（1946〜2014 年）　　　　　　　　*司法統計年報等による

年	人	年	人	年	人	年	人	年	人	年	人	年	人
1946	11	1956	11	1966	4	1976	12	1986	2	1996	6	2006	4
1947	12	1957	39	1967	23	1977	4	1987	2	1997	4	2007	9
1948	33	1958	7	1968	0	1978	3	1988	2	1998	6	2008	15
1949	33	1959	30	1969	18	1979	1	1989	1	1999	5	2009	7
1950	32	1960	39	1970	26	1980	0	1990	0	2000	3	2010	2
1951	24	1961	6	1971	17	1981	1	1991	0	2001	2	2011	0
1952	18	1962	26	1972	7	1982	1	1992	0	2002	2	2012	7
1953	24	1963	12	1973	3	1983	1	1993	7	2003	1	2013	8
1954	30	1964	0	1974	4	1984	1	1994	2	2004	2	2014	3
1955	32	1965	4	1975	17	1985	3	1995	6	2005	1		

　2．では，憲法第36条にいう《残虐な刑罰》とは何か。これについて最高裁は，「不必要な精神的，肉体的苦痛を内容とする人道上残酷と認められる刑罰」を意味するとしている（最大判昭23・6・30刑集2巻7号777頁）。

　3．では，現在採用されている《絞首刑》による死刑執行方法が残虐な方法ではないかということについて，最高裁は，「現在各国において採用している死刑執行方法は，絞殺，斬殺，銃殺，電気殺，瓦斯殺等であるが，これらの比較考量において一長一短の批判があるけれども，現在わが国の採用している絞首方法が他の方法に比して特に人道上残虐であるとする理由は認められない」とした（最大判昭30・4・6刑集9巻4号663頁[2]）。

　4．しかし，刑事被告人に対して死刑の判決が言い渡されるケースは，その後減少し続けた（次頁の表参照）が，最近再びやや増加の傾向にある。この契機となったのは，おそらく，**連続ピストル射殺事件**に対する最高裁判決（⇨【判例24-2】）であろう。すなわち，第一審の死刑判決を破棄して無期懲役に減刑した高裁判決を破棄して原審に差し戻した判決の中で，最高裁は，死刑選択の許される基準を示した。

---

2) この判決によって，次に触れる《帝銀事件》の被告人の死刑が確定した。

第24講　死刑と残虐な刑罰　【判例24-1】　413

5．では，死刑の確定判決を受けた死刑囚を極めて長期間拘置した後に死刑執行することは，憲法第36条の禁止する残虐な刑罰にあたらないか。いわゆる「**帝銀事件**」人身保護請求事件決定(⇨【判例24-3】)において最高裁は，ごく簡単な理由づけでこれを否定した。

【判例24-1】

死刑合憲判決（尊属殺殺人死体遺棄被告事件）
最大判昭23・3・12刑集2巻3号191頁　　　　　　　〔上告棄却〕

〔事実の概要〕

被告人Xは父と死別後，仕事を転々とした挙句に母と妹のいる実家へ戻ってきたが，仕事もせず盗みを働いたりしたこともあったため，かねがね母と妹から邪魔者扱いされていた。1946(昭和21)年9月15日，Xが友人宅へ遊びに行って帰宅してみると，母と妹はすでに夕食を済ませており，食物は何一つ残っておらず，腹を立てて再び外出したのち帰宅すると，平素と異なり，母や妹はXの寝床を敷いてくれていなかったため，空腹と立腹のため寝つかれず，日頃の冷たい態度を思って鬱憤が昂じ，ついに二人を殺害する気になった。そこでXは，自宅の納屋から藁打槌を取ってきて熟睡している母と妹の顔面にそれを打ち下ろし，二人を即死せしめ，二人の死体を近くの古井戸に投げ込んでこれを遺棄した。原審はXに死刑を言い渡した。そこでXは上告し，死刑こそは最も残虐な刑罰であるから「新憲法によって刑法199条同200条等における死刑に関する規定は当然廃除されたものと解すべきである」等と主張した。

〔判決理由〕

「生命は尊貴である。一人の生命は，全地球よりも重い。死刑は，まさにあらゆる刑罰のうちでも最も冷厳な刑罰であり，またまことにやむを得ざるに出ずる窮極の刑罰である。それは言うまでもなく，尊厳な人間存在の根元である生命そのものを永遠に奪い去るものだからである。現代国家は一般に統治権の作用として刑罰権を行使するにあたり，刑罰の種類として死刑を認めるかどうか，いかなる罪質に対して死刑を科するか，またいかなる方法手続をもって死刑を執行するかを法定してい

---

3) この決定に対する筆者の評価については，ジュリスト臨時増刊『昭和60年度重要判例解説』25～26頁参照。

る。そして，刑事裁判においては，具体的事件に対して被告人に死刑を科するか他の刑罰を科するかを審判する。かくてなされた死刑の判決は法定の方法手続に従って現実に執行せられることとなる。これら一連の関係において，死刑制度は常に，国家刑事政策の面と人道上の面との双方から深き批判と考慮が払われている。……そこで新憲法は一般的概括的に死刑そのものの存否についていかなる態度をとっているのであるか。弁護人の主張するように果して刑法死刑の規定は，憲法違反として効力を有しないものであろうか。まず，憲法第13条においては，すべて国民は個人として尊重せられ，生命に対する国民の権利については，立法その他の国政の上で最大の尊重を必要とする旨を規定している。しかし，同時に同条においては，公共の福祉という基本的原則に反する場合には，生命に対する国民の権利といえども立法上制限乃至剥奪されることを当然予想しているものといわねばならぬ。そしてさらに，憲法第31条によれば，国民個人の生命の尊貴といえども，法律の定める適理の手続によって，これを奪う刑罰を科せられることが，明らかに定められている。すなわち憲法は現代多数の文化国家におけると同様に，刑罰として死刑の存置を想定し，これを是認したものと解すべきである。言葉をかえれば，死刑の威嚇力によって一般予防をなし，死刑の執行によって特殊な社会悪の根元を絶ち，これをもって社会を防衛せんとしたものであり，また個体に対する人道観の上に全体に対する人道観を優位せしめ，結局社会公共の福祉のために死刑制度の存続の必要性を承認したものと解せられるのである。弁護人は，憲法第36条が残虐な刑罰を絶対に禁ずる旨を定めているのを根拠として，刑法死刑の規定は憲法違反だと主張するのである。しかし死刑は，冒頭にも述べたようにまさに窮極の刑罰であり，また冷厳な刑罰ではあるが，刑罰としての死刑そのものが，一般に直ちに同条にいわゆる残虐な刑罰に該当するとは考えられない。ただ死刑といえども，他の刑罰の場合におけると同様に，その執行の方法等がその時代と環境とにおいて人道上の見地から一般に残虐性を有するものと認められる場合には，勿論これを残虐な刑罰といわねばならぬから，将来若し死刑について火あぶり，はりつけ，さらし首，釜ゆでの刑のごとき残虐な執行方法を定める法律が制定されたとするならば，その法律こそは，まさに憲法第36条に違反するものというべきである。前述のごとくであるから，死刑そのものをもって残虐な刑罰と解し，刑法死刑の規定を憲法違反とする弁護人の論旨は，理由なきものといわねばならぬ。」

＊裁判官島保，藤田八郎，岩松三郎，河村又介の補充意見
「憲法は残虐な刑罰を絶対に禁じている。したがって，死刑が当然に残虐な刑罰で

あるとすれば，憲法は他の規定で死刑の存置を認めるわけがない。しかるに，憲法第 31 条の反面解釈によると，法律の定める手続によれば，刑罰として死刑を科しうることが窺われるので，憲法は死刑をただちに残虐な刑罰として禁じたものとはいうことができない。……ある刑罰が残虐であるかどうかの判断は国民感情によって定まる問題である。而して国民感情は，時代とともに変遷することを免がれないのであるから，ある時代に残虐な刑罰でないとされたものが，後の時代に反対に判断されることも在りうることである。……しかし，今日はまだこのような時期に達したものとはいうことができない。」

*裁判官井上登の補充意見

「残虐と云う語は広くも狭くも使われ得ると思うから憲法第 36 条の字句丈けで此の問題を決するのは無理で，法文上の根拠と云えば他の条文に之れを求めなければならないと思う。」そこで憲法第 13 条，第 31 条等を「綜合するとその裏面解釈として憲法は公共の福祉の為めには法律の定めた手続によれば刑罰によって人の生命も奪はれ得ることを認容して居るものと見なければならない。之れと対照して第 36 条を見ると同条の『残虐の刑』中には死刑は含まれないもの即ち同条は絶対に死刑を許さないと云う趣旨ではないと解するのが妥当である。……他に第 36 条が絶対に死刑を禁止する趣旨と解すべき法文上の根拠は見当らない。」「しかし憲法は絶対に死刑を許さぬ趣旨ではないと云う丈けで固より死刑の存置を命じて居るものではないことは勿論だから，若し死刑を必要としない，若しくは国民全体の感情が死刑を忍び得ないと云う様な時が来れば国会は進んで死刑の条文を廃止するであろうし又条文は残って居ても事実上裁判官が死刑を選択しないであろう。今でも誰れも好んで死刑を言渡すものはないのが実状だから。」

〔以上の補充意見(＝今日いう「補足意見」)を除くほか，裁判官 11 人全員一致の意見〕

【判例24-2】

連続ピストル射殺事件判決(窃盗，殺人，強盗殺人，同未遂，銃砲刀剣類所持等取締法違反，火薬類取締法違反被告事件)

最二判昭 58・7・8 刑集 37 巻 6 号 609 頁　　　　　　　〔破棄差戻〕

〔事実の概要〕

被告人(永山則夫＝犯行当時 19 歳)は，米軍基地内で窃取した拳銃を使用して，1968(昭和 43)年 10 月から 11 月にかけて，東京，京都，函館，名古屋の各地で警備員，タクシー運転手等計 4 名を次々に殺害し，翌 1969(昭和 44)年 4 月に強盗殺人未遂事件

を犯して逮捕された。第一審(東京地判昭54・7・10)は被告人に死刑を言い渡したが,控訴審判決(東京高判昭56・8・21判時1019号20頁)は,「死刑が合憲であるとしても,その極刑としての性質にかんがみ,運用については慎重な考慮が払わなければならず,……ある被告事件につき死刑を選択する場合があるとすれば,その事件については如何なる裁判所がその衝にあっても死刑を選択したであろう程度の情状がある場合に限定せらるべきものと考える。立法論として,死刑の宣告には裁判官全員一致の意見によるべきものとすべき意見があるけれども,その精神は現行法の運用にあたっても考慮に値するものと考えるのである。そして,最近における死刑宣告事件数の遽減は,以上の思考を実証するものといえよう」としたうえ,「被告人に有利ないし同情すべき事情」(以下の最高裁判決の引用参照)等を考慮すると,「被告人に対し現在においてもなお死刑を維持することは酷に過ぎ」るとして,無期懲役に減刑した。そこで,これが著しい判例違反であり,はなはだしい量刑不当であるとして検察官が上告した。なお,本判決による差戻し後の第二次控訴審判決では死刑が宣告され,最高裁第三小法廷も上告を棄却した(平2・4・17判時1348号15頁)ため,死刑が確定した。

〔判決理由〕

「所論にかんがみ職権で調査すると,原判決は以下に述べる理由により破棄を免れない。

1.……原判決は,犯行の結果の重大性,遺族らの被害感情の深刻さ,社会的影響の大きさ,被告人の第一審公判における行動の異常さ等の不利な情状を総合考慮すれば,第一審判決の量刑は首肯できないではないとしながらも,死刑制度の運用を慎重に行うべきことを説いて,……〔上記のような〕見解を判示し,これを基礎として,第一審判決を破棄したうえ,被告人を無期懲役に処した。原判決の指摘する被告人にとって有利な情状とは,第一に,本件犯行は一過性の犯行であり,被告人は犯行当時19歳の少年であって,恵まれない生育環境,生育歴のため,その精神的な成熟度は実質的に18歳未満の少年と同視しうる状況にあるから,少年法51条の精神を及ぼすべきである……というのであり,第二に,被告人は第一審判決後の昭和55年12月12日K子と婚姻し,人生の伴侶を得て環境及び心境に変化が現れ,原審公判においては,第一審公判におけるような粗暴な言動を謹んでいるというのであり,第三に,被告人は犯行後獄中で綴った手記を出版し,その印税から京都事件の遺族に合計252万4400円を,函館事件の遺族に合計463万1600円をそれぞれ贈って慰藉の意を示し,被告人の妻Kは被告人の意を受けて京都,函館,名古屋各事件の遺族らを訪れて弔意を表したというのである。

2．死刑はいわゆる残虐な刑罰にあたるものではなく，死刑を定めた刑法の規定が憲法に違反しないことは当裁判所大法廷の判例（【判例24-1】）とするところであるが，死刑が人間存在の根元である生命そのものを永遠に奪い去る冷厳な極刑

> **少年法第51条** 罪を犯すとき18歳に満たない者に対しては，死刑をもって処断すべきときは，無期懲役刑を科し，無期刑をもって処断すべきときは，10年以上15年以下において，懲役又は禁錮を科する。

であり，誠にやむをえない場合における窮極の刑罰であることにかんがみると，その適用が慎重に行われなければならないことは原判決の判示するとおりである。そして，裁判所が死刑を選択できる場合として原判決が判示した前記見解の趣旨は，死刑を選択するにつきほとんど異論の余地がない程度に極めて情状が悪い場合をいうものとして理解することができないものではない。結局，死刑制度を存置する現行法制の下では，犯行の罪質，動機，態様ことに殺害の手段方法の執拗性・残虐性，結果の重大性ことに殺害された被害者の数，遺族の被害感情，社会的影響，犯人の年齢，前科，犯行後の情状等各般の情状を併せ考察したとき，その罪質が誠に重大であって，罪刑の均衡の見地からも一般予防の見地からも極刑がやむをえないと認められる場合には，死刑の選択も許されるものといわなければならない。

　これを本件についてみるのに，記録によれば，本件犯行は，わずか1か月足らずの期間のうちに，……各地で何ら落度のない社会人を4人までもけん銃で射殺し，かけがえのない生命を次々に奪って，その遺族らを悲嘆の淵におとしいれたうえ，その約半年後に更に東京で警備員を狙撃し，全国的にも『連続射殺魔』事件として大きな社会不安を招いた事件であって，犯行の罪質，結果，社会的影響は極めて重大である。犯行を重ねた動機も，あるいは先の犯行の発覚を恐れ，あるいは金品強取を企てたためであって，極めて安易に犯行に出ており，特に京都事件の犯行後は自首を勧める実兄の言葉に耳をかさず，函館に渡って更に重大な犯行を実行するに至ったもので，同情すべき点がない。殺害の手段方法についていえば，兇器として米軍基地から窃取して来たけん銃を使用し，被害者の頭部，顔面等を至近距離から数回にわたって狙撃しており，きわめて残虐というほかなく，特に名古屋事件の被害者Ｉに対しては，『待って，待って』と命乞いするのをきき入れず殺害したもので執拗かつ冷酷極まりない。遺族らの被害感情の深刻さもとりわけ深いものがあり，Ｉの両親は，被告人からの被害弁償を受け取らないのが息子に対するせめてもの供養であると述べてその悲痛な心情を吐露し，また，東京事件の被害者Ｎの母も被告人からの被害弁償を固く拒み，どのような理由があってもなお被告人を許す気持は

ないとまで述べており，遺族らの心情は痛ましいの一語に尽きる。以上のような点は被告人にとっては極めて不利な情状というべきである。

これに対し，被告人にとって有利な情状としては，原判決も指摘するとおり，被告人が犯行当時少年であったこと，その家庭環境が極めて不遇で生育歴に同情すべき点が多々あること，被告人が第一審判決後結婚して伴侶を得たこと，遺族の一部に被害弁償をしたことなどの事情が考慮されるべきであろう。確かに，被告人が幼少時から母の手一つで兄弟多数と共に赤貧洗うがごとき窮乏状態の下で育てられ，肉親の愛情に飢えながら成長したことは誠に同情すべきであって，このような環境的負因が被告人の精神の健全な成長を阻害した面があることは推認できないではない。……しかしながら，被告人同様の環境的負因を負う他の兄弟らが必ずしも被告人のような軌跡をたどることなく立派に成人していることを考え併せると，環境的負因を特に重視することには疑問があるし，そもそも，被告人は犯行当時少年であったとはいえ，19歳3か月ないし19歳9か月の年長少年であり，前記の犯行の動機，態様から窺われる犯罪性の根深さに照らしても，被告人を18歳未満の少年と同視することは特段の事情のない限り困難であるように思われる。そうすると，本件犯行が一過性のものであること，被告人の精神的成熟度が18歳未満の少年と同視しうることなどの証拠上明らかではない事実を前提として本件に少年法51条の精神を及ぼすべきであるとする原判断は首肯し難いものであると言わなければならないし，国家，社会の福祉政策を直接本件犯行に関連づけることも妥当とは思われない。……被告人が結婚したことや被害弁償をしたことを過大に評価することも当を得ないものである。……

そうすると，第一審の死刑判決を破棄して被告人を無期懲役に処した原判決は，量刑の前提となる事実の個別的な認定及びその総合的な評価を誤り，甚だしく刑の量定を誤ったものであって，これを破棄しなければ著しく正義に反するものと認めざるをえない。……」

〔第二小法廷の5人の裁判官の全員一致の意見〕

【判例24-3】
「帝銀事件」人身保護請求事件決定（人身保護請求事件）
最一決昭60・7・19判時1158号28頁　　　　〔抗告一部棄却，一部却下〕

〔事実の概要〕
1948（昭和23）年1月26日，東京都豊島区の帝国銀行椎名町支店で，都衛生課の技

官を装った男が，赤痢の予防薬と称して，同支店長代理以下十数名に青酸カリを飲ませ，そのうち12名を死亡させた上，現金16万円と額面1万7000余円の小切手を奪って逃走するという事件が発生した。その後捜査が進むうちに，この事件よりも前に都内の他の2箇所の銀行の支店でも，同様の手口で犯行が企てられて失敗していることが判明した。これら一連の事件が通常一括されて《帝銀事件》と称されている。この事件発生後約7カ月を経た同年8月21日，本件の請求者で画家の平沢貞通氏が小樽市内で容疑者として突然逮捕され（最初は日本堂事件という別件の詐欺罪で起訴された後），10月

> 刑法第11条 ①死刑は，刑事施設内において，絞首して執行する。
> ②死刑の言渡しを受けた者は，その執行に至るまで刑事施設に拘置する。
> 同法第32条1号（平22改正前） 時効は，刑の言渡しが確定した後，次の期間その執行を受けないことによって完成する。
> 　1　死刑については30年
> 〔平22改正で死刑についての時効はなくなっている〕
> 人身保護法第2条1項　法律上正当な手続によらないで，身体の自由を拘束されている者は，この法律の定めるところにより，その救済を請求することができる。
> 同法第3条　前条の請求は，弁護士を代理人として，これをしなければならない。……

12日に強盗殺人，同未遂等々で追起訴された。第一審の東京地裁は検事側の主張をほぼ全面的に認めて平沢氏に死刑の判決を言い渡し，東京高裁も控訴を棄却したので，さらに最高裁に上告がなされたが，最高裁も上記の昭和30年4月6日の大法廷判決で上告を棄却したため，同年5月7日，平沢氏の死刑が確定し，死刑囚として東京拘置所その他に拘置されたまま30年の年月が経過した。

　本件は，平沢氏とその訴訟代理人でもある弁護人が，死刑判決確定後30年間，死刑の執行を受けることなく経過した（昭和60年5月7日）ことにより，刑法第32条1号の定める死刑の時効が完成したとして，人身保護法第2条および第3条に基づいて，平沢氏の釈放を請求した事件である。これに対して第一審の東京地裁は，本件のように拘置を受けている者については死刑の時効は成立しないとする立場から，多岐にわたる論点について詳細な論旨を展開し，本件請求を棄却した（昭和60・5・30判時1152号28頁）ので，平沢氏らから最高裁に特別抗告がなされた。これに対して下されたのが本決定である。なお，その後平沢氏はついに，1987（昭和62）年5月10日，八王子医療刑務所内で死去した。

　〔決定要旨〕
　「死刑の確定判決を受けた者が刑法11条2項に基づき監獄に継続して拘置されている場合には死刑の時効は進行しないとした原審の判断は，正当として是認することができ〔る〕。」

「刑法11条2項所定の拘置は，死刑の執行行為に必然的に付随する前置手続であって，死刑の執行に至るまで継続すべきものとして法定されている。したがって，所論のような拘置ののちに死刑の執行をすることは，当裁判所大法廷の判例(〔上記【判例24-1】および最大判昭30・4・6刑集9巻4号663頁〕)の趣旨に徴すれば，憲法36条にいう残虐な刑罰に当たらないことが明らかであるというべきである。」

第25講　迅速な裁判の保障

　憲法第37条1項は，すべての刑事裁判において，被告人が公平な裁判所の「迅速な公開裁判を受ける権利」を保障している。もとより裁判は，適正を期すためには慎重な手続を踏んで行なわれなくてはならず，早ければ早いほどいいというわけではない。しかし，他方，特に刑事裁判においては，裁判の遅延は当事者にとってきわめて深刻な問題となることがあり，《迅速な裁判》は憲法の重要な要請の一つといえる。

　では，《迅速》とはどういうことを要請しているのか，ということになると，その一般的な基準を定めることは必ずしも容易ではない。最高裁は，いわゆる高田事件に対する判決(⇨【判例25-1】)において，この権利を具体的権利と認め，当該事件を免訴により打ち切るという結論を出して注目された。

【判例25-1】
高田事件(住居侵入等被告事件)
最大判昭47・12・20刑集26巻10号631頁　　　　　　〔破棄自判〕

〔事実の概要〕

　被告人ら(約40人)は1952(昭和27)年6月26日，名古屋市内で起きた一連の住居侵入，放火，傷害等の容疑で起訴されていた(これら一連の事件が《高田事件》と総称される)。これらの被告人らのうち，上告審まで残った28名に対する実質的

刑事訴訟法第337条　左の場合には，判決で免訴の言渡をしなければならない。
1　確定判決を経たとき。
2　犯罪後の法令により刑が廃止されたとき。
3　大赦があつたとき。
4　時効が完成したとき。

な取り調べは，翌1953(昭和28)ないし1954(昭和29)年の公判期日を最後として長らく中断されたまま放置され，その後15年余を経た1969(昭和44年)に再開されることになった。この原因は，被告人らのうち半数以上が別件のいわゆる《大須事件》についても起訴されていて，弁護側がこれとの併合審理を希望し，後者の事件の審理の終了を待って本事件の審理を進めてほしいとの要望があって，裁判所もこれを認めたためであった。ところが，この大須事件の審理は予想外に長引き，ようやく1969(昭和44)年夏に結審した。この間，検察・弁護のいずれの側からも，高田事件の審理を促進させてほしいとの積極的な申し出はなかったようである。公判開始後，名古屋地裁はこのような長期の公判審理中断は異常な事態であるとする被告人側の申立を認め，公訴時効の完成(刑訴法第337条4号)の場合に準じて《免訴》の言渡をした(昭44・9・18判時570号18頁)。ところが控訴審の名古屋高裁はこれを破棄して差戻の判決を下した(昭45・7・16判時602号45頁)ので，被告人側から上告がなされた。最高裁は以下のとおり，原判決を破棄し，第一審と同じく《免訴》の言渡しをした。

〔判決理由〕

1 憲法第37条の法意

「憲法37条1項の保障する迅速な裁判をうける権利は，憲法の保障する基本的な人権の一つであり，右条項は，単に迅速な裁判を一般的に保障するために必要な立法上および司法行政上の措置をとるべきことを要請するにとどまらず，さらに個々の刑事事件について，現実に右の保障に明らかに反し，審理の著しい遅延の結果，迅速な裁判をうける被告人の権利が害されたと認められる異常な事態が生じた場合には，これに対処すべき具体的規定がなくても，もはや当該被告人に対する手続の続行を許さず，その審理を打ち切るという非常救済手続がとられるべきことをも認めている趣旨の規定であると解する。

刑事事件について審理が著しく遅延するときは，被告人としては長期間罪責の有無未定のまま放置されることにより，ひとり有形無形の社会的不利益を受けるばかりでなく，当該手続においても，被告人または証人の記憶の減退・喪失，関係人の死亡，証拠物の減失などをきたし，ために被告人の防禦権の行使に種々の障害を生ずることをまぬがれず，ひいては，刑事司法の理念である，事案の真相を明らかにし，罪なき者を罰せず罪ある者を逸せず，刑罰法令を適正かつ迅速に適用実現するという目的を達することができないことともなるのである。上記憲法の迅速な裁判の保障条項は，かかる弊害発生の防止をその趣旨とするものにほかならない。

もっとも，『迅速な裁判』とは，具体的な事件ごとに諸々の条件との関連において決定されるべき相対的な観念であるから，憲法の右保障条項の趣旨を十分に活かす

ためには，具体的な補充立法の措置を講じて問題の解決をはかることが望ましいのであるが，かかる立法措置を欠く場合においても，あらゆる点から見て明らかに右保障条項に反すると認められる異常な事態が生じたときに，単に，これに対処すべき補充立法の措置がないことを理由として，救済の途がないとするがごときは，右保障条項の趣旨を全うするゆえんではないのである。

それであるから，審理の著しい遅延の結果，迅速な裁判の保障条項によって憲法がまもろうとしている被告人の諸利益が著しく害せられると認められる異常な事態が生ずるに至った場合には，さらに審理をすすめても真実の発見ははなはだしく困難で，もはや公正な裁判を期待することはできず，いたずらに被告人らの個人的および社会的不利益を増大させる結果となるばかりであって，これ以上実体的審理を進めることは適当でないから，その手続をこの段階において打ち切るという非常の救済手段を用いることが憲法上要請されるものと解すべきである。

翻って本件をみるに，原判決は，『たとえ当初弁護人側から本件審理中断の要請があり，その後訴訟関係人から審理促進の申し出がなかったにせよ，15年余の間全く本件の審理を行わないで放置し，これがため本件の裁判を著しく遅延させる事態を招いたのは，まさにこの憲法によって保障された本件被告人らの迅速な裁判を受ける権利を侵害したものといわざるを得ない。』という前提に立ちながら，『刑事被告人の迅速な裁判を受ける憲法上の権利を現実に保障するためには，いわゆる補充立法により，裁判の遅延から被告人を救済する方法が具体的に定められていることが先決である。ところが，現行法制のもとにおいては，未だかような補充立法がされているものとは認められないから，裁判所としては，救済の仕様がないのである。』との見解のもとに，公訴時効が完成した場合に準じ刑訴法337条4号により被告人らを免訴すべきものとした第一審判決を破棄し，本件を第一審裁判所に差し戻すこととしたものであり，原判決の判断は，この点において憲法37条1項の迅速な裁判の保障条項の解釈を誤ったものといわなければならない。

2 審理の遅延と迅速な裁判の保障

そこで，本件において，審理の著しい遅延により憲法の定める迅速な裁判の保障条項に反する異常な事態が生じているかどうかを，次に審案する。

そもそも，具体的刑事事件における審理の遅延が右の保障条項に反する事態に至っているか否かは，遅延の期間のみによって一律に判断されるべきではなく，遅延の原因と理由などを勘案して，その遅延がやむをえないと認められないかどうか，これにより右の保障条項がまもろうとしている諸利益がどの程度実際に害せられているかなど諸般の情況を総合的に判断して決せられなければならないのであって，

たとえば，事件の複雑なために，結果として審理に長年月を要した場合などはこれに該当しないこともちろんであり，さらに被告人の死亡，出廷拒否または審理引延しなど遅延の主たる原因が被告人側にあった場合には，被告人が迅速な裁判をうける権利を自ら放棄したものと認めるべきであって，たとえその審理に長年月を要したとしても，迅速な裁判をうける被告人の権利が侵害されたということはできない。

ところで，公訴提起により訴訟係属が生じた以上は，裁判所として，これを放置しておくことが許されないことはいうまでもないが，当事者主義を高度にとりいれた現行刑事訴訟法の訴訟構造のもとにおいては，検察官および被告人側にも積極的な訴訟活動が要請されるのである。しかし，少なくとも検察官の立証がおわるまでの間に訴訟進行の措置が採られなかった場合において，被告人側が積極的に期日指定の申立をするなど審理を促す挙に出なかったとしても，その一事をもって，被告人が迅速な裁判を受ける権利を放棄したと推定することは許されないのである。

3　本件における具体的事情

本件の具体的事情を記録によってみるに，

(1)　本件は，第一審裁判所である名古屋地裁刑事第三部で，検察官の立証段階において，被告人朴鐘哲ほか25名については昭和28年6月18日の第23回公判期日，被告人趙顕好ほか3名については昭和29年3月4日の第4回公判期日を最後として，審理が事実上中断され，その後昭和44年6月10日ないし同年9月25日公判審理が再び開かれるまでの間，15年余の長年月にわたり，全く審理が行なわれないで経過したこと，

(2)　当初本件審理が中断されるようになったのは，被告人ら総数31名中20名が本件とほぼ同じころに発生したいわゆる大須事件についても起訴され，事件が名古屋地裁刑事第一部に係属していたため，弁護人側から大須事件との併合を希望し，同事件を優先して審理し，その審理の終了を待って本件の審理を進めてもらいたい旨の要望があり，裁判所がこの要望をいれた結果であること，

(3)　大須事件が結審したのは，昭和44年5月28日であったが，本件について審理が中断された段階では，裁判所も訴訟関係人も，大須事件の審理がかくも異常に長期間かかるとは予想していなかったこと，

(4)　昭和39年頃被告人団長および弁護人から，大須事件の進行とは別に，本件の審理を再び開くことに異議がない旨の意思表明が裁判所側に対してなされたこと，

(5)　本件被告人中大須事件の被告人となっていたもののうち5名が被告人として含まれていた，いわゆる中村県税事件，PX事件および東郊通事件が名古屋地裁刑事第二部に係属しており，本件と同様大須事件との併合を希望する旨の申立が昭和

27年頃弁護人側からなされたが，右刑事第二部においては，この点についての決定を留保して手続を進め，昭和31年頃，全証拠の取調を完了したうえ，論告弁論の段階で大須事件と併合することとして，次回期日を追って指定する措置をとったこと，

(6) 本件審理の中断が長期に及んだにもかかわらず，検察官から積極的に審理促進の申出がなされた形跡が見あたらないこと，

(7) その間，被告人側としても，審理促進に関する申出をした形跡はなく消極的態度であったとは認められるが，被告人らが逃亡し，または，審理の引延しをはかったことは窺われないこと，

(8) その他，第一審裁判所が本件について，かくも長年月にわたり審理を再び開く措置をとり得なかった合理的理由を見いだしえないこと，

の各事実を認めることができる。

これら事実関係のもとにおいては，検察官の立証段階でなされた本件審理の事実上の中断が，当初被告人側の要望をいれて行なわれたということだけを根拠として，15年余の長きにわたる審理の中断につき，被告人側が主たる原因を与えたものとただちに推認することは相当ではない。

4 審理の遅延による利益侵害の有無

次に，本件審理の遅延により，迅速な裁判の保障条項がまもろうとしている前述の被告人の諸利益がどの程度実際に害されたかをみるに，記録によれば，

(1) 本件のうち，いわゆる高田事件，民団事件については，第22回公判期日に行なわれた最後の証拠調までの間には，関係被告人らの具体的行動等についての証拠調はなされておらず，また同じくいわゆる大杉事件，米軍宿舎事件については未だ何ら証拠調もなされていなかったこと，

(2) 検察官がかねてより申請していた高田事件の共謀場所であるとする旧朝連瑞穂支部事務所や民団事件の犯行現場である大韓民国居留民団愛知県本部事務所の検証について，その後右両事務所消滅のゆえをもってその申請が撤回されており，その他地理的状況の変化，証拠物の滅失などにより，被告人側に有利な証拠で利用できなくなったものもあるのではないかと危惧されること，

(3) 長年月の経過によって，目撃証人やアリバイ証人はもとより被告人自身の記憶すら曖昧不確実なものとなり，かりに証人尋問や被告人質問をしたとしても，正確な供述を得ることが非常に困難になるおそれがあること，

(4) 各被告人の検察官に対する各供述調書につき，被告人らは当初よりすべてその任意性を争い，ことに多数の被告人らにおいて，右任意性の有無の判断の一資料として取調警察官による暴行脅迫の事実があったと主張しているのであるが，取調

当時から長年月を経過した時点において警察官の証人尋問を行なっても果してどの程度真実を発見し得るかは甚だ疑わしく，その争点についての判断が著しく困難になるおそれがあること，
などの事実が認められる。

したがって，もし，本件について，第一審裁判所である名古屋地裁刑事第三部が，前記刑事第二部と同じ審理方式をとり，全証拠を取り調べた後，論告弁論の段階で大須事件との併合を予定し，次回期日を追って指定することとしていたならば，右の被告人側の不利益も大部分防止できたものと思われるが，かかる措置がとられることなく放置されたまま長年月を経過したことにより，被告人らは，訴訟上はもちろん社会的にも多大の不利益を蒙ったものといわざるをえない。

5　結　論

以上の次第で，被告人らが迅速な裁判をうける権利を自ら放棄したとは認めがたいこと，および迅速な裁判の保障条項によってまもられるべき被告人の諸利益が実質的に侵害されたと認められることは，前述したとおりであるから，本件は，昭和44年第一審裁判所が公判手続を更新した段階においてすでに，憲法37条1項の迅速な裁判の保障条項に明らかに違反した異常な事態に立ち至っていたものと断ぜざるを得ない。したがって，本件は，冒頭説示の趣旨に照らしても，被告人らに対して審理を打ち切るという非常救済手段を用いることが是認されるべき場合にあたるものといわなければならない。

刑事事件が裁判所に係属している間に迅速な裁判の保障条項に反する事態が生じた場合において，その審理を打ち切る方法については現行法上よるべき具体的な明文の規定はないのであるが，……本件においては，これ以上実体的審理を進めることは適当でないから，判決で免訴の言渡をするのが相当である。

＊裁判官天野武一の反対意見

私の意見は，原判決を破棄する点において多数意見と一致するが，さらに多数意見のいう推認をくつがえすに足る事実の存否を確認するに必要な取調を尽くさせるため，……本件を原裁判所に差し戻すべきものとする点において，多数意見と結論を異にする。

〔以上の反対意見があるほか，裁判官14人全員一致の意見〕

第Ⅲ編

憲法基本資料選

〖資料1〗ヴァージニア権利章典〔抄〕(Virginia Bill of Rights, June 12, 1776)

　ヴァージニアの善良な人民の代表が，完全で自由な会議に集まって制定した権利の宣言。これらの権利は，統治の基盤及び基礎(the basis and foundation of government)として，人民及びその子孫に帰属するものである。

第1条　すべての人(all men)は生まれながらにして等しくかつ自由かつ独立しており，一定の生まれながらの(inherent)権利を有している。これらの権利は，人々が社会状態(a state of society)に入るにあたり，いかなる盟約によっても，その子孫からこれを拒んだり剥奪したりすることはできない。すなわちこれらの権利とは，財産を取得・所有し幸福と安全とを追求・獲得する手段を伴って，生命と自由とを享受することである。

第2条　すべての権力は人民に帰属しており，したがって人民に由来するものである。為政者(magistrates)は人民から〔権力を〕委託された者，人民に奉仕する者であり，いかなる時においても人民に従う義務がある。

第3条　政府というものは，人民，国家(nation)又は社会(community)の公共の利益，保護及び安全のために樹立されているものであり，又はそのようなものとして樹立されるべきものである。政府の様式及び形態はさまざまであるが，それらすべてのうちで最善のものは，最大限の幸福と安全とをもたらしえ，かつ，失政の危険に対して最も実効的な保障がなされている政府である。したがって，いかなる政府であれ，これらの目的に不適当であり，又は，これらの目的に反するものであると認められる場合には，その社会の多数は公共の福利(public weal)に最も資すると判断されるような方法で，その政府を改革し，変革し，又は廃止する権利を有する。この権利は，疑う余地のない，譲り渡すことのできない，かつ，破棄することのできない権利である。

第5条　国家の立法権及び執行権は，司法権から分離されかつ区別されなければならない。最初の二つの権力〔＝立法権及び執行権〕の構成員は，人民の負担を身をもって感得し，それをともに担うことによって，圧政に陥らないようにし，彼らは，一定の期間，強いて私人としての地位に復帰せしめ，彼らが選出されてきた元の団体に戻すものとし，それによる空席は，一定にして正規の選挙を頻繁に行うことによって補充するものとする。これらの選挙において前の構成員の全部ないし一部が再選され得るか否かについては，法律でこれを直接に定めるものとする。

第8条　死刑に値するすべての犯罪，又はその他の犯罪の訴追に際して，人はその告発の理由及び性質を〔告げられるべきことを〕請求し，訴追者及び証人と対面し，自己に有利な証拠を要求し，近隣の公平な陪審員(jury)による迅速な審理を受ける権利を有し，これらの陪審員の全員一致の同意がなければ，有罪とされることはなく，また自己に不利な証拠を与えることを強制されることもない。何人

も，国の法又は同輩(his peers)の判決による場合でなければ，その自由を剥奪されることはない。

第9条 過大な額の保釈金を要求してはならず，過重な罰金を科したり残虐で異常な刑罰を科してはならない。

第12条 出版(press)の自由は自由の偉大な防塞の一つであって，専制的な政府によるのでなくては決して制限されえないものである。

第16条 宗教又はわれわれの創造主に対してわれわれのなすべき義務及びそれを果たす方法は，理性と信念とによってのみ指示されうるものであって，武力や暴力によってこれを指示することはできない。したがって，すべての人は良心の命ずるところに従い，自由に宗教を信仰する(free exercise of religion)権利を平等に有している。また，お互いにキリスト教的な忍耐と愛と慈悲を果たすことは，すべての人に共通の義務である。

（訳出にあたっては，Alfred Voigt, *Geschichte der Grundrechte*, Stuttgart, 1948, S. 192 ff. を用い，岩波文庫『人権宣言集』の斎藤眞訳を参考にした。）

〖資料2〗アメリカ独立宣言〔抄〕(Declaration of Independence, July 4, 1776)

1776年7月4日，コングレスにおいて13のアメリカ連合諸州の全員一致の宣言
人類の発展の過程において，一国民が，それまで他国民と自己を結び付けていた政治的紐帯を断ち切って，世界の諸強国のあいだにあって，自然の法と自然の神の法とが賦与する自律的で平等な地位を占めることが必要となる場合には，その国民に分離を余儀なくさせている諸理由を宣言すべきことは，人類のもろもろの意見に対して抱く慎ましやかな尊敬の念の要求するところである。——われわれは，すべての人が平等に造られ，創造主によって一定の譲り渡すことのできない権利を賦与されており，これらの権利の中に生命，自由及び幸福の追求が含まれていることを，自明の真理であると信ずる。また〔われわれは〕，これらの権利を確保するために，人々の間に政府が設立されており，その正当な権力が被治者の同意に由来するものであることを信ずる。〔したがって〕いかなる政府の形態といえども，もしこれらの目的を破壊するものとなるときは，かかる政府を改革又は廃止し，人民にとってその安全と幸福とをもたらす可能性がもっともあると認められる諸原理を基礎とし，かつそうした形態における権限の組織を有する，新たな政府を樹立することは，人民の権利であると信ずる。まことに，永く存続した政府は，微にして一時的な原因のゆえに変革されるべきではないことは，熟慮の命ずるところであろう。したがって，一切の経験によって示されたように，人類は，害悪が耐えうるものである限り，彼らが久しく慣れ親しんできた〔政府の〕形態を廃止することによって自らの権利を回復するよりも，むしろ，それに耐えようとする傾向がある。しかしながら，暴虐と簒奪が永く続いて，一貫して同じ

目的の下に，人民を絶対的な暴政(Despotism)のもとに追い込もうとする企図を有することが分かったときには，このような政府を廃棄して自分たちの将来の保全のために新しい保障組織(Guards)を創設することは，人民の権利であり，人民の義務である。――これらの植民地が忍耐してきた苦難は，まさしくこうしたものであったし，今や人民は必然的に，これまでの政府の形態を改変することを余儀なくされているのである。大英国(Great Britain)の現国王の歴史は，不正と簒奪との繰り返しの歴史であり，すべてはこれらの州の上に絶対の暴君制(Tyranny)を樹立することを直接の目的としてなされたものである。このことを証するために，あえて公正な世界に向かって事実を提示することとする。
〔以下略〕

（訳出にあたっては，斎藤眞編『アメリカ政治外交史教材―英文資料選―』〔東京大学出版会刊〕に依り，岩波文庫『人権宣言集』の斎藤眞訳を参考にした。）

〔資料３〕アメリカ合衆国憲法修正箇条〔抄〕(The Amendments of the Constitution of the United States of America, November 3, 1791～June 30, 1971)

第１条 連邦議会は，宗教〔＝国教〕の樹立(an establishment of religion)に関する法律，又は宗教の自由な行使を禁止する法律を制定してはならず，また，言論の自由若しくは出版の自由を制限し，又は，人民が平穏に集会する権利及び苦情の種を除去するために政府に請願する権利を奪う法律を制定してはならない。

第４条 何人もその身体，住居，書類，及び所持品について，不合理な捜索及び逮捕・押収を受けない権利は，これを侵してはならない。令状はすべて，宣誓又は確約によって支持された，信じうる理由に基づいてでなければ，かつ，捜索する場所及び逮捕・押収する人又は物を特定したものでなければ，発せられない。

第５条 何人も，大陪審員の告発又は起訴によるのでなければ，死刑又はその他の破廉恥罪の責任を負わされてはならない。〔中略〕また，何人も同一の犯罪についいて重ねて生命又は身体の危険に晒されることはなく，いかなる刑事事件においても，自己に不利益な供述を強制されることもなく，また，適正な法の手続(due process of law)によらないで，その生命・自由又は財産を奪われることもない。また，正当な補償(just compensation)なくして，財産を公共の用に徴収されることはない。

第６条 すべての刑事上の訴追において，被告人は，犯行があったとされる州及びあらかじめ法律によって確定された〔司法〕地区(district)の，公平な陪審員によってなされる，迅速な公開の裁判を受け，かつ，告訴の性質と理由とを告知され，自己に不利益な証人との対面を求め，強制的手続によって自己に有利な証人を得，また，自己の弁護のために弁護人を依頼する権利を享有するものとする。

第８条 過大な額の保釈金を要求されては

ならず，過重な罰金を科せられたり，また，残虐で異常な刑罰を科されたりしてはならない。

第9条　憲法中に特定の諸権利が列挙されていることをもって，人民の保有する他の諸権利が否認され軽視されているものと解釈されてはならない。

第10条　憲法によって合衆国に委託されず，また，憲法によって州に対して禁止されていない諸権限は，おのおのの州又は人民に留保されている。

〔以上の10箇条は1791年11月3日に確定したもので，通常，合衆国憲法の権利章典(Bill of Rights)と呼ばれている。〕

第14条　第1節：合衆国において出生し，又は帰化し，合衆国の管轄権に服するすべての人は，合衆国及びその居住する州の市民である。いかなる州も，合衆国市民の特権又は免除(immunities)を奪う法律を制定し，又はこれを施行してはならず，また，いかなる州も，適正な法の手続によらないで，何人からも生命，自由又は財産を奪ってはならないし，その管轄内にある何人に対しても，法律の平等な保護を拒否してはならない。

第2節：下院議員は，課税されていないインディアンを除いた数を各州の総人口として算定した各州の人口に比例して各州の間に配分される。〔第2節の第2文以下及び第3節から第5節まで省略〕

〔本条は1868年7月28日確定〕

第15条　第1節：合衆国の市民の投票権は，人種，体色，又はそれまでの服役の状態を理由として，合衆国又は各州により拒絶ないし制限されてはならない。

第2節：連邦議会は，本条を適切な立法によって執行する権限を有する。

〔本条は1870年3月30日確定〕

第17条　合衆国の上院は，各州から2人ずつ，その人民によって6年間の任期で選挙された上院議員で構成する。各上院議員は1票を有する。〔第1項第2文及び第2項，第3項略〕

〔本条は1913年5月31日確定〕

第19条　合衆国市民の投票権は，性別を理由として，合衆国又は各州により拒絶ないし制限されてはならない。

②連邦議会は，本条の規定を適切な立法によって執行する権限を有する。

〔本条は1920年8月26日確定〕

第26条　18歳又はそれ以上の合衆国の市民の投票権は，年齢を理由として，合衆国又は各州により拒絶又は制限されてはならない。

第2節：連邦議会は，適切な立法によって本条を執行する権限を有する。

〔本条は1971年6月30日確定〕

（訳出にあたっては，斎藤眞編『アメリカ政治外交史教材―英文資料選―』に依り，岩波文庫『世界憲法集』第4版の斎藤眞訳を参考にした。）

〖資料4〗フランス人権宣言〔抄〕（1789年8月26日）

人及び市民の権利の宣言(Déclaration des droits de l'homme et du citoyen)

〔前文〕

国民議会(Assemblée Nationale)として

[資料4] フランス人権宣言〔抄〕

組織されたフランス人民の代表者たちは、人権 (droits de l'homme) の無知、忘却ないし蔑視が公共の不幸と政府の腐敗の諸原因にほかならないことに鑑み、一つの厳粛な宣言において、人の自然で譲り渡すことのできない神聖な諸権利を提示することを決意した。それは、この宣言が、社会統一体 (corps social) のすべての構成員の目の前に絶えず置かれて、その権利と義務とを不断に想起するためであり、立法権の諸行為及び執行権の諸行為が、常に、すべての政治制度の目的との比較を可能にされることによって、一層尊重されるためであり、市民の諸要求が、今後は、単純かつ確かな諸原理の上に基礎を置くことによって、いつも憲法の維持とすべての者の幸福とに向かうものとなるためである。

その結果として、国民議会は、至高の存在の面前でかつその庇護の下に (en présence et sous les auspices de l'Etre suprême)、以下の人及び市民の権利を承認し、かつ宣言する。

第1条　人は自由に、かつ権利において平等なものとして、出生し生存する。社会的差別は公共の利益(ユティリテ・コミュンヌ)に基づくものでなければ、許されない。

第2条　すべての政治的団結の目的は、人の消滅することのない自然権を保全することにある。それらの権利は、自由、所有権、安全及び圧制への抵抗である。

第3条　あらゆる主権の源泉は、元来国民(ナシオン)に存する。いかなる団体もいかなる個人も、国民から明示的に発するものでない権威(オトリテ)を行使しえない。

第4条　自由は他人を害しないすべてのことを為しうることにある。かくして、各人の自然権の行使は、社会の他の構成員がこれらと同じ権利を享受することを確保するということ以外の限界をもたない。これらの限界は、法律(ロワ)によるのでなければ、これを定めることができない。

第5条　法律は、社会に有害な行為でなければ、これを禁止する権利をもたない。法律により禁止されていないすべてのことは、これを妨げることができず、また何人も法律の命じないことを為すことを強制されることはない。

第6条　法律は一般意志(ヴォロンテ・ジェネラール)の表明である。すべて市民は、みずから、又はその代表者を通じて、法律の制定に協力する権利を有する。法律は、保護を与えるものと処罰を加えるものとを問わず、すべての者に対して同一でなければならない。すべての市民は、法律の目から見れば平等であるから、その能力(キャパシテ)にしたがい、かつ、その徳性(ヴェルテュ)及び才能(タラン)による区別を除いて、平等にすべての公の位階、地位及び職務に就任することができる。

第8条　法律は厳格かつ明白に必要な刑罰でなければ、これを定めることは許されず、また、何人も犯罪以前に制定され公布され、かつ適法に適用された法律によるのでなければ、処罰されえない。

第9条　すべて人は有罪と宣告されるまでは、無罪と推定されるのであるから、その者を逮捕することは不可欠であると判定されても、その身柄を確保するために必要でないすべての強制措置は法律によってこれを厳重に抑止しなければならない。

第10条　何人も自己の意見について、それが宗教上の意見であっても、その表明が法律によって確立された公共の秩序を乱すものでない限り、これについて不安

第11条 思想及び意見の自由な伝達(コミュニカシオン)は人のもっとも貴重な権利の一つである。それゆえ，すべての市民は，自由に発言し著作し出版することができる。ただし，法律に定めのある場合には，この自由の濫用に対する責任を負わなければならない。

第16条 権利の保障が確保されず，権力の分立が規定されない社会はすべて，憲法をもっているとはいえない。

第17条 もろもろの所有権は不可侵かつ神聖な権利であるから，何人も，公の必要により適法に確認されて，それが明白に要求され，かつ，正当な事前の補償を条件としてでなければ，これを奪われることはない。

(訳出にあたっては，出典として Alfred Voigt, *Geschichte der Grundrechte*, Stuttgart, 1948, S. 195ff. を用い，岩波文庫『人権宣言集』山本桂一訳を参考にした。なお，初宿編訳『イェリネック対ブトミー 人権宣言論争』〔みすず書房刊〕56頁以下も参照。)

〔資料5〕 フランス第四共和制憲法前文 (Constitution de la République française, le 27 october 1946, Préambule)

人間の人格を隷属させ堕落させることを試みた諸体制に対して自由な諸国民が勝利をもたらした日の翌日，フランス人民は，すべての人間が人種，宗教，信条(croyance)によって差別されることなく，譲り渡すことのできない神聖な諸権利を有することを改めて宣明する。フランス人民は，1789年の権利宣言(Déclaration des droits)によって〔神聖なものとして〕承認された人及び市民の権利及び自由，並びに共和国の諸法律によって承認された基本的原理を厳粛に再確認するものである。

加えて，フランス人民は，われわれの時代に特に必要なものとして，以下のような政治的，経済的及び社会的諸原理を宣明する。

法律は，すべての領域において，女性に男性と同等の権利を保障する。

自由のための行動のゆえに迫害されたすべての人は，共和国の領土内への庇護権(droit d'asile)を有する。

各人は労働の義務を有し，職を得る権利を有する。何人も，その労働又は職において，その自由，その意見又はその信条を理由として，損害を受けることはない。

すべての人は，職業組合活動によってその権利及び義務を擁護し，自己の選択した職業組合(syndicat)に加入することができる。

スト権は，これを規律する法律の範囲内において行使される。

すべての労働者は，その代表者を介して，労働条件の集団的決定及び企業の管理に参加する。

すべての財産，すべての企業は，その活用が国の公的役務又は事実上の独占の性格を有し，又はそうした性格を取得するときは，公共(collectivité)の所有となるべきも

のである。

　国は，個人及び家族に対し，その発展の必要な諸条件を確保する。

　国は，すべての者，特に児童・母及び老齢の労働者に対し，健康の保護，物質的安定，休息及び余暇を保障する。その年齢，その肉体的又は精神的状態，経済的状況のゆえに，労働不能になっているすべての人は，公共体から，適当な生活手段を得る権利を有する。

　国は，国民的災禍から生ずる負担の前におけるすべてのフランス人の連帯及び平等を宣明する。

　国は，児童及び成人が教育，職業訓練及び教養を平等に受け得ることを保障する。あらゆる段階における無償かつ非宗教的(laïque)な公の教育を組織することは，国の責務である。

　フランス共和国は，その伝統に忠実に，国際公法の諸準則に従う。フランス共和国は征服を目的としたいかなる戦争をも企図することはないであろうし，いかなる国民の自由に対しても，決してその実力を行使することはないであろう。

　フランスは，相互主義の留保の下に，平和の組織及び平和の防衛のために必要な主権の制限に同意する。

　フランスは，海外の諸国民と共に，人種や宗教の差別なく，権利・義務の平等を基礎とする連合を形成する。

　フランス連合を構成する国民及び民族は，そのそれぞれの文化を発達させ，その幸福を増加させ，かつ，その安全を確保するために，その資源及び努力を共にし又は調整する。

　フランスは，その伝統的使命に忠実に，自己がその責任〔＝保護〕を引き受けた諸民族を導いて，自治的に行政をなす自由と，その固有の事務を民主的に管理する自由とに到達せしめることを意図し，恣意に基礎を置くあらゆる植民体制を排して，すべての者に対し，公職に平等に就任し，上に宣明され確認された権利及び自由を個別的又は集団的に行使することを保障する。

　　（訳出にあたっては，さしあたり，Günther Franz, *Staatsverfassungen*, 3., durchgesehene Aufl., Darmstadt 1975, S. 410 ff. 等に依り，岩波文庫『人権宣言集』の山本桂一訳を参考にした。）

〚資料6〛 フランス第五共和制憲法前文 (Constitution de la République française, le 28 septembre 1958, Préambule)

　フランス国民は，1789年の宣言によって定められ，1946年憲法の前文によって確認され保完された人の諸権利と国民主権(la souveraineté nationale)の原理への愛着を厳粛に宣明する。

　これらの諸原理及び諸国民の自由な決定の原理によって，共和国は，それに加入する意思を表明する海外属領に対し，自由，平等，博愛という共通の理想の上に築かれ，その民主的進展を目的として案出される，新たな諸制度を提供する。

　　（訳出にあたっては，さしあたり，Günther Franz, a. a. O., S. 452 等に依り，岩波

文庫『世界憲法集』〔第4版〕の野村敬造訳を参考にした。)

〔資料7〕ヴァイマル憲法〔抄〕(Weimarer Reichsverfassung v. 11. August 1919)

第Ⅱ編　ドイツ人の基本権及び基本義務

第1章　個人

第109条〔平等原則，男女同権，称号の授与，勲章〕　(1)　すべてのドイツ人は，法律の前に平等である。

(2)　男性と女性は，原則として同一の公民的権利及び義務を有する。

(3)　出生又は門地による公法上の特権及び不利益取扱いは，廃止されるものとする。貴族の称号は氏名の一部としてのみ通用し，かつ，今後これを授与することはもはや許されない。〔第4項～第6項略〕

第111条〔移転の自由，職業の自由〕　すべてのドイツ人は，ライヒ全土において移転の自由を享有する。各人は，ライヒ内の任意の場所に滞在し定住し，土地を取得し，及びあらゆる種類の生業を営む権利を有する。これを制限するにはライヒ法律を必要とする。

第112条〔外国移住の権利，引渡しの禁止〕

(1)　各ドイツ人は，ドイツ外の国へ移住する権利を有する。外国移住は，ライヒ法律によってのみ，これを制限することができる。〔第2項～第3項略〕

第115条〔住居の不可侵〕　各ドイツ人の住居は，各人にとって安息の場所(Freistätte＝避難所)であり，これを侵してはならない。これに対する例外は，法律の根拠に基づいてのみ許される。

第117条〔信書の秘密〕　信書の秘密並びに郵便，電信及び電話の秘密は，これを侵してはならない。これに対する例外は，ライヒ法律によってのみ，許容することができる。

第118条〔意見表明の自由，検閲の禁止〕

(1)　各ドイツ人は，一般的法律の制限内で，言語，文書，出版，図画又はその他の方法で，自己の意見を自由に表明する権利を有する。いかなる労働関係又は雇用関係といえども，この権利を妨げることは許されず，何人も，この権利を行使する者に対して不利益を加えてはならない。

(2)　検閲はこれを行わないが，映画については法律によってこれと異なる規定を設けることができる。さらに低俗で猥褻な文芸を取り締まるため，並びに，公開の陳列物及び興行に関して青少年を保護するために，法律による措置をとることも許される。

第2章　共同生活

第119条〔婚姻・家族・母性の保護〕　(1)　婚姻は，家庭生活及び民族の維持・増殖の基礎として，憲法の特別の保護を受ける。婚姻は，両性の同権を基礎とする。

(2)　家族の清潔を保持し，これを健全にし，これを社会的に助成することは，国及び市町村の任務である。子どもの多い家庭は，それにふさわしい扶助を請求する権

利を有する。
(3) 母性は，国の保護と配慮とを求める権利を有する。

第120条〔子どもの教育〕 子を肉体的，精神的及び社会的に有能な者になるように教育することは，両親の最高の義務であり，かつ自然の権利であって，この権利・義務の実行については，国家共同社会がこれを監督する。

第121条〔非嫡出子〕 嫡出でない子に対しては，法律制定によって，肉体的，精神的及び社会的成長について，嫡出子に対すると同様の条件がつくられなければならない。

第123条〔集会の自由〕 (1) すべてのドイツ人は，届出又は特別の許可なしに，平穏にかつ武器を持たないで集会する権利を有する。
(2) 屋外における集会については，ライヒ法律により，届出を義務づけることができ，公共の安全に対し直接の危険がある場合には，これを禁止することができる。

第124条〔結社の自由〕 (1) すべてのドイツ人は，刑法に反しない目的のために，社団又は団体を結成する権利を有する。この権利は，予防的措置によってこれを制限することはできない。宗教上の社団又は団体についても，これと同一の規定が適用される。
(2) いかなる社団も，民法の規定に従い，自由に権利能力を取得することができる。その社団が政治上，社会政策上又は宗教上の目的を追求するものであることを理由として，その社団の権利能力の取得を拒むことは許されない。

第125条〔選挙の自由，選挙の秘密〕 選挙の自由及び選挙の秘密は，保障されている。詳細は，選挙法でこれを定める。

第128条〔公職就任権〕 (1) すべての公民は，等しく，法律の定める基準により，その能力と資格に応じて，公職に就任することができるものとする。
(2) 女性の公務員に対するあらゆる例外規定は，これを廃止する。
(3) 公務員関係に関する基礎は，ライヒ法律でこれを規律する。

第130条〔公務員の地位〕 (1) 公務員は，全体の奉仕者であって，一党派の奉仕者ではない。
(2) すべての公務員には，政治的信条の自由及び結社の自由が保障される。
(3) 公務員は，ライヒ法律の詳細な規定に従い，特別の公務員代表機関を保持する。

第3章　宗教及び宗教団体

第135条〔信教・良心の自由〕 ライヒ住民はすべて，完全な信仰及び良心の自由を享受する。妨げられることなく宗教を実践することは，この憲法によって保障され，国の保護を受ける。国の一般的な法律は，これによって影響を受けない。

第136条〔信教の自由の効果，沈黙の自由，宗教的行事等の強制の禁止〕 (1) 市民及び公民の権利及び義務が，宗教の自由の行使によって条件づけられたり制限されたりすることはない。
(2) 市民及び公民としての権利の享受並びに公職への就任は，宗教上の信仰告白に係らしめられない。
(3) 何人も，自己の宗教上の信念を明らかにすることを義務づけられない。官庁は，〔ある者の〕権利及び義務がある宗教団体への所属に係り，又は，法律の命じる統計上の調査のために宗教団体への所属

を問うことが必要とされる限りにおいてのみ，それについて問う権利を有する。
(4) 何人も，教会の定める行為若しくは儀式，宗教の実践への参加，又は宗教上の宣誓方式の使用を強制されない。

第137条〔国教の禁止，宗教団体〕 (1) 国の教会は，存在しない。
(2) 宗教団体を結成する自由は，これを保障する。ライヒ領域内における宗教団体の結合は，いかなる制限にも服さない。
(3) 宗教団体は各々，すべてのものに適用される法律の範囲内で，その事務を独立して処理し管理する。宗教団体は各々，国又は市町村の関与を受けることなく，その役職を付与する。
(4) 宗教団体は，民事法の一般的規定により権利能力を取得する。
(5) 宗教団体は，従来公法上の社団であった限りにおいて，今後も公法上の社団とする。その他の宗教団体は，その根本規則及びその構成員数からして存続することが確実である場合には，その申請に基づいて，〔公法上の社団と〕同一の権利が与えられるものとする。二以上のこのような公法上の社団が，一の連合をなす場合には，この連合もまた公法上の社団とする。
(6) 公法上の社団たる宗教団体は，市民租税台帳に基づき，ラントの法の定める基準に従って，租税を徴収する権利を有する。〔第7項～第8項略〕

第138条〔宗教団体への給付，宗教団体等の財産権〕 (1) 法律，条約又は特別の権原に基づいて宗教団体に対してなされる国の給付は，ラントの法律制定によってこれを有償で廃止する。これについての諸原則は，ライヒがこれを定める。

(2) 宗教団体及び宗教的結社が，礼拝，教化及び慈善の目的のために用途を指定した自己の営造物，財団その他の財産に対して有する所有権その他の権利は，これを保障する。

第139条〔日曜日・祭日の法的保障〕 日曜日及び国が承認した祝日は，労働を休む日及び精神の向上の日として，引き続き法律により保護する。

第141条〔軍隊その他の公の営造物における宗教的行事〕 軍，病院，刑事施設又はその他の公の営造物において礼拝及び司牧の要望が存する限りにおいて，宗教団体は，宗教的行事を行うことが許されるものとし，その際にはいかなる強制も避けなければならない。

第4章　教育及び学校

第142条〔芸術・学問・教授の自由〕 芸術，学問及びその教授は自由である。国は，これに保護を与え，その奨励に関与する。

第144条〔学校監督〕 全学校制度は，国の監督の下にあり，国は市町村をその監督に参与させることができる。学校監督は，本務として勤務し専門的な素養のある官吏によってこれを行う。

第145条〔就学の義務，義務教育の無償〕 就学は一般的義務である。その義務の履行のために，原則として，少なくとも8学年を有する小学校と，それに続く満18歳までの職業学校を設ける。小学校及び職業学校における授業及び教材は無償である。

第149条〔宗教教育〕 (1) 宗教の授業は，無宗教(世俗)学校を除いて，学校における正規の授業科目である。宗教の授業の実施は，学校に関する法律制定の枠内で

規律される。宗教の授業は，国の監督権を害さない限りにおいて，関係宗教団体の原則に合致してこれを行う。
(2) 宗教の授業の実施及び教会の定める仕事の実行は，教員の意思表示に委ねられ，宗教に関わる授業科目及び教会の定める祝典及び行為への参加は，子どもの宗教上の養育について決定する者の意思表示に委ねられる。
(3) 大学における神学部は，これを存置する。

第5章　経済生活

第151条〔経済生活の秩序，経済的自由〕
(1) 経済生活の秩序は，すべての人に，人たるに値する生存を保障することを目指す正義の諸原則に適合するものでなければならない。各人の経済的自由は，この限界内においてこれを確保するものとする。
(2) 法律的強制は，脅かされている権利を実現するため，又は，公共の福祉の優越的な要請に応ずるためにのみ，許される。
(3) 通商及び営業の自由は，ライヒ法律の定める基準に従って保障される。

第152条〔契約の自由〕(1) 経済取引においては，法律の定める基準に従って契約の自由〔の原則〕が妥当する。
(2) 高利は，禁止されている。善良な風俗に反する法律行為は，無効である。

第153条〔所有権，公用収用〕(1) 所有権は，憲法によって保障される。その内容及び限界は，諸法律に基づいてこれを明らかにする。
(2) 公用収用は，公共の利益のために，かつ，法律上の根拠に基づいてのみ，これを行うことができる。公用収用は，ライヒ法律に別段の定めのない限り，正当な補償の下に，これを行う。補償の額について争いのあるときは，ライヒ法律に別段の定めのない限り，通常裁判所への出訴の途が開かれているものとする。ラント，市町村及び公益団体に対してライヒが行う公用収用は，補償を与えてのみ，これを行うことができる。
(3) 所有権は，義務を伴う。その行使は，同時に公共の善に役立つものであるべきである。

第158条〔精神的財産権の保護〕(1) 精神的作品，著作者，発明者及び芸術家の権利は，ライヒの保護と配慮を受ける。
〔第2項略〕

第159条〔団結の自由〕
労働条件及び経済的条件を維持し促進するための団結の自由は，何人にも，そしてすべての職業に対して，保障されている。この自由を制限し，又は妨害することを企図するすべての合意及び措置は，違法である。

(訳出に際しては，Reichsgesetzblatt 1919, Nr. 152, S. 1383 ff. によった。)

〚資料8〛 ドイツ連邦共和国基本法〔抄〕(Das Grundgesetz für die Bundesrepublik Deutschland v. 23. Mai 1949)

前　文

ドイツ国民は，神と人間とに対する責任を自覚し，

合一されたヨーロッパにおける同権をもった一員として世界の平和に奉仕せんとする意思に満たされて，その憲法制定権力に基づいて，この基本法を制定した。

バーデン＝ヴュルテンベルク，バイエルン，ベルリーン，ブランデンブルク，ブレーメン，ハンブルク，ヘッセン，メークレンブルク＝フォーアポメルン，ニーダーザクセン，ノルトライン＝ヴェストファーレン，ラインラント＝プァルツ，ザールラント，ザクセン，ザクセン＝アンハルト，シュレースヴィヒ＝ホルシュタイン及びテューリンゲンの諸ラントにおけるドイツ人は，自由な自己決定によってドイツの統一と自由を成し遂げた。これにより，この基本法は全ドイツ国民に適用される。

1　基本権

第1条〔人間の尊厳，人権，基本権の拘束力〕　(1)　人間の尊厳は不可侵である。すべての国家権力は，これを尊重し保護する義務を負う。

(2)　それゆえに，ドイツ国民は，世界のすべての人間共同体，平和及び正義の基礎として，不可侵にして譲り渡すことのできない人権を信奉する。

(3)　以下の基本権は，直接に適用される法として，立法，執行権及び裁判を拘束する。

第2条〔人格の自由，生命及び身体を害されない権利〕　(1)　各人は，他人の権利を侵害せず，かつ，憲法的秩序又は道徳律に違反しない限りにおいて，自己の人格を自由に発展させる権利を有する。

(2)　各人は，生命への権利及び身体を害されない権利を有する。人身の自由は，不可侵である。これらの権利は，法律の根拠に基づいてのみ，これを侵害することが許される。

第3条〔法律の前の平等，男女同権，差別的取扱いの禁止〕　(1)　すべての人は，法律の前に平等である。

(2)　男性と女性は同権である。国は，女性と男性の同権が現実に達成されることを促進し，現に存する不利益の除去を目指す。

(3)　何人も，その性別，生まれ，人種，言語，故郷及び家柄，その信仰，宗教上又は政治上の見解を理由として，不利益を受け，又は優遇されてはならない。何人も，その障害を理由として不利益を受けてはならない。

第4条〔信仰・良心の自由〕　(1)　信仰，良心の自由，並びに宗教及び世界観の告白の自由は，不可侵である。

(2)　妨げられることなく宗教的活動を行うことが保障される。

(3)　何人も，その良心に反して，武器をもってする軍務を強制されてはならない。詳細は，連邦法律でこれを規律する。

第5条〔意見表明の自由，知る権利，学問の自由〕　(1)　各人は，言語，文書，および図画によって自己の意見を自由に表明

し流布する権利，ならびに，一般に近づくことのできる情報源から妨げられることなく知る権利を有する。出版の自由並びに放送及びフィルムによる報道の自由は，これを保障する。検閲は，これを行わない。
(2) これらの権利は，一般的法律の規定，少年保護のための法律上の規定，及び個人的名誉権によって制限を受ける。
(3) 芸術及び学問，研究及び教授は自由である。教授の自由は，憲法に対する忠誠を免除するものではない。

第6条〔婚姻，家族，母び子の保護〕 (1) 婚姻及び家族は，国家秩序の特別の保護を受ける。
(2) 子どもの育成及び教育は，両親の自然的権利であり，かつ，何よりもまず両親に課せられた義務である。この義務の実行については，国家共同体がこれを監視する。
(3) 子どもは，親権者に故障があるとき，または子どもがその他の理由から放置されるおそれのあるときは，法律の根拠に基づいてのみ，親権者の意思に反して，家族から引き離すことが許される。
(4) すべて母親は，共同社会の保護と配慮とを請求することができる。
(5) 嫡出でない子に対しては，法律制定によって，肉体的及び精神的成長について，並びに社会におけるその地位について，嫡出子と同様の条件が与えられなければならない。

第7条〔学校制度，宗教の授業〕 (1) 全学校制度は，国〔＝ラント〕の監督の下にある。
(2) 親権者は，子どもを宗教の授業に参加させることについて決定する権利を有する。
(3) 宗教の授業は，無宗派学校を除く公立学校において，正規の授業科目である。宗教の授業は，国の監督権を害さない限りにおいて，宗教共同体の教義にそって行われるものとする。いかなる教員も，その意思に反して宗教の授業を行うことを義務づけられてはならない。
(4) 私立学校を設立する権利は，これを保障する。公立学校の代用としての私立学校は，国の認可を必要とし，かつ，ラント法律に服する。この認可は，私立学校がその教育目標及び施設並びにその教職員の学問上の養成において公立学校に劣らず，かつ，親の資産状況による生徒の選別が助長されない場合に，これを与えるものとする。この認可は，教職員の経済的及び法的地位が十分に確保されない場合には，拒否するものとする。
(5) 私立の国民学校は，教育行政官庁が特別の教育的利益を承認する場合にのみ，又は，親権者の申立てに基づき，それを宗派共同学校として，〔キリスト教の〕宗派学校として，若しくは世界観学校として設立することが求められている場合で，かつ，この種の公立の国民学校が市町村内に存在していない場合にのみ，これを認めるものとする。
(6) 予備学校は，引き続き廃止したままとする。

第8条〔集会の目由〕 (1) すべてドイツ人は，届出又は許可なしに，平穏に，かつ武器を携帯せずに，集会する権利を有する。
(2) 屋外の集会については，この権利は法律により，又は法律の根拠に基づいて，これを制限することができる。

第9条〔結社の自由〕 (1) すべてドイツ人は、社団及び団体を結成する権利を有する。
(2) 団体のうちで、その目的若しくはその活動が刑事法律に違反するもの、又は憲法的秩序若しくは諸国民のあいだの協調の思想に反するものは、禁止する。
(3) 労働条件及び経済的条件を維持し促進するために団体を結成する権利は、何人にも、そしてすべて職業に対して保障する。この権利の制限又は妨害を企図する合意は無効であり、これを目的とする措置は違法である。第12a条、第35条第2項及び第3項、第87a条第4項、及び第91条による措置は、第1文の趣旨における団体が労働条件及び経済的条件を維持し促進するために行う労働争議に対してこれをとることは、許されない。

第10条〔信書、郵便及び電信電話の秘密〕
(1) 信書の秘密並びに郵便及び電信電話の秘密は、不可侵である。
(2) 〔これに対する〕制限は、法律の根拠に基づいてのみ、命ずることができる。その制限が自由で民主的な基本秩序、又は連邦若しくはラントの存立若しくは安全の保障に役立つときは、その制限が被制限者に通知されない旨、及び裁判で争う方途に代えて議会の選任した機関及び補助機関による事後審査を行う旨を、法律によって定めることができる。

第11条〔移転の自由〕 (1) ドイツ人はすべて、連邦の全領域内における移転の自由を享有する。
(2) この権利は法律によって、又は法律の根拠に基づいてのみ、かつ、十分な生活基盤がなく、その結果公衆に特別の負担が生ずる場合、又は、連邦若しくはラントの存立若しくは自由で民主的な基本秩序に対する差し迫った危険を防止するために必要な場合、伝染病の危険、自然災害若しくは特に重大な災害事故に対処するために必要な場合、少年が放置されないように保護し若しくは犯罪行為を防止するために必要な場合にのみ、これを制限することが許される。

第12条〔職業選択の自由, 強制労働の禁止〕
(1) すべてドイツ人は、職業、職場及び養成所を自由に選択する権利を有する。職業の遂行については、法律によって、又は法律の根拠に基づいて、これを規律することができる。
(2) 何人も、伝統的で一般的な、すべての人に平等に課せられる公共の役務給付義務の範囲内にある場合を除き、一定の労働を強制されてはならない。
(3) 強制労働は、裁判所によって命じられる自由剥奪の場合にのみ許される。

第14条〔所有権・相続権・公用収用〕
(1) 所有権及び相続権は、これを保障する。その内容及び限界は、法律でこれを定める。
(2) 所有権には義務が伴う。その行使は、同時に公共の福祉に役立つものでなくてはならない。
(3) 公用収用は、公共の福祉のためにのみ許される。公用収用は、法律により、又は、補償の方法及び程度を規律する法律の根拠に基づいてのみ、これを行うことが許される。その補償は、公共の利益及び関係者の利益を正当に衡量して、これを定めるものとする。補償の額について争いがあるときは、通常裁判所に訴えることができる。

第16条〔国籍剥奪, 引渡し〕 (1) ドイツ

国籍は、これを剥奪してはならない。国籍の喪失は、法律の根拠に基づいてのみ認められ、かつ、当人の意思に反しては、当人がそれによって無国籍にならない場合に限り、認められる。

(2) いかなるドイツ人も、外国に引き渡してはならない。欧州共同体を構成する一の国家又は一の国際裁判所への引渡に関しては、法治国家の諸原則が保たれている限度で、法律により異なる規律をすることができる。

第18条〔基本権の喪失〕 意見表明の自由、特に出版の自由（第5条第1項）、教授の自由（第5条第3項）、集会の自由（第8条）、結社の自由（第9条）、信書、郵便及び電信電話の秘密（第10条）、所有権（第14条）又は庇護権（第16a条）を、自由で民主的な基本秩序に敵対するために濫用する者は、これらの基本権を喪失する。それらの喪失及びその程度は、連邦憲法裁判所が宣告する。

第19条〔基本権の制限とその限界，法人の基本権享有主体性，基本権侵害の法的救済〕 (1) この基本法によって基本権が法律により、又は法律の根拠に基づいて制限されうる限度において、その法律は一般的に適用されるものでなければならず、単に個々の場合にのみ適用されるものであってはならない。さらにその法律は、条項を示して〔制限する〕基本権を挙げなければならない。

(2) いかなる場合でも、基本権は、その本質的内実において侵害してはならない。

(3) 基本権は、その本質上内国法人に適用しうる限りにおいて、これにも適用する。

(4) 何人も、公権力によって自己の権利を侵害されたときは、裁判で争うことができる。他の〔機関の〕管轄が認められていない限度において、通常裁判所で争うことができる。第10条第2項第2文は〔これによって〕影響を受けない。

2 連邦及びラント

第20条〔連邦国家，権力分立，社会的法治国家，抵抗権〕 (1) ドイツ連邦共和国は、民主的かつ社会的な連邦国家である。

(2) すべての国家権力は、国民に由来する。国家権力は、選挙及び投票において国民により、かつ、立法、執行権及び裁判の個別の諸機関を通じて行使する。

(3) 立法は憲法の秩序に、執行権及び裁判は法律及び法に拘束される。

(4) すべてドイツ人は、この秩序を排除することを企てる何人に対しても、他の救済手段が可能でないときは、抵抗する権利を有する。

第20a条〔自然的生活基盤の保護義務〕 国は、将来の世代に対する責任を果たすためにも、憲法的秩序の枠内において立法を通じて、また、法律及び法に従って執行権及び裁判を通じて、自然的生存〔生命〕基盤及び動物を保護する。

第21条〔政党の憲法的地位〕 (1) 政党は、国民の政治的意思形成に協力する。政党の結成は自由である。政党の内部秩序は、民主制の諸原則に合致していなければならない。政党は、その資金の出所及び用途並びにその財産について、公的に報告しなければならない。

(2) 政党のうちで、その目的又はその支持者の行動からして、自由で民主的な基本秩序を侵害若しくは除去し、又はドイツ連邦共和国の存立を危うくすることを目指すものは、違憲である。その違憲の問

題は,連邦憲法裁判所がこれを決定する。
(3) 詳細は,連邦法律でこれを規律する。

第33条〔公民としての権利・義務,公職就任における平等〕 (1) すべてドイツ人は,各ラントにおいて,等しく公民としての権利を有し義務を負う。
(2) すべてドイツ人は,その適性,資格及び専門的能力に応じて,等しく各公職に就くことができる。
(3) 市民権及び公民権の享受,公職への就任,並びに公務において得た権利は,宗教上の信仰〔告白〕のいかんに左右されることはない。何人も,ある信条又は世界観に属するかしないかによって,不利益を受けてはならない。
(4) 主権的権能の行使は,恒常的任務として,公法上の勤務関係及び忠誠関係にある公務員に委託するのを通例とする。
(5) 公務に関する法は,職業官吏制度の伝統的諸原則を考慮して規律し,かつ継続的に発展させなければならない。

3 連邦議会

第38条〔連邦議会選挙,選挙権・被選挙権,議員の地位〕 (1) ドイツ連邦議会の議員は,普通・直接・自由・平等及び秘密の選挙によって選挙される。議員は全国民の代表者であって,委任及び指図に拘束されることはなく,自己の良心のみに従う。
(2) 18歳に達した者は,選挙権を有し,成年になる年齢に達した者〔=18歳〕は,被選挙権を有する。〔第3項略〕

5 連邦大統領

第54条〔連邦大統領の選挙及び在任期間,連邦会議〕 (1) 連邦大統領は,討議によらないで,連邦会議によって選挙される。連邦議会〔議員〕の選挙権を有し,かつ,40歳に達したすべてのドイツ人は,被選挙権を有する。
(2) 連邦大統領の在任期間は5年である。1回に限り,引き続き再選されることが許される。
(3) 連邦会議は,連邦議会議員と,ラント議会が比例代表選挙の諸原則に従って選挙した,これと同数の議員とによって構成される。(第4項～第7項略)

9 裁 判

第92条〔裁判機関〕 裁判権は,裁判官に属し,連邦憲法裁判所,この基本法の規定する連邦裁判所及びラントの裁判所が行使する。

第93条〔連邦憲法裁判所の管轄権〕 (1) 連邦憲法裁判所が決定するのは,以下の場合である。
1 一連邦最高機関の権利及び義務の範囲に関する紛争,又は,この基本法若しくは連邦最高機関の議事規則が固有の権利を付与している他の関係諸機関の権利及び義務の範囲に関する紛争の際の,この基本法の解釈について
2 連邦政府,ラント政府,又は連邦議会議員の4分の1の申立てに基づき,連邦法律若しくはラント法が形式上及び実質上この基本法と適合するかどうか,又は,ラント法がその他の連邦法と適合するかどうか,ということについて意見の相違又は疑義がある場合
2a 連邦参議院,ラント政府又はラント議会の申立てに基づき,法律が第72条第2項の要件に合致しているかどうかについて意見の相違がある場合

3　連邦及びラントの権利及び義務について意見の相違がある場合，特に，ラントによる連邦法の執行，及び連邦監督の実行の際に，意見の相違がある場合

4　他に裁判で争う方途がない限度において，連邦とラントとの間，異なるラントの間，又は，1ラント内部におけるその他の公法上の争訟において

4 a　自己の基本権の一つ，又は第20条第4項，第33条，第38条，第101条，第103条及び第104条に含まれている諸権利の一つが公権力によって侵害されている，とする主張をもって何人でも提起することができる憲法訴願について

4 b　ある法律によって第28条の自治権が侵害されたことを理由とする，市町村及び市町村組合の憲法訴願について，但し，ラントの法律による侵害の場合には，ラントの憲法裁判所に訴願を提起することができない場合に限る

4 c　連邦議会選挙に関して政党として認められなかった団体からの訴願

5　この基本法が規定するその他の場合において。

(2)　〔略〕

(3)　さらに連邦憲法裁判所は，連邦法律が定めるその他の場合にも活動する。

第100条〔具体的規範統制，連邦法の構成部分としての国際法，ラントの憲法裁判所の義務〕　(1)　裁判所が，決定に際してある法律の効力が問題となっている場合に，その法律が違憲であると考えるときは，その〔裁判〕手続を中止し，かつ，あるラント憲法に対する違反が問題となっているときは憲法争訟について管轄を有するラント裁判所の決定を，また，この基本法に対する違反が問題となっているときは連邦憲法裁判所の決定を，求めるものとする。ラント法によるこの基本法の違反，又は，ラント法律と連邦法律との不一致が問題となっている場合にも，同様とする。〔第2項・第3項略〕

第101条〔例外裁判所の禁止，裁判を受ける権利〕　(1)　例外裁判所は，設置することができない。何人も，法律の定める裁判官〔の裁判を受ける権利〕を奪われない。

(2)　特別の専門分野についての裁判所は，法律によってのみ，これを設置することができる。

第102条〔死刑廃止〕　死刑は廃止されているものとする。

第103条〔法律上の審問，遡及的刑法・二重処罰の禁止〕　(1)　裁判所においては，何人も，法的審問を請求する権利を有する。

(2)　ある行為がなされる以前に，その可罰性が法律によって規定されていなければ，その行為を罰することはできない。

(3)　何人も，一般的刑法の根拠に基づいて，同一の行為について重ねて処罰されない。

（高田敏・初宿正典編『ドイツ憲法集〔第6版〕』信山社2010年刊，などによる）

〖資料9〗 **大日本帝国憲法**(1889〔明治22〕年2月11日発布，翌年11月29日施行)

第2章　臣民権利義務

第18条　日本臣民タルノ要件ハ法律ノ定ムル所ニ依ル

第19条　日本臣民ハ法律命令ノ定ムル所ノ資格ニ応シ均ク文武官ニ任セラレ及其ノ他ノ公務ニ就クコトヲ得

第20条　日本臣民ハ法律ノ定ムル所ニ従ヒ兵役ノ義務ヲ有ス

第21条　日本臣民ハ法律ノ定ムル所ニ従ヒ納税ノ義務ヲ有ス

第22条　日本臣民ハ法律ノ範囲内ニ於テ居住及移転ノ自由ヲ有ス

第23条　日本臣民ハ法律ニ依ルニ非スシテ逮捕監禁審問処罰ヲ受クルコトナシ

第24条　日本臣民ハ法律ニ定メタル裁判官ノ裁判ヲ受クルノ権ヲ奪ハル、コトナシ

第25条　日本臣民ハ法律ニ定メタル場合ヲ除ク外其ノ許諾ナクシテ住所ニ侵入セラレ及捜索セラル、コトナシ

第26条　日本臣民ハ法律ニ定メタル場合ヲ除ク外信書ノ秘密ヲ侵サル、コトナシ

第27条　日本臣民ハ其ノ所有権ヲ侵サル、コトナシ

②公益ノ為必要ナル処分ハ法律ノ定ムル所ニ依ル

第28条　日本臣民ハ安寧秩序ヲ妨ケス及臣民タルノ義務ニ背カサル限ニ於テ信教ノ自由ヲ有ス

第29条　日本臣民ハ法律ノ範囲内ニ於テ言論著作印行集会及結社ノ自由ヲ有ス

第30条　日本臣民ハ相当ノ敬礼ヲ守リ別ニ定ムル所ノ規程ニ従ヒ請願ヲ為スコトヲ得

第31条　本章ニ掲ケタル条規ハ戦時又ハ国家事変ノ場合ニ於テ天皇大権ノ施行ヲ妨クルコトナシ

第32条　本章ニ掲ケタル条規ハ陸海軍ノ法令又ハ紀律ニ牴触セサルモノニ限リ軍人ニ準行ス

付録　日本国憲法

〔日本国憲法公布記念式典の勅語〕
　　　　　　　　昭和21年11月3日
勅　語
　本日，日本国憲法を公布せしめた。
　この憲法は，帝国憲法を全面的に改正したものであつて，国家再建の基礎を人類普遍の原理に求め，自由に表明された国民の総意によつて確定されたのである。即ち，日本国民は，みづから進んで戦争を放棄し，全世界に，正義と秩序とを基調とする永遠の平和が実現することを念願し，常に基本的人権を尊重し，民主主義に基いて国政を運営することを，ここに，明らかに定めたのである。
　朕は，国民と共に，全力をあげ，相携へて，この憲法を正しく運用し，節度と責任とを重んじ，自由と平和とを愛する文化国家を建設するやうに努めたいと思ふ。

〔上　諭〕　　　昭和21年11月3日
　朕は，日本国民の総意に基いて，新日本建設の礎が，定まるに至つたことを，深くよろこび，枢密顧問の諮詢及び帝国憲法第73条による帝国議会の議決を経た帝国憲法の改正を裁可し，ここにこれを公布せしめる。
御名御璽
昭和21年11月3日
　　内閣総理大臣兼
　　外　務　大　臣　　　吉　田　　茂
　　国　務　大　臣　男爵　幣原喜重郎
　　司　法　大　臣　　　木村篤太郎
　　内　務　大　臣　　　大村　清一
　　文　部　大　臣　　　田中耕太郎
　　農　林　大　臣　　　和田　博雄
　　国　務　大　臣　　　斎藤　隆夫
　　逓　信　大　臣　　　一松　定吉
　　商　工　大　臣　　　星島　二郎
　　厚　生　大　臣　　　河合　良成
　　国　務　大　臣　　　植原悦二郎
　　運　輸　大　臣　　　平塚常次郎
　　大　蔵　大　臣　　　石橋　湛山
　　国　務　大　臣　　　金森徳次郎
　　国　務　大　臣　　　膳　桂之助

日本国憲法
【前　文】
　日本国民は，正当に選挙された国会における代表者を通じて行動し，われらとわれらの子孫のために，諸国民との協和による成果と，わが国全土にわたつて自由のもたらす恵沢を確保し，政府の行為によつて再び戦争の惨禍が起こることのないやうにすることを決意し，ここに主権が国民に存することを宣言し，この憲法を確定する。そもそも国政は，国民の厳粛な信託によるものであつて，その権威は国民に由来し，その権力は国民の代表者がこれを行使し，その福利は国民がこれを享受する。これは人類普遍の原理であり，この憲法は，かかる原理に基くものである。われらは，これに反する一切の憲法，法令及び詔勅を排除する。
　日本国民は，恒久の平和を念願し，人間相互の関係を支配する崇高な理想を深く自覚するのであつて，平和を愛する諸国民の

公正と信義に信頼して，われらの安全と生存を保持しようと決意した。われらは，平和を維持し，専制と隷従，圧迫と偏狭を地上から永遠に除去しようと努めてゐる国際社会において，名誉ある地位を占めたいと思ふ。われらは，全世界の国民が，ひとしく恐怖と欠乏から免かれ，平和のうちに生存する権利を有することを確認する。

われらは，いづれの国家も，自国のことのみに専念して他国を無視してはならないのであつて，政治道徳の法則は，普遍的なものであり，この法則に従ふことは，自国の主権を維持し，他国と対等関係に立たうとする各国の責務であると信ずる。

日本国民は，国家の名誉にかけ，全力をあげてこの崇高な理想と目的を達成することを誓ふ。

第1章　天　皇

第1条【天皇の地位・国民主権】天皇は，日本国の象徴であり日本国民統合の象徴であつて，この地位は，主権の存する日本国民の総意に基く。

第2条【皇位の継承】皇位は，世襲のものであつて，国会の議決した皇室典範の定めるところにより，これを継承する。

第3条【天皇の国事行為に対する内閣の助言と承認】天皇の国事に関するすべての行為には，内閣の助言と承認を必要とし，内閣が，その責任を負ふ。

第4条【天皇の権能の限界，天皇の国事行為の委任】①　天皇は，この憲法の定める国事に関する行為のみを行ひ，国政に関する権能を有しない。

②　天皇は，法律の定めるところにより，その国事に関する行為を委任することができる。

第5条【摂政】皇室典範の定めるところにより摂政を置くときは，摂政は，天皇の名でその国事に関する行為を行ふ。この場合には，前条第1項の規定を準用する。

第6条【天皇の任命権】①　天皇は，国会の指名に基いて，内閣総理大臣を任命する。

②　天皇は，内閣の指名に基いて，最高裁判所の長たる裁判官を任命する。

第7条【天皇の国事行為】天皇は，内閣の助言と承認により，国民のために，左の国事に関する行為を行ふ。

一　憲法改正，法律，政令及び条約を公布すること。

二　国会を召集すること。

三　衆議院を解散すること。

四　国会議員の総選挙の施行を公示すること。

五　国務大臣及び法律の定めるその他の官吏の任免並びに全権委任状及び大使及び公使の信任状を認証すること。

六　大赦，特赦，減刑，刑の執行の免除及び復権を認証すること。

七　栄典を授与すること。

八　批准書及び法律の定めるその他の外交文書を認証すること。

九　外国の大使及び公使を接受すること。

十　儀式を行ふこと。

第8条【皇室の財産授受】皇室に財産を譲り渡し，又は皇室が，財産を譲り受け，若しくは賜与することは，国会の議決に基かなければならない。

第2章　戦争の放棄

第9条【戦争の放棄，軍備及び交戦権の否認】① 日本国民は，正義と秩序を基調とする国際平和を誠実に希求し，国権の発動たる戦争と，武力による威嚇又は武力の行使は，国際紛争を解決する手段としては，永久にこれを放棄する。

② 前項の目的を達するため，陸海空軍その他の戦力は，これを保持しない。国の交戦権は，これを認めない。

第3章　国民の権利及び義務

第10条【国民の要件】日本国民たる要件は，法律でこれを定める。

第11条【基本的人権の享有】国民は，すべての基本的人権の享有を妨げられない。この憲法が国民に保障する基本的人権は，侵すことのできない永久の権利として，現在及び将来の国民に与へられる。

第12条【自由・権利の保持の責任とその濫用の禁止】この憲法が国民に保障する自由及び権利は，国民の不断の努力によつて，これを保持しなければならない。又，国民は，これを濫用してはならないのであつて，常に公共の福祉のためにこれを利用する責任を負ふ。

第13条【個人の尊重と公共の福祉】すべて国民は，個人として尊重される。生命，自由及び幸福追求に対する国民の権利については，公共の福祉に反しない限り，立法その他の国政の上で，最大の尊重を必要とする。

第14条【法の下の平等，貴族の禁止，栄典】① すべて国民は，法の下に平等であつて，人種，信条，性別，社会的身分又は門地により，政治的，経済的又は社会的関係において，差別されない。

② 華族その他の貴族の制度は，これを認めない。

③ 栄誉，勲章その他の栄典の授与は，いかなる特権も伴はない。栄典の授与は，現にこれを有し，又は将来これを受ける者の一代に限り，その効力を有する。

第15条【公務員の選定及び罷免の権利，公務員の本質，普通選挙の保障，秘密投票の保障】① 公務員を選定し，及びこれを罷免することは，国民固有の権利である。

② すべて公務員は，全体の奉仕者であつて，一部の奉仕者ではない。

③ 公務員の選挙については，成年者による普通選挙を保障する。

④ すべて選挙における投票の秘密は，これを侵してはならない。選挙人は，その選択に関し公的にも私的にも責任を問はれない。

第16条【請願権】何人も，損害の救済，公務員の罷免，法律，命令又は規則の制定，廃止又は改正その他の事項に関し，平穏に請願する権利を有し，何人も，かかる請願をしたためにいかなる差別待遇も受けない。

第17条【国及び公共団体の賠償責任】何人も，公務員の不法行為により，損害を受けたときは，法律の定めるところにより，国又は公共団体に，その賠償を求めることができる。

第18条【奴隷的拘束及び苦役からの自由】何人も，いかなる奴隷的拘束も受けない。又，犯罪に因る処罰の場合を除いては，その意に反する苦役に服させられない。

第19条【思想及び良心の自由】思想及び良心の自由は、これを侵してはならない。

第20条【信教の自由】① 信教の自由は、何人に対してもこれを保障する。いかなる宗教団体も、国から特権を受け、又は政治上の権力を行使してはならない。
② 何人も、宗教上の行為、祝典、儀式又は行事に参加することを強制されない。
③ 国及びその機関は、宗教教育その他いかなる宗教的活動もしてはならない。

第21条【集会・結社・表現の自由、通信の秘密】① 集会、結社及び言論、出版その他一切の表現の自由は、これを保障する。
② 検閲は、これをしてはならない。通信の秘密は、これを侵してはならない。

第22条【居住・移転及び職業選択の自由、外国移住及び国籍離脱の自由】① 何人も、公共の福祉に反しない限り、居住、移転及び職業選択の自由を有する。
② 何人も、外国に移住し、又は国籍を離脱する自由を侵されない。

第23条【学問の自由】学問の自由は、これを保障する。

第24条【家族生活における個人の尊厳と両性の平等】① 婚姻は、両性の合意のみに基いて成立し、夫婦が同等の権利を有することを基本として、相互の協力により、維持されなければならない。
② 配偶者の選択、財産権、相続、住居の選定、離婚並びに婚姻及び家族に関するその他の事項に関しては、法律は、個人の尊厳と両性の本質的平等に立脚して、制定されなければならない。

第25条【生存権、国の社会的使命】① すべて国民は、健康で文化的な最低限度の生活を営む権利を有する。
② 国は、すべての生活部面について、社会福祉、社会保障及び公衆衛生の向上及び増進に努めなければならない。

第26条【教育を受ける権利、教育の義務】① すべて国民は、法律の定めるところにより、その能力に応じて、ひとしく教育を受ける権利を有する。
② すべて国民は、法律の定めるところにより、その保護する子女に普通教育を受けさせる義務を負ふ。義務教育は、これを無償とする。

第27条【勤労の権利及び義務、勤労条件の基準、児童酷使の禁止】① すべて国民は、勤労の権利を有し、義務を負ふ。
② 賃金、就業時間、休息その他の勤労条件に関する基準は、法律でこれを定める。
③ 児童は、これを酷使してはならない。

第28条【勤労者の団結権】勤労者の団結する権利及び団体交渉その他の団体行動をする権利は、これを保障する。

第29条【財産権】① 財産権は、これを侵してはならない。
② 財産権の内容は、公共の福祉に適合するやうに、法律でこれを定める。
③ 私有財産は、正当な補償の下に、これを公共のために用ひることができる。

第30条【納税の義務】国民は、法律の定めるところにより、納税の義務を負ふ。

第31条【法定の手続の保障】何人も、法律の定める手続によらなければ、その生命若しくは自由を奪はれ、又はその他の刑罰を科せられない。

第32条【裁判を受ける権利】何人も、裁判所において裁判を受ける権利を奪はれない。

第33条【逮捕の要件】何人も，現行犯として逮捕される場合を除いては，権限を有する司法官憲が発し，且つ理由となつてゐる犯罪を明示する令状によらなければ，逮捕されない。

第34条【抑留・拘禁の要件，不法拘禁に対する保障】何人も，理由を直ちに告げられ，且つ，直ちに弁護人に依頼する権利を与へられなければ，抑留又は拘禁されない。又，何人も，正当な理由がなければ，拘禁されず，要求があれば，その理由は，直ちに本人及びその弁護人の出席する公開の法廷で示されなければならない。

第35条【住居の不可侵】① 何人も，その住居，書類及び所持品について，侵入，捜索及び押収を受けることのない権利は，第33条の場合を除いては，正当な理由に基いて発せられ，且つ捜索する場所及び押収する物を明示する令状がなければ，侵されない。

② 捜索又は押収は，権限を有する司法官憲が発する各別の令状により，これを行ふ。

第36条【拷問及び残虐刑の禁止】公務員による拷問及び残虐な刑罰は，絶対にこれを禁ずる。

第37条【刑事被告人の権利】① すべて刑事事件においては，被告人は，公平な裁判所の迅速な公開裁判を受ける権利を有する。

② 刑事被告人は，すべての証人に対して審問する機会を充分に与へられ，又，公費で自己のために強制的手続により証人を求める権利を有する。

③ 刑事被告人は，いかなる場合にも，資格を有する弁護人を依頼することができる。被告人が自らこれを依頼することができないときは，国でこれを附する。

第38条【自己に不利益な供述，自白の証拠能力】① 何人も，自己に不利益な供述を強要されない。

② 強制，拷問若しくは脅迫による自白又は不当に長く抑留若しくは拘禁された後の自白は，これを証拠とすることができない。

③ 何人も，自己に不利益な唯一の証拠が本人の自白である場合には，有罪とされ，又は刑罰を科せられない。

第39条【遡及処罰の禁止・一事不再理】何人も，実行の時に適法であつた行為又は既に無罪とされた行為については，刑事上の責任を問はれない。又，同一の犯罪について，重ねて刑事上の責任を問はれない。

第40条【刑事補償】何人も，抑留又は拘禁された後，無罪の裁判を受けたときは，法律の定めるところにより，国にその補償を求めることができる。

第4章　国　会

第41条【国会の地位・立法権】国会は，国権の最高機関であつて，国の唯一の立法機関である。

第42条【両院制】国会は，衆議院及び参議院の両議院でこれを構成する。

第43条【両議院の組織】① 両議院は，全国民を代表する選挙された議員でこれを組織する。

② 両議院の議員の定数は，法律でこれを定める。

第44条【議員及び選挙人の資格】両議院の

議員及びその選挙人の資格は，法律でこれを定める。但し，人種，信条，性別，社会的身分，門地，教育，財産又は収入によつて差別してはならない。

第45条【衆議院議員の任期】衆議院議員の任期は，4年とする。但し，衆議院解散の場合には，その期間満了前に終了する。

第46条【参議院議員の任期】参議院議員の任期は，6年とし，3年ごとに議員の半数を改選する。

第47条【選挙に関する事項】選挙区，投票の方法その他両議院の議員の選挙に関する事項は，法律でこれを定める。

第48条【両議院議員兼職の禁止】何人も，同時に両議院の議員たることはできない。

第49条【議員の歳費】両議院の議員は，法律の定めるところにより，国庫から相当額の歳費を受ける。

第50条【議員の不逮捕特権】両議院の議員は，法律の定める場合を除いては，国会の会期中逮捕されず，会期前に逮捕された議員は，その議院の要求があれば，会期中これを釈放しなければならない。

第51条【議員の発言・表決の無責任】両議院の議員は，議院で行つた演説，討論又は表決について，院外で責任を問はれない。

第52条【常会】国会の常会は，毎年1回これを召集する。

第53条【臨時会】内閣は，国会の臨時会の召集を決定することができる。いづれかの議院の総議員の4分の1以上の要求があれば，内閣は，その召集を決定しなければならない。

第54条【衆議院の解散・特別会，参議院の緊急集会】① 衆議院が解散されたときは，解散の日から40日以内に，衆議院議員の総選挙を行ひ，その選挙の日から30日以内に，国会を召集しなければならない。

② 衆議院が解散されたときは，参議院は，同時に閉会となる。但し，内閣は，国に緊急の必要があるときは，参議院の緊急集会を求めることができる。

③ 前項但書の緊急集会において採られた措置は，臨時のものであつて，次の国会開会の後10日以内に，衆議院の同意がない場合には，その効力を失ふ。

第55条【資格争訟の裁判】両議院は，各々その議員の資格に関する争訟を裁判する。但し，議員の議席を失はせるには，出席議員の3分の2以上の多数による議決を必要とする。

第56条【定足数，表決】① 両議院は，各々その総議員の3分の1以上の出席がなければ，議事を開き議決することができない。

② 両議院の議事は，この憲法に特別の定のある場合を除いては，出席議員の過半数でこれを決し，可否同数のときは，議長の決するところによる。

第57条【会議の公開，会議録，表決の記載】① 両議院の会議は，公開とする。但し，出席議員の3分の2以上の多数で議決したときは，秘密会を開くことができる。

② 両議院は，各々その会議の記録を保存し，秘密会の記録の中で特に秘密を要すると認められるもの以外は，これを公表し，且つ一般に頒布しなければならない。

③ 出席議員の5分の1以上の要求があれば，各議員の表決は，これを会議録に記

載しなければならない。

第58条【役員の選任，議院規則・懲罰】① 両議院は，各〻その議長その他の役員を選任する。

② 両議院は，各〻その会議その他の手続及び内部の規律に関する規則を定め，又，院内の秩序をみだした議員を懲罰することができる。但し，議員を除名するには，出席議員の3分の2以上の多数による議決を必要とする。

第59条【法律案の議決，衆議院の優越】① 法律案は，この憲法に特別の定のある場合を除いては，両議院で可決したとき法律となる。

② 衆議院で可決し，参議院でこれと異なつた議決をした法律案は，衆議院で出席議員の3分の2以上の多数で再び可決したときは，法律となる。

③ 前項の規定は，法律の定めるところにより，衆議院が，両議院の協議会を開くことを求めることを妨げない。

④ 参議院が，衆議院の可決した法律案を受け取つた後，国会休会中の期間を除いて60日以内に，議決しないときは，衆議院は，参議院がその法律案を否決したものとみなすことができる。

第60条【衆議院の予算先議，予算議決に関する衆議院の優越】① 予算は，さきに衆議院に提出しなければならない。

② 予算について，参議院で衆議院と異なつた議決をした場合に，法律の定めるところにより，両議院の協議会を開いても意見が一致しないとき，又は参議院が，衆議院の可決した予算を受け取つた後，国会休会中の期間を除いて30日以内に，議決しないときは，衆議院の議決を国会の議決とする。

第61条【条約の承認に関する衆議院の優越】条約の締結に必要な国会の承認については，前条第2項の規定を準用する。

第62条【議院の国政調査権】両議院は，各〻国政に関する調査を行ひ，これに関して，証人の出頭及び証言並びに記録の提出を要求することができる。

第63条【閣僚の議院出席の権利と義務】内閣総理大臣その他の国務大臣は，両議院の一に議席を有すると有しないとにかかはらず，何時でも議案について発言するため議院に出席することができる。又，答弁又は説明のため出席を求められたときは，出席しなければならない。

第64条【弾劾裁判所】① 国会は，罷免の訴追を受けた裁判官を裁判するため，両議院の議員で組織する弾劾裁判所を設ける。

② 弾劾に関する事項は，法律でこれを定める。

第5章　内　閣

第65条【行政権】行政権は，内閣に属する。

第66条【内閣の組織，国会に対する連帯責任】① 内閣は，法律の定めるところにより，その首長たる内閣総理大臣及びその他の国務大臣でこれを組織する。

② 内閣総理大臣その他の国務大臣は，文民でなければならない。

③ 内閣は，行政権の行使について，国会に対し連帯して責任を負ふ。

第67条【内閣総理大臣の指名，衆議院の優越】① 内閣総理大臣は，国会議員の中から国会の議決で，これを指名する。この指名は，他のすべての案件に先だつて，

これを行ふ。

② 衆議院と参議院とが異なつた指名の議決をした場合に、法律の定めるところにより、両議院の協議会を開いても意見が一致しないとき、又は衆議院が指名の議決をした後、国会休会中の期間を除いて10日以内に、参議院が、指名の議決をしないときは、衆議院の議決を国会の議決とする。

第68条【国務大臣の任命及び罷免】① 内閣総理大臣は、国務大臣を任命する。但し、その過半数は、国会議員の中から選ばれなければならない。

② 内閣総理大臣は、任意に国務大臣を罷免することができる。

第69条【内閣不信任決議の効果】内閣は、衆議院で不信任の決議案を可決し、又は信任の決議案を否決したときは、10日以内に衆議院が解散されない限り、総辞職をしなければならない。

第70条【総理の欠缺・新国会の召集と内閣の総辞職】内閣総理大臣が欠けたとき、又は衆議院議員総選挙の後に初めて国会の召集があつたときは、内閣は、総辞職をしなければならない。

第71条【総辞職後の内閣】前2条の場合には、内閣は、あらたに内閣総理大臣が任命されるまで引き続きその職務を行ふ。

第72条【内閣総理大臣の職務】内閣総理大臣は、内閣を代表して議案を国会に提出し、一般国務及び外交関係について国会に報告し、並びに行政各部を指揮監督する。

第73条【内閣の職務】内閣は、他の一般行政事務の外、左の事務を行ふ。

一　法律を誠実に執行し、国務を総理すること。

二　外交関係を処理すること。

三　条約を締結すること。但し、事前に、時宜によつては事後に、国会の承認を経ることを必要とする。

四　法律の定める基準に従ひ、官吏に関する事務を掌理すること。

五　予算を作成して国会に提出すること。

六　この憲法及び法律の規定を実施するために、政令を制定すること。但し、政令には、特にその法律の委任がある場合を除いては、罰則を設けることができない。

七　大赦、特赦、減刑、刑の執行の免除及び復権を決定すること。

第74条【法律・政令の署名】法律及び政令には、すべて主任の国務大臣が署名し、内閣総理大臣が連署することを必要とする。

第75条【国務大臣の特典】国務大臣は、その在任中、内閣総理大臣の同意がなければ、訴追されない。但し、これがため、訴追の権利は、害されない。

第6章　司法

第76条【司法権・裁判所、特別裁判所の禁止、裁判官の独立】① すべて司法権は、最高裁判所及び法律の定めるところにより設置する下級裁判所に属する。

② 特別裁判所は、これを設置することができない。行政機関は、終審として裁判を行ふことができない。

③ すべて裁判官は、その良心に従ひ独立してその職権を行ひ、この憲法及び法律にのみ拘束される。

第77条【最高裁判所の規則制定権】① 最高裁判所は，訴訟に関する手続，弁護士，裁判所の内部規律及び司法事務処理に関する事項について，規則を定める権限を有する。
② 検察官は，最高裁判所の定める規則に従はなければならない。
③ 最高裁判所は，下級裁判所に関する規則を定める権限を，下級裁判所に委任することができる。

第78条【裁判官の身分の保障】裁判官は，裁判により，心身の故障のために職務を執ることができないと決定された場合を除いては，公の弾劾によらなければ罷免されない。裁判官の懲戒処分は，行政機関がこれを行ふことはできない。

第79条【最高裁判所の裁判官，国民審査，定年，報酬】① 最高裁判所は，その長たる裁判官及び法律の定める員数のその他の裁判官でこれを構成し，その長たる裁判官以外の裁判官は，内閣でこれを任命する。
② 最高裁判所の裁判官の任命は，その任命後初めて行はれる衆議院議員総選挙の際国民の審査に付し，その後10年を経過した後初めて行はれる衆議院議員総選挙の際更に審査に付し，その後も同様とする。
③ 前項の場合において，投票者の多数が裁判官の罷免を可とするときは，その裁判官は，罷免される。
④ 審査に関する事項は，法律でこれを定める。
⑤ 最高裁判所の裁判官は，法律の定める年齢に達した時に退官する。
⑥ 最高裁判所の裁判官は，すべて定期に相当額の報酬を受ける。この報酬は，在任中，これを減額することができない。

第80条【下級裁判所の裁判官・任期・定年，報酬】① 下級裁判所の裁判官は，最高裁判所の指名した者の名簿によつて，内閣でこれを任命する。その裁判官は，任期を10年とし，再任されることができる。但し，法律の定める年齢に達した時には退官する。
② 下級裁判所の裁判官は，すべて定期に相当額の報酬を受ける。この報酬は，在任中，これを減額することができない。

第81条【違憲審査権と最高裁判所】最高裁判所は，一切の法律，命令，規則又は処分が憲法に適合するかしないかを決定する権限を有する終審裁判所である。

第82条【裁判の公開】① 裁判の対審及び判決は，公開法廷でこれを行ふ。
② 裁判所が，裁判官の全員一致で，公の秩序又は善良の風俗を害する虞があると決した場合には，対審は，公開しないでこれを行ふことができる。但し，政治犯罪，出版に関する犯罪又はこの憲法第3章で保障する国民の権利が問題となつてゐる事件の対審は，常にこれを公開しなければならない。

第7章 財 政

第83条【財政処理の基本原則】国の財政を処理する権限は，国会の議決に基いて，これを行使しなければならない。

第84条【課税】あらたに租税を課し，又は現行の租税を変更するには，法律又は法律の定める条件によることを必要とする。

第85条【国費の支出及び国の債務負担】国

費を支出し，又は国が債務を負担するには，国会の議決に基くことを必要とする。

第86条【予算】内閣は，毎会計年度の予算を作成し，国会に提出して，その審議を受け議決を経なければならない。

第87条【予備費】①　予見し難い予算の不足に充てるため，国会の議決に基いて予備費を設け，内閣の責任でこれを支出することができる。

②　すべて予備費の支出については，内閣は，事後に国会の承諾を得なければならない。

第88条【皇室財産・皇室の費用】すべて皇室財産は，国に属する。すべて皇室の費用は，予算に計上して国会の議決を経なければならない。

第89条【公の財産の支出又は利用の制限】公金その他の公の財産は，宗教上の組織若しくは団体の使用，便益若しくは維持のため，又は公の支配に属しない慈善，教育若しくは博愛の事業に対し，これを支出し，又はその利用に供してはならない。

第90条【決算検査，会計検査院】①　国の収入支出の決算は，すべて毎年会計検査院がこれを検査し，内閣は，次の年度に，その検査報告とともに，これを国会に提出しなければならない。

②　会計検査院の組織及び権限は，法律でこれを定める。

第91条【財政状況の報告】内閣は，国会及び国民に対し，定期に，少くとも毎年1回，国の財政状況について報告しなければならない。

第8章　地方自治

第92条【地方自治の基本原則】地方公共団体の組織及び運営に関する事項は，地方自治の本旨に基いて，法律でこれを定める。

第93条【地方公共団体の機関，その直接選挙】①　地方公共団体には，法律の定めるところにより，その議事機関として議会を設置する。

②　地方公共団体の長，その議会の議員及び法律の定めるその他の吏員は，その地方公共団体の住民が，直接これを選挙する。

第94条【地方公共団体の権能】地方公共団体は，その財産を管理し，事務を処理し，及び行政を執行する権能を有し，法律の範囲内で条例を制定することができる。

第95条【特別法の住民投票】一の地方公共団体のみに適用される特別法は，法律の定めるところにより，その地方公共団体の住民の投票においてその過半数の同意を得なければ，国会は，これを制定することができない。

第9章　改　正

第96条【改正の手続，その公布】①　この憲法の改正は，各議院の総議員の3分の2以上の賛成で，国会が，これを発議し，国民に提案してその承認を経なければならない。この承認には，特別の国民投票又は国会の定める選挙の際行はれる投票において，その過半数の賛成を必要とする。

②　憲法改正について前項の承認を経たときは，天皇は，国民の名で，この憲法と

一体を成すものとして、直ちにこれを公布する。

第10章　最高法規

第97条【基本的人権の本質】この憲法が日本国民に保障する基本的人権は、人類の多年にわたる自由獲得の努力の成果であつて、これらの権利は、過去幾多の試練に堪へ、現在及び将来の国民に対し、侵すことのできない永久の権利として信託されたものである。

第98条【最高法規，条約及び国際法規の遵守】① この憲法は、国の最高法規であつて、その条規に反する法律、命令、詔勅及び国務に関するその他の行為の全部又は一部は、その効力を有しない。

② 日本国が締結した条約及び確立された国際法規は、これを誠実に遵守することを必要とする。

第99条【憲法尊重擁護の義務】天皇又は摂政及び国務大臣、国会議員、裁判官その他の公務員は、この憲法を尊重し擁護する義務を負ふ。

第11章　補　則

第100条【憲法施行期日，準備手続】① この憲法は、公布の日から起算して6箇月を経過した日〔昭和22・5・3〕から、これを施行する。

② この憲法を施行するために必要な法律の制定、参議院議員の選挙及び国会召集の手続並びにこの憲法を施行するために必要な準備手続は、前項の期日よりも前に、これを行ふことができる。

第101条【経過規定：参議院未成立の間の国会】この憲法施行の際、参議院がまだ成立してゐないときは、その成立するまでの間、衆議院は、国会としての権限を行ふ。

第102条【同前：第一期の参議院議員の任期】この憲法による第一期の参議院議員のうち、その半数の者の任期は、これを3年とする。その議員は、法律の定めるところにより、これを定める。

第103条【同前：公務員の地位】この憲法施行の際現に在職する国務大臣、衆議院議員及び裁判官並びにその他の公務員で、その地位に相応する地位がこの憲法で認められてゐる者は、法律で特別の定をした場合を除いては、この憲法施行のため、当然にはその地位を失ふことはない。但し、この憲法によつて、後任者が選挙又は任命されたときは、当然その地位を失ふ。

判 例 索 引

＊最高裁・高裁・地裁等の別を問わず，年月日の古い順に配列してある。
＊略記の仕方については，凡例をみよ。
＊各行の右端に【判例3-1】等とあるのは，本書の各講で取り上げた判例であり，また，数字は本文・注または〔事実の概要〕で言及されている判例の頁数である。ただし判決(決定)理由中で言及されているものは割愛した。
＊各事件に「……事件」等の通称がある場合には，それを示し，そうでない場合にも，事件の内容がつかめるように簡略な見出しをつけて検索の便宜を図った。

最大判昭23・3・12刑集2巻3号191頁（死刑合憲判決）………………………【判例24-1】
最大判昭23・6・30刑集2巻7号777頁（残虐な刑罰）……………………………………412
最大判昭23・7・8刑集2巻8号801頁（違憲審査権の性格）………………………………9
最大判昭23・9・29刑集2巻10号1235頁（憲法第25条の法的性格）…………………384
最大判昭25・2・1刑集4巻2号73頁（下級裁判所の違憲審査権）……………………10
最大判昭25・10・11刑集4巻10号2037頁（尊属傷害致死罪重罰規定合憲判決）……117,118
最大判昭25・10・25刑集4巻10号2126頁（尊属殺人罪重罰規定合憲判決）…………118
最大判昭25・12・28民集4巻12号683頁（外国人の人権享有主体性）………………74
東京地判昭27・1・18判時105号7頁（チャタレー事件第一審）………………………277
最大判昭27・8・6刑集6巻8号974頁（石井記者証言拒否事件）………………【判例14-3】
最大判昭27・10・8民集6巻9号783頁（警察予備隊違憲訴訟）………………【判例2-1】
東京高判昭27・12・10判時105号28頁（チャタレー事件控訴審）……………………277
最大決昭28・1・16民集7巻1号12頁（米内山事件〔部分社会論〕）……………………11
最大判昭28・4・8刑集7巻4号775頁（政令201号事件）………………………………394
最大判昭28・4・15民集7巻4号305頁（衆議院解散無効確認訴訟）……………………17
最大判昭28・6・24刑集7巻6号1366頁（強姦罪規定合憲性）……………………【判例7-1】
東京地判昭28・10・19判時11号3頁（苫米地事件第一審）………………………………17
最大判昭28・12・23民集7巻13号1523頁（農地改革事件）……………………【判例20-1】
東京地判昭29・5・11判時26号3頁（ポポロ事件第一審）………………………………350
東京高判昭29・9・22判時35号8頁（苫米地事件控訴審）…………………………………18
最大判昭29・11・24刑集8巻11号1866頁（新潟県公安条例事件）……………【判例13-1】
最大判昭30・1・26刑集9巻1号89頁（公衆浴場法合憲旧判決）………………【判例19-1】
最大判昭30・4・6刑集9巻4号663頁（帝銀事件上告審）…………………………412,419
東京高判昭31・5・8判時77号5頁（ポポロ事件控訴審）…………………………………351
最大判昭31・7・4民集10巻7号785頁（謝罪広告請求事件）……………………【判例10-1】
大阪高判昭31・10・18刑集16巻5号605頁（売春勧誘行為等取締条例事件控訴審）……404
最大判昭32・2・20刑集11巻2号824頁（死亡配偶者の直系尊属殺人未遂事件）…………118
最大判昭32・3・13刑集11巻3号997頁（チャタレー事件上告審）……………【判例12-1】

判例索引　459

最大判昭 33・4・16 刑集 12 巻 6 号 942 頁（国公法違反事件）……………………315
最大判昭 33・9・10 民集 12 巻 13 号 1969 頁（帆足計事件）……………………【判例6-5】
東京地判昭 34・3・30 判時 180 号 2 頁（砂川事件第一審）……………………………32
最大判昭 34・12・16 刑集 13 巻 13 号 3225 頁（砂川事件上告審）………………【判例3-1】
最大判昭 35・6・8 民集 14 巻 7 号 1206 頁（苫米地事件上告審）…………………【判例2-3】
最大判昭 35・7・20 刑集 14 巻 9 号 1243 頁（東京都公安条例事件）……………【判例13-2】
最大判昭 35・7・20 刑集 14 巻 9 号 1197 頁（広島市公安条例事件）…………………291
最大判昭 35・7・20 刑集 14 巻 9 号 1215 頁（静岡県公安条例事件）…………………292
最大判昭 35・10・19 民集 14 巻 12 号 2633 頁（村会議員出席停止事件）………【判例2-4】
東京地判昭 35・10・19 行集 11 巻 10 号 2921 頁（朝日訴訟第一審）…………………385
東京地判昭 36・3・27 判時 255 号 7 頁（砂川事件差戻後一審）………………………30
東京高判昭 37・2・15 判タ 131 号 150 頁（砂川事件差戻後控訴審）…………………30
最大判昭 37・5・30 刑集 16 巻 5 号 577 頁（売春勧誘行為等取締条例事件）……【判例23-1】
東京地判昭 37・10・16 判時 318 号 3 頁（『悪徳の栄え』事件第一審）………………282
最大判昭 37・11・28 刑集 16 巻 11 号 1593 頁（第三者所有物没収違憲判決）……【判例23-2】
東京高判昭 38・1・30 民集 18 巻 2 号 304 頁（参議院議員定数配分規定違憲訴訟第一審）
　……………………………………………………………………………………………144
最判昭 38・3・15 刑集 17 巻 2 号 23 頁（公労法第 17 条合憲判決）……………………394
東京地判昭 38・4・19 判時 338 号 8 頁（全農林警職法事件第一審）…………………395
最大判昭 38・5・15 刑集 17 巻 4 号 302 頁（加持祈禱事件）………………………【判例11-1】
最大判昭 38・5・22 刑集 17 巻 4 号 370 頁（ポポロ事件上告審）…………………【判例17-1】
東京高判昭 38・11・4 行集 14 巻 11 号 1963 頁（朝日訴訟控訴審）…………………385
東京地判昭 38・11・20 行集 14 巻 11 号 2039 頁（昭和女子大事件第一審）……………91
東京高判昭 38・11・21 判時 366 号 13 頁（『悪徳の栄え』事件控訴審）……………282
最大判昭 39・2・5 民集 18 巻 2 号 270 頁（参議院議員定数配分規定合憲判決）…【判例9-1】
最大判昭 39・2・26 民集 18 巻 2 号 343 頁（教科書無償請求訴訟）…………………354
最大判昭 39・5・27 民集 18 巻 4 号 676 頁（町職員待命事件）………………………117
大阪高判昭 39・5・30 高刑集 17 巻 4 号 384 頁（肖像権判決）…………………………95
長野地判昭 39・6・2 判時 374 号 8 頁（勤評長野方式事件）…………………………186
東京地判昭 39・9・28 判時 385 号 12 頁（『宴のあと』事件）………………………【判例6-2】
東京地判昭 40・6・26 判時 417 号 11 頁（ポポロ事件差戻後第一審）………………351
東京高判昭 41・9・14 判時 476 号 19 頁（ポポロ事件差戻後控訴審）………………351
最大判昭 41・10・26 刑集 20 巻 8 号 901 頁（全逓東京中郵事件上告審）………316,394
東京地判昭 41・12・20 判時 467 号 26 頁（住友セメント会社結婚退職制訴訟）……110
京都地判昭 42・2・23 判時 480 号 3 頁（京都市公安条例違憲判決）…………………287
津地判昭 42・3・16 行集 18 巻 3 号 246 頁（津地鎮祭訴訟第一審）…………………220
札幌地判昭 42・3・29 判時 476 号 25 頁（恵庭事件）………………………………【判例2-2】

東京高判昭 42・4・10 行集 18 巻 4 号 389 頁（昭和女子大事件控訴審）………………… 91
東京地判昭 42・5・10 下刑集 9 巻 5 号 638 頁（東京都公安条例運用違憲判決）………… 286
最大判昭 42・5・24 民集 21 巻 5 号 1043 頁（朝日訴訟上告審）………………【判例 *21*-1】
広島高判昭 42・5・29 判時 483 号 12 頁（広島県公安条例事件控訴審）………………… 287
東京地判昭 42・5・30 判時 483 号 12 頁（東京都公安条例違反事件）…………………… 287
東京地判昭 42・7・17 判時 498 号 66 頁（三菱樹脂事件第一審）………………………… 85
旭川地判昭 43・3・25 下刑集 10 巻 3 号 293 頁（猿払事件第一審）……………………… 317
東京高判昭 43・6・12 判時 523 号 19 頁（三菱樹脂事件控訴審）………………………… 85
東京高判昭 43・9・30 判時 547 号 12 頁（全農林警職法事件控訴審）…………………… 395
最大昭 44・4・2 刑集 23 巻 5 号 305 頁（都教組事件）………………………………316,394
最大判昭 44・4・2 刑集 23 巻 5 号 685 頁（全仙台司法事件上告審）…………………… 394
宇都宮地判昭 44・5・29 判タ 237 号 262 頁（尊属殺重罰規定違憲訴訟第一審）……… 121
札幌高判昭 44・6・24 判時 560 号 30 頁（猿払事件控訴審）……………………………… 317
札幌地決昭 44・8・22 判時 565 号 23 頁（長沼ナイキ基地訴訟執行停止申立事件）……… 37
東京高判昭 44・9・17 判時 571 号 19 頁（映画『黒い雪』事件）………………………… 276
福岡高決昭 44・9・20 判時 569 号 23 頁（博多駅フィルム提出命令事件抗告審）……… 308
名古屋地判昭 44・9・18 判時 570 号 18 頁（高田事件第一審）…………………………… 421
最大昭 44・10・15 刑集 23 巻 10 号 1239 頁（『悪徳の栄え』事件上告審）……【判例 *12*-2】
最大決昭 44・11・26 刑集 23 巻 11 号 1490 頁（博多駅フィルム提出命令事件）
　………………………………………………………………………………………【判例 *14*-1】
最大判昭 44・12・24 刑集 23 巻 12 号 1625 頁（京都府学連事件）………………【判例 *6*-1】
大阪地判昭 44・12・26 判タ 243 号 143 頁（日中旅行社事件）…………………………… 186
札幌高決昭 45・1・23 判時 581 号 5 頁（長沼ナイキ基地訴訟執行停止申立抗告事件）…… 37
東京高決昭 45・4・13 判時 587 号 31 頁（『エロス＋虐殺』事件控訴審）……………… 96
東京高判昭 45・5・12 判時 619 号 93 頁（尊属殺重罰規定違憲訴訟控訴審）…………… 121
最大判昭 45・6・24 民集 24 巻 6 号 625 頁（八幡製鉄政治献金事件）……………【判例 *4*-3】
名古屋高判昭 45・7・16 判時 602 号 45 頁（高田事件控訴審）…………………………… 421
東京地判昭 45・7・17 判時 604 号 29 頁（家永教科書検定第二次訴訟第一審）
　………………………………………………………………………………………【判例 *18*-1】
名古屋高判昭 45・8・25 判時 609 号 7 頁（愛知大学事件）……………………………… 349
名古屋高判昭 46・5・14 判時 630 号 7 頁（津地鎮祭訴訟控訴審）………………【判例 *11*-3】
神戸地判昭 47・9・20 判時 678 号 19 頁（堀木訴訟第一審）……………………………… 390
最大判昭 47・11・22 刑集 26 巻 9 号 586 頁（小売市場許可制合憲判決）………………… 366
最大昭 47・12・20 刑集 26 巻 10 号 631 頁（高田事件）……………………………【判例 *25*-1】
最一昭 48・3・22 刑集 27 巻 2 号 167 頁（ポポロ事件差戻後上告審）…………………… 351
東京地判昭 48・3・23 判時 698 号 36 頁（日産自動車男女別定年制訴訟第一審）……… 116
最大判昭 48・4・4 刑集 27 巻 3 号 265 頁（尊属殺人重罰規定違憲判決）………【判例 *8*-1】

判例索引　461

最大判昭 48・4・25 刑集 27 巻 4 号 547 頁（全農林警職法事件）……………【判例22-1】
札幌地判昭 48・9・7 判時 712 号 24 頁（長沼ナイキ基地訴訟第一審）………【判例3-2】
最大判昭 48・12・12 民集 27 巻 11 号 1536 頁（三菱樹脂事件上告審）………【判例5-1】
東京地判昭 49・1・31 判時 732 号 12 頁（西山記者事件第一審）………………………311
東京高判昭 49・4・30 民集 30 巻 3 号 288 頁（衆議院議員定数配分規定違憲訴訟第一審）
　………………………………………………………………………………………………139
最一判昭 49・4・25 判時 737 号 3 頁（参議院議員定数配分規定合憲判決）……………138
東京地判昭 49・7・16 判時 751 号 47 頁（教科書検定第一次訴訟第一審）……………354
最三判昭 49・7・19 民集 28 巻 5 号 790 頁（昭和女子大事件上告審）…………【判例5-2】
最一判昭 49・9・26 刑集 28 巻 6 号 329 頁（尊属傷害致死罪重罰規定合憲判決）……119
名古屋高判昭 49・9・30 労民集 25 巻 6 号 461 頁（名古屋放送事件）…………………114
最大判昭 49・11・6 刑集 28 巻 9 号 393 頁（猿払事件上告審）…………………【判例15-1】
神戸簡判昭 50・2・20 判時 768 号 3 頁（種谷牧師事件）…………………………………211
東京高判昭 50・2・26 労民集 26 巻 1 号 57 頁（伊豆シャボテン公園事件）……………114
最大判昭 50・4・30 民集 29 巻 4 号 572 頁（薬事法距離制限違憲判決）………【判例19-2】
最大判昭 50・9・10 刑集 29 巻 8 号 489 頁（徳島市公安条例合憲判決）……287,403
京都地判昭 50・9・25 判時 819 号 69 頁（前科照会事件第一審）………………………106
東京地判昭 50・10・6 判時 802 号 92 頁（「板まんだら」事件第一審）……………… 22
大阪高判昭 50・11・10 判時 795 号 3 頁（堀木訴訟控訴審）……………………………391
東京高判昭 50・12・20 行集 26 巻 12 号 1446 頁（教科書検定第二次訴訟控訴審）…354
大阪地判昭 51・3・29 判時 812 号 125 頁（「ふたりのラブジュース」事件第一審）…285
東京高判昭 51・3・30 判時 809 号 27 頁（「板まんだら」事件控訴審）……………… 22
最大判昭 51・4・14 民集 30 巻 3 号 223 頁（衆議院議員定数配分規定違憲判決）
　………………………………………………………………………………………【判例9-2】
東京地判昭 51・4・27 判時 812 号 22 頁（『四畳半襖の下張』事件第一審）…………285
最大判昭 51・5・21 刑集 30 巻 5 号 615 頁（旭川学力テスト事件）……………【判例18-2】
最大判昭 51・5・21 刑集 30 巻 5 号 1178 頁（岩手教組学テ事件）……………………395
東京高判昭 51・7・20 高刑集 29 巻 3 号 429 頁（西山記者事件控訴審）………………311
札幌高判昭 51・8・5 判時 821 号 21 頁（長沼ナイキ基地訴訟控訴審）…………【判例3-3】
大阪高判昭 51・12・21 判時 893 号 55 頁（前科照会事件控訴審）………………………106
東京地判昭 51・12・23 判例集不登載（「模索社」事件第一審）…………………………285
水戸地判昭 52・2・17 判時 842 号 22 頁（百里基地訴訟第一審）………………………… 55
最大判昭 52・5・4 刑集 31 巻 3 号 182 頁（全逓名古屋中郵事件）……………………395
最大判昭 52・7・13 民集 31 巻 4 号 533 頁（津地鎮祭訴訟上告審判決）………【判例11-4】
最一決昭 53・5・31 刑集 32 巻 3 号 457 頁（外務省秘密漏洩事件）……………【判例14-2】
最大判昭 53・10・4 民集 32 巻 7 号 1223 頁（マクリーン事件）…………………【判例4-1】
大阪高判昭 54・3・8 判時 923 号 137 頁（「ふたりのラブジュース」事件控訴審）……285

東京高判昭54・3・12 判時918号24頁（日産自動車男女別定年制訴訟控訴審）…………116
東京高判昭54・3・20 判時918号17頁（『四畳半襖の下張』事件控訴審）……………285
札幌高決昭54・8・31 判時937号16頁（北海道新聞島田記者証言拒否事件）…………307
東京高判昭54・10・4 高刑集32巻3号235頁（「模索社」事件控訴審）…………………285
最三決昭55・3・6 判時956号32頁（北海道新聞島田記者証言拒否事件上告審決定）……307
札幌地判昭55・3・25 判時961号29頁（札幌税関検査訴訟第一審）………………………332
東京高判昭55・7・18 判時975号20頁（日活ロマンポルノ事件）…………………………276
最二判昭55・11・28 刑集34巻6号433頁（『四畳半襖の下張』事件）……【判例12-3】
最二判昭55・11・28 判時982号80頁（「模索社」事件上告審）……………………………285
最二判昭55・11・28 判時982号87頁（「ふたりのラブジュース」事件上告審）…………285
最三判昭56・3・24 民集35巻2号300頁（日産自動車事件）………………【判例7-2】
最三判昭56・4・7 民集35巻3号443頁（「板まんだら」事件）…………【判例2-5】
最三判56・4・14 民集35巻3号620頁（前科照会事件）……………………【判例6-4】
東京高判昭56・7・7 判時1004号3頁（百里基地訴訟控訴審）……………………………31,60
東京高判昭56・8・21 判時1019号20頁（連続ピストル射殺事件控訴審）………………416
最一判昭57・4・8 民集36巻4号594頁（教科書検定第二次訴訟上告審）………………354
東京高判昭57・6・8 判時1043号3頁（『愛のコリーダ』事件控訴審）……………………276
最大判昭57・7・7 民集36巻7号1235頁（堀木訴訟判決）……………【判例21-2】
札幌高判昭57・7・19 判時1051号57頁（札幌税関検査訴訟控訴審）……………………332
最一判昭57・9・9 民集36巻9号1679頁（長沼ナイキ基地訴訟上告審）…………………31
最三判昭58・3・8 刑集37巻2号15頁（猥褻図画販売事件）……………………………276
最大判昭58・4・27 民集37巻3号345頁（参議院議員定数配分規定合憲判決）……141,165
最二判昭58・7・8 刑集37巻6号609頁（連続ピストル射殺事件）………【判例24-2】
最一判昭58・10・27 刑集37巻8号1294頁（猥褻図画販売事件）…………………………276
最大判昭58・11・7 民集37巻9号1243頁（衆議院議員定数配分規定「違憲状態」判決）
………………………………………………………………………………………………140
最一判昭59・5・17 民集38巻7号721頁（東京都議会議員定数配分違法判決）…………144
東京高判昭59・8・7 判時1122号15頁（千葉県議会議員定数配分違法判決）……………144
最大判昭59・12・12 民集38巻12号1308頁（札幌税関検査違憲訴訟判決）……【判例16-1】
最三判昭60・1・22 民集39巻1号1頁（旅券発給拒否処分違法判決）……………………97
東京地決昭60・5・30 判時1152号26頁（「帝銀事件」人身保護請求事件第一審）………419
最大判昭60・7・17 民集39巻5号1100頁（衆議院議員定数配分規定違憲判決）…………140
最一決昭60・7・19 判時1158号28頁（「帝銀事件」人身保護請求事件）………【判例24-3】
最大判昭60・10・23 刑集39巻6号413頁（福岡県青少年保護育成条例違反事件）
………………………………………………………………………………【判例23-3】
東京高判昭61・2・26 判時1184号30頁（東京都議会議員定数違法判決）………………144
東京高判昭61・3・19 判時1188号1頁（教科書検定第一次訴訟控訴審）………………354

最一判昭 61・3・27 判時 1195 号 66 頁（参議院議員定数配分規定合憲判決）……………141
最大判昭 61・6・11 民集 40 巻 4 号 872 頁（『北方ジャーナル』事件判決）………【判例16-2】
最大判昭 62・4・22 民集 41 巻 3 号 408 頁（森林法第 186 条違憲判決）…………【判例20-2】
最二判昭 62・4・24 民集 41 巻 3 号 490 頁（「サンケイ新聞」意見広告事件）………………308
大阪高判昭 62・7・16 判時 1237 号 3 頁（箕面市忠魂碑・慰霊祭訴訟控訴審）………………213
最一判昭 62・9・24 判時 1273 号 35 頁（参議院議員定数配分規定合憲判決）………………142
東京地判昭 62・11・20 判時 1258 号 22 頁（ノンフィクション『逆転』事件第一審）………103
最大判昭 63・6・1 民集 42 巻 5 号 277 頁（殉職自衛官合祀拒否訴訟）………………………213
最二判昭 63・10・21 民集 42 巻 8 号 644 頁（衆議院議員定数配分規定合憲判決）…………140
最二判昭 63・10・21 判時 1321 号 123 頁（参議院議員定数配分規定合憲判決）……………142
最二判平元・1・20 刑集 43 巻 1 号 1 頁（公衆浴場法距離制限合憲判決）……………………366
最三判平元・3・7 判時 1308 号 111 頁（公衆浴場法距離制限合憲判決）……………【判例19-3】
松山地判平元・3・17 判時 1305 号 26 頁（愛媛玉串料訴訟第一審）……………………………239
最三判平元・6・20 民集 43 巻 6 号 385 頁（百里基地訴訟上告審判決）………………【判例3-4】
東京高判平元・6・27 判時 1317 号 36 頁（家永教科書訴訟第二次訴訟差戻し後控訴審判決）
　…………………………………………………………………………………………………354
東京高判平元・9・5 判時 1323 号 37 頁（ノンフィクション『逆転』事件控訴審）…………103
最三判平元・9・19 刑集 43 巻 8 号 785 頁（岐阜県青少年保護育成条例事件）………………331
東京地判平元・10・3 判タ 709 号 63 頁（家永教科書訴訟第三次訴訟第一審判決）…………354
最三判平 2・4・17 判時 1348 号 15 頁（連続ピストル射殺事件差戻後上告審）………………416
福岡高判平 4・2・28 判時 1426 号 85 頁（福岡靖国訴訟）………………………………………213
高松高判平 4・5・12 判時 1419 号 38 頁（愛媛玉串料訴訟控訴審）………………………238,239
大阪高判平 4・7・30 判時 1434 号 38 頁（大阪靖国訴訟）………………………………………213
鹿児島地平 4・10・2 判時 1435 号 24 頁（大嘗祭・即位の礼違憲訴訟）………………………213
最一決平 4・11・16 判時 1441 号 57 頁（大阪地蔵像訴訟）……………………………………213
福岡高判平 4・12・18 判時 1444 号 8553 頁（長崎忠魂碑訴訟）………………………………213
最大判平 5・1・20 民集 47 巻 1 号 67 頁（衆議院議員定数配分規定合憲判決）………………140
最三判平 5・2・16 民集 47 巻 3 号 1687 頁（箕面市忠魂碑・慰霊祭違憲訴訟上告審判決）
　…………………………………………………………………………………………………213
最二判平 5・2・26 判時 1452 号 37 頁（ヒッグス・アラン事件）………………………【判例4-2】
最判平 5・3・16 民集 47 巻 5 号 3483 頁（教科書検定第一次訴訟上告審）……………………354
大阪高判平 5・3・18 判時 1457 号 98 頁（播磨靖国訴訟）………………………………………213
東京高判平 5・10・20 判時 1473 号 3 頁（家永教科書訴訟第三次訴訟控訴審判決）…………354
最三判平 6・2・8 民集 48 巻 2 号 149 頁（ノンフィクション『逆転』事件）…………【判例6-3】
大阪高判平 6・12・12 判時 1524 号 8 頁（神戸高専剣道受講拒否事件控訴審）………………212
最判平 7・2・28 民集 49 巻 2 号 639 頁………………………………………………………………74
最三判平 7・3・7 民集 49 巻 3 号 687 頁……………………………………………………【判例13-4】

大阪高判平 7・3・9 行集 46 巻 2・3 号 250 頁（大嘗祭・即位の礼違憲訴訟）…………213
最一判平 7・6・8 民集 49 巻 6 号 1443 頁（衆議院議員定数配分規定合憲判決）…………140
最大決平 7・7・5 民集 49 巻 7 号 1789 頁（非嫡出子相続分規定違憲訴訟）………119,126
最一決平 8・1・30 民集 50 巻 1 号 199 頁（オウム真理教解散命令特別抗告審）………213
最二判平 8・3・8 民集 50 巻 3 号 469 頁（神戸高専剣道受講拒否事件上告審）
………………………………………………………………………………【判例11-2】
最二判平 8・3・15 民集 50 巻 3 号 549 頁（上尾市福祉会館事件上告審）……………288
最大判平 8・9・11 民集 50 巻 8 号 2283 頁（参議院議員定数配分規定違憲状態判決）…142,165
最大判平 9・4・2 民集 51 巻 4 号 1673 頁（愛媛玉串料訴訟）…………………【判例11-5】
最三判平 9・8・29 民集 51 巻 7 号 2921 頁（家永教科書訴訟第三次訴訟上告審判決）……354
最大判平 10・9・2 民集 52 巻 6 号 1373 頁（参議院議員定数配分規定合憲判決）…………165
福岡高判平 10・9・25 判時 1660 号 34 頁（大分「抜穂の儀」違憲訴訟）……………213
東京地判平 11・3・24 判時 1673 号 3 頁（大嘗祭・即位の礼違憲訴訟）……………213
最大判平 11・11・10 民集 53 巻 8 号 1441 頁（衆議院議員定数（小選挙区）画定規定合憲判決）
………………………………………………………………………………………140
最大判平 12・9・6 民集 54 巻 7 号 1997 頁（参議院議員定数配分規定合憲判決）……142,165
最三判平 13・12・18 民集 55 巻 7 号 1647 頁（衆議院議員定数配分規定違憲訴訟）……142
東京地判平 15・12・3 判時 1845 号 135 頁（「君が代」ピアノ伴奏職務命令拒否事件判決第一審）………………………………………………………………………………190
最大判平 16・1・14 民集 58 巻 1 号 56 頁（参議院選挙区選出議員定数配分規定合憲判決）
…………………………………………………………………………………142,166
東京高判平 16・7・7 判自 290 号 86 頁（「君が代」ピアノ伴奏職務命令拒否事件判決控訴審）
………………………………………………………………………………………190
最二判平 16・9・12 民集 57 巻 8 号 973 頁（早稲田大学講演会事件）……………96
札幌地判平 18・3・3 民集 64 巻 1 号 89 頁（空知太事件第一審）……………265
最三決平 18・10・3 民集 60 巻 8 号 2647 頁（NHK 記者証言拒否事件）……………307
最大判平 18・10・4 民集 60 巻 8 号 2696 頁（参議院選挙区選出議員定数配分規定合憲判決）
…………………………………………………………………………………142,166
最三判平成 19・2・27 民集 61 巻 1 号 291 頁（「君が代」ピアノ伴奏職務命令拒否事件判決）
………………………………………………………………………………【判例10-2】
最大判平 19・6・13 民集 61 巻 4 号 1617 頁（衆議院議員定数配分意違憲訴訟）…………140
札幌高判平 19・6・26 民集 64 巻 1 号 119 頁（空知太事件控訴審）……………265
最三判平 19・9・18 刑集 61 巻 6 号 601 頁（広島市暴走族追放条例事件判決）……【判例13-3】
最大判平 21・9・30 民集 63 巻 7 号 1520 頁（参議院選挙区選出議員定数配分規定合憲判決）
…………………………………………………………………………………143,166
大阪高判平 21・12・28 判時 2075 号 3 頁（衆議院小選挙区選出議員定数配分規定違憲判決）
………………………………………………………………………………………141

判例索引　465

最大判平 22・1・20 民集 64 巻 1 号 128 頁（富平神社事件）……………………………… 213
最大判平 22・1・20 民集 64 巻 1 号 1 頁（空知太神社事件判決）………………【判例11-6】
広島高判平 22・1・25 判時 2075 号 15 頁（衆議院小選挙区選出議員定数配分規定違憲判決）
　…………………………………………………………………………………………………… 141
東京高判平 22・3・29 判夕 1340 号 105 頁（堀越事件控訴審）……………………………… 325
最大判平 23・3・23 民集 65 巻 2 号 755 頁（衆議院小選挙区選出議員定数配分規定違憲状態
　判決）…………………………………………………………………………………………… 141
最二判平 23・5・30 民集 65 巻 4 号 1780 頁（国歌起立斉唱拒否事件判決）………【判例10-3】
最一判平 23・6・6 民集 65 巻 4 号 1855 頁（国歌起立斉唱拒否事件判決）………………… 187
最三判平 23・6・14 民集 65 巻 4 号 2148 頁（国歌起立斉唱拒否事件判決）……………… 187
最三判平 23・6・21 判時 2123 号 35 頁（国歌起立斉唱拒否事件判決）…………………… 187
大阪高判平 23・8・24 判時 2140 号 19 頁（非嫡出子相続分規定違憲訴訟）……………… 120
名古屋高判平 23・12・21 判時 2150 号 41 頁（非嫡出子相続分規定違憲訴訟）…………… 120
最大判平 24・10・17 民集 66 巻 10 号 3357 頁（参議院選挙区選出議員定数配分規定違憲状態
　判決）………………………………………………………………………………………… 143,167
最二判平 24・12・7 刑集 66 巻 12 号 1337 頁（堀越事件）……………………………【判例15-2】
最二判平 24・12・7 刑集 66 巻 12 号 1722 頁（世田谷事件）………………………………… 316
最大判平 25・1・21 民集 67 巻 8 号 1503 頁（衆議院小選挙区選出議員定数配分規定違憲状態
　判決）……………………………………………………………………………………【判例9-3】
最大判平 25・9・4 民集 67 巻 6 号 1320 頁（非嫡出子相続分規定違憲決定）………【判例8-2】
最大判平 26・11・26 民集 68 巻 9 号 1363 頁（参議院選挙区選出議員定数配分規定違憲状態
　判決）……………………………………………………………………………………【判例9-4】

編著者紹介
初 宿 正 典（しやけ　まさのり）
　1947年　滋賀県に生れる
　1971年　京都大学法学部卒業
　　　　　京都大学大学院法学研究科修士課程修了
　　　　　愛知教育大学助教授，京都大学教養部(当時)助教授，京都大学大学院法学研究科教授，京都産業大学大学院法務研究科客員教授（2018年3月契約期間満了退職）
　現　在　京都大学名誉教授，博士(法学)(京都大学)

〔最近の主な著作〕
『ライプホルツの平等論』（成文堂，2019年）
『いちばんやさしい憲法入門〔第5版〕』（高橋正俊ほかと共著，有斐閣，2017年）
『ドイツ憲法集〔第7版〕』（高田敏と共編訳，信山社，2016年）
『カール・シュミットと五人のユダヤ人法学者』（成文堂，2016年）
『日独比較憲法学研究の論点』（成文堂，2015年）
『レクチャー比較憲法』（初宿正典編，法律文化社，2014年）
『憲法 Cases and Materials 人権〔第2版〕』（大石眞と共編，有斐閣，2013年）
『憲法2 基本権〔第3版〕』（成文堂，2010年）

基本判例憲法25講〔第4版〕

1989年 4月10日	初　版第1刷発行
1992年 3月20日	訂正版第1刷発行
1998年 3月10日	補正版第1刷発行
2002年 2月10日	第2版第1刷発行
2008年 4月20日	第2版補正版第1刷発行
2011年 3月20日	第3版第1刷発行
2015年12月 1日	第4版第1刷発行
2023年 8月20日	第4版第3刷発行

編 著 者　　初　宿　正　典
発 行 者　　阿　部　成　一

〒162-0041　東京都新宿区早稲田鶴巻町514番地
発行所　　株式会社　成文堂
電話 03(3203)9201(代)　Fax 03(3203)9206
http://www.seibundoh.co.jp

製版・印刷　三報社印刷　製本　弘伸製本　　検印省略
© 2015　M. Shiyake　　Printed in Japan
☆落丁・乱丁本はおとりかえいたします☆
ISBN 978-4-7923-0582-6 C3032

定価（本体3300円＋税）